U0660618

目　录

二十四史名篇选评

上

汪高鑫　主编

人民出版社

前　言

中华民族是一个具有悠久历史和璀璨文化的民族，同时又是一个史籍浩如烟海、世无匹敌的文献之邦。民族的悠久历史和璀璨文化促进了文献的繁荣，而浩繁的文献作为一种载体又代代不断地传承着这一伟大的文明。

时至今日，当历史的潮流将中华民族推向伟大复兴的重要时期，我们将会以一种怎样的心态去审视我们民族的过往历史，去反观我们民族的文化传统呢？我们是否会认为传统文化已经是过眼烟云、明日黄花？还是视她为民族智慧与力量的源泉，激励着我们去开创美好的未来？

经验和理智告诉人们，今日之中国是昨日之中国的继续，现实与历史是存在着不可分割的联系的。如果我们割断历史，抛弃传统，我们的民族就失去了存在的根基。毛泽东对于传统文化的认识有一个经典的说法："我们这个民族有数千年的历史，有它的特点，有它的许多珍贵品。对于这些，我们还是小学生。今天中国是历史的中国的一个发展；我们是马克思主义的历史主义者，我们不应当割断历史。从孔夫子到孙中山，我们应当给以总结，承继这一份珍贵的遗产。"（《中国共产党在民族战争中的地位》）毛泽东同志要我们不但不能割断历史，忘掉文化传统，还应该好好总结和继承这份珍贵的遗产。我们坚信，只要打开中华民族传统文化这座宝库的大门，她必将会以其特有的魅力吸引每一个中华儿女，以其博大精深而震撼每一个中华儿女的心灵。我们会从中吸取智慧与力量，获得借鉴与启迪，承继民族的宝贵精神与美好品德，斗志昂扬地去创造民族辉煌的明天。

"二十四史"是中华传统文化最为重要的载体之一。从《史记》到《明史》，这被封建统治者和封建史家称为"正史"的24部纪传体史书，从历史编纂而言，它自成一个史书大系，堪称世界文化奇观；从记载内容而言，它上起黄帝，下至明朝灭亡，包含了4000多年的历史；从撰述时间而言，它从汉武帝时期司马迁撰写《史记》开始，到清朝乾隆年间刊行《明史》为止，前后历时19个世纪。毫无疑问，无论是从编纂规模之大，还是反映的内容之丰富，"二十四史"作为历史文献，它在世界历史上都是独一无二的。

"二十四史"是中国古代明朝以前历史的完整叙述。阅读"二十四史"，可以从中了解到我们的祖先曾经是怎样地艰苦创业和开拓进取，由此建立起我们统一多民族的伟大国家，创造出辉煌灿烂的伟大文明，使中华民族一直屹立于世界民族之林；可以从中了解到我们伟大的民族在数千年的历史发展过程中，曾经涌现出了一批又一批可以引以为豪的优秀人物，其中有为民族国家的形成、发展、繁荣和统一作出过卓越贡献的政治家，有对民族思想的形成、发展产生巨大影响的万世景仰的思想家，有声名流传古今文坛的文学家，有为民族科技作出重大贡献的科学家，有运筹帷幄而决胜千里的军事谋略家，有经营有道的商界名流，他们都是时代的骄子，民族的骄傲。

"二十四史"也告诉我们，中国古代的历史既有辉煌的时代和成功的经验，也有动乱和失败的教训；既有许多引以为豪的民族精英，也有祸国殃民的民族败类；既有许多成功的治国理政经验，也有政治昏暗、制度缺失的过往。因此，我们需要从正反两面去总结这份优秀文化遗产，既要因其博大精深、充满着智慧而引以为豪，认真总结，积极传承；也要保持清醒的头脑，剔除其糟粕，以史为鉴。

然而，“二十四史”过于浩繁，如何总结和传承中国古代历史文化，从中汲取思想和智慧，对于广大非历史专业人士而言是会望而却步的。所谓“登堂必自阶始”，我们为了给广大读者寻求这样一个通往“二十四史”之“堂”的“阶”，而编写了这部《二十四史名篇选评》。其具体做法是：（一）史家史著介绍部分，要求以通俗易懂而又不失准确的语言进行介绍与叙述，要说明时代、史家与史著的关系，要突出每一部史著的特点。（二）名篇点评部分，从选文来讲，力求经典性、代表性、故事性和短小精练，即要通过以简小而不失具体、全面的手法努力展现“二十四史”的整体风貌；从点评来讲，这是本书最为重视的部分，其撰写旨趣是力图揭示选文的思想内涵、本质及其对于现代人的借鉴价值，同时考虑到各篇多为节选，也注意对整篇原文的介绍。（三）千古名言部分，全部选自“二十四史”，内容包括本义、引申义和今用，旨在体现古语的今用价值。总之，《二十四史名篇选评》是一部为初学者了解“二十四史”而编写的一部通俗而简明的读物，希望它能引领人们步入“二十四史”这座历史文化神殿的厅堂，为传承中国古代历史文化尽些绵薄之力。

李传印、张丛林、何晓涛、陈海燕、杨树坤等人参加了本书的部分编写工作，该书的撰成出版，与他们的辛勤劳动分不开；该书借鉴了许多前人的研究成果，因限于篇幅而未能一一注明，谨此致谢。

汪高鑫

2018 年 10 月于京师园

《史记》

史家生平

公元前 145 年（一说前 135 年），在今天陕西省的韩城（汉代左冯翊夏阳），诞生了一位后来成为中国历史学之父的伟人，他就是《史记》的作者、中国古代伟大的史学家司马迁。

司马迁的远祖是以“世序天地”、“世典周史”为职业的，到东周惠王、襄王时，这个家族开始散居于各诸侯国，从此失去典史职业达四百余年之久。从直系近祖司马错开始，这个家族主要从事军事和经济职业，司马错和其孙司马靳都是战国时期秦国名将，军功卓著；司马靳之孙司马昌为秦时铁官，司马昌之子司马无泽则为西汉初年长安城分管一区商业的市长，都是主管经济的官员。远祖的典史之职为司

司马迁

马迁父子所继承，而近祖的军事和经济经历则丰富了他们作为史学家的素养。

司马迁的父亲司马谈（司马无泽之孙），是西汉一代学者、杰出的史学家和思想家。他从小仰慕远祖“世典周史”的职业，立志要远绍祖业，重振这个久已失传的家学。他勤学多闻，依靠自己的才学，于汉武帝建元年间（前140—前135年）步入仕途，开始做太史丞，后来升做太史令。汉代太史令主要职责是掌管天文星历、占卜祭祀和档案文书，同时也实录大事。但是，司马谈却有着远大的抱负和理想，他要以撰写古往今来的历史为己任。为此，他拜师求学，《太史公自序》说：“太史公学天官于唐都，受《易》于杨何，习道论于黄子。”唐都、杨何与黄生都是当时闻名遐迩的大学问家，司马谈向他们求学，当然是为论载历史做知识储备。同时，司马谈还注意利用史官的身份收集天下遗文故事，研究先秦诸子百家学术和古往今来的历史，为论载历史做资料储备。从后来成书的《史记》的实际创作来看，司马谈确实做了大量的初创工作。他发凡起例，对《史记》的五种体例都有不少成篇的作品，这一点已为后人所认可。

汉武帝元封元年（前110年），司马谈不幸过早地离开了人世，他的论载历史的梦想未能在生前得以实现。因此，他临终嘱咐司马迁一定要接任太史令，希望儿子能像周公、孔子那样重视论载历史，完成他的未竟事业，建立起扬名后世的伟大功业。

司马迁自幼就刻苦学习，“年十岁则诵古文”（《太史公自序》）。这里的“古文”，《史记索隐》引唐人刘伯庄的说法，认为是指《左传》、《国语》、《世本》等书。诵读这些记述历史的“古文”，无疑为日后司马迁成长为杰出的史学家打下了坚实的基础。20岁时，在父亲司马谈的精心安排下，司马迁进行了一次远游，他“南游江、淮，上会稽，探禹穴，窥九疑，浮于沅、湘；北涉汶、泗，讲业齐、鲁之都，观孔子之遗风，乡射邹、峄；厄困鄱、薛、彭城，过梁、楚以归”（《太史公自序》），足迹踏遍江淮各地，历时达数年之久。这次远游的目的很明确，就是要为今后论载历史做实地考察工作，王国维先生在《太史公行年考》中将之称为“宦学”。司马迁这次“宦学”，不但增长了见识、拓展了视野，而且还收集到了很多宝贵的历史材料，这些都对后来《史记》的撰写成功产生了重要影响。

汉武帝元狩年间（前 122 年—前 117 年），司马迁师从西汉著名的经学家董仲舒和孔安国，主要学习《公羊春秋》和《古文尚书》等儒家经典，从日后成书的《史记》可以看出，这两位汉代大儒对于司马迁学术思想的影响是很大的。

大约就在这时，司马迁开始步入仕途，做了郎中的官职。元鼎六年（前 111 年），司马迁以郎中身份随从西征巴、蜀以南，南略邛、笮、昆明。这既是司马迁参与的一项重大的军事活动，同时也是一次难得的实地考察西南夷地区的大好机会，对以后《史记·西南夷列传》的写作成功有很大影响。自从司马迁做了郎中以后，曾多次扈从汉武帝巡幸各地，这不但使司马迁因此得以对汉武帝有了更多的了解，而且也对汉皇朝的封禅活动有更多的直接体验，这就为以后《史记》的《武帝本纪》和《封禅书》的写作奠定了基础。

汉武帝元封三年（前 108 年），司马迁被任命为太史令（汉初太史令为世袭官职），开始“紬史记石室金匮之书”（《太史公自序》），撰写《史记》。当时汉武帝正准备修改历法，由于掌理天文星历是太史令职责所在，司马迁也参与了修历活动。太初元年（前 104 年），新的历法修成，这便是西汉著名的《太初历》。修历活动对《史记》的撰写计划有一定的影响，原来司马迁打算将《史记》的下限“至于麟止”（鲁哀公十四年获麟是《春秋》绝笔之年，汉武帝元狩元年（前 122 年）也恰好获得白麟，司马迁便效仿《春秋》故事，以此年为《史记》绝笔之年），由于修历是盛世之举，司马迁以能有幸亲身参与而引以为豪，这促使他决定要将《史记》写作的下限改为“太初而讫”。在司马迁看来，将《太初历》的修撰载入史册，这既是史官的职责，也是司马迁的骄傲。

修历工作结束后，司马迁续撰《史记》。到汉武帝天汉三年（前98年），《史记》经过数年的撰述正值“草创未就”之时，不曾想司马迁却在这个节骨眼上突遭飞来横祸，他因受李陵案的牵连而被逮捕入狱，处以宫刑。

事情原来是这样的，天汉二年（前99年），汉武帝下令由贰师将军李广利率骑兵三万人北击匈奴，李陵率步兵五千人为策应偏师。李广利乃汉武帝宠姬、倾国倾城的美女李夫人的哥哥，他以外戚受宠，其实只是一个庸将，汉武帝此次派他北击匈奴，目的是想让他借此立功增封；李陵乃西汉名将李广之孙，平生行事有乃祖之风。大军出发后，事态的发展出乎人们的意料，率领主力军队北伐的李广利，没有遇到匈奴的主力，却竟然损兵折将而返；而率领五千策应偏师的李陵，在深入敌境后，却遭遇到了匈奴单于亲率的八万骑兵主力的重兵包围，李陵且战且退，经过十余天的激烈战斗，消灭匈奴兵一万余人，终因寡不敌众，在距离边塞仅有一百多里的地方全军覆没，李陵投降匈奴。事后廷议此事，朝中一些人将兵败的原因归罪于李陵，司马迁同情李陵，认为这些议论有失公正，便向汉武帝坦率地说出了自己的看法：

> 李陵素与士大夫绝甘分少，能得人之死力，虽古名将不过也。身虽陷败，彼观其意，且欲得其当而报汉。事已无可奈何，其所摧败，功亦足以暴于天下。（《报任安书》）

汉武帝起初是接受司马迁的看法的，并且还派公孙敖率兵深入匈奴境内，以迎接李陵归汉。公孙敖在边境候望一年多，没有等到李陵归来，便谎报李陵为防备汉军北伐，正在训练匈奴兵。汉武帝得知此情，非常气愤，不但族灭了李氏一门，为李陵申辩的司马迁也被以“诬罔”罪逮捕入狱。按汉律，“诬罔”是一种死罪，若想免去一死，可以纳钱五十万赎死，或者接受宫刑。司马迁虽说出身于书香门第，却只是一介寒门书生（太史令的品级不过六百石），家里自然拿不出钱来赎死罪，剩下的就只有或接受死刑，或接受宫刑。这使司马迁陷入一种两难的境地：接受宫刑，这对士大夫而言是一种奇耻大辱，生不如死；接受死刑，则意味着《史记》将无法撰成，他父子两代人的心血就会付诸东流。两难相权，司马迁最终选择了宫刑。司马迁在后来写的《报任安书》中是这样说的，“人固有一死，死，有重于泰山，或轻于鸿毛。”他把撰写《史记》看作是重于泰山的事业，如果因受李陵之祸而毫无价值地死去，这就如同“九牛亡一毛，与蝼蚁何以异！”这样的死是轻于鸿毛的。

当然，被处宫刑对于司马迁的身心打击无疑是巨大的，他说：“太上不辱先，其次不辱身，其次不辱理色，其次不辱辞令，其次诎体受辱，其次易服受辱，其次关木索被箠楚受辱，其次剔毛发婴金铁受辱，其次毁肌肤断肢体受辱，最下腐刑极矣。”（《报任安书》）在这里，司马迁一口气说出了人生十大耻辱，而腐刑（宫刑）则是十种耻辱中最大的耻辱，一个“极”字道出了司马迁这种极度痛苦的心情。也正因此，司马迁在受刑后的很长一段时间里，精神一直处于极度恍惚之中，“肠一日而九回，居则忽忽若有所亡，出则不知其所往。”每每想到此事，“汗未尝不发背沾衣也”。

不过，司马迁既然勇敢地选择了宫刑、选择了生，也就不会被这种奇耻大辱所击倒。相反，逆境会更加激发司马迁去发愤著述《史记》，以成就这一扬名后世的事业。为了勉励自己发愤著述，在《报任安书》中，司马迁一气列举了数位身处逆境而发愤成就事业的先贤圣哲，他说：

> 西伯拘而演《周易》；仲尼厄而作《春秋》；屈原放逐，乃赋《离骚》；左丘失明，厥有《国语》；孙子膑脚，《兵法》修列；不韦迁蜀，世传《吕览》；韩非囚秦，《说难》、《孤愤》。《诗》三百篇，大抵贤圣发愤之所为作也。此人皆意有所郁结，不得通其道，故述往事，思来者。

在这里，司马迁既是抒愤，也是自况，他要以这些先贤圣哲忍辱负重而成就功名的事迹为榜样，来激励自己发愤著述。《史记》一书对那些身处逆境而奋发有为、成就功业的人，每每总是给予赞许、表示敬意的。如在《越王勾践世家》中，司马迁对越王勾践国败受辱后卧薪尝胆，十年教训，十年生聚，最终发愤雪耻，灭掉吴国而称霸中原，给予了赞许，称其“有禹之遗烈”；在《伍子胥列传》中，司马迁对楚大夫伍奢、伍尚父子遭奸人迫害致死表示同情，认为伍子胥为报父兄之仇而助吴破楚是弃小义而雪大耻，许之以“烈丈夫”，如此等等。

天汉四年（前 97 年），司马迁出狱，开始了他后期的《史记》撰写工作。《史记》究竟完成于何时，由于史无确载，现已不得而知，据推算，应该大约在前 90 年，也就是司马迁写《报任安书》的时间。司马迁这封书信是对三年前他的好友任安写给他的一封书信的回复，当时任安担任益州刺史，看到司马迁出狱不久就被汉武帝任命为中书令，他为好友由衷地感到高兴，便写了这封信，鼓励司马迁“慎于接物，推贤进士”，希望他能在仕途上有所作为。然而任安并不了解司马迁当时的心情，或许在别人看来，中书令是掌管机要的近臣，能获此官职是一种荣耀，但在司马迁看来，担任这种本由宦官充任的官职，对他却是一种莫大的耻辱，更不要说借此身份在仕途上有所作为了。也正因此，当时正埋头于《史记》撰述的司马迁并没有给任安回信。三年后，《史记》的撰述大概已经完成，司马迁终于成就了自己的泰山事业，而此时的好友任安却因太子事件而被捕入

陕西韩城司马迁祠

狱，被处以死刑，司马迁觉得该是给任安回信的时候了，于是便有了这一千古名篇《报任安书》。在这封书信里，司马迁尽情地向任安倾诉了自己多年积压在心中的郁闷，其言辞如诉如泣，慷慨悲凉。在这封书信里，司马迁以当代孔子自居，而称被汉武帝处以死刑的任安为“智者”，这其中隐含的讽喻不言自明。书信寄出后，伟大的史学家司马迁也就从此销声匿迹了。

史著介绍

《史记》是我国史学史上第一部纪传体通史，有本纪 12 篇、表 10 篇、书 8 篇、世家 30 篇和列传 70 篇，总共 130 篇，52.65 万字，记述了自黄帝以来至汉武帝太初元年（前 104 年）上下 3000 年的历史。

《史记》之所以最终得以问世，首先是时代的产物。西汉武帝时期，一个强盛的帝国已经在东方大地出现，帝国的政治“海内为一”，实现了空前的大一统；帝国的经济则国库充盈，人民家给人足，已是空前地繁荣；帝国的人才“群士慕响，异人并出”，可谓是群星璀璨。时代需要史学家们对此作出积极的反映，以记载下这一伟大时代的历史。正如司马谈所说的，“今汉兴，海内一统，明主贤君忠臣死义之士，余为太史而弗论载，废天下之史文，余甚惧焉”。（《太史公自序》）其次是司马迁父子两代呕心沥血的结晶。司马谈发凡起例作《史记》，既是出于史家的历史责任感，又是将历史撰述视为家族薪火相传的神圣事业；司马迁承志修史，虽然历经人生磨难，却能矢志不渝，最终成就了《史记》这一史家绝唱。最后，《史记》的撰述成功，是以丰富的历史材料为文献基础的。《史记》的取材主要有四个方面，一是前人的记载，该书参考古书多达三十余种；二是司马迁的采访材料，像《孔子世家》、《屈原贾生列传》、《春申君列传》、《淮阴侯列传》、《西南夷列传》等等，都在很大程度上使用了采访材料；三是太史令直接掌握的汉代史料，《太史公自序》说汉初“百年之间，天下遗文故事靡不毕集太史公”；四是司马谈积累的材料，其实司马谈不但广泛收集了材料，而且已经成就了不少篇章，这是司马迁撰写《史记》的重要基础。

《史记》无论是从历史编纂、历史思想还是人生体验而言，都是中国古代史学史上一座难以逾越的高峰。从历史编纂而言，《史记》在史书选材、编撰体例、史书书法、历史文学、撰述宗旨和史学认识等多方面的创制，对后世史书编纂产生了重大影响；从历史思想而言，《史记》在天人观、古今观和历史盛衰观等方面都提出了自己的一家之言，对中国古代历史思想的发展有着重要影响；从人生体验而言，由于司马迁是通过撰述

《史记》来实现人生价值的追求的，因而《史记》自然也蕴含了他的人生体验于其中，这就使得《史记》自然流露出的思想情感，千百年来一直都给人们以强烈的震撼和感染。伟大的文学家鲁迅先生称赞这部伟大的历史著作是“史家之绝唱，无韵之《离骚》”，这是一个实至名归的评价。

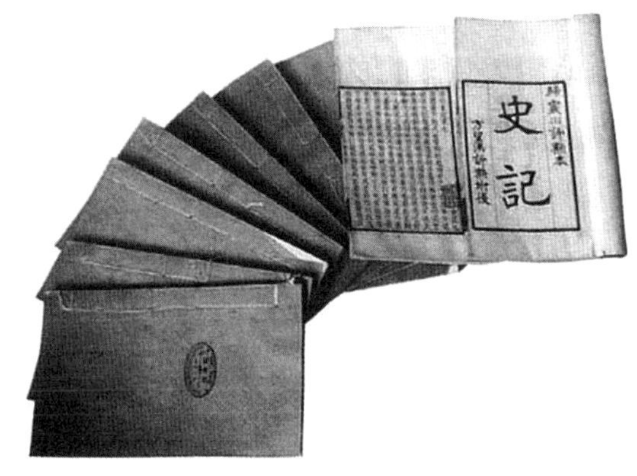

《史记》书影

1. 史家之绝唱

《史记》在历史编撰与史学思想上，都堪称史家之绝唱。

从历史编撰而言，《史记》创立纪传体通史体裁，提供了一种新的历史编撰范式。通史写作始于战国时的《竹书纪年》，但是这部史书写成后，却被作为魏襄王的随葬品埋入地下，直到西晋初年才出土。因此，秦汉时代的人们并没有看到这部史书。战国时还有一部史书叫《世本》，也是一部通史著作，其中已包含有“帝系”、“本纪”、“世家”、“传”、“谱”和“氏姓”等多种体例，不过还很不完善。因此，纪传体通史《史记》的撰述，自然应视为一种创作。而且《史记》上起黄帝，下迄汉武帝，通贯上下3000年历史，汇总古今百科知识，而自成一家之言，这是《竹书纪年》和《世本》所根本无法相比的。

《史记》内含的五种基本体例，其中“本纪”以编年形式记载王朝更替的历史，是全书的大纲；“世家”记载封国诸侯王以及一些有特殊功业的历史人物；“列传”是以人物为主，同时还设立了一些民族史、外国史、经济史等传记；“书”专记历代典章制度及其沿革；“表”是以谱牒的形式囊括和明了错综复杂的史事，重在表现历史发展线索和大势。这五种体例合而言之，它们是融为一体的；分而言之，却又能自成体系。因此，《史记》实际上是一种综合体史书。

司马迁首创纪传体历史撰述体裁，对此后中国史学的发展产生了重大影响。自此以后，史家作史多以《史记》为圭臬，正如清代史家赵翼所说的，“自此例一定，历代作史者遂不能出其范围。”（《廿二史札记》卷一）因此，《史记》无疑是为后人提供了一种历史编撰的范式。

从史学思想而言，《史记》首先明确规定了历史撰述的基本宗旨。在《报任安书》中，司马迁明确规定《史记》的撰述宗旨是：“究天人之际，通古今之变，成一家之言。”从时空关系而论，“究天人之际”指的是历史撰述的空间范围，“通古今之变”指的是历史撰述的时间跨度，合而言之，它们便是历史记载的全部对象。从理论思维而论，“究天人之际”体现的是一种哲学观，而“通古今之变”体现的则是一种历史观。因此，“究天人之际，通古今之变”，既是一种历史方法论，也是一种历史认识论。而“成一家之言”，则是一种历史目的论。司马迁撰述《史记》的目的，就是希望通过“究天人之际，通古今之变”，而提出自己对历史认识的一家之言。司马迁还对构成《史记》这部纪传体史书的五种基本体例也分别规定了撰述宗旨，其中“本纪”是为了说明“王迹所兴，原始察终，见盛观衰”；“世家”是为了表彰那些“忠信行道，以奉主上”的“辅拂股肱之臣”；“列传”是论载那些“扶义俶傥，不令已失时，立功名于天下”的豪杰之士；“书”是为了阐述礼、乐、律、历、天官、封禅、河渠、平准等典章制度的“承敝通变”；“表”的作用在于明了“并时异世，年差不明”的复杂历史事件。（《太史公自序》）当然，这旨趣不同的五种体例又都是服务于《史记》“究天人之际，通古今之变，成一家之言”这一全书最高宗旨的。

其次，《史记》提出了历史研究的三层境界说。第一层境界是“网罗天下放失旧闻”。司马迁认为，史家从事历史研究与编撰工作，首先必须要充分地占有历史资料，这是进行历史研究和撰述的前提条件。司马迁写作《史记》，就非常重视历史资料的收集工作。从他所收集的各种历史资料来看，其中既有“六经”异传、百家杂语和汉初百年间“莫不毕集于太史公”的天下遗文故事等文字资料，更有自己巡游各地所见所闻的各种自然资料、口碑资料。第二层境界是“考之行事”。网罗的“旧闻”并不都能当作可信的资料加以使用，还必须要对已占有的历史资料进行考实。“考之行事”的中心旨意是求真，《史记》一书之所以有“其文直，其事核，不虚美，不隐恶”（《汉书·司马迁传》）的“实录”之称，是司马迁重视“考之行事”的结果。第三层境界也就是最高境界，是“稽其成败兴坏之理”。司马迁认为，历史研究的终极目的是去求得历史成败兴坏的道理，发现和认识历史发展及其演变的趋势，这是历史撰述的最高境界。很显然前两层次的主旨是求真，后一层次的主旨是求理。

再次，《史记》高扬了人的价值。作为以人物为中心的纪传体史书，《史记》通篇都体现了一种重人事的思想。在谈论夏、商、周、秦相继更替这一历史发展大势时，司马迁认为，夏、商、周、秦之兴，是兴于修仁行义、积德用力；而它们的灭亡，也是人为的结果，而非天命。司马迁对历史上大凡有所作为之士，都不惜笔墨，大加颂扬。如在《越王勾践世家》中，他称赞勾践“苦身焦思，终灭强吴”，“可不谓贤哉！盖有禹之遗烈焉。”他非常仰慕孔子，《孔子世家》称赞说：“孔子布衣，传十余世，学者宗之。自天子王侯，中国言‘六艺’者折中于夫子，可谓至圣矣！”在《陈涉世家》中，他将布衣陈涉起义与汤武革命、孔子作《春秋》相提并论，充分肯定了陈涉在推翻暴秦统治过程中的首创精神。司马迁对历史上那些将人事的成败归之于天的做法提出批评。在《项羽本纪》赞语中，他否定项羽“天之亡我”的说法：“自矜功伐，奋其私智而不师古”，“乃引‘天亡我，非用兵之罪也’，岂不谬哉!”《蒙恬列传》则对蒙恬将自己的死因归于绝地脉而违忤天意的说法提出了批评，认为他作为一代名将，没有强谏秦始皇在天下初定时去“振百姓之急，养老存孤，务修众庶之和”，反而“阿意兴功”，他被诛杀是咎由自取。

最后，《史记》重视以“原始察终，见盛观衰”的观点来看待历史。所谓“原始察终”，就是要求人们要把历史当作一个整体过程来加以考察，以把握历史发展变化的各种因果关系。《史记》撰述的整体构思，充分体现了“原始察终”的原则。如“十二本纪”的撰述主旨是考察王迹的兴衰，它通过对黄帝以来历史发展大势的记述，集中表述了一种德力转换的思想。“十表”则比较明确地将历史划分为上古、近古和今世三个阶段和五帝三王、东周、战国、秦汉之际、汉兴以来五个时期，“十表”合起来看，则反映了自黄帝以来3000年历史发展变化的大势。所谓“见盛观衰”，就是要注意考察历史发展的盛衰之变，避免历史发展兴盛之时可能会出现的向衰的方向的转变。司马迁认为，历史的变易过程，其实就是一个盛衰变动的过程。合观《五帝本纪》和夏、商、周三王《本纪》，其实表述的就是上古圣王盛德政治的兴衰过程。同样，如果将《秦本纪》与《秦始皇本纪》合在一起，我们便很容易看出秦是怎样由割据一方的诸侯到秦始皇的一统天下再到二世而亡的由弱小到强盛再到灭亡的全过程。《十二诸侯年表》集中概述了各诸侯势力此消彼长、更替称霸的全体过程。当然，认识历史盛衰之变的目的，是为了防止历史向衰的方向转变。这就要求人们必须“见盛观衰”，要能够透过盛世的表象，敏锐地觉察出其背后所隐含的种种衰败的迹象，从而及时更张制度，以防患于未然，使事物继续向好的方向发展。

2. 无韵之《离骚》

离骚者，因其遭遇而忧愁也。屈原因遭放逐而忧愁幽思以作《离骚》，司马迁则因受宫刑之辱心有郁结而作《史记》；屈原借作《离骚》以发愤抒情，司马迁作《史记》又何尝不是对人生和社会的一种咏叹！用“无韵之《离骚》”来称颂《史记》，是鲁迅对《史记》蕴含的思想情感与心灵体验的准确把握。

首先，《史记》大胆揭露西汉帝王的种种丑行，体现了一种抗暴意识。如开国皇帝刘邦，发迹之前本是个不务农事又好酒色的无赖之徒，为此经常遭到父亲的训斥。做了皇帝后，刘邦竟然还没有释怀于当年父亲对他的训斥，他对父亲说：“始大人常以臣无赖，不能治产业，不如仲力。今某之业所就孰与仲多？”（《高祖本纪》）在楚汉战争时期，刘邦的无赖嘴脸也常常是暴露无遗。如有一次项羽抓住了刘邦的父亲，以烹杀刘父来逼刘邦退兵，而刘邦竟与项羽耍起了无赖，他说：“吾与项羽俱北面受命怀王，曰‘约为兄弟’，吾翁即若翁。必欲烹而翁，则幸分我一杯羹。”（《项羽本纪》）在刘邦看来，争天下比保住父亲的性命更为重要。汉景帝是文景盛世时期的明君，同时也是一个不讲信义的君主。他为了堵住叛乱诸侯王反叛中央的借口，企图息事宁人，以保住自己的皇位，而不惜腰斩了对他忠心耿耿、与他积极谋划削藩之事的晁错，让他做了冤死鬼。汉武帝既是一位雄才大略的君主，也是一位残暴而荒诞的君主。他的残暴，主要表现在重用酷吏治民。《史记·酷吏列传》总共写了 10 个酷吏，其中 9 个都是汉武帝时期的人，他们是汉武帝推行独裁统治的最好帮凶和工具。酷吏张汤是汉武帝最信任的人，据史料记载，当时“丞相取充位，天下事皆决于汤。”张汤手下有个叫王温舒的人，是个杀人成性的酷吏，《史记》说汉武帝却“以为能，迁为中尉。”这一语活脱出了汉武帝的残暴秉性。汉武帝还是一个“好神仙之术”的荒诞君主，《史记》的《封禅书》和《武帝本纪》对此多有披露。《史记》对于帝王丑行的揭露，既是对封建君权的一种蔑视，也是对封建暴政的一种鞭笞。

其次，《史记》赞美悲剧英雄。司马迁遭受宫刑，这是他人生的悲剧，正因此，《史记》对于历史上的悲剧英雄人物，总是给予由衷的赞美。《项羽本纪》关于悲剧英雄项羽的刻画，便是其中最具有代表性的篇章。楚汉相争的第一回合是鸿门宴，当时项羽的实力要大大强于刘邦，因此，鸿门宴上项羽的盛气凌人与刘邦的小心翼翼形成了鲜明的对比。然而，也正是由于项羽的妇人之仁，放走了刘邦，致使谋士范增发出了“竖子不足与谋”的叹息。垓下之战是项羽的穷途末路，然而，即使是失败了，项羽也不失英雄本色：霸王别姬表现出了英雄柔情一面；三战追兵获胜，却逃脱不了失败的命运，致使英雄临终发出了“天亡我”的呼号。一篇《项羽本纪》，将这位悲剧英雄刻画得栩栩如生，千百年来，一直震撼着人们的心灵，人们为这位悲剧英雄而扼腕叹息。又如《李将军列传》，则刻画了一位令匈奴闻风丧胆却又终身不得封侯的飞将军李广的悲剧英雄形象。李广青年从军，一生血战沙场，与匈奴大小战斗六七十次，却至死也未能得以封侯，最终落得个引刀自刭而死的下场。“李广难封”固然是封建统治者压抑人才和刻薄寡恩所造成的，不过，他的英雄事迹却一直受到人们的敬仰，他的悲剧人生则赢得了人们深深的同情。

再次，《史记》同情历史上的抗暴人物。司马迁是封建暴政的牺牲品，故而《史记》对历史上那些敢于抗暴的人物也无不给予了同情，《刺客列传》便是这样的典型篇章。如春秋时齐鲁交战，鲁国三战三败，鲁庄公准备“献遂邑之地以和”，齐桓公同意会盟于柯。然而，鲁国力士曹沫却在盟会上用匕首挟持齐桓公，迫使齐桓公当众同意归还所侵占的鲁国土地。曹沫的举动体现了这位力士的胆识，也使齐桓公极其狼狈。在司马迁看来，齐桓公毕竟是春秋霸主，而曹沫不过是个力士，可是他却能够为了鲁国的利益而不惜用自己的生命向强权进行抗争，他的行为确实是可歌可泣的。又如写荆轲刺秦王之事，荆轲在离别燕国时，一句“风萧萧兮易水寒，壮士一去兮不复还”，不禁使人荡气回肠。在司马迁看来，荆轲刺秦王不但事情几乎不可能成功，而且自己还必死无疑，也正因为这样，燕国太子丹及宾客皆“白衣冠以送之”。《史记》在描述荆轲刺秦王的具体场面时，先是“图穷匕首见”，接着是让人窒息的荆轲与秦王的紧张而危险的搏斗场面，结果是秦王虚惊一场，而荆轲被杀身亡。壮士虽然失败了，但正如司马迁所说的，它使“暴秦夺魂，懦夫增气”，荆轲的英名将永垂后世。

最后，《史记》颂扬忍辱负重之士。司马迁是个忍辱负重的千古奇伟之士，故而《史记》注重颂扬历史上那些忍辱负重之士。如《屈原贾生列传》写了伟大的文学家屈原的悲剧人生，在司马迁看来，屈原的悲剧在于生不逢时，当时的楚国是君昏臣暗，屈原空有伟大的抱负和满腔的爱国热情，这种“举世混浊而我独清，众人皆醉而我独醒”，自然使屈原无法得到人们的理解，他的怀才不遇和因犯颜直谏而遭放逐也就在情理之中了。可是屈原本人却苦苦思索而得不到解答，最终饮恨投汨罗江而死。不过，屈原却通过《离骚》、《天问》、《哀郢》等作品，抒发了自己对人生和现实社会的感悟，成就了他人生最伟大的事业。《淮阴侯列传》则记述了少年时代的韩信诸多受辱的故事：他曾因“不能治商贾”寄食于他人之家，而吃白饭自然会遭人讨厌；他曾因洗衣婆给了他饭吃而说日后要报答她，却遭到洗衣婆的训斥：“大丈夫不能自食其力，我给你饭吃，难道是希望你将来报答我吗！”更有甚者，他还曾经受屠中少年的胯下之辱，而遭到人们的耻笑。然而，韩信是一个忍小耻而就大义、胸怀大志良谋的人，他当时的落魄，是因为时代没有提供他施展才华的机会；而当秦末战争爆发后，英雄有了用武之地，韩信卓越的军事指挥才能得到了充分展示，数年之间，使这位当年屡遭侮辱的人成就了赫赫功业，成为中国历史上杰出的军事将领。毫无疑问，屈原的怀才不遇、韩信的屡屡受辱，这些不但没有使他们沉沦，反而练就了他们忍辱负重的品格，并因此而成就了一番伟大的事业。司马迁颂扬这些忍辱负重之士，无疑是一种自况，是在抒发自己通过发愤著述而最终成就名山事业的一种情怀。

名篇点评

管仲佐齐建霸业

原文：

管仲夷吾者，颍上人也。少时常与鲍叔牙游，鲍叔知其贤。管仲贫困，常欺鲍叔，鲍叔终善遇之，不以为言。已而鲍叔事齐公子小白，管仲事公子纠。及小白立为桓公，公子纠死，管仲囚焉。鲍叔遂进管仲。管仲既用，任政于齐，齐桓公以霸，九合诸侯，一匡天下，管仲之谋也。

管仲曰："吾始困时，尝与鲍叔贾，分财利多自与，鲍叔不以我为贪，知我贫也。吾尝为鲍叔谋事而更穷困，鲍叔不以我为愚，知时有利不利也。吾尝三仕三见逐于君，鲍叔不以我为不肖，知我不遭时也。吾尝三战三走，鲍叔不以我怯，知我有老母也。公子纠败，召忽死之，吾幽囚受辱，鲍叔不以我为无耻，知我不羞小节而耻功名不显于天下也。生我者父母，知我者鲍子也。"

鲍叔既进管仲，以身下之。子孙世禄于齐，有封邑者十余世，常为名大夫。天下不多管仲之贤而多鲍叔能知人也。

管仲既任政相齐，以区区之齐在海滨，通货积财，富国强兵，与俗同好恶。故其称曰："仓廪实而知礼节，衣食足而知荣辱，上服度则六亲固。四维不张，国乃灭亡。下令如流水之原，令顺民心。"故论卑而易行。俗之所欲，因而予之；俗之所否，因而去之。

管仲

其为政也，善因祸而为福，转败而为功。贵轻重，慎权衡。桓公实怒少姬，南袭蔡，管仲因而伐楚，责包茅不入贡于周室。桓公实北征山戎，而管仲因而令燕修召公之政。于柯之会，桓公欲背曹沫之约，管仲因而信之，诸侯由是归齐。故曰："知与之为取，政之宝也。"

管仲富拟于公室，有三归、反坫，齐人不以为侈。管仲卒，齐国遵其政，常强于诸侯。……

（选自《管晏列传》）

点评：

管仲是中国历史上的名相。春秋初年，管仲由好友鲍叔牙推荐，出任齐桓公之相。为了使齐国迅速强大起来，管仲推行了一系列富国强兵的措施，主要有：政治上实行"叁其国而伍其鄙"制度，将"国"人（都邑之人）按职业和等级划分为工、商、士三类，分开居住；将"鄙"人（广大乡村之人）分为五个属，由五个大夫管理，从而加强了国家对人民的控制，稳定了社会秩序。军事上实行"作内政以寄军令"制度，即将行政组织与军事组织统一起来，实行寓兵于农、兵民合一，从而提高了军事战斗力。经济上实行“相地而衰征”的税制，规定无论公田、私田，都必须要向国家交税，由此增加了国家的收入。教育上大力提倡礼义廉耻“四维”教化，实行士农工商四民分业教育，从而有利于国人道德的提高和职业分工的稳定。通过管仲的大刀阔斧的改革，齐国逐渐强大起来。随后齐国便开始打着尊王攘夷的旗号，通过外交和军事等手段，九次会盟诸侯，当上了各诸侯国的霸主，齐桓公成了春秋第一霸。

本篇选自《管晏列传》，主要抓住了管仲的几个典型事例，对他佐齐建霸业的情况作了记述。一是管鲍之交。管仲与鲍叔牙是少年时期的朋友，后来又分别做了齐国公子小白和纠的师傅，可是小白即位（齐桓公）后，鲍叔牙却推荐与齐桓公有射钩之仇的管仲做了齐相，而自己则甘居其下。对于鲍叔牙的知遇之恩，管仲心存感激，所以他说：“生我者父母，知我者鲍子也。”正是有鲍叔牙的荐举，才有日后管仲的大展宏图和齐桓公的霸业，因此，天下人甚至不称赞管仲的贤能，而称赞鲍叔牙的知人。二是管仲政绩。齐国通过管仲的治理，这个小小的滨海之国因此而国富兵强，教化大行，从而建立了“九合诸侯，一匡天下”的霸业。三是管仲为政特点。管仲为政，善于变祸害为福利，变失败为成功。他认为治理政治最宝贵的经验是能认识到给是为了取这样的道理。

管仲的事迹留给了后人诸多的启示。人说知己难求，而管仲却幸运地交上了鲍叔牙这样的朋友，从而成就了他的功业和齐国的霸业。管仲说“仓廪实而知礼节，衣食足而知荣辱”，这种以求富为根本的荣辱观，对司马迁以后的思想家有着重要的影响。管仲为政权衡轻重、讲究信用、懂得与取，这些都是政治治理的宝贵经验。

勾践卧薪尝胆灭强吴

原文：

越王勾践，其先禹之苗裔，而夏后帝少康之庶子也。封于会稽，以奉守禹之祀。……后二十余世，至于允常。……允常卒，子勾践立，是为越王。

元年，吴王阖庐闻允常死，乃兴师伐越。越王勾践使死士挑战，三行，至吴陈，呼而自刭。吴师观之，越因袭击吴师，吴师败于槜李，射伤吴王阖庐。阖庐且死，告其子夫差曰："必毋忘越。"

三年，勾践闻吴王夫差日夜勒兵，且以报越，越欲先吴未发往伐之。范蠡谏曰："不可。臣闻兵者凶器也，战者逆德也，争者事之末也。阴谋逆德，好用凶器，试身于所末，上帝禁之，行者不利。"越王曰："吾已决之矣。"遂兴师。吴王闻之，悉发精兵击越，败之夫椒。越王乃以余兵五千人保栖于会稽。吴王追而围之。

越王谓范蠡曰："以不听子故至于此，为之奈何？"蠡对曰："持满者与天，定倾者与人，节事者以地。卑辞厚礼以遗之，不许，而身与之市。"勾践曰："诺。"乃令大夫种行成于吴，膝行顿首曰："君王亡臣勾践使陪臣种敢告下执事：勾践请为臣，妻为妾。"吴王将许之。子胥言于吴王曰："天以越赐吴，勿许也。"种还，以报勾践。……于是勾践以美女宝器令种间献吴太宰嚭。嚭受，乃见大夫种于吴王。种顿首言曰："愿大王赦勾践之罪，尽入其宝器。不幸不赦，勾践将尽杀其妻子，燔其宝器，悉五千人触战，必有当也。"嚭因说吴王曰："越以服为臣，若将赦之，此国之利也。"吴王将许之。子胥进谏曰："今不灭越，后必悔之。勾践贤君，种、蠡良臣，若反国，将为乱。"吴王弗听，卒赦越，罢兵而归。

……

吴既赦越，越王勾践反国，乃苦身焦思，置胆于坐，坐卧即仰胆，饮食亦尝胆也。曰："女忘会稽之耻邪？"身自耕作，夫人自织，食不加肉，衣不重采，折节下贤人，厚遇宾客，振贫吊死，与百姓同其劳。欲使范蠡治国政，蠡对曰："兵甲之事，种不如蠡；填抚国家，亲附百姓，蠡不如种。"于是举国政属大夫种，而使范蠡与大夫柘稽行成，为质于吴。二岁而吴归蠡。

勾践自会稽归七年，拊循其士民，欲用以报吴。……

至明年春，吴王北会诸侯于黄池，吴国精兵从王，惟独老弱与太子留守。勾践复问范蠡，蠡曰"可矣"。乃发习流二千人，教士四万人，君子六千人，诸御千人，伐吴。吴师败，遂杀吴太子。吴告急于王，王方会诸侯于黄池，惧天下闻之，乃秘之。吴王已盟黄池，乃使人厚礼以请成越。越自度亦未能灭吴，乃与吴平。

其后四年，越复伐吴。吴士民罢弊，轻锐尽死于齐、晋。而越大破吴，因而留围之三年，吴师败，越遂复栖吴王于姑苏之山。吴王使公孙雄肉袒膝行而前，请成越王曰："孤臣夫差敢布腹心，异日尝得罪于会稽，夫差不敢逆命，得与君王成以归。今君王举玉趾而诛孤臣，孤臣惟命是听，意者亦欲如会稽之赦孤臣之罪乎？"勾践不忍，欲许之。范蠡曰："会稽之事，天以越赐吴，吴不取。今天以吴赐越，越其可逆天乎？且夫君王蚤朝晏罢，非为吴邪？谋之二十二年，一旦而弃之，可乎？且夫天与弗取，反受其咎。'伐柯者其则不远'，君忘会稽之厄乎？"勾践曰："吾欲听子言，吾不忍其使者。"范蠡乃鼓进兵，曰："王已属政于执事，使者去，不者且得罪。"吴使者泣而去。勾践怜之，乃使人谓吴王曰："吾置王甬东，君百家。"吴王谢曰："吾老矣，不能事君王！"遂自杀。乃蔽其面，曰："吾无面以见子胥也！"越王乃葬吴王而诛太宰嚭。

勾践已平吴，乃以兵北渡淮，与齐、晋诸侯会于徐州，致贡于周。周

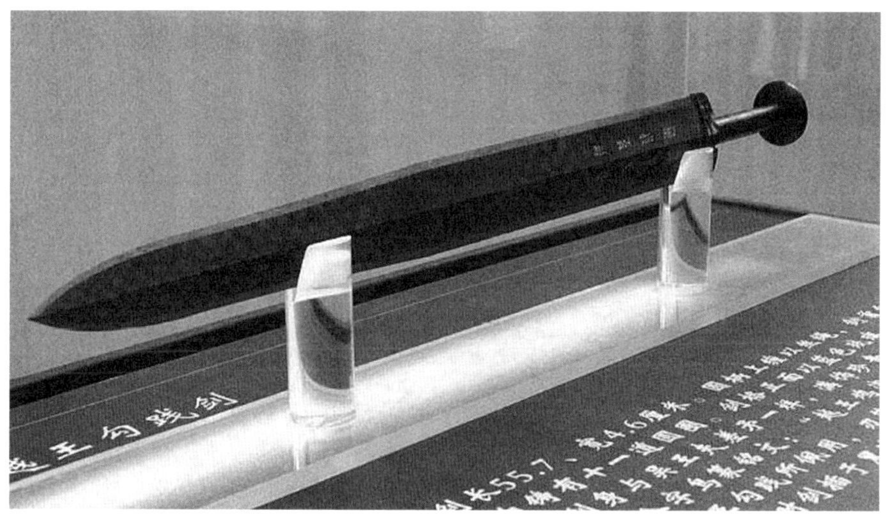

越王勾践剑

元王使人赐勾践胙，命为伯。勾践已去，渡淮南，以淮上地与楚，归吴所侵宋地于宋，与鲁泗东方百里。当是时，越兵横行于江、淮东，诸侯毕贺，号称霸王。

范蠡遂去，自齐遗大夫种书曰：“蜚鸟尽，良弓藏；狡兔死，走狗烹。越王为人长颈鸟喙，可与共患难，不可与共乐。子何不去？”种见书，称病不朝。人或谗种且作乱，越王乃赐种剑曰：“子教寡人伐吴七术，寡人用其三而败吴，其四在子，子为我从先王试之。”种遂自杀。

（选自《越王勾践世家》）

点评：

勾践是春秋后期越国国王，他在大臣范蠡和文种的精心辅佐下，经过二十余年的休养生息，使越国不断强大起来，终于灭掉强大的吴国，称霸中原。司马迁称赞他是贤人，认为他有当年大禹的遗风（勾践是大禹的后代）。

范蠡

从《史记·越王勾践世家》的记述可知，勾践的一生是在与吴国进行不断的较量中度过的，当然他是最终的胜利者。先是越王勾践元年（前496年），吴王阖庐利用勾践的父亲允常刚去世这一时机兴兵伐越，结果却被勾践打败，阖庐本人也被射伤而死，他临死前一再告诫其子夫差不要忘记越国之仇。过了两年，即公元前494年，勾践听说吴王夫差日夜练兵，便决定先发制人，发动对吴的进攻，结果却被夫差打得大败，残余军队被紧紧围困在会稽，只好请求臣服于吴。此后通过休养生息，越国重新强大起来，终于灭掉强吴、称霸中原。勾践死后，越国又传了数代，到越王无疆时，开始大肆兴兵，他北伐齐国，西讨楚国，最终被楚威王兴兵打败，无疆被杀，越国因此解体，汉高祖时东越、闽君都是他的后代。值得注意的是，当年辅佐勾践大败吴国的范蠡和文种两人，其归宿却有很大的不同。灭吴之后，范蠡深深懂得鸟尽弓藏、兔死狗烹的道理，认为勾践其人只可以与他共患难，不可以与他享荣华，便自己乘舟浮海而去。到了齐地后，给文种书信，奉劝他离开越王。文种没有听从范蠡的劝告离开越王，只是称病不朝而已，结果被勾践赐死。范蠡出走后，变更姓名（人称陶朱公），致力产业。他曾先后到过齐、陶、楚等地，三致千金，却又散尽其财，每到一地，都留下美名，所以司马迁说："三迁皆有荣名，名垂后世。"（《史记·越王勾践世家》）

本篇选自《越王勾践世家》，它集中讲述勾践受会稽之辱后，如何卧薪尝胆，最终灭吴以雪国耻的具体经过。会稽之辱其实是勾践自取其辱，因为此次战争是勾践不听范蠡的劝告，在还没有做好战争准备的情况下主动发起的。战败之后，勾践不得不派文种去请求吴王夫差接受他的臣服，幸亏有吴太宰伯嚭这样的贪婪小人的帮忙，才使夫差没有听从伍子胥灭越的劝告，而接受了越王的臣服。从此以后二十年余间，勾践一方面磨炼心志，他卧薪尝胆，食不加肉，衣不重彩，礼贤下士，时刻不忘报仇雪耻；另一方面，他重用文种、范蠡，休养民力，发展生产，训练军士。经过十年教训，十年生聚，越国又强大起来，通过与吴国的几次交锋，终于在公元前 473 年灭了吴国。与二十余年前吴国大败越国所不同的是，这次吴王夫差请求越王勾践接受他的臣服，勾践则听取了范蠡的建议，没有再犯当年夫差放虎归山的错误。

对于勾践卧薪尝胆灭强吴，史家司马迁是予以称赞的。我们认为，勾践不忘国耻，说明他看重荣辱，有伟丈夫气概；为复仇而苦身焦思，卧薪尝胆，说明他有着一种超凡的毅力和坚强的决心。勾践的这种精神，应该为中华民族的后人所景仰，值得子孙万代去学习。

商鞅佐秦变法

原文：

商君者，卫之诸庶孽公子也，名鞅，姓公孙氏，其祖本姬姓也。鞅少好刑名之学，事魏相公叔痤为中庶子。……

公叔既死，公孙鞅闻秦孝公下令国中求贤者，将修缪公之业，东复侵地，乃遂西入秦，因孝公宠臣景监以求见孝公。孝公既见卫鞅，语事良久，孝公时时睡，弗听。罢而孝公怒景监曰：“子之客妄人耳，安足用邪！”景监以让卫鞅。卫鞅曰：“吾说公以帝道，其志不开悟矣。”后五日，复求见鞅。鞅复见孝公，益愈，然而未中旨。罢而孝公复让景监，景监亦让鞅。鞅曰："吾说公以王道而未入也。请复见鞅。"鞅复见孝公，孝公善之而未用也。罢而去。孝公谓景监曰："汝客善，可与语矣。"鞅曰："吾说公以霸道，其意欲用之矣。诚复见我，我知之矣。"卫鞅复见孝公。公与语，不自知膝之前于席也。语数日不厌。景监曰："子何以中吾君？吾君之欢甚也。"鞅曰："吾说君以帝王之道比三代，而君曰：'久远，吾不能待。且贤君者，各及其身显名天下，安能邑邑待数十百年以成帝王乎？'故吾以强国之术说君，君大说之耳。然亦难以比德于殷周矣。"

孝公既用卫鞅，鞅欲变法，恐天下议己。卫鞅曰："疑行无名，疑事无功。且夫有高人之行者，固见非于世；有独知之虑者，必见敖于民。愚者暗于成事，知者见于未萌。民不可与虑始而可与乐成。论至德者不和于俗，成大功者不谋于众。是以圣人苟可以强国，不法其故；苟可以利民，不循其礼。"孝公曰："善。"甘龙曰："不然。圣人不易民而教，知者不变法而治。因民而教，不劳而成功；缘法而治者，吏习而民安之。"卫鞅曰："龙之所言，世俗之言也。常人安于故俗，学者溺于所闻。以此两者居官守法可也，非所与论于法之外也。三代不同礼而王，五伯不同法而霸。智者作法，愚者制焉；贤者更礼，不肖者拘焉。"杜挚曰："利不百，不变法；功不十，不易器。法古无过，循礼无邪。"卫鞅曰："治世不一道，便国不法古。故汤武不循古而王，夏殷不易礼而亡。反古者不可非，而循礼者不

商鞅

足多。”孝公曰：“善。”以卫鞅为左庶长，卒定变法之令。

令民为什伍，而相牧司连坐。不告奸者腰斩，告奸者与斩敌首同赏，匿奸者与降敌同罚。民有二男以上不分异者，倍其赋。有军功者，各以率受上爵；为私斗者，各以轻重被刑大小。僇力本业，耕织致粟帛多者复其身。事末利及怠而贫者，举以为收孥。宗室非有军功论，不得为属籍。明尊卑爵秩等级，各以差次名田宅，臣妾衣服以家次。有功者显荣，无功者虽富无所芬华。

令既具，未布，恐民之不信，已乃立三丈之木于国都市南门，募民有能徙置北门者予十金。民怪之，莫敢徙。复曰“能徙者予五十金”。有一人徙之，辄予五十金，以明不欺。卒下令。

令行于民期年，秦民之国都言初令之不便者以千数。于是太子犯法。卫鞅曰：“法之不行，自上犯之。”将法太子。太子，君嗣也，不可施刑，刑其傅公子虔，黥其师公孙贾。明日，秦人皆趋令。行之十年，秦民大说，道不拾遗，山无盗贼，家给人足。民勇于公战，怯于私斗，乡邑大治。秦民初言令不便者有来言令便者，卫鞅曰“此皆乱化之民也”，尽迁之于边城。其后民莫敢议令。

……居三年，作为筑冀阙宫庭于咸阳，秦自雍徙都之。而令民父子兄弟同室内息者为禁。而集小乡邑聚为县，置令、丞，凡三十一县。为田开阡陌封疆，而赋税平。平斗桶权衡丈尺。……居五年，秦人富强，天子致胙于孝公，诸侯毕贺。

（选自《商君列传》）

点评：

商鞅，一称公孙鞅，也称卫鞅，是战国时期著名的法家代表人物。《史记·商君列传》对他一生行事作了详细记述：商鞅少年即好刑名之学，最初是魏国相国公孙痤的家臣。公孙痤死后，他入秦游说秦孝公，在秦国先后进行了两次变法。有一个名叫赵良的人，对商鞅以刑法治秦提出批评，认为这违背了尧舜之道。商鞅则不以为然，他要赵良评一评他与秦穆公时期五羖大夫百里奚的治秦政绩。赵良便直言不讳地说，百里奚治秦功名藏于府库，德行施于后世，所以死后人民非常怀念他。现在你商鞅治秦，不为百姓着想，又对贵族们滥施刑法，所谓“得人者兴，失人者崩”，“恃德者昌，恃力者亡”。你的危险好比是早上的露珠啊！商鞅当然听不进赵良的劝告。后来当支持变法的秦孝公死后，商鞅果然很快就被秦国贵族们诬告，遭车裂而死，商鞅的结局不幸被赵良言中了。史家司马迁虽然肯定商鞅佐秦的功绩，却也对他天性刻薄寡恩提出批评。

本篇选自《商君列传》，着重对商鞅在秦国两次进行变法的具体情况作了记述。商鞅刚入秦时，以帝道、王道说与秦孝公，孝公不愿意听；于是又以霸道说与孝公，孝公很高兴。如何建立霸业？商鞅认为，“三代不同礼而王，五伯不同法而霸”，秦国要建霸业，就必须要实行变法。他的主张得到秦孝公的同意，于是被任命为左庶长，正式进行变法。商鞅变法的基本内容包括：奖励耕织和军功，废除贵族世袭特权，推行什伍连坐法。新法推行后，乡村都邑得到了治理，效果显著。秦孝公十二年（前350年），秦国迁都咸阳，商鞅进行了第二次变法，主要内容有禁止父子兄弟同住，合并乡邑为三十一个县，废除井田制度，统一度量衡制。经过再次变法，秦国逐渐富强起来。

商鞅变法，使秦国因此而富强起来，为秦国逐渐剪灭诸侯，最终实现统一，奠定了坚实的基础。作为变革家的商鞅，他的变革思想和政治魄力，是值得人们敬仰的。但是，商鞅过于依赖严刑酷法，而不注重德治；变法操之过急，而不懂得循序渐进，这是导致他个人最终失败的原因。

冯驩买义

原文：

初，冯驩闻孟尝君好客，蹑蹻而见之。孟尝君曰："先生远辱，何以教文也?"冯驩曰："闻君好士，以贫身归于君。"孟尝君置传舍十日，孟尝君问传舍长曰："客何所为?"答曰："冯先生甚贫，犹有一剑耳，又蒯缑。弹其剑而歌曰'长铗归来乎，食无鱼'。"孟尝君迁之幸舍，食有鱼矣。五日，又问传舍长。答曰："客复弹剑而歌曰'长铗归来乎，出无舆'。"孟尝君迁之代舍，出入乘舆车矣。五日，孟尝君复问传舍长。舍长答曰："先生又尝弹剑而歌曰'长铗归来乎，无以为家'。"孟尝君不悦。

居期年，冯驩无所言。孟尝君时相齐，封万户于薛。其食客三千人。邑入不足以奉客，使人出钱于薛。岁余不入，贷钱者多不能与其息，客奉将不给。孟尝君忧之，问左右："何人可使收债于薛者?"传舍长曰："代舍客冯公形容状貌甚辩，长者，无他伎能，宜可令收债。"孟尝君乃进冯驩而请之曰："宾客不知文不肖，幸临文者三千余人，邑入不足以奉宾客，故出息钱于薛。薛岁不入，民颇不与其息。今客食恐不给，原先生责之。"冯驩曰；"诺。"辞行，至薛，召取孟尝君钱者皆会，得息钱十万。乃多酿酒，买肥牛，召诸取钱者，能与息者皆来，不能与息者亦来，皆持取钱之券书合之。齐为会，日杀牛置酒。酒酣，乃持券如前合之，能与息者，与为期；贫不能与息者，取其券而烧之。曰："孟尝君所以贷钱者，为民之无者以为本业也；所以求息者，为无以奉客也。今富给者以要期，贫穷者燔券书以捐之。诸君强饮食。有君如此，岂可负哉!"坐者皆起，再拜。

孟尝君闻冯驩烧券书，怒而使使召驩。驩至，孟尝君曰："文食客三千人，故贷钱于薛。文奉邑少，而民尚多不以时与其息，客食恐不足，故请先生收责之。闻先生得钱，即以多具牛酒而烧券书，何?"冯驩曰：

孟尝君与他的门客

“然。不多具牛酒即不能毕会，无以知其有余不足。有余者，为要期。不足者，虽守而责之十年，息愈多，急，即以逃亡自捐之。若急，终无以偿，上则为君好利不爱士民，下则有离上抵负之名，非所以厉士民彰君声也。焚无用虚债之券，捐不可得之虚计，令薛民亲君而彰君之善声也，君有何疑焉！”孟尝君乃拊手而谢之。

（选自《孟尝君列传》）

点评：

冯驩，也作冯谖、冯煖，战国时人，孟尝君田文门下食客，主要事迹详载于《史记·孟尝君列传》。冯驩听说孟尝君好客，便前来投奔到他的门下。先是埋怨孟尝君不给鱼吃，满足了要求后又埋怨出门没车坐，给他配了车后又说要成一个家，孟尝君很不高兴。住满了一年，孟尝君让他到自己的封地薛去收债，他却擅自将那些付不起利息的人所持的债券全部烧掉。后来，孟尝君因名高震主被废去相职，门下食客皆纷纷离去。冯驩则积极游说于秦王与齐王之间，最终齐王听信了他的话，重新恢复了孟尝君的相位。而这时，原来那些离去的食客又纷纷准备重新回到孟尝君的门下。孟尝君颇为感慨，说这些人如果还有脸面来的话，一定要唾其面以羞辱他们。冯驩于是对孟尝君晓之以理，并说当时那种情形食客们离去也是人之常情，希望孟尝君能够像过去一样对待他们，他的建议被孟尝君所接受。在孟尝君位居相国，封地万户，食客三千，志满意得时，冯驩只是其门下一个不被看重的食客，可是到了孟尝君落难时，食客们作鸟兽散，只有他依然留在门下，并且依靠自己的智慧帮助主人渡过了难关。冯驩的重义和智慧，受到了后人的称赞。

“冯驩买义”的故事选自《孟尝君列传》，说的是冯驩替孟尝君到薛地收债之事。孟尝君门下食客多，开销大，而当时他在薛地所放的贷又收不上息钱，孟尝君便把这个苦差事交给冯驩去办。冯驩到了薛地后，将先期收到的十万息钱置办了一个大酒宴，然后对那些前来出席酒宴的贷钱人说，孟尝君之所以要贷钱给你们，是让你们有营生的本钱；之所以要收你们的息钱，是因为没有钱养食客。现在，你们当中付得起利息的就定下交付期限，付不起利息的就将持有的债券全部烧掉。孟尝君听说后，大为恼火。冯驩却解释说，花大钱办酒宴，是为了让更多的人来出席酒宴。之所以要烧掉债券，是因为那些交不起息的人，你不烧掉他们的债券，也还是得不到利息，而烧掉他们的债券，反而显示了你对薛地人民的恩情，我这是为你买回来“义”啊！据《战国策·齐策》载，后来孟尝君被废回到封地薛时，受到了薛地人民的热情欢迎，此时他真正感受到了当年冯驩为他所买的“义”的价值。

冯驩买义已成为千古佳话，这个故事一方面反映了食客冯驩的聪明才智和善良本性，一方面也体现了普通民众的滴水之恩以涌泉相报的朴素情怀。

蔺相如完璧归赵

原文：

蔺相如者，赵人也，为赵宦者令缪贤舍人。

赵惠文王时，得楚和氏璧。秦昭王闻之，使人遗赵王书，愿以十五城请易璧。赵王与大将军廉颇诸大臣谋：欲予秦，秦城恐不可得，徒见欺；欲勿予，即患秦兵之来。计未定，求人可使报秦者，未得。宦者令缪贤曰："臣舍人蔺相如可使。"王问："何以知之？"对曰："臣尝有罪，窃计欲亡走燕，臣舍人相如止臣，曰：'君何以知燕王？'臣语曰：'臣尝从大王与燕王会境上，燕王私握臣手，曰"原结友"。以此知之，故欲往。'相如谓臣曰：'夫赵强而燕弱，而君幸于赵王，故燕王欲结于君。今君乃亡赵走燕，燕畏赵，其势必不敢留君，而束君归赵矣。君不如肉袒伏斧质请罪，则幸得脱矣。'臣从其计，大王亦幸赦臣。臣窃以为其人勇士，有智谋，宜可使。"于是王召见，问蔺相如曰："秦王以十五城请易寡人之璧，可予不？"相如曰："秦强而赵弱，不可不许。"王曰："取吾璧，不予我城，奈何？"相如曰："秦以城求璧而赵不许，曲在赵。赵予璧而秦不予赵城，曲在秦。均之二策，宁许以负秦曲。"王曰："谁可使者？"相如曰："王必无人，臣愿奉璧往使。城入赵而璧留秦；城不入，臣请完璧归赵。"赵王于是遂遣相如奉璧西入秦。

秦王坐章台见相如，相如奉璧奏秦王。秦王大喜，传以示美人及左右，左右皆呼万岁。相如视秦王无意偿赵城，乃前曰："璧有瑕，请指示王。"王授璧，相如因持璧却立，倚柱，怒发上冲冠，谓秦王曰："大王欲得璧，使人发书至赵王，赵王悉召群臣议，皆曰'秦贪，负其强，以空言求璧，偿城恐不可得'。议不欲予秦璧。臣以为布衣之交尚不相欺，况大

完璧归赵

国乎！且以一璧之故逆强秦之欢，不可。于是赵王乃斋戒五日，使臣奉璧，拜送书于庭。何者？严大国之威以修敬也。今臣至，大王见臣列观，礼节甚倨；得璧，传之美人，以戏弄臣。臣观大王无意偿赵王城邑，故臣复取璧。大王必欲急臣，臣头今与璧俱碎于柱矣！”相如持其璧睨柱，欲以击柱。秦王恐其破璧，乃辞谢固请，召有司案图，指从此以往十五都予赵。相如度秦王特以诈详为予赵城，实不可得，乃谓秦王曰：“和氏璧，天下所共传宝也，赵王恐，不敢不献。赵王送璧时，斋戒五日，今大王亦宜斋戒五日，设九宾于廷，臣乃敢上璧。”秦王度之，终不可强夺，遂许斋五日，舍相如广成传。相如度秦王虽斋，决负约不偿城，乃使其从者衣褐，怀其璧，从径道亡，归璧于赵。

秦王斋五日后，乃设九宾礼于廷，引赵使者蔺相如。相如至，谓秦王曰：“秦自缪公以来二十余君，未尝有坚明约束者也。臣诚恐见欺于王而负赵，故令人持璧归，间至赵矣。且秦强而赵弱，大王遣一介之使至赵，赵立奉璧来。今以秦之强而先割十五都予赵，赵岂敢留璧而得罪于大王乎？臣知欺大王之罪当诛，臣请就汤镬，唯大王与群臣孰计议之。”秦王与群臣相视而嘻。左右或欲引相如去，秦王因曰：“今杀相如，终不能得璧也，而绝秦赵之欢，不如因而厚遇之，使归赵，赵王岂以一璧之故欺秦邪！”卒廷见相如，毕礼而归之。

相如既归，赵王以为贤大夫使不辱于诸侯，拜相如为上大夫。秦亦不以城予赵，赵亦终不予秦璧。

（选自《廉颇蔺相如列传》）

点评：

本篇节选自《廉颇蔺相如列传》。该列传是关于战国时期赵国四大功臣廉颇、蔺相如、赵奢和李牧的合传，之所以要以廉颇、蔺相如为传名，主要是为了突出“廉蔺交欢、将相和而赵强”这一主旨思想；之所以要以赵奢和李牧为附传，是为了著明赵国的兴亡，忠告治国者知人善任则国兴，忠奸不辨则国亡的用人道理。四人合传，恰好构成一条线索，系统反映了赵国从赵惠文王到赵王迁七十年间的赵国兴亡史。

老将廉颇是本传的主角之一，虽然着墨不多，却对他的性格作了很好的刻画，他既心高气傲、意气用事，又能负荆请罪、勇于改过；他晚年遭受排挤客死于楚，却至死还在想念赵国，爱国之情溢于言表。赵奢的故事穿插于传中，主要通过依法征税和阏与破秦二事，塑造了一个良吏良将的公而忘私的形象。而李牧是位战功卓著的名将，结果却中秦反间计受冤而死，赵国也因英雄蒙冤而亡国。

蔺相如是本传的另一位主角，文章主要通过完璧归赵、渑池之会和廉蔺交欢三个典型事例，对蔺相如的一生行事作了论述。其中的“渑池之会”是写蔺相如如何不卑不亢，维护赵国尊严，取得了对秦外交斗争的第二次胜利；而“廉蔺交欢”则歌颂了蔺相如以大局为重和“先国家之急而后私仇”的高尚精神和坦荡胸怀。

本篇内容反映的是蔺相如第一次对秦国外交斗争的情况。当时秦国提出以十五座城来换取赵国的和氏璧，这种价格过于悬殊的不等价交换竟然出自于强秦之口，显然是一种外交欺诈。然而摆在弱小的赵国面前的只有两条路，要么答应交换而甘于屈服，要么拒绝交换而给秦国以出兵赵国的口实，最终赵惠文王选择了外交的解决途径。蔺相如作为这次外交的使者，依靠他的大智大勇，最终得以完璧归赵，使贪暴无信的秦国未遂其愿，而赵国的危机得以安然度过。对于蔺相如这次外交斗争的巨大成功及其所表现出来的大智大勇，司马迁不无动情地赞誉道："知死必勇，非死者难也，处死者难。方蔺相如引璧睨柱，及叱秦王左右，势不过诛，然士或怯懦而不敢发。相如一奋其气，威信敌国，退而让颇，名重太山，其处智勇，可谓兼之矣!"

战国时代的外交斗争，往往是国与国之间军事斗争的继续和补充，因而具有特别重要的意义。千百年来，"完璧归赵"已成为家喻户晓的古代外交典型范例，而蔺相如也以其大智大勇而成为中国古代杰出的外交家。今天的世界依然不太平，外交风云变幻莫测，那些弱小的国家是否也能从"完璧归赵"的故事中得到某些历史的启示呢!

田单大摆火牛阵

原文：

田单者，齐诸田疏属也。湣王时，单为临菑市掾，不见知。及燕使乐毅伐破齐，齐湣王出奔，已而保莒城。燕师长驱平齐，而田单走安平，令其宗人尽断其车轴末而傅铁笼。已而燕军攻安平，城坏，齐人走，争途，以輱折车败，为燕所虏，唯田单宗人以铁笼故得脱，东保即墨。燕既尽降齐城，唯独莒、即墨不下。燕军闻齐王在莒，并兵攻之。淖齿既杀湣王于莒，因坚守，距燕军，数年不下。燕引兵东围即墨，即墨大夫出与战，败死。城中相与推田单，曰："安平之战，田单宗人以铁笼得全，习兵。"立以为将军，以即墨距燕。

顷之，燕昭王卒，惠王立，与乐毅有隙。田单闻之，乃纵反间于燕，宣言曰："齐王已死，城之不拔者二耳。乐毅畏诛而不敢归，以伐齐为名，实欲连兵南面而王齐。齐人未附，故且缓攻即墨以待其事。齐人所惧，唯恐他将之来，即墨残矣。"燕王以为然，使骑劫代乐毅。

乐毅因归赵，燕人士卒忿。而田单乃令城中人食必祭其先祖于庭，飞鸟悉翔舞城中下食。燕人怪之。田单因宣言曰："神来下教我。"乃令城中人曰："当有神人为我师。"有一卒曰："臣可以为师乎？"因反走。田单乃起，引还，东乡坐，师事之。卒曰："臣欺君，诚无能也。"田单曰："子勿言也！"因师之。每出约束，必称神师。乃宣言曰："吾唯惧燕军之劓所得齐卒，置之前行，与我战，即墨败矣。"燕人闻之，如其言。城中人见齐诸降者尽劓，皆怒，坚守，唯恐见得。单又纵反间曰："吾惧燕人掘吾城外冢墓，僇先人，可为寒心。"燕军尽掘垄墓，烧死人。即墨人从城上望见，皆涕泣，俱欲出战，怒自十倍。

田单知士卒之可用，乃身操版插，与士卒分功，妻妾编于行伍之间，尽散饮食飨士。令甲卒皆伏，使老弱女子乘城，遣使约降于燕，燕军皆呼万岁。田单又收民金，得千溢，令即墨富豪遗燕将，曰："即墨即降，愿无虏掠吾族家妻妾，令安堵。"燕将大喜，许之。燕军由此益懈。

田单乃收城中得千余牛，为绛缯衣，画以五彩龙文，束兵刃于其角，而灌脂束苇于尾，烧其端。凿城数十穴，夜纵牛，壮士五千人随其后。牛尾热，怒而奔燕军，燕军夜大惊。牛尾炬火光明炫耀，燕军视之皆龙文，所触尽死伤。五千人因衔枚击之，而城中鼓噪从之，老弱皆击铜器为声，声动天地。燕军大骇，败走。齐人遂夷杀其将骑劫。燕军扰乱奔走，齐人追亡逐北，所过城邑皆畔燕而归田单，兵日益多，乘胜，燕日败亡，卒至河上，而齐七十余城皆复为齐。乃迎襄王于莒，入临菑而听政。

襄王封田单，号曰安平君。

太史公曰：兵以正合，以奇胜。善之者，出奇无穷。奇正还相生，

火牛阵

如环之无端。夫始如处女，适人开户；后如脱兔，适不及距：其田单之谓邪！

（选自《田单列传》）

点评：

战国是一个好施谋略的时代，齐人田单便是一位以足智多谋而著称的名将。齐湣王时，齐国被燕国攻破七十余城，田单通过实施一系列计谋，最终使齐国得以复国。

本篇选自《田单列传》，详细记述了乐毅伐齐和田单复国的具体经过。公元前284年，燕将乐毅率领燕国军队攻打齐国，燕军长驱直入，一举攻陷齐国七十余座城池，只有莒和即墨两城还在坚守着，齐国已是岌岌可危。这样的情况持续了五年，这时，亲信重用乐毅的燕昭王去世，即位的燕惠王与乐毅有隔阂。即墨守将田单瞄准这一大好机会，施行反间计，使燕惠王改用骑劫为将，取代了乐毅。为了稳定即墨城中军心，田单向他们宣称说，已经有神师下凡来教他如何抗击燕军了。田单还施计让燕军割去被俘齐军士卒的鼻子，挖去城外齐人的坟墓，以此激怒城中军民，从而坚定他们抗击燕军的决心。经过这么一番努力，田单认为出战的时机成熟了。于是，田单先派人向燕军诈降，以使燕军麻痹。接着，他集中了一千余头牛，在牛角上缚上兵刃，牛尾缚上苇草灌上油，夜间用火点燃，使牛群猛冲燕军阵营，并以五千勇士随后冲杀，结果大败燕军，杀死骑劫，这便是历史上著名的田单大摆火牛阵。之后，田单一鼓作气，又先后收复了原先失陷的七十余座城池，齐国终于避免了一场大灾难。

田单在抗击燕军以前，并不为人所知。困于即墨时，也是因为即墨大夫战败而死，城中人推举他做了守城将军。然而，田单没有让人们失望，正是依靠他的智谋，打败了燕军，光复了齐国。田单的事迹，是对“国家兴亡，匹夫有责”这句千古名言的最好的诠释。

屈原忠贞遭放逐

原文：

屈原者，名平，楚之同姓也。为楚怀王左徒。博闻强志，明于治乱，娴于辞令。入则与王图议国事，以出号令；出则接遇宾客，应对诸侯。王甚任之。

上官大夫与之同列，争宠而心害其能。怀王使屈原造为宪令，屈平属草未定。上官大夫见而欲夺之，屈平不与，因谗之曰：“王使屈平为令，众莫不知，每一令出，平伐其功，以为‘非我莫能为’也。”王怒而疏屈平。

屈平疾王听之不聪也，谗谄之蔽明也，邪曲之害公也，方正之不容也，故忧愁幽思而作离骚。离骚者，犹离忧也。夫天者，人之始也；父母者，人之本也。人穷则反本，故劳苦倦极，未尝不呼天也；疾痛惨怛，未尝不呼父母也。屈平正道直行，竭忠尽智以事其君，谗人间之，可谓穷矣。信而见疑，忠而被谤，能无怨乎？屈平之作离骚，盖自怨生也。国风好色而不淫，小雅怨诽而不乱。若离骚者，可谓兼之矣。上称帝喾，下道齐桓，中述汤武，以刺世事。明道德之广崇，治乱之条贯，靡不毕见。其文约，其辞微，其志絜，其行廉，其称文小而其指极大，举类迩而见义远。其志絜，故其称物芳。其行廉，故死而不容自疏。濯淖污泥之中，蝉蜕于浊秽，以浮游尘埃之外，不获世之滋垢，皭然泥而不滓者也。推此志也，虽与日月争光可也。

屈平既绌，其后秦欲伐齐，齐与楚从亲，惠王患之，乃令张仪详去秦，厚币委质事楚，曰："秦甚憎齐，齐与楚从亲，楚诚能绝齐，秦原献商、於之地六百里。"楚怀王贪而信张仪，遂绝齐，使使如秦受地。张仪诈之曰："仪与王约六里，不闻六百里。"楚使怒去，归告怀王。怀王怒，大兴师伐秦。秦发兵击之，大破楚师于丹、淅，斩首八万，虏楚将屈匄，遂取楚之汉中地。怀王乃悉发国中兵以深入击秦，战于蓝田。魏闻之，袭楚至邓。楚兵惧，自秦归。而齐竟怒不救楚，楚大困。

屈原

明年，秦割汉中地与楚以和。楚王曰："不愿得地，愿得张仪而甘心焉。"张仪闻，乃曰："以一仪而当汉中地，臣请往如楚。"如楚，又因厚币用事者臣靳尚，而设诡辩于怀王之宠姬郑袖。怀王竟听郑袖，复释去张仪。是时屈平既疏，不复在位，使于齐，顾反，谏怀王曰：“何不杀张仪？”怀王悔，追张仪不及。

其后诸侯共击楚，大破之，杀其将唐眜。

时秦昭王与楚婚，欲与怀王会。怀王欲行，屈平曰：“秦虎狼之国，不可信，不如毋行。”怀王稚子子兰劝王行：“奈何绝秦欢！”怀王卒行。入武关，秦伏兵绝其后，因留怀王，以求割地。怀王怒，不听。亡走赵，赵不内。复之秦，竟死于秦而归葬。

长子顷襄王立，以其弟子兰为令尹。楚人既咎子兰以劝怀王入秦而不反也。

屈平既嫉之，虽放流，眷顾楚国，系心怀王，不忘欲反，冀幸君之一悟，俗之一改也。其存君兴国而欲反复之，一篇之中三致志焉。然终无可奈何，故不可以反，卒以此见怀王之终不悟也。人君无愚智贤不肖，莫不欲求忠以自为，举贤以自佐，然亡国破家相随属，而圣君治国累世而不见者，其所谓忠者不忠，而所谓贤者不贤也。怀王以不知忠臣之分，故内惑于郑袖，外欺于张仪，疏屈平而信上官大夫、令尹子兰。兵挫地削，亡其六郡，身客死于秦，为天下笑。此不知人之祸也。易曰：“井泄不食，为我心恻，可以汲。王明，并受其福。”王之不明，岂足福哉！

令尹子兰闻之大怒，卒使上官大夫短屈原于顷襄王，顷襄王怒而迁之。

屈原至于江滨，被发行吟泽畔。颜色憔悴，形容枯槁。渔父见而问之曰：“子非三闾大夫欤？何故而至此？”屈原曰：“举世混浊而我独清，众人皆醉而我独醒，是以见放。”渔父曰：“夫圣人者，不凝滞于物而能与世推移。举世混浊，何不随其流而扬其波？众人皆醉，何不餔其糟而啜其醨？何故怀瑾握瑜而自令见放为？”屈原曰：“吾闻之，新沐者必弹冠，新浴者必振衣，人又谁能以身之察察，受物之汶汶者乎！宁赴常流而葬乎江鱼腹中耳，又安能以皓皓之白而蒙世俗之温蠖乎！”

乃作怀沙之赋。……于是怀石遂自汨罗以死。

屈原既死之后，楚有宋玉、唐勒、景差之徒者，皆好辞而以赋见称；然皆祖屈原之从容辞令，终莫敢直谏。其后楚日以削，数十年竟为秦所灭。

（选自《屈原贾生列传》）

点评：

本篇选自《屈原贾生列传》。司马迁将战国末年楚国大夫屈原与西汉初年名臣贾谊合传，是认为二人的品行、才气和遭遇有着诸多的相似之处：他们都为人耿直、才华横溢，少年得志、理想远大，却又都终遭谗言流放，或投江而死，或郁闷而亡。而贾谊的一篇《吊屈原赋》，则又自然而然地将他们两人紧紧地联系到了一起。司马迁仰慕他们的为人和才华，

湖北秭归屈原祠

更感叹他们的悲剧人生。

屈原是楚怀王时期的大臣。当时的楚国政治昏暗，楚怀王是一个不辨忠奸的昏君，他内惑于郑袖而外欺于张仪，听信谗言而疏远屈原，贪图小利而绝齐被欺，受骗入秦而客死他乡，终为天下人所耻笑。屈原则是一位忠信之臣，他为了楚国的强大，力图革新政治，结果却遭到腐朽势力的迫害，最终被楚怀王疏远、流放。屈原的信而见疑，忠而被谤，使他忧愁幽思而作《离骚》，借此以发泄心中的郁闷。不过，身处逆境的屈原，却绝不随波逐流，与那些昏庸的同僚同流合污。他虽然不在其位，却依然关心楚国政治，积极推举贤才，直谏楚王。遭流放后，屈原忧君、忧国、忧民之心不改。出于对自己国家的热爱，他身被流放，却不肯迈出楚国的国土，忠贞爱国之情是何等地强烈！困境中的屈原曾经努力地上下求索，却依然报国无门。这种“举世混浊而我独清，众人皆醉而我独醒”的尴尬局面，致使伟大的爱国诗人最终投入汨罗江结束了自己的生命。这是屈原的不幸，更是楚国的悲哀。

司马迁敬重屈原的为人，同情他的遭遇，所以他说：“余读《离骚》、《天问》、《招魂》、《哀郢》，悲其志。适长沙，观屈原所自沉渊，未尝不垂涕，想见其为人。”司马迁为屈原立传，既是歌颂屈原不屈不挠的品格和热爱祖国的精神，也是对当时楚国黑暗政治的讥讽和鞭挞。

屈原遭放逐留给后人的启示是：知人善任，国家才能兴旺；听信谗言，国家必然衰败。而屈原的忠贞爱国精神，则是我们今天实现中华民族伟大复兴的重要精神源泉。

毛遂自荐

原文：

秦之围邯郸，赵使平原君求救，合从于楚，约与食客门下有勇力文武备具者二十人偕。平原君曰："使文能取胜，则善矣。文不能取胜，则歃血于华屋之下，必得定从而还。士不外索，取于食客门下足矣。"得十九人，余无可取者，无以满二十人。门下有毛遂者，前，自赞于平原君曰："遂闻君将合从于楚，约与食客门下二十人偕，不外索。今少一人，愿君即以遂备员而行矣。"平原君曰："先生处胜之门下几年于此矣？"毛遂曰："三年于此矣。"平原君曰："夫贤士之处世也，譬若锥之处囊中，其末立见。今先生处胜之门下三年于此矣，左右未有所称诵，胜未有所闻，是先生无所有也。先生不能，先生留。"毛遂曰："臣乃今日请处囊中耳。使遂蚤得处囊中，乃颖脱而出，非特其末见而已。"平原君竟与毛遂偕。十九人相与目笑之而未废也。

毛遂比至楚，与十九人论议，十九人皆服。平原君与楚合从，言其利害，日出而言之，日中不决。十九人谓毛遂曰："先生上。"毛遂按剑历阶而上，谓平原君曰："从之利害，两言而决耳。今日出而言从，日中不决，何也？"楚王谓平原君曰："客何为者也？"平原君曰："是胜之舍人也。"楚王叱曰："胡不下！吾乃与而君言，汝何为者也！"毛遂按剑而前曰："王之所以叱遂者，以楚国之众也。今十步之内，王不得恃楚国之众也，王之命县于遂手。吾君在前，叱者何也？且遂闻汤以七十里之地王天下，文王以百里之壤而臣诸侯，岂其士卒众多哉，诚能据其势而奋其威。今楚地方五千里，持戟百万，此霸王之资也。以楚之强，天下弗能当。白起，小竖子耳，率数万之众，兴师以与楚战，一战而举鄢郢，再战而烧夷陵，三战而辱王之先人。此百世之怨而赵之所羞，而王弗知恶焉。合从者为楚，非为赵也。吾君在前，叱者何也？"楚王曰："唯唯，诚若先生之言，谨奉社稷而以从。"毛遂曰："从定乎？"楚王曰："定矣。"毛遂谓楚王之左右曰："取鸡狗马之血来。"毛遂奉铜盘而跪进之楚王曰："王当歃血而定从，次者吾君，次者遂。"遂定从于殿上。毛遂左手持盘血而右手招十九人曰：

“公相与歃此血于堂下。公等录录，所谓因人成事者也。”

平原君已定从而归，归至于赵，曰：“胜不敢复相士。胜相士多者千人，寡者百数，自以为不失天下之士，今乃于毛先生而失之也。毛先生一至楚，而使赵重于九鼎大吕。毛先生以三寸之舌，强于百万之师。胜不敢复相士。”遂以为上客。

（选自《平原君虞卿列传》）

点评：

毛遂，战国时赵国人，平原君赵胜门下食客。以自荐于平原君随同出使楚国，说服楚王同意赵、楚合纵对付秦国而闻名于后世。

“毛遂自荐”的故事选自《平原君虞卿列传》，主要记述了毛遂自荐和出使楚国的具体经过。公元前 257 年，秦国大军围困赵国邯郸，赵国派平原君到楚国求救，平原君准备挑选门下食客文武兼备者二十人随同出使，结果只挑出十九个人。毛遂便到平原君那里自我推荐，要求一同出使。平原君却以毛遂居其门下三年而不为所闻，认为他“无所有”。毛遂则认为平原君没有给他机会，如果给他机会，他是一定会脱颖而出的。平原君总算答应了毛遂的请求，带他一同到楚国。到了楚国后，平原君与楚王谈判，“日出而言之，日中不决”。毛遂看到他们如此优柔寡断，不得要领，便按剑对平原君说，三言两语便可决断的事，为何迟迟不能定夺？楚王斥责他，他却毫不畏惧，进前对楚王说，你之所以敢斥责我，是依仗楚国人多，可现在十步之内，你的命却悬在我的手上。接着，他又以古圣王乘势奋威激励楚王，以秦楚世仇刺激楚王，以合纵是为了楚国而非赵国说服楚王，楚王终于答应出兵救赵，并与平原君、毛遂当众歃血为誓。回到赵国后，平原君为自己不识毛遂而汗颜。

毛遂自荐，是因为毛遂对自己的才能有着正确的估计；毛遂自荐，也是毛遂出于为自己的主人排忧解难的需要。因此，毛遂既是智者，也是义士。具有讽刺意味的是，平原君爱养士，却不识士，如果不是毛遂自荐，他不但难以完成出使楚国的任务，更会失去毛遂这样的杰出人才。因此说，用人难，知人更难，因为千里马常有，而识千里马的伯乐并不常有啊。

信陵君窃符救赵

原文：

魏安釐王二十年，秦昭王已破赵长平军，又进兵围邯郸。公子（指信陵君）姊为赵惠文王弟平原君夫人，数遗魏王及公子书，请救于魏。魏王使将军晋鄙将十万众救赵。秦王使使者告魏王曰："吾攻赵旦暮且下，而诸侯敢救者，已拔赵，必移兵先击之。"魏王恐，使人止晋鄙，留军壁邺，名为救赵，实持两端以观望。平原君使者冠盖相属于魏，让魏公子曰："胜所以自附为婚姻者，以公子之高义，为能急人之困。今邯郸旦暮降秦而魏救不至，安在公子能急人之困也！且公子纵轻胜，弃之降秦，独不怜公子姊邪？"公子患之，数请魏王，及宾客辩士说王万端。魏王畏秦，终不听公子。公子自度终不能得之于王，计不独生而令赵亡，乃请宾客，约车骑百余乘，欲以客往赴秦军，与赵俱死。

行过夷门，见侯生，具告所以欲死秦军状。辞决而行，侯生曰："公子勉之矣，老臣不能从。"公子行数里，心不快，曰："吾所以待侯生者备矣，天下莫不闻，今吾且死而侯生曾无一言半辞送我，我岂有所失哉？"复引车还，问侯生。侯生笑曰："臣固知公子之还也。"曰："公子喜士，名闻天下。今有难，无他端而欲赴秦军，譬若以肉投馁虎，何功之有哉？尚安事客？然公子遇臣厚，公子往而臣不送，以是知公子恨之复返也。"公子再拜，因问。侯生乃屏人间语，曰："嬴闻晋鄙之兵符常在王卧内，而如姬最幸，出入王卧内，力能窃之。嬴闻如姬父为人所杀，如姬资之三年，自王以下欲求报其父仇，莫能得。如姬为公子泣，公子使客斩其仇头，敬进如姬。如姬之欲为公子死，无所辞，顾未有路耳。公子诚一开口请如姬，如姬必许诺，则得虎符夺晋鄙军，北救赵而西却秦，此五霸之伐也。”公子从其计，请如姬。如姬果盗晋鄙兵符与公子。

公子行，侯生曰：“将在外，主令有所不受，以便国家。公子即合符，而晋鄙不授公子兵而复请之，事必危矣。臣客屠者朱亥可与俱，此人力士。晋鄙听，大善；不听，可使击之。”于是公子泣。侯生曰：“公子畏死邪？何泣也？”公子曰：“晋鄙嚄唶宿将，往恐不听，必当杀之，是以泣耳，岂畏死哉？”于是公子请朱亥。朱亥笑曰：“臣乃市井鼓刀屠者，而公子亲数存之，所以不报谢者，以为小礼无所用。今公子有急，此乃臣效命之秋也。”遂与公子俱。公子过谢侯生。侯生曰：“臣宜从，老不能。请数公子行日，以至晋鄙军之日，北乡自刭，以送公子。”公子遂行。

至邺，矫魏王令代晋鄙。晋鄙合符，疑之，举手视公子曰：“今吾拥十万之众，屯于境上，国之重任，今单车来代之，何如哉？”欲无听。朱亥袖四十斤铁椎，椎杀晋鄙，公子遂将晋鄙军。勒兵下令军中曰：“父子俱在军中，父归；兄弟俱在军中，兄归；独子无兄弟，归养。”得选兵八万人，进兵击秦军。秦军解去，遂救邯郸，存赵。赵王及平原君自迎公子于界，平原君负韊矢为公子先引。赵王再拜曰：“自古贤人未有及公子者也。”当此之时，平原君不敢自比于人。公子与侯生决，至军，侯生果北乡自刭。

魏王怒公子之盗其兵符，矫杀晋鄙，公子亦自知也。已却秦存赵，使将将其军归魏，而公子独与客留赵。赵孝成王德公子之矫夺晋鄙兵而存赵，乃与平原君计，以五城封公子。公子闻之，意骄矜而有自功之色。客有说公子曰："物有不可忘，或有不可不忘。夫人有德于公子，公子不可忘也；公子有德于人，愿公子忘之也。且矫魏王令，夺晋鄙兵以救赵，于赵则有功矣，

中国古代虎符

于魏则未为忠臣也。公子乃自骄而功之，窃为公子不取也。"于是公子立自责，似若无所容者。赵王埽除自迎，执主人之礼，引公子就西阶。公子侧行辞让，从东阶上。自言罪过，以负于魏，无功于赵。赵王侍酒至暮，口不忍献五城，以公子退让也。公子竟留赵。赵王以鄗为公子汤沐邑，魏亦复以信陵奉公子。公子留赵。

（选自《魏公子列传》）

点评：

信陵君魏无忌与齐国孟尝君田文、赵国平原君赵胜和楚国春申君黄歇并称为战国四公子，而信陵君是其中最贤者。四公子的共同特点是礼贤下士，他们各有养士三千。不过，同为重视养士，四公子之间还是有一定的区别的，像孟尝君、平原君和春申君的养士，以讲排场、比阔气的成分居多，平原君客与春申君客之间争奇斗富便是一个典型例子，只有冯驩（孟尝君食客）、毛遂（平原君食客）等人是其中少数佼佼者；唯有信陵君所养士人多为豪杰之士，像关系到信陵君一生主要关节的"窃符救赵"一事，便就是由门客促成其功的。由于信陵君的一生行事与"客"是联系在一起的，因此，司马迁作《魏公子列传》，其写作手

法上便非常注重突出“客”，传文以客开篇，以客收尾，前后照应，从而很好地衬托出了传主信陵君的礼贤下士的贤者风范和急人所难的侠义精神。

本篇选自《魏公子列传》。“信陵君窃符救赵”一事发生的历史背景与上文“毛遂自荐”相同。邯郸被秦军围困时，赵国一方面派平原君出使楚国求援，一方面又向魏国求救。当时魏王由于惧怕秦国，虽派出十万救赵军队，却又下令不让军队与秦国交锋。信陵君深知赵国一旦灭亡，魏国也不会长久，诚所谓唇亡齿寒。因此，他极力劝说魏王出兵救赵，却终究未果。为救赵国，信陵君只好采用门客侯生窃符救赵的计谋，通过如姬盗得虎符，又椎杀将军晋鄙，从而夺取魏军指挥权，最终击退围困邯郸的秦兵，解救了赵国。

窃符救赵，集中体现了信陵君的急人之难的侠义精神。司马迁重视“序游侠”，因此，《史记》对信陵君的侠义精神给予了充分的肯定。本篇主要通过三个具体事例，对信陵君的侠义精神作了颂扬：其一是信陵君劝说魏王出兵救赵无效后，情急之下，准备亲自率领自己的宾客到赵国去抵抗秦军，“与赵俱死”，体现了信陵君“义”字当先的大无畏精神；其二是信陵君为了解救邯郸之围，不惜违抗君命窃符救赵，自己却因此不得不滞留赵国，体现了信陵君的急人之难和自我牺牲的精神；其三是下令让“父子俱在军中，父归；兄弟俱在军中，兄归；独子无兄弟，归养”，精选八万士兵进击秦军，体现了信陵君的仁者风范。

当然，信陵君窃符救赵，也只是救得赵国一时，因为此时秦灭东方六国已经成为一种必然趋势。这种历史发展趋势，注定了信陵君只能是个悲剧历史人物，不过他的不耻下交的尚贤精神和急人之难的侠义精神，千百年来却一直为后人所敬仰。

鲁仲连义不帝秦

原文：

……鲁仲连适游赵，会秦围赵，闻魏将欲令赵尊秦为帝，乃见平原君曰："事将奈何？"平原君曰："胜也何敢言事！前亡四十万之众于外，今又内围邯郸而不能去。魏王使客将军新垣衍令赵帝秦，今其人在是。胜也何敢言事！"鲁仲连曰："吾始以君为天下之贤公子也，吾乃今然后知君非天下之贤公子也。梁客新垣衍安在？吾请为君责而归之。"平原君曰："胜请为绍介而见之于先生。"平原君遂见新垣衍曰："东国有鲁仲连先生者，今其人在此，胜请为绍介，交之于将军。"新垣衍曰："吾闻鲁仲连先生，齐国之高士也。衍人臣也，使事有职，吾不愿见鲁仲连先生。"平原君曰："胜既已泄之矣。"新垣衍许诺。

鲁连见新垣衍而无言。新垣衍曰："吾视居此围城之中者，皆有求于平原君者也；今吾观先生之玉貌，非有求于平原君者也，曷为久居此围城之中而不去？"鲁仲连曰："世以鲍焦为无从颂而死者，皆非也。众人不知，则为一身。彼秦者，弃礼义而上首功之国也，权使其士，虏使其民。彼即肆然而为帝，过而为政于天下，则连有蹈东海而死耳，吾不忍为之民也。所为见将军者，欲以助赵也。"

新垣衍曰："先生助之将奈何？"鲁连曰："吾将使梁及燕助之，齐、楚则固助之矣。"新垣衍曰："燕则吾请以从矣；若乃梁者，则吾乃梁人也，先生恶能使梁助之？"鲁连曰："梁未睹秦称帝之害故耳。使梁睹秦称帝之害，则必助赵矣。"

新垣衍曰："秦称帝之害何如？"鲁连曰："昔者齐威王尝为仁义矣，率天下诸侯而朝周。周贫且微，诸侯莫朝，而齐独朝之。居岁余，周烈王崩，齐后往，周怒，赴于齐曰：'天崩地坼，天子下席。东籓之臣因齐后至，则斮。’齐威王勃然怒曰：‘叱嗟，而母婢也！’卒为天下笑。故生则朝周，死则叱之，诚不忍其求也。彼天子固然，其无足怪。”

新垣衍曰：“先生独不见夫仆乎？十人而从一人者，宁力不胜而智不若邪？畏之也。”鲁仲连曰：“呜呼！梁之比于秦若仆邪？”新垣衍曰：“然。”鲁仲连曰：“吾将使秦王烹醢梁王。”新垣衍怏然不悦，曰：“噫嘻，亦太甚矣先生之言也！先生又恶能使秦王烹醢梁王？”鲁仲鲁曰：“固也，吾将言之。昔者九侯、鄂侯、文王，纣之三公也。九侯有子而好，献之于纣，纣以为恶，醢九侯。鄂侯争之强，辩之疾，故脯鄂侯。文王闻之，喟然而叹，故拘之牖里之库百日，欲令之死。曷为与人俱称王，卒就脯醢之地？齐愍王之鲁，夷维子为执策而从，谓鲁人曰：‘子将何以待吾君？’鲁人曰：‘吾将以十太牢待子之君。’夷维子曰：‘子安取礼而来吾君？彼吾君者，天子也。天子巡狩，诸侯辟舍，纳筦钥，摄衽抱机，视膳于堂下，天子已食，乃退而听朝也。’鲁人投其钥，不果纳。不得入于鲁，将之薛，假途于邹。当是时，邹君死，愍王欲入吊，夷维子谓邹之孤曰：‘天子吊，主人必将倍殡棺，设北面于南方，然后天子南面吊也。’邹之群臣曰：‘必若此，吾将伏剑而死。’固不敢入于邹。邹、鲁之臣，生则不得事养，死则不得赙襚，然且欲行天子之礼于邹、鲁，邹、鲁之臣不果纳。今秦万乘之国也，梁亦万乘之国也。俱据万乘之国，各有称王之名，睹其一战而胜，欲从而帝之，是使三晋之大臣不如邹、鲁之仆妾也。且秦无已而帝，则且变易诸侯之大臣。彼将夺其所不肖而与其所贤，夺其所憎而与其所爱。彼又将使其子女谗妾为诸侯妃姬。处梁之宫。梁王安得晏然而已乎？而将军又何以得故宠乎？”

于是新垣衍起，再拜谢曰：“始以先生为庸人，吾乃今日知先生为天下之士也。吾请出，不敢复言帝秦。”秦将闻之，为却军五十里。适会魏公子无忌夺晋鄙军以救赵，击秦军，秦军遂引而去。

于是平原君欲封鲁连，鲁连辞让者三，终不肯受。平原君乃置酒，酒酣起前，以千金为鲁连寿。鲁连笑曰："所贵于天下之士者，为人排患释难解纷乱而无取也。即有取者，是商贾之事也，而连不忍为也。"遂辞平原君而去，终身不复见。

（选自《鲁仲连邹阳列传》）

点评：

本篇选自《鲁仲连邹阳列传》。该传记是一篇合传，鲁仲连乃战国时人，邹阳则是西汉人士，司马迁之所以将他们合传，是因为他们都是善辩、亢直之士。该传记由"鲁仲连义不帝秦"、"遗燕将书"和邹阳"狱中上梁王书"三个故事连缀而成，其写作手法是以言传人，通过详载二人的言辞，来表现他们的能言善辩的辩士特色和不屈权贵的亢直精神。

"鲁仲连义不帝秦"，故事发生的历史背景与"毛遂自荐"和"信陵君窃符救赵"相同，讲的都是秦赵长平之战后秦国大军围困赵国邯郸过程中所发生的故事，只是故事的主角换成了齐国能言善辩的义士鲁仲连罢了。邯郸被围时，鲁仲连恰巧游历到赵国，当时魏王由于惧怕秦国，不但不敢出兵帮助赵国抗击秦军，还暗中派客卿将军辛垣衍劝说赵王尊奉秦昭襄王为帝，认为这样邯郸之围便可解除，由此引发出了鲁仲连与辛垣衍之间的一段论说帝秦的危害性的对话。鲁仲连主要以秦国一贯以暴取天下的做法和历史上帝制的诸多不良后果为依据，向辛垣衍述说了不可帝秦的道理。鲁仲连的一席话说的字字在理，一针见血，辛垣衍自是口服心服。秦国得知此信，知道赵魏要联合抗秦了，便主动将军队后撤五十里。恰逢此时信陵君正带着魏国援军赶来参战，秦军被迫撤退。

对于鲁仲连义不帝秦究竟应该如何看待？我们应该承认，当时的天下形势是人心思定，而秦灭六国又已成定局，秦国称帝天下只是个时间问题。但是，鲁仲连义不帝秦，却具有两方面的思想价值，其一，秦取天下多暴，从而遭到了东方六国人民的强烈反抗，鲁仲连义不帝秦，表达了人民抗暴的意愿，也是对先秦儒、墨诸家仁爱、非攻思想的一种弘扬；其二，鲁仲连义不帝秦，是因为他对历史上帝制的危害性有着清醒而充分的认识，因而具有一种普遍的民本意识。司马迁对于暴政是有切肤之痛的，他凸显鲁仲连的抗暴思想，无疑具有隐含之义。

义不帝秦，也表现了鲁仲连一种崇高的人格精神。与战国时期张仪、苏秦等辩士游说诸侯只是为稻粱谋不同，鲁仲连的游说纯粹只是“为人排患释难解纷乱”，丝毫不带有个人利益因素。所以当秦军撤退后，赵国平原君要对他封赏，他再三谢绝而不肯接受。这种替人解忧而不图利的人格精神，是中华民族传统优秀民族精神的一种具体体现。

李斯上书谏逐客

原文：

会韩人郑国来间秦，以作注溉渠，已而觉。秦宗室大臣皆言秦王曰：“诸侯人来事秦者，大抵为其主游间于秦耳，请一切逐客。”李斯议亦在逐中。斯乃上书曰：

> 臣闻吏议逐客，窃以为过矣。昔缪公求士，西取由余于戎，东得百里奚于宛，迎蹇叔于宋，来丕豹、公孙支于晋。此五子者，不产于秦，而缪公用之，并国二十，遂霸西戎。孝公用商鞅之法，移风易俗，民以殷盛，国以富强，百姓乐用，诸侯亲服，获楚、魏之师，举地千里，至今治强。惠王用张仪之计，拔三川之地，西并巴、蜀，北收上郡，南取汉中，包九夷，制鄢、郢，东据成皋之险，割膏腴之壤，遂散六国之从，使之西面事秦，功施到今。昭王得范雎，废

穰侯，逐华阳，强公室，杜私门，蚕食诸侯，使秦成帝业。此四君者，皆以客之功。由此观之，客何负于秦哉！向使四君却客而不内，疏士而不用，是使国无富利之实而秦无强大之名也。

河南上蔡县李斯墓前的《谏逐客书》石碑

今陛下致昆山之玉，有随、和之宝，垂明月之珠，服太阿之剑，乘纤离之马，建翠凤之旗，树灵鼍之鼓。此数宝者，秦不生一焉，而陛下说之，何也？必秦国之所生然后可，则是夜光之璧不饰朝廷，犀象之器不为玩好，郑、卫之女不充后宫，而骏良駃騠不实外厩，江南金锡不为用，西蜀丹青不为采。所以饰后宫充下陈娱心意说耳目者，必出于秦然后可，则是宛珠之簪，傅玑之珥，阿缟之衣，锦绣之饰不进于前，而随俗雅化佳冶窈窕赵女不立于侧也。夫击瓮叩缶弹筝搏髀，而歌呼呜呜快耳者，真秦之声也；郑、卫、桑间、昭、虞、武、象者，异国之乐也。今弃击瓮叩缶而就郑卫，退弹筝而取昭虞，若是者何也？快意当前，适观而已矣。今取人则不然。不问可否，不论曲直，非秦者去，为客者逐。然则是所重者在乎色乐珠玉，而所轻者在乎人民也。此非所以跨海内制诸侯之术也。

臣闻地广者粟多，国大者人众，兵强则士勇。是以太山不让土壤，故能成其大；河海不择细流，故能就其深；王者不却众庶，故能明其德。是以地无四方，民无异国，四时充美，鬼神降福，此五帝、三王之所以无敌也。今乃弃黔首以资敌国，却宾客以业诸侯，使天下之士退而不敢西向，裹足不入秦，此所谓“藉寇兵而赍盗粮”者也。

夫物不产于秦，可宝者多；士不产于秦，而愿忠者众。今逐客以资敌国，损民以益雠，内自虚而外树怨于诸侯，求国无危，不可得也。

秦王乃除逐客之令，复李斯官，卒用其计谋。……

（选自《李斯列传》）

点评：

李斯为秦朝丞相，是中国历史上有重要影响的政治人物。据《史记》本传记载，李斯少年时做过郡中小吏，因看到厕所中的老鼠吃着不干净的食物，见到人、狗进来就惊恐逃窜，而官家大粮仓里的老鼠吃的是粟，又无须担心人、狗的惊扰，由此而发出感慨：人之所以有贤与不肖之分，只是因为他们所处的地位不同罢了！这便是李斯著名的“老鼠哲学”。于是乎，李斯便拜著名学者荀卿学习帝王之术。学成之后，他看到当时东方六国都无所作为，便西行入秦，被秦王拜为客卿。正巧当时韩国派间谍郑国去为秦国修渠，想以此消耗秦国国力，事情被秦国发觉后，便准备大肆驱逐各国宾客，于是便有了李斯的《谏逐客书》。李斯的上书不但让秦王收回逐客令，而且更加重用李斯。秦始皇统一后，朝廷为实行封建还是郡县进行了一场争论，李斯不但极力主张实行郡县制，而且为反对儒者师古，建议将民间除去医药卜筮种树之外的一切书籍都加以焚毁，他的建议被秦始皇所采纳，于是便有了秦朝郡县制度的建立和焚书事件的发生。秦始皇沙丘病死后，他与赵高合谋拥立少子胡亥，让长子扶苏自裁。秦末农民大起义爆发后，李斯长子李由的辖地三川郡成了起义军的主要活动地之一，李斯因此而惧怕秦二世会加罪于他，便屈意奉承二世的胡作非为，然而还是被赵高利用此事将他逮捕，灭其宗族。从此以后，赵高更是指鹿为马，无所顾忌。不过，秦帝国随之也就在农民起义的打击下土崩瓦解了。

《谏逐客书》是《李斯列传》中的重要篇章，也是脍炙人口的千古名篇。作为谏文，该篇的重要特点是善于借事说理。首先，它以史为证，肯定"客"对秦国逐渐强大产生的作用：秦穆公所以能称霸西戎，是因为重用了由余、百里奚、蹇叔、丕豹和公孙支；秦孝公所以能富国强兵，是因为重用商鞅，实行变法；秦惠文王之所以能打破东方六国合纵抗秦，是因为采用了张仪的远交近攻之策；秦昭襄王之所以能不断蚕食诸侯，是因为重用了范雎。而这些人都不是秦国人，他们却是秦国不断富强的功臣。其次，以物作比，说明秦王既然好异国宝物、郑卫之女，不愿弃异国之物而不用，为何却单单对异国之人要悉数驱逐呢？接着，文章以泰山不让土壤，所以能大；河海不择细流，所以能深；王者不却众庶，所以能明德作比，向秦王阐述了广纳各方人才的重要性。最后警告秦王，驱逐客卿是一种资助敌国的愚蠢的做法。

《谏逐客书》的中心思想可以概括为四个字，那就是"有容乃大"。李斯希望秦王能够以海纳百川的气度，来重用各国的人才，以成就秦国的统一事业。这种有容乃大的人才观，即使在今天也是有非常重要的现实意义的，它有助于人们打破狭隘的观念、封闭的心态，而以一种开放的胸怀去面对世界，去吸纳八方人才。

陈胜大泽乡起义

原文：

陈胜者，阳城人也，字涉。吴广者，阳夏人也，字叔。

陈涉少时，尝与人佣耕，辍耕之垄上，怅恨久之，曰："苟富贵，无相忘。"庸者笑而应曰："若为庸耕，何富贵也？"陈涉太息曰："嗟乎，燕雀安知鸿鹄之志哉！"

二世元年七月，发闾左谪戍渔阳，九百人屯大泽乡。陈胜、吴广皆次当行，为屯长。会天大雨，道不通，度已失期。失期，法皆斩。陈胜、吴广乃谋曰："今亡亦死，举大计亦死，等死，死国可乎？"陈胜曰："天下苦秦久矣。吾闻二世少子也，不当立，当立者乃公子扶苏。扶苏以数谏故，上使外将兵。今或闻无罪，二世杀之。百姓多闻其贤，未知其死也。项燕为楚将，数有功，爱士卒，楚人怜之。或以为死，或以为亡。今诚以吾众诈自称公子扶苏、项燕，为天下唱，宜多应者。"吴广以为然。乃行卜。卜者知其指意，曰："足下事皆成，有功。然足下卜之鬼乎！"陈胜、吴广喜，念鬼，曰："此教我先威众耳。"乃丹书帛曰"陈胜王"，置人所罾鱼腹中。卒买鱼烹食，得鱼腹中书，固以怪之矣。又间令吴广之次所旁丛祠中，夜篝火，狐鸣呼曰"大楚兴，陈胜王"。卒皆夜惊恐。旦日，卒中往往语，皆指目陈胜。

吴广素爱人，士卒多为用者。将尉醉，广故数言欲亡，忿恚尉，令辱之，以激怒其众。尉果笞广。尉剑挺，广起，夺而杀尉。陈胜佐之，并杀两尉。召令徒属曰："公等遇雨，皆已失期，失期当斩。藉弟令毋斩，而戍死者固十六七。且壮士不死即已，死即举大名耳，王侯将相宁有种乎！"徒属皆曰："敬受命。"乃诈称公子扶苏、项燕，从民欲也。袒右，称大楚。为坛而盟，祭以尉首。陈胜自立为将军，吴广为都尉。攻大泽乡，收而攻蕲。蕲下，乃令符离人葛婴将兵徇蕲以东。攻铚、酂、苦、柘、谯皆下之。行收兵，比至陈，车六七百乘，骑千余，卒数万人。攻陈，陈守令皆不在，独守丞与战谯门中。弗胜，守丞死，乃入据陈。数日，号令召三老、豪杰与皆来会计事。三老、豪杰皆曰："将军身被坚执锐，伐无道，

大泽乡起义

诛暴秦，复立楚国之社稷，功宜为王。”陈涉乃立为王，号为张楚。

……

陈胜王凡六月。已为王，王陈。其故人尝与庸耕者闻之，之陈，扣宫门曰：“吾欲见涉。”宫门令欲缚之。自辩数，乃置，不肯为通。陈王出，遮道而呼涉。陈王闻之，乃召见，载与俱归。入宫，见殿屋帷帐，客曰：“夥颐！涉之为王沈沈者！”楚人谓多为夥，故天下传之，夥涉为王，由陈涉始。客出入愈益发舒，言陈王故情。或说陈王曰：“客愚无知，颛妄言，轻威。”陈王斩之。诸陈王故人皆自引去，由是无亲陈王者。陈王以朱房为中正，胡武为司过，主司群臣。诸将徇地，至，令之不是者，系而罪之，以苛察为忠。其所不善者，弗下吏，辄自治之。陈王信用之。诸将以其故不亲附，此其所以败也。

陈胜虽已死，其所置遣侯王将相竟亡秦，由涉首事也。高祖时为陈涉置守冢三十家砀，至今血食。

（选自《陈涉世家》）

点评：

公元前221年，秦始皇统一中国，建立了前所未有的大一统的中央集权制的封建国家。然而，仅仅过了14年，这个曾经不可一世的帝国，便在秦末农民大起义中土崩瓦解了。而最先敲响帝国丧钟的便是平民陈胜（字涉），是他在大泽乡振臂一呼，使得天下豪杰群起响应，从而最终推翻了秦皇朝的统治。

《史记·陈涉世家》对陈胜在推翻暴秦过程中的"首事"事迹作了记述和评论。传文共分五个部分，包括大泽乡起义、天下豪杰响应、陈胜败亡原因、陈胜历史功绩以及借西汉政治家贾谊《过秦论》对秦皇朝灭亡原因所作的揭示。

本篇为《陈涉世家》的节选，着重论述了陈胜、吴广大泽乡起义以及陈胜本人最终失败的情况。陈胜少年时便胸有鸿鹄之志。公元前209年，陈胜、吴广一行九百人被调发渔阳戍边，在大泽乡遇雨受阻，无法按期到达，按照秦律当斩。陈胜便与吴广商议打着秦公子扶苏和楚将项燕的旗号举行起义，并以"鱼腹丹书"和"篝火狐鸣"的迷信办法取得了这些戍卒的信任。于是，中国历史上第一次大规模的农民起义大泽乡起义就这样爆发了。从陈胜称王，建立张楚政权，到在下城父被杀，前后总共只有六个月。对于陈胜个人的失败，司马迁认为是疏远故旧和御将无方所致。不过，陈胜所封的那些王侯将相们，最终还是将秦皇朝给推翻了。

陈胜是中国历史上第一次大规模农民起义的领袖，他的鸿鹄之志和

“王侯将相宁有种乎”的豪言壮语，曾经激励了无数的中华民族的仁人志士；他的振臂一呼，得到了天下豪杰的群起响应，由此结束了暴秦的苦民政治。对于陈胜的首创精神，史家司马迁给予了充分肯定，他说：“桀、纣失其道而汤、武作，秦失其政，而陈涉发迹”（《太史公自序》），从而将陈胜领导的农民起义与儒家极力推崇的汤武革命相提并论。也正是出于这种卓越见识，司马迁将这位农民起义领袖列入到“世家”中，让他与那些王侯们平起平坐。

鸿门宴

原文：

（项羽）行略定秦地。函谷关有兵守关，不得入。又闻沛公已破咸阳，项羽大怒，使当阳君等击关。项羽遂入，至于戏西。沛公军霸上，未得与项羽相见。沛公左司马曹无伤使人言于项羽曰：“沛公欲王关中，使子婴为相，珍宝尽有之。”项羽大怒，曰：“旦日飨士卒，为击破沛公军！”当是时，项羽兵四十万，在新丰鸿门，沛公兵十万，在霸上。范增说项羽曰：“沛公居山东时，贪于财货，好美姬。今入关，财物无所取，妇女无所幸，此其志不在小。吾令人望其气，皆为龙虎，成五采，此天子气也。急击勿失。”

楚左尹项伯者，项羽季父也，素善留侯张良。张良是时从沛公，项伯乃夜驰之沛公军，私见张良，具告以事，欲呼张良与俱去。曰：“毋从俱死也。”张良曰：“臣为韩王送沛公，沛公今事有急，亡去不义，不可不语。”良乃入，具告沛公。沛公大惊，曰：“为之奈何？”张良曰：“谁为大王为此计者？”曰：“鲰生说我曰‘距关，毋内诸侯，秦地可尽王也’。故听之。”良曰：“料大王士卒足以当项王乎？”沛公默然，曰：“固不如也，且为之奈何？”张良曰：“请往谓项伯，言沛公不敢背项王也。”沛公曰：

“君安与项伯有故？”张良曰：“秦时与臣游，项伯杀人，臣活之。今事有急，故幸来告良。”沛公曰：“孰与君少长？”良曰：“长于臣。”沛公曰：“君为我呼入，吾得兄事之。”张良出，要项伯。项伯即入见沛公。沛公奉卮酒为寿，约为婚姻，曰：“吾入关，秋豪不敢有所近，籍吏民，封府库，而待将军。所以遣将守关者，备他盗之出入与非常也。日夜望将军至，岂敢反乎！愿伯具言臣之不敢倍德也。”项伯许诺。谓沛公曰：“旦日不可不蚤自来谢项王。”沛公曰：“诺。”于是项伯复夜去，至军中，具以沛公言报项王。因言曰：“沛公不先破关中，公岂敢入乎？今人有大功而击之，不义也，不如因善遇之。”项王许诺。

沛公旦日从百余骑来见项王，至鸿门，谢曰：“臣与将军戮力而攻秦，将军战河北，臣战河南，然不自意能先入关破秦，得复见将军于此。今者有小人之言，令将军与臣有郤。”项王曰：“此沛公左司马曹无伤言之；不然，籍何以至此。”项王即日因留沛公与饮。项王、项伯东乡坐。亚父南乡坐。亚父者，范增也。沛公北乡坐，张良西乡侍。范增数目项王，举所佩玉玦以示之者三，项王默然不应。范增起，出召项庄，谓曰：“君王为人不忍，若入前为寿，寿毕，请以剑舞，因击沛公于坐，杀之。不者，若属皆且为所虏。”庄则入为寿，寿毕，曰：“君王与沛公饮，军中无以为乐，请以剑舞。”项王曰：“诺。”项庄拔剑起舞，项伯亦拔剑起舞，常以身翼蔽沛公，庄不得击。于是张良至军门，见樊哙。樊哙曰：“今日之事何如？”良曰：“甚急。今者项庄拔剑舞，其意常在沛公也。”哙曰：“此迫矣，臣请入，与之同命。”哙即带剑拥盾入军门。交戟之卫士欲止不内，樊哙侧其盾以撞，卫士仆地，哙遂入，披帷西乡立，瞋目视项王，头发上指，目眦尽裂。项王按剑而跽曰：“客何为者？”张良曰：“沛公之参乘樊哙者也。”项王曰：“壮士，赐之卮酒。”则与斗卮酒。哙拜谢，起，立而饮之。项王曰：“赐之彘肩。”则与一生彘肩。樊哙覆其盾于地，加彘肩上，

鸿门宴

拔剑切而啖之。项王曰："壮士，能复饮乎？"樊哙曰："臣死且不避，卮酒安足辞！夫秦王有虎狼之心，杀人如不能举，刑人如恐不胜，天下皆叛之。怀王与诸将约曰'先破秦入咸阳者王之'。今沛公先破秦入咸阳，豪毛不敢有所近，封闭宫室，还军霸上，以待大王来。故遣将守关者，备他盗出入与非常也。劳苦而功高如此，未有封侯之赏，而听细说，欲诛有功之人。此亡秦之续耳，窃为大王不取也。"项王未有以应，曰："坐。"樊哙从良坐。坐须臾，沛公起如厕，因招樊哙出。

沛公已出，项王使都尉陈平召沛公。沛公曰："今者出，未辞也，为之奈何？"樊哙曰："大行不顾细谨，大礼不辞小让。如今人方为刀俎，我为鱼肉，何辞为。"于是遂去。乃令张良留谢。良问曰："大王来何操？"曰："我持白璧一双，欲献项王，玉斗一双，欲与亚父，会其怒，不敢献。公为我献之。"张良曰："谨诺。"

当是时，项王军在鸿门下，沛公军在霸上，相去四十里。沛公则置车骑，脱身独骑，与樊哙、夏侯婴、靳强、纪信等四人持剑盾步走，从郦山下，道芷阳间行。沛公谓张良曰："从此道至吾军，不过二十里耳。度我至军中，公乃入。"沛公已去，间至军中，张良入谢，曰："沛公不胜杯勺，不能辞。谨使臣良奉白璧一双，再拜献大王足下；玉斗一双，再拜奉大将军足下。"项王曰："沛公安在？"良曰："闻大王有意督过之，脱身独去，已至军矣。"项王则受璧，置之坐上。亚父受玉斗，置之地，拔剑撞而破之，曰："唉！竖子不足与谋。夺项王天下者，必沛公也，吾属今为之虏矣。"沛公至军，立诛杀曹无伤。

（选自《项羽本纪》）

点评：

"生当作人杰，死亦为鬼雄。至今思项羽，不肯过江东。"宋代女词人李清照的这首脍炙人口而又饱含激情的《夏日绝句》，不但表达了千百年来人们对项羽这位盖世英雄的无限敬仰之情，同时也流露出了人们对项羽悲剧人生的叹息之情。

本篇选自《项羽本纪》。《项羽本纪》主要通过对"巨鹿之战"、"鸿门宴"和"垓下之战"三个典型事例的记述，从而成功地塑造了项羽叱咤风云的悲剧英雄形象。巨鹿之战是灭秦的关键战役，项羽率军破釜沉舟，勇往直前，以一当十，最终大破秦军，使得那些作壁上观的诸侯们"无不膝行而前，莫敢仰视"，其果敢、神威和英雄气概已是跃然纸上。垓下之战是导致项羽最终失败的战役，本传对其悲剧英雄本色作了细致描绘：霸王别姬，英雄柔情尽显无遗；面对追兵，他依然豪气冲天，三胜汉军而后自刎。可悲的是，英雄至死发出的"时不利"的感叹和"天亡我"的呼号，说明他最终也没有弄明白自己失败的原因。

鸿门宴反映的是楚汉相争第一个回合的情况。当时的项羽拥兵四十万屯驻新丰鸿门，而驻扎在霸上的刘邦只有十万军队，由于项羽扬言要与刘邦决战，刘邦便在项羽叔叔项伯与谋臣张良的秘密策划下，来到鸿门向项羽赔罪。鸿门宴上可谓杀机四伏，项羽的盛气凌人与刘邦的小心翼翼也形成了鲜明的对比，然而，由于项伯的帮助和项羽的妇人之仁，最终使刘邦得以安然走脱。项羽这种放虎归山的做法，使得他的谋士范增无可奈何地发出了“竖子不足与谋”的叹息。历史的真实是，由鸿门宴拉开的楚汉相争的序幕，竟然成了项羽最终事业失败的转折点。

“鸿门宴”的故事也是历史文学的典范之作。其人物情态描写惟妙惟肖，如刘邦的恳切假象、项羽的耿直傲慢、张良的机智、范增的无奈、樊哙的勇猛，等等，都刻画得栩栩如生；其场景描写生动有趣，如宴会排座、项庄舞剑、樊哙救驾等，让人们如身临其境一般。正因如此，千百年来，“鸿门宴”以及其中的历史人物一直为人们所熟知。

“鸿门宴”后来成了阴谋的代名词，这只是就当时暗藏杀机一面而言的。其实它还有对后人警示的一面，那就是成大事者切不可有妇人之仁，放虎归山必然终将为虎所患。需要指出的是，由于鸿门宴成了后来楚汉相争的转折点，因此，有人认为如果鸿门宴上项羽杀了刘邦，那么代秦称帝的将是项羽。这种说法其实并不准确，实际上假使鸿门宴上项羽真的杀了刘邦，他也担当不起混一天下的重任。对此，司马迁在赞语中已经作了揭示，他认为项羽的最终失败，除了优柔寡断、妇人之仁之外，背关怀楚以失地利、残忍好杀以失人心、自矜攻伐而不行仁政等等，都是其中重要的原因。

韩信登坛拜将

原文：

及项梁渡淮，信杖剑从之，居戏下，无所知名。项梁败，又属项羽，羽以为郎中。数以策干项羽，羽不用。汉王之入蜀，信亡楚归汉，未得知名，为连敖。坐法当斩，其辈十三人皆已斩，次至信，信乃仰视，适见滕公，曰："上不欲就天下乎？何为斩壮士！"滕公奇其言，壮其貌，释而不斩。与语，大说之。言于上，上拜以为治粟都尉，上未之奇也。

信数与萧何语，何奇之。至南郑，诸将行道亡者数十人，信度何等已数言上，上不我用，即亡。何闻信亡，不及以闻，自追之。人有言上曰："丞相何亡。"上大怒，如失左右手。居一二日，何来谒上，上且怒且喜，骂何曰："若亡，何也？"何曰："臣不敢亡也，臣追亡者。"上曰："若所追者谁何？"曰："韩信也。"上复骂曰："诸将亡者以十数，公无所追；追信，诈也。"何曰："诸将易得耳。至如信者，国士无双。王必欲长王汉中，无所事信；必欲争天下，非信无所与计事者。顾王策安所决耳。"王曰："吾亦欲东耳，安能郁郁久居此乎？"何曰："王计必欲东，能用信，信即留；不能用，信终亡耳。"王曰："吾为公以为将。"何曰："虽为将，信必不留。"王曰："以为大将。"何曰："幸甚。"于是王欲召信拜之。何曰："王素慢无礼，今拜大将如呼小儿耳，此乃信所以去也。王必欲拜之，择良日，斋戒，设坛场，具礼，乃可耳。"王许之。诸将皆喜，人人各自以为得大将。至拜大将，乃韩信也，一军皆惊。

信拜礼毕，上坐。王曰："丞相数言将军，将军何以教寡人计策？"信谢，因问王曰："今东乡争权天下，岂非项王邪？"汉王曰："然。"曰："大王自料勇悍仁强孰与项王？"汉王默然良久，曰："不如也。"信再拜贺曰："惟信亦为大王不如也。然臣尝事之，请言项王之为人也。项王喑恶叱咤，千人皆废，然不能任属贤将，此特匹夫之勇耳。项王见人恭敬慈爱，言语呕呕，人有疾病，涕泣分食饮，至使人有功当封爵者，印刓敝，忍不能予，此所谓妇人之仁也。项王虽霸天下而臣诸侯，不居关中而都彭城。有背义帝之约，而以亲爱王，诸侯不平。诸侯之见项王迁逐义帝置江南，亦皆归逐其主而自王善地。项王所过无不残灭者，天下多怨，百姓不亲附，特劫于威强耳。名虽为霸，实失天下心。故曰其强易弱。今大王诚能反其道：任天下武勇，何所不诛！以天下城邑封功臣，何所不服！以义兵从思东归之士，何所不散！且三秦王为秦将，将秦子弟数岁矣，所杀亡不可胜计，又欺其众降诸侯，至新安，项王诈坑秦降卒二十余万，唯独邯、欣、翳得脱，秦父兄怨此三人，痛入骨髓。今楚强以威王此三人，秦民莫爱也。大王之入武关，秋豪无所害，除秦苛法，与秦民约，法三章耳，秦民无不欲得大王王秦者。于诸侯之约，大王当王关中，关中民咸知之。大王失职入汉中，秦民无不恨者。今大王举而东，三秦可传檄而定也。”于是汉王大喜，自以为得信晚。遂听信计，部署诸将所击。

（选自《淮阴侯列传》）

点评：

淮阴侯韩信是兴汉第一大功臣，司马迁将他与周朝开国功臣太公、周公和召公相比，司马光则肯定“汉之所以得天下者，大抵皆韩信之功也。”（《资治通鉴》）然而，韩信也是西汉第一个被夷灭三族的功臣。对于韩信的死，有人根据《淮阴侯列传》赞语的说法，认为他是居功自傲，谋反被诛。其实，结合传文可知，赞语所谓“天下已集，乃谋畔逆，夷灭宗族，不亦宜乎”数语，是有隐含之义的。韩信遭诛，只是应了“鸟尽弓藏，兔死狗烹”这句古语，只可惜世人多能看到，却大多无法拒绝功名利禄的诱惑，没有勇气功成身退罢了。

韩信的成败，和与韩信并为西汉开国三杰之一的萧何有着密切的关系，后人有所谓“成也萧何，败也萧何”的说法，说的是韩信登坛拜将，靠的是萧何的极力荐举；而韩信最终被斩，也是吕后与萧何所谋。宋代思想家陈亮说：“韩信以盖世之功，进退无以自明，萧何能知之于未用之先，

而卒不能保其非叛，方且借信以为自保之术。”（《陈亮集》卷九《论》）

本篇节选自《淮阴侯列传》。前一部分说的是萧何月下追回韩信，劝说刘邦为其筑坛拜将；后一部分说的是韩信为刘邦进献争夺天下之策，刘邦大有相识恨晚之慨。在写作特点上，司马迁采取了先虚后实的手法。在韩信登坛拜将前，他只是一个在项羽军中“无所知名”、投靠刘邦后又“上不我用”的人，因此，当萧何追回韩信并让刘邦为其筑坛拜将时，致使“一军皆惊”。韩信究竟有何能耐，竟然使萧何对他如此看重，要刘邦拜他为大将？这是司马迁为读者故意设置的一个悬念。接下来通过韩信与刘邦关于天下形势的分析和如何争夺天下的谈话之后，人们豁然开朗，原来韩信胸中自有争夺天下的韬略，是一个千古奇才。通过这样的叙述，韩信的文韬武略、萧何的知人善任和刘邦的虚心纳言，从中都得到了充分的展示。

“韩信登坛拜将”的故事告诉了人们一个道理，善于发现人才和重用人才，这是事业是否成功的重要保证。事实证明，正是有了韩信、张良和萧何这人中三杰，刘邦才得以奠定刘汉数百年帝王基业。

叔孙通定朝仪

原文：

汉五年，已并天下，诸侯共尊汉王为皇帝于定陶，叔孙通就其仪号。高帝悉去秦苛仪法，为简易。群臣饮酒争功，醉或妄呼，拔剑击柱，高帝患之。叔孙通知上益厌之也，说上曰：“夫儒者难与进取，可与守成。臣原征鲁诸生，与臣弟子共起朝仪。”高帝曰：“得无难乎？”叔孙通曰：“五帝异乐，三王不同礼。礼者，因时世人情为之节文者也。故夏、殷、周之礼所因损益可知者，谓不相复也。臣愿颇采古礼与秦仪杂就之。”上曰：“可试为之，令易知，度吾所能行为之。”

于是叔孙通使征鲁诸生三十余人。鲁有两生不肯行，曰：“公所事者且十主，皆面谀以得亲贵。今天下初定，死者未葬，伤者未起，又欲起礼乐。礼乐所由起，积德百年而后可兴也。吾不忍为公所为。公所为不合古，吾不行。公往矣，无污我！”叔孙通笑曰：“若真鄙儒也，不知时变。”

遂与所征三十人西，及上左右为学者与其弟子百余人为绵蕞野外。习之月余，叔孙通曰：“上可试观。”上既观，使行礼，曰：“吾能为此。”乃令群臣习肄，会十月。

汉七年，长乐宫成，诸侯群臣皆朝十月。仪：先平明，谒者治礼，引以次入殿门，廷中陈车骑步卒卫宫，设兵张旗志。传言“趋”。殿下郎中侠陛，陛数百人。功臣列侯诸将军军吏以次陈西方，东乡；文官丞相以下陈东方，西乡。大行设九宾，胪传。于是皇帝辇出房，百官执职传警，引诸侯王以下至吏六百石以次奉贺。自诸侯王以下莫不振恐肃敬。至礼毕，复置法酒。诸侍坐殿上皆伏抑首，以尊卑次起上寿。觞九行，谒者言“罢酒”。御史执法举不如仪者辄引去。竟朝置酒，无敢喧哗失礼者。于是高帝曰：“吾乃今日知为皇帝之贵也。”乃拜叔孙通为太常，赐金五百斤。

（选自《刘敬叔孙通列传》）

点评：

司马迁说：“叔孙通希世度务，制礼进退，与时变化，卒为汉家儒宗。”（《史记》本传）这里“希世度务”是说叔孙通能审时度势，“制礼进退”是说他的功业，“与时变化”是说他的善变性格，而“为汉家儒宗”则是指他的历史地位。司马迁的这段话，对汉儒叔孙通的一生行事与品行作了很好的把握。

《史记》本传对于叔孙通一生主要行事作了记述：叔孙通原本为秦朝博士，秦末大起义时，他参加了项梁起义军，后来又归顺汉王刘邦。西汉建立后，他与所征鲁生三十余人、朝中学者以及弟子百余人，为汉高祖刘邦制定朝仪，深得刘邦欢心。汉惠帝时，又定宗庙仪法及其他汉朝诸仪法，其意在“缘饰儒术”以逢迎汉帝。就叔孙通一生行事而言，其最为显著的特点是与时而变，善于逢迎，从而得到了帝王的亲近重视。对于叔孙通的这一性格特征，《史记》本传在写作手法上注重借用他人的评论，如当秦二世因陈胜起义之事征问博士儒生时，儒生们都主张发兵平叛，他为讨得二世欢心，则说这些人不足挂齿，他们只不过是一些“郡盗鼠窃狗盗”之徒罢了，气得诸生们回舍后指责他为何出此阿谀奉承之言。当叔孙通为刘邦制定朝仪而征用鲁生时，其中有两个人不愿意前行，他们指责叔孙通喜欢靠阿谀奉承得到帝王的欢心，认为现在天下初定，应该考虑如何医治战争创伤，而不是制定什么礼仪。

本篇选自《刘敬叔孙通列传》，主要记述叔孙通为刘邦制定朝仪之事。公元前 202 年，天下已经平定。由于在战争时期刘邦尽除秦朝仪法，以简易治军，西汉建立后，这些平民出身的开国功臣们自然不懂得什么礼法，他们或者饮酒争功，或者醉后妄呼，甚至拔剑击柱，刘邦因此很不高兴。叔孙通看出了刘邦的心思，建议刘邦制定朝仪，得到了刘邦同意。后来朝仪制成，让君臣们进行了演习，群臣依次奉贺，朝堂一片肃然，君臣尊卑有序，刘邦由此体验到了做皇帝的威风，故而无不得意地说：“吾乃今日知为皇帝之贵也”。毫无疑问，为汉朝制定朝仪是叔孙通一生最大的功绩，他也因此而赢得“汉家儒宗”的称号。

对于叔孙通的评价，历来贬多褒少。人们认为他善于阿谀奉承，没有儒者气节。有的人还以气节作为君子儒还是小人儒的判别标准，而斥叔孙通为小人儒。我们认为，叔孙通的阿谀奉承品行，自然值不得提倡。但是，对于叔孙通制定朝仪的贡献还是应该肯定的。从一定程度而言，刘邦正是从叔孙通的制朝仪和陆贾的不可以马上治天下之论，才体悟到了儒术对于治国的重要作用。司马迁也正是从这个角度，肯定了叔孙通“汉家儒宗”的历史地位的。

文景之治

原文：

汉兴，接秦之弊，丈夫从军旅，老弱转粮饷，作业剧而财匮，自天子不能具钧驷，而将相或乘牛车，齐民无藏盖。于是为秦钱重难用，更令民铸钱，一黄金一斤，约法省禁。而不轨逐利之民，蓄积余业以稽市物，物踊腾粜，米至石万钱，马一匹则百金。

天下已平，高祖乃令贾人不得衣丝乘车，重租税以困辱之。孝惠、高后时，为天下初定，复弛商贾之律，然市井之子孙亦不得仕宦为吏。量吏禄，度官用，以赋于民。而山川园池市井租税之入，自天子以至于封君汤沐邑，皆各为私奉养焉，不领于天下之经费。漕转山东粟，以给中都官，岁不过数十万石。

至孝文时，荚钱益多，轻，乃更铸四铢钱，其文为“半两”，令民纵得自铸钱。故吴诸侯也，以即山铸钱，富埒天子，其后卒以叛逆。邓通，大夫也，以铸钱财过王者。故吴、邓氏钱布天下，而铸钱之禁生焉。

匈奴数侵盗北边，屯戍者多，边粟不足给食当食者。于是募民能输及转粟于边者拜爵，爵得至大庶长。

汉文帝行玺金印

孝景时，上郡以西旱，亦复修卖爵令，而贱其价以招民；及徒复作，得输粟县官以除罪。益造苑马以广用，而宫室列观舆马益增修矣。

至今上即位数岁，汉兴七十余年之间，国家无事，非遇水旱之灾，民则人给家足，都鄙廪庾皆满，而府库余货财。京师之钱累巨万，贯朽而不可校。太仓之粟陈陈相因，充溢露积于外，至腐败不可食。众庶街巷有马，阡陌之间成群，而乘字牝者傧而不得聚会。守闾阎者食粱肉，为吏者长子孙，居官者以为姓号。故人人自爱而重犯法，先行义而后绌耻辱焉。当此之时，网疏而民富，役财骄溢，或至兼并豪党之徒，以武断于乡曲。宗室有土公卿大夫以下，争于奢侈，室庐舆服僭于上，无限度。物盛而衰，固其变也。

（选自《平准书》）

点评：

西汉文帝、景帝统治时期，由于采取了一系列与民休息的统治政策，从而造就了中国封建统治的第一个盛世局面，历史上称为“文景之治”，它是中国古代封建清明统治的楷模。

对于这段封建盛世统治，《史记》的《平准书》、《货殖列传》以及文、景二帝《本纪》和相关《列传》都作了详略不等的记载。本篇选自《平准书》，这是一个集中反映汉初经济的典制，它对“文景之治”的记载也最为详尽。

《平准书》主要运用了对比的手法，来反映汉初七十余年的经济变化情况：“天子不能具钧驷，而将相或乘牛车，齐民无藏盖”，这是对经过秦末战乱之后汉初经济残破局面的真实写照；而经过刘邦特别是文帝、景帝采取了一系列与民休息的统治政策之后，西汉的经济出现了前所未有的盛世局面，“民则家给人足”、“京师之钱累巨万”、“太仓之粟陈陈相因”，便是对“文景之治”这一繁荣局面的具体写照。

作为西汉大一统时代的史学家，司马迁对文、景盛世时代的百姓富庶和社会繁荣，作了满怀激情的颂扬。然而，司马迁又是一位具有忧患意识的思想家，他深深懂得“物盛则衰，时极则转”的道理。他发现在“文景之治”的后期，帝国的盛世其实已经潜藏着种种的危机，一方面，老百姓“网疏而民富，役财骄溢，或至兼并豪党之徒，以武断于乡曲”；另一方面，“宗室有土公卿大夫以下，争于奢侈，室庐舆服僭于上，无限度”。所以他由衷地感叹道：“物盛而衰，固其变也。”

《平准书》热情颂扬“文景之治”，是对封建统治者实行与民休息政策的肯定，体现了一种民本意识；而《平准书》揭示汉初经济的盛衰之变，阐发“物盛而衰”的历史变易法则，其根本目的不是去反映一种历史变化的状态，而是要人们“见盛观衰”，从而及时革除弊政，使社会继续朝着健康的方向发展，因而体现了一种盛世时期的警世思想和忧患意识。

辕固生论辩汤武革命

原文：

清河王太傅辕固生者，齐人也。以治诗，孝景时为博士。与黄生争论景帝前。黄生曰：“汤武非受命，乃弑也。”辕固生曰：“不然。夫桀纣虐乱，天下之心皆归汤武，汤武与天下之心而诛桀纣，桀纣之民不为之使而归汤武，汤武不得已而立，非受命为何？”黄生曰：“冠虽敝，必加于首；履虽新，必关于足。何者，上下之分也。今桀纣虽失道，然君上也；汤武虽圣，臣下也。夫主有失行，臣下不能正言匡过以尊天子，反因过而诛之，代立践南面，非弑而何也？”辕固生曰：“必若所云，是高帝代秦即天子之位，非邪？”于是景帝曰：“食肉不食马肝，不为不知味；言学者无言汤武受命，不为愚。”遂罢。是后学者莫敢明受命放杀者。

窦太后好老子书，召辕固生问老子书。固曰：“此是家人言耳。”太后怒曰："安得司空城旦书乎？"乃使固入圈刺豕。景帝知太后怒而固直言无罪，乃假固利兵，下圈刺豕，正中其心，一刺，豕应手而倒。太后默然，无以复罪，罢之。居顷之，景帝以固为廉直，拜为清河王太傅。久之，病免。

今上初即位，复以贤良征固。诸谀儒多疾毁固，曰"固老"，罢归之。时固已九十余矣。固之征也，薛人公孙弘亦征，侧目而视固。固曰："公孙子，务正学以言，无曲学以阿世！"自是之后，齐言诗皆本辕固生也。诸齐人以诗显贵，皆固之弟子也。

（选自《儒林列传》）

点评：

西汉初年，统治阶级有鉴于秦朝依靠严刑酷法治理国家的弊端，而改以黄老思想作为治国思想，由此以"无为而治"为思想特征的黄老之学成为汉初的显学。与此同时，在先秦曾经是显学、秦朝受到压制的儒学，在汉初也得到了一定程度的恢复，叔孙通定朝仪，陆贾、贾谊的仁义治国论等，都是这种儒学开始复兴的具体表现。就在这样一个特定的历史时期，汉景帝朝的大儒辕固生与黄老道家代表人物黄生之间展开了一场关于"汤武革命"问题的论辩。

本篇选自《儒林列传》，它着重记述了辕固生与黄生论辩"汤武革命"的具体过程：黄生认为，商汤和周武王并不是受命之君，他们革夏桀和商纣王的命是以下杀上的行为，因此是"弑君"；辕固生则认为夏桀和商纣王暴虐天下，而商汤和周武王则是民心所向，因此汤武革命是受天命行事。黄生认为冠履有别，上下有分，夏桀和商纣王再暴虐也是君上，商汤和周武王再仁圣也是臣下，他们对待有过失的君主只能"匡过"，而不应该"诛代"；而辕固生则以汉高祖取代暴秦是否也不应该来反问黄生。于是乎，汉景帝赶紧打了圆场，他以吃马肉不吃马肝，并不能说明不知道马肉的味道作比喻，而指出学者们没有必要一定要去谈论汤武革命问题，从而结束了这场争论。此外，本篇还附记了好黄老之学的窦太后因诏问《老子》而怒斥辕固生一事。

汉初这场儒家与黄老道家之间的关于“汤武革命”问题的论辩，无疑是汉代思想史上的一件大事，它反映了儒家与黄老道家之间关于君臣关系和改朝换代问题的不同认识。如果结合窦太后诏问《老子》一事，它同时也反映了逐渐复兴的儒学与作为当时统治思想的黄老之学之间的矛盾。耐人寻味的是汉景帝关于汤武革命论辩的裁定。其实，辕固生的汤武革命论是一种夺取政权的理论，而黄生的汤武革命论则是一种巩固政权的理论，前者为刘汉取代暴秦提供了合法依据，而后者则有利于刘汉政权的巩固，汉景帝当然无法从它们中间作出取舍，他以吃马肉作比，无疑充分体现了这位封建帝王的智慧和高明。

李广难封

原文：

李将军广者，陇西成纪人也。其先曰李信，秦时为将，逐得燕太子丹者也。故槐里，徙成纪。广家世世受射。孝文帝十四年，匈奴大入萧关，而广以良家子从军击胡，用善骑射，杀首虏多，为汉中郎。广从弟李蔡亦为郎，皆为武骑常侍，秩八百石。尝从行，有所旻陷折关及格猛兽，而文帝曰：“惜乎，子不遇时！如令子当高帝时，万户侯岂足道哉！”

及孝景初立，广为陇西都尉，徙为骑郎将。吴楚军时，广为骁骑都尉，从太尉亚夫击吴楚军，取旗，显功名昌邑下。……

……武帝立，左右以为广名将也，于是广以上郡太守为未央卫尉，而程不识亦为长乐卫尉。程不识故与李广俱以边太守将军屯。及出击胡，而广行无部伍行陈，就善水草屯，舍止，人人自便，不击刀斗以自卫，莫府省约文书籍事，然亦远斥候，未尝遇害。程不识正部曲行伍营陈，击刀斗，士吏治军簿至明，军不得休息，然亦未尝遇害。不识曰："李广军极简易，然虏卒犯之，无以禁也；而其士卒亦佚乐，咸乐为之死。我军虽烦扰，然虏亦不得犯我。"是时汉边郡李广、程不识皆为名将，然匈奴畏李广之略，士卒亦多乐从李广而苦程不识。程不识孝景时以数直谏为太中大夫。为人廉，谨于文法。

……

广居右北平，匈奴闻之，号曰"汉之飞将军"，避之数岁，不敢入右北平。

广出猎，见草中石，以为虎而射之，中石没镞，视之石也。因复更射之，终不能复入石矣。广所居郡闻有虎，尝自射之。及居右北平射虎，虎腾伤广，广亦竟射杀之。

广廉，得赏赐辄分其麾下，饮食与士共之。终广之身，为二千石四十余年，家无余财，终不言家产事。广为人长，猿臂，其善射亦天性也，虽其子孙他人学者，莫能及广。广讷口少言，与人居则画地为军陈，射阔狭以饮。专以射为戏，竟死。广之将兵，乏绝之处，见水，士卒不尽饮，广不近水，士卒不尽食，广不尝食。宽缓不苛，士以此爱乐为用。其射，见敌急，非在数十步之内，度不中不发，发即应弦而倒。用此，其将兵数困辱，其射猛兽亦为所伤云。

……

初，广之从弟李蔡与广俱事孝文帝。景帝时，蔡积功劳至二千石。孝武帝时，至代相。以元朔五年为轻车将军，从大将军击右贤王，有功中率，封为乐安侯。元狩二年中，代公孙弘为丞相。蔡为人在下中，名声出广下甚远，然广不得爵邑，官不过九卿，而蔡为列侯，位至三公。诸广之军吏及士卒或取封侯。广尝与望气王朔燕语，曰："自汉击匈奴而广未尝不在其中，而诸部校尉以下，才能不及中人，然以击胡军功取侯者数十人，而广不为后人，然无尺寸之功以得封邑者，何也？岂吾相不当侯邪？且固命也？"朔曰："将军自念，岂尝有所恨乎？"广曰："吾尝为陇西守，羌尝反，吾诱而降，降者八百余人，吾诈而同日杀之。至今大恨独此耳。"朔曰："祸莫大于杀已降，此乃将军所以不得侯者也。"

后二岁，大将军、骠骑将军大出击匈奴，广数自请行。天子以为老，弗许；良久乃许之，以为前将军。是岁，元狩四年也。

广既从大将军青击匈奴，既出塞，青捕虏知单于所居，乃自以精兵走之，而令广并于右将军军，出东道。东道少回远，而大军行水草少，其势不屯行。广自请曰："臣部为前将军，今大将军乃徙令臣出东道，且臣结发而与匈奴战，今乃一得当单于，臣原居前，先死单于。"大将军青亦阴

甘肃天水的李广墓

受上诫，以为李广老，数奇，毋令当单于，恐不得所欲。而是时公孙敖新失侯，为中将军从大将军，大将军亦欲使敖与俱当单于，故徙前将军广。广时知之，固自辞于大将军。大将军不听，令长史封书与广之幕府，曰："急诣部，如书。"广不谢大将军而起行，意甚愠怒而就部，引兵与右将军食其合军出东道。军亡导，或失道，后大将军。大将军与单于接战，单于遁走，弗能得而还。南绝幕，遇前将军、右将军。广已见大将军，还入军。大将军使长史持糒醪遗广，因问广、食其失道状，青欲上书报天子军曲折。广未对，大将军使长史急责广之幕府对簿。广曰："诸校尉无罪，乃我自失道。吾今自上簿。"

至幕府，广谓其麾下曰："广结发与匈奴大小七十余战，今幸从大将军出接单于兵，而大将军又徙广部行回远，而又迷失道，岂非天哉！且广年六十余矣，终不能复对刀笔之吏。"遂引刀自刭。广军士大夫一军皆哭。百姓闻之，知与不知，无老壮皆为垂涕。而右将军独下吏，当死，赎为庶人。

（选自《李将军列传》）

点评：

"秦时明月汉时关，万里长征人未还。但使龙城飞将在，不教胡马度阴山。"唐代大诗人王昌龄的一首《出塞》诗，表达了历代人民对汉朝"飞将军"李广的赞扬和怀念之情。千百年来，每当国家、民族遭难之时，人们总是情不自禁地吟唱着这首脍炙人口的诗篇。

李广是西汉武帝时期抗击匈奴战争中涌现出的一位令匈奴闻风丧胆的英雄，司马迁作《李将军列传》，着重描写了其治军三大优点：一是"勇于当敌"，二是"号令不烦"，三是"仁爱士卒"；同时对他一生与匈奴血战六七十次，却始终不得封侯，最终还落得个引刀自刭而死的下场这一悲惨结局表示了深切同情和愤愤不平。

“李广难封”，千百年来已经成为后人议论的历史课题。有人依据本传所述李广“数奇”而认为他的难封是命运不好，如唐代诗人王维在《老将行》中就说：“卫青不败由天幸，李广无功缘数奇。”这当然是一种宿命论，不过却也是当时及后世不少人的看法。其实，导致“李广难封”的真正原因，太史公在本传中已经作了揭示，那就是汉朝封赏制度的缺陷和统治者的不公正。就前者而论，秦汉时期的奖励战功制度，是在自己不败的前提下，根据斩敌首级来论功的。而李广虽然与匈奴大小六七十战，却总是以偏师诱敌，与敌人死战硬拼，结果虽然杀得敌人闻风丧胆，而自己也损失很大，功过相抵，不得封赏。其实这种策应主力的阻击战，往往都是损失惨重的，不过它却是为全局的胜利而做出的牺牲，应当得首功才对，不得封赏，这显然是当时封赏制度的缺陷。就后者而论，如元狩四年北击匈奴就是一个典型例子。本来此次北伐，是作为前将军的李广建功封侯的绝好机会，汉武帝却私下里告诫卫青，“以为李广老，数奇，毋令当单于”，而卫青当时正想让好友公孙敖立功封侯，便借此强令李广改出东路，于是便有了后来悲剧的发生。

本篇写作的一个显著特点，便是注重运用对比的手法。如写李广治军，便以同时期名将程不识作对比，李广治军简易，而程不识治军烦扰，其结果是匈奴更害怕李广，士兵也更愿意跟随李广。通过比较，李广号令不烦、善于治军的特点便表现出来了。又如写李广难封，则以李广从弟李蔡作对比，兄弟二人在汉文帝时皆为武骑常侍，秩八百石，可是到汉武帝时，“为人在下中”、“名声出广下甚远”的李蔡却得以封侯拜相，而李广则“不得爵邑，官不过九卿”。司马迁通过对比的手法，表达了自己对李广难封的不满。

匈奴未灭，无以家为

原文：

……霍去病年十八，幸，为天子侍中。善骑射，再从大将军（卫青），受诏与壮士，为剽姚校尉，与轻勇骑八百直弃大军数百里赴利，斩捕首虏过当。于是天子曰："剽姚校尉去病斩首虏二千二十八级，及相国、当户，斩单于大父行籍若侯产，生捕季父罗姑比，再冠军，以千六百户封去病为冠军侯。上谷太守郝贤四从大将军，捕斩首虏二千余人，以千一百户封贤为众利侯。"……

冠军侯去病既侯三岁，元狩二年春，以冠军侯去病为骠骑将军，将万骑出陇西，有功。天子曰："骠骑将军率戎士逾乌盭，讨遬濮，涉狐奴，历五王国，辎重人众慑慑者弗取，冀获单于子。转战六日，过焉支山千有余里，合短兵，杀折兰王，斩卢胡王，诛全甲，执浑邪王子及相国、都尉，首虏八千余级，收休屠祭天金人，益封去病二千户。"

其夏，骠骑将军与合骑侯敖俱出北地，异道；博望侯张骞、郎中令李广俱出右北平，异道：皆击匈奴。……而骠骑将军出北地，已遂深入，与合骑侯失道，不相得，骠骑将军逾居延至祁连山，捕首虏甚多。天子曰："骠骑将军逾居延，遂过小月氏，攻祁连山，得酋涂王，以众降者二千五百人，斩首虏三万二百级，获五王，五王母，单于阏氏、王子五十九人，相国、将军、当户、都尉六十三人，师大率减什三，益封去病五千户。赐校尉从至小月氏爵左庶长。鹰击司马破奴再从骠骑将军斩遬濮王，捕稽沮王，千骑将得王、王母各一人，王子以下四十一人，捕虏三千三百三十人，前行捕虏千四百人，以千五百户封破奴为从骠侯。校尉句王高不识，从骠骑将军捕呼于屠王王子以下十一人，捕虏千七百六十八人，以千一百户封不识为宜冠侯。校尉仆多有功，封为辉渠侯。"……由此骠骑日以亲贵，比大将军。

其秋，单于怒浑邪王居西方数为汉所破，亡数万人，以骠骑之兵也。单于怒，欲召诛浑邪王。浑邪王与休屠王等谋欲降汉，使人先要边。……天子闻之，于是恐其以诈降而袭边，乃令骠骑将军将兵往迎之。骠骑既渡河，与浑邪王众相望。浑邪王裨将见汉军而多欲不降者，颇遁去。骠骑乃驰入与浑邪王相见，斩其欲亡者八千人，遂独遣浑邪王乘传先诣行在所，尽将其众渡河，降者数万，号称十万。……于是天子嘉骠骑之功曰："骠骑将军去病率师攻匈奴西域王浑邪，王及厥众萌咸相饹，率以军粮接食，并将控弦万有余人，诛獟駻，获首虏八千余级，降异国之王三十二人，战士不离伤，十万之众咸怀集服，仍与之劳，爰及河塞，庶几无患，幸既永绥矣。以千七百户益封骠骑将军。"……

元狩四年春，上令大将军青、骠骑将军去病将各五万骑，步兵转者踵军数十万，而敢力战深入之士皆属骠骑。骠骑始为出定襄，当单于。捕虏言单于东，乃更令骠骑出代郡，令大将军出定襄。……

骠骑将军亦将五万骑，车重与大将军军等，而无裨将。悉以李敢等为大校，当裨将，出代、右北平千余里，直左方兵，所斩捕功已多大将军。军既还，天子曰："骠骑将军去病率师，躬将所获荤粥之士，约轻赍，绝大幕，涉获章渠，以诛比车耆，转击左大将，斩获旗鼓，历涉离侯。济弓闾，获屯头王、韩王等三人，将军、相国、当户、都尉八十三人，封狼居胥山，禅于姑衍，登临翰海。执卤获丑七万有四百四十三级，师率减什三，取食于敌，逴行殊远而粮不绝，以五千八百户益封骠骑将军。"……

骠骑将军为人少言不泄，有气敢任。天子尝欲教之孙吴兵法，对曰："顾方略何如耳，不至学古兵法。"天子为治第，令骠骑视之，对曰："匈奴未灭，无以家为也。"由此上益重爱之。然少而侍中，贵，不省士。其从军，天子为遣太官赍数十乘，既还，重车余弃粱肉，而士有饥者。其在塞外，卒乏粮，或不能自振，而骠骑尚穿域蹋鞠。事多此类。……

骠骑将军自四年军后三年，元狩六年而卒。……

（选自《卫将军骠骑列传》）

点评：

在西汉武帝时期发动的一系列的反击匈奴的战争中，涌现出了一批杰出的军事将领，青年将军霍去病便是其中最杰出的代表者之一。

关于霍去病的事迹，《史记》的《卫将军骠骑列传》作了详细记载。霍去病是大将军卫青的外甥，姨娘卫子夫则是汉武帝的皇后。凭借着外戚身份，霍去病 18 岁就做了侍中，成为皇帝的近臣。但是，霍去病是一个志在沙场的血性男儿，他非常羡慕舅舅卫青驰骋沙场的壮烈生活。就在这一年，他以剽姚校尉的身份随同卫青开始了他人生中第一次对匈战争，结果他率八百壮士斩杀了匈奴两千余人，汉武帝以其军功卓著而封他为冠军侯。元狩二年（前 121 年），20 岁的霍去病被任命为骠骑将军，率军两次出兵河西，皆大获全胜，从此控制了河西地区，打通了通往西域的道路。霍去病也因此而被不断益封，与大将军卫青同等亲贵。在霍去病的反击匈奴战争生涯中，最著名的战役当数元狩四年（前 119 年）的反击战争。这一年，汉武帝为了彻底解除匈奴的威胁，组织了大规模的漠北战役，霍去病和大将军卫青各率五万骑兵，分别从定襄郡和代郡出兵。这一战，汉军取得了史无前例的胜利，霍去病的军队北进两千余里，斩杀匈奴兵七万余人。为了纪念这次战役的伟大胜利，霍去病登上狼居胥山（今蒙古国境内）祭天勒石颂功，又在附近的姑衍山辟场祭地，还观看了茫茫的翰海（今贝加尔湖），才凯旋而归。不幸的是，此役过后才两年，一代英杰霍去病便去世了。

霍去病的一生，虽然只有短短的 24 个春秋，却在西汉抗击匈奴的战争中六度出师，每战皆捷，立下了赫赫战功。然而当汉武帝提出要为他建立府第时，他却拒绝说："匈奴未灭，无以家为"，他的这种忧国忘家的博大胸怀和崇高志向，千百年来，一直激励着一代又一代的中华儿女们去努力为国效劳，霍去病的精神是不朽的。

《论六家要指》

原文：

太史公学天官于唐都，受易于杨何，习道论于黄子。太史公仕于建元元封之间，愍学者之不达其意而师悖，乃论六家之要指曰：

易大传："天下一致而百虑，同归而殊涂。"夫阴阳、儒、墨、名、法、道德，此务为治者也，直所从言之异路，有省不省耳。尝窃观阴阳之术，大祥而众忌讳，使人拘而多所畏；然其序四时之大顺，不可失也。儒者博而寡要，劳而少功，是以其事难尽从；然其序君臣父子之礼，列夫妇长幼之别，不可易也。墨者俭而难遵，是以其事不可遍循；然其强本节用，不可废也。法家严而少恩；然其正君臣上下之分，不可改矣。名家使人俭而善失真；然其正名实，不可不察也。道家使人精神专一，动合无形，赡足万物。其为术也，因阴阳之大顺，采儒墨之善，撮名法之要，与时迁移，应物变化，立俗施事，无所不宜，指约而易操，事少而功多。儒者则不然。以为人主天下之仪表也，主倡而臣和，主先而臣随。如此则主劳而臣逸。至于大道之要，去健羡，绌聪明，释此而任术。夫神大用则竭，形大劳则敝。形神骚动，欲与天地长久，非所闻也。

夫阴阳四时、八位、十二度、二十四节各有教令，顺之者昌，逆之者不死则亡，未必然也，故曰"使人拘而多畏"。夫春生夏长，秋收冬藏，此天道之大经也，弗顺则无以为天下纲纪，故曰"四时之大顺，不可失也"。

夫儒者以六艺为法。六艺经传以千万数，累世不能通其学，当年不能究其礼，故曰"博而寡要，劳而少功"。若夫列君臣父子之礼，序夫妇长幼之别，虽百家弗能易也。

墨者亦尚尧舜道，言其德行曰：“堂高三尺，土阶三等，茅茨不翦，采椽不刮。食土簋，啜土刑，粝粱之食，藜藿之羹。夏日葛衣，冬日鹿裘。”其送死，桐棺三寸，举音不尽其哀。教丧礼，必以此为万民之率。使天下法若此，则尊卑无别也。夫世异时移，事业不必同，故曰“俭而难遵”。要曰强本节用，则人给家足之道也。此墨子之所长，虽百长弗能废也。

法家不别亲疏，不殊贵贱，一断于法，则亲亲尊尊之恩绝矣。可以行一时之计，而不可长用也，故曰“严而少恩”。若尊主卑臣，明分职不得相逾越，虽百家弗能改也。

名家苛察缴绕，使人不得反其意，专决于名而失人情，故曰“使人俭而善失真”。若夫控名责实，参伍不失，此不可不察也。

道家无为，又曰无不为，其实易行，其辞难知。其术以虚无为本，以因循为用。无成势，无常形，故能究万物之情。不为物先，不为物后，故能为万物主。有法无法，因时为业；有度无度，因物与合。故曰“圣人不朽，时变是守。虚者道之常也，因者君之纲”也。群臣并至，使各自明也。其实中其声者谓之端，实不中其声者谓之窾。窾言不听，奸乃不生，贤不肖自分，白黑乃形。在所欲用耳，何事不成。乃合大道，混混冥冥。光耀天下，复反无名。凡人所生者神也，所托者形也。神大用则竭，形大劳则敝，形神离则死。死者不可复生，离者不可复反，故圣人重之。由是观之，神者生之本也，形者生之具也。不先定其神，而曰“我有以治天下”，何由哉？

（选自《太史公自序》）

点评：

《论六家要指》选自《太史公自序》，是一篇关于先秦至汉代学术发展史的重要文献。内容大致可以分为两个部分，前半篇是对先秦各家学派要点的概述，当为司马迁对其父司马谈原稿主要观点的摘录；后半篇是对前半篇论点的阐释，应该是司马迁个人的发挥。因此，《论六家要指》的基本思想肇端于司马谈，却又被司马迁作了继承和发挥，应当被视为他们父子共同的思想言论。

《论六家要指》的学术贡献首先是对先秦以来的学术进行了在当时而言是最为科学的分类。在司马谈以前，最早对学术史进行总结与批评的当属《庄子・天下》，此后《荀子》的《非十二子》、《天论》和《解蔽》,《韩非子・显学》,《尸子・广泽》,《吕氏春秋・不二》和《淮南子・要略》等都对诸子百家学术作了评述。但从总体来看，这些文献对各学派的本质特征还把握不准，也未能给这些学派冠以具体的家名。司马谈通过对先秦以来的诸子百家学术思想进行辨析后，第一次以阴阳、儒、墨、名、法、道德“六家”对这些学术思想进行了分类。从此以后，诸子百家的学术有了各自的家名。

其次是对先秦以来诸子百家学术思想作了仔细分辨和准确把握，提出了系统的批评。如认为阴阳家的短处是讲禨祥，长处是重春夏秋冬四时大顺；儒家的短处是繁而不得要领，长处是重君臣父子之礼和夫妇长幼之别；墨家的短处是过重俭朴，长处是重强本节用；法家的短处是“严而少恩”，长处是重君臣上下之分；名家的短处是专决于名而失人情，长处是重名实相符。这些批评大体上也是公允的。在司马氏父子看来，诸家都是为政治而立学术的，是殊途同归，因此不可偏废。

《论六家要指》对道家只有肯定没有否定，认为道家使人精神专一，与时迁移，应物变化，立俗施事，指约易操，事少功多，想见司马氏是站在道家的立场上进行学术总结与批评的。这里所谓道家或道德家，并不是先秦以老庄为代表的那个道家，而是战国末期逐渐形成、西汉初期兴盛起来的黄老道家。关于黄老道家与老庄道家之间的区别，《论六家要指》其实已经作了揭示：老庄道家与诸子百家之间是相争相绌的，黄老道家则对诸家学术思想兼收并蓄；老庄道家只讲自然无为，而黄老道家则无为而无不为。

在那个独尊儒术的时代里，《论六家要指》宣扬黄老道家思想，这既是对汉初黄老道家的政治实践和思想思潮进行总结的需要，也是对这一时期政治思想的一种感情依恋。不过司马氏父子都是既通达而又有理想的思想家，司马谈信奉道家，却重视对司马迁进行儒家教育；司马迁则更是以“成一家之言”作为其《史记》撰述的根本宗旨。这种吸纳众家而成一家的思想，是司马氏父子的共同愿望和追求的目标。

司马迁论财富

原文：

老子曰：“至治之极，邻国相望，鸡狗之声相闻，民各甘其食，美其服，安其俗，乐其业，至老死不相往来。”必用此为务，挽近世涂民耳目，则几无行矣。

太史公曰：夫神农以前，吾不知已。至若诗书所述虞夏以来，耳目欲极声色之好，口欲穷刍豢之味，身安逸乐，而心夸矜势能之荣使。俗之渐民久矣，虽户说以眇论，终不能化。故善者因之，其次利道之，其次教诲之，其次整齐之，最下者与之争。

……故待农而食之，虞而出之，工而成之，商而通之。此宁有政教发征期会哉？人各任其能，竭其力，以得所欲。故物贱之征贵，贵之征贱，各劝其业，乐其事，若水之趋下，日夜无休时，不召而自来，不求而民出之。岂非道之所符，而自然之验邪？

周书曰：“农不出则乏其食，工不出则乏其事，商不出则三宝绝，虞不出则财匮少。”财匮少而山泽不辟矣。此四者，民所衣食之原也。原大则饶，原小则鲜。上则富国，下则富家。贫富之道，莫之夺予，而巧者有余，拙者不足。故太公望封于营丘，地舄卤，人民寡，于是太公劝其女功，极技巧，通鱼盐，则人物归之，繦至而辐凑。故齐冠带衣履天下，海岱之间敛袂而往朝焉。其后齐中衰，管子修之，设轻重九府，则桓公以霸，九合诸侯，一匡天下；而管氏亦有三归，位在陪臣，富于列国之君。是以齐富强至于威、宣也。

故曰："仓廪实而知礼节，衣食足而知荣辱。"礼生于有而废于无。故君子富，好行其德；小人富，以适其力。渊深而鱼生之，山深而兽往之，人富而仁义附焉。富者得势益彰，失势则客无所之，以而不乐。夷狄益甚。谚曰："千金之子，不死于市。"此非空言也。故曰："天下熙熙，皆为利来；天下壤壤，皆为利往。"夫千乘之王，万家之侯，百室之君，尚犹患贫，而况匹夫编户之民乎！

……

由此观之，贤人深谋于廊庙，论议朝廷，守信死节隐居岩穴之士设为名高者安归乎？归于富厚也。是以廉吏久，久更富，廉贾归富。富者，人之情性，所不学而俱欲者也。故壮士在军，攻城先登，陷阵却敌，斩将搴旗，前蒙矢石，不避汤火之难者，为重赏使也。其在闾巷少年，攻剽椎埋，劫人作奸，掘冢铸币，任侠并兼，借交报仇，篡逐幽隐，不避法禁，走死地如骛者，其实皆为财用耳。今夫赵女郑姬，设形容，揳鸣琴，揄长袂，蹑利屣，目挑心招，出不远千里，不择老少者，奔富厚也。游闲公子，饰冠剑，连车骑，亦为富贵容也。弋射渔猎，犯晨夜，冒霜雪，驰坑谷，不避猛兽之害，为得味也。博戏驰逐，斗鸡走狗，作色相矜，必争胜者，重失负也。医方诸食技术之人，焦神极能，为重糈也。吏士舞文弄法，刻章伪书，不避刀锯之诛者，没于赂遗也。农工商贾畜长，固求富益货也。此有知尽能索耳，终不余力而让财矣。

谚曰："百里不贩樵，千里不贩籴。"居之一岁，种之以谷；十岁，树之以木；百岁，来之以德。德者，人物之谓也。今有无秩禄之奉，爵邑之入，而乐与之比者。命曰"素封"。封者食租税，岁率户二百。千户之君则二十万，朝觐聘享出其中。庶民农工商贾，率亦岁万息二千，百万之家则二十万，而更徭租赋出其中。衣食之欲，恣所好美矣。故曰陆地牧马二百蹄，牛蹄角千，千足羊，泽中千足彘，水居千石鱼陂，山居千章之材。安邑千树枣；燕、秦千树栗；蜀、汉、江陵千树橘；淮北、常山已南，河济之间千树萩；陈、夏千亩漆；齐、鲁千亩桑麻；渭川千亩竹；及名国万家之城，带郭千亩亩钟之田，若千亩卮茜，千畦姜韭：此其人皆与千户侯等。然是富给之资也，不窥市井，不行异邑，坐而待收，身有处士之义而取给焉。若至家贫亲老，妻子软弱，岁时无以祭祀进醵，饮食被服不足以自通，如此不惭耻，则无所比矣。是以无财作力，少有斗智，既饶争时，此其大经也。今治生不待危身取给，则贤人勉焉。是故本富为上，末富次之，奸富最下。无岩处奇士之行，而长贫贱，好语仁义，亦足羞也。

凡编户之民，富相什则卑下之，伯则畏惮之，千则役，万则仆，物之理也。……

（选自《货殖列传》）

点评：

本篇选自《货殖列传》。货殖者，顾名思义，讲的是如何增长财富问题，故而该传记是一篇关于经济史和商人的专传。《货殖列传》一共论述了五个经济问题，一是从历史发展大势中揭示财富在社会生活中的重要性，二是记述了秦以前著名商人的言行及其社会与政治影响，三是论述了汉初全国四大经济区的物产、交通、城市、商业和民俗情况，四是论证了追求财富乃人之本性，五是强调人才在致富中的重要作用。

本篇所选内容，其第一部分乃《货殖列传》的序论，文章一开篇就对老庄道家的小国寡民的至治社会理想作了批判，认为它在现实当中是根本不会被人们所接受的；认为追求财富是人们最基本的活动，所谓“天下熙熙，皆为利来；天下攘攘，皆为利往”。强调天下的财物不但为天下人所有，而且需农、工、商、虞共同进行开发；肯定社会道德建立在社会物质基础之上，“礼生于有而废于无”。其第二部分则着重论述了“富者，人之情性”这一论点，肯定追求财富乃人之本性，因为财富能够改变人们的地位和命运，人间社会等级是由财富来决定的。

司马迁撰写《货殖列传》，提出了别具一格的财富理论，概括起来就是：财富可以让人们富裕起来，可以保证社会的安定，可以使人们的精神面貌变得高尚起来，可以赋予人们不同的社会角色，可以改变人们的经济地位、社会地位、政治地位乃至学术地位，等等。一言以蔽之，就是充分肯定财富以及追求财富对于人类生活和社会发展的重要作用。这种财富论，显然是一种朴素的唯物论。司马迁在论述财富的重要性的同时，也从经济角度提出了社会分工的必要性和发展商业的重要性，并对这种社会分工理论和重商思想作了具体阐述。司马迁的社会分工理论是对先秦孟子等人的社会分工思想的继承和发展；司马迁的重商思想则是对中国古代传统重农抑商思想的一种反动，是古代经济理论中一份宝贵的遗产。

千古名言

富贵者送人以财，仁人者送人以言。

——语出《孔子世家》。意思是说，有钱有势的人，用财物送给别人；有仁爱之心的人，则用良言送给别人。

送人财物与送人良言，都是一种高尚的行为。送人财物，可以救人一时之急；而送人良言，则能使人受益更多，甚至是终身受益。因此，相比较而言，有仁爱之心的人的行为更为可贵。现实生活中确实如此，一条好的建议或一句好的忠告，比起救济人家一些钱财自然是更有价值。

能行之者未必能言，能言之者未必能行。

——语出《孙子吴起列传》。意思是说，能够把事情做好的人，不一定能够说得好；能说会道的人，不一定能够将事情做好。

这句名言说的是言与行之间的关系，它向人们揭示了一个道理：大凡能说会道的人，总是不注重干实事；而埋头苦干的人，往往不愿意多说。人们应该效法那些少说多干的人。

反听之谓聪，内视之谓明，自胜之谓强。

——语出《商君列传》。意思是说，能听取别人的意见就是聪明，能检查自己的过失就是明智，能克服自己的缺点就是强者。

这就是说，聪明的人往往不固执己见，而是善于听取各种不同的意见；明智的人往往能检查自己为人处世的方式，从而得到他人的认可；坚强的人总是不断克服自己的缺点，从而得到他人的钦佩。

苦言药也，甘言疾也。

——语出《商君列传》。意思是说，刺痛人的话是良药，好听的话是祸害。

俗话说得好，忠言逆耳，良药苦口。大凡批评的话总是让人听着不顺耳，容易刺到人的痛处，但是，它确实是治人疾病的一剂良药。阿谀奉承的话听起来如同甘泉入口，让人觉得舒服，往往容易迷惑人的心智，最终总是遗祸于人。

恃德者昌，恃力者亡。

——原文出自《尚书》，为《商君列传》引用。意思是说，依靠仁德统治，国家就能昌盛；依靠强力统治，国家就会败亡。

依靠德治还是力治，这是中国古代政治学说探讨的主题之一；对于这个问题的不同回答，成为判别儒家还是法家的重要标准。赵良以此语劝告商鞅，是希望商鞅能按照儒家的仁德治国思想来辅佐秦王治理秦国。一般来说，力取德守，是封建开明君主的普遍做法。

白头如新，倾盖如故。

——古谚语，为《鲁仲连邹阳列传》引用。意思是说，人与人之间不能交心，即使交往到头发白了，也好像初次相识一般；如果能够真心相交，即使是素昧平生，也好像是故人相见。

这句话道出了人与人相互交往的一个道理：人们只有真心相交，才能够成为朋友；反之，即使交往的时间再长，相互间还是很陌生。

智者千虑，必有一失；愚者千虑，必有一得。

——语出《淮阴侯列传》。意思是说，即使是很聪明的人，在许多次的周密考虑中，必然有一次是失算的；即使是很愚笨的人，在许多次的考虑中，总能够有一次能算计到。

这句话告诉了人们一个哲理：任何事物都不是绝对的，智者总有一失，愚者也有一得，因此，我们要用辩证的观点来看问题，切忌犯了形而上学的错误。

功者难成而易败，时者难得而易失。

——语出《淮阴侯列传》。意思是说，事情取得成功很难，失败却非常容易；得到机会很难，而失去却非常容易。

事情取得成功之所以很难，是因为成功的取得需要人们艰苦的努力；而失败却很容易，是因为造成失败的原因是多种多样的，稍有不慎，便会功败垂成。同样的道理，人们得到机会，需要具备主客观诸多条件，实属不易；可是，如果自己主观上没有做好准备，却很容易让出现的机会从身边悄悄溜走。

明者远见于未萌，智者避危于无形。

——语出《司马相如列传》。意思是说，明白的人能够在事情尚未出现萌芽时就有预见，聪明的人在危害尚未形成时就避免了。

这句名言揭示的道理是：明智的人总是注意观察事物发展及其规律，从中把握事物的发展走向，从而对事物的发展趋势作出预见，避免可能发生的各种危害。这其实也就是俗话说的“人无远虑，必有近忧”的道理吧！

道高益安，势高益危。

——语出《日者列传》。意思是说，道德越高尚越安全，权势越大越危险。

这句话说出了一个朴实而简单的道理：注重修养自己道德品质的人，其为人处世一定是本着仁爱的原则，恪守着社会道德规范，因此，他总是与人相友善，为国分担忧愁，这样的人哪有不安全的道理！反之，人的权势一旦过大，往往喜欢滥用权力，这样就必然会害人利己，同时也就将自己置于危险的境地了。

《汉书》

史家生平

东汉扶风安陵（今咸阳市东），地处“八百里秦川”的渭河平原，这里物产丰富，地灵人杰，东汉杰出的史学家班固（字孟坚）便诞生于此。

根据《汉书·叙传》的记载，班氏家族的远祖并不是陕西扶风人，而是南方楚国人。春秋时期，楚国有个令尹（相当于中原诸侯国的国相）叫子文，扶风班氏一支便是他的后代。班姓的由来与子文的出生有关。据说子文出生时，被母亲遗弃到云梦泽畔，是一只老虎用乳汁养活了他，楚人称虎为“班”，子文后来便索性给自己的儿子取名叫斗班。秦灭楚国后，家族的后人迁到中原晋、代一带，从此开始以“班”为姓。

秦汉之际，班固的七世祖班壹为了躲避秦末战乱，举家迁居楼烦（今山西宁武），以放牧为生，后成为当地著名的豪强。入汉以后，班壹的子孙大多都做了汉朝的官员。不过，班家真正发迹，是从班固的曾祖父班况开始的。班况靠举孝廉做了郎官，后来又做了上河农都尉，因考科连年得第一，迁升做了左曹越骑校尉。他有一个女儿，入宫后做了西汉成帝的婕妤。在汉成帝建始、河平年间，班家已成为当时京城著名的外戚，其势力

班固

“倾动前朝，熏灼四方”。

从大伯祖班伯开始，班家不但大富大贵，而且开始以诗、书传家。大伯祖班伯通晓《诗》、《书》、《论语》等儒家经典，官至水衡都尉、侍中、光禄大夫；二伯祖班斿，博学多才，曾与大史学家刘向一同校理秘书，官至谏大夫、右曹中郎将。

班固的父亲班彪，字叔皮，是东汉初年杰出的史学家。班彪史学主要成就，是撰写《史记后传》。在《汉书》问世之前，反映西汉历史的史书武帝以前有《史记》，武帝之后有一大批人参与了《史记》的续撰工作，但在班彪看来，这些续撰之作大多鄙俗，承担不起《史记》续作的重任。于是，他“乃继采前史遗事，傍贯异闻，作后传数十篇，因斟酌前史而讥正得失。”(《后汉书·班彪传》)对于班彪《史记后传》所取得的史学成就，同时代的大思想家王充给予了很高的评价。他认为史林中的班彪之于司马迁，就如同儒林中的董仲舒之于孔子一样，“孔子生周，始其本；仲舒在汉，终其末。班叔皮续《太史公书》，盖其义也。”(《论衡·案书》)《史记后传》为班固《汉书》的写作奠定了坚实的基础，从一定程度而言，《汉书》是对它的一种改作和补充。

从史学思想而言，班彪史学思想之最为显著的特点是具有史学二重性倾向。他一方面大力宣扬“神器有命”的神意史观，一方面又强调人事的重要作用。如他作《王命论》，一方面鼓吹刘汉之兴是神意而非人力，一方面又认为刘汉之兴也与刘邦善谋略、尽人事分不开；他评价司马迁，一方面从正统主义出发而提出“史公三失”论，一方面从历史撰述而言又肯定司马迁有良史之才。这种史学二重性特征对班固的史学思想影响极大，班固之所以成为中国正统史学的代表，是与班彪史学思想的影响密不可分的。

公元 32 年，班固出生于这样一个世代显赫、诗书传家的封建官僚家庭里。由于家学渊源关系，班固自小就受到了良好的教育。据《后汉书》记载，班固 9 岁时就能背诵诗赋、写作文章了。16 岁时，进入太学读书，这一读就是 8 年。班固的学习，与当时人死守章句和家法的人不同，他不但重视泛观博览，而且还学无常师，所谓“九流百家之言，无不穷究”。

光武帝建武三十年（54 年），父亲班彪病故，班固不得不中断在太学的学业，回到原籍扶风安陵守丧。大概从这时起，班固开始着手整理他父亲的遗稿《史记后传》。在整理过程中，他发现遗稿多有疏漏，不够详尽，便决定另起炉灶，重新修撰一部汉史，这便是后来的《汉书》。然而，班固还没有写成多少篇文字，就于汉明帝永平五年（62 年）被人告发“私修国史”，这在当时可谓罪莫大焉，班固因此被捕入狱。班固有个弟弟叫班超，他胆识超群，能文能武，富有辩才，后来成为东汉杰出的外交家。事发之后，他担心他的哥哥无法说清楚事实真相，就赶赴京城洛阳，上书汉明帝，为他哥哥鸣冤叫屈。班超的陈述，确实打动了汉明帝。恰逢此时扶风的地方官也正好将班固的书稿送达京师，汉明帝看过书稿后，对班固的才学和史文中对汉朝德政的宣扬甚是赞赏，不但没有治他的罪，反而召他到校书部，任命他为兰台令史，主要职责是掌管图书、校定文书。

班固入兰台不久，就与陈宗、尹敏等人一同撰写成了《世祖本纪》。次年升迁做了郎官，担任典校秘书工作，很快又撰成了“功臣”、“平林”、“新市”、“公孙述”等列传、载记共 28 篇奏上。这些著述，后来都成为我国第一部官修史书《东观汉记》的组成部分。大概在永平七年（64年），汉明帝开始让班固续写他此前所作的《汉书》，从这以后，直到汉章帝建初中，班固的主要精力都用于《汉书》的撰写上，前后历时二十余年。如果说此前的《汉书》撰述纯粹是班固继承父志的一种个人行为的话，那么此后应该说是奉旨行事，得到了官方的大力支持。这种支持主要表现在两个方面：其一，兰台是京城洛阳皇家藏书的地方，也是人才荟萃的地方，班固因祸得福入兰台为令史，不但因此有机会阅读各种图书文籍，而且有幸结识了一批可以与之相互切磋的志同道合的学者名流，如贾逵、傅毅、尹敏等，这一切为他后来编撰《汉书》提供了极大的方便。其二，由汉明帝诏命续作《汉书》，这可以使班固从此集中精力从事《汉书》的撰写工作，它是《汉书》得以撰写成功的重要保证。

建初四年（79年），在东汉经学史上发生了一件大事。这一年，汉章帝大会群儒于白虎观，讲论儒家"五经"的异同。班固有幸以史臣的身份担任会议记录，会后奉命将会议记录加以撰集，这便是著名的《白虎通》一书。这部谶纬神学化的儒家著作，被奉为当时封建统治的"国宪"，它在一定程度上也反映了班固的神意史观。

汉和帝永元元年（89年），班固以中护军的身份随从外戚、车骑将军窦宪北伐匈奴，这是班固晚年参与的一项重大的军事活动。这次北伐，汉军直抵燕然山（今蒙古境内杭爱山），取得了决定性的胜利。在燕然山上，班固奉窦宪之命刻石颂功，以记载下汉朝对匈奴战争史上这一伟大的时刻，这便是著名的《封燕然山铭》。

永元四年（92年），东汉朝廷发动了一场政变，汉和帝利用宦官势力，将窦宪一党一网打尽，班固受到株连，被朝廷免去了官职，后又遭仇家报复，被捕入狱而死。原来班固平日里不太重视对子女的管束（这一点远不如他的父亲），班家子弟、家奴常常在外面为非作歹，为害地方。有一次，洛阳令种竞过路，班家一个奴仆竟然挡道，种竞因班固与窦宪关系密切，只好强压住心头怒火。政变发生后，种竞借机报复，罗织了班固十大罪状，将其逮捕入狱，致使他不堪忍受屈辱与痛苦而很快死于狱中。事后汉和帝严厉斥责了种竞，对班固的死甚是惋惜。

终班固一生，早年入狱是因祸得福，而晚年入狱则冤死狱中，不过他的整个仕宦生涯应该说是一帆风顺、春风得意的，既受到汉帝的宠幸，又有窦宪这样的靠山倚仗；同时，班固通过潜心著述，撰成《汉书》，更是成就了千古不朽的功业。不过，班固死时，《汉书》实际上还剩八表和《天文志》尚未完成，其中八表后来由其妹妹班昭续成，而《天文志》则由扶风人马续补成。由此算起来，《汉书》其实是经过班彪、班固、班昭和马续四人之手才最终完成的。

史著介绍

《汉书》是我国古代第一部纪传体断代史，共100篇，80余万字，主要记载了自汉高祖元年（前206年）到王莽地皇四年（23年）共230年的历史。

《汉书》的材料来源主要有四个方面：其一是司马迁的《史记》，《汉书》关于汉武帝以前的史事，基本上抄自《史记》，当然也有一些补充，如贾谊的《治安策》、晁错的《言兵事》和《募民徙塞下》、董仲舒的《天人三策》等等，都是《史记》所缺而被《汉书》记载下来的极其重要的历史文献；其二是班彪的《史记后传》，前文已述；其三是班固在兰台收集的各种历史资料，兰台的职责之一是掌管天下图书，这为《汉书》写作的资料收集工作提供了极大的方便；最后是班昭和马续增补的资料，《汉书》的八表和《天文志》成于他们之手，这一部分资料当然也是很宝贵的。

《汉书》书影

《汉书》的体裁体例是在《史记》的基础上发展而来的，一是整齐划一了《史记》纪传体体例。《汉书》的具体做法是改“书”为“志”，并“世家”入“列传”，将纪传体整齐划一为“纪”、“传”、“志”和“表”四种基本体例。同时，针对《史记》“纪”、“传”和“书”之间界限不够明晰的缺陷，而严明相互间的界限，以“传”载具体史事，以“纪”撮史事大要，以“志”专记典章制度。此外，还有对标目和篇章排列上的整齐划一。而上述体例的整齐划一，就使得《汉书》对有汉一代史事的记载显得更为明晰化、条理化。二是包举一代，改《史记》通史撰述为断代史撰述。《汉书》包举一代的做法，不啻为历史编撰的一大创造，它对以后纪传体史书的撰写产生了重大影响。正如史评家刘知幾所说的，“如《汉书》者，究西都之首末，穷刘氏之废兴，包举一代，撰成一书，自尔迄今，无改斯道。”(《史通·六家》)事实上从流传下来的纪传体“正史”来看，除去《史记》和《南、北史》外，其他都是沿用了《汉书》断代为史的做法。

《汉书》之所以能与《史记》形成双子星座，并立于中国古代史学之林，这不仅是由于《汉书》在史书编撰体裁上所做出的独创性成就，从而为后世纪传体史书的撰述提供了范式，而且《汉书》所表现出的封建史学二重性特征，对中国古代史学思想也有着重大影响。《汉书》史学二重性特征的具体表现是：一方面出于“宣汉”的需要，积极鼓吹君权神授论，极力彰显大汉功德，以使当代君主冠德百王，扬名后世；另一方面出于史家的历史自觉和资政的现实需要，又必须要坚持“实录”精神，如实地记载客观历史，以便从中吸取治国治民的经验教训。

1.《汉书》的“宣汉”思想

首先，《汉书》重视以神意史观解说汉朝的历史统绪。西汉皇朝的建立与秦以前各王朝的建立有着很大的不同，之前的王朝建立者多为圣王之后，至于秦皇朝的建立，则是秦始皇“奋六世之余烈”的结果。而刘邦起于闾巷，无尺土之封，却在秦末乱世之时，手持三尺剑而得以倒秦灭项，最终建立了汉皇朝。刘邦“无土而王”，这是汉代人感到困惑不解的问题，当然也是汉代史家必须作出解说的问题。对此，《汉书》从神意的角度作了回答。

《汉书》论证刘邦“无土而王”的理论依据是“汉为尧后”说。尧是古圣王，圣王之后受天命而王是顺理成章的事。《叙传·典引》认为，自唐尧之后，帝王统绪依次为舜虞、夏禹、成汤和武王，而继周之后，天命“将授汉刘”。《高帝纪赞》则记述了一个具体而又系统的汉绍尧运的刘氏家族世系。这个家族虞以上为陶唐氏，夏朝时为御龙氏，商朝时为豕韦氏，周朝时为唐杜氏，晋为范氏，范氏奔秦后一支居秦为刘氏、一支返晋仍为范氏，秦灭魏后居秦刘氏迁居大梁、后都于丰，到刘邦时终于奉天承运建立汉朝。

关于汉高祖刘邦的家世，最早记录汉史的《史记》是这样说的：“高祖，沛丰邑中阳里人，姓刘氏，字季。父曰太公，母曰刘媪。”（《史记·高祖本纪》）在此，司马迁没有记录刘邦祖父以上家世情况。之所以没有记录，当然是无法考证。其实，就是称刘邦之父为太公，这也不过是一个尊号，而非本名；而对于刘邦的母亲，司马迁连其姓氏也不知晓；就是刘邦本人所谓的以“季”为字，显然也是他的排行。由此来看，司马迁之所以如此记述刘邦的家世，实在是由于刘邦乃起于闾巷，贫民家是不可能有、也不会有家世记载的。

现在的问题是，即使如《汉书》所说，刘邦为尧的后代，可是尧的后裔有几支，为何就只有丰地一支到刘邦时便兴汉了呢？对此，《汉书》的解释是：“汉承尧运，德祚已盛，断蛇着符，旗帜上赤，协于火德，自然之应，得天统矣。”这就是说，作为尧后的刘氏，到丰地一支刘邦时恰逢“德祚已盛”，该要承天命而王了。何以见得呢？“断蛇着符”便是上天命汉兴起的符应。既然天命已显，故而刘邦倒秦灭项，建立汉朝，只不过是顺天命行事而已。

其次，《汉书》断汉为史，体现了“宣汉”的思想旨趣。以往论者认为，《汉书》改变《史记》通史纪传的方法，而采用断代形式专记有汉一代的历史，只是一种历史撰述体例的改变。其实并不尽然，《汉书》之所以要断汉为史，并不仅仅是一种历史撰述体例的改变，而是蕴含有班固的“宣汉”思想于其中的。也可以说，班固创立断代纪传体，在一定程度上是出于贯彻“宣汉”旨趣的需要。

在《汉书》问世以前，有关西汉一朝历史的记载，武帝以前主要有《史记》，武帝之后则有自褚少孙至班彪十余家《史记》续作，但在班固看来，这些历史撰述都没有很好地肩负起“宣汉”的历史使命。就《史记》而言，它在历史撰述上所取得的成就是有目共睹的，然而，由于时代的局限，生活在汉武帝时代的司马迁不可能做到对有汉一代的历史有一个全面的了解和考察，从而也就无法对皇朝的历史作出全面的恰如其分的评价。而《史记》采用通史纪传，将汉皇朝“编于百王之末，厕于秦、项之列”，这在班固看来，是贬低了汉皇朝的历史地位的。就《史记》诸家续作而言，除褚少孙所补内容被附于《史记》之中，班彪《史记后传》的一些内容存于《汉书》之中而得以流传外，其他诸家《史记》续作皆已不存，这从一个侧面也反映出，诸家续作本来就难堪其任，被历史所淘汰也就很自然了。

作为东汉初年的史学家，班固不但对西汉皇朝的历史地位有着充分的认识，而且还以史为证，说明断汉为史的必要性。他说：

> 唐虞三代，《诗》、《书》所及，世有典籍，故虽尧舜之盛，必有典谟之篇，然后扬名于后世，冠德于百王，故曰“巍巍乎其有成功，焕乎其有文章也!”汉绍尧运，以建帝业，至于六世，史臣乃追述功德，私作本纪，编于百王之末，厕于秦、项之列。太初以后，阙而不录，故探纂前记，缀辑所闻，以述《汉书》……（《汉书·叙传》）

在班固看来，即使如儒家心目中的尧、舜盛世时代，也必须要依靠典籍，才能使其“扬名于后世，冠德于百王”。而汉皇朝建立起来的功业要超过以往任何一个时代，这就更加需要史学家们载记下汉皇朝的丰功伟绩，以此确立起汉皇朝的重要历史地位。然而，现实情况却是载记有汉一代史实的《史记》和诸家《史记》续作都未能肩负起“宣汉”的历史重任。班固正是基于此种认识，而断汉为史，著述《汉书》，以史学家特有的历史自觉去肩负起“宣汉”的历史重任。由此来看，班固一反前人的做法而断汉为史，便决不能只是被看作为一种体例的变化，而应该被看作是一种“宣汉”历史意识的体现。事实上，这种断汉为史的做法确实也最大限度地、最为全面地载记下西汉大一统盛世的历史，从而凸显了西汉大一统皇朝的历史地位。

最后，《汉书》重视对汉代大一统政治的颂扬。《刑法志》对西汉开国时期的政治气象作了这样的描绘：

> 汉兴，高祖躬神武之材，行宽仁之厚，总揽英雄，以诛秦、项。

任萧、曹之文，用良、平之谋，骋陆、郦之辩，明叔孙通之仪，文武相配，大略举焉。

从中可以看出，班固对于汉高祖初定天下之时文武人才汇集于朝的气势恢宏的开国景象，是多么地引以为豪啊！西汉大一统局面巩固于汉武帝时期，《汉书》对这一具体过程作了详细的记述。一是关于王国问题的解决。《汉书》从汉文帝时期如何采纳贾谊的“众建诸侯而少其力”的做法而议分齐、赵，到汉景帝时期用晁错削藩之计，再到汉武帝采纳主父偃的建议“推恩”以使“藩国自析”，从而使王国问题得到根本的解决的全过程都作了详细的记载和论述。二是开拓疆土，这是汉武帝建立大一统政治的一项重要内容。《汉书》在《武帝纪》、《卫青霍去病传》、《张骞李广利传》等传记中，系统记载了武帝一朝开疆拓土的空前盛况，《地理志》对这种一统寰宇的局面是这样描写的：“至武帝攘却胡、越，开地斥境，南置交址，北置朔方州……”寥寥数语，将一个历史上空前的大帝国的版图作了勾勒。最后是“罢黜百家，独尊儒术”，进行思想大一统。汉武帝时期，是儒家学说获取独尊的历史时期；而儒学独尊，不仅是中国思想史、政治史上的一件大事，也是汉代实现大一统的一个重要标志。对此，班固以一个史家特有的历史意识，如实地载记下了这一重要的历史过程。《汉书》系统论述西汉儒学的兴起、发展和到获取独尊地位的整个过程，主要见诸《武帝纪》、《董仲舒传》、《公孙弘传》、《儒林传》等诸传记。

《汉书》的大一统意识尤其表现在民族史的撰述上。《汉书》的民族史撰述主要见诸三个民族史传记，它们分别是《匈奴传》、《西南夷两粤朝鲜传》和《西域传》。《西域传》是由《史记》的《大宛列传》改进而来的，它一方面对西域鄯善、安息、大宛等 51 国自然环境、风土人情、户口人数和物产情况逐个地详细作了介绍；一方面还对这些国家与西汉中央政权的交往情况详细作了记述，反映了西汉大一统帝国对当时世界历史的影响。《匈奴传》通过总结西汉一代对匈奴的政策，认为西汉对匈奴或和亲、或征伐的做法都失之偏颇，主张应该采取羁縻之策：“来则惩而御之，去则备而守之”（《匈奴传赞》）。《匈奴传》的这一思想显然是建立在儒家“内诸夏而外夷狄”思想基础上的，存在着历史的局限性。不过，《汉书》从大一统之义出发，赞赏夷狄的主动归化举动，如《萧望之传》就肯定了汉朝天子对待来朝的呼韩邪单于以位在诸侯王之上之礼的做法，认为这是一种有利于四夷乡风慕化之举，是国家“万世之长策”。在《西南夷两粤朝鲜传》中，班固更是提出了“招携以礼，怀远以德”的德化四夷的主动的、积极的民族一统思想。

2.《汉书》的“实录”精神

首先表现在对司马迁史学的评价上。班固对于司马迁这位史学前辈的评价，深受其父班彪的影响。作为正统史学的代表者，班固重申了班彪的“史公三失”说：

> （司马迁）是非颇缪于圣人，论大道则先黄老而后六经，序游侠则退处士而进奸雄，述货殖则崇势利而羞贱贫，此其所蔽也。（《汉书·司马迁传》）

这里所谓“史公三失”，主要是“论大道则先黄老而后六经”，其他两条都是由此而派生出来的。我们认为，班固批评司马迁“是非颇缪于圣人”，显然是用儒学神圣化时代的正统观去衡量的，如果从司马迁时代去评价其是非观，就很难得出这样的结论了。这是因为其一，司马迁撰述《史记》就是以“继《春秋》”为己任的，对此，《太史公自序》说得很清楚；其二，司马迁推崇孔子，《史记》不但给予了孔子高度的评价，而且是以孔子的思想作为撰述指导思想的。那么，能否因此说班固的批评毫无根据呢？答案是并不尽然。我们认为，司马迁哲学思想的主要倾向是儒家的，但又受到过其父司马谈黄老思想的熏陶，而黄老思想的特点是兼收并蓄的；同时，司马迁时代“独尊儒术”还只是刚刚开始，儒家学说还没有被神圣化。由此决定了《史记》所体现的儒学思想不可能是那么纯粹的，它与班固以神学化、绝对化的儒学来陶铸历史的正统主义史学当然相去甚远。也正因此，班固批评司马迁“是非颇缪于圣人”也就不足为怪了。

当然，班固在批评司马迁“是非颇缪于圣人”的同时，却又能对其史学成就作出实事求是的评价，给予充分的肯定。如他称赞司马迁治学“涉猎者广博，贯穿经传，驰骋古今，上下数千载间，斯以勤矣”，认为《史记》之所以能陶铸上下数千年历史于一炉，是与司马迁治学勤奋、学识渊博分不开的；他对《史记》的史料价值给予了充分肯定，认为《史记》的撰述是“司马迁据《左氏》、《国语》，采《世本》、《战国策》，述《楚汉春秋》，接其后事，讫于〔天〕汉”而成的，因而网罗宏富；他明确称赞司马迁有“良史之材”，《史记》为“实录”之作：“然自刘向、扬雄博极群书，皆称迁有良史之材，服其善序事理，辨而不华，质而不俚，其文直，其事核，不虚美，不隐恶，故谓之实录。”（以上皆见《汉书·司马迁传》）

由上可知，班固一方面从神圣化的儒学正统观出发，批评司马迁“是非颇缪于圣人”；另一方面从史学观点出发，又能对《史记》以“实录”相许，这是对史书的最高赞许。毫无疑问，班固对司马迁史学的评价，体现了他的一种“实录”意识。

其次，《汉书》“实录”精神的最直接的体现还是直书不隐，不为汉讳。《汉书》尽管以“宣汉”为宗旨，却也对西汉统治的一些阴暗面进行了揭露。一是对西汉封建统治阶级的奢侈无度和穷凶极恶进行了揭露。如《王贡两龚鲍传》通过详细记载贡禹的上元帝奏言，借贡禹之口而对统治者的奢侈腐朽进行大胆的揭露。在该奏言中，贡禹历数了自古以来宫廷置宫女之制，如实指出自武帝以后汉帝“取女皆大过度”。而上行则下效，“群臣亦随故事”、“豪富吏民畜歌者至数十人”，结果导致“内有怨女，外多旷夫”的现象出现，社会风俗因此而败坏。《景十三王传》则对西汉诸侯王的穷凶极恶作了如实记载。该传记载了江都易王刘建不但一贯肆意淫乱，而且还任意草菅人命；又说广川王刘去也是个嗜杀成性之徒，他杀人的手段极其狠毒，像割股、剥皮、肢解等等，都是他惯用的杀人手段。颇有意味的是，当议者皆主张治刘去这个悖虐之徒的罪时，天子却“不忍治王于法”。当然，西汉一代诸侯王的暴虐绝不仅见于上述二例，班固认为“汉兴，至于孝平，诸侯王以百数，率多骄淫失道”。

二是对西汉土地兼并的严重性和老百姓的困苦生活作了如实记载。西汉土地兼并现象从一开始就比较突出，这从《汉书·食货志》载录的董仲舒论汉代土地兼并的言论和“限民名田”的主张即可看出。到了西汉后期，随着封建统治危机的不断加深，这种土地兼并情况更加严重。在《王贡两龚鲍传》中，班固借助贡禹的奏言，运用对比的手法：一方面老百姓因大饥而死；一方面统治者却“厩马食粟”，老百姓居然还不如贵族厩中的马匹！以此揭露了统治者对待老百姓的麻木不仁的态度，这也是对元帝统治的一种莫大的讽刺。在同一篇传记当中，班固还详细载录了鲍宣所谓“民有七亡、七死”论，这其实是对西汉后期政治腐败、民不聊生的一种真实写照。

三是对“文景盛世”时期的一些弊政也能不为其讳。如《贾邹枚路传》记载了贾山作《至言》，对汉文帝居功而荒政提出了批评，希望汉文帝能够一如既往地勤于政事，做到善始善终，而不可居功自傲，自毁功业。如果说贾山的话还只是对汉文帝加以提醒而已，那么在《贾谊传》中贾谊对文帝之政的评论就没有这么客气了。贾谊借薪火作比喻，认为汉文帝时期的统治就如同寝于未燃之时的积薪之上，形势已是岌岌可危。在

《陈政事疏》中，贾谊认为当时的国势是“可为痛哭者一，可为流涕者二，可为长太息者六，若其它背理而伤道者，难遍以疏举。”纵观《贾谊传》，像上述忧国忧政的言论很多，此不赘举。“文景盛世”以宽刑著称，然而，《汉书》对这一时期滥施刑法的情况也多有揭露。如在《贾邹枚路传》中，班固借路温舒之口，对景帝时期出现的冤狱情况提出批评。由此可见，历史上的“文景盛世”，在其温情表面的背后，是有其冷酷的另一面的。

名篇点评

贾谊论体貌大臣

原文：

人主之尊譬如堂，群臣如陛，众庶如地。故陛九级上，廉远地，则堂高；陛亡级，廉近地，则堂卑。高者难攀，卑者易陵，理势然也。故古者圣王制为等列，内有公卿、大夫、士，外有公、侯、伯、子、男，然后有官师小吏，延及庶人，等级分明，而天子加焉，故其尊不可及也。里谚曰：“欲投鼠而忌器。”此善谕也。鼠近于器，尚惮不投，恐伤其器，况于贵臣之近主乎！廉耻节礼以治君子，故有赐死而亡戮辱。是以黥、劓之罪不及大夫，以其离主上不远也。礼不敢齿君之路马，蹴其刍者有罚；见君之几杖则起，遭君之乘车则下，入正门则趋；君之宠臣虽或有过，刑戮之罪不加其身者，尊君之故也。此所以为主上豫远不敬也，所以体貌大臣而厉其节也。今自王侯三公之贵，皆天子之所改容而礼之也，古天子之所谓伯父、伯舅也，而令与众庶同黥劓髡刖笞㑴、弃市之法，然则堂不亡陛乎？被戮辱者不泰迫乎？廉耻不行，大臣无乃握重权，大官而有徒隶亡耻之心乎？夫望夷之事，二世见当以重法者，投鼠而不忌器之习也。

臣闻之，履虽鲜不加于枕，冠虽敝不以苴履。夫尝已在贵宠之位，天子改容而体貌之矣，吏民尝俯伏以敬畏之矣，今而有过，帝令废之可也，退之可也，赐之死可也，灭之可也；若夫束缚之，系绁之，输之司寇，编之徒官，司寇小吏詈骂而榜笞之，殆非所以令众庶见也。夫卑贱者习知尊贵者之一旦吾亦乃可以加此也，非所以习天下也，非尊尊贵贵之化也。夫天子之所尝敬，众庶之所尝庞，死而死耳，贱人安宜得如此而顿辱之哉！

豫让事中行之君，智伯伐而灭之，移事智伯。及赵灭智伯，豫让衅面吞炭，必报襄子，五起而不中。人问豫子，豫子曰："中行众人畜我，我故众人事之；智伯国士遇我，我故国士报之。"故此一豫让也，反君事仇，行若狗彘，已而抗节致忠，行出乎列士，人主使然也。故主上遇其大臣如遇犬马，彼将犬马自为也；如遇官徒，彼将官徒自为也。顽顿亡耻，奊诟亡节，廉耻不立，且不自好，苟若而可，故见利则逝，见便则夺。主上有败，则因而挺之矣；主上有患，则吾苟免而已，立而观之耳；有便吾身者，则欺卖而利之耳。人主将何便于此？群下至众，而主上至少也，所托财器职业者粹于群下也。俱亡耻，俱苟妄，则主上最病。故古者礼不及庶人，刑不至大夫，所以厉宠臣之节也。古者大臣有坐不廉而废者，不谓不廉，曰"簠簋不饰"；坐污秽淫乱男女亡别者，不曰污秽，曰"帷薄不修"；坐罢软不胜任者，不谓罢软，曰"下官不职"。故贵大臣定有其罪矣，犹未斥然正以呼之也，尚迁就而为之讳也。故其在大谴大何之域者，闻谴何则白冠牦缨，盘水加剑，造请室而请罪耳，上不执缚

贾谊

系引而行也。其有中罪者，闻命而自弛，上不使人颈盭而加也。其有大罪者，闻命则北面再拜，跪而自裁，上不使捽抑而刑之也，曰："子大夫自有过耳！吾遇子有礼矣。"遇之有礼，故群臣自憙；婴以廉耻，故人矜节行。上设廉耻礼义以遇其臣，而臣不以节行报其上者，则非人类也。故化成俗定，则为人臣者主耳忘身，国耳忘家，公耳忘私，利不苟就，害不苟去，唯义所在。上之化也，故父兄之臣诚死宗庙，法度之臣诚死社稷，辅翼之臣诚死君上，守圄扞敌之臣诚死城郭封疆。故曰圣人有金诚者，比物此志也。彼且为我死，故吾得与之俱生；彼且为我亡，故吾得与之俱存；夫将为我危，故吾得与之皆安。顾行而忘利，守节而仗义，故可以托不御之权，可以寄六尺之孤。此厉廉耻行礼谊之所致也，主上何丧焉！此之不为，而顾彼之久行，故曰可为长叹息者此也。

是时，丞相绛侯周勃免就国，人有告勃谋反，逮系长安狱治，卒亡事，复爵邑，故贾谊以此讥上。上深纳其言，养臣下有节。是后大臣有罪，皆自杀，不受刑。至武帝时，稍复入狱，自宁成始。

（选自《贾谊传》）

点评：

贾谊是西汉初年杰出的思想家、政治家。司马迁作《史记》，将他与屈原合传，是因为他们有遭谗流放、郁郁不得志的共同经历，同时却又都是积极入世的思想家。《汉书》则不但为这位思想家单独作了一篇长传，而且还载录了系统反映贾谊政治思想的若干篇上疏，主要有见于本传的《陈政事疏》、《请封建子弟书》和《谏立淮南诸子疏》，见于《食货志》的《论积贮疏》和《谏铸钱疏》，以及见于《礼乐志》的《论定制度行礼乐疏》。

"体貌大臣"，是指以礼对待有罪的大臣。此议缘起于汉文帝四年（前

176年)，大臣周勃被捕入狱，受到狱卒的侮辱一事。贾谊有感而发，特作《阶级》一文，建议汉文帝应该礼貌地对待犯法的大臣。该文被收录到贾谊的散文集《新书》中。汉文帝七年(前173年)，贾谊又上著名的《陈政事疏》(或称《治安策》)，文中再次提到了“体貌大臣”的问题。《阶级》篇与《陈政事疏》关于“体貌大臣”的议论，内容和文字都大致相同，后者显然是对前者的旧事重提。本篇则选自《汉书》本传的《陈政事疏》。

《陈政事疏》是西汉初年的一篇重要的政论文，主要是对汉文帝时期的政治发表评论。首先，贾谊认为当时的天下大势是匈奴之患和诸侯王之患相交织，社会礼义不修，就好比是抱着火睡在干柴上那样岌岌可危，如果不进行更张，便必然会重蹈亡秦覆辙。其次，贾谊提出了一些具体的更张方法，如通过“众建诸侯以少其力”来解决诸侯王问题；强调仁义与法治并举，以礼劝善，依法惩恶；重视教育太子，以此巩固国本；等等。

“体貌大臣”是《陈政事疏》中所阐发的一个重要思想，也是贾谊礼治思想的一个具体体现。贾谊认为，人主、大臣和百姓的关系，就好比是堂、陛和地的关系，陛阶越高，堂也就越高。因此，他以俗语“投鼠忌器”作比，认为不投掷器皿旁边的老鼠，是怕砸坏了器皿；同样的道理，人主尊贵大臣，其实就是使自己尊贵。从尊贵大臣的思想出发，贾谊认为对于犯法的大臣，人主应该以廉耻节礼对待他们，只可赐死，不可戮辱。这样做，可以维护大臣的尊严，激励大臣的气节。贾谊还以冠、履比喻大臣和吏民，强调冠履有别。因此，从治民的角度来说，只有人主礼遇大臣，吏民们才会敬畏他们，从而才有利于政令的推行。最后，贾谊还以史实为据，认为义士豫让曾经先后侍从中行国国君和智伯，智伯灭中行国，豫让改事智伯；而赵襄子灭智伯，豫让则不惜“衅面吞炭”替智伯报仇，这是为什么？因为中行国国君只是按普通人那样对待豫让，而智伯却以国士待他，所谓士为知己者死，这就是豫让要为礼貌待他的智伯报仇的原因。

贾谊是西汉初年封建政治秩序尚未完全建立时期的思想家，面对当时社会的种种无序，他积极倡导礼治，严明社会等级秩序。而“体貌大臣”则是其礼治思想的一个具体主张，它旨在养育大臣的气节和廉耻心。毫无疑问，这种礼治思想及其具体主张，对于稳定西汉皇朝的统治，无疑是有积极意义的。

张骞出使西域

原文：

张骞，汉中人也，建元中为郎。时，匈奴降者言匈奴破月氏王，以其头为饮器，月氏遁而怨匈奴，无与共击之。汉方欲事灭胡，闻此言，欲通使，道必更匈奴中，乃募能使者。骞以郎应募，使月氏，与堂邑氏奴甘父俱出陇西。径匈奴，匈奴得之，传诣单于。单于曰：“月氏在吾北，汉何以得往使？吾欲使越，汉肯听我乎？”留骞十余岁，予妻，有子，然骞持汉节不失。

居匈奴西，骞因与其属亡乡月氏，西走数十日，至大宛。大宛闻汉之饶财，欲通不得，见骞，喜，问欲何之。骞曰：“为汉使月氏而为匈奴所闭道，今亡，唯王使人道送我。诚得至，反汉，汉之赂遗王财物不可胜言。”大宛以为然，遣骞，为发道译，抵康居。康居传致大月氏。大月氏王已为胡所杀，立其夫人为王。既臣大夏而君之，地肥饶，少寇，志安乐。又自以远远汉，殊无报胡之心。骞从月氏至大夏，竟不能得月氏要领。

留岁余，还，并南山，欲从羌中归，复为匈奴所得。留岁余，单于死，国内乱，骞与胡妻及堂邑父俱亡归汉。拜骞太中大夫，堂邑父为奉使君。

骞为人强力，宽大信人，蛮夷爱之。堂邑父胡人，善射，穷急射禽兽给食。初，骞行时百余人，去十三岁，唯二人得还。

骞身所至者，大宛、大月氏、大夏、康居，而传闻其旁大国五六，具为天子言其地形所有，语皆在《西域传》。

骞曰："臣在大夏时，见邛竹杖、蜀布，问：'安得此?'大夏国人曰：'吾贾人往市之身毒国。身毒国在大夏东南可数千里。其俗土著，与大夏同，而卑湿暑热。其民乘象以战。其国临大水焉。'以骞度之，大夏去汉万二千里，居西南。今身毒又居大夏东南数千里，有蜀物，此其去蜀不远矣。今使大夏，从羌中，险，羌人恶之；少北，则为匈奴所得；从蜀，宜径，又无寇。"……初，汉欲通西南夷，费多，罢之。及骞言可以通大夏，乃复事西南夷。

骞以校尉从大将军击匈奴，知水草处，军得以不乏，乃封骞为博望侯。是岁，元朔六年也。后二年，骞为卫尉，与李广俱出右北平击匈奴。匈奴围李将军，军失亡多，而骞后期当斩，赎为庶人。……

天子数问骞大夏之属。骞既失侯，因曰："臣居匈奴中，闻乌孙王号昆莫。昆莫父难兜靡本与大月氏俱在祁连、敦煌间，小国也。大月氏攻杀难兜靡，夺其地，人民亡走匈奴。子昆莫新生，傅父布就翕侯抱亡置草中，为求食，还，见狼乳之，又乌衔肉翔其旁，以为神，遂持归匈奴，单于爱养之。及壮，以其父民众与昆莫，使将兵，数有功。时，月氏已为匈奴所破，西击塞王。塞王南走远徙，月氏居其地。昆莫既健，自请单于报父怨，遂西攻破大月氏。大月氏复西走，徙大夏地。昆莫略其众，因留居，兵稍强，会单于死，不肯复朝事匈奴。匈奴遣兵击之，不胜，益以为神而远之。今单于新困于汉，而昆莫地空。蛮夷恋故地，又贪汉物，诚以此时厚赂乌孙，招以东居故地，汉遣公主为夫人，结昆弟，其势宜听，则是断匈奴右臂也。既连乌孙，自其西大夏之属皆可招来而为外臣。"天子以为然，拜骞为中郎将，将三百人，马各二匹，牛、羊以万数，赍金币帛直数千巨万，多持节副使，道可便遣之旁国。骞既至乌孙，致赐谕指，未能得其决。语在《西域传》。骞即分遣副使使大宛、康居、月氏、大夏。乌孙发道译送骞，与乌孙使数十人，马数十匹。报谢，因令窥汉，知其广大。

骞还，拜为大行。岁余，骞卒。后岁余，其所遣副使通大夏之属者皆颇与其人俱来，于是西北国始通于汉矣。然骞凿空，诸后使往者皆称博望侯，以为质于外国，外国由是信之。其后，乌孙竟与汉结婚。

（选自《张骞李广利传》）

点评：

西汉武帝时期是汉民族形成的重要时期，是统一多民族国家迅速发展的时期，也是中国走向世界的开始。在这个过程中，产生了一位杰出的外交家，他便是出使西域、建功异域的张骞。

本篇选自《张骞李广利传》，记述了张骞先后两次出使西域的基本情况。汉武帝建元二年（前 139 年），张骞第一次奉命出使西域，目的是为了联络与匈奴有仇的西迁的大月氏人，相约共同夹击匈奴，因此，这次出使是汉武帝发动反击匈奴战争计划中的一部分。然而，当张骞穿过河西走廊、西行翻越葱岭，经大宛、康居，经历千难万险，终于到达大月氏时，已经征服了大夏的大月氏人却没有复仇的意愿。张骞此次出使，虽然没有完成既定任务，却对西域各国风土人情有了较多的了解，特别是向汉武帝提出了从蜀地通往大夏的建议，从此以后，汉朝开始加强了对西南夷的交通。张骞这次出使，前后历时 13 年后，去时曾被匈奴扣留十多年，他不辱使节，逃出后继续西行；来时又被匈奴扣留一年多，返回汉朝时，当初一同出使的一百三十余人，仅剩他和堂邑父两人。汉武帝元狩四年（前 119 年），张骞率领三百人的使团，携带价值数千万的财物，再次受命出使西域，这次的任务是通好乌孙，以此切断匈奴的右臂。张骞还向大宛、康居、月氏和大夏等国分别派出了副使。通过这次出使，西域各国开始与汉朝通使交往。

张骞出使西域，不但加强了中原与西域各族人民之间的联系，也发展了汉朝与中亚各国人民的友好往来，促进了中国与西方的经济文化交流，故而是中国古代外交史上的一件大事。作为古代杰出的外交家，张骞为了国家的利益而坚守节操，不辱使命，以其坚韧不拔的毅力最终完成了出使任务，他的崇高品质和非凡的毅力，受到了后代仁人志士们的敬仰。

东方朔诙谐滑稽

原文：

东方朔字曼倩，平原厌次人也。武帝初即位，征天下举方正贤良文学材力之士，待以不次之位，四方士多上书言得失，自炫鬻者以千数，其不足采者辄报闻罢。朔初来，上书曰："臣朔少失父母，长养兄嫂。年十三学书，三冬文史足用。十五学击剑。十六学《诗》、《书》，诵二十二万言。十九学孙、吴兵法，战阵之具，钲鼓之教，亦诵二十二万言。凡臣朔固已诵四十四万言。又常服子路之言。臣朔年二十二，长九尺三寸，目若悬珠，齿若编贝，勇若孟贲，捷若庆忌，廉若鲍叔，信若尾生。若此，可以为天子大臣矣。臣朔昧死再拜以闻。"

朔文辞不逊，高自称誉，上伟之，令待诏公车，奉禄薄，未得省见。

……

上尝使诸数家射覆，置守宫盂下，射之，皆不能中。朔自赞曰："臣尝受《易》，请射之。"乃别蓍布卦而对曰："臣以为龙又无角，谓之为蛇又有足，跂跂脉脉善缘壁，是非守宫即蜥蜴。"上曰："善。"赐帛十匹。复使射他物，连中，辄赐帛。

东方朔

时有幸倡郭舍人，滑稽不穷，常侍左右，曰：“朔狂，幸中耳，非至数也。臣愿令朔复射，朔中之，臣榜百，不能中，臣赐帛。”乃覆树上寄生，令朔射之。朔曰：“是窭薮也。”舍人曰：“果知朔不能中也。”朔曰：“生肉为脍，干肉为脯；着树为寄生，盆下为窭薮。”上令倡监榜舍人，舍人不胜痛，呼謈。朔笑之曰：“咄！口无毛，声警警，尻益高。”舍人恚曰：“朔擅诋欺天子从官，当弃市。”上问朔：“何故诋之？”对曰：“臣非敢诋之，乃与为隐耳。”上曰：“隐云何？”朔曰：“夫口无毛者，狗窦也；声警警者，鸟哺鷇也；尻益高者，鹤俯啄也。”舍人不服，因曰：“臣愿复问朔隐语，不知，亦当榜。”即妄为谐语曰：“令壶龃，老柏涂，伊优亚，狋吽牙。何谓也？”朔曰：“令者，命也。壶者，所以盛也。龃者，齿不正也。老者，人所敬也。柏者，鬼之廷也。涂者，渐洳径也。伊优亚者，辞未定也。狋吽牙者，两犬争也。”舍人所问，朔应声辄对，变诈锋出，莫能穷者，左右大惊。上以朔为常侍郎，遂得爱幸。

久之，伏日，诏赐从官肉。大官丞日晏不来，朔独拔剑割肉，谓其同官曰：“伏日当蚤归，请受赐。”即怀肉去。大官奏之。朔入，上曰：“昨赐肉，不待诏，以剑割肉而去之，何也？”朔免冠谢。上曰：“先生起，自责也！”朔再拜曰：“朔来！朔来！受赐不待诏，何无礼也！拔剑割肉，一何壮也！割之不多，又何廉也！归遗细君，又何仁也！”上笑曰：“使先生自责，乃反自誉!”复赐酒一石，肉百斤，归遗细君。

（选自《东方朔传》）

点评：

东方朔是西汉著名的文学家，汉武帝的弄臣。他不但善辞赋，而且性情诙谐滑稽。作为汉武帝身边的弄臣，他常常以其机智、诙谐和滑稽，而赢得汉武帝的欢心。然而，在东方朔的性格中，还有正直和孤傲的一面。汉武帝虽然赏识他，却并不重用他。而东方朔却是个有远大志向和理想的人，为此，他曾作散文赋《答客难》，以抒发自己的聪明才智得不到施展的苦闷。东方朔还是个有社会责任感的人，他常常趁着汉武帝高兴的时候，不失时机地直言极谏。谏修上林苑便是其中一个典型例子，在这篇上书中，他直言不讳地指出汉武帝修上林苑，不体恤农时，不是强国富民的做法。东方朔虽说是个弄臣，却有一副傲骨，他从来不肯屈从朝中群臣，甚至蔑视、嘲弄他们。

本篇选自《东方朔传》，着重描写了东方朔诙谐滑稽的一面。汉武帝即位之初，便向全国征举贤良方正，士人们的上书多是谈国家政治得失，唯东方朔的上书别具一格，他对自己作了一番颇具幽默的美化，汉武帝认为他“奇伟”而留用了他。汉武帝曾经让身边的一些擅长占卜的人来做被本传称作“射覆”的竞猜游戏，东方朔总是能连猜连中，还变着法子戏弄那些玩伴，其言语之机智幽默，实在让人赞叹不已。本传还记载了一个拔剑割肉的故事，有一次汉武帝赏肉，东方朔不等分肉的大官丞来，就擅自割了一块肉回家了。第二天上朝，汉武帝责怪他，他的对答则以责备的话语对自己着实赞美了一番，乐得汉武帝又赏赐了他很多酒肉。东方朔的诙谐滑稽，大多如同此类。然而，东方朔的诙谐滑稽给汉武帝带来了快乐，汉武帝却并不知道他那无法施展才智的痛苦，也许汉武帝根本就不想知道，在他的眼里，东方朔只不过是一个供他取乐的弄臣而已。

东方朔以诙谐滑稽闻名于后世，从文学角度来讲，《汉书》本传以其丰富生动而又富有诙谐幽默的语言，很好地刻画了东方朔的诙谐滑稽的性情。同时，读过本传之后，人们又能从他的诙谐中感觉到认真，滑稽中看到机智。毫无疑问，《汉书》关于东方朔的人物刻画是成功的。

苏武牧羊

原文：

……天汉元年，且鞮侯单于初立，恐汉袭之，乃曰："汉天子我丈人行也。"尽归汉使路充国等。武帝嘉其义，乃遣武以中郎将使持节送匈奴使留在汉者，因厚赂单于，答其善意。武与副中郎将张胜及假吏常惠等募士斥候百余人俱。既至匈奴，置币遗单于。单于益骄，非汉所望也。

方欲发使送武等，会缑王与长水虞常等谋反匈奴中。……

单于使卫律治其事。张胜闻之，恐前语发，以状语武。武曰："事如此，此必及我。见犯乃死，重负国。"欲自杀，胜、惠共止之。虞常果引张胜。单于怒，召诸贵人议，欲杀汉使者。左伊秩訾曰："即谋单于，何以复加？宜皆降之。"单于使卫律召武受辞，武谓惠等："屈节辱命，虽生，何面目以归汉！"引佩刀自刺。卫律惊，自抱持武，驰召医。凿地为坎，置煴火，覆武其上，蹈其背以出血。武气绝半日，复息。惠等哭，舆归营。单于壮其节，朝夕遣人候问武，而收系张胜。

武益愈，单于使使晓武。会论虞常，欲因此时降武。剑斩虞常已，律曰："汉使张胜谋杀单于近臣，当死，单于募降者赦罪。"举剑欲击之，胜请降。律谓武曰："副有罪，当相坐。"武曰："本无谋，又非亲属，何谓相坐？"复举剑拟之，武不动。律曰："苏君，律前负汉归匈奴，幸蒙大恩，赐号称王，拥众数万，马畜弥山，富贵如此。苏君今日降，明日复然。空以身膏草野，谁复知之!”武不应。律曰：“君因我降，与君为兄弟，今不听吾计，后虽欲复见我，尚可得乎?”武骂律曰：“女为人臣子，不顾恩义，畔主背亲，为降虏于蛮夷，何以女为见？且单于信女，使决人死生，不平心持正，反欲斗两主，观祸败。南越杀汉使者，屠为九郡；宛王杀汉使者，头县北阙；朝鲜杀汉使者，即时诛灭。独匈奴未耳。若知我不降明，欲令两国相攻，匈奴之祸从我始矣。”

律知武终不可胁，白单于。单于愈益欲降之，乃幽武置大窖中，绝不饮食。天雨雪，武卧啮雪与旃毛并咽之，数日不死。匈奴以为神，乃徙武北海上无人处，使牧羝，羝乳乃得归。别其官属常惠等，各置他所。

武既至海上，廪食不至，掘野鼠去草实而食之。杖汉节牧羊，卧起操持，节旄尽落。积五、六年，单于弟于靬王弋射海上。武能网纺缴，檠弓弩，于靬王爱之，给其衣食。三岁余，王病，赐武马畜、服匿、穹庐。王死后，人众徙去。其冬，丁令盗武牛羊，武复穷厄。

初，武与李陵俱为侍中，武使匈奴明年，陵降，不敢求武。久之，单于使陵至海上，为武置酒设乐，因谓武曰：“单于闻陵与子卿素厚，故使陵来说足下，虚心欲相待。终不得归汉，空自苦亡人之地，信义安所见乎？前长君为奉车，从至雍棫阳宫，扶辇下除，触柱折辕，劾大不敬，伏剑自刎，赐钱二百万以葬。孺卿从祠河东后土，宦骑与黄门驸马争船，推堕驸马河中溺死，宦骑亡，诏使孺卿逐捕不得，惶恐饮药而死。来时，大夫人已不幸，陵送葬至阳陵。子卿妇年少，闻已更嫁矣。独有女弟二人，两女一男，今复十余年，存亡不可知。人生如朝露，何久自苦如此！陵始降时，忽忽如狂，自痛负汉，加以老母系保宫，子卿不欲降，何以过陵？且陛下春秋高，法令亡常，大臣亡罪夷灭者数十家，安危不可知，子卿尚复谁为乎？愿听陵计，勿复有云。”武曰：“武父子亡功德，皆为陛下所成就，位列将，爵通侯，兄弟亲近，常愿肝脑涂地。今得杀身自效，虽蒙斧

苏武牧羊

钺汤镬，诚甘乐之。臣事君，犹子事父也。子为父死亡所恨。愿勿复再言。”陵与武饮数日，复曰：“子卿壹听陵言。”武曰：“自分已死久矣！王必欲降武，请毕今日之欢，效死于前！”陵见其至诚，喟然叹曰：“嗟乎，义士！陵与卫律之罪上通于天。”因泣下沾衿，与武决去。

陵恶自赐武，使其妻赐武牛羊数十头。后陵复至北海上，语武：“区脱捕得云中生口，言太守以下吏民皆白服，曰上崩。”武闻之，南乡号哭，欧血，旦夕临。

数月，昭帝即位。数年，匈奴与汉和亲。汉求武等……单于召会武官属，前以降及物故，凡随武还者九人。

……武留匈奴凡十九岁，始以强壮出，及还，须发尽白。

（选自《李广苏建传》）

点评：

“‘使于四方，不辱君命’，苏武有之矣。”这是史家班固对苏武不辱使命，持守民族气节的由衷赞叹。自《汉书》记述了苏武的事迹后，“苏武牧羊”这个妇孺皆知的感人至深的故事，已经作为一曲爱国主义的颂歌，千百年来一直为中华民族广为流传着。

天汉元年（前 100 年），苏武受命出使匈奴，因牵涉到一件谋反案件而被匈奴扣留。单于派投降匈奴的汉人卫律劝降，苏武则斥骂卫律不守信义，叛国背友，甘做奴才，一定没有好下场。匈奴没有办法，便将苏武囚禁起来，后来又将他流放到北海放羊。苏武过了好多年这样的牧羊生活，靠挖野鼠蓄藏的草子充饥，旄节上的旄毛都脱落光了。尽管过着这种非人的生活，他也没有辱没使命。单于又派投降匈奴的汉将李陵劝降，李陵先以苏武家已是家破人亡的事实来刺激他，接着又以自身为何投降匈奴劝说他，而苏武却终不为所动，李陵不得不叹服他是个真正的忠义之士。当苏武得知汉武帝去世的消息后，每天早、晚都面向南大声号哭，以致口吐鲜血。汉昭帝八年，汉匈和亲，已经滞留匈奴十九年、受尽了各种折磨的苏武终于得以返回汉朝。

本篇选自《李广苏建传》，它通过对“苏武牧羊”故事的饱含激情的叙述，突出了苏武视死如归、不怕威胁、不为利诱、艰苦卓绝、不辱使命的英雄形象，歌颂了苏武坚贞不屈的民族气节和高尚品格。其中特别是李陵劝降一段，是本篇的浓墨重彩之处，它集中表现了苏武的公而忘私、国而忘家、坚守民族气节的崇高精神。

重视民族气节，这是中华民族的优良传统。《汉书》不但成功地塑造了苏武这一坚守民族气节的英雄人物，也为中华民族子孙后代树立了一个光辉典范。千百年来，正是在苏武的民族气节和崇高精神熏陶下，中华儿女们自觉地维护着民族的利益，从而使这个民族具有了非凡的生命力。

朱买臣衣锦还乡

原文：

朱买臣字翁子，吴人也。家贫，好读书，不治产业，常艾薪樵，卖以给食，担束薪，行且诵书。其妻亦负戴相随，数止买臣毋歌呕道中。买臣愈益疾歌，妻羞之，求去。买臣笑曰：“我年五十当富贵，今已四十余矣。

女苦日久，待我富贵报女功。”妻恚怒曰：“如公等，终饿死沟中耳，何能富贵！”买臣不能留，即听去。其后，买臣独行歌道中，负薪墓间。故妻与夫家俱上冢，见买臣饥寒，呼饭饮之。

后数岁，买臣随上计吏为卒，将重车至长安，诣阙上书，书久不报。待诏公车，粮用乏，上计吏卒更乞丐之。会邑子严助贵幸，荐买臣，召见，说《春秋》，言《楚词》，帝甚说之，拜买臣为中大夫，与严助俱侍中。是时，方筑朔方，公孙弘谏，以为罢敝中国。上使买臣难诎弘，语在《弘传》。后买臣坐事免，久之，召待诏。

是时，东越数反复，买臣因言：“故东越王居保泉山，一人守险，千人不得上。今闻东越王更徙处南行，去泉山五百里，居大泽中。今发兵浮海，直指泉山，陈舟列兵，席卷南行，可破灭也。”上拜买臣会稽太守。上谓买臣曰：“富贵不归故乡，如衣绣夜行，今子何如？”买臣顿首辞谢。诏买臣到郡，治楼船，备粮食、水战具，须诏书到，军与俱进。

初，买臣免，待诏，常从会稽守邸者寄居饭食。拜为太守，买臣衣故衣，怀其印绶，步归郡邸。直上计时，会稽吏方相与群饮，不视买臣。买臣入室中，守邸与共食，食且饱，少见其绶，守邸怪之，前引其绶，视其印，会稽太守章也。守邸惊，出语上计掾吏。皆醉，大呼曰：“妄诞耳！”守邸曰：“试来视之。”其故人素轻买臣者入内视之，还走，疾呼曰：“实然！”坐中惊骇，白守丞，相推排陈列中庭拜谒。买臣徐出户。有顷，长安厩吏乘驷马车来迎，买臣遂乘传去。会稽闻太守且至，发民除道，县长吏并送迎，车百余乘。入吴界，见其故妻、妻夫治道。买臣驻车，呼令后车载其夫妻，到太守舍，置园中，给食之。居一月，妻自经死，买臣乞其夫钱，令葬。悉召见故人与饮食诸尝有恩者，皆报复焉。

（选自《朱买臣传》）

点评：

朱买臣是西汉武帝时期的一个官僚。《汉书》通过运用对比的文学艺术手法，生动地刻画了朱买臣做官之前的失意和做官之后的得意，以及人们对他的不同态度，从而深刻揭示了封建社会的世态炎凉现象。

本篇选自《严朱吾丘主父徐严终王贾传》。朱买臣做官以前，只是一心读书，从不置办家产，常常靠打柴为生，所以家里很贫穷。他每天与妻子一道打柴回家，总是一边挑着柴，一边朗诵着书，倒是自得其乐。而他的妻子却为他感到羞耻，提出要跟他离婚。他却劝告妻子说，他五十岁一定会富贵，现在都已四十多岁，离富贵的日子不远了。到了那一天，一定会报答她的。他的妻子听后很气愤，说他这样一定会饿死在沟里，哪还有富贵之日？便离他而去，改嫁他人了。数年之后，朱买臣果真吉星高照，经同乡严助的推荐做了官，先是为侍中，后来被拜为会稽太守。朱买臣是会稽郡吴县人，曾经寄食于会稽属吏，吏员都不太瞧得起他。这次衣锦还乡，赴任会稽太守，郡衙旧吏们怎么也没想到，都惊讶不已，惶恐地赶紧一起拜见这位新长官。朱买臣出巡，都是随行车辆百余辆，有百姓为他开道，县吏为他送迎，威风八面。他到吴县去看前妻，将她夫妇接到太守官邸供养。然而一个月后，其前妻羞愧难当而自杀了。朱买臣还一一报答了当年那些给过他饭吃、对他有恩的人。

应该说，朱买臣还算是一个不错的封建官吏。他早年安于贫穷，喜好读书，颇通诗书文辞；为会稽太守时，曾与横海将军韩说一道击破东越首领的叛乱，颇有政绩；在为人上，他知恩图报，有情有义。至于衣锦还乡后所做出的各种得意之举，其实也在情理之中，毕竟他年届五十才入仕为官，辛苦一生总算熬到了出头之日。班固作《朱买臣传》，不是要对朱买臣个人进行褒贬，而是借朱买臣衣锦还乡之事，来描写和反映封建社会的世态、吏制，以及一般读书人的人生观和价值观。

霍光佐汉中兴

原文：

霍光字子孟，票骑将军去病弟也。……去病死后，光为奉车都尉、光禄大夫，出则奉车，入侍左右，出入禁闼二十余年，小心谨慎，未尝有过，甚见亲信。

征和二年，卫太子为江充所败，而燕王旦、广陵王胥皆多过失。是时，上年老，宠姬钩弋赵婕妤有男，上心欲以为嗣，命大臣辅之。察群臣唯光任大重，可属社稷。上乃使黄门画者画周公负成王朝诸侯以赐光。后元二年春……上以光为大司马大将军，日磾为车骑将军，及太仆上官桀为左将军，搜粟都尉桑弘羊为御史大夫，皆拜卧内床下，受遗诏辅少主。明日，武帝崩，太子袭尊号，是为孝昭皇帝。帝年八岁，政事一决于光。

……

光为人沉静详审，长财七尺三寸，白皙，疏眉目，美须髯。每出入下殿门，止进有常处，郎仆射窃识视之，不失尺寸，其资性端正如此。初辅幼主，政自己出，天下想闻其风采。殿中尝有怪，一夜群臣相惊，光召尚符玺郎，郎不肯授光。光欲夺之，郎按剑曰："臣头可得，玺不可得也！"光甚谊之。明日，诏增此郎秩二等。众庶莫不多光。

……自先帝时，桀已为九卿，位在光右。及父子并为将军，有椒房中宫之重，皇后亲安女，光乃其外祖，而顾专制朝事，由是与光争权。

燕王旦自以昭帝兄，常怀怨望。及御史大夫桑弘羊建造酒榷、盐铁，为国兴利，伐其功，欲为子弟得官，亦怨恨光。于是盖主、上官桀、安及弘羊皆与燕王旦通谋，诈令人为燕王上书，言："光出都肄郎羽林，道上称跸，太官先置。"又引："苏武前使匈奴，拘留二十年不降，还乃为典属国，而大将军长史敞亡功为搜粟都尉，又擅调益莫府校尉。光专权自恣，疑有非常。臣旦愿归符玺，入宿卫，察奸臣变。”候司光出沐日奏之。桀欲从中下其事，桑弘羊当与诸大臣共执退光。书奏，帝不肯下。

……

后桀党有谮光者，上辄怒曰：“大将军忠臣，先帝所属以辅朕身，敢有毁者坐之。”自是桀等不敢复言，乃谋令长公主置酒请光，伏兵格杀之，因废帝，迎立燕王为天子。事发觉，光尽诛桀、安、弘羊、外人宗族。燕王、盖主皆自杀。光威震海内。昭帝既冠，遂委任光，讫十三年，百姓充实，四夷宾服。

元平元年，昭帝崩……迎昌邑王贺。

贺者，武帝孙，昌邑哀王子也。既至，即位，行淫乱。……太后诏归贺昌邑，赐汤沐邑二千户。昌邑群臣坐亡辅导之谊，陷王于恶，光悉诛杀二百余人。……

……光遂复与丞相敞等上奏曰：“……孝武皇帝曾孙病已，武帝时有诏掖庭养视，至今年十八，师受《诗》、《论语》、《孝经》，躬行节俭，慈仁爱人，可以嗣孝昭皇帝后，奉承祖宗庙，子万姓。臣昧死以闻。”皇太后诏曰：“可。”……已而光奉上皇帝玺绶，谒于高庙，是为孝宣皇帝。明年，下诏曰：“夫褒有德，赏元功，古今通谊也。大司马、大将军光宿卫忠正，宣德明恩，守节秉谊，以安宗庙。其以河北、东武阳益封光万七千户。”与故所食凡二万户。赏赐前后黄金七千斤，钱六千万，杂缯三万匹，奴婢百七十人，马二千匹，甲第一区。

……光自后元秉持万机，及上即位，乃归政。上廉让不受，诸事皆先关白光，然后奏御天子。光每朝见，上虚己敛容，礼下之已甚。

……

赞曰：霍光……受襁褓之托，任汉室之寄，当庙堂，拥幼君，摧燕王，仆上官，因权制敌，以成其忠。处废置之际，临大节而不可夺，遂匡国家，安社稷。拥昭立宣，光为师保，虽周公、阿衡，何以加此！……

（选自《霍光金日磾传》）

点评：

西汉武帝后期，由于常年的征伐战争以及统治者的大兴土木和肆意挥霍，“文景盛世”时期所积累的财富已是挥霍一空，封建统治面临着严重危机，汉武帝不得不颁布罪己诏（罢轮台屯田诏），承认过去兴师动众、劳民伤财的过失，表示今后要与民休息，发展生产。汉武帝之后，经过汉昭帝和汉宣帝两朝重视推行轻徭薄赋、与民休息和安抚四夷的政策，才使得西汉政治再度出现了“百姓充实，四夷宾服”的政治局面，历史上将这一时期的统治称为“昭宣中兴”。

汉室中兴局面的出现，与一位杰出的政治家的治政实践是紧密联系在一起的，他便是“昭宣中兴”的名臣霍光。霍光是西汉名将霍去病的同父异母弟弟，因此，他初入仕途靠的也是外戚身份，尤其是霍去病的提携。但是，与一般的皇亲贵戚不同，霍光颇具政治眼光和左右大局的能力，是一个治国之能臣。本篇选自《霍光金日磾传》，它通过记述武帝托孤、辅佐昭帝、诛灭政敌、废昌邑王和拥立宣帝等一系列政治举动，展示了一代政治家霍光的政治风采。

本篇还着重对霍光的性格特征和为政方式作了描述。谨小慎微是霍光性格上的典型特征。汉武帝时期，他作为皇帝的近臣，出入宫廷二十余年，却能做到“小心谨慎，未尝有失”，深得汉武帝的信任。霍光的稳重谨慎可以说是细致入微的，他每次出入宫门下殿阶，停走都有一定的位置，郎仆射私下里仔细观察，发现每次都不差分寸，由此可见其谨慎之一斑。当然，在霍光的性格中也有果敢的一面，比如族灭政敌上官桀、桑弘羊时，他丝毫没有手软；一发现昌邑王刘贺放纵无道，就立即将他废掉，表现得非常果断。霍光为政，赏罚分明，原则性强。他称赞并奖励尚符玺郎宁可杀头也不将玉玺交给他的做法，却也能不徇同僚之情而随意给人晋官封侯。

霍光的成功，是因为他既有稳重谨慎的性格，又有政治头脑和为政能力。其实，性格与能力的结合，往往是决定人们事业成功的关键，二者缺一不可。

赵广汉注重调查研究

原文：

赵广汉字子都，涿郡蠡吾人也，故属河间。少为郡吏、州从事，以廉洁通敏下士为名。举茂材，平准令。察廉为阳翟令。以治行尤异，迁京辅都尉，守京兆尹。会昭帝崩，而新丰杜建为京兆掾，护作平陵方上。建素豪侠，宾客为奸利，广汉闻之，先风告。建不改，于是收案致法。中贵人豪长者为请无不至，终无所听。宗族宾客谋欲篡取，广汉尽知其计议主名起居，使吏告曰："若计如此，且并灭家。"令数吏将建弃市，莫敢近者。京师称之。

是时，昌邑王征即位，行淫乱，大将军霍光与群臣共废王，尊立宣帝。广汉以与议定策，赐爵关内侯。

迁颍川太守。郡大姓原、褚宗族横恣，宾客犯为盗贼，前二千石莫能禽制。广汉既至数月，诛原、褚首恶，郡中震栗。

先是，颍川豪杰大姓相与为婚姻，吏俗朋党。广汉患之，厉使其中可用者受记，出有案问，既得罪名，行法罚之，广汉故漏泄其语，令相怨咎。又教吏为缿筩，及得投书，削其主名，而托以为豪桀大姓子弟所言。其后强宗大族家家结为仇雠，奸党散落，风俗大改。吏民相告讦，广汉得以为耳目，盗贼以故不发，发又辄得。一切治理，威名流闻，及匈奴降者言匈奴中皆闻广汉。

本始二年……复用守京兆尹，满岁为真。

广汉为二千石，以和颜接士，其尉荐待遇吏，殷勤甚备。事推功善，归之于下，曰：“某掾卿所为，非二千石所及。”行之发于至诚。吏见者皆输写心腹，无所隐匿，咸愿为用。僵仆无所避。广汉聪明，皆知其能之所宜，尽力与否。其或负者，辄先闻知，风谕不改，乃收捕之，无所逃，按之罪立具，即时伏辜。

广汉为人强力，天性精于吏职。见吏民，或夜不寝至旦。尤善为钩距，以得事情。钩距者，设欲知马贾，则先问狗，已问羊，又问牛，然后及马，参伍其贾，以类相准，则知马之贵贱不失实矣。唯广汉至精能行之，他人效者莫能及。郡中盗贼，闾里轻侠，其根株窟穴所在，及吏受取请求铢两之奸，皆知之。长安少年数人会穷里空舍谋共劫人，坐语未讫，广汉使吏捕治具服。富人苏回为郎，二人劫之。有倾，广汉将吏到家，自立庭下，使长安丞龚奢叩堂户晓贼，曰：“京兆尹赵君谢两卿，无得杀质，此宿卫臣也。释质，束手，得善相遇，幸逢赦令，或时解脱。”二人惊愕，又素闻广汉名，即开户出，下堂叩头，广汉跪谢曰：“幸全活郎，甚厚！”送狱，敕吏谨遇，给酒肉。至冬当出死，豫为调棺，给敛葬具，告语之，皆曰：“死无所恨！”

……

广汉奏请，令长安游徼狱吏秩百石，其后百石吏皆差自重，不敢枉法妄系留人。京兆政清，吏民称之不容口。长老传以为自汉兴治京兆者莫能及。……

初，大将军霍光秉政，广汉事光。及光薨后，广汉心知微指，发长安吏自将，与俱至光子博陆侯禹第，直突入其门，廋索私屠酤，椎破卢罂，斧斩其门关而去。时，光女为皇后，闻之，对帝涕泣。帝心善之，以召问广汉。广汉由是侵犯贵戚大臣。所居好用世吏子孙新进年少者，专厉强壮锋气，见事风生，无所回避，率多果敢之计，莫为持难。广汉终以此败。

……司直萧望之劾奏：“广汉摧辱大臣，欲以劫持奉公，逆节伤化，不道。”宣帝恶之。下广汉廷尉狱，又坐贼杀不辜，鞠狱故不以实，擅斥除骑士乏军兴数罪。天子可其奏。吏民守阙号泣者数万人，或言：“臣生无益县官，愿代赵京兆死，使得牧养小民。”广汉竟坐要斩。

广汉虽坐法诛，为京兆尹廉明，威制豪强，小民得职。百姓追思，歌之至今。

（选自《赵广汉传》）

点评：

西汉宣帝时期，出了一位让老百姓赞不绝口的京兆尹（职掌相当于郡太守），人们传颂说，自汉朝开国以来，治理京兆的官员还没有比得上他的。当他后来以“凌辱大臣”的罪名被处腰斩时，京城数万老百姓和官吏在皇宫门外哭喊着要替他去死，以便让他能继续活着去治理老百姓。这个人便是一代名臣赵广汉。

本篇选自《赵尹韩张两王传》，记述了赵广汉一生的主要行事。赵广汉早年担任地方属官时，就以廉洁自律和礼贤下士而闻名。后来因政绩突出而被调往京畿试任京兆尹，上任不久，便将一向骄横，又趁监作昭帝墓穴机会营私谋利的京兆属官杜建给处死了，此举深得京师百姓的拥护。调任颍川太守时，郡内原氏和褚氏两大宗族一向横行不法，赵广汉到任数月，便杀了两姓当中的首恶分子，此举震惊了颍川郡。当时颍川郡的豪族喜欢通过姻亲来拉帮结派，壮大势力，赵广汉便采取分化瓦解的办法打破了这种局面，稳定了郡内秩序。此后赵广汉正式调任京兆尹，他注重奖掖下属，从不自己贪功，属员都肯为他卖力，在他的治理下，京师井然有序。然而，赵广汉生性无所顾忌，常常冒犯大臣，正是这种性格最终葬送了他自己。

本篇还着重对赵广汉的为政方式作了叙述。赵广汉为政的最主要的特点，是注重调查研究，也就是本传所说的“钩距”法。比方说想知道马的价钱，却先要问狗价、羊价和牛价，然后再问马价，通过这样的错综验证和按类比照，就能知道马价的高低。赵广汉善于运用这种方法来了解情况，作出判断。据说在他管辖的地区，各种隐蔽之事像大如盗贼的窝点，小至官吏极小的受贿情况等，没有他不知道的。正是靠着这种调查研究，他对治下情况一清二楚，从而保证了处事、断案的准确性，因此，被治罪的人心服口服，老百姓更是奉如神明，倍加拥护。

赵广汉不仅是个清廉、谦让的官吏，而且是个善于治民的官吏，他的注重调查研究的作风和方法，在很大程度上克服了封建政治治理中的盲目性和主观性。赵广汉是个封建官员，但是他的为政方法的某些积极因素，即使在今天，我们那些官僚习气很重的官员难道不应该从中得到一些启示吗?

严母训子

原文：

严延年字次卿，东海下邳人也。其父为丞相掾，延年少学法律丞相府，归为郡吏。以选除补御史掾，举侍御史。是时，大将军霍光废昌邑王，尊立宣帝。宣帝初即位，延年劾奏光“擅废立主，无人臣礼，不道”。奏虽寝，然朝廷肃焉敬惮。延年后复劾大司农田延年持兵干属车，大司农自讼不干属车。事下御史中丞，谴责延年何以不移书宫殿门禁止大司农，而令得出入宫。于是复劾延年阑内罪人，法至死。延年亡命。会赦出，丞相、御史府征书同日到，延年以御史书先至，诣御史府，复为掾。宣帝识之，拜为平陵令，坐杀不辜，去官。后为丞相掾，复擢好畤令。神爵中，西羌反，强弩将军许延寿请延年为长史，从军败西羌，还为涿郡太守。

时，郡比得不能太守，涿人毕野白等由是废乱。大姓西高氏、东高氏，自郡吏以下皆畏避之，莫敢与忤，咸曰："宁负二千石，无负豪大家。"宾客放为盗贼，发，辄入高氏，吏不敢追。浸浸日多，道路张弓拔刃，然后敢行，其乱如此。延年至，遣掾蠡吾赵绣按高氏得其死罪。绣见延年新将，心内惧，即为两劾，欲先白其轻者观延年意，怒，乃出其重劾。延年已知其如此矣。赵掾至，果白其轻者，延年索怀中，得重劾，即收送狱。夜入，晨将至市论杀之，先所按者死，吏皆股弁。更遣吏分考两高，穷竟其奸，诛杀各数十人。郡中震恐，道不拾遗。

三岁，迁河南太守，赐黄金二十斤。豪强胁息，野无行盗，威震旁郡。其治务在摧折豪强，扶助贫弱。贫弱虽陷法，曲文以出之；其豪杰侵小民者，以文内之。众人所谓当死者，一朝出之；所谓当生者，诡杀之。吏民莫能测其意深浅，战栗不敢犯禁。按其狱，皆文致不可得反。

延年为人短小精悍，敏捷于事，虽子贡、冉有通艺于政事，不能绝也。吏忠尽节者，厚遇之如骨肉，皆亲乡之，出身不顾，以是治下无隐情。然疾恶泰甚，中伤者多，尤巧为狱文，善史书，所欲诛杀，奏成于手，中主簿亲近史不得闻知。奏可论死，奄忽如神。冬月，传属县囚，会论府上，流血数里，河南号曰"屠伯"。令行禁止，郡中正清。

是时，张敞为京兆尹，素与延年善。敞治虽严，然尚颇有纵舍，闻延年用刑刻急，乃以书谕之曰："昔朝卢之取菟也，上观下获，不甚多杀。愿次卿少缓诛罚，思行此术。"延年报曰："河南天下喉咽，二周余毙，莠盛苗秽，何可不锄也？"自矜伐其能，终不衰止。……后左冯翊缺，上欲征延年，符已发，为其名酷复止。延年疑少府梁丘贺毁之，心恨。会琅邪太守以视事久病，满三月免，延年自知见废，谓丞曰："此人尚能去官，我反不能去邪?”又延年察狱史廉，有臧不入身，延年坐选举不实贬秩，笑曰:“后敢复有举人者矣!”丞义年老颇悖，素畏延年，恐见中伤。延年本尝与义俱为丞相史，实亲厚之，无意毁伤也，馈遗之甚厚。义愈益恐，自筮得死卦，忽忽不乐，取告至长安，上书言延年罪名十事。已拜奏，因饮药自杀，以明不欺。事下御史丞按验，有此数事，以结延年，坐怨望非谤政治不道弃市。

初，延年母从东海来，欲从延年腊，到雒阳，适见报囚。母大惊，便止都亭，不肯入府。延年出至都亭谒母，母闭阁不见。延年免冠顿首阁下，良久，母乃见之，因数责延年:“幸得备郡守，专治千里，不闻仁爱教化，有以全安愚民，顾乘刑罚多刑杀人，欲以立威，岂为民父母意哉!”延年服罪，重顿首谢，因自为母御，归府舍。母毕正腊，谓延年:“天道神明，人不可独杀。我不意当老见壮子被刑戮也！行矣！去女东归，扫除墓地耳。”遂去，归郡，见昆弟宗人，复为言之。后岁余，果败。东海莫不贤知其母。延年兄弟五人皆有吏材，至大官，东海号曰“万石严妪”。……

(选自《酷吏传》)

点评:

汉宣帝是西汉中兴之主，他的为政特点是“霸王道杂之”，霸道是指法治，而王道是指儒治（或称德治)，即要儒、法并用。在宣帝统治时期，出现了一位人称“屠伯”的酷吏，他便是严延年。

本篇选自《酷吏传》，它对酷吏严延年专恃严刑酷法来治理地方政治的具体情况作了记述。严延年少年时曾在丞相府系统学习过法律，这也许是他日后迷信严刑酷法的原因。他被推荐做侍御史时，正赶上大将军霍光废昌邑王而立宣帝，他竟然上书宣帝弹劾霍光，指责他擅自废立国君。尽管宣帝未予理睬，可是这件事却震动了朝廷，人们对严延年是既敬重又畏惧。最能体现严延年酷吏本色的治政实践，还数担任涿郡太守和河南太守期间。在严延年担任涿郡太守之前，连续几届涿郡太守都是无能之辈，导致地方豪强飞扬跋扈，其中要数东高氏和西高氏的势力最大，他们目无国法，扰乱乡里，连郡府的官吏都唯恐躲之不及。严延年一到任，就从这两个高家入手。他派人分别调查了两个高家的罪行，然后对两家各诛杀了几十人。此举震惊了整个涿郡，郡治也因此而得到彻底整治，以至出现路不拾遗的局面。严延年担任河南太守时，也是以抑制豪强、扶助贫弱作为治理地方的宗旨，因此，在他的治理下，郡中的豪强也都收敛了。严延年治理地方有一个重要法宝，那就是好用严刑峻法，由于他杀的人太多，河南郡的人因此而称他为“屠伯”。当时有一个叫张敞的地方官也是以严峻著称，连他也写信劝告严延年应该稍稍放松诛杀。汉宣帝本想让他升做左冯翊，也因其残忍名声在外而作罢。严延年的母亲从老家来，看到自己的儿子如此残忍好杀，非常气愤，告诫他这样做是会遭报应的，并说自己这次回去要为他准备好葬身之地了。严母的训斥改变不了严延年的一贯做法，而严母的话却不幸言中了。就在严母回去之后一年多，严延年果然就被人告发，结果以怨恨朝廷、诽谤国事和杀人无道的罪名被处死。

酷吏是封建政治的一种现象。酷吏的所作所为，有其合理的一面，他们通过严刑峻法来整肃地方政治，抑制豪强势力，甚至还采取一些扶助贫弱的举措，这在一定程度上是有利于维护封建统治的稳定的。他们有时又能不畏权贵，弹劾那些不守礼节的臣子，这有利于皇权的维护。正因如此，封建最高统治者需要使用他们。但是，物极必反，过犹不及，酷吏们往往不懂得这个道理，也许是他们的残忍本性或者是信守法治的理念，决定了他们不愿意去做这样的思考。其结果，他们往往以个人的好恶来歪曲法律，从而制造了不少冤狱，杀害了不少无辜者，甚至造成一种社会的恐怖。正因如此，酷吏往往又是不得人心的。

杨恽恃才凌人被腰斩

原文：

忠（指杨忠）弟恽，字子幼，以忠任为郎，补常侍骑。恽母，司马迁女也。恽始读外祖《太史公记》，颇为《春秋》。以材能称。好交英俊诸儒，名显朝廷，擢为左曹。霍氏谋反，恽先闻知，因侍中金安上以闻，召见言状。霍氏伏诛，恽等五人皆封，恽为平通侯，迁中郎将。

郎官故事，令郎出钱市财用，给文书，乃得出，名曰“山郎”。移病尽一日，辄偿一沐，或至岁余不得沐。其豪富郎，日出游戏，或行钱得善部。货赂流行，传相放效。恽为中郎将，罢山郎，移长度大司农，以给财用。其疾病休谒洗沐，皆以法令从事。郎、谒者有罪过，辄奏免，荐举其高弟有行能者，至郡守、九卿。郎官化之，莫不自厉，绝请谒货赂之端，令行禁止，宫殿之内翕然同声。由是擢为诸吏光禄勋，亲近用事。

初，恽受父财五百万，及身封侯，皆以分宗族。后母无子，财亦数百万，死皆予恽，恽尽复分后母昆弟。再受訾千余万，皆以分施。其轻财好义如此。

恽居殿中，廉洁无私，郎官称公平。然恽伐其行治，又性刻害，好发人阴伏，同位有忤己者，必欲害之，以其能高人。由是多怨于朝廷，与太仆戴长乐相失，卒以是败。

长乐者，宣帝在民间时与相知，及即位，拔擢亲近。……人有上书告长乐非所宜言，事下廷尉。长乐疑恽教人告之，亦上书告恽罪……

事下廷尉。……上不忍加诛，有诏皆免恽、长乐为庶人。

恽既失爵位，家居治产业，起室宅，以财自娱。岁余，其友人安定太守西河孙会宗，知略士也，与恽书谏戒之，为言大臣废退，当阖门惶惧，为可怜之意，不当治产业，通宾客，有称誉。恽宰相子，少显朝廷，一朝以暗昧语言见废，内怀不服，报会宗书曰：

恽材朽行秽，文质无所底，幸赖先人余业得备宿卫，遭遇时变以获爵位，终非其任，卒与祸会。足下哀其愚，蒙赐书，教督以所不及，殷勤甚厚。然窃恨足下不深惟其终始，而猥随俗之毁誉也。言鄙陋之愚心，若逆指而文过，默而息乎，恐违孔氏"各言尔志"之义，故敢略陈其愚，唯君子察焉！

恽家方隆盛时，乘朱轮者十人，位在列卿，爵为通侯，总领从官，与闻政事，曾不能以此时有所建明，以宣德化，又不能与群僚同心并力，陪辅朝廷之遗忘，已负窃位素餐之责久矣。怀禄贪势，不能自退，遭遇变故，横被口语，身幽北阙，妻子满狱。当此之时，自以夷灭不足以塞责，岂意得全首领，复奉先人之丘墓乎？伏惟圣主之恩，不可胜量。君子游道，乐以忘忧；小人全躯，说以忘罪。窃自思念，过已大矣，行已亏矣，长为农夫以没世矣。是故身率妻子，戮力耕桑，灌园治产，以给公上，不意当复用此为讥议也。

夫人情所不能止者，圣人弗禁，故君父至尊亲，送其终也，有时而既。臣之得罪，已三年矣。田家作苦，岁时伏腊，亨羊炰羔，斗酒自劳。家本秦也，能为秦声。妇，赵女也，雅善鼓瑟。奴婢歌者数人，酒后耳热，仰天拊缶而呼乌乌。其诗曰："田彼南山，芜秽不治，种一顷豆，落而为萁。人生行乐耳，须富贵何时！"是日也，拂衣而喜，奋袖低卬，顿足起舞，诚淫荒无度，不知其不可也。恽幸有余禄，方籴贱贩贵，逐什一之利，此贾竖之事，污辱之处，恽亲行之。下流之人，众毁所归，不寒而栗。虽雅知恽者，犹随风而靡，尚何称誉之有！董生不云乎？"明明求仁义，常恐不能化民者，卿大夫意也；明明求财利，常恐困乏者，庶人之事也。"故"道不同，不相为谋。"

今子尚安得以卿大夫之制而责仆哉！

夫西河魏土，文侯所兴，有段干木、田子方之遗风，漂然皆有节概，知去就之分。顷者，足下离旧土，临安定，安定山谷之间，昆戎旧壤，子弟贪鄙，岂习俗之移人哉？于今乃睹子之志矣。方当盛汉之隆，愿勉旃，毋多谈。

……会有日食变，驺马猥佐成上书告恽“骄奢不悔过，日食之咎，此人所致。”章下廷尉案验，得所予会宗书，宣帝见而恶之。廷尉当恽大逆无道，要斩。妻子徙酒泉郡。……

（选自《杨敞传》）

点评：

杨恽是西汉昭帝时期的丞相杨敞的儿子，著名史学家司马迁的外孙。他少年熟读经、史，颇有文才。做官清正廉明，政绩显著。然而，杨恽出言无忌，恃才傲物，为人刻薄，这种性格上的弱点，决定了他的悲剧命运。

本篇选自《公孙刘田王杨蔡陈郑传》，它通过对杨恽一生行事的记述，在一定程度上对造成他悲剧人生的原因作了揭示。杨恽凭借家世关系，很早就做了官。由于他有学识，又喜欢结交才俊之士，故而年纪轻轻就在朝中颇有名气。后来因告发霍氏谋反有功，被封为平通侯，升做中郎将。在中郎将职位上，他廉洁无私，郎官们都有口皆碑；同时，他注意整治署衙，消除陋习。由于政绩突出，很快便又被提拔做了诸吏光禄勋。杨恽为人重义轻财，他从父亲和继母那里先后两次继承了统共一千多万资财，然而他都把这些财产分给了同宗族的人和继母的兄弟。但是，杨恽在为人上也有弱点，有些甚至是致命的弱点，他好直言不讳，书生意气；他喜欢自我夸耀，却对别人很刻薄，尤其喜欢揭发别人的隐私。前者也许是读书人的通病；而后者则使他在朝中得罪了很多人，同时也造成很多误会。杨恽的丢官便是被人误会所致。有个叫戴长乐的亲信大臣，是汉宣帝在民间时结交的知己，有人告发他出言有过失，他就怀疑一定是杨恽所为，便将杨恽也告了，结果两人都被免官贬为平民。杨恽的死则是出言无忌的结果。他被贬为平民后，在乡间治理产业，被人告发生活骄奢而不知悔改，特别是被发现在给友人的书信中抒发自己对现实的不满情绪，并对封建礼教进行抨击，结果以大逆不道之罪被处以腰斩，妻、儿也被流放到酒泉。

杨恽的悲剧，也是封建时代很多读书人的共同悲剧。如他书生意气，出言无忌，便有外祖父司马迁的遗风。俗话说得好，“言多必失”，“沉默是金”。然而道理明白，力行太难，读书人由于思想活跃，书生意气，往往不平则鸣，所以有屈原作《离骚》于前，司马迁为李陵辩护于后。可是这种不平则鸣又必然容易犯忌，最终难免酿成悲剧人生。不过，杨恽的某些性格弱点，如为人刻薄，好揭发别人隐私，则是不足取的，它违背了为人之道，其结果是既害人也害己。杨恽的性格悲剧也从反面教导了人们，为人应该多一分宽容，少一分刻薄。

呼韩邪单于归附汉朝

原文：

呼韩邪之败也，左伊秩訾王为呼韩邪计，劝令称臣入朝事汉，从汉求助，如此匈奴乃定。……呼韩邪从其计，引众南近塞，遣子右贤王铢娄渠堂入侍。郅支单于亦遣子右大将驹于利受入侍。是岁，甘露元年也。

明年，呼韩邪单于款五原塞，愿朝三年正月。汉遣车骑都尉韩昌迎，发过所七郡郡二千骑，为陈道上。单于正月朝天子于甘泉宫，汉宠际殊礼，位在诸侯王上，赞谒称臣而不名。……单于就邸，留月余，遣归国。单于自请愿留居光禄塞下，有急保汉受降城。汉遣长乐卫尉高昌侯董忠、车骑都尉韩昌将骑万六千，又发边郡士马以千数，送单于出朔方鸡鹿塞。诏忠等留卫单于，助诛不服，又转边谷米，前后三万四千斛，给赡其食。……明年，呼韩邪单于复入朝，礼赐如初，加衣百一十袭，锦帛九千匹，絮八千斤。以有屯兵，故不复发骑为送。

……

元帝初即位，呼韩邪单于复上书，言民众困乏。汉诏云中、五原郡转谷二万斛以给焉。……明年，汉遣车骑都尉韩昌、光禄大夫张猛送呼韩邪单于侍子，求问吉等，因赦其罪，勿令自疑。昌、猛见单于民众益盛，塞下禽兽尽，单于足以自卫，不畏郅支。闻其大臣多劝单于北归者，恐北去后难约束，昌、猛即与为盟约曰："自今以来，汉与匈奴合为一家，世世毋得相诈相攻。有窃盗者，相报，行其诛，偿其物；有寇，发兵相助。汉与匈奴敢先背约者，受天不祥。令其世世子孙尽如盟。"昌、猛与单于及大臣俱登匈奴诺水东山，刑白马，单于以径路刀金留犁挠酒，以老上单于所破月氏王头为饮器者共饮血盟。……其后呼韩邪竟北归庭，人众稍稍归之，国中遂定。

……

郅支既诛，呼韩邪单于且喜且惧，上书言曰："常愿谒见天子，诚以郅支在西方，恐其与乌孙俱来击臣，以故未得至汉。今郅支已伏诛，愿入朝见。"竟宁元年，单于复入朝，礼赐如初，加衣服锦帛絮，皆倍于黄龙时。单于自言愿婿汉氏以自亲。元帝以后宫良家子王嫱字昭君赐单于。单于欢喜，上书愿保塞上谷以西至敦煌，传之无穷，请罢边备塞吏卒，以休天子人民。天子令下有司议，议者皆以为便。郎中侯应习边事，以为不可许。上问状，应曰："周、秦以来，匈奴暴桀，寇侵边境，汉兴，尤被其害。……如罢备塞戍卒，示夷狄之大利，不可一也。今圣德广被，天覆匈奴，匈奴得蒙全活之恩，稽首来臣。夫夷狄之情，困则卑顺，强则骄逆，天性然也。……古者安不忘危，不可复罢，二也。中国有礼义之教、刑罚之诛，愚民犹尚犯禁，又况单于，能必其众不犯约哉！三也。……设塞徼，置屯戍，非独为匈奴而已，亦为诸属国降民，本故匈奴之人，恐其思旧逃亡，四也。近西羌保塞，与汉人交通，吏民贪利，侵盗其畜产、妻子，以此怨恨，起而背畔，世世不绝。今罢乘塞，则生嫚易分争之渐，五也。往者从军多没不还者，子孙贫困，一旦亡出，从其亲戚，六也。又边人奴婢愁苦，欲亡者多，曰'闻匈奴中乐，无奈候望急何！'然时有亡出塞者，七也。盗贼桀黠，群辈犯法，如其窘急，亡走北出，则不可制，八也。起塞以来百有余年……功费久远，不可胜计。臣恐议者不深虑其终始，欲以一切省繇戍，十年之外，百岁之内，卒有它变，障塞破坏，亭隧灭绝，当更发屯缮治，累世之功不可卒复，九也。如罢戍卒、省候望，单于自以保塞守御，必深德汉，请求无已。小失其意，则不可测。开夷狄之隙，亏中国之固，十也。非所以永持至安，威制百蛮之长策也。"

对奏，天子有诏："勿议罢边塞事。"使车骑将军口谕单于曰："单于上书愿罢北边吏士屯戍，子孙世世保塞。单于乡慕礼义，所以为民计者甚厚，此长久之策也，朕甚嘉之。中国四方皆有关梁障塞，非独以备塞外也，亦以防中国奸邪放纵，出为寇害，故明法度以专众心也。敬谕单于之意，朕无疑焉。为单于怪其不罢，故使大司马车骑将军嘉晓单

"单于和亲"瓦当

于。”单于谢曰：“愚不知大计，天子幸使大臣告语，甚厚！”

……

王昭君号宁胡阏氏，生一男伊屠智牙师，为右日逐王。呼韩邪立二十八年，建始二年死。……

（选自《匈奴传下》）

点评：

匈奴是生活在中原以北的一个以畜牧业为主的古老民族。早在战国时，它就活动于燕、赵、秦以北地区。秦汉之际，冒顿单于统一匈奴各部，势力强盛，控制了大漠南北广大地区。西汉初年，由于百废待兴，面对匈奴不断南下侵扰，汉朝不得不对匈奴采取和亲政策，以维持边境地区的安宁。汉武帝时，随着西汉国力的强盛，发动了一系列对匈奴的战争，从而基本上解除了匈奴的威胁。宣帝时期，匈奴发生内乱，出现“五单于争立”的局面，就在这个时候，呼韩邪单于主动归附汉朝，并在汉朝的帮助下统一了匈奴全境，此后六七十年间，汉朝与匈奴一直和平相处，双方的经济文化交流得到了发展。

本篇选自《匈奴传下》，着重记述了呼韩邪单于三次入朝，主动归附，汉朝赐以大量财物，将王昭君嫁给单于的全部过程。汉宣帝甘露元年（前53年），呼韩邪单于被郅支单于打败后，听取了左伊秩訾王的建议，决定归附汉朝。甘露三年（前51年），呼韩邪单于入朝朝贺，汉宣帝给予特殊的礼遇，将他位列诸侯王之前，事后派兵护送他回去，并帮助他诛灭不顺从者。第二年，呼韩邪单于第二次入朝，汉宣帝又给了他大量的赏赐。汉元帝即位不久，呼韩邪单于上书诉说他的民众困乏，朝廷便诏令云中、五原两郡转运粮谷供应他们。第二年，护送单于侍子回匈奴的汉臣韩昌和张盟与呼韩邪单于立盟，约定汉匈一家，不可相互攻击。竟宁元年（前33

年)，呼韩邪单于第三次入朝，希望与汉家结亲，汉元帝将王昭君嫁给他；又请求汉朝撤边，大臣侯应列举了不可撤边的十大理由，于是汉元帝委婉地回绝了单于的请求。呼韩邪单于主动归附汉朝，使汉匈之间的关系得到了重大改善；而王昭君出塞，这种友好的和亲政策又加强和巩固了日益密切的汉匈关系。

王昭君画像

著名史学家白寿彝先生曾就中国古代民族关系问题说过："在多民族统一的历史发展过程中，民族之间有和好，有争吵。……友好和斗争都不是绝对的。"(《中国通史》第一卷，上海人民出版社 1989 年版，第 95 页）西汉时期的汉匈关系便是如此，汉武帝以前是战争，宣、元时期是和好。虽然在一定时期民族之间的战争难以避免，但是民族和好才是广大人民的共同愿望。宣、元时期的汉匈统治者主动推行民族友好政策，符合了当时汉匈人民的共同利益和愿望，应该给予充分肯定。而作为这一时期民族友好的象征，昭君出塞的事迹因此一直为后人所传颂着。

原涉重义轻法

原文：

原涉字巨先。祖父武帝时以豪桀自阳翟徙茂陵。涉父哀帝时为南阳太守。天下殷富，大郡二千石列官，赋敛送葬皆千万以上，妻子通共受之，以定产业。时又少行三年丧者。及涉父死，让还南阳赙送，行丧冢庐三年，由是显名京师。礼毕，扶风谒请为议曹，衣冠慕之辐辏。为大司徒史丹举能治剧，为谷口令，时年二十余。谷口闻其名，不言而治。

先是，涉季父为茂陵秦氏所杀，涉居谷口半岁所，自劾去官，欲报仇。谷口豪桀为杀秦氏，亡命岁余，逢赦出。郡国诸豪及长安、五陵诸为气节者皆归慕之。涉遂倾身与相待，人无贤不肖阗门，在所闾里尽满客。……

……（涉）专以振施贫穷赴人之急为务。人尝置酒请涉，涉入里门，客有道涉所知母病避疾在里宅者。涉即往候，叩门。家哭，涉因入吊，问以丧事。家无所有，涉曰："但洁扫除沐浴，待涉。"还至主人，对宾客叹息曰："人亲卧地不收，涉何心乡此！愿撤去酒食。"宾客争问所当得，涉乃侧席而坐，削牍为疏，具记衣被棺木，下至饭含之物，分付诸客。诸客奔走市买，至日昳皆会。涉亲阅视已，谓主人："愿受赐矣。"既共饮食，涉独不饱，乃载棺物，从宾客往至丧家，为棺敛劳倈毕葬。其周急待人如此。后人有毁涉者曰"奸人之雄也"，丧家子即时刺杀言者。

宾客多犯法，罪过数上闻。王莽数收系欲杀，辄复赦出之。涉惧，求为卿府掾史，欲以避客。文母太后丧时，守复土校尉。已为中郎，后免官。涉欲上冢，不欲会宾客，密独与故人期会。涉单车驱上茂陵，投暮，入其里宅，因自匿不见人。遣奴至市买肉，奴乘涉气与屠争言，斫伤屠者，亡。是时，茂陵守令尹公新视事，涉未谒也，闻之大怒。知涉名豪，欲以示众厉俗，遣两吏胁守涉。至日中，奴不出，吏欲便杀涉去。涉迫窘不知所为。会涉所与期上冢者车数十乘到，皆诸豪也，共说尹公。尹公不听，诸豪则曰："原巨先奴犯法不得，使肉袒自缚，箭贯耳，诣廷门谢罪，于君威亦足矣。"尹公许之。涉如言谢，复服遣去。

初，涉与新丰富人祁太伯为友，太伯同母弟王游公素嫉涉，时为县门下掾，说尹公曰："君以守令辱原涉如是，一旦真令至，君复单车归为府吏，涉刺客如云，杀人皆不知主名，可为寒心。涉治冢舍，奢僭逾制，罪恶暴著，主上知之。今为君计，莫若堕坏涉冢舍，条奏其旧恶，君必得真令。如此，涉亦不敢怨矣。"尹公如其计，莽果以为真令。涉由此怨王游公，选宾客，遣长子初从车二十乘劫王游公家。游公母即祁太伯母也，诸客见之皆拜，传曰"无惊祁夫人"。遂杀游公父及子，断两头去。

涉性略似郭解，外温仁谦逊，而内隐好杀。睚眦于尘中，触死者甚多。王莽末，东方兵起，诸王子弟多荐涉能得士死，可用。莽乃召见，责以罪恶，赦贳，拜镇戎大尹。涉至官无几，长安败，郡县诸假号起兵攻杀二千石长吏以应汉。诸假号素闻涉名，争问原尹何在，拜谒之。时莽州牧使者依附涉者皆得活。传送致涉长安，更始西屏将军申徒建请涉与相见，大重之。故茂陵令尹公坏涉冢舍者为建主簿，涉本不怨也。涉从建所出，尹公故遮拜涉，谓曰："易世矣，宜勿复相怨！"涉曰："尹君，何一鱼肉涉也！"涉用是怒，使客刺杀主簿。

涉欲亡去，申徒建内恨耻之……遣兵道徼取涉于车上，送车分散驰，遂斩涉，悬之长安市。

（选自《游侠传》）

点评：

墨家作为先秦的显学在汉代便中绝了，然而作为墨家末流的游侠，却在汉代有很大的影响，可以说，那是一个侠风很盛的时代。生活于西汉末年的原涉，便是众多游侠之士当中的一位。

本篇选自《游侠传》，它具体记述了原涉的狭义生涯。原涉本是官宦之家出身，他的父亲在汉哀帝时做过南阳太守。父亲去世后，原涉因不接受馈赠的丧礼钱，又住冢庐为父守丧三年，他的重义和孝行因此而闻名远近，受到士大夫们的普遍仰慕。和其他游侠一样，原涉也广交豪杰之士，家中宾客满座。他古道热肠，常常救济穷人，为人排忧解难，诚心待人，大凡与他交往、受他救济和帮助的人，都愿意心甘情愿地为他效死力。侠客有一个重要特点，那就是“义”字当先，为此而不顾法律，甚至不惜生命。原涉的一个叔叔被当地的秦氏所杀，原涉便毫不犹豫地辞去官职，去为叔叔复仇；原涉的门下宾客犯了法，他居然也为其徇情回护；原涉有个朋友的同母弟弟名叫王游公，此人一向嫉恨原涉，他游说茂陵县令罗织原涉的种种罪状，原涉便让宾客将王游公和他父亲给杀了，而诸如此类的因义愤而被原涉杀掉的人确实不少。当然，原涉尽管是著名游侠，在他的性格中也有软弱的一面，有时候也不得不向人低头。由于众多宾客常常犯法，王莽曾经几次拘捕这些人，原涉因此也感到害怕，一度也想设法回避这些宾客，为此甚至只好到官衙中去谋职，有时干脆就住到冢舍去。原涉的家奴犯了法，茂陵县令要治罪，他也只好托宾客去说情，并且亲自登门谢罪。本篇注意到对原涉性格中另一面的刻画，从而使得这一游侠人物形象更加真实和全面。

对于游侠，西汉政府是采取打击态度的。之所以如此，正如班固所说的，因为他们“以匹夫之细，窃生杀之权”（《游侠传序》），这是对法律的公然践踏，是导致社会不安定的重要因素。然而，由于游侠还有“温良泛爱，振穷周急，谦退不伐”（《游侠传序》）的另一面，这种行侠仗义，使得他们得到了社会上贫弱阶层的拥护，甚至还得到不少有识之士的认可，从而有着广泛的社会基础，这便是游侠屡禁不止的原因所在。

王莽代汉

原文：

王莽字巨君，孝元皇后之弟子也……唯莽父曼蚤死，不侯。莽群兄弟皆将军五侯子，乘时侈靡，以舆马声色佚游相高，莽独孤贫，因折节为恭俭。受《礼经》，师事沛郡陈参，勤身博学，被服如儒生。事母及寡嫂，养孤兄子，行甚敕备。又外交英俊，内事诸父，曲有礼意……

……永始元年，封莽为新都侯……迁骑都尉、光禄大夫、侍中。宿卫谨敕，爵位益尊，节操愈谦。散舆马衣裘，振施宾客，家无所余。收赡名士，交结将相、卿、大夫甚众。故在位更推荐之，游者为之谈说，虚誉隆洽，倾其诸父矣。敢为激发之行，处之不惭恧。

……上遂擢为大司马。是岁，绥和元年也，年三十八矣。莽既拔出同列，继四父而辅政，欲令名誉过前人，遂克己不倦，聘诸贤良以为掾史，赏赐邑钱悉以享士，愈为俭约。……

王莽

辅政岁余，成帝崩，哀帝即位，尊皇太后为太皇太后。太后诏莽就第，避帝外家。……

莽还京师岁余，哀帝崩……诏尚书，诸发兵符节，百官奏事，中黄门、期门兵皆属莽。……太后拜莽为大司马，与议立嗣。……使迎中山王奉成帝后，是为孝平皇帝。帝年九岁，太后临朝称制，委政于莽。……

……群臣乃盛陈："莽功德致周成白雉之瑞，千载同符。圣王之法，臣有大功则生有美号，故周公及身在而托号于周。莽有定国安汉家之大功，宜赐号曰安汉公，益户，畴爵邑，上应古制，下准行事，以顺天心。"太后诏尚书具其事。

……于是莽人人延问，致密恩意，厚加赠送，其不合指，显奏免之，权与人主侔矣。

……

太保舜等奏言："《春秋》列功德之义，太上有立德，其次有立功，其次有立言，唯至德大贤然后能之。其在人臣，则生有大赏，终为宗臣，殷之伊尹，周之周公是也。"及民上书者八千余人，咸曰："伊尹为阿衡，周公为太宰，周公享七子之封，有过上公之赏。宜如陈崇言。"章下有司，有司请"……采伊尹、周公称号，加公为宰衡，位上公……"。太后临前殿，亲封拜。安汉公拜前，二子拜后，如周公故事……

……

泉陵侯刘庆上书言："周成王幼少，称孺子，周公居摄。今帝富于春秋，宜令安汉公行天子事，如周公。"郡臣皆曰："宜如庆言。"

……平帝崩，大赦天下。……乃选玄孙中最幼广戚侯子婴，年二岁，托以为卜相最吉。

是月，前辉光谢嚣奏武功长孟通浚井得白石，上圆下方，有丹书著石，文曰："告安汉公莽为皇帝。"符命之起，自此始矣……

于是群臣奏言："……臣请安汉公居摄践祚，服天子韨冕，背斧依于户牖之间，南面朝群臣，听政事……"太后诏曰："可。"明年，改元曰"居摄"。

……

（居摄元年）四月，安众侯刘崇与相张绍谋曰："安汉公莽专制朝政，必危刘氏。天下非之者，乃莫敢先举，此宗室耻也。吾帅宗族为先，海内必和。”绍等从者百余人，遂进攻宛，不得入而败。……

群臣复白：“刘崇等谋逆者，以莽权轻也。宜尊重以填海内。”五月甲辰，太后诏莽朝见太后称“假皇帝”。

……

梓潼人哀章，学问长安，素无行，好为大言。见莽居摄，即作铜匮，为两检，置其一曰“天帝行玺金匮图”，其一署曰“赤帝行玺某传予黄帝金策书”。某者，高皇帝名也。书言王莽为真天子，皇太后如天命。图书皆书莽大臣八兴，又取令名王兴、王盛，章因自窜姓名，凡为十一人，皆署官爵，为辅佐。章闻齐井、石牛事下，即日昏时，衣黄衣，持匮至高庙，以付仆射。仆射以闻。戊辰，莽至高庙拜受金匮神嬗。御王冠，谒太后，还坐未央宫前殿，下书曰：“予以不德，托于皇初祖考黄帝之后，皇始祖考虞帝之苗裔，而太皇太后之末属。皇天上帝隆显大佑，成命统序，符契图文，金匮策书，神明诏告，属予以天下兆民。赤帝汉氏高皇帝之灵，承天命，传国金策之书，予甚祗畏，敢不钦受！以戊辰直定，御王冠，即真天子位，定有天下之号曰‘新’。其改正朔，易服色，变牺牲，殊徽帜，异器制。以十二月朔癸酉为建国元年正月之朔，以鸡鸣为时。服色配德上黄，牺牲应正用白，使节之旄幡皆纯黄，其署曰‘新使王威节’，以承皇天上帝威命也。”

（选自《王莽传上》）

点评：

王莽代汉，这是中国历史上罕见的大事。这里既有深刻的社会原因，也有外戚身份的作用，更是王莽本人施展权术的结果。从社会原因来讲，主要是西汉后期出现长期的外戚专权局面，政治统治愈益腐朽，当时社会上异姓受命和同姓更受命的呼声已是甚嚣尘上，上层统治集团对刘氏统治已经失去了信心。而外戚身份，则是王莽得以进入仕途的凭借。王莽的姑母是当朝皇太后，他的几位伯叔都是当朝权贵，王莽就是依靠他们的关系而得以入仕并不断得到升迁的。当然，善于伪装、精于权术，则是王莽平步青云，最终得以完成代汉的重要原因。如果我们不从封建正统主义的观点来看待王莽代汉的话，那么代汉之事本身是无可厚非的。问题是王莽代汉以后，为了缓和阶级矛盾和社会矛盾，进行了一系列的改革措施，却都由于不切实际，不但没有缓和矛盾，反而加重了人民的灾难；同时，王莽又不断发动对外战争，企图树立自己的威信，结果也加重了人民的负担。最后，新莽政权终于在农民起义的打击下覆灭了。

本篇选自《王莽传上》，主要记述了王莽通过施展权术，逐渐由一个年轻的贵族子弟，到最终取刘家皇位而代之的整个过程。王莽虽说是外戚出身，却与其他叔伯兄弟不同，少年时便因父亲的早死而孤苦贫穷。家门的衰落，使得王莽小小年纪，便颇有心计。他对人卑躬谦逊，侍奉伯叔殷勤周到，加上好学多识，故而深得伯叔们的欢心和器重，推荐他到宫中值宿警卫。王莽不但勤于职守，而且更加谦恭，广泛结交朝野人士，将家中余财分送给门下宾客，从而获取了很大的虚名。三十八岁时，王莽被提升做了大司马，开始辅佐朝政。为了获取更大的名声，他不但更加勤于政事，而且注意约束自己。他生活非常节俭，却将赏赐所得和采邑收入全部拿来供养属下的贤良之士；他的一个儿子杀死了奴仆，他竟让自己的儿子自杀。由此位望更加显贵。哀帝时，王莽多次施展以退为进的手段获得成功。名儒孔光为人谨慎，王莽一方面对他表示特别尊崇，一方面则借他之手巧妙地将那些政敌或者不顺从的人统统加以治罪。为了获得“安汉公”的尊号，王莽暗中让亲信大臣上书太后请求赐封，明里却又一再谦让。当王莽看到代汉的时机成熟后，便开始大搞谶纬迷信活动，以示他的代汉乃天命所归。上述事例，足见王莽虚伪狡诈、精于权术之一斑。

封建官僚玩弄权术，沽名钓誉，本来是司空见惯的事，只是手段或技巧有高下之分而已，王莽只不过是其中最为娴熟、最为成功者之一。不过，王莽代汉的成功和后来终究失败的事实告诉了人们一个道理：善于玩弄权术的人，虽然能够获得一时的成功，却最终难逃失败的命运。

班固诸子论

原文：

昔仲尼没而微言绝，七十子丧而大义乖。故《春秋》分为五，《诗》分为四，《易》有数家之传。战国从衡，真伪分争，诸子之言纷然淆乱。至秦患之，乃燔灭文章，以愚黔首。汉兴，改秦之败，大收篇籍，广开献书之路。迄孝武世，书缺简脱，礼坏乐崩，圣上喟然而称曰："朕甚闵焉！"于是建藏书之策，置写书之官，下及诸子传说，皆充秘府。至成帝时，以书颇散亡，使谒者陈农求遗书于天下。诏光禄大夫刘向校经传诸子诗赋，步兵校尉任宏校兵书，太史令尹咸校数术，侍医李柱国校方技。每一书已，向辄条其篇目，撮其指意，录而奏之。会向卒，哀帝复使向子侍中奉车都尉歆卒父业。歆于是总群书而奏其《七略》，故有《辑略》，有《六艺略》，有《诸子略》，有《诗赋略》，有《兵书略》，有《术数略》，有《方技略》。今删其要，以备篇籍。

……

儒家者流，盖出于司徒之官，助人君顺阳阳明教化者也。游文于六经之中，留意于仁义之际，祖述尧、舜，宪章文、武，宗师仲尼，以重其言，于道最为高。孔子曰："如有所誉，其有所试。"唐、虞之隆，殷、周之盛，仲尼之业，已试之效者也。然惑者既失精微，而辟者又随时抑扬，违离道本，苟以哗众取宠。后进循之，是以《五经》乖析，儒学浸衰，此辟儒之患。

……

道家者流，盖出于史官，历记成败存亡祸福古今之道，然后知秉要执本，清虚以自守，卑弱以自持，此君人南面之术也。合于尧之克攘，《易》之嗛嗛，一谦而四益，此其所长也。及放者为之，则欲绝去礼学，兼弃仁义，曰独任清虚可以为治。

……

阴阳家者流，盖出于羲和之官，敬顺昊天，历象日月星辰，敬授民时，此其所长也。及拘者为之，则牵于禁忌，泥于小数，舍人事而任鬼神。

……

法家者流，盖出于理官。信赏必罚，以辅礼制。《易》曰“先王以明罚饬法”，此其所长也。及刻者为之，则无教化，去仁爱，专任刑法而欲以致治，至于残害至亲，伤恩薄厚。

……

名家者流，盖出于礼官。古者名位不同，礼亦异数。孔子曰：“必也正名乎！名不正则言不顺，言不顺则事不成。”此其所长也。及警者为之，则苟钩（釽）〔鈲〕析乱而已。

……

墨家者流，盖出于清庙之守。茅屋采椽，是以贵俭；养三老五更，是以兼爱；选士大射，是以上贤；宗祀严父，是以右鬼；顺四时而行，是以非命；以孝视天下，是以上同；此其所长也。及蔽者为之，见俭之利，因以非礼，推兼爱之意，而不知别亲疏。

……

从横家者流，盖出于行人之官。孔子曰：“诵《诗》三百，使于四方，不能颛对，虽多亦奚以为？”又曰：“使乎，使乎！”言其当权事制宜，受命而不受辞。此其所长也。及邪人为之，则上诈谖而弃其信。

……

杂家者流，盖出于议官。兼儒、墨，合名、法，知国体之有此，见王治之无不贯，此其所长也。及荡者为之，则漫羡而无所归心。

……

农家者流，盖出于农稷之官。播百谷，劝耕桑，以足衣食，故八政一曰食，二曰货。孔子曰“所重民食”，此其所长也。及鄙者为之，以为无所事圣王，欲使君臣并耕，悖上下之序。

……

小说家者流，盖出于稗官。街谈巷语，道听涂说者之所造也。孔子曰：“虽小道，必有可观者焉，致远恐泥，是以君子弗为也。”然亦弗灭也。闾里小知者之所及，亦使缀而不忘。如或一言可采，此亦刍荛狂夫之议也。

……

诸子十家，其可观者九家而已。皆起于王道既微，诸侯力政，时君世主，好恶殊方，是以九家之术蜂出并作，各引一端，崇其所善，以此驰说，取合诸侯。其言虽殊，辟犹水火，相灭亦相生也。仁之与义，敬之与和，相反而皆相成也。《易》曰：“天下同归而殊涂，一致而百虑。”今异家者各推所长，穷知究虑，以明其指，虽有蔽短，合其要归，亦《六经》之支与流裔。使其人遭明王圣主，得其所折中，皆股肱之材已。仲尼有言：“礼失而求诸野。”方今去圣久远，道术缺废，无所更索，彼九家者，不犹愈于野乎？若能修六艺之术。而观此九家之言，舍短取长，则可以通万方之略矣。

（选自《艺文志》）

点评：

本篇选自《艺文志》。该志是继司马谈《论六家要指》之后，又一篇系统反映先秦至汉代学术发展史的重要文献。开篇有一段序文，大要介绍了孔子之后春秋战国时期的学术发展状况，着重叙述了西汉政府在秦火之后重视文献的收集与整理工作情况，同时交代了《艺文志》的写作是对《七略》的“删其要”。正文则将古文献分为六艺、诸子、诗赋、兵书、术数和方技等六大类，分别对它们作了详细的罗列，具体指出了六大类古文献各自的思想和学术价值，如认为六艺之间应是一种体用关系（以易经为本，而以诸经为用）等。《艺文志》虽然是在刘向和刘歆的《七略》的基础上撰写而成的，却也打上了班固自己思想的烙印，更为重要的是，这是纪传体“正史”中第一次设立的关于学术史的专志，故而它对于以后的史学史、思想史和学术史的发展都产生了重要的影响。

诸子论，作为《艺文志》的一个重要篇章，其主要内容包括：首先，通过对诸子百家所作的历史考察，提出了“诸子出于王官”论。其次，在司马谈划分诸子为阴阳、儒、墨、名、法和道六家的基础上，又增加了纵横、杂、农和小说四家，提出了诸子“十家九流”说。最后，对“十家九流”的学术思想作了评判，认为它们各有所长，如儒家顺阴阳而明教化，失在繁杂；道家秉要执本，清虚自守，失在绝礼学、弃仁义；阴阳家授民以时，失在多禁忌；法家信赏必罚，失在刻薄寡恩，如此等等，由此得出结论：诸家学术相反相成，应该取长补短。值得注意的是，本篇所言杂家，颇似司马谈所言道家，皆以兼容并包为学术特色；而本篇所言道家，实指老庄道家，与司马谈所言道家实为黄老道家不同。由此可见，《艺文志》关于诸子学术内涵的界定，与司马谈《论六家要指》也是略有不同的。

班固的诸子论关于诸子学术思想的阐发，是对司马谈《论六家要指》

诸子理论所作的继承和发展，因而也是东汉以前人们关于诸子学术研究的集大成的成果，其中不少论断，已经成为后世学术界的不易之论。

千古名言

先发制人，后发制人。

——语出《项籍传》。意思是说，先发动就能控制别人，后发动就会被别人控制。

这句话说的是如何掌握主动权，从而控制局势的问题。只有先发制人，才能掌握主动权，才能控制局势。因此，先发制人是解决问题的最好办法。

王者以民为天，而民以食为天。

——语出《郦食其传》。意思是说，君王必须以老百姓为根本，而老百姓必须以粮食为根本。

在中国古代政治思想史上，民为邦本的思想由来已久。这种思想认为，没有老百姓就不成其为国家，因此，老百姓是国家赖以存在的根本。进而言之，老百姓赖以生存的根本则是粮食。因此，君王统治国家，归根到底是要重视发展农业，藏富于民。毫无疑问，这是中国古代重农思想的一种表述。

国耳忘家，公耳忘私。

——语出《贾谊传》。意思是说，为了国家，应该舍弃小家；为了公事，应该忘记私事。

这句名言说的是如何摆正国家与个人、公与私之间的关系问题，认为为了国家和公共的事业，个人应该勇于舍弃小家和私利。用今天的话来讲，这实际上是谈论公民道德问题。这句话给予我们的启示是：国而忘家和公而忘私的精神，是中华民族早已形成的优良传统，我们应该发扬光大这种精神。

神大用则竭，形大劳则敝，形神离则死。

——语出《司马迁传》。意思是说，精神使用过度就会衰竭，身体过于劳累就会疲惫，形体与精神分离就会死亡。

这里谈的是养生之道，它告诉了人们一个道理：生活必须劳逸结合，做到有张有弛，否则，就必然会身体疲惫、心力交瘁。从哲学的观点来看，其实就是一个注意掌握事物“度”的问题。

水至清则无鱼，人至察则无徒。

——语出《东方朔传》。意思是说，水太清就没有鱼；人看问题太苛刻就会失去群众。

这句话一方面告诉人们凡事不要走极端，要留有余地；另一方面，它也告诉了一个做人的基本道理：凡事不要过于苛求，要有大度，只有这样，才能处理好同事之间或上下级之间的关系。

知足不辱，知止不殆。

——语出《疏广传》。意思是说，知道满足就不会受到羞辱，知道适可而止就不会有危险。

知足常乐，这是做人的重要准则，也是人生的一种境界。人生在世，会遇到各种外界的诱惑，而追求欲望又是人的一种本性。因此，如何做到既要有追求，又不可有贪欲，就显得尤为重要。这句名言还警告人们，人的欲壑难填，如果无限度地满足自己的欲望，到头来必然会蒙受耻辱，遭遇危险。

百里不同风，千里不同俗。

——语出《王吉传》。意思是说，方圆百里之内不可能是同一种风气，千里之内不可能是同一种风俗。

这句话的本意是说，地理环境不同，人们的风俗习惯也会不同，说的是环境与文化之间的关系问题。它给予我们的重要启示是：我们国家地大物博，人口众多，文化与风俗习惯千差万别，这就要求我们在制定政策时，必须要注意因地制宜。

马不伏枥，不可以趋道；士不素养，不可以重国。

——语出《李寻传》。意思是说，马不在马厩里好好喂养，就不可能奔跑赶路；读书人平日不好好供养，就不可能使国家强盛。

这里以喂马作比喻，说明关心和重视读书人的重要性。今天我们正处在一个社会快速发展、竞争异常激烈的时代，快速发展靠的是人才，竞争自然也主要是对人才的竞争。因此，我们务必要发扬古人早已提出的重视知识、重视人才的强国思想。

不汲汲于富贵，不戚戚于贫贱。

——语出《扬雄传》。意思是说，对于富贵不应该表现出心情迫切的样子，对于贫贱不应该流露出忧愁的样子。

羡慕富贵、担忧贫贱，这是人的本性，本无可厚非。但是，人生在世，除去物质上的满足之外，还有精神上的追求，而且后者更为重要。颜回贫居陋巷，箪食瓢饮，却能不改其乐，是因为心中有道，他是精神上的富有者。因此，人们不应该为一时不能富贵而心情迫切，也不应该为眼前的贫贱生活而忧心忡忡，重要的是一种乐观的生活态度。

事不当时固争，防祸于未然。

——语出《外戚传》。意思是说，事情还没有实现时就要努力争取，祸害还没有出现前就要做好防备。

坚定必胜信念，努力争取成功，有了这样一种积极进取的态度，将无往而不胜；反之，如果失去信心，不去努力争取，则往往会功亏一篑。小心谨慎，未雨绸缪，防微杜渐，这是对付各种可能发生的祸害的最好办法。

《后汉书》

史家生平

《后汉书》的作者范晔，字蔚宗，南朝刘宋顺阳（今河南淅川）人。生于东晋安帝隆安二年（398 年），宋文帝元嘉二十二年（445 年）以谋反罪被杀，时年 48 岁。

范氏是一个世代官宦、以儒名家的官僚学问之家。范晔五世祖叫范晷，是西晋时期的官僚，曾任上谷太守，后加封左将军，《晋书》有传。高祖范稚，曾“辟大将军掾”。曾祖范汪，据《晋书》本传载，他“博学多通，善谈名理”，因政绩突出，官升安北将军、徐兖二州刺史。祖父范宁，官至东晋中书侍郎、豫章太守。他博通经史，名重一时，据《晋书》本传载，曾作《穀梁传集解》，“其义精审，为世所重”。

范晔的父亲叫范泰，范家虽说是官宦世家，可是最为显达的，还数范泰。东晋末年，由于得到权臣刘裕的赏识和信任，范泰被提升做了尚书常侍兼司空，曾与袁湛一道亲授刘裕“九锡”。刘裕代晋建宋后，范泰官至左光禄大夫、国子祭酒，又被加位特进，进位侍中，恩宠至极。范泰还是一代名儒，他“博览篇籍，好为文章”，曾撰有《古今善言》二十四篇及

范晔

文集流传于世。

范晔便是出生在这样一个世代官宦、家学渊源有自的家庭里。这种良好的家庭氛围，对于范晔的成长无疑是有重要影响的。

范晔自幼聪慧，勤奋好学，多才多艺，少年就已学有成就。据《宋书·范晔传》记载，他不但广泛涉猎经史，而且工于书法、善于著文，还通晓音律。

范晔 17 岁就投奔到刘义康的门下，做了冠军参军。从此以后，他的政治命运便与刘宋皇族紧紧地联系到了一起。刘宋建立后，刘义康做了彭城王，范晔的官职也随之而升迁，先后做了尚书外兵郎、尚书吏部郎等官职。后来又历官左卫将军、太子詹事，成为朝中重臣。

范晔虽才华横溢，却恃才傲物。他很瞧不起朝中那些平庸无能的同僚，曾作过一篇名为《和香方》的文章，以香药的性味来比类朝中同僚，极尽讽刺之能事。其中有以“麝本多忌”影射侍中、吏部尚书庾炳之，以“零藿虚燥”影射侍中何尚之，以“詹唐黏湿”影射侍中、右卫将军沈演之，以“枣膏昏钝”影射左卫将军、光禄大夫羊玄保，以“甲煎浅俗”影射侍中、太子詹事徐湛之，而以“沈实易和”来比喻自己的光明磊落。他的这些比类不能说不切当时的人事，可是这样一来，他自然就得罪了一大批当朝权贵。

范晔不但藐视朝中同僚，甚至对当朝天子也不愿依顺。范晔通晓音律，弹得一手好琵琶，宋文帝曾多次暗示想听他弹奏，可是范晔总是佯装不知，始终不愿为他弹奏。有一次大宴群臣，文帝酒喝得上了兴致，便对范晔说，他想唱支歌，请范晔为他伴奏。范晔没有办法，只好奉旨弹奏。可是当文帝唱完歌后，他也立即停止了弹奏，不愿多弹。

范晔早年出道时就跟随刘义康，与这位彭城王交情很深，却也曾因不拘小节而惹怒过刘义康。原来元嘉九年（432 年）冬天，彭城王刘义康的生母彭城太妃病死，出葬前夕，刘义康的同僚好友都云集于王府，可是范晔却与同僚王深、弟弟范广渊在东府夜中开怀畅饮，而且打开窗门以听挽歌为乐。这件事后来传到刘义康的耳朵里，他一气之下，将范晔贬到宣城做太守。

范晔被贬出任宣城太守，是他仕宦生涯的不幸，却是中国史学的大幸。由于郁郁不得志，便寄情于文献。他开始着手收集典籍，对众家后汉书“删烦补略”，希望能成一家之作，于是乎，《后汉书》的撰述工作就这样开始了。这一年范晔 35 岁。

《后汉书》，顾名思义，是记述东汉历史的史书。在范晔作《后汉书》之前，当时已经有十余家《后汉书》流行于世。既然如此，范晔为什么还要写《后汉书》呢？对此，他在后来的《狱中与诸甥侄书》中是这样说的：

> 详观古今著述及评论，殆少可意者。班氏最有高名，既任情无例，不可甲乙辨，后赞于理近无所得，惟志可推耳。博赡不可及之，整理未必愧也。(《宋书·范晔传》)

从这段话可以看出，才华横溢的范晔，在史学上是非常自负的。他不但对古今各种历史著述和评论不满意，这其中当然包括各家《后汉书》在内，甚至认为即使是“最有高名”的班固的《汉书》，也仍然存在着义例不严谨、论赞不近理的缺陷，认为《汉书》只有“十志”是值得推许的。

这就是他为什么要重修《后汉书》的原因。

同时，范晔对为何要采用纪传体的体裁来编写《后汉书》也作了说明。范晔对当时流行于世的编年体和纪传体两种体裁作了比较，认为编年体"文既总略，好失事形"，而班固断代纪传体却能"网罗一代，事义周详"，适合历史的记述。（《隋书·魏澹传》）由此来看，范晔采用断代纪传体体裁来撰写东汉一朝的历史，是经过一番深思熟虑的。

元嘉十七年（440年），宋文帝因担心彭城王刘义康秉政太久，威望太高，从而危及自己的皇权，于是解除了他的司徒之职，改授都督江、广、交三州诸军事，出镇豫章（今江西南昌市）。刘义康其人，是刘氏宗室中颇有政治头脑而又精明能干、深得人心的人。此次遭贬，整个朝野为之震动，特别是刘义康的亲信对此表现出了极大的不满。于是，他们开始相互串联，图谋推翻宋文帝，拥立刘义康。这次预谋政变，以员外散骑侍郎孔熙先为首，参与的人员很多，主要有徐湛之、范晔及其外甥谢综等人。然而，元嘉二十二年（445年）十一月，正当这些人准备密谋起事时，徐湛之因贪生怕死，向朝廷告了密，于是一场还没来得及发动的政变就这样流产了，孔熙先、范晔等人被逮捕，以"首谋罪"被处死。一同被处死的还有谢综、谢约兄弟，孔熙先、范晔两家众子弟。

关于范晔参与政变及被处死一事，正史《范晔传》、《刘义康传》和《文帝纪》等篇章都有明确记载。然而，后人尤其是清代一些学者则为范晔的死鸣不平，认为他没有参与谋反。如王鸣盛在其《十七史商榷》中就认为范晔"决不当有谋反事"，范晔之所以被处死，是因为他恃才傲物，得罪的人太多，导致他们共同来陷害他。

其实，说范晔参与谋反，也绝不是空穴来风。范晔一步入仕途，就投靠了刘义康的门下。范晔才华横溢，刘义康也精明能干，他们相互赏识对方，刘义康重用范晔，范晔也对刘义康忠心耿耿。当然，他们也曾经因为范晔的无礼而产生过矛盾，致使元嘉九年范晔被贬外任宣城太守。可是不久，范晔的外甥谢综当了刘义康的大将军记室参军，刘义康便主动通过谢综向范晔致意，于是两人不但冰释前嫌，而且关系更加密切了。刘义康遭贬外任，范晔心中不满也算是情理之中的事。

问题是范晔后来以“首谋罪”被处死，他是否为“首谋”，此事恐怕难下定论。因为策划政变的主要人物是孔熙先，而他与范晔早期并无交往，他是看到范晔是刘义康的人，为了拉拢范晔一道谋反，才通过范晔的外甥谢综结识范晔的，因此，事件的前期预谋阶段范晔并不知晓。而当孔熙先告知此事后，范晔是否在这以后积极参与了此事，也不得而知。我们说范晔有预谋废立的动机，这从他与刘义康的关系可作推论，而且他在《狱中与诸甥侄书》中也说过“吾狂衅覆灭，岂复可言”的话。可是，范氏以儒名家，范晔自小就受到传统儒学的熏陶，清人李慈铭说他“崇经学，扶名教，进处士，振清议”，似乎又没有谋反的思想基础。而且范晔曾与审问他的政敌何尚之有过对话，他说自己虽然听孔熙先说过谋逆之事，不过他当时“不以经意”，只是现在受到指责后，才觉得自己有罪。(《宋书·何尚之传》) 从这句话的意思来看，只能说范晔至多是一个知情未报者。更有甚者，范晔至死也没有服罪。他临终前曾寄书告密者徐湛之，说是要与他到地下打官司；又寄语何尚之，说自己死后也要变成厉鬼来报仇；他还作《临终诗》一首，说：“好丑共一丘，何足异狂直”，以此表达自己心中的怨恨和不满。由此来看，定范晔“首谋罪”，这似乎是一个莫须有的罪名。

不过，范晔最终是被以“首谋罪”处死了。这里面既有范晔确实可能参与了废立之事（尽管不是首谋）的缘故，同时也与范晔平时恃才傲物，在朝中树敌过多不无关系，这一点从前面的论述已经看得很清楚。所以当范晔被告发后，这些人都恨不得要置他于死地而后快。不过，值得一提的是，范晔与朝中同僚的不和，既有性格方面的原因，也有思想上的分歧。我们知道，南朝是一个佛教大盛的时代，宋文帝信佛，当时朝中大臣绝大多数都信佛，权臣何尚之就是一个狂热的佛教徒，宋文帝视他为佛门子路。然而，范晔却是一位坚决反佛的唯物论者。《宋书·范晔传》说："晔常谓死者神灭，欲著《无鬼论》。"又常说："天下决无佛"。神灭与神不灭是当时思想界斗争的中心问题，在这个斗争中，范晔站在了当权者的反面，这也是刘宋王朝要置他于死地的因素之一。

当然，范晔被处死是他本人的不幸，更是中国古代史学的不幸。由于范晔英年早死，不但使得南朝刘宋时代失去了一位杰出的史学家，而且从元嘉九年开始的《后汉书》的撰述，也因此没有最终完稿。

史著介绍

《后汉书》是一部反映东汉历史事实的纪传体史书。根据范晔本人的计划，此书要写成100卷，包括本纪10卷、列传80卷和志10卷。遗憾的是，正当他"欲遍作诸志"时，却遭遇"谋逆"之诛，致使《后汉书》的撰写实际上只编成本纪10卷和列传80卷，尚有10卷志没有完成。今附范晔《后汉书》后的《八志》，是南朝梁人刘昭在为《后汉书》作注时，将晋人司马彪《续汉书》中的《八志》取出补入进去的，这样总算凑足了范晔原本打算撰写的三种体例。至于作为纪传体史书重要体例之一的"表"，范晔原本就没有打算作，这无疑是《后汉书》的一大缺憾。

对于这部"删烦补略"众家《后汉书》而成的《后汉书》，范晔本人是颇为自信的。他在具有《后汉书》自序性质的《狱中与诸甥侄书》中，对自己这部得意之作是这样评说的：

吾杂传论皆有精意深旨，既有裁味，故得其词句。至于《循吏》以下及六夷诸序论，笔势纵放，实天下之奇作。其中合者，往往不减

《过秦篇》。尝共比方班氏所作，非但不愧之而已。……自古体大而思精，未有此也。

由上可见，范晔对于自己撰述的这部《后汉书》评价很高，认为其中的“杂传论”都蕴含有“精意深旨”，而“序论”部分更是“天下之奇作”，与班固的《汉书》相比毫不愧色。范晔性格狂傲，这种自我评价，未免有狂傲之嫌。但是，范晔的确为撰写此书倾注了大量的心血。

当然，《后汉书》的价值究竟如何，还得由时间来检验，由后人来评说。在范晔《后汉书》问世之前，据清人王先谦《后汉书集解·述略》的统计，当时流传的后汉历史著作共有18家20种之多，它们是：刘珍等人的《东观汉记》、谢承的《后汉书》、薛莹的《后汉记》、司马彪的《续汉书》、华峤的《后汉书》、谢沈的《后汉书》、张莹的《后汉南记》、袁山松的《后汉书》、袁宏的《后汉纪》、张璠的《后汉纪》、袁晔的《献帝春秋》、刘义庆的《后汉书》、刘芳的《汉灵献二帝纪》、乐资的《山阳公载记》、王粲的《汉末英雄记》、侯瑾的《汉皇德记》、孔衍的《后汉尚书》和《后汉春秋》、张温的《后汉尚书》及《汉献帝起居注》，其中最著名者当数《东观汉记》，它在隋、唐以前已经与《史记》和《汉书》并称为“三史”，在社会上有较大影响。范晔《后汉书》问世之后，尚有梁人萧子显的《后汉书》和王韶的《后汉林》。上述著作体裁不一，主要为纪传体和编年体。然而，随着时间的推移，到了唐朝时，以上这些著作绝大部分都逐渐淹没，被历史淘汰了。人们再回过头来看关于后汉历史的撰述，已是“世言汉中兴史者，唯范（晔）、袁（宏）二家而已。”（《史通·古今正史》）范晔《后汉书》问世后，得到了历代史家的充分肯定和高度评价。如为《后汉书》作注的梁人刘昭就说：“范晔《后汉》，良跨众氏”，肯定它超越了此前众多的后汉史书。唐代史评家刘知幾则说：“范晔之删《后汉》也，简而且周，疏而不漏，盖云备矣。”清代考史大家王鸣盛更是对《后汉书》

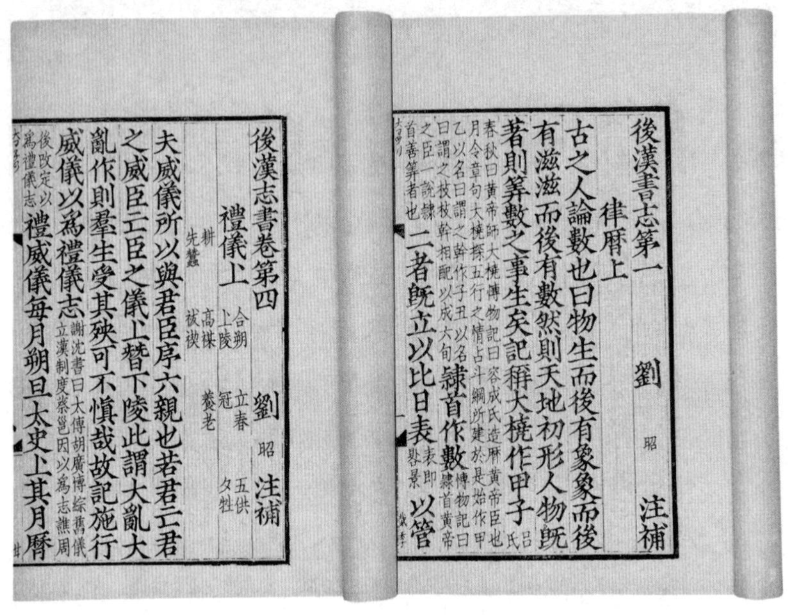

後漢書志第一　劉昭注補

律曆上

古之人論數也曰物生而後有象象而後有滋滋而後有數然則天地初形人物既著則筭數之事生矣記稱大橈作甲子呂氏春秋曰黃帝師大橈博物記曰容成氏造曆黃帝臣也月令章句大橈探五行之情占斗綱所建於是始作甲乙以名日謂之幹作子丑以名月謂之枝枝幹相配以成六旬隸首作數博物記曰隸首黃帝之臣一說隸首善筭者也二者既立以比日表表即晷景以管

後漢志書卷第四　劉昭注補

禮儀上

合朔　立春　五供　上陵　冠　夕牲　耕　高禖　養老　先蠶　祓禊

夫威儀所以與君臣序六親也若君亡君之威臣亡臣之儀上替下陵此謂大亂大亂作則羣生受其殃可不慎哉故記施行威儀以爲禮儀志謝沈書曰太傅胡廣博綜舊儀立漢制度蔡邕因以爲志譙周後改定以爲禮儀志禮威儀每月朔旦太史上其月曆

《后汉书》书影

情有独钟，偏爱有加，以至容不得别人对该书提出批评。由于《后汉书》的突出成就，自唐代以后，它便取代《东观汉记》，而成为与《史记》、《汉书》并立的新“三史”。

毫无疑问，《后汉书》之所以能与编年体史书《后汉纪》一同战胜众家后汉史，而独领风骚于史坛，这是由该书所具有的史学价值所决定的。《后汉书》从历史编纂到史学思想，都形成了自己独特的特点。

1. 编次周密，体例多有创新

我国纪传体史书体裁创立于《史记》，整齐于《汉书》。而《后汉书》在继承《史记》和《汉书》的纪传体撰述方法的同时，又出于反映东汉特定社会历史的需要，而进行了一系列的创新，使得《后汉书》的编撰体例编次周密，多具特点。

首先是《后汉书》的本纪部分开创了《皇后纪》和附记的义例。附记义例适用于那些无事迹可记的幼帝，如殇帝刘隆，即位时还在襁褓之中，在位又仅有一年时间，无事迹可记，于是便附记于《和帝纪》中；又如冲帝刘炳、质帝刘缵，他们都是在位很短还未及亲政的幼帝，便都附在《顺帝纪》中。

幼帝多，这在政治上又产生了一种现象，那就是母后临朝，权归女主。为了如实反映东汉一朝诸多母后专权的历史事实，《后汉书》特立了《皇后纪》，以便记载下在东汉政治上有着重要影响的历朝后妃的事迹。在《后汉书》之前的正史中，虽然《史记》和《汉书》都为吕后作了《本纪》，可是对于其他的后妃，《史记》将之列入《外戚世家》，《汉书》则将之列入《外戚传》并置于全书的末尾。因此，后世一些史家对于范晔立《皇后纪》的做法提出批评，如唐代史评家刘知幾就说范晔此义例“未达纪传之情”。其实，范晔作《皇后纪》，恰恰反映出他不同寻常的史识。在《皇后纪序》中，范晔是这样说的：“东京皇统屡绝，权归女主，外立者四帝，临朝者六后，莫不定策帷帘，委事父兄，贪孩童以久其政，抑明贤以专其威。”由此可见，范晔对于东汉母后临朝、外戚专权的政治现象是有深刻认识的，他作《皇后纪》，显然是为了要如实地反映东汉这一突出的政治现象。其实在《后汉书》之前，华峤的《后汉书》就已经作了《皇后纪》，他从帝后夫妻关系立论，认为“皇后配天作合”，理应“以次帝纪”。这与范晔从政治高度立论相比，其见识的高下是很明显的。

其次，《后汉书》的主干部分是列传，而列传最为显著的编写特色是注重以类相从。从历史人物的撰述来看，同卷人物不分时代先后，按类编写。分类的办法则是有的以“治行卓著”，有的以“深于经学”，有的以

“著书恬于荣利”，有的以“和光取容，人品相似”，有的以“立功绝域”，有的以“仗节能直谏”，有的以“明于天文”，等等。(参见白寿彝主编《中国史学史教本》) 如王充、王符和仲长统三人，《后汉书》以他们都是东汉朴素的唯物主义思想家而给予合传；郭泰、符融和许劭三人，《后汉书》则以他们清高有人伦而知名当时予以合传；刘平、赵孝、淳于恭、江革、刘般、周磐和赵咨等数人，《后汉书》则以他们皆有孝行而给予合传，如此等等，这样做，脉络清晰，给读者带来很大的方便。

从众多类传的设立来看，《后汉书》的类传总共有十个，而其中的《党锢》、《宦者》、《文苑》、《独行》、《方术》、《逸民》和《列女》共七个类传，都是其独创的。范晔的创新，绝非是为了标新立异，而是出于反映东汉特定社会历史的一种需要。如《党锢列传》的设立，是因为东汉末年发生了党锢之祸，这一事件不但持续了百年之久，而且对东汉后期的政治产生了重大影响；《宦者列传》的设立，是与东汉出现严重的宦官专权的政治局面分不开的；《文苑列传》的设立，不但反映了东汉一代“文富篇盛”的事实，而且打破了中国古代重“德”轻“文”的历史传统（孔子说“行有余力，则以学文”），使得文学人士在正史中有了自己专门的传记，从而第一次得以与《儒林列传》并列；《独行列传》的设立，是为了记述那些通过“特立卓行”而步入仕途的人，它从一个侧面反映了东汉豪强政治时代那些没有政治势力的知识分子步入仕途的艰难；《方术列传》记载医巫卜筮和神仙怪异之士，虽然医、巫混杂是其缺陷，但是神仙怪异的记载毕竟在一定程度上反映了东汉谶纬迷信神学的盛行情况；《逸民列传》记载隐居山林而不愿做官的人，由于东汉统治者重视通过“举逸民”而使“天下归心”，从而助长了这种风尚；《列女列传》反映了东汉时代妇女们的事迹，这是范晔的一大创举，他为封建时代的妇女在正史中争得了一席之地，相比较于后代史家将《列女传》改为《烈女传》的做法，范晔的史识确实是非常可贵的。毫无疑问，以上这些类传的创立，不但深刻地反映了东汉社会的各个方面，而且对中国古代历史编撰学和历史思想的发展都产生了重要影响。

2. 就卷内发问，正一代得失

历史著作的撰述，都有其基本旨趣，如《史记》的撰述旨趣是“究天人之际，通古今之变，成一家之言”；《汉书》的基本旨趣是通过“宣汉”，使当代君主冠德百王，扬名后世。同样，《后汉书》也有自己的撰述旨趣，那就是“就卷内发问，以正一代得失”（《狱中与诸甥侄书》），明确提出了历史撰述为政治服务的观点。这种关注历史与现实之间的关系，体现了中国古代史学思想的进步。

《后汉书》所谓“就卷内发问”，指的是纪传中的序、论、赞。范晔作《后汉书》，非常重视序、论、赞的撰写，为此倾注了大量的心血。撰成之后，他对此颇为得意，认为其“皆有精意深旨”，而“《循吏》以下及六夷诸序论，笔势纵放，实天下之奇作”。后代史家也给予了充分肯定，如刘知幾就认为史家作论“大抵皆华多于实”，“必择其善者，则干宝、范晔、裴子野是其最也”。（《史通·论赞》）

“正一代得失”，则是范晔通过序、论、赞来表达自己关于东汉政治得失的观点。首先，重视对东汉历史发展大势进行总结，以期对东汉历史的盛衰之变作出整体考察。《后汉书》共有九篇帝纪，历述了从光武帝到汉献帝前后二百余年的朝政大事。这九篇帝纪都有论赞，分开来看，是对东汉各朝政治得失的评述；合起来看，则是一篇完整的东汉兴亡论。如汉光武帝是刘家皇朝中兴之主，篇后论赞揭示了刘氏中兴的原因：“灵庆既启，人谋咸赞”；明、章二帝作为守成之君，一个明于法制，一个敦厚宽政，因而出现了“气调时豫，宪平人富”的太平局面；和帝时期是东汉政治转折期，外戚、宦官专权自此始，故而论赞以“颇有弛张”点题；安、顺二朝，外戚、宦官专权愈演愈烈，东汉皇朝衰局已定，所以论赞称其为“彼日而微，遂祲天路”；桓、灵时期，宦官专权，党锢祸起，东汉皇朝已经分崩离析，所以论赞说其“征亡备兆”；至汉献帝时，东汉皇朝终于寿终正寝，所以论赞叹其“身播国屯”。

其次，重视通过具体史实来探寻政治得失。如关于宦官专权问题，《宦者列传序》追述了东汉以前宦官的由来及其对于政治的危害情况，详细叙述了东汉时期宦官势力的发展及其对东汉政治的严重危害，由此卷尾论道：宦官专权“其所渐有由矣”，“亦岂一朝一夕哉!”认为统治者要避免宦官专权局面的出现，就必须要防微杜渐，防患于未然。又如关于士风与政治的关系问题，《党锢列传序》通过对历代士风演变及其与政治的关系的论述，肯定了古代士风纯朴是圣人“陶物振俗”的结果，而春秋战国的霸政促使了士人以卖弄机智、策划计谋为时尚，汉朝经学的兴起则出现了士人间的党同伐异之风，而汉末昏暗政治则激起了士人的清议之风。毫无疑问，政治导致士风的演变，而士风反过来又对政治产生重要影响。

最后，通过论一代得失以正一代得失。如《光武帝纪》后有这样一段议论：“帝在兵间久，厌武事，且知天下疲耗，思乐息肩。自陇、蜀平后，非儆急，未尝复言军旅。……退功臣而进文吏，戢弓矢而散马牛，虽道未方古，斯亦止戈之武焉。”这段话前面一层含义是说光武帝在一统天下后，深知长期战争已经导致天下民力疲惫，因此不愿再兴武事，而要偃武修文。后一层含义是说天下平定后用人政策的变化，具体做法是对一同打天下的功臣贵而不用，而将一切吏事归于三公，这便是“退功臣而进文吏”。《后汉书》对光武帝在平定天下后，及时推行轻徭薄赋的与民休息政策，是持肯定态度的；至于光武帝“退功臣而进文吏”的做法，范晔也是心领其意、予以肯定的。他在《马武传》后论中，以萧何、樊哙与韩信、彭越的故事叙述了功臣之间“势疑则隙生，力侔则乱起”的道理，认为光武帝正是由于吸取了历史的经验教训，才“高秩厚礼，允答元功，峻文深宪，责成吏职”的。这样做，既保全了功臣，又维护了皇权；既进用了人才，又有利于治国治民。毫无疑问，在范晔看来，光武帝的做法不啻为明智之举。又如东汉的安边政策，《后汉书》对此提出了批评。东汉时期，羌人曾先后三次掀起大规模的反抗斗争，虽然最终东汉政府镇压了羌人的反抗，可也因此而大大损耗了国力，正如范晔所说的：“寇敌略定矣，而汉祚亦衰焉。”（《后汉书・西羌传》）之所以造成这种局面，范晔认为要归因于羌人内迁。在《西羌传论》中范晔指出，东汉政府允许羌人内迁已经是失策了，而对内迁的羌民没有加以安抚则是错上加错。《后汉书》认为，东汉政府对于南、北匈奴的政策也有重大失误。东汉初年，匈奴分裂为南、北两部，南匈奴归顺东汉，光武帝让他们迁居西河，以便协助东汉对北匈奴的防御。汉和帝时窦宪彻底打败北匈奴后，东汉政府应该将南匈奴迁往北庭，而退河西为内地，可是东汉政府依然让北匈奴居于旧庭，从而导致了后来匈奴势力的蔓延。《南匈奴列传》论及此事，愤恨之情跃然纸上。

3. 死者神灭，倡言无鬼论

“究天人之际”是中国古代史学家和思想家的一项重要任务，史学家司马迁更是将其作为历史撰述的基本宗旨之一而明确地提了出来。关于范晔的天人观，由于《后汉书》对于天人观念的表述比较复杂，由此引起人们的不同理解，大体说来，有主无神，有主有神，不过，大多数人认为他是一个无神论者，或者说是一个不彻底的无神论者。其实，这个问题应该分成天命与鬼神两个层面来评述比较合适。

首先从天命论来看。从《后汉书》所反映的天命观来看，应该说范晔是一个天命论者。如《光武帝纪》在论述光武中兴问题时，范晔一方面肯定了刘秀的人为作用，如他审时度势，与兄定谋起兵；昆阳大战，勇武建立奇功；兄长被杀，韬光养晦全身；经营河北，废除王莽苛政，收降铜马（西汉末年农民起义军一支）余众；平定天下，及时与民休息，如此等等，很显然，光武中兴局面的出现，与光武帝的个人作用是分不开的。另一方面，范晔又将刘汉再兴归于天命。如《光武帝纪》在叙述刘秀定谋起兵前，特意记载了宛人李通等人“以图谶说光武”一事，其谶语是这样写的：“刘氏复起，李氏为辅。”刘秀即是根据这个谶语而与李通等人起事于宛的。刘秀登基前，他当年在长安太学的同学强华从关中捧来一个匣子，里面装着《赤伏符》，上面写道：“刘秀发兵捕不道，四夷云集龙斗野，四七之际火为主。”这是一个预示着刘汉火德再兴的谶语，刘秀有了这个神符，也就有恃无恐地当上了皇帝。更有甚者，在这篇本纪的末尾论赞中，范晔还大谈刘秀出生时及起兵后的各种怪异现象，如出生时赤光照室，这一年县界有嘉禾生，起兵后舂陵城上有王气笼罩，道士西门君惠、李守等人说刘秀当为天子，如此等等，于是范晔说道：“王者受命，信有符乎？不然，何以能乘时龙而御天哉！”毫无疑问，范晔是相信王命天授的，是一个天命论者。

其实，天命王权思想是中国古代史家的一种普遍的思想。司马迁就通过宣扬“圣人无父感天而生”说和“圣人同祖”说，来宣扬他的天命王权思想；班固更是通过大力宣扬“汉为尧后”说，以为刘汉皇朝的统续提供合法依据。如果说这是中国古代史家史学思想的一种局限性的话，那么这也只能是一种历史和时代的局限。

其次从鬼神论来看。《方术列传》虽然记载了怪异之事，如费长房缩地、王乔凫履、左慈羊鸣等等，但从总体来看，范晔对怪异是持否定态度的，他认为各种方术“斯道隐远，玄奥难原，古圣人不语怪神，罕言性命”。又说方术怪异之论是“纯盗虚名，无益于用”，只是有人“希之以成名”的工具。甚至对汉武帝“颇好方术”、光武帝“尤信谶言”、汉桓帝“修华盖之饰”提出批评。可以说范晔关于神怪的态度与孔子颇为相近，孔子不语怪力乱神，可是孔子作《春秋》，却详载怪异之事；范晔认为怪异“斯道隐远”，可是范晔作《后汉书》，同样记载了各种怪异之事。孔子的“不语”和范晔的“斯道隐远”，其实都是承认有神怪存在的，只是他们都采取“远之”的态度；至于他们注重在史书中记载怪异，这主要是史家的一种纪实手法，是史家对那个迷信时代的一种反映，同时也因为他们都没有否定神怪的存在。

尤其值得肯定的是，范晔公开反佛，倡言死者神灭的无鬼论。《宋书·范晔传》记载说：“晔常谓死者神灭，欲著《无鬼论》。”这里需要指出的是，范晔所谓“鬼”，其实是指佛，是佛鬼；他的无鬼论，其实就是无佛论。范晔的反佛态度是坚决的，《西域传论》公开批评佛教是“好大不经，奇谲无已”，并对佛教所宣扬的灵魂不灭、因果报应等说教都一一加以否定。他在受刑前曾对人说：“寄语何仆射，天下绝无佛鬼。若有灵，自当相报。”这里提到的何仆射，就是被宋文帝称誉为佛门子路的何尚之，也是范晔的政敌。范晔对自己被以“首谋罪”处死不服，所以他说如果真的如何尚之等人所言有佛鬼的话，那这些陷害他的人就一定会遭到报应。我们知道，范晔所处的刘宋时代，是一个佛教兴盛的时代，从封建帝王、王公贵族到平民百姓，人们普遍信佛，而范晔坚决反佛，这不仅是一个信仰问题，也体现了范晔的大无畏精神。同时，范晔的反佛，与他在政治上反对宋文帝、与何尚之之流为敌也有关系，因为这些人都是狂热的佛教徒，这就使得范晔的反佛带有浓厚的政治色彩。

名篇点评

昆阳之战

原文：

（更始元年）三月，光武别与诸将徇昆阳、定陵、郾，皆下之。多得牛、马、财物，谷数十万斛，转以馈宛下。莽闻阜、赐死，汉帝立，大惧，遣大司徒王寻、大司空王邑将兵百万，其甲士四十二万人，五月，到颍川，复与严尤、陈茂合。初，光武为舂陵侯家讼逋租于尤，尤见而奇之。及是时，城中出降尤者言光武不取财物，但会兵计策。尤笑曰："是美须眉者邪？何为乃如是！"

初，王莽征天下能为兵法者六十三家数百人，并以为军吏；选练武卫，招募猛士，旌旗辎重，千里不绝。时有长人巨无霸，长一丈，大十围，以为垒尉；又驱诸猛兽虎豹犀象之属，以助威武。自秦、汉出师之盛，未尝有也。光武将数千兵，徼之于阳光。诸将见寻、邑兵盛，反走，驰入昆阳，皆惶怖，忧念妻孥，欲散归诸城。光武议曰："今兵谷既少，而外寇强大，并力御之，功庶可立；如欲分散，势无俱全。且宛城未拔，不能相救，昆阳即破，一日之间，诸部亦灭矣。今不同心胆共举功名，反欲守妻子财物邪？"诸将怒曰："刘将军何敢如是！"光武笑而起。会候骑还，言大兵且至城北，军陈数百里，不见其后。诸将遽相谓曰："更请刘将军计之。"光武复为图画成败。诸将忧迫，皆曰："诺"。时城中唯有八九千人，光武乃使成国上公王凤、廷尉大将军王常留守，夜自与骠骑大将军宗佻、五威将军李轶等十三骑，出城南门，于外收兵。时莽军到城下者且十万，光武几不得出。既至郾、定陵，悉发诸营兵，而诸将贪惜财货，欲分留守之。光武曰："今若破敌，珍瑶万倍，大功可成；如为所败，首领无余，何财物之有！”众乃从。

严尤说王邑曰：“昆阳城小而坚，今假号者在宛，亟进大兵，彼必奔走；宛败，昆阳自服。”邑曰：“吾昔以虎牙将军围翟义，坐不生得，以见责让。今将百万之众，遇城而不能下，何谓邪？”遂围之数十重，列营百数，云车十余丈，瞰临城中，旗帜蔽野，埃尘连天，钲鼓之声闻数百里。或为地道，冲𫐐橦城。积弩乱发，矢下如雨，城中负户而汲。王凤等乞降，不许。寻、邑自以为功在漏刻，意气甚逸。夜有流星坠营中，昼有云如坏山，当营而陨，不及地尺而散，吏士皆厌伏。

六月己卯，光武遂与营部俱进，自将步骑千余，前去大军四五里而陈。寻、邑亦遣兵数千合战。光武奔之，斩首数十级。诸部喜曰：“刘将军平生见小敌怯，今见大敌勇，甚可怪也，且复居前。请助将军！”光武复进、寻、邑兵却，诸部共乘之，斩首数百千级。连胜，遂前。时，伯升拔宛已三日，而光武尚未知。乃伪使持书报城中，云“宛下兵到”，而阳堕其书。寻、邑得之，不憙。诸将既经累捷，胆气益壮，无不一当百。光武乃与敢死者三千人，从城西水上冲其中坚，寻、邑陈乱，乘锐崩之，遂杀王寻。城中亦鼓噪而出，中外合势，震呼动天地，莽兵大溃，走者相腾践，奔殪百余里间。会大雷风，屋瓦皆飞，雨下如注，滍川盛溢，虎豹皆股战，士卒争赴，溺死者以万数，水为不流。王邑、严尤、陈茂轻骑乘死人度水逃去。尽获其军实辎重、车甲珍宝，不可胜算，举之连月不尽，或燔烧其余。

光武因复徇下颍阳。会伯升为更始所害，光武自父城驰诣宛谢。司徒官属迎吊光武，光武难交私语，深引过而已。未尝自伐昆阳之功，又不敢为伯升服丧，饮食言笑如平常。更始以是惭，拜光武为破虏大将军，封武信侯。

（选自《光武帝纪上》）

点评：

《光武帝纪》是《后汉书》中分量厚重、构思精妙的一篇帝纪。从内容来看，它由上下两篇组成，上篇详细叙述了刘秀这个家道已经衰落的刘汉宗室后裔，如何以一介书生起事于王莽末年乱世，到最终登基君临天下的具体过程；下篇则详细叙述了光武帝采取的与民休息和宽刑简政的具体政治举措，肯定正是这种以柔道治国造就了“光武中兴”的政治局面。毫无疑问，光武帝刘秀不但善于取天下，而且善于治天下，不愧为一代中兴名君。

本篇选自《光武帝纪上》，昆阳之战是历史上著名的以少胜多的战役之一。公元 23 年，汉宗室刘玄被绿林军、平林军拥立为天子，更始政权建立。作为更始政权的太常偏将军，刘秀与其他将领一道连克昆阳、定陵和郾县，王莽大为震惊，急忙命大司徒王寻和大司空王邑率大军围攻昆阳，著名的昆阳大战由此拉开。

该篇描写昆阳大战，其主要着墨点一是突出双方实力的悬殊和守城形势的严峻：当时昆阳守军只有八九千人，而王莽大军百万，其中披甲精兵四十二万，他们将昆阳城围了数十重，安营扎寨数以百计。二是凸显刘秀的大智大勇：能够清醒估计敌我形势，积极为诸将谋划攻守战略，以及战后的隐其锋芒，这表现了刘秀的大智；十三骑星夜突围寻救兵，昆阳城下一马当先，与三千敢死队猛攻敌军帅营，这体现了刘秀的大勇。

汉光武帝刘秀

正是刘秀的正确谋略和身先士卒，更始军最终得以以万余兵力打败王莽数十万大军，取得了昆阳大捷。

在叙事手法上注重对比，如双方兵力的对比：万余人与数十万；将领心态的对比：昆阳守将的慌张、乞降与王邑的傲慢和不可一世；刘秀平时的文弱胆怯与昆阳城下的骁勇力战，战时的果敢、率先与战后的引咎责己，等等，从而使战争的艰巨性和刘秀的智勇都得到了很好的刻画与展现。

昆阳之战是更始政权成立以后对新莽政权的第一次重大的军事胜利，而作为昆阳守卫战的指挥者，刘秀的谋略与胆识在此战中得到了充分的展示，故而此战也是刘秀日后走向成功的关键一步。从中国古代战争史的角度来看，昆阳守卫战的胜利，也为古代战争史提供了一个以少胜多的范例。

刘玄淫逸亡身

原文：

刘玄字圣公，光武族兄也。……

（地皇三年）王常、成丹西入南郡，号下江兵；王匡、王凤、马武及其支常朱鲔、张印等北入南阳，号新市兵：皆自称将军。七月，匡等进攻随，未能下。平林人陈牧、廖湛复聚众千余人，号平林兵，以应之。圣公因往从牧等，为其军安集掾。

……四年正月，破王莽前队大夫甄阜、属正梁丘赐，斩之，号圣公为更始将军。众虽多而无所统一，诸将遂共议立更始为天子。二月辛巳，设坛场于淯水上沙中，陈兵大会。更始即帝位，南面立，朝群臣。素懦弱，羞愧流汗，举手不能言。于是大赦天下，建元曰更始元年。悉拜置诸将，以族父良为国三老、王匡为定国上公、王凤成国上公、朱鲔大司马、伯升大司徒、陈牧大司空，余皆九卿、将军。五月，伯升拔宛。六月，更始入都宛城，尽封宗室及诸将，为列侯者百余人。

……

更始纳赵萌女为夫人，有宠，遂委政于萌，日夜与妇人饮宴后庭。群臣欲言事，辄醉不能见，时不得已，乃令侍中坐帷内与语。诸将识非更始声，出皆怨曰：“成败未可知，遽自纵放若此！”韩夫人尤嗜酒，每侍饮，见常侍奏事，辄怒曰：“帝方对我饮，正用此时持事来乎！”起，抵破书案，赵萌专权，威福自己。郎吏有说萌放纵者，更始怒，拔剑击之。自是无复敢言。萌私忿侍中，引下斩之，更始救请，不从。时李轶、朱鲔擅命山东，王匡、张卬横暴三辅。其所授官爵者，皆群小贾竖，或有膳夫庖人，多着绣面衣、锦裤、襜褕、诸于，骂詈道中。长安为之语曰：“灶下养，中郎将。烂羊胃，骑都尉。烂羊头，关内侯。”

军帅将军豫章李淑上书谏曰：“方今贼寇始诛，王化未行，百官有司宜慎其任。夫三公上应台宿，九卿下括河海，故天工人其代之。陛下定业，虽因下江、平林之势，斯盖临时济用，不可施之既安。宜厘改制度，更延英俊，因才授爵，以匡王国。今公卿大位莫非戎陈，尚书显官皆出庸伍，资亭长、贼捕之用，而当辅佐纲维之任。唯名与器，圣人所重。今以所重加非其人，望其毗益万分，兴化致理，譬犹缘木求鱼，升山采珠。海内望此，有以窥度汉祚。臣非有憎疾以求进也，但为陛下惜此举厝。败材伤锦，所宜至虑。惟割既往廖妄之失，思隆周文济济之美。”更始怒，系淑诏狱。自是，关中离心，四方怨叛。诸将出征，各自专置牧守，州郡交错，不知所从。

……

张卬、廖湛、胡殷、申屠建等与御史大夫隗嚣合谋，欲以立秋貙膢时共劫更始，俱成前计（注：指虏掠后入湖池中为盗）。侍中刘能卿知其谋，以告之。更始托病不出，召张卬等。卬等皆入，将悉诛之，唯隗嚣不至。更始狐疑，使卬等四人且待于外庐。卬与湛、殷疑有变，遂突出，独申屠建在，更始斩之。卬与湛、殷遂勒兵掠东西市。昏时，烧门入，战于宫中，更始大败。明旦，将妻子车骑百余，东奔越萌于新丰。

更始复疑王匡、陈牧、成丹与张卬等同谋，乃并召入。牧、丹先至，即斩之。王匡惧，将兵入长安，与张卬等合。李松还从更始，与赵萌共攻匡、卬于城内。连战月余，匡等败走，更始徙居长信宫。赤眉至高陵，匡等迎降之，遂共连兵而进。更始守城，使李松出战，败，死者二千余人，赤眉生得松。时松弟汎为城门校尉，赤眉使使谓之曰："开城门，活汝兄。"汎即开门。九月，赤眉入城。更始单骑走，从厨城门出，诸妇女从后连呼曰："陛下，当下谢城！"更始即下拜，复上马去。

初，侍中刘恭以赤眉立其弟盆子，自系诏狱；闻更始败，乃出，步从至高陵，止传舍。右辅都尉严本恐失更始为赤眉所诛，将兵在外，号为屯卫而实囚之。赤眉下书曰："圣公降者，封长沙王。过二十日，勿受。"更始遣刘恭请降，赤眉使其将谢禄往受之。十月，更始遂随禄肉袒诣长乐宫，上玺绶于盆子。赤眉坐更始，置庭中，将杀之。刘恭、谢禄为请，不能得，遂引更始出。刘恭追呼曰："臣诚力极，请得先死。"拔剑欲自刎，赤眉帅樊崇等遽共救止之，乃赦更始，封为畏威侯。刘恭复为固请，竟得封长沙王。更始常依谢禄居，刘恭亦拥护之。

三辅苦赤眉暴虐，皆怜更始，而张卬等以为虑，谓禄曰："今诸营长多欲篡圣公者。一旦失之，合兵攻公，自灭之道也。"于是禄使从兵与更始共牧马于郊下，因令缢杀之。刘恭夜往收臧其尸。光武闻而伤焉。诏大司徒邓禹葬之于霸陵。

（选自《刘玄刘盆子列传》）

点评：

刘玄是光武帝刘秀的同族兄长，王莽末年起事后，于公元 23 年被绿林军、平林军推举做了天子，年号更始。然而，仅仅过了三年，这个更始皇帝就把自己手中的印绶交给了赤眉军，不久于郊外牧马时被缢杀，成了中国历史上的一个短命皇帝。

本篇节选自《刘玄刘盆子列传》，通过详细叙述刘玄这位短命皇帝的一生行事，着重论述了他失败的原因：沉溺淫乐，荒于政事；任用小人，迫害忠良；不听劝谏，一意孤行。其结果是关中离心，四方怨叛；诸将出征，各自为政。更始政权因此迅速走向毁灭，更始帝刘玄本人也落得个身死郊外的下场。

其实，淫逸亡国，这是周初统治者就已经总结出的经验教训，所以周公提出“无逸”，就是提醒周人殷鉴不远，要勤于政事，切切不可因淫逸而亡国。相比较于周公，更始帝刘玄在基业未稳之时，就迫不及待地以酒肉声色为乐，正如他的将领们所批评的那样，“成败未可知，遽自纵放若此！”这样的天子，哪有不亡的道理！

当然，汉末乱世，群雄逐鹿中原，最终的胜利者只能属于目光远大、知人善任、顺天意而得人心者，刘玄只是个庸碌无能之辈，他的很快出局是一种历史的必然。《后汉书》作《刘玄列传》，是要通过更始帝以淫逸而亡身亡国的历史教训，告诉人们一个道理：要想获得事业上的成果，就必须要奋发有为，切不可贪图一时的安逸。

马援择主而事

原文：

王莽末，四方兵起，莽从弟卫将军林广招雄俊，乃辟援及同县原涉为掾，荐之于莽。莽以涉为镇戎大尹，援为新成大尹。及莽败，援兄员时为增山连率，与援俱去郡，复避地凉州。世祖即位，员先诣洛阳，帝遣员复郡，卒于官。援因留西州，隗嚣甚敬重之，以援为绥德将军，与决筹策。

是时，公孙述称帝于蜀，嚣使援往观之。援素与述同里闬，相善，以为既至当握手欢如平生，而述盛陈陛卫，以延援入，交拜礼毕，使出就馆，更为援制都布单衣、交让冠，会百官于宗庙中，立旧交之位。述鸾旗旄骑，警跸就车，磬折而入，礼飨官属甚盛，欲授援以封侯大将军位。宾客皆乐留，援晓之曰："天下雄雌未定，公孙不吐哺走迎国士，与图成败，反修饰边幅，如偶人形。此子何足久稽天下士乎！"因辞归，谓嚣曰："子阳井底蛙耳，而妄自尊大，不如专意东方。"

建武四年冬，嚣使援奉书洛阳。援至，引见于宣德殿。世祖笑谓援曰"卿遨游二帝间，今见卿，使人大惭。"援顿首辞谢，因曰："当今之世，非独君择臣也，臣亦择君矣。臣与公孙述同县，少相善。臣前至蜀，述陛戟而后进臣。臣今远来，陛下何知非刺客奸人，而简易若是?"帝复笑曰："卿非刺客，顾说客耳。"援曰："天下反复，盗名字者不可胜数。今见陛下，恢廓大度，同符高祖，乃知帝王自有真也。"帝甚壮之。……

隗嚣与援共卧起，问以东方流言及京师得失。援说嚣曰："前到朝廷，上引见数十，每接宴语，自夕至旦，才明勇略，非人敌也。且开心见诚，无所隐伏，阔达多大节，略与高帝同。经学博览，政事文辩，前世无比。"嚣曰："卿谓何如高帝?"援曰："不如也。高帝无可无不可；今上好吏事，动如节度，又不喜饮酒。"嚣意不怿，曰："如卿言，反复胜邪?"然雅信援，故遂遣长子恂入质。援因将家属随恂归洛阳。……

会隗嚣用王元计，意更狐疑，援数以书记责譬于嚣，嚣怨援背己，得书增怒，其后遂发兵拒汉。援乃上疏曰："臣援自念归身圣朝，奉事陛下，本无公辅一言之荐，左右为容之助。臣不自陈，陛下何因闻之。夫居前不能令人轻，居后不能令人轩，与人怨不能为人患，臣所耻也。故敢触冒罪忌，昧死陈诚。臣与隗嚣，本实交友。初，嚣遣臣东，谓臣曰：‘本欲为汉，愿足下往观之。于汝意可，即专心矣。’及臣还反，报以赤心，实欲导之于善，非敢谲以非义。而嚣自挟奸心，盗憎主人，怨毒之情遂归于臣。臣欲不言，则无以上闻。愿听诣行在所，极陈灭嚣之术，得空匈腹，申愚策，退就陇亩，死无所恨。”帝乃召援计事，援具言谋画。因使援将突骑五千，往来游说嚣将高峻、任禹之属，下及羌豪，为陈祸福，以离嚣支党。

援又为书与嚣将杨广，使晓劝于嚣，曰：“……窃见四海已定，兆民同情，而季孟（隗嚣字）闭拒背畔，为天下表的。常惧海内切齿，思相屠裂，故遗书恋恋，以致恻隐之计。乃闻季孟归罪于援，而纳王游翁谄邪之说，自谓函谷以西，举足可定，以今而观，竟何如邪？……季孟平生自言所以拥兵众者，欲以保全父母之国而完坟墓也，又言苟厚士大夫而已。而今所欲全者将破亡之，所欲完者，将毁伤之，所欲厚者将反薄之。季孟尝折愧子阳而不受其爵，今更共陆陆，欲往附之，将难为颜乎？……今国家待春卿(杨广字）意深，宜使牛孺卿与诸耆老大人共说季孟，若计画不从，真可引领去矣。前披舆地图，见天下郡国百有六所，奈何欲以区区二邦以当诸夏百有四乎？春卿事季孟，外有君臣之义，内有朋友之道。言君臣邪，固当谏争；语朋友邪，应有切磋。岂有知其无成，而但萎腇咋舌，叉手从族乎？及今成计，殊尚善也；过是，欲少味矣。……援商朝廷，尤欲立信于此，必不负约。援不得久留，愿急赐报。”广竟不答。

八年，帝自西征嚣，至漆，诸将多以王师之重，不宜远入险阻，计冘豫未决。会召援，夜至，帝大喜，引入，具以群议质之。援因说隗嚣将帅有土崩之势，兵进有必破之状。又于帝前聚米为山谷，指画形势，开示众军所从道径往来，分析曲折，昭然可晓。帝曰：“虏在吾目中矣。”明旦，遂进军至第一，嚣众大溃。

（选自《马援列传》）

点评：

马援是东汉初年杰出的军事家和政治家。青年时期的马援就是个有理想、有志向、重义轻财的人，他常对他的宾客们说："丈夫为志，穷当益坚，老当益壮"；他因怜悯而释放了自己所押解的罪犯，结果被迫逃往北地；他田牧北地致富后，却又尽散家财予兄弟故旧。马援一生志在疆场，他曾对人说："男儿要当死于边野，以马革裹尸还葬耳"，这便是"马革裹尸"典故的出处。马援为官清正廉明，知人善任；为人宽厚，谦虚自律，周密谨慎，所写的告诫子侄如何做人的《诫兄子严、敦书》，是我国古代家庭教育的名篇范文。作为军事家，马援戎马一生，为东汉皇朝立下了赫赫战功，主要有平定羌人的反抗，从而稳定了陇西局势；征讨交阯的征侧、征贰姊妹的反叛，从而加强了汉朝对岭南南越地区的统治。值得注意的是，马援的军事征讨往往与政治安抚是双管齐下的，表现了他作为一位政治家的远见和谋略。如在征讨二征的过程中，他就非常重视修缮郡县城郭，开渠灌溉农田，申明越人已有的法律制度，等等，这些举措有利于对南越的开发，有利于汉朝对这一地区统治的加强。建武二十四年（48 年），马援以 62 岁高龄请求率兵出征南方，次年在军中染病而死，从而实践了当年"马革裹尸还"的誓言。

本篇选自《马援列传》，说的是早年马援为凉州割据势力隗嚣谋划，从容游历于蜀地公孙述和洛阳刘秀两个皇帝之间择主而事的情况。早在王莽末年，马援就被王莽堂弟王林征辟为属僚，后又推荐给王莽做了新城郡大尹。王莽失败后，马援避难凉州，受到割据凉州的隗嚣的特别器重，被任命为绥德将军，参与筹划决策。公孙述在蜀地称帝，马援被派去探听虚实，尽管公孙述以授大将军职、封侯来挽留马援，还是被马援辞谢了，他回去后劝说隗嚣，认为公孙述只是只井底青蛙，应该东归刘秀。之后马援被隗嚣派到洛阳面见刘秀，他认为刘秀开诚豁达"略与高帝同"，极力劝说隗嚣归依刘秀。尽管后来隗嚣仍然割据凉州，而马援却投奔刘秀，遂成东汉一代名臣。

马援生当汉末乱世群雄并起的时代，却能够不为高官厚禄所迷惑，而慧眼识主，表现了他作为政治家的远见卓识。正如范晔在传后论中所说的，“马援腾声三辅，遨游二帝，及定节立谋，以干时主，将怀负鼎之愿，盖为千载之遇焉。”

窦宪封燕然山

原文：

宪字伯度。父勋被诛，宪少孤。建初二年，女弟立为皇后，拜宪为郎，稍迁侍中、虎贲中郎将；弟笃，为黄门侍郎。兄弟亲幸，并侍宫省，赏赐累积，宠贵日盛，自王、主及阴、马诸家，莫不畏惮。宪恃宫掖声势，遂以贱直请夺沁水公主园田，主逼畏，不敢计。……

和帝即位，太后临朝，宪以侍中，内干机密，出宣诰命。肃宗遗诏以笃为虎贲中郎将，笃弟景、瓌并中常侍，于是兄弟皆在亲要之地。……

宪性果急，睚眦之怨莫不报复。初，永平时，谒者韩纡尝考劾父勋狱，宪遂令客斩纡子，以首祭勋冢。齐殇王子都乡侯畅来吊国忧，畅素行邪僻，与步兵校尉邓迭亲属数往来京师，因迭母元自通长乐宫，得幸太后，被诏召诣上东门。宪惧见幸，分宫省之权，遣客刺杀畅于屯卫之中，而归罪于畅弟利侯刚，乃使侍御史与青州刺史杂考刚等。后事发觉，太后怒，闭宪于内宫。

宪惧诛，自求击匈奴以赎死。会南单于请兵北伐，乃拜宪车骑将军，金印紫绶，官属依司空，以执金吾耿秉为副，发北军五校、黎阳、雍营、缘边十二郡骑士，及羌胡兵出塞。明年，宪与秉各将四千骑及南匈奴左谷蠡王师子万骑出朔方鸡鹿塞，南单于屯屠河，将万余骑出满夷谷，度辽将军邓鸿及缘边义从羌胡八千骑，与左贤王安国万骑出稒阳塞，皆会涿邪山。宪分遣副校尉阎盘、司马耿夔、耿谭将左谷蠡王师子、右呼衍王须訾等，精骑万余，与北单于战于稽落山，大破之，虏众崩溃，单于遁走，追击诸部，遂临私渠比鞮海。斩名王以下万三千级，获生口马、牛、羊、橐驼百余万头。于是温犊须、日逐、温吾、夫渠王柳鞮等八十一部率众降者，前后二十余万人。宪、秉遂登燕然山，去塞三千余里，刻石勒功，纪汉威德，令班固作铭曰：

惟永元元年秋七月，有汉元舅曰车骑将军窦宪，寅亮圣明，登翼王室，纳于大麓，惟清缉熙。乃与执金吾耿秉，述职巡御，理兵于朔方。鹰扬之校，螭虎之士，爰该六师，既南单于、东乌桓、西戎氐羌侯王君长之群，骁骑三万。元戎轻武，长毂四分，云辎蔽路，万有三千余乘。勒以八阵，莅以威神，玄甲耀日，朱旗绛天。遂陵高阙，下鸡鹿，经碛卤，绝大漠，斩温禺以衅鼓，血尸逐以染锷。然后四校横徂，星流彗埽，萧条万里，野无遗寇。于是域灭区单，反旆而旋，考传验图，穷览其山川。遂逾涿邪，跨安侯，乘燕然，蹑冒顿之区落，焚老上之龙庭。上以摅高、文之宿愤，光祖宗之玄灵；下以安固后嗣，恢拓境宇，振大汉之天声。兹所谓一劳而久逸，暂费而永宁者也。乃遂封山刊石，昭铭上德。其辞曰：

窦宪

铄王师兮征荒裔，剿凶虐兮截海外，夐其邈兮亘地界，封神丘兮建隆嵑，熙帝载兮振万世。

宪乃班师而还。遣军司马吴汜、梁讽，奉金帛遗北单于，宣明国威，而兵随其后。时虏中乖乱，汜、讽所到，辄招降之，前后万余人。遂及单于于西海上，宣国威信，致以诏赐，单于稽首拜受。讽因说宜修呼韩邪故事，保国安人之福。单于喜悦，即将其众与讽俱还，到私渠海，闻汉军已入塞，乃遣弟右温禺鞮王奉贡入侍，随讽诣阙。宪以单于不自身到，奏还其侍弟。南单于于漠北遗宪古鼎，容五斗，其傍铭曰"仲山甫鼎，其万年子子孙孙永保用"，宪乃上之。诏使中郎将持节即五原拜宪大将军，封武阳侯，食邑二万户。宪固辞封，赐策许焉。

……

论曰：卫青、霍去病资强汉之众，连年以事匈奴，国耗太半矣，而猾虏未之胜，所世犹传其良将，岂非以身名自终邪！窦宪率羌胡边杂之师，一举而空朔庭，至乃追奔稽落之表，饮马比鞮之曲，铭石负鼎，荐告清庙。列其功庸，兼茂于前多矣，而后世莫称者，章末衅以降其实也。是以下流，君子所甚恶焉。……

（选自《窦融列传》）

点评：

窦宪是东汉章、和二帝时期著名的外戚，他依靠窦太后的裙带关系而飞黄腾达，操纵东汉朝政达十余年之久。与大多数专权的外戚一样，窦宪也好作威作福，横行霸道，骄横无度。他利用权势兼并土地，聚敛财物，草菅人命，不但为害百姓，而且连王公贵族也难以幸免。他曾经以低价强买沁水公主的园田，公主竟因惧怕他的权势而不敢与他计较；他因为窦太后宠信都乡侯刘畅，担心他会瓜分自己的权势，竟然派刺客将他刺死在宿卫军军营之中。

窦宪骄横跋扈，却又是个不学有术之人。他的“术”表现在他卓越的军事才能上，他因指挥东汉大军一战击溃匈奴，而建立了不世之功，成为东汉皇朝的功臣。

本篇选自《窦融列传》，它详细记述了汉和帝永元元年（89 年）窦宪率领东汉大军北击匈奴取得大捷、登燕然山（今杭爱山）勒石纪功的具体情况。窦宪此次北伐事出偶然。当时他正因刺杀刘畅一事而被窦太后一气之下给囚禁起来，却碰巧遇到南匈奴单于请求汉朝出兵北伐，窦宪因惧怕被杀头而主动请求以戴罪之身率军北击匈奴，得到了窦太后的同意。殊不知，窦太后的这一决定，不但使窦宪得以绝处逢生，还为他获得燕然勒碑奇功提供了机会。其实，在窦宪此次出兵讨伐匈奴之前，他并没有带兵打过仗，因而没有任何军事经验，可是他却指挥汉朝大军深入三千里，兵锋直抵燕然山，斩敌万余，迫使北匈奴八十一部二十余万人前来投降，取得了汉朝历史上对匈奴战争前所未有的胜利，表现出了卓越的军事指挥才能。为了纪念这次北征取得的旷古功业，宣扬大汉的威德，窦宪命令在燕然山上刻石勒功，由其好友、北征军中护军、著名的史学家班固撰写铭文，这便是流传千古的《封燕然山铭》。

值得注意的是，同样都是外戚，西汉卫青、霍去病北击匈奴大捷，得到了后人的称颂；而东汉窦宪北击匈奴取得的功业更大，却没有得到后人的称道。究其原因，史家范晔作了回答：卫青、霍去病能“以身名自终”，即能终身保住自己的名誉；而窦宪以骄横闻名，所以人们会“章末衅以降其实”，即彰显他的小错而降低他的实际功劳。范晔的评论是一种警示之言，它告诫人们在注重事功的同时，还必须要注意自己的品行修养。

班超鄯善奇袭

原文：

班超字仲升，扶风平陵人，徐令彪之少子也。为人有大志，不修细节。然内孝谨，居家常执勤苦，不耻劳辱。有口辩，而涉猎书传。永平五年，兄固被召诣校书郎，超与母随至洛阳。家贫，常为官佣书以供养。久劳苦，尝辍业投笔叹曰："大丈夫无它志略，犹当效傅介子、张骞立功异域，以取封侯，安能久事笔研间乎？"左右皆笑之。超曰："小子安知壮士志哉！"其后行诣相者，曰："祭酒，布衣诸生耳，而当封侯万里之外。"超问其状。相者指曰："生燕颔虎颈，飞而食肉，此万里侯相也。"……

十六年，奉车都尉窦固出击匈奴，以超为假司马，将兵别击伊吾，战于蒲类海，多斩首虏而还。固以为能，遣与从事郭恂俱使西域。

超到鄯善，鄯善王广奉超礼敬甚备，后忽更疏懈。超谓其官属曰："宁觉广礼意薄乎？此必有北虏使来，狐疑未知所从故也。明者睹未萌，况已着邪。"乃召侍胡诈之曰："匈奴使来数日，今安在乎？"侍胡惶恐，具服其状。超乃闭侍胡，悉会其吏士三十六人，与共饮，酒酣，因激怒之曰："卿曹与我俱在绝域，欲立大功，以求富贵。今虏使到裁数日，而王广礼敬即废；如令鄯善收吾属送匈奴，骸骨长为豺狼食矣。为之奈何？"官属皆曰："今在危亡之地，死生从司马。"超曰："不入虎穴，不得虎子。当今之计，独有因夜以火攻虏，使彼不知我多少，必大震怖，可殄尽也。灭此虏，则鄯善破胆，功成事立矣。"众曰："当与从事议之。"超怒曰："吉凶决于今日。从事文俗吏，闻此必恐而谋泄，死无所名，非壮士也！"众曰："善。"初夜，遂将吏士往奔虏营。会天大风，超令十人持鼓藏虏舍后，约曰："见火然，皆当鸣鼓大呼。"余人悉持兵弩夹门而伏。超乃顺风纵火，前后鼓噪。虏众惊乱，超手格杀三人，吏兵斩其使及从士三十余级，余众百许人悉烧死。明日乃还告郭恂，恂大惊，既而色动。超知其意，举手曰："掾虽不行，班超何心独擅之乎？"恂乃悦。超于是召鄯善王广，以虏使首示之，一国震怖。超晓告抚慰，遂纳子为质。还奏于窦固，固大喜，具上超功效，并求更选使使西域，帝壮超节，诏固曰："吏如班超，何故不遣而更选乎？今以超为军司马，令遂前功。"超复受使，固欲益其兵，超曰："愿将本所从三十余人足矣。如有不虞，多益为累。"

（选自《班梁列传》）

点评：

班超是东汉名将、与张骞齐名的古代杰出的外交家。自从张骞出使西域，打通了汉朝与西域的交通后，内地与西域之间的政治经济往来日益加强。到了两汉之际，随着内地政局的动荡，这种交往一度被中断。东汉明帝永平十六年（73 年），班超随窦固北击匈奴，在战争中表现出了卓越的军事才能，得到窦固的赏识，受命出使西域。班超率吏士 36 人奇袭鄯善（原名楼兰，故址在今新疆若羌县境）的匈奴使团，此事震惊了西域各国，汉明帝因此正式派遣班超出使西域，从此开始了班超经营西域的外交和军事生涯。

青年时期的班超就有效法傅介子（西汉昭帝时出使楼兰）、张骞建功异域的愿望。从 73 年鄯善奇袭开始，班超前后在西域活动达 31 年之久，历经东汉明、章、和三帝。汉明帝时，他通过斩杀巫师而召抚于阗，废掉亲附匈奴的疏勒王，从而加强了汉朝在西域的统治。汉章帝即位之初，匈奴利用内地新君刚立的机会，在西域实行反扑，班超孤立无援，却毅然在疏勒等地坚守，终于等到东汉援军到达，联合西域亲汉诸国进行反击，打败了匈奴策动的西域各反叛势力。此后，班超又先后平定了莎车、龟兹、焉耆等贵族的叛乱，击退了月氏的入侵，从而巩固了东汉在西域的统治，有利于“丝绸之路”的畅通，同时也保护了西域各族人民的安全，有利于西域地区的开发，班超也因此而受到西域人民的欢迎和拥戴。

本篇选自《班梁列传》，具体反映了公元73年班超率吏士36人鄯善奇袭的经过。由于鄯善是班超第一次出使西域的第一站，当时匈奴也派去了到鄯善的使者，鄯善王因惧怕匈奴而疏远汉朝使者，班超担心鄯善王会为讨好匈奴而将他们囚禁起来送与匈奴，同时考虑到如果不解决匈奴使者，也就谈不上鄯善的归顺问题。于是，他发誓“不入虎穴，焉得虎子”，决定发动突袭，火烧匈奴使者营帐，结果匈奴使者100余人全部被烧杀，鄯善王于是纳子为质，归顺了汉朝。

善鄯奇袭，是一次关系到汉朝是否能在西域立足的关键性的军事行动，它的成功，不但打击了匈奴的气焰，而且也震惊了西域各国，从而大大有利于此后班超在西域各国的经营活动。善鄯奇袭，也充分体现了班超作为军事家、外交家的果敢与谋略。

张衡斥谶纬虚妄

原文：

初，光武善谶，及显宗、肃宗因祖述焉。自中兴之后，儒者争学图纬，兼复附以妖言。（张）衡以图纬虚妄，非圣人之法，乃上疏曰：臣闻圣人明审律历以定吉凶，重之以卜筮，杂之以九宫，经天验道，本尽于此。或观星辰逆顺，寒燠所由，或察龟策之占，巫觋之言，其所因者，非一术也。立言于前，有征于后，故智者贵焉，谓之谶书。谶书始出，盖知之者寡。自汉取秦，用兵力战，功成业遂，可谓大事，当此之时，莫或称谶。若夏侯胜、眭孟之徒，以道术立名，其所述著，无谶一言。刘向父子领校秘书，阅定九流，亦无谶录。成、哀之后，乃始闻之。《尚书》尧使鲧理洪水，九载绩用不成，鲧则殛死，禹乃嗣兴。而《春秋谶》云“共工理水”。凡谶皆云黄帝伐蚩尤，而《诗谶》独以为“蚩尤败，然后尧受命”。《春秋元命包》中有公输班与墨翟，事见战国，非春秋时也。又言“别有益州”。益州之置，在于汉世。其名三辅诸陵，世数可知。至于图中讫于成帝。一卷之书，互异数事，圣人之言，势无若是，殆必虚伪之徒，以要世取资。往者侍中贾逵摘谶互异三十余事，诸言谶者皆不能说。至于王莽篡位，汉世大祸，八十篇何为不戒？则知图谶成于哀、平之际也。且《河洛》、《六艺》，篇录已定，后人皮傅，无所容篡。永元中，清河宋景遂以历纪推言水灾，而伪称洞视玉版。或者至于弃家业，入山林。后皆无效，而复采前世成事，以为证验。至于永建复统，则不能知。此皆欺世罔俗，以昧势位，情伪较然，莫之纠禁。且律历、封候、九宫、风角，数有征效，世莫肯学，而竞称不占之书。譬犹画工。恶图犬马而好作鬼魅，诚以实事难形，而虚伪不穷也。宜收藏图谶，一禁绝之，则朱紫无所眩，典籍无瑕玷矣。

（选自《张衡列传》）

点评：

张衡为东汉中期著名的思想家和科学家。《后汉书》本传对他一生行事作了记述：他出身于南阳名门望族，青少年时以善著文而闻名，却淡泊名利，举孝廉、官府征召，他都不愿入仕。汉安帝知他有才学，征召他做了太史令；汉顺帝时虽有两次转任，后来还是再次做了太史令。虽说官职一直没有得到升迁（张衡确实对做官没有兴趣），张衡却关心政事，他曾针对当时皇权旁落现象严重，上书汉帝以灾异说政治，希望汉帝能够以史为鉴，遵循旧例，牢牢把握赏罚大权。在出任河间王相时，他整肃吏治，王国上下为之肃然。作为具有朴素唯物思想的科学家，张衡对东汉帝王好言谶纬迷信提出批评，直斥其为虚妄之学。张衡一生最重要的科学成就主要在天文、历算和地理上。他擅长机械和工艺技巧，对天文、阴阳、历算之学多有研究。在这些方面的主要成就有：制作天文仪器浑天仪，著述《灵宪》、《算罔论》两部重要天文、历算著作，特别是创造了候风地动仪，比欧洲地震仪的出现要早1700多年，在世界科技史上占有重要的地位。正如传后评论所说的，张衡“数术穷天地，制作侔造化。”意思是说，他的数术之学可以穷天地奥妙，他的制作之巧可以媲美自然造化。

本篇选自《张衡列传》，它集中记述了张衡的反谶纬迷信的朴素唯物思想。谶纬之学兴盛于两汉之交，是一种靠迷信手段卜算未来的虚妄邪说。西汉后期，随着政局衰败（具体表现则是宦官、外戚轮流专权）的同时，作为封建统治思想的经学（主要是今文经学）也逐渐与谶纬迷信神学相结合，儒家思想进一步神学化；王莽代汉后，为了说明代汉的合理性和政权的合法性，也大肆借助于谶纬之学；东汉光武帝由一介儒生而登上帝王宝座，主要也是依靠谶纬神学作为精神支柱，加上汉明帝、汉章帝的效法，谶纬神学很快便成为东汉风靡一时的学问。作为东汉中期的思想家和科学家，张衡直斥谶纬是虚假和荒谬的，不是圣人的标准。文章从谶纬的起源说起，认为西汉成、哀之前并没有谶纬之学，汉朝取代秦朝靠的是功业而非谶纬；指责谶纬并无实际效验，它只是那些虚伪之徒们骗取钱财的手法；批评时人重视谶纬之学，而那些有征验、对社会有用的律历、卦候、九宫、风角之学却没有人去学习；主张对谶纬之书加以收缴

地动仪

封藏，禁绝此等邪说流传。

张衡在东汉那个谶纬神学泛滥的时代，敢于公然抨击谶纬是虚妄之学，体现了作为一位朴素唯物思想家的理论勇气和科学精神，值得后人敬仰。

梁冀飞扬跋扈

原文：

冀字伯卓。为人鸢肩豺目，洞精目党眄，口吟舌言，裁能书计。少为贵戚，逸游自恣。性嗜酒，能挽满、弹棋、格五、六博、蹴鞠、意钱之戏，又好臂鹰走狗，骋马斗鸡。初为黄门侍郎，转侍中、虎贲中郎将，越骑、步兵校尉，执金吾。

永和元年，拜河南尹。冀居职暴恣，多非法，父商所亲客洛阳令吕放，颇与商言及冀之短，商以让冀，冀即遣人于道刺杀放。而恐商知之，乃推疑于放之怨仇，请以放弟禹为洛阳令，使捕之，尽灭其宗亲、宾客百余人。

商薨未及葬，顺帝乃拜冀为大将军，弟侍中不疑为河南尹。

及帝崩，冲帝始在襁褓，太后临朝，诏冀与太傅赵峻、太尉李固参录尚书事。冀虽辞不肯当，而侈暴滋甚。

冲帝又崩，冀立质帝。帝少而聪慧，知冀骄横，尝朝群臣，目冀曰：“此跋扈将军也。”冀闻，深恶之，遂令左右进鸩加煮饼，帝即日崩。

复立桓帝，而枉害李固及前太尉杜乔，海内嗟惧，语在《李固传》。……

其四方调发，岁时贡献，皆先输上第于冀，乘舆乃其次焉。吏人赍货求官请罪者，道路相望。冀又遣客出塞，交通外国，广求异物。因行道路，发取伎女御者，而使人复乘势横暴，妻略妇女，殴击吏卒，所在怨毒。

冀乃大起第舍，而寿（冀妻，姓孙）亦对街为宅，殚极土木，互相夸竞。堂寝皆有阴阳奥室，连房洞户。柱壁雕镂，加以铜漆，窗牖皆有绮疏青琐，图以云气仙灵。台阁周通，更相临望；飞梁石蹬，陵跨水道。金玉珠玑，异方珍怪，充积臧室。远致汗血名马。又广开园囿，采土筑山，十里九陂，以像二崤，深林绝涧，有若自然，奇禽驯兽，飞走其间。……又多拓林苑，禁同王家，西至弘农，东界荥阳，南极鲁阳，北达河、淇，包含山薮，远带丘荒，周旋封域，殆将千里。又起菟苑于河南城西，经亘数十里，发属县卒徒，缮修楼观，数年乃成。……又起别第于城西，以纳奸亡。或取良人，悉为奴婢，至数千人，名曰“自卖人”。

元嘉元年，帝以冀有援立之功，欲崇殊典，乃大会公卿，共议其礼。于是有司奏冀入朝不趋，剑履上殿，谒赞不名，礼仪比萧何；悉以定陶、成阳余户增封为四县，比邓禹；赏赐金钱、奴婢、采帛、车马、衣服、甲第，比霍光；以殊元勋。每朝会，与三公绝席。十日一人，平尚书事。宣布天下，为万世法。冀犹以所奏礼薄，意不悦。专擅威柄，凶恣日积，机事大小，莫不咨决之。宫卫近侍，并所亲树。禁省起居，纤微必知。百官迁召，皆先到冀门笺檄谢恩，然后敢诣尚书。下邳人吴树为宛令，之官辞冀，冀宾客布在县界，以情托树。树对曰：“小人奸蠹，比屋可诛。明将军以椒房之重，处上将之位，宜崇贤善，以补朝阙。宛为大都，土之渊薮，自侍坐以来，未闻称一长者，而多托非人，诚非敢闻！”冀嘿然不悦。树到县，遂诛杀冀客为人害者数十人，由是深怨之。树后为荆州刺史，临去辞冀，冀为设酒，因鸩之，树出，死车上。又辽东太守侯猛，初拜不谒，冀托以它事，乃腰斩之。

时郎中汝南袁著，年十九，见冀凶纵，不胜其愤，乃诣阙上书……书得奏御，冀闻而密遣掩捕著。著乃变易姓名，后托病伪死，结蒲为人，市棺殡送。冀廉问知其诈，阴求得，笞杀之，隐蔽其事。学生桂阳刘常，当世名儒，素善于著，冀召补令史以辱之。时太原郝絜、胡武，皆危言高论，与著友善。先是絜等连名奏记三府，荐海内高士，而不诣冀，冀追怒之，又疑为著党，敕中部官移檄捕前奏记者并杀之，遂诛武家，死者六十余人。絜初逃亡，知不得免，因舆榇奏书冀门。书入，仰药而死，家乃得全。及冀诛，有诏以礼祀著等。冀诸忍忌，皆此类也。

……冀一门前后七封侯，三皇后，六贵人，二大将军，夫人、女食邑称君者七人，尚公主者三人，其余卿、将、尹、校五十七人。在位二十余年，究极满盛，威行内外，百僚侧目，莫敢违命……（桓帝）遂与中常侍单超、具瑗、唐衡、左悺、徐璜等五人成谋诛冀。

（选自《梁统列传》）

点评：

东汉政治的一个显著特点，就是外戚宦官轮流专权。本篇节选自《梁统列传》，它通过对东汉臭名昭著的外戚梁冀一生行事的记述，揭示了外戚集团专权对东汉政治所产生的严重影响。

梁冀身为贵戚，自幼不学无术，安闲放纵。入仕后，凶狠残暴，为非作歹，为害一方。继父亲梁商做了大将军后，独专朝政，为东汉历史上有名的“跋扈将军”。梁冀不但生活糜烂，他掠夺良家妇女，广求珠宝异物，大兴园林土木，而且政治上把持官吏任免，铲除异己势力，甚至左右皇帝的废立。然而，物极必反，汉桓帝与宦官单超等人定计，最终消灭了梁冀势力。

梁冀之所以能独专朝政近二十年，除去凭借宫掖裙带关系和承袭父亲梁商的政治地位，也与这一时期皇帝多年幼，无力执掌政权有关。梁冀历经汉顺帝、冲帝、质帝和桓帝四个皇帝的统治，其中冲帝在襁褓中就即了帝位，质帝做皇帝时也只是个少年。这就为梁冀的飞扬跋扈提供了便利，他利用外戚和大将军的身份，不但操纵了政局，而且左右着皇帝的生杀与废立，像冲帝、质帝和桓帝都是由他立的，质帝叫他跋扈将军，竟遭到他的鸩杀。

梁冀的兴亡，其实就是东汉外戚势力兴亡的一个缩影。外戚依靠宫掖裙带关系和皇帝年幼而执掌要职，专横跋扈往往是他们共同的特点。可是一旦皇帝长大成人，外戚专权就势必与皇权发生矛盾，这时，皇帝通常总是利用宦官势力来铲除外戚势力，随之也就出现了宦官专权的局面。而无论是外戚专权，还是宦官专权，都是政治统治腐朽的表现。

陈寔做官善变通

原文：

陈寔字仲弓，颍川许人也。出于单微。自为儿童，虽在戏弄，为等类所归。少作县吏，常给事厮役，后为都亭佐。而有志好学，坐立诵读。县令邓邵试与语，奇之，听受业太学。后令复召为吏，乃避隐阳城山中。时有杀人者，同县杨吏以疑寔，县遂逮系，考掠无实，而后得出。乃为督邮，乃密托许令，礼召杨吏。远近闻者，咸叹服之。

家贫，复为郡西门亭长，寻转功曹。时中常侍侯览托太守高伦用吏，伦教署为文学掾。寔知非其人，怀檄请见。言曰：“此人不宜用，而侯常侍不可违。寔乞从外署，不足以尘明德。”伦从之。于是乡论怪其非举，寔终无所言。伦后被征为尚书，郡中士大夫送至轮氏传舍。伦谓众人言曰：“吾前为侯常侍用吏，陈君密持教还，而于外白署。比闻议者以此少之，此咎由故人畏惮强御，陈君可谓善则称君，过则称己者也。”寔固自引愆，闻者方叹息，由是天下服其德。

司空黄琼辟选理剧，补闻喜长，旬月，以期丧去官。复再迁除太丘长。修德清静，百姓以安。邻县人户归附者，寔辄训导譬解，发遣各令还本司官行部。吏虑有讼者，白欲禁之。寔曰：“讼以求直，禁之理将何申？其勿所拘。”司官闻而叹息曰：“陈君所言若是，岂有怨于人乎？”亦意无讼者。以沛相赋敛违法，乃解印绶去，吏人追思之。

及后逮捕党人，事亦连寔。余人多逃避求免，寔曰：“吾不就狱，众无所恃。”乃请囚焉。遇赦得出。灵帝初，大将军窦武辟以为掾属。时中常侍张让权倾天下。让父死，归葬颍川，虽一郡毕至，而名士无往者，让甚耻之，寔乃独吊焉。及后复诛党人，让感寔，故多所全宥。

寔在乡闾，平心率物。其有争讼，辄求判正，晓譬曲直，退无怨者。至乃叹曰：“宁为刑罚所加，不为陈君所短。”时岁荒民俭，有盗夜入其室，止于梁上。寔阴见，乃起自整拂，呼命子孙，正色训之曰：“夫人不可不自勉。不善之人未必本恶，习以性成，遂至于此。梁上君子者是矣！”盗大惊，自投于地，稽颡归罪。寔徐譬之曰：“视君状貌，不似恶人，宜深克己反善。然此当由贫困。”令遗绢二匹。自是一县无复盗窃。

太尉杨赐、司徒陈耽，每拜公卿，群僚毕贺，赐等常叹寔大位未登，愧于先之。及党禁始解，大将军何进、司徒袁隗遣人敦寔，欲特表以不次之位。寔乃谢使者曰：“寔久绝人事，饰巾待终而已。”时三公每缺，议者归之，累见征命，遂不起，闭门悬车，栖迟养老。中平四年，年八十四，卒于家。何进遣使吊祭，海内赴者三万余人，制衰麻者以百数。……

（选自《陈寔列传》）

点评：

在中国封建官场，既有坚持原则、铁面无私之官，也有阿谀奉承、溜须拍马之徒，然而为官之道还是要在“变通”二字，而为官之难也难在

“变通”二字。变通，是指在不违反大原则的前提下，应该有适当的灵活性。陈寔，便是东汉时期这样一位懂得变通的封建官员。

本篇选自《荀韩钟陈列传》，它通过一些具体事例，刻画了陈寔这位善于变通的封建官员形象。陈寔出身卑微，却有志向、好学习。早年因不愿做官而隐居家乡，被一个县吏怀疑与一桩凶杀案有关，因无凭据而被释放。后来陈寔做了督邮，却以德报怨，很礼貌地召见了那位县吏。在任郡府功曹时，当太守高伦因屈从于中常侍侯览的权势，而违反察举制度为其在郡府中安插一个无能之辈时，陈寔则建议将那人放置在外署，把责任揽在了自己的身上。他这样做，既保全了郡府察举制的严明和权威，又不至于得罪中常侍而给地方官吏带来诸多麻烦。他担任太丘县令时，宁愿冒被人起诉的危险，也坚持不拘禁流民。党锢事件时，陈寔也受到牵连，可是当别人躲之唯恐不及时，他却说“吾不入狱，众无所恃”，为了让人们感到有所依赖，竟然主动要求囚禁自己。有一次一个盗贼溜进他家，躲在房梁上，他察觉后，不露声色地借机训导自己的子孙，使得梁上之人羞愧地跳下来磕头谢罪，这便是“梁上君子”的故事。

细究陈寔的变通，显然不是那种无原则的阿谀逢迎。这种变通，体现着他的胆量、见识和品德。党锢之祸时，他主动入狱，这体现了他的胆量；任太丘县令时，有人劝他禁流民以防诉讼，他却以“讼以求直”作答，依然我行我素，这体现了他的见识；至于说到陈寔的品德，可以说是一以贯之的，他礼遇县吏、替太守高伦背过失、不愿拘禁流民、党锢时主动入狱以及劝诫梁上君子，这些都体现了他的道德品行。由此来看，陈寔是一位既有才德胆识，又会懂得变通的封建良吏，他的为官之道值得后人体悟，他的胆识与品德值得后人学习。

范晔论历代士风

原文：

孔子曰："性相近也，习相远也。"言嗜恶之本同，而迁染之涂异也。夫刻意则行不肆，牵物则其志流。是以圣人导人理性，裁抑宕佚，慎其所与，节其所偏，虽情品万区，质文异数，至于陶物振俗，其道一也。叔末浇讹，王道陵缺，而犹假仁以效己，凭义以济功。举中于理，则强梁褫气；片言违正，则厮台解情。盖前哲之遗尘，有足求者。

霸德既衰，狙诈萌起。强者以决胜为雄，弱者以诈劣受屈。至有画半策而绾万金，开一说而锡琛瑞。或起徒步而仕执珪，解草衣以升卿相。士之饰巧驰辩，以要能钓利者，不期而景从矣。自是爱尚相夺，与时回变，其风不可留，其敝不能反。

及汉祖杖剑，武夫勃兴，宪令宽赊，文礼简阔，绪余四豪之烈，人怀陵上之心，轻死重气，怨惠必仇，令行私庭，权移匹庶，任侠之方，成其俗矣。自武帝以后，崇尚儒学，怀经协术，所在雾会，至有石渠分争之论，党同伐异之说，守文之徒，盛于时矣。至王莽专伪，终于篡国，忠义之流，耻见缨绋，遂乃荣华丘壑，甘足枯槁。虽中兴在运，汉德重开，而保身怀方，弥相慕袭，去就之节，重于时矣。逮桓、灵之间，主荒政缪，国命委于阉寺，士子羞与为伍，故匹夫抗愤，处士横议，遂乃激扬名声，互相题拂，品核公卿，裁量执政，婞直之风，于斯行矣。

夫上好则下必甚，桥枉故直必过，其理然矣。若范滂、张俭之徒，清心忌恶，终陷党议，不其然乎？

初，桓帝为蠡吾侯，受学于甘陵周福，及即帝位，擢福为尚书。时同郡河南尹房植有名当朝，乡人为之谣曰："天下规矩房伯武，因师获印周仲进。"二家宾客，互相讥揣，遂各树朋徒，渐成尤隙，由是甘陵有南北部，党人之议，自此始矣。后汝南太守宗资任功曹范滂，南阳太守成瑨亦委功曹岑晊，二郡又为谣曰："汝南太守范孟博，南阳宗资主画诺。南阳太守岑公孝，弘农成瑨但坐啸。"因此流言转入太学，诸生三万余人，郭林宗、贾伟节为其冠，并与李膺、陈蕃、王畅更相褒重。学中语曰："天下模楷李元礼，不畏强御陈仲举，天下俊秀王叔茂。"又渤海公族进阶、扶风魏齐卿，并危言深论，不隐豪强。自公卿以下，莫不畏其贬议，屣履到门。

时河内张成善说风角，推占当赦，遂教子杀人。李膺为河南尹，督促收捕，既而逢宥获免，膺愈怀愤疾，竟案杀之。初，成以方伎交通宦官，帝亦颇谇其占。成弟子牢修因上书诬告膺等养太学游士，交结诸郡生徒，更相驱驰，共为部党，诽讪朝廷，疑乱风俗。于是天子震怒，班下郡国，逮捕党人，布告天下，使同忿疾，遂收执膺等。其辞所连及陈寔之徒二百余人，或有逃遁不获，皆悬金购募。使者四出，相望于道。明年，尚书霍谞、城门校尉窦武并表为请，帝意稍解，乃皆赦归田里，禁锢终身。而党人之名，犹书王府。

自是正直废放，邪枉炽结，海内希风之流，遂共相标榜，指天下名士，为之称号。上曰"三君"，次曰"八俊"，次曰"八顾"，次曰"八及"，次曰"八厨"，犹古之"八元"、"八凯"也。窦武、刘淑、陈蕃为"三君"。君者，言一世之所宗也。李膺、荀翌、杜密、王畅、刘祐、魏朗、赵典、朱寓为"八俊"。俊者，言人之英也。郭林宗、宗慈、巴肃、夏馥、范滂、尹勋、蔡衍、羊陟为"八顾"。顾者，言能以德行引人者也。张俭、岑晊、刘表、陈翔、孔昱、苑康、檀敷、翟超为"八及"。及者，言其能导人追宗者也。度尚、张邈、王考、刘儒、胡母班、秦周、蕃向、王章为"八厨"。厨者，言能以财救人者也。

又张俭乡人朱并，承望中常侍侯览意旨，上书告俭与同乡二十四人别相署号，共为部党，图危社稷。以俭及檀彬、褚凤、张肃、薛兰、冯禧、魏玄、徐乾为“八俊”，田林、张隐、刘表、薛郁、王访、刘祗、宣靖、公绪恭为“八顾”，朱楷、田槃、疏耽、薛敦、宋布、唐龙、嬴咨、宣褒为“八及”，刻石立墠，共为部党，而俭为之魁。灵帝诏刊章捕俭等。大长秋曹节因此讽有司奏捕前党故司空虞放、太仆杜密、长乐少府李膺、司隶校尉朱寓、颍川太守巴肃、沛相荀翌、河内太守魏朗、山阳太守翟超、任城相刘儒、太尉掾范滂等百余人，皆死狱中。余或先殁不及，或亡命获免。自此诸为怨隙者，因相陷害，睚眦之忿，滥入党中。又州郡承旨，或有未尝交关，亦离祸毒。其死徙废禁者，六七百人。

熹平五年，永昌太守曹鸾上书大讼党人，言甚方切。帝省奏大怒，即诏司隶、益州槛车收鸾，送槐里狱掠杀之。于是又诏州郡更考党人门生故吏父子兄弟，其在位者，免官禁锢，爰及五属。

光和二年，上禄长和海上言：“礼，从祖兄弟别居异财，恩义已轻，服属疏末。而今党人锢及五族，既乖典训之文，有谬经常之法。”帝览而悟之，党锢自从祖以下，皆得解释。

中平元年，黄巾贼起，中常侍吕强言于帝曰：“党锢久积，人情多怨。若久不赦宥，轻与张角合谋，为变滋大，悔之无救。”帝惧其言，乃大赦党人，诛徙之家皆归故郡。其后黄巾遂盛，朝野崩离，纲纪文章荡然矣。

凡党事始自甘陵、汝南，成于李膺、张俭，海内涂炭，二十余年，诸所蔓衍，皆天下善士。三君、八俊等三十五人，其名迹存者，并载乎篇。陈蕃、窦武、王畅、刘表、度尚、郭林宗别有传。荀翌附祖《淑传》。张邈附《吕布传》。胡母班附《袁绍传》。王考字文祖，东平寿张人，冀州刺史；秦周字平王，陈留平丘人，北海相；蕃向字嘉景，鲁国人，郎中；王璋字伯仪，东莱曲城人，少府卿：位行并不显。翟超，山阳太守，事在

《陈蕃传》，字及郡县未详。朱寓，沛人，与杜密等俱死狱中。唯赵典名见而已。

（选自《党锢列传》）

点评：

本篇为《党锢列传》的序言，它着重对春秋战国以来士风的演变及其与政治的关系进行了系统论述，认为古代圣人治国，注重“导人理性”、“陶物振俗”；春秋战国的统治者以诈谋建立霸业，“上好则下必甚”，士人因此以卖弄机智、策划计谋为时尚；汉初文礼简阔，士人以行侠为风气；自汉武帝后，随着经学的兴起，士人之间又形成党同伐异之风；王莽时期，一些义士耻于为官而隐居山林，光武中兴后，归隐之风依然未改，士人“保身怀方，弥相慕袭”，遂成为一种时尚；桓、灵之际，由于政治昏暗，宦官专权，士人不愿意与他们为伍，他们常常评议朝政，抨击宦官专权，清议之风因此而盛，党锢之狱也因此大兴。由此得出结论：“上好则下必甚，矫枉故直必过”。

作者通过对士风演变的历史回顾，一方面对春秋战国以来士人们卖弄计谋、行侠轻死和惜身隐居提出批评，认为这些士人或者“饰巧驰辩”以“钓利”，或者使“人怀陵上之心，轻死重气，怨惠必仇，令行私庭，权移匹庶”，或者明哲保身。另一方面对汉末士人，作者虽然对他们的某些不合圣人中庸之道的做法表示不满，却肯定他们“匹夫抗愤，处士横议”，称赞他们是“天下善士”，对他们在恶势力面前所表现出的勇敢精神给予颂扬，对他们遭党锢之祸寄予同情。作者对于汉末党人行事的肯定和赞扬，其实也就是对汉末政治腐败和宦官专权的不满与谴责，其是非观是很分明的。

《党锢列传序》借事发论，不但内蕴“精意深旨”，而且视角独特、新颖，确为《后汉书》“就卷内发问，正一代得失”的典型篇章。

范晔论宦官专权

原文：

《易》曰：“天垂象，圣人则之。”宦者四星，在皇位之侧，故《周礼》置官，亦备其数。阍者守中门之禁，寺人掌女宫之戒。又云“王之正内者五人”。《月令》：“仲冬，命阉尹审门闾，谨房室。”《诗》之《小雅》，亦有《巷伯》刺谗之篇。然宦人之在王朝者，其来旧矣。将以其体非全气，情志专良，通关中人，易以役养乎？然而后世因之，才任稍广，其能者，则勃貂、管苏有功于楚、晋，景监、缪贤著庸于秦、赵。及其敝也，则竖刁乱齐，伊戾祸宋。

汉兴，仍袭秦制，置中常侍官。然亦引用士人，以参其选，皆银珰左貂，给事殿省。及高后称制，乃以张卿为大谒者，出入卧内，受宣诏命。文帝时，有赵谈、北宫伯子，颇见亲幸。至于孝武，亦爱李延年。帝数宴后庭，或潜游离馆，故请奏机事，多以宦人主之。至元帝之世，史游为黄门令，勤心纳忠，有所补益。其后弘恭、石显以佞险自进，卒有萧、周之祸，损秽帝德焉。

中兴之初，宦官悉用阉人，不复杂调他士。至永平中，始置员数，中常侍四人，小黄门十人。和帝即祚幼弱，而窦宪兄弟专总权威，内外臣僚，莫由亲接，所与居者，唯阉宦而已。故郑众得专谋禁中，终除大憝，遂享分土之封，超登宫卿之位。于是中官始盛焉。

自明帝以后，迄乎延平，委用渐大，而其员稍增，中常侍至有十人，小黄门二十人，改以金珰右貂，兼领卿署之职。邓后以女主临政，而万机殷远，朝臣国议，无由参断帷幄，称制下令，不出房闱之间，不得不委用刑人，寄之国命。手握王爵，口含天宪，非复掖庭永巷之职，闺牖房闼之任也。其后孙程定立顺之功，曹腾参建桓之策，续以五侯合谋，梁冀受钺，迹因公正，恩固主心，故中外服从，上下屏气。或称伊、霍之勋，无谢于往载；或谓良、平之画，复兴于当今。虽时有忠公，而竟见排斥。举动回山海，呼吸变霜露。阿旨曲求，则光宠三族；直情忤意，则参夷五宗。汉之纲纪大乱矣。

若夫高冠长剑，纡朱怀金者，布满宫闱；苴茅分虎，南面臣人者，盖以十数。府署第馆，棋列于都鄙；子弟支附，过半于州国。南金、和宝、冰纨、雾谷之积，盈仞珍藏；嫱媛、侍儿、歌单、舞女之玩，充备绮室。狗马饰雕文，土木被缇绣。皆剥割萌黎，竞恣奢欲。构害明贤，专树党类。其有更相援引，希附权强者，皆腐身熏子，以自炫达。同敝相济，故其徒有繁，败国蠹政之事，不可单书。所以海内嗟毒，志士穷栖，寇剧缘间，摇乱区夏。虽忠良怀愤，时或奋发，而言出祸从，旋见孥戮。因复大考钩党，转相诬染。凡称善士，莫不离被灾毒。窦武、何进，位崇戚近，乘九服之嚣怨，协群英之势力，而以疑留不断，至于殄败。斯亦运之极乎！虽袁绍龚行，芟夷无余，然以暴易乱，亦何云及！自曹腾说梁冀，竟立昏弱。魏武因之，遂迁龟鼎。所谓“君以此始，必以此终”，信乎其然矣！

（选自《宦者列传》）

点评：

《宦者列传序》是一部关于中国古代宦官制度发展沿革的小史。该篇序言以古代文献《周易》、《周礼》和《诗经》的一些记载为证，肯定宦官居朝任事由来已久；认为秦与西汉时期的宦官杂用士人，而东汉建立后，不但宦官官职和配员不断增多，而且不再杂用士人，全部由阉人担任，这是古代宦官制度的一个重大变化；指出自东汉和帝以后，宦官开始“手握王爵，口含天宪”，由此导致纲纪大乱。

《序》文对东汉宦官专权的危害性作了揭示，认为这些手握重权的阉人不但生活极其奢侈，而且“构害明贤，专树党类”，致使“海内嗟毒，志士穷栖，寇剧缘间，摇乱区夏”。虽不乏有一些忠良之士怀愤奋言，而其结果则是“言出祸从，旋见孥戮”。《序》文对造成东汉宦官专权局面的原因作了分析，认为主要是皇帝年幼、母后临政所致。母后临政，政令“不出房闱”，这就必需外事委于外戚，内事委用刑人；而随着皇帝日渐长大，外戚专权必然与皇权发生冲突，皇帝往往会联合身边的亲近宦官来消除外戚势力，宦官因此得以由专事到专权，和帝一朝的外戚与宦官轮流专权的历史便是一个很好的例证。毫无疑问，《序》文对于东汉宦官专权的危害性的揭示，以及对于造成宦官专权局面的原因的分析是深刻的。

《序》文还提出了一些颇有见地的观点。如认为宦官之所以很早就居朝任事，这是与宦官的生理与心理特点分不开的，因为宦官们身体不健全，情志专一，这既便于与宫内接触，又便于使唤；认为历史上的宦官既有像缪贤这样的知人识才的贤者，也有像竖刁这样扰乱政纲的败类，不可一概而论；指出宦官得志或形成专权局面，往往都是女主或幼主统治时期；对汉末斩尽宦官的做法提出批评，认为这是“以暴易乱”。以上这些观点，确实值得人们深思，它对我们正确认识历史上的宦官制度和宦官专权问题是有裨益的。

千古名言

有志者事竟成。

——语出《耿弇传》。意思是说，有志向的人，所做的事情就一定能够成功。

这句千古流传的名言，既是人们在长期的实践中所得出的一种认识，也是千百年来一直被实践所证明了的真理。历代无数仁人志士，正是在它的激励下，奋发向上，最终成就了一番事业。

廉约小心，克己奉公。

——语出《祭遵传》。意思是说，清廉节约，小心谨慎，约束自己，奉公行事。

这里说的是封建官吏的行为准则问题。它告诉人们，为官要廉约小心，克己奉公。这应该也是我们今天的国家工作人员特别是官员们的座右铭，既然封建时代都能以此规范官员，那么作为社会主义国家的管理人员，又有什么理由不能以它为行为规范和准则呢?

丈夫有志，穷当益坚，老当益壮。

——语出《马援传》。意思是说，男子汉大丈夫应当胸有大志，身处穷困境地时要意志更加坚强，年老体衰时要精神更加旺盛。

这是一种积极乐观的人生观。人生在世，难免会有时运不济、穷困落魄之时，如果胸有大志，你的意志就会更加坚定，而不会因眼前暂时的穷困而退缩；年老体衰是人生的自然规律，如果你胸有大志，就一定能身体衰老而精神不老，所谓生命不息，战斗不止，便是对这种精神的写照。

贫贱之知不可忘，糟糠之妻不下堂。

——语出《宋弘传》。意思是说，贫贱时的知己不可以忘记，曾经共过患难的妻子不能遗弃。

贫贱时的知心朋友是真正的朋友，诚所谓患难见真情，这样的知己是永远不能忘记的；曾经共患难的妻子是最关爱你的人，这样的妻子当然是终身最佳的伴侣。一个人如果富贵了就忘记贫贱时的朋友，这样的人是没有信用的；如果富贵了就休掉糟糠之妻，这样的人是没有良知的。

专己者孤，拒谏者塞。

——语出《申屠刚传》。意思是说，固执己见的人就会孤立无援，拒绝批评的人就会遭到困厄。

固执己见的人，自然听不进别人的意见和建议，长此以往，就必然会失去群众，使自己成为孤家寡人；拒绝接受批评的人，就不可能改正自己的缺点和错误，这样久而久之，就必然会使自己陷入困境之中。因此，人们应该善于听取别人的意见，勇于接受别人的批评。

无为亲厚者所痛，而为见仇者所快。

——语出《朱浮传》。意思是说，不要做出使自己亲近的人感到痛心，而使自己的仇敌感到快慰的事情。

一个人如果做出使亲者痛仇者快的事情，其结果一定会使亲近的人离你而去，从而使自己陷于孤立的境地，这样的人没有不失败的。

精诚所加，金石为开。

——语出《广陵思王荆传》。意思是说，如果精神专注、诚心诚意，那么再坚硬的金属和顽石也会为之破裂的。

这句名言说的是，只要人们专心致志，持之以恒，即使是金属和顽石都会为之破裂，难道还有什么困难克服不了吗？千百年来，正是这样一种信念，一直鼓励着人们去取得最终的成功。

不入虎穴，焉得虎子。

——语出《班超传》。意思是说，不进入老虎的洞穴，怎么能够捉到小老虎呢?

这个典故说的是班超出使西域，率部卒36人攻杀派驻鄯善的匈奴使者的故事。它告诉人们这样一个道理：只要勇敢地面对困难和危险，就没有什么艰难险阻能够阻挡人们去取得成功。

爱之则不觉其过，恶之则不知其善。

——语出《爱延传》。意思是说，喜欢一个人，就不容易觉察出他的过错；讨厌一个人，就不容易看到他的优点。

这句名言所指出的现象，确实是现实当中所普遍存在的。道理很简单，人是有情感的，当他对外界事物或人做出自己的判断时，往往会受到好恶等等情感因素的左右，从而影响到自己做出正确的判断。这就要求我们在日常生活和工作当中，要注意克服感情因素的作用，尽可能地对客观事物或人做出正确的判断。

不患位之不尊，而患德之不崇；不耻禄之不多，而忧智之不博。

——语出《张衡传》。意思是说，不忧虑地位不尊贵，而忧虑道德不高尚；不以俸禄不多感到羞耻，而担忧知识不渊博。

重视道德修养和知识积累，这是中华民族的优良传统。这句名言作为一条古训，千百年来，一直在鞭策着人们去不断提高自己的道德修养和知识素养。

《三国志》

史家生平

《三国志》的作者陈寿，字承祚，西晋巴西郡安汉（今四川南充市）人。生于蜀汉后主建兴十一年（233 年），卒于晋惠帝元康七年（297 年）。

陈寿的青少年时代，正值蜀汉政权在诸葛亮去世后由蒋琬、费祎执政时期。他们在内政上继承了诸葛亮所执行的安抚百姓、劝学兴教和严明法度的政策，对外则暂停大规模的军事行动，从而使这一时期的政权出现了相对比较安定的局面。这种安定的政治局面，使得陈寿有了一个良好的成长和求学的环境。根据《华阳国志·陈寿传》的记载，陈寿青少年时即入蜀汉政府的太学读书，师从著名学者谯周。谯周与陈寿同为巴西郡人，据《三国志》本传载，谯周不但“研精六经”，通晓天文，遍览诸子，尤其擅长史学，曾著《古史考》（今有辑本）。诸葛亮为丞相兼益州牧时，就聘谯周为劝学从事，掌管益州文教；蒋琬为大将军兼益州刺史时，又让他担任典学从事，继续掌管州内诸郡学校，同时在中央太学执教。由于谯周经、史兼通，陈寿在他的教导下，不但认真学习了《尚书》、《春秋》三传等儒家经典，尤其精心研习了《史记》和《汉书》。在谯周当时的门人当中，

陈寿雕像

陈寿被视为谯门子游，可见他是以通晓文献、善于著文见长的。

陈寿学业完成后，便步入了仕途，最初担任的官职是卫将军主簿，后来又先后做了蜀汉政府的东观秘书郎（《晋书·陈寿传》说他“仕蜀为观阁令史”，这里观阁即是东观，可能陈寿是先做令史，后迁为秘书郎的）、散骑侍郎和黄门侍郎等官职。其中散骑侍郎和黄门侍郎都是三国时期比较重要的官职，陈寿担任这些官职的时间大约均在后主景耀元年（258 年）以前。自景耀元年以后，由于后主刘禅亲信并重用宦官黄皓，由此导致了黄皓独揽朝政的局面。当时很多朝臣都畏惧黄皓而依附于他，陈寿是个很有骨气的人，他不满黄皓的专权，更不愿屈从于他的权威，而这样做的结果自然是屡屡遭受排挤。《晋书·陈寿传》说：“寿独不为之屈，由是屡被谴黜”。由此可见，景耀元年以后的蜀汉政治，已经是君主昏暗，宦官专权，良臣遭黜，走向了穷途末路。

公元 263 年，蜀汉政权终于被曹魏所灭，时年陈寿 31 岁。两年后，司马炎夺取了曹魏政权，建立了晋朝（历史上称为西晋）。就在曹魏末年，陈寿的父亲去世了，陈寿居丧在家，因为得了病，便让家中侍婢调制药丸，当时人认为此事触犯了封建礼教，便对陈寿横加贬责。西晋政权建立后，由于统治者大力提倡封建礼教，人们对陈寿的贬责，自然影响了他的仕途前程，致使西晋立国数年间，他一直没有得到录用。大约在泰始四年

（268年），陈寿才被举孝廉，任佐著作郎，兼本郡中正。

陈寿在做官闲暇之时，非常留心乡邦文献和人物。从东汉初年以来，蜀郡的郑伯邑、赵彦信，汉中的陈申伯、祝元灵，广汉的王文表等一些巴蜀之地的博学洽闻之士，曾著有《巴蜀耆旧传》一书。陈寿研读了该书之后，认为论述得还不够全面，于是在巴蜀之外又增加了汉中，撰成《益部耆旧传》十卷。这里的益部，即是指益州。陈寿撰成此书后，散骑常侍文立将它进呈于晋武帝，得到武帝的赞赏，陈寿因此被迁为著作郎。

就在陈寿担任著作郎期间，侍中、领中书监荀勖与中书令和峤奏使陈寿撰定蜀相诸葛亮故事。泰始十年（274年），陈寿在平阳侯相任上完成了《蜀相诸葛亮集》的撰写工作。该书共分24篇，通过对诸葛亮的著作进行“删除重复，随类相从”，对诸葛亮作了公允的评价。不久，陈寿再度被调任著作郎，同时继续兼任本郡中正。

太康元年（280年），晋武帝灭孙吴。至此，从汉末以来持续达九十余年之久的分裂与战乱终于结束了。这一年陈寿48岁，他立即着手整理三国史事，以便对这一时期的历史及时地加以总结，由此开始了《三国志》的撰写工作。

在陈寿撰写《三国志》之前，有关魏、吴两国的历史已经有一些著作问世。魏国在文帝、明帝时，曾命令卫觊、缪袭草创纪传，结果数年未成。于是又命令卫诞、应璩、王沈、阮籍、孙该、傅玄等人共同撰写，最后由王沈定稿，撰成《魏书》四十四卷，不过该书“多为时讳，殊非实录”。（刘知幾《史通·古今正史》）吴国早在孙权时就令人撰写吴国历史，结果未成。至少帝孙亮时，又命令韦曜（韦昭）、周昭、薛莹、梁广、华核等人撰写吴史，最终由韦曜撰成《吴书》五十五卷。上述《魏书》和《吴书》皆为官修史书，此外，尚有魏人鱼豢私家修撰的《魏略》一书，有三十八卷。这三部书是陈寿撰写魏、吴历史所依据的基本资料。至于蜀国，则没有官修史书。陈寿撰写蜀史，主要是依靠自己收集资料。好在陈寿是蜀人，又留意乡邦文献人物，在撰写《三国志》前，就已经撰写有《益部耆旧传》，并编成《蜀相诸葛亮集》，这些无疑都为他撰写蜀史奠定了坚实的基础。由此来看，陈寿撰写《三国志》既有前人已经撰成的著作可资借鉴，又有自己长年关于蜀汉历史的研究及其成果作为基础。

《三国志》的编撰时间究竟有多长，现已不得而知。不过，在陈寿的努力下，这一撰述最终获得了成功。根据《晋书·陈寿传》的记载，时人看到《三国志》的稿本后，都称赞陈寿“善叙事，有良史之才”。大官僚张华将陈寿比之于司马迁、班固，并对陈寿说“当以《晋书》相付耳。”更有甚者，当时有个叫夏侯湛的人正撰写《魏书》，当他看到陈寿的《三国志》以后，自愧不如，便将所撰之书毁了。

陈寿撰成《三国志》后，张华更加器重他，要推荐他做中书郎。然而权臣荀勖此时正与张华交恶，便迁怒于陈寿，授意吏部调陈寿外任长广太守。陈寿便以母亲年老体弱为由，辞官不就。后来陈寿的母亲去世了，陈寿遵照母亲遗命，将她安葬在洛阳。然而，当时的清议却认为陈寿不将他母亲归葬于蜀中故乡是不对的，因而对他进行贬责。这件事情又使得陈寿数年没有得到朝廷任用，后来还是同郡人、梁益二州大中正何攀为他辩护，朝廷才重新加以起用，任命为太子中庶子。遗憾的是，陈寿尚未到任，便于元康七年（297 年）病故了，终年 65 岁。

陈寿一生，虽然才学出众，却因生不逢时，终究未能在仕途上有所作为。先是在蜀汉政权为官，屡屡遭受宦官黄皓的排挤；后在西晋供职，仕途也不顺利。正如《华阳国志·陈寿传》所言：“位望不充其才，当时冤之。”所幸的是，由于《三国志》的撰写获得成功，陈寿与他这部不朽的名著一道被载入史册，永远为后人所景仰。

史著简介

《三国志》是继《史记》、《汉书》之后我国史学史上第三部纪传体“正史”。全书共有65卷，其中《魏书》30卷，《蜀书》15卷，《吴书》20卷。与《史记》、《汉书》不同，这部纪传体史书只有纪、传，没有志、表，体例并不完备，只能说是半纪传体。

《三国志》记述的是分裂时期的历史，在书法上以魏为主、蜀汉次之、孙吴为末，魏国君主与蜀、吴两国君主之间在称谓上有帝、主之分，在编写体例上有纪、传之别，体现了以魏为正统的思想。

《三国志》的撰述水平，总体上不但超过了此前各种三国历史的撰述，而且也超过了此后各种三国历史的撰述，这一点已被后人所肯定。也正因此，它成为三国历史撰述的最高代表，清代人将其与司马迁的《史记》、班固的《汉书》和范晔的《后汉书》并称为“前四史”，充分肯定了它的撰述成就。

然而，自《三国志》问世以来的千百年间，它在赢得人们诸多肯定和赞誉的同时，也遭到了不少非议和责难，因此，我们有必要对《三国志》作一具体评述。

1. 据事直书而又多有回护

《三国志》的据事直书首先表现在正视三国分立的事实上。我们知道，西晋政权是继承曹魏而来的，因此，西晋时期的中原人士在谈论三国时期的历史时，往往都以曹魏为正统，而视蜀、吴为伪国。也就是说，他们只承认有魏，而不承认三国分立这样一个客观事实。陈寿虽然是西晋的大臣，却与人们的普遍看法不同，他视魏与蜀、吴为对等的国家，肯定三国分立的客观事实，所以他要把自己撰述的反映三国时期历史的著作取名为《三国志》。可以说，《三国志》的问世，不仅打破了传统纪传体史书以一国为史的做法，是纪传体撰述方法的一大突破，而且若结合陈寿所处的特定的历史背景，无疑也体现了作史者的大无畏精神和据事直书的作史态度。对此，清代史家钱大昕在《潜研堂文集·三国志辨疑序》中给予了充分肯定："当时中原士人，知有魏而不知有蜀、吴也。自承祚书出，始正三国之名。"认为陈寿这种"引魏以匹二国（指蜀、吴）"的做法，"其秉笔之公，视南、董（指春秋时敢于直书的史官南史和董狐）何多让焉。"

《三国志》的据事直书其次表现在评论人物上。陈寿作为史家，又曾长期担任本郡中正官，因而评论人物是他的长处。正因此，《三国志》一书不但重视对于历史人物的评论，而且其评论大多都比较中肯。而这种对历史人物进行恰如其分的评价，无疑也是《三国志》据事直书精神的一种体现。如《三国志》评论曹操，肯定其"明略最优"，是一个"非常之人，超世之杰"；评论刘备，认为其"弘毅宽厚，知人待士，盖有高祖之风，英雄之器"，但是，"机权干略，不逮魏武，是以基宇亦狭"；评论孙权，肯定其"屈身忍辱，任才尚计，有勾践之奇英，人之杰矣，故能自擅江表，成鼎峙之业"；评论诸葛亮，肯定其"庶事精练，物理其本，循名责实，虚伪不齿"，是"识治之良才，管、萧之亚匹"，然而"连年动众，未能成功，盖应变将略，非其所长"；评论关羽、张飞，认为他们"皆称万人敌，为世虎臣"，然而关羽"刚而自矜"、张飞则"暴而无恩"，他们最终"以短取败，理数之常也"，如此等等，以上这些评论，即使我们以今天的眼光来看，也可以称得上是公允、公正的。

《三国志》的据事直书还表现在它的微而不诬上。由于陈寿所处时代的原因，《三国志》在记述汉魏之际和魏晋之际的史事时，不得不作一些隐讳。但是，陈寿却能微而不诬，这是实属不易的。如建安元年（196年）汉献帝迁都许昌一事，实质上是曹操挟天子以令诸侯。《三国志》自然不敢写出曹操的真实意图，不过却说董昭劝太祖定都许昌，而不说是天子迁都，其隐含之义是明显的。而且在《荀彧传》、《董昭传》中，作者对事件的真实情况作了揭示。又如杀汉献帝伏后一事，《武帝纪》自然不敢直书，不过它却通过委婉的手法，对曹操杀伏后的原因作了交代。再比如魏晋禅代之事，这在当时是个忌讳的话题。《三少帝纪》在记载这件事时，只用了“如汉魏故事”五个字，其间无疑是蕴含了深刻含义的，陈寿如此书法可谓用心良苦。

当然，《三国志》对史事“多有回护”也是客观事实。《三国志》重教化，时人称其“辞多劝戒，明乎得失，有益风化”。（《晋书·陈寿传》）正因如此，书中用了不少隐讳的笔法来偏袒统治者。如汉献帝被迫禅位于曹丕，《魏志·文帝纪》却说：“汉帝以众望在魏，乃召群公卿士，告辞高庙，使兼御史大夫张音持节奉玺绶禅位。”这似乎在告诉人们，是汉献帝主动将皇帝的位置让给曹丕的。又如魏齐王芳被废，事实上是司马师的主意，《齐王芳纪》对此不予记载，而只说是太后下令，以齐王芳无道不孝而废黜。又如高贵乡公曹髦被司马昭所杀，《三国志·少帝纪》只记“五月己丑，高贵乡公卒，年二十。”字里行间，绝对看不出高贵乡公被杀的迹象。倒是该《纪》记载了太后之令，说是高贵乡公悖逆不道，死后以庶人之礼埋葬。又如对司马氏政敌曹爽、何晏等人，《魏书》对他们极尽丑化之能事，而且何晏作为一代学者，《三国志》竟然没有给他立传。相反，像刘放、孙资之流，本是奸邪之人，仅仅因为他们有功于司马氏，为司马氏亲信，《三国志》不但为他们作了合传，而且给予了不实的赞誉。

当然，对于《三国志》其中的某些曲笔隐辞，作为晋臣，陈寿确实有迫不得已的苦衷。如关于汉魏禅代之事，如果陈寿否定汉禅位于曹魏，就等于否定了曹魏禅位于司马氏，这样西晋政权建立的合法依据就不存在了。又如对于司马氏政敌的书法问题，陈寿如果不对这些人加以贬损，这自然就成为一个立场问题。如此等等，这都是作为西晋时期的史家陈寿所不得已而为之的做法，如果不这样做，恐怕《三国志》也就不可能得以问世了。因此，我们对《三国志》的回护问题，一方面要如实指出这是该书的不足之处，一方面也要结合当时的时代背景来看待这一问题。

不过，后人对于《三国志》的批评和贬责，主要还不是它为统治者隐恶溢美，而是关于作者的史德问题和正统观念。

先说史德问题。《晋书·陈寿传》在肯定《三国志》的价值之后，以“或云”的语气提到了两件事情：一是陈寿索米不遂而不为丁仪兄弟立传，二是陈寿因父受刑而贬抑诸葛亮。当然，《晋书》用“或云”二字，说明作者对此也是持怀疑态度的。不过，《晋书》的记载，却被后代不少学者所轻信，人们据此指责陈寿的史德。如唐代史家刘知幾就说：“陈寿借米而方传”是“记言之奸贼，载笔之凶人。”（《史通·曲笔》）宋代学者陈振孙则说：“乞米作佳传，以私憾毁诸葛亮父子，难乎免物议矣。”（《直斋书录解题》卷四）

对于后人据此二事贬责陈寿，历代特别是清代不少学者如朱彝尊、杭世骏、王鸣盛、钱大昕和赵翼等人经过谨慎考辨，认为实属诬陷之词。如索米作传一事，其实，考察该不该为丁仪、丁廙兄弟立传，问题的关键是要看丁仪兄弟究竟够不够立传的资格。陈寿不为丁仪兄弟立传是有充分理由的，其一，据王沈《魏书》、鱼豢《魏略》的记载，丁仪兄弟品行不好，这在那个注重品评人物的时代是件大事；其二，丁仪不过是当时二流文学家，《三国志》一书为文士总共只作了五个传，像徐幹、陈琳这些杰出的文学家都没有单独立传，丁仪兄弟才学在他们之下，不给立传是很正常的；其三，尽管如此，《三国志》还是在《王粲传》、《刘廙传》中附书了二人事迹，并称其“亦有文采”。如此看来，不为丁仪兄弟立传，与借不借米一事是一点关系也没有。正如朱彝尊所说的，“造此谤者，亦未明寿

作史之大凡矣。”(《曝书亭集·陈寿论》)

又如贬抑诸葛亮一事，我们认为陈寿的父亲作为马谡的参军，曾因失街亭而坐罪是事实，但是，陈寿绝没有因为此事而贬低诸葛亮。其理由：一是《三国志·诸葛亮传》给予了诸葛亮充分的肯定，如称他是“天下奇才”、“刑赏得当”，特别是传后附录《诸葛亮集》及所上书，这种破例的做法是为了“以示尊崇”，何来贬抑之义？其二，《诸葛亮传》指出“街亭之败”是诸葛亮用人不当所导致的，又说诸葛亮“将略非其所长”。对此，后人多认为是对诸葛亮的诋毁。其实，《三国志》的这些批评是符合实际的。诸葛亮用马谡守街亭，导致街亭之败，他当然对此事难辞其咎；而北伐失败，在一定程度上论证了“将略非其所长”这一说法的正确。

再说正统问题。前已说过，《三国志》以曹魏为正统，对此，后代正统史家多有微词。如东晋史家习凿齿作《汉晋春秋》，明确反对《三国志》以魏为正统的做法，而主张以蜀汉为正统。南宋史家朱熹赞成习凿齿的做法，也指责陈寿的正统观。不过，北宋史家司马光则赞成陈寿的做法，而不同意习凿齿的正统观。究竟应该如何看待陈寿的以魏为正统的正统观？我们认为，首先，陈寿以曹魏为正统，完全是当时政治的一种需要，如果曹魏不是正统，那么继魏而建的西晋也就没有正统可言，作为西晋时代的史家，陈寿显然是不能这样做的。退一步而言，撰写分裂时期的历史，总得有一个主次、先后，何况就当时形势而言，曹魏实际上是历史舞台的主角。其次，“正统”之说是为封建政治服务的，陈寿的正统观念之所以后人有反对，也有赞同，那是与后代史家所处的时代政治紧密相关的。如习凿齿、朱熹主蜀汉，显然是为东晋、南宋这些南渡政权争正统的政治需要；而司马光主魏，是因为北宋的建立与曹魏的建立处境相同，主魏就是为北宋争正统。正如《四库全书总目提要》所说的，“此皆当论其世，未可以一格绳也。”

由上可知，所谓索米作传与贬抑诸葛亮之事，前说纯属子虚乌有，不足为凭；后一说法也是无识之论，陈寿关于诸葛亮的评价是客观、公正的，体现了史家的直书精神。至于正统问题，我们认为这只是封建史家的一种历史观，它并没有任何实际意义，因而不能作为我们今天衡量史家的标准。

2. 叙事简洁而有疏略之处

叙事简洁是《三国志》的一大特色。这种简洁，既表现为善于叙事，也表现为文字凝练和取材精审。

《三国志》善于叙事，这是后代史家所公认的。该书记述的三国历史始于184年黄巾大起义，终于280年西晋灭吴，对于前后近百年的历史，只是通过曹魏的几篇帝纪，便将这一时期的历史大事作了概述，这充分表现了陈寿总揽全局的能力。又如《诸葛亮传》，作者通过隆中对、说孙破曹、永安托孤、上《出师表》等几个典型事例，便将诸葛亮一生事业给概括了，确有很强的驾驭史事的能力。

《三国志》往往能于简洁之中点化出事物情态与人物风貌。如《蜀书·先主传》记述曹操与刘备论英雄之事："曹公从容谓先主曰：'今天下英雄，唯使君与操耳。本初之徒不足数也。'先主方食，失匕箸。"这寥寥数语，既表现出了曹操的气势和眼光，也透过刘备的惊恐失态之举反映出了这位"潜龙"的志向。又如《蜀书·关张马赵黄传》记述道："羽闻马超来降，旧非故人，羽书与诸葛亮，问超人才可谁比类。亮知羽护前，乃答之曰：'孟起（马超字）兼资文武，雄烈过人，一世之杰，黥、彭之徒，当与翼德（张飞字）并驱争先，犹未及髯之绝伦逸群也。'羽美须髯，故亮谓之髯。羽省书大悦，以示宾客。"这段话既刻画出了关羽争强好胜的性格特点，也充分反映出了诸葛亮的机智与风度。

《三国志》的简洁与取材精审密切相关。在《三国志》问世之前，如鱼豢的《魏略》过于繁杂，刘知幾称它“巨细毕载，芜累甚多”(《史通·题目》)；王沈的《魏书》则隐讳过多，《晋书》本传称他“未若陈寿之实录”；而韦曜的《吴书》则多人物小传。由此来看，《三国志》之所以能取代它们而流传下来，确实与其取材精审有很大关系。如关于诸葛亮的事迹，当时的文献记载和口头传闻都很多，如何剔除杂芜，精选史事，自然很重要。像刘备与诸葛亮初次相见之事，《魏略》和《九州春秋》都说是诸葛亮主动前往拜见刘备，《三国志》则依据《出师表》而认定是刘备三顾茅庐主动拜见诸葛亮的，原因是《出师表》乃诸葛亮上奏后主之表，是完全可以信赖的材料。又如习凿齿《汉晋春秋》记有诸葛亮《后出师表》一文，由于它出自吴人张俨的《默记》，后人对此多有怀疑，陈寿出于谨慎考虑，没有将它加在《诸葛亮传》中。

当然，由于《三国志》追求简洁，也不可避免地存在着各种史实疏略现象。首先，《三国志》立传虽广，却有“网漏吞舟”之嫌。从《三国志》所作的人物传来看，大凡三国时期在政治、经济、军事、思想文化和科学技术等各个方面有重要影响和重要贡献者，基本上都以专传或附传的形式对他们的事迹作了记载，可以说，照顾的面是很广的。但是，具体到记述某一方面的历史人物时，则存在着明显的疏漏，如医学家张仲景是与华佗同时代的人，《三国志》为华佗作传，却没有给张仲景作传；又如马钧是当时著名的能工巧匠，翻车的发明者，《三国志》也未给他作传；至于何晏，则是当时颇有影响的著名玄学家，《三国志》也许因其为司马氏政敌而未给立传，如此等等，故而《史通·人物》说《三国志》的人物传是“网漏吞舟”。

其次，《三国志》只有纪、传，没有志、表，这不能不说是一个遗憾。众所周知，纪传体史书的“志”是非常重要的，它记述的是朝代的各项典章制度，缺少这一方面的记载，其历史记述显然是不完整的。《三国志》之所以没有作“志”，也许是资料准备不足的缘故。

再次，《三国志》关于历史重大事件的记述也有明显的疏漏或不足。如曹魏许下屯田，这是一件关系到曹魏集团崛起的大事，《三国志》只是在《武帝纪》中记了一句：“是岁，用枣祗、韩浩等议，始施屯田。”又如“九品中正制”，这是关系到魏晋南北朝四百年选官制度的一件大事，《三国志》只是在《陈群传》中写了一句：“制九品官人之法，群所建也。”而对这一制度的具体内容及其影响则概不论述。

所幸的是，在《三国志》问世130余年之后，刘宋史家裴松之奉宋文帝之命为《三国志》作注。裴松之为《三国志》作注，收集、参阅了大量的文献资料，以“务在周详”为宗旨，具体方法是对原书略者详之，缺者补之，谬者正之，疑者存之。因此，他所撰成的《三国志注》，绝不是一般性地对《三国志》进行注解，而是最大限度地对《三国志》的史实作了补充。据《四库全书总目提要》统计，裴松之《三国志注》的字数要多于陈寿《三国志》原文的字数。可以说，如果没有后来裴松之作《三国志注》，关于三国时期的很多史实我们今天是难以知晓的。从这个角度来讲，裴松之不但是陈寿及其《三国志》的功臣，更是中国古代史学的功臣。

此外，《三国志》由于过于追求简洁，也表现出“文采不足”的缺陷。我们知道，《史记》、《汉书》和《后汉书》都是文史结合的典范之作，在历史文学上取得了极大的成功。与前“三史”相比，《三国志》由于简洁有余而导致文采不足。而这一“文采不足”的缺陷，则大大影响了史书对那个风云突变、英雄辈出时代的历史的叙述。正如清代学者李慈铭所说：“承祚固称良史，然其意务简洁，故裁制有余，文采不足；当时人物，不减秦汉之际，乃子长作《史记》，声色百倍，承祚此书，黯然无华，范蔚宗《后汉书》较为胜矣。”（《越缦堂日记》）后来成就的文学作品《三国演义》，正是由于它对这一时期历史人物的生动描绘，而成为家喻户晓的历史文学名著。

名篇点评

官渡之战

原文：

是时袁绍既并公孙瓒，兼四州之地，众十余万，将进军攻许，诸将以为不可敌，（曹）公曰："吾知绍之为人，志大而智小，色厉而胆薄，忌克而少威，兵多而分画不明，将骄而政令不一，土地虽广，粮食虽丰，适足以为吾奉也。"秋八月，公进军黎阳，使臧霸等入青州破齐、北海、东安，留于禁屯河上。九月，公还许，分兵守官渡。冬十一月，张绣率众降，封列侯。十二月，公军官渡。

……

（建安五年）二月，绍遣郭图、淳于琼、颜良攻东郡太守刘延于白马，绍引兵至黎阳，将渡河。夏四月，公北救延。荀攸说公曰："今兵少不敌，分其势乃可。公到延津，若将渡兵向其后者，绍必西应之，然后轻兵袭白马，掩其不备，颜良可禽也。"公从之。绍闻兵渡，即分兵西应之。公乃引军兼行趣白马，未至十余里，良大惊，来逆战。使张辽、关羽前登，击破，斩良。遂解白马围，徙其民，循河而西。绍于是渡河追公军，至延津南。公勒兵驻营南阪下，使登垒望之，曰："可五六百骑。"有顷，复白："骑稍多，步兵不可胜数。"公曰："勿复白。"乃令骑解鞍放马。是时，白马辎重就道。诸将以为敌骑多，不如还保营。荀攸曰："此所以饵敌，如何去之！"绍骑将文丑与刘备将五六千骑前后至。诸将复白："可上马。"公曰："未也。"有顷，骑至稍多，或分趣辎重。公曰："可矣。"乃皆上马。

时骑不满六百，遂纵兵击，大破之，斩丑。良、丑皆绍名将也，再战，悉禽，绍军大震。公还军官渡。绍进保阳武。关羽亡归刘备。

八月，绍连营稍前，依沙埴为屯，东西数十里。公亦分营与相当，合战不利。时公兵不满万，伤者十二三。绍复进临官渡，起土山地道。公亦于内作之，以相应。绍射营中，矢如雨下，行者皆蒙楯，众大惧。时公粮少，与荀彧书，议欲还许。彧以为“绍悉众聚官渡，欲与公决胜败。公以至弱当至强，若不能制，必为所乘，是天下之大机也。且绍，布衣之雄耳，能聚人而不能用。夫以公之神武明哲而辅以大顺，何向而不济！”公从之。

……

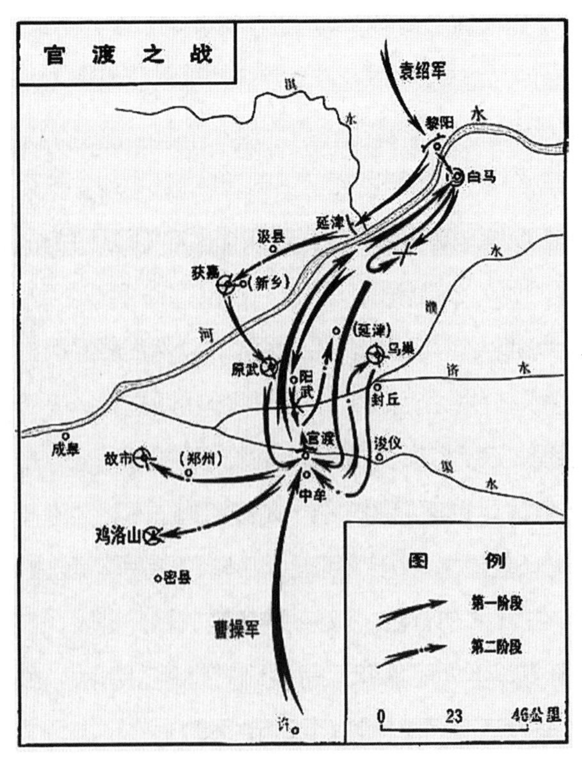

官渡之战示意图

袁绍运谷车数千乘至，公用荀攸计，遣徐晃、史涣邀击，大破之，尽烧其车。公与绍相拒连月，虽比战斩将，然众少粮尽，士卒疲乏。公谓运者曰：“却十五日为汝破绍，不复劳汝矣。”冬十月，绍遣车运谷，使淳于琼等五人将兵万余人送之，宿绍营北四十里。绍谋臣许攸贪财，绍不能足，来奔，因说公击琼等。左右疑之，荀攸、贾诩劝公。公乃留曹洪守，自将步骑五千人夜往，会明至。琼等望见公兵少，出陈门外。公急击之，琼退保营，遂攻之。绍遣骑救琼。左右或言“贼骑稍近，请分兵拒之”。公怒曰：“贼在背后，乃白！”士卒皆殊死战，大破琼等，皆斩之。绍初闻公之击琼，谓长子谭曰：“就彼攻琼等，吾攻拔其营，彼固无所归矣！”乃使张郃、高览攻曹洪。郃等闻琼破，遂来降。绍众大溃，绍及谭弃军走，渡河。追之不及，尽收其辎重图书珍宝，虏其众。公收绍书中，得许下及军中人书，皆焚之。冀州诸郡多举城邑降者。

初，桓帝时有黄星见于楚、宋之分，辽东殷馗善天文，言后五十岁当有真人起于梁、沛之间，其锋不可当。至是凡五十年，而公破绍，天下莫敌矣。

（选自《魏书·武帝纪》）

点评：

本篇选自《魏书·武帝纪》。该本纪为《三国志》开篇之作，它对三国时期杰出的政治家、军事家和文学家曹操的一生行事作了详细叙述。曹操少年时就机警过人，擅长权术。初仕洛阳北部尉和济南相时，就令行禁止，崭露锋芒。在以后的中原逐鹿中，他败黄巾、行屯田、挟天子、举贤能、灭袁绍，一统北中国，表现出了非凡的智能和谋略，是三国时期无人企及的人物，所以陈寿称其为“非常之人，超世之杰”。

《魏书·武帝纪》所反映的正统观念和对曹操的评价，是两个颇受后人非议的问题。我们认为，《三国志》之所以要纪魏而传蜀、吴，这既是出于当时政治的需要，因为陈寿是西晋的臣子，如果不以曹魏为正统，就等于否定了由曹魏禅让而来的西晋政权的合法性和正统地位；同时也是史家直书精神的一种体现，因为在当时三国当中，曹魏集团势力最强，是历史舞台的主角，而且也是由曹魏禅位而建的西晋政权最终完成了国家的统一。至于对曹操的评价，人们说他是“治世之能臣”、“乱世之奸雄”。的确，宦官家族背景和汉末乱世社会环境，对于曹操性格与品质的塑造是有关系的。应该肯定，在曹操的性格中确实具有阴险诈伪的一面，《三国志》也如实地指出了这一点，但没有作过多的渲染。至于曹操后来被人们说成是奸险诈伪独步当时，空前绝后，是千夫所指的大奸臣，这恐怕主要还是受《三国演义》等历史小说和戏剧的影响；若从思想根源来讲，则是正统观念在作祟。因此，那是一个被丑化了的曹操，而不是历史上真实的曹操。

作为《魏书·武帝纪》的重要篇章，官渡之战详细记述了发生在曹操与袁绍之间的这一历史上著名的以少胜多战役的具体经过。建安五年(200年)，已经占据幽、冀、青、并四州的袁绍，自恃兵多粮足，率兵十余万南下攻许，兵少粮乏的曹操在官渡（今河南中牟东北）抗拒袁军。先是曹操用计斩杀袁绍的大将颜良、文丑，袁军大惊；接着偷袭焚烧袁军粮车、粮囤，致使袁军军心动摇，纷纷前来投降；最后是官渡决战，曹操以不满一万的兵力歼灭袁军主力，袁绍本人仓皇逃命。

曹操之所以没有被袁绍的气势所吓倒，最终以少胜多，取得官渡之战的胜利，究其原因，一是曹操了解袁绍的秉性，认为他志向大而能力小，外表强而内心弱，妒忌刻薄又缺乏威信，兵力虽多却调配、部署不当。二是善用谋臣的计策，如斩杀颜良、文丑，便是采用了荀攸的计谋；最终决心在官渡与袁绍决战，是听取了荀彧的建议；采用袁绍旧臣许攸之计攻打淳于琼，是听取了荀攸、贾诩的建议。官渡之战曹操以少胜多，证明了战争的胜利与否，军事力量本身并不是唯一的因素。

官渡之战是当时北中国最强的两个军事集团之间的一次大较量，战争的结果是相对弱小的曹操打败了最为强大的袁绍。官渡之战是曹操军事集团势力崛起的重要标志，为曹操统一北方奠定了基础。

荀彧献计

原文：

陶谦死，太祖欲遂取徐州，还乃定布。彧曰："昔高祖保关中，光武据河内，皆深根固本以制天下，进足以胜敌，退足以坚守，故虽有困败而终济大业。将军本以兖州首事，平山东之难，百姓无不归心悦服。……是亦将军之关中、河内也，不可以不先定。今以破李封、薛兰，若分兵东击陈宫，宫必不敢西顾，以其间勒兵收熟麦，约食畜谷，一举而布可破也。破布，然后南结扬州，共讨袁术，以临淮、泗。若舍布而东……徐州不定，将军当安所归乎？且陶谦虽死，徐州未易亡也。彼惩往年之败，将惧而结亲，相为表里。今东方皆以收麦，必坚壁清野以待将军，将军攻之不拔，略之无获，不出十日，则十万之众未战而自困耳。前讨徐州，威罚实行，其子弟念父兄之耻，必人自为守，无降心，就能破之，尚不可有也。夫事固有弃此取彼者，以大易小可也，以安易危可也，权一时之势，不患本之不固可也。今三者莫利，原将军熟虑之。"太祖乃止。……

建安元年，太祖击破黄巾。汉献帝自河东还洛阳。太祖议奉迎都许，或以山东未平，韩暹、杨奉新将天子到洛阳，北连张杨，未可卒制。彧劝太祖曰："昔〔晋文纳周襄王而诸侯景从〕，高祖东伐为义帝缟素而天下归心。……诚因此时，奉主上以从民望，大顺也；秉至公以服雄杰，大略也；扶弘义以致英俊，大德也。天下虽有逆节，必不能为累，明矣。韩暹、杨奉其敢为害！若不时定，四方生心，后虽虑之，无及。"太祖遂至洛阳，奉迎天子都许。……

……绍益骄，与太祖书，其辞悖慢。太祖大怒，出入动静变于常……(或）则见太祖问之，太祖乃以绍书示彧，曰："今将讨不义，而力不敌，何如?”或曰:“古之成败者,诚有其才,虽弱必强,苟非其人,虽强易弱,刘、项之存亡,足以观矣。今与公争天下者,唯袁绍尔。绍貌外宽而内忌,任人而疑其心,公明达不拘,唯才所宜,此度胜也。绍迟重少决,失在后机,公能断大事,应变无方,此谋胜也。绍御军宽缓,法令不立,士卒虽众,其实难用,公法令既明,赏罚必行,士卒虽寡,皆争致死,此武胜也。绍凭世资,从容饰智,以收名誉,故士之寡能好问者多归之,公以至仁待人,推诚心不为虚美,行己谨俭,而与有功者无所吝惜,故天下忠正效实之士咸愿为用,此德胜也。夫以四胜辅天子,扶义征伐,谁敢不从?绍之强其何能为!”太祖悦。……

……五年,与绍连战。太祖保官渡,绍围之。太祖军粮方尽,书与彧,议欲还许以引绍。彧曰:“今军食虽少,未若楚、汉在荥阳、成皋间也。是时刘、项莫肯先退,先退者势屈也。公以十分居一之众,画地而守之,扼其喉而不得进,已半年矣。情见势竭,必将有变,此用奇之时,不可失也。”太祖乃住。……

……九年,太祖拔邺,领冀州牧。或说太祖“宜复古置九州,则冀州所制者广大,天下服矣。”太祖将从之,彧言曰:“若是,则冀州当得河东、冯翊、扶风、西河、幽、并之地,所夺者众。前日公破袁尚,禽审配,海内震骇,必人人自恐不得保其土地,守其兵众也;今使分属冀州,将皆动心。且人多说关右诸将以闭关之计;今闻此,以为必以次见夺。一旦生变,虽有(善守)〔守善〕者,转相胁为非,则袁尚得宽其死,而袁谭怀贰,刘表遂保江、汉之间,天下未易图也。愿公急引兵先定河北,然后修复旧京,南临荆州,责贡之不入,则天下咸知公意,人人自安。天下大定,乃议古制,此社稷长久之利也。”太祖遂寝九州议。

……

太祖将伐刘表,问彧策安出,彧曰:“今华夏已平,南土知困矣。可显出宛、叶而间行轻进，以掩其不意。”太祖遂行。……

十七年，董昭等谓太祖宜进爵国公，九锡备物，以彰殊勋，密以谘彧。彧以为太祖本兴义兵以匡朝宁国，秉忠贞之诚，守退让之实；君子爱人以德，不宜如此。太祖由是心不能平。会征孙权，表请彧劳军于谯，因辄留彧，以侍中光禄大夫持节，参丞相军事。太祖军至濡须，彧疾留寿春，以忧薨，时年五十。谥曰敬侯。明年，太祖遂为魏公矣。

（选自《魏书・荀彧传》）

点评：

荀彧是三国曹魏集团重要谋士。《三国志・魏书》本传对他一生行事作了详细记述：青年时期，他以其才识品德被举为孝廉；董卓作乱时，他毅然将宗族从颍川迁往冀州；他被袁绍待为上宾，却终因看他不可能成大事而投奔了曹操；作为曹操的重要谋士，他数次劝说曹操，为其定计，在曹魏集团的崛起过程中发挥了非常重要的作用。正是通过这些具体叙述，从而刻画出了一个深谋远虑的智者形象。

本篇选自《魏书・荀彧传》，叙述了荀彧数次向曹操进献计谋的具体经过，主要有止攻徐州、迎献帝都许、袁绍非强、先退者势屈、议罢九州、计伐刘表和忠贞谦退等。荀彧阻止曹操攻打徐州，其理由是制天下者必须先深根固本，认为当时曹操急需要做的是如何稳定关中、河内；劝曹操迎献帝都许，是为曹魏集团取得了政治上的优势，从此以后，曹操便可挟天子以令诸侯；说袁绍非强，是因为袁绍有四弱：任人而疑其心、与事不能决断、军令不立和凭借世资，他的观点是强弱在人，由此打消了曹操心中的疑虑；官渡之战时，曹操因军粮已尽而准备退兵，荀彧则“以先退者势屈”的道理说予曹操，从而坚定了曹操决战的决心；曹操攻占邺城后，有人议置九州，荀彧则极言不可，认为那样必然使得天下人人自危，不利于社稷久安；中原平定后，曹操准备讨伐江南刘表，荀彧为曹操献上突然袭击之计；建安十七年(212 年)，董昭等人认为曹操应被晋封为国公、加九锡，以表彰他对汉朝的特殊贡献，荀彧则认为这样做有违于忠贞谦让之德而加以反对，这使曹操很不痛快。应该说，荀彧数次献计，除了希望曹操忠贞谦让而违逆了他之外，大多数建议都得到了采纳；而正是这些建议，在曹魏势力发展的不同阶段都产生了很好的效果。

荀彧最终是因忧郁而死的。他的忧郁，是因为自从反对曹操晋封后，便为曹操所冷落。而他死后的第二年，曹操便被封为魏公，有人据此而怀疑荀彧的死因。其实荀彧即使不死，也不可能阻挠曹操的晋封，他毕竟只是曹操的一个谋臣而已。应该说，荀彧的死是受其正统意识影响的结果。荀彧之所以要反对曹操晋封，是从正统意识出发，希望他能以一个忠贞谦让的汉室功臣形象留名于青史；而正是这种迂腐的正统意识，最终导致他被曹操冷落，忧郁而死。因此，荀彧的不幸，是乱世时代具有正统意识的士人们的一种普遍的不幸。

仓慈治民有术

原文：

仓慈字孝仁，淮南人也。始为郡吏。建安中，太祖开募屯田于淮南，以慈为绥集都尉。黄初末，为长安令，清约有方，吏民畏而爱之。太和中，迁敦煌太守。郡在西陲，以丧乱隔绝，旷无太守二十岁，大姓雄张，遂以为俗。前太守尹奉等，循故而已，无所匡革。慈到，抑挫权右，抚恤贫羸，甚得其理。旧大族田地有余，而小民无立锥之土；慈皆随口割赋，稍稍使毕其本直。先是属城狱讼众猥，县不能决，多集治下；慈躬往省阅，料简轻重，自非殊死，但鞭杖遣之，一岁决刑曾不满十人。又常日西域杂胡欲来贡献，而诸豪族多逆断绝；既与贸迁，欺诈侮易，多不得分明。胡常怨望，慈皆劳之。欲诣洛者，为封过所，欲从郡还者，官为平取，辄以府见物与共交市，使吏民护送道路，由是民夷翕然称其德惠。数年卒官，吏民悲感如丧亲戚，图画其形，思其遗像。及西域诸胡闻慈死，悉共会聚于戊己校尉及长吏治下发哀，或有以刀画面，以明血诚，又为立祠，遥共祠之。

（选自《魏书·仓慈传》）

点评：

仓慈为淮南人士，曹魏时期地方官吏，杰出的政治家。

本篇选自《魏书·仓慈传》，它对仓慈为官一任，造福一方的具体事迹作了记述。曹操早年屯田淮南时，就任命仓慈做了绥集都尉，管理屯田事务。魏文帝年间，仓慈为长安令，他清廉简要，官吏与百姓既畏惧他又爱戴他。魏明帝时，他被调任敦煌太守。由于敦煌郡位于西部边陲，此地社会治安极乱，豪强骄横跋扈已经习以为常，因此没有人愿意到此地任地方官，故而太守一职都空缺二十年了。仓慈到任后，首先采取了打击豪强、抚恤贫弱的措施，具体做法则是将大族田地划予贫民，贫民则慢慢归还大族田价，从而使耕者有其田；其次是宽省刑罚，治民简肃，造成一种宽松的社会氛围；最后，针对过去当地豪强常常欺负西域少数民族，阻断他们对内地的进贡，由此造成民族之间的关系紧张的状况，仓慈实行了安抚的民族政策，主动促成他们与内地的交往，从而妥善地处理好了当地百姓与西域各少数民族之间的关系。

由于仓慈任敦煌太守期间治民有方，从而深受当地百姓和西域各族人民的爱戴。他最终死于敦煌太守任上，当地和西域各族人民都非常怀念他，敦煌郡百姓为他画像，以便思念他的遗容；西域人民为他建祠，以便能够祭奠他。

仓慈是中国古代地方官的楷模，由于他心系百姓，为民造福，故而受到了人民的爱戴。思古论今，我们社会主义时代的地方官就更加应该发扬这种爱民传统，牢固树立人民公仆意识。

隆中对

原文：

诸葛亮字孔明，琅邪阳都人也。……躬耕陇亩，好为梁父吟。身长八尺，每自比于管仲、乐毅，时人莫之许也。惟博陵崔州平、颍川徐庶元直与亮友善，谓为信然。

时先主屯新野。徐庶见先主，先主器之，谓先主曰：“诸葛孔明者，卧龙也，将军岂愿见之乎?”先主曰：“君与俱来。”庶曰：“此人可就见，不可屈致也。将军宜枉驾顾之。”由是先主遂诣亮，凡三往，乃见。因屏

古隆中牌坊

人曰："汉室倾颓，奸臣窃命，主上蒙尘。孤不度德量力，欲信大义于天下，而智术浅短，遂用猖（獗），至于今日。然志犹未已，君谓计将安出？"亮答曰："自董卓已来，豪杰并起，跨州连郡者不可胜数。曹操比于袁绍，则名微而众寡，然操遂能克绍，以弱为强者，非惟天时，抑亦人谋也。今操已拥百万之众，挟天子而令诸侯，此诚不可与争锋。孙权据有江东，已历三世，国险而民附，贤能为之用，此可以为援而不可图也。荆州北据汉、沔，利尽南海，东连吴会，西通巴、蜀，此用武之国，而其主不能守，此殆天所以资将军，将军岂有意乎？益州险塞，沃野千里，天府之土，高祖因之以成帝业。刘璋暗弱，张鲁在北，民殷国富而不知存恤，智能之士思得明君。将军既帝室之胄，信义著于四海，总揽英雄，思贤如渴，若跨有荆、益，保其岩阻，西和诸戎，南抚夷越，外结好孙权，内修政理；天下有变，则命一上将将荆州之军以向宛、洛，将军身率益州之众出于秦川，百姓孰敢不箪食壶浆以迎将军者乎？诚如是，则霸业可成，汉室可兴矣。"先主曰："善！"于是与亮情好日密。关羽、张飞等不悦，先主解之曰："孤之有孔明，犹鱼之有水也。原诸君勿复言。"羽、飞乃止。

（选自《蜀书·诸葛亮传》）

点评：

诸葛亮是三国时期杰出的政治家和军事家，中华民族家喻户晓、妇孺皆知的历史人物。《诸葛亮传》记述了蜀相诸葛亮一生行事，充分肯定了他的历史功绩，称赞他是"天下奇才"。

本传记述的诸葛亮的重要事迹有："三顾茅庐"，诸葛亮出山追随刘备；"隆中对策"，诸葛亮纵论天下大势；劝孙联刘，取得赤壁之战的胜利和形成鼎立之势；安抚南越，蜀境民族关系融洽；昭明法度，治国治民赏罚分明；临终托孤，诸葛亮尽心辅佐幼主；上《出师表》，希望后主亲贤臣，远小人，忧国之心溢于言表；六出祁山，关中震动，敌国主将司马懿也叹其为“天下奇才”；长于巧思，作木牛、流马和八卦阵等。本传通过这些事迹的记述，充分展示出了诸葛亮的雄才大略和超凡智能，刻画出了诸葛亮精于治国治民的优秀政治家的形象，赞扬了诸葛亮鞠躬尽瘁、死而后已的无私奉公的崇高精神。

本篇选自《蜀书·诸葛亮传》，它主要讲述了三件事：一是自比管、乐。诸葛亮在出山之前，虽然躬耕陇亩，却胸有大志，自视很高，常把自己与春秋战国时齐相管仲、燕将乐毅作比。二是三顾茅庐。刘备因徐庶的推荐而三顾茅庐，他的诚意终于打动了诸葛亮，后者决定出山追随刘备。三是隆中对策。这是本篇的核心。“隆中对”的战略构想是占据荆、益两州，安抚西南各族，联合孙权，整顿内政，伺机从荆、益两路北伐曹操。

自比管、乐，说明诸葛亮志向远大，而《三国志》本传给他的盖棺定论也是：“识治之良才，管、萧之亚匹”。认为他是和管仲、萧何一类的人物。三顾茅庐，一方面表现了刘备礼贤下士的诚意，一方面也体现了诸葛亮是一个“不召之臣”（孟子称姜太公是不召之臣，认为君王要重用臣子，就必须要虚心地亲自登门求教，而不可以召他晋见）。隆中对策，这是诸葛亮为刘备军事集团所勾画的战略蓝图，后来刘备正是大体根据这个计划而建立了蜀汉政权。隆中对策是诸葛亮作为一位战略家所具有的高超的战略设想的一个具体体现。

《出师表》

原文：

（蜀汉章武）三年春，亮率众南征，其秋悉平。军资所出，国以富饶，乃治戎讲武，以俟大举。五年，率诸军北驻汉中，临发，上疏曰：

> 先帝创业未半而中道崩殂，今天下三分，益州疲弊，此诚危急

《出师表》图

存亡之秋也。然侍卫之臣不懈于内，忠志之士忘身于外者，盖追先帝之殊遇，欲报之于陛下也。诚宜开张圣（德），以光先帝遗德，恢弘志士之气，不宜妄自菲薄，引喻失义，以塞忠谏之路也。宫中府中俱为一体，陟罚臧否，不宜异同。若有作奸犯科及为忠善者，宜付有司论其刑赏，以昭陛下平明之理，不宜偏私，使内外异法也。侍中、侍郎郭攸之、费祎、董允等，此皆良实，志虑忠纯，是以先帝简拔以遗陛下。愚以为宫中之事，事无大小，悉以咨之，然后施行，必能裨补阙漏，有所广益。将军向宠，性行淑均，晓畅军事，试用于昔日，先帝称之曰能，是以众议举宠为督。愚以为营中之事，悉以咨之，必能使行陈和睦，优劣得所。亲贤臣，远小人，此先汉所以兴隆也；亲小人，远贤臣，此后汉所以倾颓也。先帝在时，每与臣论此事，未尝不叹息痛恨于桓、灵也。侍中、尚书、长史、参军，此悉贞良死节之臣，原陛下亲之信之，则汉室之隆，可计日而待也。

臣本布衣，躬耕于南阳，苟全性命于乱世，不求闻达于诸侯。先帝不以臣卑鄙，猥自枉屈，三顾臣于草庐之中，谘臣以当世之事，由是感激，遂许先帝以驱驰。后值倾覆，受任于败军之际，奉命于危难之间，尔来二十有一年矣。先帝知臣谨慎，故临崩寄臣以大事也。受命以来，夙夜忧叹，恐托付不效，以伤先帝之明，故五月渡泸，深入不毛。今南方已定，兵甲已足，当奖率三军，北定中原，庶竭驽钝，攘除奸凶，兴复汉室，还于旧都。此臣所以报先帝，而忠陛下之职分也。

至于斟酌损益，进尽忠言，则攸之、祎、允之任也。原陛下托臣以讨贼兴复之效；不效，则治臣之罪，以告先帝之灵。〔若无兴德之言，则〕责攸之、祎、允等之慢，以彰其咎。陛下亦宜自谋，以谘诹善道，察纳雅言，深追先帝遗诏。臣不胜受恩感激，今当远离，临表涕零，不知所言。

遂行，屯于沔阳。

（选自《蜀书·诸葛亮传》）

点评：

本篇选自《蜀志·诸葛亮传》。关于诸葛亮一生行事，前文已经作了交代，此不赘言。

诸葛亮一生追随刘备，他的政治抱负就是辅佐刘备兴复汉室，并为此而“鞠躬尽瘁，死而后已”。蜀汉建兴五年（227 年），当时诸葛亮南征胜利后才归来不久，便又准备兴师北伐，临出发前，他给后主刘禅上了一封奏章，这便是著名的《出师表》一文。

《出师表》共有三层含义，第一层意思是说虽然先帝（刘备）去世了，蜀汉又困守益州一隅之地，但是，无论是宫中侍从护卫，还是在外将士，他们都毫不懈怠，舍生忘死，为的是要报答先帝的深恩厚遇。第二层意思是对后主的忠告，希望他不要妄自菲薄；对宫廷和丞相府要一视同仁，赏罚公平；宫中之事要与侍中郭攸之、费祎和侍郎董允等人商量，军中之事要同将军向宠商量；以史为鉴，强调亲近贤臣、疏远小人的重要性。第三层意思是强调蜀汉君臣要上下各司其职，诸葛亮说他本人自受命以来，一直勤勉于先主的托付，现在南方已经平定，他的任务就是要兴师北伐，以完成复兴汉室的任务；郭攸之、费祎和董允等人则应该权衡利弊，努力进言；至于后主刘禅，则要认真谋划国家大事，虚心听取臣下意见。

从《出师表》涉及的内容可知，诸葛亮在出师北伐前，对蜀汉朝政是颇为担忧的，故而希望在临行前作出一个通盘的安排。诸葛亮所上奏章，可以说句句是肺腑之言，字里行间，饱含着他的一片苦心。他在对后主提出忠告的同时，又一再表明自己的报国心迹，拳拳之心溢于言表。可惜的是，后主是一个扶不起来的昏君，尽管诸葛亮恪尽职守，蜀汉政权终究难逃灭亡的命运。

《出师表》作为千古名篇，千百年来一直为人们传诵着；而诸葛亮“鞠躬尽瘁，死而后已”的光辉形象也深深地印在了人们的脑海中。也正因此，诸葛亮不但以其智者形象为广大人民所爱戴，而且也以其无私奉公的精神被统治阶级视为楷模。

赤壁之战

原文：

其年（建安十三年，公元208年）九月，曹公入荆州，刘琮举众降，曹公得其水军，船步兵数十万，将士闻之皆恐。权延见群下，问以计策。议者咸曰：“曹公豺虎也，然托名汉相，挟天子以征四方，动以朝廷为辞，今日拒之，事更不顺。且将军大势，可以拒操者，长江也。今操得荆州，奄有其地，刘表治水军，蒙冲斗舰，乃以千数，操悉浮以沿江，兼有步兵，水陆俱下，此为长江之险，已与我共之矣。而势力众寡，又不可论。愚谓大计不如迎之。”瑜曰：“不然。操虽托名汉相，其实汉贼也。将军以神武雄才，兼仗父兄之烈，割据江东，地方数千里，兵精足用，英雄乐业，尚当横行天下，为汉家除残去秽。况操自送死，而可迎之邪？请为将军筹之：今使北土已安，操无内忧，能旷日持久，来争疆埸，又能与我校胜负于船楫（可）乎？今北土既未平安，加马超、韩遂尚在关西，为操后患。且舍鞍马，仗舟楫，与吴越争衡，本非中国所长。又今盛寒，马无藁草，驱中国士众远涉江湖之间，不习水土，必生疾病。此数四者，用兵之患也，而操皆冒行之。将军禽操，宜在今日。瑜请得精兵三万人，进住夏口，保为将军破之。"权曰："老贼欲废汉自立久矣，徒忌二袁、吕布、刘表与孤耳。今数雄已灭，惟孤尚存，孤与老贼，势不两立。君言当击，甚与孤合，此天以君授孤也。"

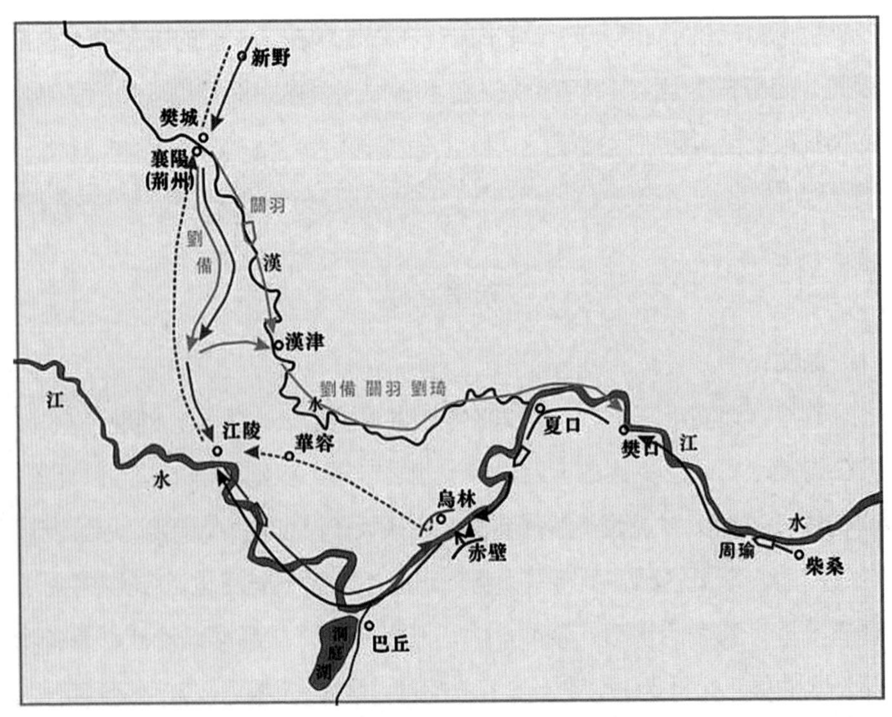

赤壁之战示意图

时刘备为曹公所破，欲引南渡江，与鲁肃遇于当阳，遂共图计，因进住夏口，遣诸葛亮诣权，权遂遣瑜及程普等与备并力逆曹公，遇于赤壁。时曹公军众已有疾病，初一交战，公军败退，引次江北。瑜等在南岸。瑜部将黄盖曰："今寇众我寡，难与持久。然观操军船舰首尾相接，可烧而走也。"乃取蒙冲斗舰数十艘，实以薪草，膏油灌其中，裹以帷幕，上建牙旗，先书报曹公，欺以欲降。又豫备走舸，各系大船后，因引次俱前。曹公军吏士皆延颈观望，指言盖降。盖放诸船，同时发火。时风盛猛，悉延烧岸上营落。顷之，烟炎张天，人马烧溺死者甚众，军遂败退，还保南郡。备与瑜等复共追。曹公留曹仁等守江陵城，径自北归。

（选自《吴书·周瑜传》）

点评：

赤壁之战是形成魏、蜀、吴三国鼎立局面的关键战役，《三国志》在三国若干人物传记中都对这一战役作了记载，其中以《周瑜传》和《诸葛亮传》最为详细，《诸葛亮传》主要详细记述了诸葛亮劝孙联刘抗曹的具体情况，而《周瑜传》则详细记述了赤壁之战的整个过程。本篇选自《吴书·周瑜传》。

三国是一个人才辈出的时代，而周瑜则是这一时期最为杰出的人才之一，他仪表堂堂，儒雅风流；足智多谋、文韬武略。周瑜与孙策同年，两人是莫逆之交，并分别娶了乔公的两个女儿为妻。在早年孙策建立江东基业的过程中，他立下了汗马功劳。孙策去世后，由年轻的孙权统领江东大业，周瑜以中护军的身份与张昭一同辅政。当时有些将领因孙权年轻而轻视他，周瑜便率先以臣子的礼节处处敬重孙权，树立孙权的威信。赤壁之战，周瑜是主战派的代表，也是整个战役的主要指挥者，战役的胜利阻止了曹操南下，形成了三国鼎立的局面。之后，周瑜又经营南郡，赶跑曹仁，进一步巩固了江东政权。在东吴政权的建立和巩固过程中，周瑜入则被倚为股肱之臣，出则为智勇兼备之帅，孙权因此由衷地说道："孤非周公瑾，不帝矣。"（语见《周瑜传》之裴松之注）肯定如果没有周瑜，也就没有他孙权的帝王之业。周瑜还是一位多才多艺的统帅，他精通音乐，就是喝了酒，奏乐如果出错，他也一定知道，故而时人流传着这样的歌谣："曲有误，周郎顾。"由于周瑜的仪表、才华、功业和英年早逝，千百年来，"江东周郎"一直受到人们的称誉和缅怀，成为小说、戏曲的艺术典型形象。

赤壁之战，无疑是周瑜一生事业当中最为辉煌的一页。公元208年，曹操占据了长江上游的荆州，得到归降的水、步军几十万人，便水陆一齐东下，大有踏平江东之势，东吴为之震动。当时东吴政权很多大臣都被曹操的气势吓倒，主张不抵抗，他们的理由有三：曹操挟天子之令征讨，出师有名；曹操水陆一齐东下，长江天堑已为双方共有；双方力量对比过于悬殊。周瑜则极力主张抗曹，他从战争的正义性、水战特点以及气候等方面因素分析了抗曹胜利的可能性，得到了孙权的支持，东吴因此决定抵抗曹军。此时刘备也派诸葛亮前来商议联合抗曹之事，于是孙刘联合抗曹正式形成。赤壁之战的主要战斗是火烧曹营，此计由周瑜的部将黄盖提出，被周瑜所采纳。

赤壁之战使曹操元气大伤，从此再也无力大举南下了。而孙权、刘备集团则因为这一战役的胜利，开始站稳了脚跟。因此，赤壁之战无疑是形成魏、蜀、吴三个军事集团鼎足局面的标志。而作为这次战役的主要指挥者，周瑜的果敢和智谋都得到了充分的展现。

吕蒙智降郝普

原文：

是时刘备令关羽镇守，专有荆土，权命蒙西取长沙、零、桂三郡。蒙移书二郡，望风归服，惟零陵太守郝普城守不降。而备自蜀亲至公安，遣羽争三郡。权时住陆口，使鲁肃将万人屯益阳拒羽，而飞书召蒙，使舍零陵，急还助肃。初，蒙既定长沙，当之零陵，过酃，载南阳邓玄之，玄之者郝普之旧也，欲令诱普。及被书当还，蒙秘之，夜召诸将，授以方略，晨当攻城，顾谓玄之曰："郝子太闻世间有忠义事，亦欲为之，而不知时也。左将军在汉中，为夏侯渊所围。关羽在南郡，今至尊身自临之。近者破樊本屯，救酃，逆为孙规所破。此皆目前之事，君所亲见也。彼方首尾倒悬，救死不给，岂有余力复营此哉？今吾士卒精锐，人思致命，至尊遣兵，相继于道。今子太以旦夕之命，待不可望之救，犹牛蹄中鱼，冀赖江汉，其不可恃亦明矣。若子太必能一士卒之心，保孤城之守，尚能稽延旦夕，以待所归者，可也。今吾计力度虑，而以攻此，曾不移日，而城必破，城破之后，身死何益于事，而令百岁老母，戴白受诛，岂不痛哉？度此家不得外问，谓援可恃，故至于此耳。君可见之，为陈祸福。"玄之见普，具宣蒙意，普惧而听之。玄之先出报蒙，普寻后当至。蒙豫敕四将，各选百人，普出，便入守城门。须臾普出，蒙迎执其手，与俱下船。语毕，出书示之，因拊手大笑，普见书，知备在公安，而羽在益阳，惭恨入地。蒙留（孙河）〔孙皎〕，委以后事。即日引军赴益阳。刘备请盟，权乃归普等，割湘水，以零陵还之。以寻阳、阳新为蒙奉邑。

（选自《吴书·吕蒙传》）

点评：

吕蒙为三国名将，是东吴政权继周瑜之后一位颇有智谋的军事统帅。青年时期，吕蒙因率领先锋部队跟随孙权征讨黄祖而初露锋芒。以后又跟随周瑜、程普等东吴将领出征，屡立军功。不过，那时的吕蒙不好读书，连一些简单的奏疏都要别人代写，孙权让他读书，他则以军务繁忙搪塞，于是孙权便以光武帝、曹操兵务缠身仍好学不倦的事例来开导他。从此以后，吕蒙发愤读书，勤学不倦，很快便由一介武夫成长为足智多谋的将军。当鲁肃代替周瑜去陆口赴任路过吕蒙军营，听了他的一番议论后，大为吃惊，感叹其已非复“吴下阿蒙”，而吕蒙也当仁不让地回答说：“士别三日，即更刮目相待。”吕蒙作为吴军统帅的杰作，恐怕要数智降郝普和收复荆州了。正是这一系列军事胜利，从而解除了东吴在长江上游所面临的压力，稳定了这一地区的局势，有利于三国鼎立局面的维持。

本篇选自《吴书·吕蒙传》，具体记述了吕蒙智降郝普、夺取长沙、零陵和桂阳三郡的具体经过。赤壁之战以后，关羽占据了荆州全部领土，控制了长江上游。孙刘联盟一度解体，孙吴政权出现北、西两面受敌的局面。为打破这一局面，孙权命令吕蒙发兵夺取长沙、零陵和桂阳三郡之地。于是吕蒙便发出劝降书，长沙和桂阳的蜀军望风而逃，只有零陵守将郝普坚守拒降，吕蒙便打算让郝普的老朋友邓玄之去劝降。而此时刘备已经亲自到公安，命令关羽全力夺回三郡，形势紧急，孙权一面命鲁肃率军一万先期抵挡关羽援军，一面命吕蒙放弃零陵，回军援助鲁肃。然而吕蒙却将孙权的书信秘而不宣，他一方面命令将领们做好攻城准备，一方面继续让邓玄之去劝说郝普，让他告诉郝普不要抱着侥幸的心理去等援军，这是不识时务的举动，一旦城破，举家将会因此遭殃。郝普在吕蒙的恐吓下投降了，这时吕蒙将孙权的书信拿给他看，他才得知刘备就在公安，而关羽也在全力增援，于是惭愧得无地自容。

智降郝普，充分体现了吕蒙的大智大勇。他明知关羽大军已来救援，却依然沉着如故，这体现了他的大勇；他将孙权书信秘而不宣，以欺骗和恐吓的手段致使郝普投降，体现了他的大智。

对于智降郝普，有人认为吕蒙这是施展诡谲之术，不足称道。又说吕蒙通过这些手段连续取得对刘备的军事胜利，这是破坏了“联刘抗曹”的既定方针。其实，兵不厌诈，这是人所共知的道理，军事战争施展一些手段无可非议。至于是否破坏“联刘抗曹”的战略方针，这不是取决于东吴单方面的事情，况且关羽占据荆州在先，这不但违背了孙刘联盟的既定方针，而且也确实对东吴政权构成了威胁。说到底，孙刘联盟的巩固，不是靠单方面的妥协和退让去实现的。

关羽失荆州

原文：

二十四年，先主为汉中王，拜羽为前将军，假节钺。是岁，羽率众攻曹仁于樊。曹公遣于禁助仁。秋，大霖雨，汉水泛溢，禁所督七军皆没。禁降羽，羽又斩将军庞德。梁、郏、陆浑群盗或遥受羽印号，为之支党，羽威震华夏。曹公议徙许都以避其锐，司马宣王、蒋济以为关羽得志，孙权必不愿也。可遣人劝权蹑其后，许割江南以封权，则樊围自解。曹公从之。先是，权遣使为子索羽女，羽骂辱其使，不许婚，权大怒。又南郡太守糜芳在江陵，将军（傅）士仁屯公安，素皆嫌羽（自）轻己。羽之出军，芳、仁供给军资，不悉相救。羽言“还当治之”，芳、仁咸怀惧不安。于是权阴诱芳、仁，芳、仁使人迎权。而曹公遣徐晃救曹仁，羽不能克，引军退还。权已据江陵，尽虏羽士众妻子，羽军遂散。权遣将逆击羽，斩羽及子平于临沮。

（选自《蜀书·关羽传》）

点评：

关羽为三国蜀汉名将。从刘备聚众起事起，他就与张飞一道追随刘备，几十年戎马生涯，为蜀汉政权的建立和巩固立下了赫赫战功。《三国志》本传详细记述了关羽一生的主要事迹，如官渡之战斩杀袁绍大将颜良以解白马之围，刮骨疗毒却依然谈笑自若，降于禁、杀庞德而威震中原，如此等等，一个骁勇善战、英雄无比的形象已是跃然纸上。本传对关羽讲究信义的行为给予了赞扬，它一方面写曹操对关羽如何礼遇优厚有加，一方面写关羽知恩图报，为曹操杀颜良以解白马之围，可是，曹操对他再好，他也不愿意背弃旧主刘备，最终还是将曹操赏赐给他的东西全部封存后，投奔刘备而去。当然，本传也如实指出了关羽的一些性格弱点，如他争强好胜，不讲斗争策略，刚愎自用，轻视部下，等等。

"关羽失荆州"，事见《三国志》之《关羽传》、《吕蒙传》、《陆逊传》等若干人物传记，本篇则选自《蜀书·关羽传》。

《蜀书·关羽传》着重对关羽失荆州的原因作了分析，认为荆州的失守与关羽一贯行事作风有关系。关羽曾经谩骂侮辱孙权为其子聘求他的女儿所派出的使者，从而结怨孙权，当曹操派人劝说孙权袭击关羽后方时，两方便一拍即合；关羽一向轻视南郡太守麋芳和公安守将傅士仁，又因二人供给北伐军资不尽力而扬言回去要惩治他们，结果使得二人对关羽既不满又恐惧，孙权一诱降，便开城迎敌了。毫无疑问，传文的分析是有道理的。

关羽失荆州，这既是关羽的不幸，他们父子皆因此而为国殉难；更是蜀汉政权的不幸，由于荆州的失守，当年诸葛亮隆中对策中提出的占据荆、益，伺机北伐的伟大构想因此而落空，从此以后，蜀汉政权只能退守益州一隅之地。

孙权屈身受策封

原文：

（建安）二十五年春正月，曹公薨，太子丕代为丞相魏王，改年为延康。……冬，魏嗣王称尊号，改元为黄初。二年四月，刘备称帝于蜀。权自公安都鄂，改名武昌，以武昌、下雉、寻阳、阳新、柴桑、沙羡六县为武昌郡。五月，建业言甘露降。八月，城武昌，下令诸将曰："夫存不忘亡，安必虑危，古之善教。昔隽不疑汉之名臣，于安平之世而刀剑不离于身，盖君子之于武备，不可以已。况今处身疆畔，豺狼交接，而可轻忽不思变难哉？顷闻诸将出入，各尚谦约，不从人兵，甚非备虑爱身之谓。夫保己遗名，以安君亲，孰与危辱？宜深警戒，务崇其大，副孤意焉。"自魏文帝践阼，权使命称藩，及遣于禁等还。十一月，策命权曰："盖圣王之法，以德设爵，以功制禄；劳大者禄厚，德盛者礼丰。故叔旦有夹辅之勋，太公有鹰扬之功，并启土宇，并受备物，所以表章元功，殊异贤哲也。近汉高祖受命之初，分裂膏腴以王八姓，斯则前世之懿事，后王之元龟也。朕以不德，承运革命，君临万国，秉统天机，思齐先代，坐而待旦。惟君天资忠亮，命世作佐，深睹历数，达见废兴，远遣行人，浮于潜汉。望风影附，抗疏称藩，兼纳纤絺南方之贡，普遣诸将来还本朝，忠肃内发，款诚外昭，信著金石，义盖山河，朕甚嘉焉。今封君为吴王，使使持节太常高平侯贞，授君玺绶策书、金虎符第一至第五、左竹使符第一至第十，以大将军使持节督交州，领荆州牧事，锡君青土，苴以白茅，对扬朕命，以尹东夏。其上故骠骑将军南昌侯印绶符策。今又加君九锡，其敬听后命。以君绥安东南，纲纪江外，民夷安业，无或携贰，是用锡君大辂、戎辂各一，玄牡二驷。

孙权

君务财劝农，仓库盈积，是用锡君衮冕之服，赤舄副焉。君化民以德，礼教兴行，是用锡君轩县之乐。君宣导休风，怀柔百越，是用锡君朱户以居。君运其才谋，官方任贤，是用锡君纳陛以登。君忠勇并奋，清除奸慝，是用锡君虎贲之士百人。君振威陵迈，宣力荆南，枭灭凶丑，罪人斯得，是用锡君鈇钺各一。君文和于内，武信于外，是用锡君彤弓一、彤矢百、玈弓十、玈矢千。君以忠肃为基，恭俭为德，是用锡君秬鬯一卣，圭瓒副焉。钦哉！敬敷训典，以服朕命，以勖相我国家，永终尔显烈。”是岁……（权）遣都尉赵咨使魏。魏帝问曰：“吴王何等主也？”咨对曰：“聪明仁智，雄略之主也。”帝问其状，咨曰：“纳鲁肃于凡品，是其聪也；拔吕蒙于行陈，是其明也；获于禁而不害，是其仁也；取荆州而兵不血刃，是其智也；据三州虎视于天下，是其雄也；屈身于陛下，是其略也。”……

评曰：孙权屈身忍辱，任才尚计，有句践之奇英，人之杰矣。故能自擅江表，成鼎峙之业。……

（选自《吴书·孙权传》）

点评：

孙权是三国时期杰出的政治家，史家陈寿称赞他“屈身忍辱，任才尚计，有勾践（春秋时越国国王，兵败吴国后，屈身吴王，卧薪尝胆，最终剪灭吴国）之奇英，人之杰矣”，而自视颇高的曹操也由衷地赞叹“生子当如孙仲谋（孙权表字仲谋）”。

《吴书·孙权传》对于孙权一生行事作了详细记述，具体内容大致可以公元229年称帝为界石，分为前后两个阶段。在前一时期，传文记述了孙权青年继承大统、赤壁联刘抗曹、濡须口战役、平定荆州、夷陵之战等重要活动，展现了这位雄才大略君主的风采；称帝以后，传文如实指出了孙权守业远不如创业成功，对他统治后期刚愎自用，好行杀戮，不恤民力等等做法提出批评，认为孙吴政权的败亡便是肇始于此。《吴主传》给予后人的重要启示是：打江山难，坐江山更难；只有善始善终，才能长治久安。

本篇选自《吴书·孙权传》，记述了孙权屈身受魏文帝册封以及过程中发生的一些事件情况。公元220年和221年，并为三大军事集团的曹魏和蜀汉分别称帝建号，此时占据江东的孙权却没有急于称帝，他一方面将都城由公安迁至鄂县，改名武昌，建立统辖六县的武昌郡，告诫诸将一定要居安思危；一方面则派使者出使魏国，向魏文帝曹丕称臣，释放过去俘虏的曹魏将领，曹丕因此策封他为吴王。随后刘备发大兵沿江而下攻打孙权，孙权再度派都尉赵咨出使魏国，以求得自己后方的稳定；同时派大将陆逊统率大军抵御蜀军，取得夷陵大捷。本篇还特意记述了魏文帝询问赵咨孙权是一个怎样的君主的一段答语，赵咨认为孙权是一位聪明仁智、具有雄才大略的君主，其中的一条论据就是“能够屈身于陛下，这是他的谋略。”

赵咨的评价是对的，孙权屈身受魏文帝册封，确实是一种深谋远虑的做法。因为当时三大集团间的矛盾错综复杂，尤其是曾经与之结为联盟的蜀汉，由于荆州被孙权夺回而与东吴关系异常紧张，这也是孙权迁都武昌后为何要告诫诸将要居安思危的原因，随后发生的夷陵之战也充分说明了这一点。正是从蜀、吴紧张关系和曹魏实力强大这一现实出发，孙权选择了臣魏的做法，这样做可以稳定后方，一心对付蜀汉。因此，臣魏显然是一种战略策略，它体现了孙权这位政治家的聪明睿智。

夷陵之战

原文：

黄武元年，刘备率大众来向西界，权命逊为大都督、假节，督朱然、潘璋、宋谦、韩当、徐盛、鲜于丹、孙桓等五万人拒之。备从巫峡、建平连围至夷陵界，立数十屯，以金锦爵赏诱动诸夷，使将军冯习为大督，张南为前部，辅匡、赵融、廖淳、傅彤等各为别督，先遣吴班将数千人于平地立营，欲以挑战。诸将皆欲击之，逊曰："此必有谲，且观之。"备知其计不可，乃引伏兵八千，从谷中出。逊曰："所以不听诸君击班者，揣之必有巧故也。"逊上疏曰："夷陵要害，国之关限，虽为易得，亦复易失。失之非徒损一郡之地，荆州可忧。今日争之，当令必谐。备干天常，不守窟穴，而敢自送。臣虽不材，凭奉威灵，以顺讨逆，破坏在近。寻备前后行军，多败少成，推此论之，不足为戚。臣初嫌之，水陆俱进，今反舍船就步，处处结营，察其布置，必无他变。伏原至尊高枕，不以为念也。"诸将并曰："攻备当在初，今乃令入五六百里，相衔持经七八月，其诸要害皆以固守，击之必无利矣。"逊曰："备是猾虏，更尝事多，其军始集，思虑精专，未可干也。今住已久，不得我便，兵疲意沮，计不复生，犄角此寇，正在今日。"乃先攻一营，不利。诸将皆曰："空杀兵耳。"逊曰："吾已晓破之之术。"乃敕各持一把茅，以火攻拔之。一尔势成，通率诸军同时俱攻，斩张南、冯习及胡王沙摩柯等首，破其四十余营。备将杜路、刘宁等穷逼请降。备升马鞍山，陈兵自绕。逊督促诸军四面蹙之，土崩瓦解，死者万数。备因夜遁，驿人自担，烧铙铠断后，仅得入白帝城。其舟船器械，水步军资，一时略尽，尸骸漂流，塞江而下。备大惭恚，曰："吾乃为逊所折辱，岂非天邪！"

初，孙桓别讨备前锋于夷道，为备所围，求救于逊。逊曰："未可。"诸将曰："孙安东公族，见围已困，奈何不救？"逊曰："安东得士众心，城牢粮足，无可忧也。待吾计展，欲不救安东，安东自解。"及方略大施，备果奔溃。桓后见逊曰："前实怨不见救，定至今日，乃知调度自有方耳。"

当御备时，诸将军或是孙策时旧将，或公室贵戚，各自矜恃，不相听从。逊案剑曰：“刘备天下知名，曹操所惮，今在境界，此强对也。诸君并荷国恩，当相辑睦，共翦此虏，上报所受，而不相顺，非所谓也。仆虽书生，受命主上。国家所以屈诸君使相承望者，以仆有尺寸可称，能忍辱负重故也。各在其事，岂复得辞！军令有常，不可犯矣。”及至破备，计多出逊，诸将乃服。权闻之，曰：“君何以初不启诸将违节度者邪？”逊对曰：“受恩深重，任过其才。又此诸将或任腹心，或堪爪牙，或是功臣，皆国家所当与共克定大事者。臣虽驽懦，窃慕相如、寇恂相下之义，以济国事。”权大笑称善，加拜逊辅国将军，领荆州牧，即改封江陵侯。

又备既住白帝，徐盛、潘璋、宋谦等各竞表言备必可禽，乞复攻之。权以问逊，逊与朱然、骆统以为曹丕大合士众，外托助国讨备，内实有奸心，谨决计辄还。无几，魏军果出，三方受敌也。

（选自《吴书·陆逊传》）

点评：

本篇选自《吴书·陆逊传》。陆逊是东吴政权继周瑜、吕蒙之后涌现出的一位杰出的青年统帅，同时又是一位有远见卓识的政治家。众所周知，赤壁之战后，曹魏依然占据着北方，而刘备则乘机夺取荆州，控制了长江上游，这就使得孙吴处于一种北、西两面受敌的境地。陆逊代替吕蒙镇守陆口后，趁关羽北伐曹操的机会，夺取了遏制长江上游的荆州这一战略要地。接着又在夷陵打败了前来讨伐的刘备大军，取得夷陵大捷。正是通过智取荆州和夷陵大捷，赤壁之战后所形成的三国鼎立局面终于得到了巩固。此后，陆逊在孙吴政权的一系列军政事务中也都提出了不少合理的建议，发挥了重要的作用。如在内政政策上，他向孙权上疏陈述政事，指出当时的刑法过于严峻，希望孙权能够把选用良才放在首位；在军事外交上，当孙权为攻取台湾和海南岛的珠崖郡之事向他询问时，他明确表示当前四海尚未平定，首要的任务是与民休息，养育民力，反对远征军事行动，只可惜孙权没有采纳他的建议，导致征伐台湾得不偿失。对于陆逊在孙吴政权中的地位和作用，孙权在拜陆逊为丞相时作如是说："昔伊尹隆汤，吕尚翼周，内外之任，君实兼之。"他将陆逊与辅佐商汤成就王业的伊尹和佐周建国的吕尚相提并论，如果考虑到陆逊在东吴政权中所起的实际作用，这一评价并非过誉。

夷陵在今湖北宜昌东，夷陵之战是中国历史上以少胜多的著名战例。建安二十四年(219年)，陆逊攻杀关羽，夺取荆州。三年后的公元222年，也就是蜀汉章武二年，孙吴黄武元年，刘备发大军数十万东下攻吴，自巫峡、建平连营一直到夷陵地界，又得到武陵蛮的支援，声势浩大。孙权任命陆逊为大都督，统率五万大军迎敌。陆逊先是坚守不出，等到刘备的军队疲惫时，在猇亭（湖北宜都县境长江北岸）火攻刘营，结果攻破蜀军四十余营，蜀军死伤数万，刘备尽失舟船器械、水步军资，狼狈逃往白帝城（今四川奉节东北）。陆逊的部下要求乘胜追击，此时陆逊得知曹丕正在大规模调集军队，便停止了追击。从后来曹军的出动来看，如果陆逊下令追击的话，吴军必然陷入前后受敌的危险境地。

在夷陵之战中，青年统帅陆逊表现出了非凡的指挥才能和远见卓识。首先，他对夷陵的战略地位有充分的认识，发誓只许成功，不许失败，有着对战争必胜的信念；其次，他面对刘备大军，能够沉着冷静，静观时变，终于利用刘备舍船陆行、处处安营扎寨而实行火攻，大获全胜，表现出了卓越的军事指挥才能；再次，作为青年统帅，他面对那些骄傲自负的将领，既能严明军纪，又能忍辱负重，表现出了作为军事统帅的魄力和气度；最后，他审时度势，制止部下追击刘备的要求，这一进一止，体现了陆逊作为战略家和政治家的远见卓识。

夷陵之战使得吴国在赤壁战后蜀、吴相互争斗中最终占据了上风，吴国的力量得到了加强，从而使三国鼎立的局面得到了巩固。

韦曜直书被诛

原文：

韦曜字弘嗣，吴郡云阳人也。少好学，能属文，从丞相掾，除西安令，还为尚书郎，迁太子中庶子。

……

和废后，为黄门侍郎。孙亮即位，诸葛恪辅政，表曜为太史令，撰吴书，华核、薛莹等皆与参同。孙休践阼，为中书郎、博士祭酒。命曜依刘向故事，校定众书。又欲延曜侍讲，而左将军张布近习宠幸，事行多玷，惮曜侍讲儒士，又性精确，惧以古今警戒休意，固争不可。休深恨布，语在《休传》。然曜竟止不入。

孙皓即位，封高陵亭侯，迁中书仆射，职省，为侍中，常领左国史。时所在承指数言瑞应。皓以问曜，曜答曰："此人家筐箧中物耳。"又皓欲为父和作纪，曜执以和不登帝位，宜名为传。如是者非一，渐见责怒。曜益忧惧，自陈衰老，求去侍、史二官，乞欲成所造书，以从业别有别付，皓终不听。……

……（皓）又于酒后使侍臣难折公卿，以嘲弄侵克，发摘私短以为欢。时有愆过，或误犯皓讳，辄见收缚，至于诛戮。曜以为外相毁伤，内长尤恨，使不济济，非佳事也，故但示难问经义言论而已。皓以为不承用诏命，意不忠尽，遂积前后嫌忿，收曜付狱，是岁凤皇二年也。

……华核连上疏救曜曰："曜运值千载，特蒙哀识，以其儒学，得与史官，貂蝉内侍，承合天问，圣朝仁笃，慎终追远，迎神之际，垂涕敕曜。曜愚惑不达，不能敷宣陛下大舜之美，而拘系史官，使圣趣不叙，至行不彰，实曜愚蔽当死之罪。然臣慺慺，见曜自少勤学，虽老不倦，探综

韦曜

坟典，温故知新，及意所经识古今行事，外吏之中少过曜者。昔李陵为汉将，军败不还而降匈奴，司马迁不加疾恶，为陵游说，汉武帝以迁有良史之才，欲使毕成所撰，忍不加诛，书卒成立，垂之无穷。今曜在吴，亦汉之史迁也。伏见前后符瑞彰著，神指天应，继出累见，一统之期，庶不复久。事平之后，当观时设制，三王不相因礼，五帝不相沿乐，质文殊涂，损益异体，宜得曜辈依准古义，有所改立。汉氏承秦，则有叔孙通定一代之仪，曜之才学亦汉通之次也。又吴书虽已有头角，叙赞未述。昔班固作汉书，文辞典雅，后刘珍、刘毅等作汉记，远不及固，叙传尤劣。今吴书当垂千载，编次诸史，后之才士论次善恶，非得良才如曜者，实不可使阙不朽之书。如臣顽蔽，诚非其人。曜年已七十，余数无几，乞赦其一等之罪，为终身徒，使成书业，永足传示，垂之百世。谨通进表，叩头百下。”皓不许，遂诛曜，徙其家零陵。……

（选自《吴书·韦曜传》）

点评：

韦曜又名韦昭，是三国著名学者、史学家。据《三国志》本传记载，韦曜少年时就很好学，善作文章。担任太子中庶子时，曾就博弈之事发表议论，认为博弈乃玩物丧志，君子应当努力追求学术，建功立业，以扬名于后世。孙亮主政时，韦曜担任太史令，受命撰写《吴书》。孙皓即位后，韦曜升任中书仆射，后改任侍中，兼任左国史。由于韦曜曾经担任过废太子孙和的属官，而孙皓是孙和之子，本来他完全可以利用这种关系而飞黄腾达，甚至位极人臣。实际上孙皓即位之初也一度重用过他，然而韦曜为人正直，是一位具有浓厚正统意识的史家，他不但不知权变，还常常违逆孙皓，终遭杀身之祸。韦曜一生著述繁多，流传下来的仅有《国语注》和《吴书》的片断。

本篇选自《吴书·韦曜传》，主要记述了韦曜因直书而违逆孙皓，终于被孙皓所杀的具体过程。孙皓即位后，让修撰《吴书》的韦曜为他父亲孙和作“纪”，韦曜尽管是当年太子孙和的属官，可他更是一位正直的史家，出于史学家的责任感，他以孙和未登帝位为由，认为只能为他作“传”。这件事让孙皓十分恼火，却也对韦曜无可奈何。不过，从此以后，孙皓便想着法子来整韦曜，终于在凤皇二年（273 年）将韦曜逮捕入狱。一同参修《吴书》的华核上书孙皓，极力为韦曜申辩。他一方面说韦曜没有为皇考作“纪”，是因为他迂腐糊涂，没有明白圣上的旨意；一方面极力称赞韦曜有良史之才，希望孙皓能像汉武帝因不诛杀司马迁而使《史记》流传万代那样，让韦曜继续撰写《吴书》，以使《吴书》也能成为流传千古的名著；最后他恳请孙皓看在韦曜年已七十的分上，已经没有多少活头了，不如减其死罪一等，让他继续完成《吴书》的撰写工作，以便传之于后世。然而，华核的苦苦哀求并没有打动孙皓，孙皓最终还是将韦曜杀害了。

中国古代史家因直书而被处死或遭受冤狱的，古有南史，汉有史迁。韦曜的死，再次说明在专制体制下史家的直书是何其之难！唐代史家韩愈有鉴于作史之难，曾经无不感慨地说：史家“不有天刑，必有人祸”。

千古名言

扬汤止沸，不如灭火去薪。

——语出《魏书·董卓传》裴松之注引《典略》。意思是说，用倾倒开水的办法使水不沸腾，不如抽去炉中的柴草使火熄灭。

这里谈的是方法论问题。扬汤止沸，是一种治标不治本的办法，要想使水不沸腾，根本的办法是抽去炉中的柴草。这句名言反映了这样一个哲理，即在处理事务时，要注意抓本质、抓主要矛盾。

和羹之美，在于合异；上下之益，在能相济。

——语出《魏书·夏侯玄传》。意思是说，各种作料调和而成的汤之所以美味可口，在于有着各种味道的相互配合；上下级之间之所以能够相处默契，在于彼此能够相互帮助、取长补短。

这里以调汤作比喻，说明只要有同舟共济的精神，上下级之间就一定能和睦相处，从而取得事业的成功。

迷而知返，失道不远；过而能改，谓之不过。

——语出《魏书·王朗传》。意思是说，迷了路知道返回，这样走错路不会走得太远；犯了过错能够改正，这可以说不是过错。

人们走路难免会有迷路的时候，但只要迷途知返，就不会一直错下去；同样的道理，人的一生难免会犯这样那样的错误，但只要勇于改正自己的错误，注意总结和吸取教训，就不会再犯同样的错误。

良将不怯死以苟免，烈士不毁节以求生。

——语出《魏书·庞德传》。意思是说，优秀的将领不会害怕牺牲而去苟且偷生，有志之士不会为了保全生命而去毁掉名节。

这里谈的是生死观问题。一个优秀的将领应该是无畏无惧的，同样，一个有志之士应该是以名节为重的。他们的共同点是为了信仰而视死如归。

亡国之主，自谓不亡，然后至于亡；圣贤之君，自谓将亡，然后至于不亡。

——语出《魏书·高堂隆传》。意思是说，将要亡国的君主，往往认为自己的国家不会灭亡，而最终总是走向灭亡；圣明有贤德的君主，常常认为自己的国家有灭亡的危险，而最终反而不会灭亡。

这句名言告诉了人们这样一个道理：只有正视矛盾，才能解决矛盾。亡国之君之所以亡国，是因为他不能正视国家潜在的各种矛盾和危险，这样听之任之的结果，只能是导致国家的灭亡；圣贤之君之所以能使国家稳定，是因为他能正视国家存在的各种隐患，从而采取各种措施来消除和防范它。

言过其实，不可大用。

——语出《蜀书·马良传》。意思是说，夸夸其谈、不切实际的人，是不能委以重任的。

说话不切实际的人，往往性情浮躁，干事不踏实。因此，这样的人是绝对不能重用的。在现实生活当中，说话言过其实的大有人在，我们在选才用人时，应该遵循这条古训。

士别三日，即更刮目相待。

——语出《吴书·吕蒙传》裴松之注引《江表传》。意思是说，读书人分开三天没有见面，就应该换换眼光看待了。

这句话表达了两层含义，其一是说善于学习的人，几天工夫就会大有长进；其二是说要善于发现别人的进步，而不能用老眼光来看人。用哲学的观点来说，就是要用发展的眼光来看待问题。

行万里者，不中道而辍足；图四海者，匪怀细以害大。

——语出《吴书·陆逊传》。意思是说，有志于走万里路的人，不会半路就停止不前；有志于拥有天下的人，不会计较小事而危害大的事业。

一个胸有大志的人，就一定具有坚韧不拔的毅力、矢志不移的决心和勇往直前的精神；一个胸有大志的人，也一定具有鲜明的大局观念，他不会因为一些琐碎的事情而影响到自己为之而奋斗的伟大事业。

明镜所以照形，古事所以知今。

——语出《吴书·孙霸传》。意思是说，明亮的镜子可以用来照见形体容貌，过去的事情可以用来认识当今的事情。

中国是一个有着悠久历史的国家，同时也是历史学极为发达的国家。人们重视历史，是要用历史为现实服务。正因此，中国古代的先贤圣哲们常常将历史比喻作一面镜子，要人们重视吸取历史的经验教训，以历史来认识现实、指导现实。

国之兴也，视民如赤子；其亡也，以民为草芥。

——语出《吴书·贺邵传》。意思是说，国家兴旺，对待老百姓就像对待婴儿那样宝贵；国家衰亡，对待老百姓就像对待野草那样肆意践踏。

这里谈论的是国与民之间的关系问题。在中国传统政治思想中，人们是将民作为国家的根本来看待的。如果一个国家以老百姓为根本，那它一定会兴旺发达；反之，如果将老百姓看作可以肆意践踏的野草，那它一定会败亡，这是被无数历史事实所证明了的真理。

《晋书》

史家生平

贞观二十年（646 年）闰三月，京城长安的宰相政事堂内，房玄龄、褚遂良、许敬宗等几位宰相正在紧张地举行着会议，只见他们的桌前放着一份当朝皇帝李世民的御诏。面对这份《修晋书诏》，从贞观三年（629 年）一直负有监修国史和前朝史书责任的名臣房玄龄，陷入沉思之中。自幼博览经史、工草隶、善书文的“十八学士”之首的房玄龄，为什么陷入困顿之中呢？按理说梁、陈、齐、周、隋“五代史”已经修成，再修一部史书有何难处？问题并不如此简单，当初议修前代史书时并没有将晋代的史书列入计划之内，因为征集到的前人所修的有关晋代的史书已有 19 部之多，现在为什么要提出重修晋代的历史呢？难道仅因为《修晋书诏》中所说“但十有八家，虽存记注，而才非良史，事亏实录”？跟随李世民二十余年的房玄龄和重臣长孙无忌深知其中的缘由，去年的讨伐高丽没有太大的收获，皇子之间的争权夺利已使这些贞观君臣深刻地意识到，重写一部以“孝义”之道统揽人心的史书的重要性。因而这些宰相们正在认真商议如何更好地执行皇上的意旨，编好一部晋代的史书的问题。经过几

房玄龄

番磋商，晋史的编修人员终于组成，编修方案也已初步议定。

根据业已确立的宰相监修国史的制度，《晋书》的监修官为当时的宰相房玄龄、褚遂良和许敬宗。房玄龄，字乔，齐州临淄（今山东临淄）人，生于北周宣帝大成元年（579年），卒于贞观二十二年（648年）。房玄龄出身仕宦之家，其曾祖父房翼，北魏时为镇远将军，父房彦谦，仕隋为泾阳令。房玄龄18岁时举进士，授羽骑尉。公元618年，李渊父子乘隋末大乱之机起兵于太原，在李世民屯军泾阳(今山西泾阳）时，房玄龄至军门求见，得到李世民的赏识，以后为秦王记室十余年，为李氏父子平定天下，出谋划策，建功立业，后又与长孙无忌协助李世民发动了“玄武门之变”，帮助李世民夺取了皇位。唐太宗贞观年间，房玄龄与杜如晦、长孙无忌、魏徵等贞观名臣，竭力辅政，号为贤相。贞观三年，唐太宗李世民下令别置史馆于禁中，专修国史，当时议定专修北齐、北周、梁、陈、隋五朝历史，房玄龄一开始就参与了这些史书的修撰和监修工作。在《晋书》的修撰和组织工作中，房玄龄发挥了重要的作用，加之他为宰相（司空），贞观二十二年七月他去世时，《晋书》已基本修成，因而后世所印的《晋书》题房玄龄等撰。褚遂良博涉文史，尤工隶书，不仅是一位政治家，也是一位知名的学者和书法家。许敬宗幼善属文，参与了贞观以来多部史书的修撰工作，在房玄龄去世后，最后负责了《晋书》的定稿工作。由他们来领导《晋书》修撰，是颇为合适的。

在《晋书》修撰过程中发挥了重要作用的是令狐德棻、敬播等五人。他们的工作是发凡起例和负责定稿工作。有学者说令狐德棻和敬播在《晋书》的编撰中实际上起到了正、副主编的作用，除此而外，李安期、李怀俨、赵弘智等起到了编委的作用。令狐德棻是唐初著名的史学家，早在武德四年（621 年），他就建议修梁、陈、周、隋的史书，贞观年间在“五代史”的编修过程中，令狐德棻发挥了极其重要的作用。在《晋书》的修撰中，房玄龄将因为曾任太子李承乾的右庶子而被免官的令狐德棻重新调至长安，董理《晋书》的编修，史称“当时同修一十八人，并推德棻为首，其体制多取决焉。”在《晋书》体例的草拟过程中，敬播也发挥了重要的作用，史称“凡起例皆敬播创焉。”敬播于贞观初年举进士，协助著名学者颜师古、孔颖达等修《隋书》，又曾参与《高祖实录》和《太宗实录》的编撰，深得房玄龄的赞赏，他称赞敬播“有良史之才。”

参与《晋书》修撰的史臣，大多参与了“五代史”的编修，其中也有不少著名的史学家和富于学识的学者。除令狐德棻之外，尚有史学家李延寿、天文学家李淳风等 14 人。《晋书》分工撰录的学者的安排是颇为得当的，对此，对古人要求颇为苛刻的宋代著名史学家郑樵给予了较高的评价，他说当时的分工原则，“随其学术所长者而授之，未尝夺人之能而强人之所不及”，基本原则大致是：“博古通今者，则授以纪传”，“明天文、地理、图籍之学者，则授之以志。”具体而言，具体从事编修撰稿的学者有：中书舍人来济，著作郎陆元仕、刘子翼，主客郎中卢承基，太史令李淳风，太子舍人李义府、薛元超，起居郎上官仪，主客员外郎崔行功，刑部员外郎辛邱驭，著作郎刘蕴之，光禄寺主簿杨仁卿，御史台主簿李延寿，校书郎张文恭。

关于《晋书》的成书时间，史书没有明文记载，后世史学家根据房玄龄的卒年在贞观二十二年（648 年）六月，以及唐太宗李世民曾在当年十二月赐新罗使者新撰《晋书》推断，《晋书》在贞观二十二年六月基本已经修成，到十二月已经完全成书。许敬宗为了讨好唐太宗，加之唐太宗李世民确为《宣帝纪》等写了四篇史论，因而题为唐太宗御撰，至《宋史・艺文志》，正式改为实际监修人，题称唐房玄龄等撰。

史著介绍

唐修《晋书》，系统地记述了从西晋武帝泰始元年（265 年），至东晋恭帝元熙二年（420 年）共计一百五十余年的历史。实际上也包括了三国末年以及北朝各少数民族的历史。包括本纪 10 卷，志 20 卷，列传 70 卷，载记 30 卷，共计 130 卷。原修《晋书》尚有"叙例"和"目录"各一卷，后"叙例"散失，"目录"也不再单独成卷，故今天仍称《晋书》一百三十卷。

贞观年间编修《晋书》，以臧荣绪的《晋书》作为底本，另外参考了王隐、虞预、朱凤、何法盛、谢灵运、萧子云、萧子显、陆机、干宝、曹嘉之、习凿齿、邓璨、孙盛、刘谦之、王韶之、徐广、谭道銮、郭季产，共计 19 家有关晋代历史的书籍。贞观年间的《晋书》修成之后，其他各家地位急剧衰落，以后逐渐散佚，从中可见这部《晋书》的优长。由房玄龄领衔编修的《晋书》具有显著的特点，这可以概括为以下几个方面：

首先，本书体例完备。以纪传体的方式系统地记述了两晋时期的历史，这是以前十余家史书无法相比的。魏晋南北朝时期所修的有关晋朝的26 部史书，至唐贞观年间尚存 18 家，唐太宗李世民在《修晋书诏》中，对前人所修的有关晋朝的史书作了一个宏观的评述，他说："十有八家，虽存记注，而才非良史，事亏实录。绪（臧荣绪）繁而寡要，思（谢沈字行思）劳而少功；叔宁（虞预字叔宁）课虚，滋味同于画饼；子云（萧子云）

学海，涓滴湮于涸流；处叔（王隐字处叔）不预中兴，法盛（何法盛）莫通于创业；洎乎干（宝）陆（机）曹（嘉之）邓（璨），略记帝王；銮（谭道銮）盛（孙盛）广（徐广）讼（当为谦，刘谦之），才编载记。其文既野，其事罕传。”唐太宗这一评价，虽然有全盘否定前人功绩的成分，但在一定程度上反映出以前的有关晋朝的历史的记述，确实存在着这样或那样的缺点，也在某种程度上显示出了唐修《晋书》的优长。本书以130卷的篇幅，包括本纪、列传、志、载记，全面系统地记述了西晋、东晋以及十六国的历史，这是它以前的史书无法比拟的。

其次，《晋书》在历史编撰上也表现出一定的特色。与一般史书的“本纪”不同的是，《晋书》的“本纪”不是从开国皇帝写起，而是追溯到司马懿、司马师和司马昭，详细地记述了这三位为西晋帝国的建立奠定了坚实的基础的祖宗，并追尊他们以宣帝、景帝和文帝，以两卷的“本纪”详细地记述了他们为创立司马氏政权所建立的功业，唐太宗李世民亲自为宣帝和武帝本纪撰写了后论。与魏晋南北朝大多数史书缺少“志”相区别的是，《晋书》撰写出了20卷的“志”，其中包括天文志（上中下），地理志（上下）、律历志（上中下）、礼（上中下）、乐（上下），另有职官、舆服、食货，以及五行（上中下）和刑法志。《晋书》列传记述有关历史人物772人，其中专设“列女传”，分别记述了羊耽妻辛氏等27位妇女的事迹，这在历代正史中也较为特别。《晋书》列传第六十七，分别记

魏晋私人修史之风

述了四夷、西戎、南蛮、北狄等少数民族地区的历史地理情况，这很明显地继承了《史记》的《匈奴列传》、《西南夷列传》等记述的方法；除此之外，值得一提的是唐代所修的《晋书》，继承了东汉修编的年体的史书的《东观汉记》的“载记”形式，创造性地在纪传体的正史中引入了“载记”体例，以30卷“载记”的形式，以少数民族的首领为纲，分别记述了刘聪、刘曜、石勒等十六国少数民族首领以及十六国兴亡的历史。

再次，在史学思想上也显示出了明显的时代特色，丰富了中国历史学思想的宝库。这主要表现为：其一，重视发挥历史的劝诫作用，是唐太宗李世民重新编修《晋书》的极其重要的直接原因。为此，李世民亲自撰写了几篇史论，在《宣帝纪论》中，唐太宗对司马懿、司马昭父子从曹氏手中窃取政权的不义行为予以严厉的谴责，他说：“天子在外，内起甲兵，陵土未干，遂相诛戮，贞臣之体，宁若此乎！尽善之方，以斯为惑。夫征讨之策，岂东智而西愚？辅佐之心，何前忠而后乱？”与其说唐太宗李世民在谴责司马氏父子，毋宁说他是对贞观晚年出现的太子李承乾谋反案的反思。其二，儒家“大一统”的民族平等思想在《晋书》中具有突出的反映。在《晋书》的30卷“载记”中，创建十六国的少数民族首领及十六国兴亡的历史皆有明确的记述，并展现了这一时期汉族和少数民族的融合，以及少数民族吸收先进的汉文化不断汉化和进步的具体情况。虽然记述少数民族的“载记”中仍有“僭伪”的字样，但实际上将十六国的少数民族放在与东晋并列的地位。在卷九十七专设《四夷列传》，从宏观方面记述了东夷、西戎、南蛮、北狄的许多国家的历史。除此而外，在《列女列传》、《儒林列传》、《隐逸列传》中也记述了大量的少数民族的人物的事迹。这种记述的方法，一方面是展现魏晋南北朝时期民族逐渐融合的必然结果，另一方面与隋唐时期民族观念的逐步变化有很大的关系。唐太宗李世民本身就是少数民族和汉族的混血儿，因而在他身上汉族和少数民族的不平等思想相对较为淡漠，他能抛弃“自古而贵中华、贱夷狄”的狭隘的民族主义观点，唐太宗的“华夏与夷狄自古同为一家”的思想，也明显地影响了编撰《晋书》的史臣。其三，重视儒家的伦理道德，特别是“孝道”的宣传。唐太宗李世民对隋文帝杨坚在太子废立问题上的教训记忆深刻，联想到他自己的“玄武门之变”以及太子李承乾的废立和王位之争的现实，因而用儒家的“孝道”规范臣下的行为，是当时社会现实的迫切需要。继承了魏晋时代史书突出“孝义、孝行”的传统，唐修《晋书》中渗透了孝道，并将之扩展到君臣之道的“忠”，为此，《晋书》卷八十八专设《孝友列传》，卷八十九和卷九十为《忠义列传》和《良吏列传》，分别记述了14位“孝友”、26位“忠义”之士和12名“良吏”的事迹。《晋书》强调“忠孝”的思想，在《孝友列传》中有突出的反映，该传开篇即说：“大矣哉，孝之为德也。分浑元而立体，道冠三灵；资品汇以顺名，功包万象。用之于国，动天地而降休征；行之于家，感鬼神而昭景福。”这样就把“孝”从先秦子对父的一种道德规范，从家庭扩展至国家的广阔的范围之内，并强调了“孝”对人生和社会的重要作用，《孝友列传》有些记载对后世产生了很大的影响，如其中的《王延传》和卷三十三的《王祥传》记载的王延为继母凿冰得鱼以及王祥“卧冰得鲤”等故事，以后被后世列入“二十四孝图”和《三字经》中，广泛流传。

《晋书》在历史文学方面的成就，也深得后世学者的称赞。如清朝乾嘉时期著名史学家赵翼所言，《晋书》编撰的许多大臣如令狐德棻等皆老于文学，因而其中的许多篇章文字优美，行文明快简洁。如两卷的《石勒载记》，生动形象地表现出了这个少数民族首领的言行举止，对前秦苻坚的记述也富有声色。对竹林七贤之一的刘伶事迹的记述，也被后世史家和文学家所称道，短短二百余字，把一个耻于功名利禄、风流潇洒的名士活生生地展现在读者面前。因而有学者称，唐修《晋书》的文学价值，不仅继承了《史记》、《汉书》以来光辉的文学传统，而且带有魏晋时期文艺素材隽永、幽默、诙谐、风趣的时代特征。因而我们说，《晋书》具有很高的历史文学价值。

与其他封建时代的史书一样，唐修《晋书》也有其时代的局限性和明显的不足之处。这主要反映在以下几个方面：首先，从全书的内容和体例来看，由于《晋书》出于二十余位史臣之手，没有名家作最后的总结和整体的把关，因而表现出体例尚不十分规范、内容前后重复的现象。这突出的表现在于本纪、列传、志和载记内容也有矛盾之处。如关于张轨在永嘉年间所授的官职，《怀帝本纪》称安西将军，而本传则称镇西将军。又如《司马彪传》称晋武帝泰始初缉私于南郊，司马彪的上疏“语在《郊祀传》”，而今本《晋书》并无《郊祀传》，而唯有《礼志》，其中也无司马彪的疏文。如此这类情况还不少，因而读者阅读时当十分注意，应参考有关研究成果决定去取。其二，本书记载了不少的有关鬼神和封建迷信的东西。如卷八十二《干宝传》载干宝父亲的侍婢，在干宝的父亲下葬时被其母推入墓穴陪葬，十年后墓室打开其状如生，之后竟然活过来而且生了儿子，其荒诞从中可见一斑。处于魏晋南北朝时代的人的思想中有大量的鬼神迷信色彩，这本身无可厚非，唐朝的史学家对此加以辑录和宣扬，也合乎情理，对此，我们不必做过分的谴责，但也不能将其作为所谓的中华民族的文化遗产而予以赞扬。正如“二十四史”，确实是中国传统文化的极其重要遗产，但其中也包括不少消极和落后的糟粕，这些仍需我们予以批判地继承。

历史给人以智慧，中华民族自古以来就有重视修史的优良传统。《晋书》是“二十四史”中的一部，唐太宗李世民对该书的修撰十分重视，亲自撰写了宣帝和武帝本纪以及陆机、王羲之传的史论。唐朝重修《晋书》之后，前代十多家有关晋朝的纪传和编年体史书逐渐被人们遗忘并散佚。

唐修《晋书》很受后人重视，毛泽东也对该书多有点评。

名篇点评

评说司马懿

原文：

帝内忌而外宽，猜忌多权变。魏武察帝有雄豪志，闻有狼顾相。欲验之。乃召使前行，令反顾，面正向后而身不动。又尝梦三马同食一槽，甚恶焉。因谓太子丕曰："司马懿非人臣也，必预汝家事。"太子素与帝善，每相全佑，故免。帝于是勤于吏职，夜以忘寝，至于刍牧之间，悉皆临履，由是魏武意遂安。及平公孙文懿，大行杀戮。诛曹爽之际，支党皆夷及三族，男女无少长，姑姊妹女子之适人者皆杀之，既而竟迁魏鼎云。

明帝时，王导侍坐。帝问前世所以得天下，导乃陈帝创业之始，用文帝末高贵乡公事。明帝以面覆床曰："若如公言，晋祚复安得长远！"迹其猜忍，盖有符于狼顾也。

制曰：夫天地之大，黎元为本；邦国之贵，元首为先。治乱无常，兴亡有运。是故五帝之上，居万乘以为忧；三王以来，处其优而为乐。竞智力，争利害，大小相吞，强弱相袭。逮乎魏室，三方鼎峙，干戈不息，氛雾交飞。宣皇以天挺之姿，应期佐命，文以赞治，武以陵威。用人如在己，求贤若不及；情深阻而莫测，性宽绰而能容。和光同尘，与时舒卷，戢鳞潜翼，思属风云。饰忠于已诈之心，延安于将危之命。观其雄略内断，英猷外决，殄公孙于百日，擒孟达于盈旬，自以兵动若神，谋无再计矣。既而拥众西举，与诸葛相持。抑其甲兵，本无斗志，遗其巾帼，方发愤心。杖节当门，雄固顿屈，请战千里，诈欲示威。且秦蜀之人，勇懦非敌，夷险之路，劳逸不同，以此争功，其利可见。而返闭军固垒，莫敢争锋，生怯实而未前，死疑虚而犹遁，良将之道，失在斯乎！文帝之世，辅翼权重，许昌同萧何之委，崇华甚霍光之寄。当谓竭诚尽节，伊傅可齐。及明帝将终，栋梁是属，受遗二主，佐命三朝，既承忍死之托，曾无殉生之报。天子在外，内起甲兵，陵上未干，遽相诛戮，贞臣之体，宁若此乎！尽善之方，以斯为惑。夫征讨之策，岂东智而西愚，辅佐之心，何前忠而后乱？故晋明掩面，耻欺伪以成功；石勒肆言，笑奸回以定业。古人有云：“积善三年，知之者少；为恶一日，闻于天下。”可不谓然乎，虽自隐过当年，而终见嗤后代。亦犹窃钟掩耳，以众人为不闻；锐意盗金，谓市中为莫睹。故知贪于近者则遗远，溺于利者则伤名；若不损己以益人，则当祸人而福己。顺理而举易为力，背时而勋难为功。况以未成之晋基，逼有余之魏祚？虽复道格区宇，德被苍生，而天未启时，宝位犹阻，非可以智竞，不可以力争，虽则庆流后昆，而身终于北面矣。

（选自《宣帝纪》）

点评：

本篇节选自《宣帝纪》，第一段是对司马懿为人以及政治野心的揭露，第二段写东晋时大臣对司马氏创业艰难的反思，后面是唐太宗李世民为《宣帝纪》亲自撰写的史论。

唐太宗的论赞，大体上分为三个层次：一是对历史的发展变迁的评论，二是对司马懿的一生功过的概括和总结，三是由司马懿的一生的巨大反差所发出的感叹。选文末尾唐太宗对司马懿的评论，一方面可见唐代人对司马懿的评价，另一方面可见唐太宗李世民对历代治乱的认识，以及他的政治思想和史学思想。唐太宗的民本思想由“天地之大，黎元为本”可见一斑。历史的发展和变化由“王道”而“霸道”的传统的儒家的历史发展的观点，由李世民之口说出，反映出儒家思想对唐人的影响，唐太宗君臣励精图治的远大政治抱负也由此可见。对司马懿一生功过的总结言简意赅，切中要害。又从司马懿的一生中，总结出为臣之道，中国古人重视以史为鉴的历史鉴戒思想从李世民的评论中也能感受出来。这些都需读者反复阅读，认真体会。选文中也不乏一些名言警句，如：“积善三年，知之者少；为恶一日，闻于天下。”“天地之大，黎元为本；邦国之贵，元首为先。”“治乱无常，兴亡有运。”

《晋书》的几篇赞论由唐太宗执笔，从中可见当时封建皇帝对编修史书的高度重视。唐太宗的这些史论，赖《晋书》得以保存，从中亦可见魏晋时代的文风对唐人的影响。

石崇王恺斗富

原文：

崇颖悟有才气，而任侠无行检。在荆州，劫远使商客，致富不赀。征为大司农，以征书未至擅去官免。顷之，拜太仆，出为征虏将军，假节、监徐州诸军事，镇下邳。崇有别馆在河阳之金谷，一名梓泽，送者倾都，帐饮于此焉。至镇，与徐州刺史高诞争酒相侮，为军司所奏，免官。复拜卫尉，与潘岳谄事贾谧。谧与之亲善，号曰“二十四友”。广城君每出，崇降车路左，望尘而拜，其卑佞如此。

财产丰积，室宇宏丽。后房百数，皆曳纨绣，珥金翠。丝竹尽当时之选，庖膳穷水陆之珍。与贵戚王恺、羊琇之徒以奢靡相尚。恺以粭澳釜，崇以蜡代薪。恺作紫丝布步障四十里，崇作锦步障五十里以敌之。崇涂屋以椒，恺用赤石脂。崇、恺争豪如此。武帝每助恺，尝以珊瑚树赐之，高二尺许，枝柯扶疏，世所罕比。恺以示崇，崇便以铁如意击之，应手而碎。恺既惋惜，又以为嫉己之宝，声色方厉。崇曰：“不足多恨，今还卿。”乃命左右悉取珊瑚树，有高三四尺者六七株，条干绝俗，光彩曜日，

石崇

如恺比者甚众。恺怳然自失矣。

崇为客作豆粥，咄嗟便办。每冬，得韭萍齑。尝与恺出游，争入洛城，崇牛迅若飞禽，恺绝不能及。恺每以此三事为恨，乃密货崇帐下问其所以，答云："豆至难煮，豫作熟末，客来，但作白粥以投之耳。韭萍齑是捣韭根杂以麦苗耳。牛奔不迟，良由驭者逐不及反制之，可听蹁辕则驶矣。"于是悉从之，遂争长焉。崇后知之，因杀所告者。

（选自《石崇列传》）

点评：

本篇节选自《石崇列传》，主要记述了石崇的事迹，有名的"石崇与王恺斗富"的故事，即出自《晋书》，从中可见西晋王朝末年，封建官吏的腐化生活。这篇传记也具有一定的典型性，其中所收录的石崇的几篇奏疏具有较高的史学价值。篇末的"史臣曰"和"赞"，是这篇列传的总的评论，对石崇以及当时的社会风气皆有评论，值得当今的从政者借鉴。石崇的传记附于他的父亲石苞的列传之后。

选文第一段写石崇的任侠而行无检的具体情况，第二、三段是他与王恺斗富的记述。这篇传记对石崇和王恺斗富的记述，写得栩栩如生，石崇和王恺两位封建官吏生活腐化以及"斗富"的行为和心理跃然纸上。"恺以粕澳釜，崇以蜡代薪。恺作紫丝布步障四十里，崇作锦步障五十里以敌之。崇涂屋以椒，恺用赤石脂。”作者的记述不是到此为止，而是进一步以典型的事例，对石崇和王恺的“斗富”予以记述，王恺先以自己的失败而悔恨，后以贿赂石崇的门人而取胜，气得石崇竟然杀掉了告密者。中国封建正史的历史文学成就由此亦可见一斑。东晋时期江南社会经济的发展亦由此可见。无论是从研究魏晋时代的社会风俗，还是文学成就来看，这篇传记都值得一读，故予以节选，以飨读者。

祖逖北伐

原文：

祖逖字士稚，范阳遒人也。世吏二千石，为北州旧姓。父武，晋王掾、上谷太守。逖少孤，兄弟六人。兄该、纳等并开爽有才干。逖性豁荡，不修仪检，年十四五犹未知书，诸兄每忧之。然轻财好侠，慷慨有节尚，每至田舍，辄称兄意散谷帛以周贫乏，乡党宗族以是重之。后乃博览书记，该涉古今，往来京师，见者谓逖有赞世才具。侨居阳平。年二十四，阳平辟察孝廉，司隶再辟举秀才，皆不行。与司空刘琨俱为司州主簿，情好绸缪，共被同寝。中夜闻荒鸡鸣，蹴琨觉曰：“此非恶声也。”因起舞。逖、琨并有英气，每语世事，或中宵起坐，相谓曰：“若四海鼎沸，豪杰并起，吾与足下当相避于中原耳。”

辟齐王冏大司马掾、长沙王乂骠骑祭酒，转主簿，累迁太子中舍人、豫章王从事中郎。从惠帝北伐，王师败绩于荡阴，遂退还洛。大驾西幸长安，关东诸侯范阳王虓、高密王略、平昌公模等竞召之，皆不就。东海王越以逖为典兵参军、济阴太守，母丧不之官。及京师大乱，逖率亲党数百家避地淮泗，以所乘车马载同行老疾，躬自徒步，药物衣粮与众共之，又多权略，是以少长咸宗之，推逖为行主。达泗口，元帝逆用为徐州刺

祖逖闻鸡起舞图

史，寻征军谘祭酒，居丹徒之京口。

逖以社稷倾覆，常怀振复之志。宾客义徒皆暴桀勇士，逖遇之如子弟。时扬土大饥，此辈多为盗窃，攻剽富室，逖抚慰问之曰："比复南塘一出不？"或为吏所绳，逖辄拥护救解之。谈者以此少逖，然自若也。时帝方拓定江南，未遑北伐，逖进说曰："晋室之乱，非上无道而下怨叛也。由藩王争权，自相诛灭，遂使戎狄乘隙，毒流中原。今遗黎既被残酷，人有奋击之志。大王诚能发威命将，使若逖等为之统主，则郡国豪杰必因风向赴，沈溺之士欣于来苏，庶几国耻可雪，愿大王图之。"帝乃以逖为奋威将军、豫州刺史，给千人廪，布三千匹，不给铠仗，使自招募。仍将本流徙部曲百余家渡江，中流击楫而誓曰："祖逖不能清中原而复济者，有如大江！"辞色壮烈，众皆慨叹。屯于江阴，起冶铸兵器，得二千余人而后进。

初，北中郎将刘演距于石勒也，流人坞主张平、樊雅等在谯，演署平为豫州刺史，雅为谯郡太守。又有董瞻、于武、谢浮等十余部，众各数百，皆统属平。逖诱浮使取平，浮谲平与会，遂斩以献逖。帝嘉逖勋，使运粮给之，而道远不至，军中大饥。进据太丘。樊雅遣众夜袭逖，遂入垒，拔戟大呼，直趣逖幕，军士大乱。逖命左右距之，督护董昭与贼战，走之。逖率众追讨，而张平余众助雅攻逖。蓬陂坞主陈川，自号宁朔将军、陈留太守。逖遣使求救于川，川遣将李头率众援之，逖遂克谯城。

初，樊雅之据谯也，逖以力弱，求助于南中郎将王含，含遣桓宣领兵助逖。逖既克谯，宣等乃去。石季龙闻而引众围谯，含又遣宣救逖，季龙闻宣至而退。宣遂留，助逖讨诸屯坞未附者。

李头之讨樊雅也，力战有勋。逖时获雅骏马，头甚欲之而不敢言，逖知其意，遂与之。头感逖恩遇，每叹曰："若得此人为主，吾死无恨。"川闻而怒，遂杀头。头亲党冯宠率其属四百人归于逖，川益怒，遣将魏硕掠豫州诸郡，大获子女车马。逖遣将军卫策邀击于谷水，尽获所掠者，皆令归本，军无私焉。川大惧，遂以众附石勒。逖率众伐川，石季龙领兵五万救川，逖设奇以击之，季龙大败，收兵掠豫州，徙陈川还襄国，留桃豹等守川故城，住西台。逖遣将韩潜等镇东台。同一大城，贼从南门出入放牧，逖军开东门，相守四旬。逖以布囊盛土如米状，使千余人运上台，又令数人担米，伪为疲极而息于道，贼果逐之，皆弃担而走。贼既获米，谓逖士众丰饱，而胡戍饥久，益惧，无复胆气。石勒将刘夜堂以驴千头运粮以馈桃豹，逖遣韩潜、冯铁等追击于汴水，尽获之。豹宵遁，退据东燕城，逖使潜进屯封丘以逼之。冯铁据二台，逖镇雍丘，数遣军要截石勒，勒屯戍渐蹙。候骑常获濮阳人，逖厚待遣归。咸感逖恩德，率乡里五百家降逖。勒又遣精骑万人距逖，复为逖所破，勒镇戍归附者甚多。时赵固、上官巳、李矩、郭默等各以诈力相攻击，逖遣使和解之，示以祸福，遂受逖节度。逖爱人下士，虽疏交贱隶，皆恩礼遇之，由是黄河以南尽为晋土。

（选自《祖逖列传》）

点评：

本篇选自《祖逖列传》。祖逖是东晋初期著名的将领，其一生主要的功绩就是率军北伐，一度使黄河以南皆为晋土。本篇开头讲述了祖逖早年的经历，其中就有为后人所熟知的闻鸡起舞的故事，当时祖逖与刘琨同为司州主簿，常同床而卧，半夜听到鸡鸣，祖逖就叫醒刘琨，二人一起在屋外舞剑。祖逖的这种勤勉上进的精神也促使他日后在北伐事业中取得巨大的成就。

西晋王朝在经历“八王之乱”后倾覆，“五胡”趁乱占据北方大部土地并建立政权。祖逖常怀“振复之志”，他手下的宾客皆为豪杰勇士，祖逖与他们情同兄弟。而当时东晋政权刚刚建立，司马睿安于江南，无北伐之心。祖逖便进言申明北伐之必要，并自愿率军为国雪耻。于是祖逖被封为奋威将军、豫州刺史，率领其部将渡江，并发誓要收复中原。祖逖北伐之功卓著，为东晋收复大片失地，使石勒“不敢窥兵河南”。但是他北伐事业未成就不幸病逝，又值朝廷内乱，其北伐收复之地最终又被后赵攻陷。

本篇的叙述充分体现了祖逖北伐收复失地的决心以及他善于用兵的军事才能，而且在许多细节的描写中也可以看出他周济贫乏、爱人下士的品质，祖逖也因此深得人心。《晋书》对祖逖北伐的事迹也有比较高的评价，其中写道：“祖生烈烈，夙怀奇节。扣楫中流，誓清凶孽。”《晋书》史臣为祖逖功业未成身先死而惋惜。

王与马共天下

原文：

王导，字茂弘，光禄大夫览之孙也。父裁，镇军司马。导少有风鉴，识量清远。年十四，陈留高士张公见而奇之，谓其从兄敦曰：“此儿容貌

王导

志气，将相之器也。”初袭祖爵即丘子。司空刘实寻引为东阁祭酒，迁秘书郎、太子舍人、尚书郎，并不行。后参东海王越军事。

时元帝为琅邪王，与导素相亲善。导知天下已乱，遂倾心推奉，潜有兴复之志。帝亦雅相器重，契同友执。帝之在洛阳也，导每劝令之国。会帝出镇下邳，请导为安东司马，军谋密策，知无不为。及徙镇建康，吴人不附，居月余，士庶莫有至者，导患之。会敦来朝，导谓之曰：“琅邪王仁德虽厚，而名论犹轻。兄威风已振，宜有以匡济者。”会三月上巳，帝亲观禊，乘肩舆，具威仪，敦、导及诸名胜皆骑从。吴人纪瞻、顾荣，皆江南之望，窃觇之，见其如此，咸惊惧，乃相率拜于道左。导因进计曰：“古之王者，莫不宾礼故老，存问风俗，虚己倾心，以招俊乂。况天下丧乱，九州分裂，大业草创，急于得人者乎！顾荣、贺循，此土之望，未若引之以结人心。二子既至，则无不来矣。”帝乃使导躬造循、荣，二人皆应命而至，由是吴会风靡，百姓归心焉。自此之后，渐相崇奉，君臣之礼始定。

（选自《王导列传》）

王敦字处仲，司徒导之从父兄也。父基，治书侍御史。敦少有奇人之目，尚武帝女襄城公主，拜驸马都尉，除太子舍人。时王恺、石崇以豪侈相尚，恺尝置酒，敦与导俱在坐，有女伎吹笛小失声韵，恺便驱杀之，一坐改容，敦神色自若。他日，又造恺，恺使美人行酒，以客饮不尽，辄杀之。酒至敦、导所，敦故不肯持，美人悲惧失色，而敦傲然不视。导素不能饮，恐行酒者得罪，遂勉强尽觞。导还，叹曰："处仲若当世，心怀刚忍，非令终也。"洗马潘滔见敦而目之曰："处仲蜂目已露，但豺声未振，若不噬人，亦当为人所噬。"及太子迁许昌，诏东宫官属不得送。敦及洗马江统、潘滔，舍人杜蕤、鲁瑶等，冒禁于路侧望拜流涕，时论称之。迁给事黄门侍郎。

赵王伦篡位，敦叔父彦为兖州刺史，伦遣敦慰劳之。会诸王起义兵，彦被齐王冏檄，惧伦兵强，不敢应命，敦劝彦起兵应诸王，故彦遂立勋绩。惠帝反正，敦迁散骑常侍、左卫将军、大鸿胪、侍中，出除广武将军、青州刺史。

永嘉初，征为中书监。于时天下大乱，敦悉以公主时侍婢百余人配给将士，金银宝物散之于众，单车还洛。东海王越自荥阳来朝，敦谓所亲曰："今威权悉在太傅，而选用表情，尚书犹以旧制裁之，太傅今至，必有诛罚。"俄而越收中书令缪播等十余人杀之。越以敦为扬州刺史，潘滔说越曰："今树处仲于江外，使其肆豪强之心，是见贼也。"越不从。其后征拜尚书，不就。元帝召为安东军谘祭酒。会扬州刺史刘陶卒，帝复以敦为扬州刺史，加广武将军。寻进左将军、都督征讨诸军事、假节。帝初镇江东，威名未著，敦与从弟导等同心翼戴，以隆中兴，时人为之语曰："王与马，共天下。"

（选自《王敦列传》）

点评：

本篇选自《王导列传》和《王敦列传》。王导与王敦都是东晋时期的名臣，他们是堂兄弟，都出自北方名门琅琊王氏。王导、王敦兄弟二人权倾一时，对东晋政权的建立起到了重要的作用。本篇中写道，在司马睿还是琅琊王的时候，就与王导亲善。后来司马睿迁镇于建康，为了使当地士族归附，王导与堂兄王敦趁上巳节观禊之机，极力争取民众对司马睿的敬服之心。他们请司马睿乘上华丽的车轿，让一些官员和名士骑马跟从，这种威武宏大的场面使在场民众以及当地士族震惊。王导又建议司马睿拉拢顾荣、贺循两位当地名士，以结民心。王导和王敦的这些做法大大提升了司马睿在江南士族中的威望，也为司马睿建立东晋王朝打下了基础。而司马睿称帝后，王导、王敦二人在朝中的地位非常高，掌管着内政和军事大权。当时百姓中流传着“王与马共天下”的说法，表明王导、王敦为代表的王氏士族与司马氏共同掌握着东晋的政权。但是，也正是因为王氏拥有过高的政治权力，已经威胁到了东晋皇室的地位，后来王敦反叛夺权，其叛军最终被击败。而王导因为极力维护司马氏的统治而没有受到王敦反叛之事的牵连。

“王与马共天下”的典故反映了当时门阀制度的兴起，门阀士族拥有极高的政治权力，这种门阀政治成为魏晋南北朝时期政治格局的主要特征。《晋书》对王导、王敦生平事迹的叙述充分体现了这一政治特点。而且，在本篇的叙述中，《晋书》史臣还通过种种事例凸显了王导、王敦品性上的差异，为他们后来不同的人生结局作了铺垫。

苻坚励精图治

原文：

坚自临晋登龙门，顾谓其群臣曰：“美哉山河之固！娄敬有言，‘关中四塞之国’，真不虚也。”权翼、薛赞对曰：“臣闻夏、殷之都非不险也，周、秦之众非不多也，终于身窜南巢，首悬白旗，躯残于犬戎，国分于项籍者何也？德之不修故耳。吴起有言：‘在德不在险。’深愿陛下追踪唐、虞，怀远以德，山河之固不足恃也。”坚大悦，乃还长安。赐为父后者爵一级，鳏寡高年谷帛有差，丐所过田租之半。是秋，大旱，坚减膳撤悬，金玉绮绣皆散之戎士，后宫悉去罗纨，衣不曳地。开山泽之利，公私共之，偃甲息兵，与境内休息。

王猛亲宠愈密，朝政莫不由之。特进樊世，氐豪也，有大勋于苻氏，负气倨傲，众辱猛曰：“吾辈与先帝共兴事业，而不预时权；君无汗马之劳，何敢专管大任？是为我耕稼而君食之乎！”猛曰：“方当使君为宰夫，安直耕稼而已。”世大怒曰：“要当悬汝头于长安城门，不尔者，终不处于世也。”猛言之于坚，坚怒曰：“必须杀此老氐，然后百僚可整。”俄而世入言事，坚谓猛曰：“吾欲以杨璧尚主，璧何如人也？”世勃然曰：“杨璧，臣之婿也，婚已久定，陛下安得令之尚主乎！”猛让世曰：“陛下帝有海内，而君敢竞婚，是为二天子，安有上下！”世怒起，将击猛，左右止之。世遂丑言大骂，坚由此发怒，命斩之于西厩。诸氐纷纭，竞陈猛短，坚恚甚，慢骂，或有鞭挞于殿庭者。权翼进曰：“陛下宏达大度，善驭英豪，神武卓荦，录功舍过，有汉祖之风。然慢易之言，所宜除之。”坚笑曰：“朕之过也。”自是公卿以下无不惮猛焉。

坚起明堂，缮南北郊，郊祀其祖洪以配天，宗祀其伯健于明堂以配上帝。亲耕藉田，其妻苟氏亲蚕于近郊。

坚南游霸陵，顾谓群臣曰：“汉祖起自布衣，廓平四海，佐命功臣孰为首乎？”权翼进曰：“《汉书》以萧、曹为功臣之冠。”坚曰：“汉祖与项羽争天下，困于京索之间，身被七十余创，通中六七，父母妻子为楚所囚。平城之下，七日不火食，赖陈平之谋，太上、妻子克全，免匈奴之祸。二相何得独高也！虽有人狗之喻，岂黄中之言乎！”于是酣饮极欢，命群臣赋诗。大赦，复改元曰甘露。以王猛为侍中、中书令、京兆尹。

其特进强德，健妻之弟也，昏酒豪横，为百姓之患。猛捕而杀之，陈尸于市。其中丞邓羌，性鲠直不挠，与猛协规齐志，数旬之间，贵戚强豪诛死者二十有余人。于是百僚震肃，豪右屏气，路不拾遗，风化大行。坚叹曰："吾今始知天下之有法也，天子之为尊也！"于是遣使巡察四方及戎夷种落，州郡有高年孤寡，不能自存，长史刑罚失中、为百姓所苦，清修疾恶、劝课农桑、有便于俗，笃学至孝、义烈力田者，皆令具条以闻。

时匈奴左贤王卫辰遣使降于坚，遂请田内地，坚许之。云中护军贾雍遣其司马徐斌率骑袭之，因纵兵掠夺。坚怒曰："朕方修魏绛和戎之术，不可以小利忘大信。昔荆吴之战，事兴蚕妇；浇瓜之惠，梁、宋息兵。夫怨不在大，事不在小，扰边动众，非国之利也。所获资产，其悉以归之。"免雍官，以白衣领护军，遣使修和，示之信义。辰于是入居塞内，贡献相寻。乌丸独孤、鲜卑没奕于率众数万又降于坚。坚初欲处之塞内，苻融以"匈奴为患，其兴自古。比虏马不敢南首者，畏威故也。今处之于内地，见其弱矣，方当窥兵郡县，为北边之害。不如徙之塞外，以存荒服之义。"坚从之。

坚僭位五年，凤皇集于东阙，大赦其境内，百僚进位一级。初，坚之将为赦也，与王猛、苻融密议于露堂，悉屏左右。坚亲为赦文，猛、融供进纸墨。有一大苍蝇入自牖间，鸣声甚大，集于笔端，驱而复来。俄而张安街巷市里人相告曰："官今大赦。"有司以闻。坚惊谓融、猛曰："禁中无耳属之理，事何从泄也？"于是敕外穷推之，咸言有一小人衣黑衣，大呼于市曰："官今大赦。"须臾不见。坚叹曰："其向苍蝇乎？声状非常，吾固恶之。谚曰：'欲人勿知，莫若勿为。'声无细而弗闻，事未形而必彰者，其此之谓也。"坚广修学官，召郡国学生通一经以上充之，公卿已下子孙并遣受业。其有学为通儒、才堪干事、清修廉直、孝悌力田者，皆旌表之。于是人思劝励，号称多士，盗贼止息，请托路绝，田畴修辟，帑藏充盈，典章法物靡不悉备。坚亲临太学，考学生经义优劣，品而第之。问难五经，博士多不能对。坚谓博士王实曰："朕一月三临太学，黜陟幽明，躬亲奖励，罔敢倦违，庶几周、孔微言不由朕而坠，汉之二武其可追乎！"实对曰："自刘石扰覆华畿，二都鞠为茂草，儒生罕有或存，坟籍灭而莫纪，经沦学废，奄若秦皇。陛下神武拨乱，道隆虞、夏，开庠序之美，弘儒教之风，化盛隆周，垂馨千祀，汉之二武焉足论哉！"坚自是每月一临太学，诸生竞劝焉。

屠各张罔聚众数千，自称大单于，寇掠郡县。坚以其尚书邓羌为建节将军，率众七千讨平之。

时商人赵掇、丁妃、邹瓫等皆家累千金，车服之盛，拟则王侯，坚之诸公竞引之为国二卿。黄门侍郎程宪言于坚曰："赵掇等皆商贩丑竖，市郭小人，车马衣服僭同王者，官齐君子，为籓国列卿，伤风败俗，有尘圣化，宜肃明典法，使清浊显分。"坚于是推检引掇等为国卿者，降其爵。乃下制："非命士已上，不得乘车马于都城百里之内。金银锦绣，工商、皂隶、妇女不得服之，犯者弃市。"

（选自《苻坚载记上》）

点评：

本篇节选自《苻坚载记上》。"载记"是记述少数民族政权史实的一种重要的体例，在"二十四史"中也有其独具的特色。"载记"将西晋和东晋之外的众多的少数民族政权恰当地归入一种史体之中，表现出了贞观史臣的卓识。

苻坚是北方氐族的杰出的少数民族统帅，他建立了前秦政权，统一了北方。公元 386 年，苻坚力图完成统一全国的愿望，对东晋发动了战争，东晋君臣齐心协力，"淝水之战"以苻坚的大败而告终，从此，北方重新陷于分裂的状态，苻坚不仅被部下所杀，而且因淝水的大败留下了刚愎自用的名声，本篇的阅读，可使读者对这位少数民族统帅有一个全面深入的了解。

本篇主要记述了苻坚在王猛协助之下整肃吏治的基本情况，表现出这个少数民族首领的卓识和政治才干，与以前简单地从大汉族思想出发，将少数民族加以贬低和丑化的做法明显不同，显示出唐代初年中国史学思想观念的巨大进步。另外，我们从这篇载记对苻坚的文化修养以及政权的具体情况的记述，可见这时民族融合和发展的具体情况。苻坚是中国历史上具有广泛影响的人物，本文对他的言行举止的记述具有很强的可读性，在一定程度上显示出《晋书》在历史文学方面达到的高度。

淝水之战

原文：

晋车骑将军桓冲率众十万伐坚，遂攻襄阳。遣前将军刘波、冠军桓石虔、振威桓石民攻沔北诸城；辅国杨亮伐蜀，攻拔伍城，进攻涪城，龙骧胡彬攻下蔡；鹰扬郭铨攻武当；冲别将攻万岁城，拔之。坚大怒，遣其子征南睿及冠军慕容垂、左卫毛当率步骑五万救襄阳，扬武张崇救武当，后将军张蚝、步兵校尉姚苌救涪城。睿次新野，垂次邓城。王师败张崇于武当，掠二千余户而归。睿遣垂及骁骑石越为前锋，次于沔水。垂、越夜命三军人持十炬火，系炬于树枝，光照十数里中。冲惧，退还上明。张蚝出斜谷，杨亮亦引兵退归。

坚下书悉发诸州公私马，人十丁遣一兵。门在灼然者，为崇文义从。良家子年二十已下，武艺骁勇，富室材雄者，皆拜羽林郎。下书期克捷之日，以帝为尚书左仆射，谢安为吏部尚书，桓冲为侍中，并立第以待之。良家子至者三万余骑。其秦州主簿金城赵盛之为建威将军、少年都统。遣征南苻融、骠骑张蚝、抚军苻方、卫军梁成、平南慕容暐、冠军慕容垂率步骑二十五万为前锋。坚发长安，戎卒六十余万，骑二十七万，前后千里，旗鼓相望。坚至项城，凉州之兵始达咸阳，蜀汉之军顺流而下，幽、冀之众至于彭城，东西万里，水陆齐进。运漕万艘，自河入石门，达于汝、颍。

融等攻陷寿春，执晋平虏将军徐元喜、安丰太守王先。垂攻陷郧城，害晋将军王太丘。梁成与其扬州刺史王显、弋阳太守王咏等率众五万，屯于洛涧，栅淮以遏东军。成频败王师。晋遣都督谢石、徐州刺史谢玄、豫州刺史桓伊、辅国谢琰等水陆七万，相继距融，去洛涧二十五里，惮成不进。龙骧将军胡彬先保硖石，为融所逼，粮尽，诈扬沙以示融军，潜遣使告石等曰："今贼盛粮尽，恐不见大军。"融军人获而送之。融乃驰使白坚曰："贼少易俘，但惧其越逸，宜速进众军，掎禽贼帅。"坚大悦，恐石等遁也，舍大军于项城，以轻骑八千兼道赴之，令军人曰："敢言吾至寿春者拔舌。"故石等弗知。晋龙骧将军刘牢之率劲卒五千，夜袭梁成垒，克之，斩成及王显、王咏等十将，士卒死者万五千。谢石等以既败梁成，水陆继进。坚与苻融登城而望王师，见部阵齐整，将士精锐，又北望八公山上草木，皆类人形，顾谓融曰："此亦勍敌也，何谓少乎！"怃然有惧色。初，朝廷闻坚入寇，会稽王道子以威仪鼓吹求助于钟山之神，奉以相国之号。及坚之见草木状人，若有力焉。

坚遣其尚书朱序说石等以众盛，欲胁而降之。序诡谓石曰："若秦百万之众皆至，则莫可敌也。及其众军未集，宜在速战。若挫其前锋，可以得志。"石闻坚在寿春也，惧，谋不战以疲之。谢琰劝从序言，遣使请战，许之。时张蚝败谢石于肥南，谢玄、谢琰勒卒数万，阵以待之。蚝乃退，列阵逼肥水。王师不得渡，遣使谓融曰："君悬军深入，置阵逼水，此持久之计，岂欲战者乎？若小退师，令将士周旋，仆与君公缓辔而观之，不亦美乎！"融于是麾军却阵，欲因其济水，覆而取之。军遂奔退，制之不可止。融驰骑略阵，马倒被杀，军遂大败。王师乘胜追击，至于青冈，死者相枕。坚为流矢所中，单骑遁还于淮北，饥甚，人有进壶飧豚髀者，坚食之，大悦，曰：“昔公孙豆粥何以加也！”使赐帛十匹，绵十斤。辞曰：“臣闻白龙厌天池之乐而见困豫且，陛下目所睹也，耳所闻也。今蒙尘之难，岂自天乎！且妄施不为惠，妄受不为忠。陛下，臣之父母也，安有子养而求报哉！”弗顾而退。坚大惭，顾谓其夫人张氏曰：“朕若用朝臣之言，岂见今日之事邪！当何面目复临天下乎？”潸然流涕而去。闻风声鹤唳，皆谓晋师之至。其仆射张天锡、尚书朱序及徐元喜等皆归顺。初，谚言“坚不出项”，群臣劝坚停项，为六军声镇，坚不从，故败。

诸军悉溃，惟慕容垂一军独全，坚以千余骑赴之。垂子宝劝垂杀坚，垂不从，乃以兵属坚。初，慕容玮屯郧城，姜成等守漳口，晋随郡太守夏

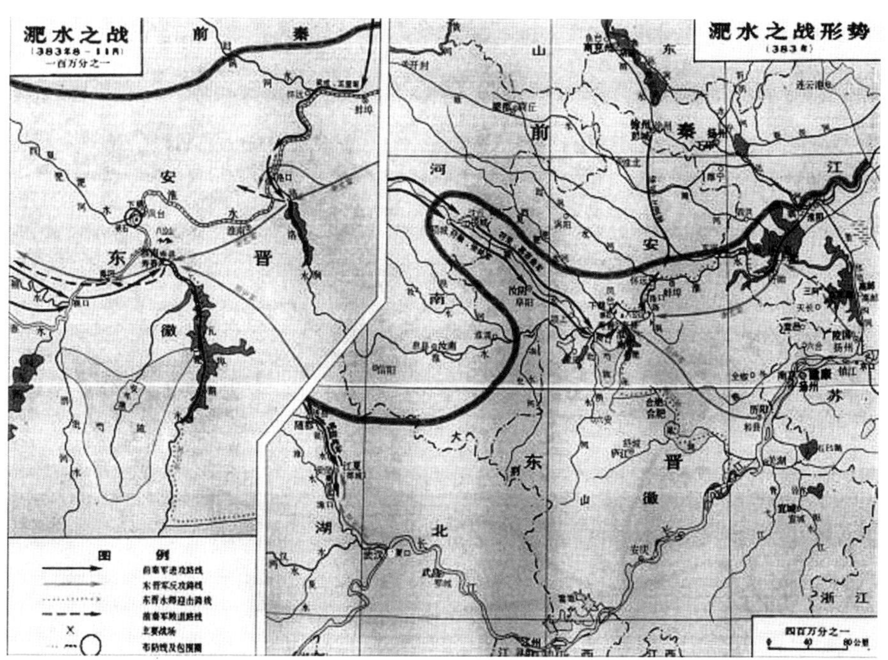

淝水之战形势图

侯澄攻姜成，斩之，時弃其众奔还。坚收离集散，比至洛阳，众十余万，百官威仪军容粗备。未及关而垂有贰志，说坚请巡抚燕、岱，并求拜墓，坚许之。权翼固谏以为不可，坚不从。寻惧垂为变，悔之，遣骁骑石越率卒三千戍邺，骠骑张蚝率羽林五千戍并州，留兵四千配镇军毛当戍洛阳。坚至自淮南，次于长安东之行宫，哭苻融而后入，告罪于其太庙，赦殊死已下，文武增位一级，厉兵课农，存恤孤老，诸士卒不返者皆复其家终世。赠融大司马，谥曰哀公。

（选自《苻坚载记下》）

点评：

“草木皆兵”这句成语几乎妇孺皆知，它说的是前秦苻坚与东晋军队进行淝水大战中的情况，但许多读者可能还不大明白这句成语出自《晋书·苻坚载记》。淝水之战选自《苻坚载记下》，是前秦与东晋之间所进行的一场著名的战役，内容反映了当时南北政权之间的关系，苻坚的性格，以及前秦政权的衰亡等。

《苻坚载记》是《晋书》“载记”中极为重要的一篇，除对苻坚、王猛整肃吏治的记述之外，最重要的内容就是对淝水之战的记载。《苻坚载记》对淝水之战的记载分为两个大的部分：一是战前苻坚君臣议战的观点分歧。苻坚广泛地征求大臣的意见，在遭到包括苻融、道安等众多大臣和谋士的反对之后，苻坚仍执意南伐，本篇对战前苻坚君臣对南伐决议的分歧的详细记载具有可读性，也反映出当时前秦政权大臣深厚的历史文化底蕴。

二是战争过程的叙述。先是记述的襄阳大战揭开了苻坚与东晋大战的序幕，接着记述前秦苻坚浩浩荡荡的大军开赴战争前线的盛况，之后则是淝水之战的具体场景描写。该篇对战争的记述简明扼要，恢宏壮阔，具有较强的可读性，可以与司马光的《资治通鉴》对赤壁之战的精彩记述相媲美。

千古名言

古之名王，其劳心远虑，常如临川无津涯。

——语出《傅玄列传》。原文大意为：古代有名的君王，在处理政务制定重大决策时，尽心尽力、反复斟酌，就好像置身于没有渡口的大川旁一样的小心翼翼。这句话告诫统治者在重大决策时，应该谨慎从事，而不可草率从事。直到今天，这句名言对我们的各级干部还有警示作用，从中可以感受到如何去做出正确的决策。

全一人者德之轻，成天下者功之重。

——语出《世祖武帝纪》。说的是古代的君王应以天下为重，而不可以个人的恩怨或感情做出不利于江山社稷的事情。原文可翻译为：保全一个人的功德性命，这种恩德是轻浮的举动；而能成就天下的功德才是重中之重。这句话要求当权者要有以天下为己任的政治家的气度，赏罚分明，这样才能永保江山社稷的稳定。这句话对今天也有警示的作用。

清平者，政化之美也；枉滥者，乱败之恶也。

——语出《刘毅列传》。表现了古代政治家期望以清平治国的政治思想。原文可翻译为：清平，这是政治教化的美德；枉滥，是行政混乱和衰败的恶流。中国先秦时代的儒家和道家，主张实行“王政”或“清静无为”的政治，这种思想被后世所继承，大凡封建时代的治世，皆能实行与民休息、轻徭薄赋的政策；而大兴土木、滥用刑罚者，大多数走上了败亡的道路。这句话警示当政者，决不可贪图个人的欲望而滥用民力。

人才异能，备体者寡。

——语出《刘毅列传》。其大意为：人的才能各不相同，能够具备各方面才干的人很少。它启示后人，对于属下，绝不可求全责备，而应该善于用其所长，以宽容的态度对待别人。这对今天我们每个人如何更好地为人处世，都有积极的启迪作用。

非得贤之难，用之难；非用之难，信之难。

——语出《郤冼列传》。这句话告诉我们各级干部：要善于使用人才，要相信人才。这段话可译为：求得一个贤能的人并不难，更好地使用贤才比求得更难；任用贤才也并不太难，难的是相信他。中国古代的政治家已注意到使用贤能，任用和信任贤才。人才对于社会的进步和发展具有极其重要的意义，在我们正在全力以赴建设富强、民主、文明、和谐、美丽国家的今天，尤其如此。

学者，不患才不及，而患志不立。

——语出《陈寿列传》。说的是为学立志的重要性。原文大意是：为学，不必担心个人才能不高；而怕的是没有志向。陈寿是西晋著名学者，著有《三国志》。他总结了众多学人以及自己的体会，提出了立志在治学中的重要性，这值得众多的学子反思和借鉴。

玉生虽丽，光不逾把。德集虽微，道映天下。

——语出《酷吏列传》。意思是：宝玉虽然天生丽质，但它反射出来的光环却超不过巴掌之大；品德的逐步养成看起来虽然是小事情，但这种美好的品行却会光照天下。这句话说的是培养良好品德的重要性。古人都懂得养成良好品德会有利于天下，今天的年轻人更应加强个人的品德修养，使自己在未来的人生道路上，能为社会做出更大的贡献。

尽公者，政之本也；树私者，乱之源也。

——语出《刘颂李重列传》。原文可译为：尽心于公务，这是为政的根本；树立个人的党羽，这是致乱的祸源。它强调了大公无私的重要性。中国共产党人继承了中国古人这一优良传统，并将之进一步升华和发扬光大，提出了公而忘私、全心全意为人民服务的思想，赢得了广大人民的拥护和爱戴，在现代化建设的今天，我们更应提倡和发扬这一优良传统。

积善三年，知之者少；为恶一日，闻于天下。

——语出《宣帝纪》。它的意思是：三年一直做善的事情，知道的人很少；一旦一日做了恶事，很快便会传遍天下。他要求人们应该克制自己，不做邪恶的事情。这段话直到今天，仍值得我们每一个人时刻铭记在心。

变通革弊，与时宜之。

——语出《阮籍列传》。意思是：根据时代的变化和发展，不断地变通和革除弊端。这句话显示出了中国古人就有朴素的发展变化的政治思想。变通革弊是社会发展的重要方式，中国古人早就意识到这一点，中国历史上出现了商鞅、王安石以及“戊戌六君子”等众多的变法改革家，他们都有“变”的思想，他们的政治实践也在一定程度上推动了中国社会的发展和进步。在改革开放的今天，我们更应继承和发扬中国古代杰出的改革家的思想，革除不利于社会进步和发展的各种陈规陋俗，为把我国早日建成一个富强民主的社会主义现代化国家而努力。

贞松标于岁寒，忠臣亮于国威。

——语出《王逊列传》。岁寒然后知松柏之后凋，关键时方显示出英雄的本色。这句俗语说的就是这段话的意思。这句话可翻译为：贞洁的青松在岁寒之中，方显示出自身独具的魅力；忠贞不二的大臣的品行，为江山社稷增光。中国历史上出现了众多的仁人志士，他们的坚贞不屈的高风亮节，宁为玉碎、不为瓦全的品德，千百年来得到人们的称赞，这是有其深厚而悠久的优良文化渊源的。《晋书》这句话就是这种精神的表现，显示出了中华民族的优良品德。

《宋书》

史家生平

南朝梁有人曾经对当时的文坛有这样的评价："至如近世，谢朓、沈约之诗，任昉、陆倕之笔，斯实文章之冠冕，述作之楷模"。这里提到的能作冠冕一时之文的沈约就是"二十四史"中《宋书》的作者。

沈约，字休文，吴兴武康县（今浙江德清县）人。出生于南朝宋文帝元嘉十八年（441 年），卒于梁武帝天监十二年（513 年），历经宋、齐、梁三朝，是南朝著名的文学家和史学家。

沈约的祖先是汉晋时期的高官。东晋时期，沈氏家族是当时著名的豪族之一，所谓"江东之豪，莫强周、沈"的"沈"，指的就是吴兴沈氏。沈氏家族在政局动荡的时代沉浮起落，并非一帆风顺。沈约的祖父沈林子投靠刘裕，立下战功，是刘宋的开国功臣，被封为征虏将军。沈约之父沈璞一度担任宣威将军、淮南太守，但后来因为迎立武陵王刘骏行动迟疑而被杀，此时的沈约只有 13 岁。为了躲避刘宋政府的缉拿，沈约不得不与母亲四处逃窜，直到被赦免。这一段颠沛流离的生活并没有影响沈约刻苦向学的意志，他读起书来常常是昼夜不倦，母亲担心他劳累伤身，时常要

沈约

起来替他减灭灯油，让他早点睡觉。这一段刻苦学习，为沈约后来在政治和学术上的成就奠定了基础。

从青年时代起，沈约就有志于史学，对于没有一部完整的史书记载有晋一代历史深感遗憾，打算自己动手来完成一部晋史。沈约的才华和志向得到了安西将军蔡兴宗的赏识，蔡兴宗帮他向宋明帝奏请，结果获得了批准。泰始三年（467年），沈约正式开始撰写《晋书》。

在蔡兴宗等人的器重和提拔下，沈约得以入朝为尚书度支郎，直至刘宋灭亡。公元479年，萧道成一举灭刘宋，建立齐朝。沈约并未受此影响，同年被任命为萧道成嫡皇孙、征虏将军萧长懋将军府的记室，代襄阳令。不久，萧长懋被封为太子，沈约也迁为太子步兵校尉，校四部图书。沈约与萧长懋的关系很好，两个人经常从白天一直谈论到太阳西斜，萧长懋还说和沈约谈话后，兴奋得忘记了要就寝。后来，沈约又成为竟陵王萧子良的助手，在政治和学术圈都相当活跃。萧子良开设西邸延揽文学之士，沈约与当时的一些学者士人经常出入西邸，号称“竟陵八友”，其中就有后来的梁武帝萧衍。范缜等人与他们也交往甚密。范缜提出“神灭论”，认为形灭神亦灭。而萧子良则是佛教的笃信者，他于是组织了一大帮人围攻范缜，沈约在其中表现得很是积极。他先后作《形神论》、《神不灭论》、《难范缜神灭论》等文章，鼓吹形神分离、精神不灭、生死轮回等佛教唯心论。同时，凭借着校理四部图书、接触大量史书典籍以及与著名学士文人交往频密等有利的学术条件，沈约的史学事业迅速地红火起来。齐建元四年（482年），《晋书》尚未修完，沈约又奉命撰写国史。永明二年（484年），开始编撰齐起居注，《晋书》的修纂工作停止下来。永明五年（487年）春，沈约又奉命开始撰写《宋书》，第二年进上，共计纪、传70卷。

公元502年，萧衍灭齐建梁，史称梁武帝。沈约与萧衍有西邸旧谊的交情，在齐梁易代之时起了重要的作用，是他的劝说才让萧衍下了最后的决心。另外，齐和帝之死，沈约也是主谋之一。沈约的举动使萧衍深为感激，说："我起兵于今三年矣，功臣诸将，实有其劳，然成帝业者，乃卿二人也"，表扬他和范云二人导演了一场好戏。由于有这样的功劳，沈约青云直上，拜尚书仆射，封建昌侯，得以尽享荣华富贵。但后来，沈约与萧衍的关系恶化，他想做台司（三公），萧衍不给；请求外职，也未批准。在梁武帝不断的威吓谴责下，加上年事已高，体弱多病，沈约最终忧惧而死，卒年73岁。有司提议沈约的谥号为"文"，但萧衍说他"怀情不尽"，改谥为"隐"。

总括沈约一生，在政治上并无大的成就，但在学术上则有不少建树。他是南朝著名的文学家，诗名卓著，与任昉并驾齐驱，有"沈诗任笔"之称，其诗歌被认为是"文章之冠冕，述作之楷模"。他还与谢朓开创了"永明体"的写作阶段。沈约也是杰出的史学家，撰写过晋、宋、齐、梁各代史著，其中《宋书》后被列为"二十四史"之一，足以不朽。沈约还是一位有名的藏书家，他酷爱书籍，四处购求图书，多至二万卷，与任昉、王僧辩合称为南朝三大藏书家。沈约为官清廉、生活节俭，不饮酒，无嗜欲，还虚怀若谷，热心奖掖后进，提携了一大批后起之秀。梁代刘勰所著的《文心雕龙》是我国古代的文学批评名著，它的流传很大程度上得益于沈约的褒奖与推荐。

根据《隋书·经籍志》和《梁书》、《南史》的有关记载，沈约的著作有《晋书》、《宋书》、《齐纪》、《梁武纪》、文集等十几种之多，内容涉及史学、文学、音韵等诸多方面。可惜的是，这些著作今天大部分都失传了，只有《宋书》100卷，以及后人辑佚而成的《晋书》、《沈隐侯集》等传世。

史著介绍

《宋书》一般题为梁沈约撰，而实际上修纂工作主要是在齐代进行的。永明五年（487年）春，沈约被敕撰著《宋书》，次年二月便奏上纪、传70卷，所用时间不足一年，是“二十四史”中成书最快的一种。成书如此之速，除了沈约勤奋著述之外，一个很重要的原因是沈约的纂修大量参照了旧有的《宋书》。在沈约之前，即有三部《宋书》，一是刘宋徐爰的65卷本《宋书》，一是刘宋大明中无名氏的61卷本《宋书》，另一部是萧齐孙严的65卷本《宋书》。这三部《宋书》中，徐爰本最为重要，是沈约撰写《宋书》的蓝本。徐爰本《宋书》成书历经三个阶段，先是何承天与山谦之草创宋武帝一代的纪传和天文、律历二志，继而由苏宝生续撰宋文帝一代诸传，重点是元嘉名臣的传记，最后由徐爰编修孝武帝一代纪传，并依据何承天、山谦之、苏宝生等人的撰述，整理汇总为65卷《宋书》。沈约以徐爰本为蓝图，做了几个方面的修撰工作：一是重新确定《宋书》断限以全一代宋史。徐爰本始于晋安帝义熙元年，终于刘宋大明末年，而沈约则删去与晋史重复的部分，补撰自永光至宋亡（465—479年）14年间的史事，断始于宋武帝刘裕即位之年，迄至宋亡，真正是撰写有宋一代的历史；二是改写了在沈约看来“事属当时，多非实录”的部分，如臧质、鲁爽、王僧达都是孝武帝的仇敌，自当改撰；三是重新撰写各篇传论；四是以何承天等人诸志为底本，编订《宋志》，“其有漏阙及何氏后事，备加搜采，随就补缀焉”；五是统一文字、进行加工和润色。正是由于沈约进行了大量改修、新撰的工作，我们有理由说沈书虽然采用了徐爰旧本，但沈约的《宋书》仍然是一部独立的新的《宋书》。

今本《宋书》分三部分，包括本纪10卷、列传60卷、志30卷，合计100卷，记载了南朝刘宋政权60年的史事。这部纪传体《宋书》是南北朝这一特殊历史时期的产物，在体例、叙事和思想方面都有自己的特色。

《宋书》体例上的特色主要表现在志的安排和家族传的设立上。《宋书》的志是全书最精华的部分，其主要特点是：第一，分量重。《宋书》共100卷，其中志30卷，卷数不到全书三分之一，但字数几乎占全书一半，分量之重是很罕见的。第二，志目的取舍反映出君权神授、天人感应

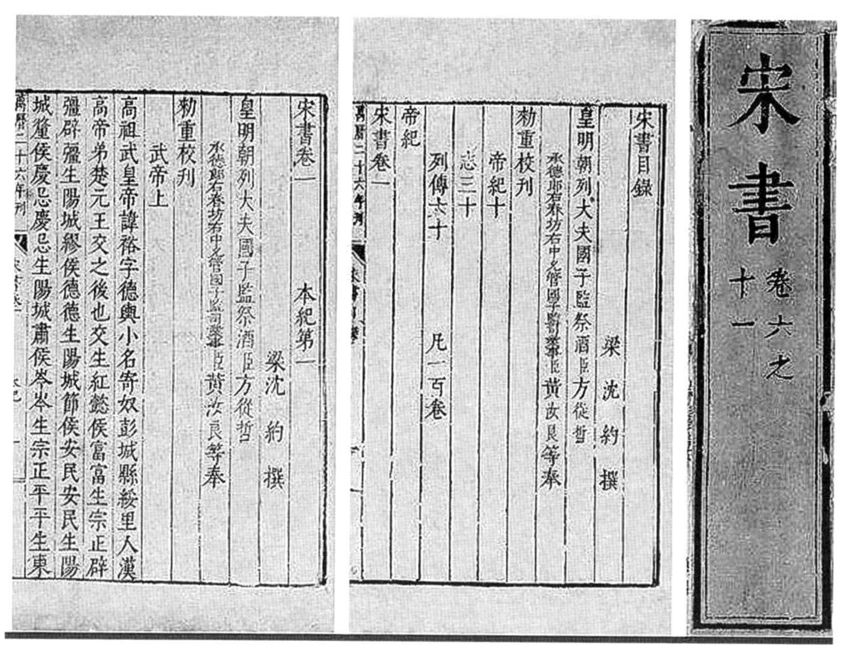

宋書　卷六之　十一

宋書目錄
梁　沈　約　撰
皇明朝列大夫國子監祭酒臣方從哲
承德郎右春坊右中允管國子監司業事臣黃汝良等奉
勅重校刊
帝紀十
志三十
列傳六十
凡一百卷
帝紀
宋書卷一
萬曆二十六年刊

宋書卷一　本紀第一
梁　沈　約　撰
皇明朝列大夫國子監祭酒臣方從哲
承德郎右春坊右中允管國子監司業事臣黃汝良等奉
勅重校刊
武帝上
高祖武皇帝諱裕字德輿小名寄奴彭城縣綏里人漢
高帝弟楚元王交之後也交生紅懿侯富富生宗正辟
彊辟彊生陽城繆侯德德生陽城節侯安民安民生陽
城釐侯慶忌慶忌生陽城肅侯岑岑生宗正平平生東
萬曆二十六年刊

《宋书》书影

思想在正史中的强化。《宋书》八志包括《律历志》3卷、《礼志》5卷、《乐志》4卷、《天文志》4卷、《符瑞志》3卷、《五行志》5卷、《州郡志》4卷、《百官志》2卷。《汉书》十志与之相比，《律历志》、《天文志》、《五行志》沿而不革；《郊祀志》入《礼志》，《乐志》从《礼志》分离独立，《地理志》改名《州郡志》，新增《符瑞志》，缺少《刑法志》、《食货志》、《沟洫志》、《艺文志》。这一取舍很明显是大大增加了“天命”的内容，而直接关系“人事”的食货、刑法等内容则被相对忽视。第三，《宋志》记载不以刘宋一朝为限。由于三国、晋史无志，所以《宋书》八志所载，有的上起三国，直接与司马彪《续汉书》的志（今《后汉书》志）相接，有的甚至是追溯到秦汉、三代。对于这一做法，前人有批评其“兼采魏晋，失于断限”的。但我们认为沈约从史书记载间有缺失的实际情况出发，就典章制度的历史沿革上，远溯三代，近及秦汉，详载魏晋以来之事，备前史之所未备，不为体例所拘，是对于马班通古今之变和网罗丰富的优点的继承。第四，《宋志》保存了大量珍贵的史料。《律历志》多采何承天旧志，详细记载了杨伟《景初历》、何承天《元嘉历》的推合方法以及祖冲之《大明历》等内容，展示了当时数学、历法研究与应用的成果；《礼志》是八志中内容最多的一部分，记载了曹魏至于刘宋以来宗庙、祭祀、服饰、车马等各种礼仪制度的详细情况，前人认为其“详博淹赡”，胜于《史记》、《汉书》；沈约本人精通律吕之学，《乐志》详述西汉以来历代宗庙雅乐舞曲的起源发展，记载了八音的形制以及大量的歌词，是极其珍贵的音乐史史料；《天文志》记录了古代的各种天体学说和天文现象，有助于中国古代天文学的研究；《符瑞志》记载的是各种符瑞怪异的现象和人事之间的关系，充斥着天人感应思想的糟粕，但从中也可了解关于当时的人文与自然环境的某些状况；《五行志》记录了大量关于水灾、天旱、蝗害、雷电、冰雹、地震、日食、太阳黑子等现象，是气象史、灾害史研究的重要史料；《州郡志》记载晋宋间州郡分合、户口消长以及侨置州郡的分布情况，史料价值极高，远胜于唐代所修的《晋书·地理志》；《百官志》系统记述了三国至于刘宋的官制沿革，尤其是关于魏晋时期非常之制的记载，史料价值更高，唐修《晋书》所用职官材料，不出《宋书·百官志》范围。

《宋书》的传在体例上的重要特点，是附传发展为家族传。附传本来是一种以类相从的历史撰述方法。为了节省笔墨和篇幅，对同类人物，有时并不需要一一作传，而可采用为主要人物立传，然后将其余相关人物的事迹附在其后的方式，这种主要人物之后附载相关人物的传记，即所谓附传。附传最早的源头，就正史而言，可以追溯到《史记》中的世家。魏晋南北朝时期，附传发展为一种家族传。这种附传，或子孙附于父祖，或父祖附诸子孙。虽“前四史”中也有家族传这一形式存在，但并不典型，在列传中比例不大，而且形式灵活，真正意义上的家族传应当说是从沈约的《宋书》开始的。《宋书》的许多传都是最典型的家族传，比如《宋书》卷四十二《刘穆之传》在传主之后附录长子虑之、虑之子邕、穆之次子式之、式之子瑀、穆之少子贞之、穆之女婿蔡佑等；《宋书》卷四十七《檀祗传》，附于传主之后的则几乎就只是一串名字而已。附传发展为家族传是魏晋南北朝时期门阀士族社会地位和思想意识在史书中的表现。

沈约的《宋书》在叙事方面有三个突出的特点。一是多载诏令奏议和时人辞赋文章，其中很大一部分是全文照录。如《何承天传》载《谏北伐表》、《谢灵运传》载《劝伐河北疏》和《山居赋》全文，《顾觊之传》载《定命论》全文等。此外，《孔琳之传》、《蔡廓传》记载了是否恢复肉刑的议论，《孔季恭传》、《谢弘微传》、《谢灵运传》记载了南方世族地主田庄的规模及经营发展状况，《谢灵运传》后的“史臣曰”反映了魏晋以来文学的发展概况以及沈约对诗歌声律的见解，《柳元景传》、《沈庆之传》、《宗越传》记载了对刘宋境内所谓蛮夷的南方少数民族的征讨情况，等等。这些都是了解当时政治、经济、文化、艺术、民族关系等基本情况的重要史料。二是列传中大量采用了带叙法。所谓带叙法，就是在列传中将有关人物的生平事迹，在传主行事的记叙中夹带写出，具体做法正如赵翼所说的“其人不必立传，而其事附见于某人传内者，即于某人传内叙其履历以毕之，而下文仍叙某人之事”。这种做法，“既省多立传，又不设其人，此诚作史良法”。(《廿二史札记》卷九《宋齐书带叙法》）比如，《谢灵运传》中，讲到谢灵运东归，与族弟惠连、东海何长瑜、颍川荀雍、泰山羊璿之同游，便顺带记叙四人的生平事迹。三是回护之处颇多。《宋书》叙事多所忌讳，时有曲笔。由于本于徐爰旧本，故于晋宋之间叙事往往为宋讳。如本纪诸帝皆不称名，而以讳字代之，甚至于韩延之报书指责刘裕欲加司马休之罪，称“刘讳足下，海内之人，谁不见足下此心”，沈约竟然不加修改，十分可笑。至于宋齐之间的叙事，沈约又不得不为萧道成隐讳。如宋汝阴王被萧道成派王敬则杀死，沈约的记载则是“天禄永终，禅位于齐。壬辰，帝逊位于东邸……建元元年五岳已未殂于丹阳宫”，丝毫看不出篡夺杀戮的痕迹。更有甚者，凡是效忠于刘宋，不服从萧道成者，一概写作反，而那些依附萧道成的党羽，则被称作是“起义”。这样的叙事方式受到历代史学家严厉的批判。

就史学思想而言，沈约的《宋书》在几个方面是很突出的。一是浓厚的君权天授的思想。沈约创立《符瑞志》，《符瑞志》开篇就说：“夫体睿穷几，含灵独秀，谓之圣人，所以能君四海而役万物，使动植之类，莫不各得其所。百姓仰之，欢若亲戚，芬若椒兰，故为旗章舆服以崇之，玉玺黄屋以尊之。以神器之重，推之于兆民之上，自中智以降，则万物之为役者也。性识殊品，盖有愚暴之理存焉。见圣人利天下，谓天下可以为利；见万物之归圣人，谓之利万物。力争之徒，至以逐鹿方之，乱臣贼子，所以多于世也。夫龙飞九五，配天光宅，有受命之符，天人之应。”很明显，沈约设立《符瑞志》的目的是要告诫那些所谓的乱臣贼子，明白王命乃天所授，非逐鹿可得也。《律历志》中也说“圣帝哲王，咸有瑞命之纪”。在说明齐取宋而代之是天命之数，非人谋之事的问题上，沈约则引用了谶语来论证“天心不可违”。这些都是为了从意识形态上论证宋代晋、齐代宋的所谓合理性。二是突出的门阀士族意识。《宋书》是真正意义上家族传的创立者，是门阀士族意识在正史中的直接体现。此外，设立《孝义列传》，张扬名教，将名教意识具体化，也是门阀士族意识的突出表现。孝是一种由来已久的观念，一般认为在周代已经形成，但在历史撰述中以孝名立传最早出现在魏晋南北朝时期，《宋书·孝义传》则是正史中首次设立。士族指的是那些以经学入仕、诗礼传家的阶层，标榜礼法是他们的特点。孝是礼法的重要内容，废弃仁义，礼违道丧，会直接影响到世家大族内部的团结和稳定，影响到士族的兴衰。因此，魏晋南北朝时期，孝道被提升到前所未有的高度。沈约《孝义传》的设立正是适应了这一形势，那就是要通过立传表扬那些“情发于天，行成乎几，捐躯舍命，济主安亲”的人，希望通过历史撰述的表彰，以榜样的力量，使孝义之风振作起来。三是矛盾的民族和政权意识。一方面，与南北对峙的分裂形势相适应，《宋书》以正统自居，贬斥北方的北魏政权。《索虏列传》是《宋书》的创设，用以记载北魏兴衰及南北战争、通好、和议、互市等史事。索虏是索头虏的简称，是一带有歧视性色彩的称呼。在《索虏列传》中，沈约以传统的华夷观念，首先将匈奴摒弃于“中国”之外，又以拓跋鲜卑是匈奴支脉，理所当然地认为鲜卑不是“中国”之属。沈约从政治、经济、军事等各个方面分析南北朝对峙局面形成的历史过程，虽然对北魏一些重要人物的个人能力持赏识态度，但对他们建立的政权视之为“篡伪”，将北魏与南朝的战争看作是对“神华”的侵犯，俨然表现出一种以正斥逆的“主人”身份。但在另一方面，沈约又具有一定的各民族应和平相处的思想。他承认民族区域划分的事实，认为在处理民族关系时应该以羁縻和防御为主，而不是战争。他认为战争给南北双方都带来了浩劫和灾难，对于南方尤其如此。沈约还反对民族仇杀，主张对南方的少数民族实行仁政。从一定意义上说，沈约的这些认识代表了汉族士人对民族关系的积极看法，成为后来南北民族大统一的心理和思想基础。

名篇点评

平孙卢，灭桓玄

原文：

高祖武皇帝讳裕，字德舆，小名寄奴，彭城县绥舆里人，汉高帝弟楚元王交之后也。……及长，身长七尺六寸，风骨奇特。家贫，有大志，不治廉隅。事继母以孝谨称。

……安帝隆安三年十一月，妖贼孙恩作乱于会稽，晋朝卫将军谢琰、前将军刘牢之东讨。牢之请高祖参府军事。十二月，牢之至吴，而贼缘道屯结，牢之命高祖与数十人，觇贼远近。会遇贼至，众数千人，高祖便进与战。所将人多死，而战意方厉，手奋长刀，所杀伤甚众。牢之子敬宣疑高祖淹久，恐为贼所困，乃轻骑寻之。既而众骑并至，贼乃奔退，斩获千余人，推锋而进，平山阴，恩遁还入海。

四年五月，恩复入会稽，杀卫将军谢琰。十一月，刘牢之复率众东征，恩退走。牢之屯上虞，使高祖戍句章城。句章城既卑小，战士不盈数百人。高祖常被坚执锐，为士卒先，每战辄摧锋陷阵，贼乃退还浃口。于时东伐诸帅，御军无律，士卒暴掠，甚为百姓所苦。唯高祖法令明整，所至莫不亲赖焉。

五年春，孙恩频攻句章，高祖屡摧破之，恩复走入海。三月，恩北出海盐，高祖追而翼之，筑城于海盐故治。贼日来攻城，城内兵力甚弱，高祖乃选敢死之士数百人，咸脱甲胄，执短兵，并鼓噪而出。贼震惧夺气，因其惧而奔之，并弃甲散走，斩其大帅姚盛。虽连战克胜，然众寡不敌，高祖独深虑之。一夜，偃旗匿众，若已遁者。明晨开门，使羸疾数人登城。贼遥问刘讳所在，曰："夜已走矣。"贼信之，乃率众大上。高祖乘其懈怠，奋击，大破之。恩知城不可下，乃进向沪渎。高祖复弃城追之。海盐令鲍陋遣子嗣之以吴兵一千，请为前驱。高祖曰："贼兵甚精，吴人不习战。若前驱失利，必败我军，可在后为声援。"不从。是夜，高祖多设伏兵，兼置旗鼓，然一处不过数人。明日，贼率众万余迎战。前驱既交，诸伏皆出，举旗鸣鼓。贼谓四面有军，乃退。嗣之追奔，为贼所没。高祖且战且退，贼盛，所领死伤且尽。高祖虑不免，至向伏兵处，乃止，令左右脱取死人衣。贼谓当走反停，疑犹有伏。高祖因呼更战，气色甚猛，贼众以为然，乃引军去。高祖徐归，然后散兵稍集。……

……高祖倍道兼行，与贼俱至。于时众力既寡，加以步远疲劳，而丹徒守军莫有斗志。恩率众数万，鼓噪登蒜山，居民皆荷担而立。……

孙恩自奔败之后，徒旅渐散，惧生见获，乃于临海投水死。余众推恩妹夫卢循为主。桓玄欲且缉宁东土，以循为永嘉太守。循虽受命，而寇暴不已。五月，玄复遣高祖东征。时循自临海入东阳。二年正月，玄复遣高祖破循于东阳。循奔永嘉，复追破之，斩其大帅张士道，追讨至于晋安，循浮海南走。……

桓玄为楚王，将谋篡盗。……

高祖既志欲图玄……

三年二月己丑朔，乙卯，高祖托以游猎，与无忌等收集义徒，凡同谋

刘裕

何无忌、魏咏之、咏之弟欣之、顺之、檀凭之、凭之从子韶、弟祗、隆与叔道济、道济从兄范之、高祖弟道怜、刘毅、毅从弟藩、孟昶、昶族弟怀玉、河内向弥、管义之、陈留周安穆、临淮刘蔚、从弟珪之、东莞臧熹、从弟宝符、从子穆生、童茂宗、陈郡周道民、渔阳田演、谯国范清等二十七人；愿从者百余人。丙辰，诘旦，城开，无忌服传诏服，称诏居前。义众驰入，齐声大呼，吏士惊散，莫敢动，即斩修以徇。高祖哭甚恸，厚加殡敛。孟昶劝弘其日出猎。未明开门，出猎人，昶、道规、毅等率壮士五六十人因开门直入。弘方啖粥，即斩之，因收众济江。

义军初克京城，修司马刁弘率文武佐吏来赴。高祖登城谓之曰："郭江州已奉乘舆反正于寻阳，我等并被密诏，诛除逆党，同会今日。贼玄之首，已当枭于大航矣。诸君非大晋之臣乎，今来欲何为？"弘等信之，收众而退。毅既至，高祖命诛弘。

……

初，玄败于峥嵘洲，义军以为大事已定，追蹑不速。玄死几一旬，众军犹不至。……

（选自《武帝本纪上》）

点评：

"斜阳草树，寻常巷陌，人道寄奴曾住。想当年，金戈铁马，气吞万里如虎。”宋代爱国词人辛弃疾的《永遇乐·京口北固亭怀古》这首词以热情洋溢的笔调赞美了孙权和刘裕这两个历史人物，尤其对英雄业绩更为显赫的南朝宋武帝刘裕的非凡气概拟作“气吞万里如虎”。

刘裕，字德舆，小名寄奴，先祖是彭城（今江苏徐州市）人，后来迁居京口（江苏镇江市）。刘裕幼年家境十分贫困，“尝负刁逵社钱三万，经时无以还”。但他“有大志”，受到东晋名将刘牢之的赏识，平孙卢，灭桓玄，建赫赫军功，为刘宋的建立奠定了基础。

本篇选自《武帝本纪上》，主要通过记述刘裕镇压孙恩卢循叛乱与平定桓玄之祸的一些具体史实，使刘裕“手奋长刀”骁勇善战英雄形象跃然纸上，揭示了刘裕之所以能“寒人掌权”，最终建立刘宋王朝的一些必然因素。

孙恩是琅邪人，孙氏世代信奉天师道。他的叔父孙泰传道惑众，使一些百姓竭其财产，贡献子女，而被会稽王司马道子诱杀。孙泰的信徒继续接济逃到海上的孙恩，孙恩则利用晋末东南地区人心慌乱不满，招聚亡命之徒，发动武装叛乱。安帝隆安五年（410年），刘裕率军与孙恩部相持于海盐城。当时守城兵力薄弱，刘裕设计，选百名精壮人员组成敢死队，一律脱去甲胄，手执武器，鼓噪而出。孙恩部下没有戒备，故纷纷撤离。刘裕治军“法令明整”，故所至百姓“莫不亲赖”，与孙恩“御军无律，士卒暴掠，甚为百姓所苦”对比鲜明，这样，人心向背不言而喻。最终，元兴元年（402年），孙恩战败投水自尽。其部下余众数千，推孙恩妹夫卢循为主，继续横行海上，四处杀掠。刘裕后来于雷州大败卢循，卢循转攻广州与交州，未果，最后绝望自杀。孙恩卢循利用宗教发动起义，横行数载，最终覆灭，这在历史上留下了悲壮的一页，也增强了刘裕的政治与军事实力，为刘宋政权的建立打下了基础。

桓玄是东晋权臣桓温之子，“常负其才地，以雄豪自处，众咸惮之”。后来在东晋统治者内部斗争中，崭露头角，地位显赫，乃至最终建楚称帝。桓玄对刘裕优礼有加，赠赐甚厚，但刘裕态度坚决。在京口广陵杀了桓修、桓弘。桓玄在桑落大败后，节节失利，后被益州都督冯迁斩于江陵。刘裕被加封侍中、车骑大将军等官职，这样一来，刘裕的权力进一步增强！

刘裕功勋卓著，有勇有谋，是东晋以来任何一个权臣、名将都不可比拟的，因而他在朝野都赢得了很高的声望。尤其在平孙卢、灭桓玄的过程中，我们可以看得更加通透些。这也是其可以在乱世之中最终成就刘宋帝国基业的重要因素之一。

佐臣刘穆之

原文：

刘穆之，字道和，小字道民，东莞莒人，汉齐悼惠王肥后也，世居京口。少好《书》、《传》，博览多通，为济阳江敳所知。敳为建武将军、琅邪内史，以为府主簿。

初，穆之尝梦与高祖俱泛海，忽值大风，惊惧。俯视船下，见有二白龙夹舫。既而至一山，峰崿耸秀，林树繁密，意甚悦之。及高祖克京城，问何无忌曰："急须一府主簿，何由得之？"无忌曰："无过刘道民。"高祖曰："吾亦识之。"即驰信召焉。时穆之闻京城有叫噪之声，晨起出陌头，属与信会。穆之直视不言者久之。既而反室，坏布裳为绔，往见高祖。高祖谓之曰："我始举大义，方造艰难，须一军吏甚急，卿谓谁堪其选？"穆之曰："贵府始建，军吏实须其才，仓卒之际，当略无见逾者。"高祖笑曰："卿能自屈，吾事济矣。"即于坐受署。

从平京邑，高祖始至，诸大处分，皆仓卒立定，并穆之所建也。遂委以腹心之任，动止咨焉；穆之亦竭节尽诚，无所遗隐。

……

义熙三年，扬州刺史王谧薨。高祖次应入辅，刘毅等不欲高祖入，议以中领军谢混为扬州。或欲令高祖于丹徒领州，以内事付尚书仆射孟昶。遣尚书右丞皮沈以二议咨高祖。沈先见穆之，具说朝议。穆之伪起如厕，即密疏白高祖曰："皮沈始至，其言不可从。"高祖既见沈，且令出外，呼穆之问曰："卿云沈言不可从，其意何也？"穆之曰："昔晋朝失政，非复一日，加以桓玄篡夺，天命已移。公兴复皇祚，勋高万古。既有大功，便有大位。位大勋高，非可持久。公今日形势，岂得居谦自弱，遂为守藩之将邪？刘、孟诸公，与公俱起布衣，共立大义，本欲匡主成勋，以取富贵耳。事有前后，故一时推功，非为委体心服，宿定臣主之分也。力敌势均，终相吞咀。扬州根本所系，不可假人。前者以授王谧，事出权道，岂是始终大计必宜若此而已哉！今若复以他授，便应受制于人。一失权柄，无由可得。而公功高勋重，不可直置，疑畏交加，异端互起，将来之危难，可不熟念。今朝议如此，宜相酬答，必云在我，厝辞又难。唯应云'神州治本，宰辅崇要，兴丧所阶，宜加详择。此事既大，非可悬论，便暂入朝，共尽同异。'公至京，彼必不敢越公更授余人，明矣！"高祖从其言，由是入辅。

……

穆之内总朝政，外供军旅，决断如流，事无拥滞。

……

十三年，疾笃，诏遣正直黄门郎问疾。十一月卒，时年五十八。

高祖在长安，闻问惊恸，哀惋者数日。本欲顿驾关中，经略赵、魏。穆之既卒，京邑任虚，乃驰还彭城，以司马徐羡之代管留任，而朝廷大事常决穆之者，并悉北谘。穆之前军府文武二万人，以三千配羡之建威府，余悉配世子中军府。追赠穆之散骑常侍、卫将军、开府仪同三司。

（选自《刘穆之列传》）

点评：

纵观中国历史，几乎每个成功的政治家背后都有一个高明的佐臣军师。如刘邦之于张子房，刘备之于诸葛孔明。南宋高祖刘裕身后可谓佐臣高参者非刘穆之莫属。

刘穆之，字道和，小字遗民，自幼饱读诗书，“少好《书》、《传》，博览多通”。他被刘裕所识、所用的过程有几分神秘的色彩，是在梦中与刘裕泛舟而见二龙前来相助，遂起意与刘裕做一番事业。当刘裕克京师急需主簿之际，何无忌及时推荐了刘穆之。刘穆之接到刘裕的信，则“直视不言者久之。既而反室，坏布裳为绔，往见高祖”。当刘裕问他谁是主簿的合适人选，刘穆之老实不客气地说“当略无见逾者”，自认为是最佳人选，颇有名士风姿。

刘穆之作为刘裕的佐臣谋士，最能显示其才能的当是助刘裕出任扬州刺史一事。扬州乃兵家重地，刺史一职非亲莫属。义熙三年（407年），扬州刺史王谧死，谁能接任就成为一个众所瞩目的焦点。当时主要是刘裕与刘毅争之甚烈。刘毅提出两种方案，其一，让与刘毅关系密切的谢混出任；其二，让刘裕在丹徒兼领扬州，但具体事务由孟昶处理。朝廷派使者征询刘裕的意见。刘穆之见兹事体大，就佯作如厕，告知刘裕两方案均不可接受，并为刘裕分析内外形势，若扬州落入谢混、孟昶之手，刘裕将受制于人。在刘穆之的策划之下，刘裕终得扬州刺史之位，自此刘裕立宋的基础又得到一块重要的基石。本篇中刘穆之对刘裕出任扬州刺史的分析，可以说既高瞻远瞩又丝丝入扣，几乎就是一篇《隆中对》。

刘穆之后来为刘裕“内总朝政，外供军旅，决断如流，事无拥滞”，鞠躬尽瘁，卒于任内。刘裕惊悉，担心“京邑任虚”，朝政无人主管，匆匆驰还彭城，正如南宋著名诗人陆游的《读史》所道“穆之一死宋班师”，也可见刘裕对刘穆之倚重之一斑！

颜延之书生意气

原文：

颜延之，字延年，琅邪临沂人也。曾祖含，右光禄大夫。祖约，零陵太守。父显，护军司马。延之少孤贫，居负郭，室巷甚陋。好读书，无所不览，文章之美，冠绝当时。饮酒不护细行，年三十，犹未婚。妹适东莞刘宪之，穆之子也。穆之既与延之通家，又闻其美，将仕之；先欲相见，延之不往也。

义熙十二年……延之与同府王参军俱奉使至洛阳，道中作诗二首，文辞藻丽，为谢晦、傅亮所赏。宋国建，奉常郑鲜之举为博士，仍迁世子舍人。……

时尚书令傅亮自以文义之美，一时莫及，延之负其才辞，不为之下，亮甚疾焉。庐陵王义真颇好辞义，待接甚厚；徐羡之等疑延之为同异，意甚不悦。

……

延之好酒疏诞，不能斟酌当世，见刘湛、殷景仁专当要任，意有不平，常云："天下之务，当与天下共之，岂一人之智所能独了！"辞甚激扬，每犯权要。谓湛曰："吾名器不升，当由作卿家吏。"湛深恨焉，言于彭城王义康，出为永嘉太守。延之甚怨愤，乃作《五君咏》以述竹林七贤，山涛、王戎以贵显被黜。

延之与仲远世素不协，屏居里巷，不豫人间者七载。中书令王球名公子，遗务事外，延之慕焉；球亦爱其材，情好甚款。延之居常罄匮，球辄赡之。晋恭思皇后葬，应须百官，湛之取义熙元年除身，以延之兼侍中。邑吏送札，延之醉，投札于地曰："颜延之未能事生，焉能事死！"

……

刘湛诛，起延之为始兴王浚后军谘议参军，御史中丞。在任纵容，无所举奏。迁国子祭酒、司徒左长史，坐启买人田，不肯还直。尚书左丞荀赤松奏之曰：“求田问舍，前贤所鄙。延之唯利是视，轻冒陈闻，依傍诏恩，拒捍余直，垂及周年，犹不毕了，昧利苟得，无所顾忌。延之昔坐事屏斥，复蒙抽进，而曾不悛革，怨诽无已。交游阘茸，沈迷曲蘖，横兴讥谤，诋毁朝士。仰窃过荣，增愤薄之性；私恃顾盼，成强梁之心。外示寡求，内怀奔竞，干禄祈迁，不知极已，预燕班觞，肆骂上席。山海含容，每存遵养，爱兼雕虫，未忍遐弃，而骄放不节，日月弥著。臣闻声问过情，孟轲所耻，况声非外来，问由己出，虽心智薄劣，而高自比拟，客气虚张，曾无愧畏，岂可复弼亮五教，增曜台阶。请以延之讼田不实，妄干天听，以强凌弱，免所居官。”诏可。

复为秘书监，光禄勋，太常。时沙门释慧琳，以才学为太祖所赏爱，每召见，常升独榻，延之甚疾焉。因醉白上曰：“昔同子参乘，袁丝正色。此三台之坐，岂可使刑余居之。”上变色。延之性既褊激，兼有酒过，肆意直言，曾无遏隐，故论者多不知云。居身清约，不营财利，布衣蔬食，独酌郊野，当其为适，傍若无人。

……

先是，子竣为世祖南中郎谘议参军。及义师入讨，竣参定密谋，兼造书檄。劭召延之，示以檄文，问曰：“此笔谁所造？”延之曰：“竣之笔也。”又问：“何以知之？”延之曰：“竣笔体，臣不容不识。”劭又曰：“言辞何至乃尔。”延之曰：“竣尚不顾老父，何能为陛下。”劭意乃释，由是得免。

世祖登阼，以为金紫光禄大夫，领湘东王师。子竣既贵重，权倾一朝，凡所资供，延之一无所受，器服不改，宅宇如旧。常乘羸牛笨车，逢竣卤簿，即屏往道侧。又好骑马，遨游里巷，遇知旧辄据鞍索酒，得酒必颓然自得。常语竣曰：“平生不喜见要人，今不幸见汝。”竣起宅，谓曰：

“善为之，无令后人笑汝拙也。”

孝建三年，卒，时年七十三。追赠散骑常侍、特进，金紫光禄大夫如故。谥曰宪子。延之与陈郡谢灵运俱以词彩齐名，自潘岳、陆机之后，文士莫及也，江左称颜、谢焉。所著并传于世。

（选自《颜延之列传》）

点评：

刘宋著名诗人颜延之曾在其《五君咏》中，咏嵇康曰：“鸾翮有时铩，龙性谁能驯”，他自己又何尝不是“龙性谁能驯”！本篇选自《颜延之传》，刻画颜延之的书生意气十分传神。

颜延之，字延年，琅邪临沂人，其诗如错彩镂金，与谢灵运齐名，世称“颜谢”。颜延之一方面有知识分子的良知与责任感，一方面又对权贵们的愚行愚言不屑，势必是以“佯狂”避世，正所谓，自古书生多意气！

颜延之与刘裕的重臣谋士刘穆之是姻亲，刘穆之欣赏他的才华，要举荐他，“闻其美，将仕之”，可颜延之不以为然，“不往也”。还有一次，晋恭思皇后下葬，颜延之身为侍中，下属官员送来书札，他竟然酩酊大醉，投书札于地说：“颜延之未能事生，焉能事死！”可谓狂态可掬！即使对自己的儿子，颜延之也是如此。他的儿子颜竣，官至金紫光禄大夫，领湘东王师，权倾一时，他却与儿子泾渭分明，颜竣送他的东西，“延之一无所受，器服不改”，还住在自己的旧房子中。还对颜竣说，“我平时最不喜欢大人物，不幸生了个儿子是大官！”颜延之常常乘羸牛笨车，当碰到颜竣出行，“即屏往道侧”。颜竣造房子，他取笑说：“好好盖，不要让子孙们笑话！”

颜延之平日多书生意气，直言权贵更是不在少数，因此得罪了不少人。他爱喝酒，曾趁着酒意对当时刘湛擅权发表不满，说：“天下之务，当与天下共之，岂一人之智所能独了！”为刘湛所记恨，被贬职，于是颜延之甚为怨愤，作《五君咏》以追述竹林七贤，借古讽今。他还曾以“交游阘茸，沈迷曲蘖，横兴讥谤，诋毁朝士”的罪名而被罢官。宋太祖很赏识一个叫慧琳的和尚，常常召见，并让他坐到官员的位子上，颜延之有一次乘醉对文帝讲，像慧琳这样的刑余之人怎么可以坐到三公的位子上，太祖当即为之变色。

颜延之率性佯狂，书生意气，讽刺时政，虽尽了良心与责任，同时也因此招致嫉恨。他的内心是痛苦的，才有了《五君咏》这样感怀心境的诗篇传世。

元嘉之治

原文：

太祖文皇帝讳义隆，小字车儿，武帝第三子也。

……

元嘉元年秋八月丁酉，大赦天下，改景平二年为元嘉元年。文武赐位二等，逋租宿债勿复收。庚子，以行抚军将军、荆州刺史谢晦为抚军将军、荆州刺史。癸卯，司空、录尚书事、扬州刺史徐羡之进位司徒，卫将军、江州刺史王弘进位司空，中书监、护军将军傅亮加左光禄大夫、开府仪同三司，抚军将军、荆州刺史谢晦进号卫将军，镇北将军、南兖州刺史檀道济进号征北将军。

……

二年春正月丙寅，司徒徐羡之、尚书令傅亮奉表归政，上始亲览。车驾祠南郊，大赦天下。……秋八月甲申，以关中流民出汉川，置京兆、扶风、冯翊等郡。

……

三年春正月丙寅，司徒、录尚书事、扬州刺史徐羡之，尚书令、护军将军、左光禄大夫傅亮，有罪伏诛。遣中领军到彦之、征北将军檀道济讨荆州刺史谢晦。上亲率六师西征，大赦天下。

……

四年春正月乙亥朔，曲赦都邑百里内。辛巳，车驾亲祠南郊。二月乙卯，行幸丹徒，谒京陵。三月丙子，诏曰："丹徒桑梓绸缪，大业攸始，践境永怀，触感罔极。昔汉章南巡，加恩元氏，况情义二三，有兼曩日。思播遗泽，酬慰士民。其蠲此县今年租布，五岁刑以下皆悉原遣；登城三战及大将家，随宜隐恤。"

……

七年春正月癸巳，以吐谷浑慕容璝为征西将军、沙州刺史。是月，倭国王遣使献方物。三月戊子，遣右将军到彦之北伐，水军入河。

……

十年春正月甲寅，竟陵王义宣改封南谯王，镇北将军、徐州刺史王仲德加领兖州刺史，淮南太守段宏为青州刺史。己未，大赦天下。孤老、六疾不能自存者，人赐谷五斛。

……

十七年夏四月戊午朔，日有蚀之。……十一月丙戌，以尚书刘义融为领军将军，秘书监徐湛之为中护军。丁亥，诏曰："前所给扬、南徐二州百姓田粮种子，兖、两豫、青、徐诸州比年所宽租谷应督入者，悉除半。今半有不收处，都原之。凡诸逋债，优量申减。又州郡估税，所在市调，多有烦刻。山泽之利，犹或禁断；役召之品，遂及稚弱。诸如此比，伤治害民。自今咸依法令，务尽优允。如有不便，即依事别言，不得苟趣一时，以乖隐恤之旨。主者明加宣下，称朕意焉。"

……

二十一年春正月己亥，南徐、南豫州、扬州之浙江西，并禁酒。大赦天下，诸逋债在十九年以前，一切原除。去岁失收者，畴量申减。尤弊之处，遣使就郡县随宜赈恤。凡欲附农，而种粮匮乏者，并加给贷，营千亩诸统司役人，赐布各有差。……六月，连雨水。丁亥，诏曰："霖雨弥日，水潦为患，百姓积俭，易致乏匮。二县官长及营署部司，各随统检实，给其柴米，必使周悉。"秋七月丁酉，扬州刺史始兴王浚加中军将军，南豫州刺史武陵王赞加抚军将军。乙巳，诏曰："比年谷稼伤损，淫亢成灾，亦由播殖之宜，尚有未尽，南徐、兖、豫及扬州浙江西属郡，自今悉督种麦，以助阙乏。速运彭城下邳郡见种，委刺史贷给。徐、豫土多稻田，而民间专务陆作，可符二镇，履行旧陂，相率修立，并课垦辟，使及来年。凡诸州郡，皆令尽勤地利，劝导播殖，蚕桑麻枲，各尽其方，不得但奉行公文而已。"

……

二十五年春正月戊辰，诏曰："比者冰雪经旬，薪粒贵踊，贫弊之室，多有窘罄。可检行京邑二县及营署，赐以柴米。"二月庚寅，诏曰："安不忘虞，经世之所同；治兵教战，有国之恒典。故服训明耻，然后少长知禁，顷戎政虽修，而号令未审。今宣武场始成，便可克日大习众军。当因校猎，肄武讲事。"

（选自《文帝本纪》）

点评：

刘宋元嘉年间，由文帝刘义隆开创出一个短暂的政治清明、百姓安居的局面，史称"元嘉之治"。本篇选自《文帝本纪》，主要通过对元嘉诸多史实的追溯，可以引发我们对元嘉之所以出现短时段盛世的原因作以思考。

文帝刘义隆是武帝的第三子，他是在其兄宋少帝刘义符因游玩疏于政务而被废后，在辅臣徐羡之、傅亮、谢晦等人的拥立下称帝的。因此他继位以来，为求图强，逐渐亲政，首先肃清三大辅臣的势力，保证了政令的通贯性，从而为经济的发展提供了稳定的环境与来自政策方面的保障。

当时，由于东晋以来战事频繁，统治者重赋厚敛，以供应军事物资之需；尤其是兵役的征发，常常使得广大农民连最简单的再生产也无法维持。刘裕建宋以后，大规模减少对外用兵，有利于生产的发展，从而为文帝的“元嘉之治”打下了良好的基础。而文帝在统治二十多年的元嘉时期，基本上未发生较大的战争，军费开支相对前代比例非常小；即使对北方用兵，其费用也大多从国库开支，士兵从兵户中征集。这些都为发展社会生产创造了比较安定的社会环境。

此外，有一个非常重要的因素，那就是文帝刘义隆本人十分重视农业生产。他一方面多次下令奖励农业，提倡开垦荒地，贷给农民种子，如“前所给扬、南徐二州百姓田粮种子，兖、两豫、青、徐诸州比年所宽租谷应督入者，悉除半。今半有不收处，都原之”；注意蚕桑培植，兴复水利。另一方面又注意减轻农民的负担，放宽刑罚；同时，对发生灾害地区的农民，还能给予一定的救济，若“霖雨弥日，水潦为患，百姓积俭，易致乏匮。二县官长及营署部司，各随统检实，给其柴米，必使周悉”。

所有这一切因素都有力地促进了文帝时社会的安定，经济的繁荣，从而于纷繁混乱的南北朝中开创出一个“元嘉之治”。

范晔之死

原文：

范晔，字蔚宗，顺阳人，车骑将军泰少子也。……

少好学，博涉经史，善为文章，能隶书，晓音律……

元嘉九年冬，彭城太妃薨，将葬，祖夕，僚故并集东府。晔弟广渊，时为司徒祭酒，其日在直。晔与司徒左西属王深宿广渊许，夜中酣饮，开北牖听挽歌为乐。义康大怒，左迁晔宣城太守。不得志，乃删众家《后汉书》为一家之作。……十六年，母亡，报之以疾，晔不时奔赴；及行，又携妓妾自随，为御史中丞刘损所奏。太祖爱其才，不罪也。……

晔长不满七尺，肥黑，秃眉须。善弹琵琶，能为新声。上欲闻之，屡讽以微旨，晔伪若不晓，终不肯为上弹。上尝宴饮欢适，谓晔曰："我欲歌，卿可弹。"晔乃奉旨。上歌既毕，晔亦止弦。

……

二十二年九月，征北将军衡阳王义季、右将军南平王铄出镇，上于武帐冈祖道，晔等期以其日为乱，而差互不得发。于十一月，徐湛之上表曰："臣与范晔，本无素旧，中忝门下，与之邻省，屡来见就，故渐成周旋。比年以来，意态转见，倾动险忌，富贵情深，自谓任遇未高，遂生怨望。非唯攻伐朝士，讥谤圣时，乃上议朝廷，下及藩辅，驱扇同异，恣口肆心，如此之事，已具上简。近员外散骑侍郎孔熙先忽令大将军府吏仲承祖腾晔及谢综等意，欲收合不逞，规有所建。以臣昔蒙义康接盼，又去岁群小为臣妄生风尘，谓必嫌惧，深见劝诱。兼云人情乐乱，机不可失，谶纬天文，并有征验。晔寻自来，复具陈此，并说臣论议转恶，全身为难。即以启闻，被敕使相酬引，究其情状。于是悉出檄书、选事、及同恶人名、手墨翰迹，谨封上呈，凶悖之甚，古今罕比。由臣暗于交士，闻此逆谋，临启震惶，荒情无措。"诏曰："湛之表如此，良可骇惋。晔素无行检，少负瑕衅，但以才艺可施，故收其所长，频加荣爵，遂参清显。而险利之性，有过溪壑，不识恩遇，犹怀怨愤。每存容养，冀能悛革，不谓同恶相济，狂悖至此。便可收掩，依法穷诘。"

……

将出市，晔最在前，于狱门顾谓综曰："今日次第，当以位邪?"综曰："贼帅为先。"在道语笑，初无暂止。至市，问综曰："时欲至未?"综曰："势不复久。"晔既食，又苦劝综，综曰："此异病笃，何事强饭。"……晔常谓死者神灭，欲著《无鬼论》；至是与徐湛之书，云"当相讼地下"。其谬乱如此。又语人："寄语何仆射，天下决无佛鬼。若有灵，自当相报。"

晔性精微有思致，触类多善，衣裳器服，莫不增损制度，世人皆法学之。

……

晔狱中与诸甥侄书以自序曰：

吾狂衅覆灭，岂复可言，汝等皆当以罪人弃之。然平生行己任怀，犹应可寻。……尝为人言，多不能赏，意或异故也。

性别宫商，识清浊，斯自然也。……

本未关史书，政恒觉其不可解耳。既造《后汉》，转得统绪，详观古今著述及评论，殆少可意者。班氏最有高名，既任情无例，不可甲乙辨。后赞于理近无所得，唯志可推耳。博赡不可及之，整理未必愧也。吾杂传论，皆有精意深旨，既有裁味，故约其词句。至于《循吏》以下及《六夷》诸序论，笔势纵放，实天下之奇作。其中合者，往往不减《过秦》篇。尝共比方班氏所作，非但不愧之而已。欲遍作诸志，前汉所有者悉令备。虽事不必多，且使见文得尽。又欲因事就卷内发论，以正一代得失，意复未果。赞自是吾文之杰思，殆无一字空设，奇变不穷，同合异体，乃自不知所以称之。此书行，故应有赏音者。纪、传例为举其大略耳，诸细意甚多。自古体大而思精，未有此也。恐世人不能尽之，多贵古贱今，所以称情狂言耳。

吾于音乐，听功不及自挥，但所精非雅声，为可恨。……

晔《自序》并实，故存之。

（选自《范晔列传》）

点评：

范晔是刘宋时期杰出的史学家，史学名著《后汉书》的作者。《宋书·范晔传》较为详尽地记述了范晔的生平、风骨，本篇选自《范晔传》，以范晔不羁的性格为主线，间以其主要的无神论与史学思想的叙述，揭示其悲剧命运的必然性。

范晔的性直，不苟于世，在他做彭城王的幕僚时，便多有表现。当时扬州刺史、彭城王刘义康的母亲王太妃去世。刘义康把故僚们召集到府内帮忙料理丧事，范晔去了，但他实在悲伤不起来。而且在临葬的前一天晚上，轮到他的弟弟范广渊值班，他们兄弟二人邀请了一帮朋友“夜中酣饮，开北牖听挽歌为乐”。刘义康知道后大怒，向明帝进言，范晔被降职到宣城做太守。这次贬官，再加上感怀身世，促使范晔开始思考现实中许多不能解答的问题，并且与历史相参照，最终开始写他的史学名著《后汉书》。

元嘉十六年（439年），他的嫡母，即他父亲的正妻，在宜都去世。当时“嫡待庶如奴，妻遇妾若婢”，他对嫡母素无感情，所以迟迟不肯上路奔丧。他以自己的性情出发，不忌讳当时的礼法，自然为礼法所不容，受到御史中丞刘损的弹劾。因宋文帝比较欣赏他的才华，才没将他治罪。

范晔尽管多才多艺，学识渊博，精通音乐，长于书法，但为人狂傲不羁，不肯迎合君主。他的琵琶弹得非常好，并能创作新曲。宋文帝很想听听，屡次加以暗示，范晔假装糊涂，始终不肯为皇帝弹奏。在一次宴会上，宋文帝对他说，“我欲歌，卿可弹”。范晔只得弹奏，但宋文帝一唱完，他立即停止演奏，竟不肯多弹一曲，真可谓性直如此。范晔还作《和香方》，对正受宠的要员权贵进行讥讽。这样在充满陷阱的官场上，终于引来杀身之祸。

彭城王刘义康威权日重，受到宋文帝的猜忌，所以密谋举事，加紧夺权活动。由于范晔掌握禁军，又负有盛名，成为他们拉拢的对象。范晔经过权衡，终于参与进来。他们曾要求范晔以刘义康的名义起草檄文，由于各种原因政变并未能如期举行。这年十一月，刘义康的亲信徐湛之向宋文帝告密，诬称范晔是主谋，因此范晔被捕，于元嘉二十二年惨遭杀害。范晔在狱中写的《与诸甥侄书》，讲述了自己为人处世之道，以及史学、文学、音乐等诸多思想。范晔临行刑前坚持自己的无神论思想，并与徐湛之书曰："当相讼地下"，又语："寄语何仆射，天下决无佛鬼。若有灵，自当相报。"

范晔之所以能在史学、文学、音乐等方面有很高的造诣，并被后人所景仰，与其才华、学术思想乃至性格分不开。但在特定的时代，他的杀身之祸也是由其性格所招致！

彭城之辩

原文：

世祖镇彭城，畅为安北长史、沛郡太守。元嘉二十七年，索虏托跋焘南侵，太尉江夏王义恭总统诸军，出镇彭、泗。时焘亲率大众，已至萧城，去彭城十数里。彭城众力虽多，而军食不足，义恭欲弃彭城南归，计议弥日不定。……畅曰："若历城、郁洲有可致之理，下官敢不高赞。今城内乏食，百姓咸有走情，但以关扃严固，欲去莫从耳。若一旦动脚，则各自散走，欲至所在，何由可得。今军食虽寡，朝夕犹未窘罄，量其欲尽，临时更为诸宜，岂有舍万安之术，而就危亡之道。若此计必用，下官请以颈血汗公马蹄！"……畅言既坚，世祖又赞成其议，义恭乃止。

……

明旦，焘又自上戏马台，复遣使至小市门曰：“魏主致意安北，安北可暂出门，欲与安北相见。我亦不攻此城，安北何劳苦将士在城上。又骡、驴、骆驼，是北国所出，今遣送，并致杂物。”又语小市门队主曰：“既有饷物，君可移度南门受之。”焘送骆驼、骡、马及貂裘、杂饮食，既至南门，门先闭，请钥未出。畅于城上视之，虏使问：“是张长史邪？”畅曰：“君何得见识？”虏使答云：“君声名远闻，足使我知。”畅因问虏使姓，答云：“我是鲜卑，无姓。且道亦不可。”畅又问：“君居何任？”答云：“鲜卑官位不同，不可辄道，然亦足与君相敌耳。”虏使复问：“何为匆匆杜门绝桥？”畅答曰：“二王以魏主营垒未立，将士疲劳，此精甲十万，人思致命，恐轻相凌践，故且闭城耳。待彼休息士马，然后共治战场，克日交戏。”虏使曰：“君当以法令裁物，何用发桥，复何足以十万夸人。我亦有良马逸足，若云骑四集，亦可以相拒。”畅曰：“侯王设崄，何但法令而已邪。我若夸君，当言百万。所以言十万者，政二王左右素所畜养者耳。此城内有数州士庶，二徒营伍，犹所未论。我本斗智，不斗马足。且冀之北土，马之所生，君复何以逸足见夸邪！”虏使曰：“不尔。城守，君之所长；野战，我之所长。我之恃马，犹如君之恃城耳。”城内有具思者，尝在北国，义恭遣视之，思识是虏尚书李孝伯。思因问：“李尚书，若行途有劳。”孝伯曰：“此事应相与共知。”思答：“缘共知，所以有劳。”孝伯曰：“感君至意。”

……焘复遣使令孝伯传语曰：“魏主有诏语太尉、安北，近以骑至，车两在后，今端坐无为，有博具可见借。”畅曰：“博具当为申启。但向语二王，已非逊辞，且有诏之言，政可施于彼国，何得称之于此。”孝伯曰：“诏之与语，朕之与我，并有何异。”畅曰：“若辞以通，可如来谈；既言有所施，则贵贱有等。向所称诏，非所敢闻。”孝伯又曰：“太尉、安北是人臣与非？”畅曰：“是也。”孝伯曰：“邻国之君，何为不称诏于邻国之臣？”畅曰：“君之此称，尚不可闻于中华，况在诸王之贵，而犹曰邻国之君邪。”孝伯曰：“魏主言太尉、镇军并皆年少，分阔南信，殊当忧邑。若欲遣信者，当为护送；脱须骑者，亦当以马送之。”畅曰：“此方间路甚多，使命日夕往来，不复以此劳魏主。”孝伯曰：“亦知有水路，似为白贼所断。”畅曰：“君著白衣，故称白贼邪？”孝伯大笑曰：“今之白贼，亦不异黄巾、赤眉。”畅曰：“黄巾、赤眉，似不在江南。”孝伯曰：“虽不在江南，亦不在青、徐也。”畅曰：“今者青、徐，实为有贼，但非白贼耳。”虏使云：“向借博具，何故不出？”畅曰：“二王贵远，启闻难彻。”孝伯曰：“周公握发吐哺，二王何独贵远？”畅曰：“握发吐飡，本施中国耳。”孝伯曰：“宾有礼，主则择之。”畅曰：“昨见众宾至门，未为有礼。”俄顷送博具出，因以与之。

……孝伯又曰：“永昌王，魏主从弟，自复常镇长安，今领精骑八万，直造淮南，寿春久闭门自固，不敢相御。向送刘康祖头，彼之所见。王玄谟甚是所悉，亦是常才耳。南国何意作如此任使，以致奔败。自入此境七百余里，主人竟不能一相拒逆。邹山之险，君家所凭，前锋始得接手，崔邪利便藏入穴，我间诸将倒曳脚而出之，魏主赐其生命，今从在此。复何以轻脱遣马文恭至萧县，使望风退挠邪。君家民人甚相忿怨，云清平之时，赋我租帛，至有急难，不能相拯。”畅曰：“知永昌已过淮南，康祖为其所破，比有信使，无此消息。王玄谟南土偏将，不谓为才，但以人为前驱引导耳。大军未至而河冰向合，玄谟量宜反旆，未为失机，但因夜回师，致戎马小乱耳。我家玄谟斗城，陈宪小将，魏主倾国，累旬不克。胡盛之偏裨小帅，众无一旅，始济融水，魏国君臣奔迸，仅得免脱，滑台之师，无所多愧。邹山小戍，虽有微险，河畔之民，多是新附，始慕圣化，奸盗未息，亦使崔邪利抚之而已，今没虏手，何损于国。魏主自以十万师而制一崔邪利，方复足言邪。……”……孝伯言辞辩赡，亦北土之美也。畅随宜应答，吐属如流，音韵详雅，风仪华润，孝伯及左右人并相视叹息。

（选自《张畅列传》

点评：

宋、齐、梁、陈四朝与北魏、北齐长期对峙，南北两朝时战时和，战时沙场兵戎相见，和时宴堂觥筹交错。疆场上振国威的是将军，口舌间争国光的却是使臣辩士，于是，史书间也就留下了双方使臣互辩的绝言妙词，若三国时诸葛孔明，于东吴舌战群儒，好不意气风发！本篇选自《张畅列传》，传神地记录了第四次宋魏战争中，两国使臣张畅与李孝伯的彭城之辩！

元嘉二十七年（450年），刘宋北伐，大败而归，魏太武帝拓跋焘率十万步骑反攻，并率军围攻彭城。两军对垒前，先各遣使者相见，试图在精神上压迫对方。担任刘宋使者的是名士张畅，北魏则是尚书李孝伯，两人各显才华，唇枪舌剑斗得精彩纷呈。李孝伯带了骡、驴、骆驼等北国特产，送给宋将江夏王刘义恭和王子刘骏。宋军不知来意，紧闭城门。于是李孝伯就讥刺说，我现在又不攻城，那么紧张兮兮干什么？叫士兵站在城头，不嫌他们辛苦吗？张畅道：你们远来很疲劳，营垒未立，我城中有精兵十万，人人都想上阵厮杀立功，怕一不小心把你们都杀光了，所以闭门不让他们出来。等你们休息好了，选个好日子，大家堂堂正正干一场。李孝伯马上说：治军靠法令，怎么用得着关闭城门呢？又怎么用得着夸大其词说有精兵十万？我军也有良马逸足，完全可以一战。张畅对答说，用兵当然要利用各种有利条件，我说的甲兵十万，仅仅是二王左右的亲兵卫士，倘若把城内数州士庶、二徒营伍也算上去，当有百万。再说打仗斗智不斗力，你的马跑得快不见得有用。双方都虚张声势，为己方撑足面子。李孝伯又对张畅说：魏主有诏给二王，现在闲着也是闲着，借副赌博用具来玩玩。张畅马上听出了这话中的骨头，驳道：借博具好说，不过你这话有语病，“诏”这个字，你魏主在家里用用也就罢了，对我们又岂能称“诏”？李孝伯又说：二王被围了，要是想家，我们倒可以派兵护送一下。这自是嘲笑宋军连王子也保护不了。张畅说：我们要出去很容易，现在就天天跟朝廷通信息。李孝伯说：听说是有条路，不过已给白贼断了。张畅说：你现在就穿着白衣，白贼就是你吧。双方话里有话，绵里藏针，讥刺对方。

元嘉二十七年这一战，宋军大败，所以李孝伯就抓住这一点来令张畅难堪。他说，我永昌王率军八万就杀得你们望风而逃，深入七百里，你们做主人的怎么也不出来招待一下。王玄谟（宋军主将）这人不过十足蠢材一个，你们怎么用此人为大将，大概是没有人才了吧。这个问题的确不好回答，但张畅避实就虚说：永昌王过淮南云云，传言而已。王玄谟这人乃南土偏将，不谓为才，不过他是北方人，就让他做个向导。接着就反戈一击，说：我们的悬瓠小城，魏王倾全国之力，累旬未克。言下之意，你们也不过如此罢了。其实，宋军也就是在悬瓠一城表现较好而已。真可谓是攻其一点不及其余！

《张畅传》不足五千字，但其与李孝伯的对话却写了三千多字，可见这“彭城之辩”在沈约看来，是张畅的奇功一件！张畅也被认为是“随宜应答，吐属如流，音韵详雅，风仪华润”！

前废帝荒虐天下

原文：

前废帝讳子业，小字法师，孝武帝长子也。……八年闰三月庚申，世祖崩，其日，太子即皇帝位。

……

去岁及是岁，东诸郡大旱，甚者米一升数百，京邑亦至百余，饿死者十有六七。孝建以来，又立钱署铸钱，百姓因此盗铸，钱转伪小，商货不行。

永光元年春正月乙未朔，改元，大赦天下。……

秋八月辛酉，越骑校尉戴法兴有罪，赐死。……癸酉，帝自率宿卫兵，诛太宰江夏王义恭、尚书令、骠骑大将军柳元景、尚书仆射颜师伯、廷尉刘德愿。……辛丑，抚军将军、南徐州刺史新安王子鸾免为庶人，赐死。……己卯，东阳太守王藻下狱死。以宫人谢贵嫔为夫人，加虎贲鞁戟，鸾辂龙旂，出警入跸，实新蔡公主也。……戊午，南平王敬猷、庐陵王敬先、安南侯敬渊并赐死。

时帝凶悖日甚，诛杀相继，内外百司，不保首领。先是讹言云："湘中出天子。"帝将南巡荆、湘二州以厌之。先欲诛诸叔，然后发引。太宗与左右阮佃夫、王道隆、李道儿密结帝左右寿寂之、姜产之等十一人，谋共废帝。戊午夜，帝于华林园竹堂射鬼。时巫觋云："此堂有鬼。"故帝自射之。寿寂之怀刀直入，姜产之为副。帝欲走，寂之追而殒之，时年十七。太皇太后令曰：

> 司徒领护军八座：子业虽曰嫡长，少禀凶毒，不仁不孝，著自髫龀。孝武弃世，属当辰历。自梓宫在殡，喜容靦然，天罚重离，欢恣滋甚。逼以内外维持，忍虐未露，而凶惨难抑，一旦肆祸，遂纵戮上宰，殄害辅臣。子鸾兄弟，先帝钟爱，含怨既往，枉加屠酷。昶茂亲作捍，横相征讨。新蔡公主逼离夫族，幽置深宫，诡云薨殒。襄事甫尔，丧礼顿释，昏酣长夜，庶事倾遗。朝贤旧勋，弃若遗土。管弦不辍，珍羞备膳。詈辱祖考，以为戏谑。行游莫止，淫纵无度。肆宴园

陵，规图发掘。诛剪无辜，籍略妇女。建树伪竖，莫知谁息。拜嫔立后，庆过恒典。宗室密戚，遇若婢仆，鞭捶陵曳，无复尊卑。南平一门，特钟其酷。反天灭理，显暴万端。苛罚酷令，终无纪极，夏桀、殷辛，未足以譬。阖朝业业，人不自保；百姓遑遑，手足靡厝。行秽禽兽，罪盈三千。高祖之业将泯，七庙之享几绝。吾老疾沉笃，每规祸鸩，忧煎漏刻，气命无几。开辟以降，所未尝闻。远近思奋，十室而九。

（选自《前废帝本纪》）

点评：

孝武帝死后，太子刘子业继位，是为前废帝，时年十六岁。本篇选自《前废帝本纪》。前废帝在位半年时间，便荒虐天下，大开宋末骨肉相残之腥风血雨。

前废帝性好读书，粗有文采，但年少气盛，动辄自专，其行政才能远不及孝武帝，而骄奢淫逸却超过其父。他当太子时，不得孝武的宠爱，继位后就要掘开孝武陵墓报复，为臣下劝止，但仍下令把粪便等秽物倒在陵上；生母王太后患重病，派人唤他，他推说害怕病人身上附有鬼怪，不肯来看，把太后气得死去活来，要用刀剖腹，悔恨生下这个“宁馨儿”，可谓不孝至极。他爱慕姑母新蔡公主，就不顾人伦，强行纳入宫中，封为贵嫔，改姓谢氏，可谓荒唐淫乱至极。

前废帝不但荒虐，而且极端残忍。他毫不信任其父留下的诸多辅臣，于是“越骑校尉戴法兴有罪，赐死。……癸酉，帝自率宿卫兵，诛太宰江夏王义恭、尚书令、骠骑大将军柳元景、尚书仆射颜师伯、廷尉刘德愿”，这使得群臣人人自危。前废帝对自己的叔父兄弟更是磨刀霍霍，杀气腾腾。徐州刺史、义阳王刘昶被诬谋反，前废帝派兵进剿，不得已丢妻弃母，逃奔北魏；"南徐州刺史新安王子鸾免为庶人，赐死"。前废帝大有杀红了眼之势，还意图把余下的诸叔、诸弟全杀死。文帝之子，这时还有六人，分列州郡，废帝将他们全部召回建康，拘押在殿内，百般凌辱。其中湘东王刘彧、建安王刘休仁、山阳王刘休祐被其蔑称为"猪王"、"杀王"、"贼王"。三王危在旦夕，最终与阮佃夫、王道隆等人联合发动政变，推翻前废帝，前废帝被寿寂之刀劈于华林园。

可叹的是自前废帝刘子业揭起的"荒虐天下，骨肉相残"之风并未随着他的消亡而止，继他之后的刘宋诸帝愈演愈烈！

沈攸之皇逼官反

原文：

沈攸之，字仲达，吴兴武康人，司空庆之从父兄子也。……攸之少孤贫，元嘉二十七年，索虏南寇，发三吴民丁，攸之亦被发。……新亭之战，身被重创，事宁，为太尉行参军，封平洛县五等侯。……又随庆之征广陵，屡有功，被箭破骨。世祖以其善战，配以仇池步槊。事平，当加厚赏，为庆之所抑，迁太子旅贲中郎，攸之甚恨之。

前废帝景和元年，除豫章王子尚车骑中兵参军，直阁，与宗越、谭金等并为废帝所宠，诛戮群公，攸之等皆为之用命。封东兴县侯，食邑五百户。寻迁右军将军，增邑百户。太宗即位，以例削封。宗越、谭金等谋反，攸之复召入直阁，除东海太守。未拜，会四方反叛，南贼已次近道，以攸之为宁朔将军、寻阳太守，率军据虎槛。……殷孝祖为前锋都督，而大失人情，攸之内抚将士，外谐群帅，众并倚赖之。时南贼前锋钟冲之、薛常宝等屯据赭圻，殷孝祖率众军攻之，为流矢所中死，军主范潜率五百人投贼，人情震骇，并谓攸之宜代孝祖为统。时建安王休仁屯虎槛，总统众军，闻孝祖死，遣宁朔将军江方兴、龙骧将军刘灵遗各率三千人赴赭圻。攸之以为孝祖既死，贼有乘胜之心，明日若不更攻，则示之以弱。方兴名位相亚，必不为己下，军政不一，致败之由。乃率诸军主诣方兴，谓之曰："四方并反，国家所保，无复百里之地。唯有殷孝祖为朝廷所委赖，锋镝裁交，舆尸而反，文武丧气，朝野危心。事之济否，唯在明旦一战，战若不捷，则大事去矣。诘朝之事，诸人咸谓吾应统之，自卜懦薄，干略不办及卿，今辄相推为统。但当相与戮力尔。"方兴甚悦。攸之既出，诸军主并尤之，攸之曰："卿忘廉、蔺、寇、贾之事邪？吾本以济国活家，岂计彼此之升降。且我能下彼，彼必不能下我，共济艰难，岂可自厝同异！"

……

攸之从子怀宝，为贼将帅，在赭圻，遣亲人杨公赞赍密书招诱攸之，攸之斩公赞，封怀宝书呈太宗。

……

其年秋，太宗复令攸之进围彭城。攸之以清泗既干，粮运不继，固执以为非宜，往反者七。上大怒，诏攸之曰："卿春中求伐彭城，吾恐军士疲劳，且去冬奔散，人心未宜复用，不许卿所启。今便不肯为吾行邪？卿若不行，便可使吴喜独去。"攸之惧，乃奉旨进军。行至迟墟，上悔，追军令反。

……

江州刺史桂阳王休范密有异志，以微旨动攸之，使道士陈公昭作天公书一函，题云"沈丞相"，送付攸之门者；攸之不开书，推得公昭，送之朝廷。后废帝元徽二年，休范举兵袭京邑，攸之谓僚佐曰："桂阳今反朝廷，必声云与攸之同。若不颠沛勤王，必增朝野之惑。"

攸之自擅阃外，朝廷疑惮之，累欲征入，虑不受命，乃止。群公称皇太后令，遣中使问攸之曰："久劳于外，宜还京辇，然任寄之重，换代殊为未易，还止之宜，一以相委。"欲以观察其意。攸之答曰："荷国重恩，名器至此，自惟凡陋，本无廊庙之姿。至如戍防一蕃，扑讨蛮、蜒，可强充斯任。虽自上如此，岂敢厝心去留，归还之事，伏听朝旨。”朝廷逾慑惮，征议遂息。

……

台直阁高道庆家在江陵，攸之初至州，道庆时在家，牒其亲戚十余人，求州从事西曹，攸之为用三人。道庆大怒，自入州取教，毁之而去。及还都，不诣攸之别。道庆至都，云：“攸之聚众缮甲，奸逆不久。”杨运长等常相疑畏，乃与道庆密遣刺客，赍废帝手诏，以金饼赐攸之州府佐吏，进其阶级。……

废帝既殒，顺帝即位，进攸之号东骑大将军、开府仪同三司，加班剑二十人。遣攸之长子司徒左长史元琰赍废帝刳割之具以示攸之。元琰既至江陵，攸之便有异志，腹心议有不同，故其事不果。其年十一月，乃发兵反叛。攸之素蓄士马，资用丰积，至是战士十万，铁马二千。遣使要雍州刺史张敬儿、梁州刺史范伯年、司州刺史姚道和、湘州行事庾佩玉、巴陵内史王文和等。敬儿、文和斩其使，驰表以闻；伯年、道和、佩玉怀两端，密相应和。

（选自《沈攸之列传》）

点评：

沈攸之是刘宋名将沈庆之的侄子。永初二年（421年），沈庆之拜为殿中员外将军、淮陵太守，显赫一时。沈攸之多次在战场出生入死，对刘宋王朝忠心耿耿，然而，最终却落得个反寇的结局。本篇选自《沈攸之列传》，主要记述了沈攸之如何一步一步被皇逼官反的。

沈攸之在其父亲死后，家境非常贫寒。元嘉二十七年（450年），北方游牧民族鲜卑南下掠夺，刘宋王朝征发三吴民丁，沈攸之也被征发。民丁队伍到了京师建康以后，领军头目看到沈攸之形貌丑陋，于是不让他参军。沈攸之一气之下投奔沈庆之。后来，他在新亭之战中表现突出，奋力杀敌身负重伤，再加上有同族沈庆之的这一关系。于是，沈攸之被任命为平洛县五侯。由此沈攸之的地位开始逐渐上升，后来官至辅国将军、浔阳太守。

他于元嘉二十七年从军后，在平定“南贼”刘胡、薛安都的反叛和镇压南方少数民族的反抗中，骁勇善战，屡立战功，是当时最为有名的战将。身为位尊望重的大将，他自然懂得功高震主的道理，因而着意表示谦让大度和对朝廷的忠诚。在平定刘胡之乱中，统帅殷孝祖战死，朝廷派宁朔将军江方兴增援。江与沈攸之地位声望都差不多，谁为主帅就成了一个难题。这时，沈攸之考虑到江方兴为人自负，不肯下人，而战局又十分危急，就毅然请江为统帅，并以廉颇与蔺相如的故事开导部下，说：“吾本以济国活家，岂计彼此之升降。”由此事，我们不难看出沈攸之为国为大局能深明大义。

沈攸之有个侄儿沈怀宝在刘胡军，派了亲戚杨公瓒来招诱沈攸之，沈攸之斩了杨公瓒，将怀宝书送呈明帝以表忠心。至少在这个时期，沈攸之还未生反叛之心。然而此后，随着沈攸之功劳与权势的增大，明帝对他的猜忌也日甚一日。但沈攸之也主动一次次地向皇帝示忠。江周刺史、桂阳王刘休范起兵造反，写了一封信联合沈攸之，封皮上写“沈丞相”以封官许愿。沈攸之连信也没拆就把来使斩了，并说，桂阳王声称与我一同起兵，若不勤王，必增朝廷猜忌。遂起兵讨伐桂阳王。这年四月，后废帝苍梧王怕沈攸之“自控阃外”，就征沈攸之入朝。沈为避嫌疑，连忙答应入朝为官。元徽四年（476 年），直阁高道庆向位居江州刺史的沈攸之推荐了十几个亲戚任江州从事、西曹，沈攸之只用了三个。高道庆大为不满，在京城散布“沈攸之欲反”。这让废帝对于沈攸之的猜忌之心火上浇油。后废帝终于下了手诏，令高道庆派刺客去刺杀沈攸之。沈攸之在打猎时遇刺，还好利箭只射中了他的马。皇帝如此对待沈攸之，沈攸之逐渐有了反叛之心也在情理之中。顺帝即位后，命令作为留在京城做人质的沈攸之之子沈元琰，拿着后废帝剖人腹的刑具给沈攸之观看，以此警告他。沈攸之至此，再也不能坐以待毙，终于于当年十一月举兵反叛。

沈攸之的反叛是刘宋末年的一场大乱，使本来就风雨飘摇的刘宋政权雪上加霜，最后虽被平定，但刘宋不久也就亡了。然而我们细读本篇，可以看出这是一场完全可以避免的叛乱，或者说是“皇逼官反”！

千古名言

危行不容于衰世，孤立聚尤于众人。

——语出《刘景素列传》。意思是说正直的行为难以被衰朽的社会所容纳，特立独行的人常常会受到众人的责难。危行：正直的行为。尤：责难，怪罪。

坚持操守是难能可贵的，尤其是在腐朽衰落的时代。腐朽衰落的社会总是要压抑那些不与时俗同流合污的人，正直的人士常常发出众人皆醉我独醒的感叹。但也正因为如此，腐朽的社会风气衬托得高尚的行为越发可贵，不随波逐流的人士越加可敬。

疾风知劲草，严霜识贞木。

——语出《顾觊之列传》。意思是说，只有经过狂风的考验，才能发现真正坚韧的草；只有经历了严霜的考验，才能认识真正坚贞的树木。贞木：经冬不凋的树木。

对于树木来说，狂风暴雨既是挑战，也是考验，经过了考验的草木是真正坚韧的草木。人也同样如此，面对艰难困苦，人性中的善与恶、勇敢与怯懦、高尚与卑微都将暴露无遗。所谓患难见真情，只有经历了生死考验的感情才是真感情，只有能同甘共苦的朋友才是真正的朋友。

戒惧乎其所不睹，恐畏乎其所不闻，在于慎所忽也。

——语出《武三王列传》。意思是说，警惕那些看不到的灾祸，担忧那些听不到的危害，在于谨慎对待那些容易被忽视的问题。

看不见的灾祸应该警惕恐惧，原因在于它所带来的往往是措手不及的灾难；听不到的危害需要惊恐害怕，原因在于它的出现会造成准备不足的困难；而要避免这些灾祸和危害，就要求平时能够谨慎地对待那些容易被忽视的细小的问题，居安思危，见盛观衰，方能有备无患。

人情慎显而轻昧，忽远而惊近。

——语出《孔琳之列传》。意思是说，人的性情往往是小心对待明显的问题，却容易忽略存在的隐患；忽视比较遥远的灾难，却容易受临近祸患的震惊。昧：昏暗。

一般人往往是当祸患显露出来，危及自身的时候才会意识到如何去解除祸患，而当祸患还在萌芽之中，灾难还未来临之时，并未引起足够的警惕。这句话提醒我们做人与处事应当有忧患意识和长远的眼光。

罚慎其滥，惠戒其偏；罚滥则无以为罚，惠偏则不如无惠。

——语出《颜延之列传》。意思是说，惩罚应该谨慎有节制，奖励应该戒除不公正。惩罚如果没有节制就失去了惩罚的意义，奖励如果不公正就不如不奖励。滥：泛滥，无节制。惠：恩惠，奖励。偏：不公正。

奖励和惩罚原本是用来激励人们行动的一种工具，但是如果应用不好，很可能适得其反，挫伤人们的积极性。因此，如何做到赏罚的公正，罚其所当罚，赏其所当赏，是那些操持赏罚大权之人所需要认真考虑的问题。

《南齐书》

史家生平

中国南朝的历史上曾先后出现过四个王朝，齐是南朝第二个王朝，也是其中最短命的一个王朝，它建于公元479年，亡于502年，只存在了24年。齐由萧道成创建，定都建康（今南京），疆域北至大巴山脉和淮南，西至四川，西南至云南，南至今越南横山，东南直抵海滨。为了与北朝高洋所建的齐相区分，一般称萧道成创建的齐为南齐或萧齐。我们今天所知道的南齐的历史主要是由《南齐书》一书记录下来的。

《南齐书》的作者是萧子显。萧子显字景阳，是南齐开国皇帝萧道成的孙子，齐豫章献王萧嶷的第八个儿子。萧子显从小就显露出少有的聪慧，萧嶷很是惊讶，在众多子女中对他特别宠爱。七岁时，萧子显被封为宁都县侯，齐永元（499—501年）末年，依据王子例，拜给事中。公元502年，萧衍以武力夺取政权，改齐为梁。萧子显虽也是萧氏同族，但终究有亲疏之别，爵号被降为子爵。梁朝初年，萧子显历任安西外兵、仁威记室参军、司徒主簿、太尉录事等官职。

萧子显容貌伟岸，身高八尺。他好学，又善于写文章，曾经写过一篇

萧子显

《鸿序赋》，当时的文坛领袖、尚书令沈约一见就称赞道："可谓得明道之高致，盖《幽通》之流也"，认为这篇赋表现了高尚的情趣和品格，可以和班固的《幽通赋》相比拟。

萧子显对于撰史很感兴趣，很早就有志于撰写一部《后汉书》。他将汉晋以来的各家《后汉书》，诸如汉刘珍等的《东观汉记》、吴谢承的《后汉书》、晋薛莹的《后汉记》、晋司马彪的《续汉书》、南朝宋刘义庆的《后汉书》、晋华峤的《后汉书》、晋谢沈的《后汉书》、晋张莹的《后汉南记》、晋袁山松的《后汉书》、南朝宋范晔的《后汉书》、晋袁宏的《后汉纪》、晋张璠的《后汉纪》等十几部关于东汉的著作，尽可能地搜罗起来，考证异同，抉择去取，融会贯通，撰成100卷的《后汉书》。可惜的是，这部著作早已亡佚，唐代就已不再著录。《后汉书》撰成后，萧子显紧接着又撰写了《齐书》。书成之后，上表奏明朝廷，梁武帝萧衍下诏交付秘阁收藏。萧子显因而迁升为太子中舍人，后任建康令、丹阳尹丞、中书郎、宗正卿、临川内史、黄门郎等职。梁武帝中大通二年（530年），萧子显又兼任侍中。梁武帝萧衍很欣赏萧子显的才干，赞扬他仪容言行得体恰当。萧衍曾经命群臣编纂《通史》620卷，他对萧子显说："我编纂的《通史》如果修成，其他的史书都可以作废了。"萧子显引用经典上的话回答道："仲尼赞《易》道，黜《八索》，述职方，除《九丘》，圣制符同，复在兹日。”意思是说：孔子赞扬《易经》的道理，八卦学说就废黜了，论述职方氏的材料，九州之志就废止了。今天皇帝您编撰《通史》，正与这个意义相符。当时人称之为名对。

梁武帝萧衍对经学颇有研究，自己创制五经义理。据《隋书·经籍志》记载，萧衍撰有《尚书大义》20卷、《周易大义》20卷、《周易讲疏》35卷、《周易系辞义疏》1卷、《制旨革牲大义》3卷、《乐社大义》10卷、《乐论》3卷、《孝经义疏》18卷等经学著作。萧子显上表请求设置助教一人，生徒十人，专门讲究梁武帝所撰经义。萧子显又上奏编撰《高祖集》。《隋书·经籍志》中著录了《梁武帝集》、《梁武帝诗赋集》、《梁武帝杂文集》、《梁武帝别集目录》等，这些著作得以编成专辑，或许与萧子显的建议有关。萧子显还奏请撰写《普通北伐记》，记录普通年间（520—527年）北伐元魏的历史。同年，萧子显迁国子祭酒，加侍中。中大通五年（533年），萧子显被选为吏部尚书，侍中如故。

萧子显性情庄重自大，恃才傲物。做了吏部尚书，掌管官吏选拔之权后，会见各类宾客的时候，常常是不发一言，只是挥一挥手中的扇子而已，因此很多的门阀世族对他咬牙切齿、怀恨在心。不过后来的简文帝萧纲对萧子显却很是器重。在东宫的时候，他经常招萧子显来参加宴会。一次萧子显刚走开，萧纲就对其他宾客说：“听说近来出现了一位不平凡的人物，今天才知道原来是萧尚书。”梁大同三年（537年），萧子显被调出任仁威将军、吴兴太守。到吴兴郡太守府不久就逝世了，时年49岁。朝廷下诏表示哀悼。在讨论萧子显谥号的时候，萧衍下手诏说：“恃才傲物，谊谥曰骄。”这是对于萧子显的盖棺论定。萧子显的作品，除了上面提到的以外，还有《晋史草》30卷、《贵简传》30卷、文集20卷等。

史著介绍

萧子显所撰《南齐书》本来并没有“南”字。从《梁书·萧子显传》、《南史·萧子显传》、《隋书·经籍志》直至《新唐书·艺文志》都称之为《齐书》。经学者考证，北宋曾巩的《南齐书·目录序》才首次称《南齐书》。可见，加“南”字于《齐书》之上，始于北宋，目的是为了更好地与唐李百药所修《北齐书》相区分。

《南齐书》的成书得益于很多条件。萧子显本人是南齐的皇族，南齐灭亡之时，他已经14岁，耳闻目睹了许多关于南齐王朝的事迹，这是他能够撰写出《南齐书》的一个便利条件。在“二十四史”当中，以前朝皇室的身份撰史的，萧子显的《南齐书》是独一无二的一种。而更为重要的是，萧齐一代对于撰写国史十分重视，为后来《南齐书》的编撰提供了资料上的便利。《南齐书》主要依据的萧齐史官所修的国史。萧齐一朝对国史的修撰十分重视，专设史官掌修国史。萧道成代宋建齐的第二年，即建元二年（480年）以檀超和江淹掌史职。檀超和江淹上表提出修史条例，主张齐史从建元元年开始，封爵各详本传，不设年表，参照班固、蔡邕、司马彪、徐爰、范晔等人的史志思想，设立《律历》、《礼乐》、《天文》、《五行》、《郊祀》、《刑法》、《艺文》、《朝会》、《舆服》、《州郡》等十志，另外增设《帝女传》、《处士传》和《列女传》等。左仆射王俭则认为“金粟之重，八政所先，食货则国富民实”，主张设立《食货志》，建议省去《朝会志》与《列女传》。最后，萧道成裁定按照王俭的意见执行。但檀超、江淹所修的国史并未最后完成，檀超修史未成，就卒于官，江淹修成了，但仍不完备。这些资料，在齐梁易代之际都给保存下来，客观上为萧子显修撰《南齐书》做了资料上的准备和体例上的示范。此外，齐、梁时人的其他齐史撰述，如沈约《齐纪》、刘陟《齐纪》、王逸《齐典》、无名氏《齐典》等也是萧子显修史的参考。

《南齐书》确切的写作时间已经不可考，依据《梁书·萧子显传》关于萧子显著述记载顺序推断，萧子显的著述活动当在天监后期，可能先著《后汉书》，后著《南齐书》，再后完成《普通北伐记》。如此，我们可大体推测《南齐书》的写作时间当在天监晚期至于普通七年（526 年）之间的这段时期。

《梁书》与《南史》的《萧子显传》、《隋书·经籍志》、《新唐书·艺文志》都说《南齐书》是 60 卷，但《史通》、《旧唐书·经籍志》和曾巩的《南齐书·叙录》则说是 59 卷，今本《南齐书》也是 59 卷，有学者考证认为遗失的 1 卷是序录或叙传。我们今天所能见到的《南齐书》59 卷，包括本纪 8 卷，列传 40 卷和志 11 卷。志分别是《礼志》2 卷、《乐志》1 卷、《天文志》2 卷、《州郡志》2 卷、《百官志》1 卷、《舆服志》1 卷、《祥瑞志》1 卷和《五行志》1 卷。从《南齐书》的志目可以看出，萧子显并未按照檀超、江淹、王俭等人的设想进行。我们在介绍《宋书》时曾指出，沈约的《宋书》缺少《艺文志》、《沟洫志》、《食货志》、《刑法志》等，《南齐书》也未设；《宋书》的《符瑞志》，《南齐书》改称为《祥瑞志》；《宋书》将前代史书的《郊祀志》、《舆服志》归入《礼志》，《南齐书》则增设《舆服志》。可见，《南齐书》在志目的设立上受到了《宋书》的深刻影响，同样体现出“天命”思想意识的强化。《南齐书》列传的传目也与《宋书》有相似之处，如《宋书》设《孝义传》，《南齐书》因之；《宋书》有《良吏传》，《南齐书》有《良政传》；《宋书》有《隐逸传》，《南齐书》有《高逸传》；《宋书》有《恩幸传》，《南齐书》有《幸臣传》；《宋书》有《索虏传》，《南齐书》设《魏虏传》。《宋书》无而《南齐书》新增的重要传目有《文学传》，收录萧齐一代的文学家十人，还记载了著名科学家祖冲之的生平事迹。

《南齐书》在唐代就被列入正史，但历代学者对其评价可谓褒贬不一。刘知幾在《史通·序例》中说："夫史之有例，犹国之有法。……沈宋（即沈约《宋书》）之志序，萧齐（萧子显《南齐书》）之序录，虽皆以序为名，其实例也。……子显虽文伤蹇踬，而义甚悠长，斯一二家皆序例之美者"，对《南齐书》做了较高的评价。赵翼《廿二史札记》也多予肯定。而曾巩在《南齐书·目录序》中则说："子显之于斯文，喜自驰骋，其更改破析刻雕藻缋之变尤多，而其文益下，岂夫材固不可以强而有邪"，对《南齐书》几乎是全盘否定。王应麟、马端临等人对《南齐书》也基本持否定态度。《四库全书总目提要》的评价则是毁誉参半，既批评《南齐书》多附会之词，又肯定某些篇章能"直书无隐，尚不失是非之公"。我们认为，一方面，《南齐书》是现存最早的记述南齐历史的史书，有其不可替代的学术价值。"二十四史"中，记载南齐政权历史的另有《南史》一书，但《南史》记载宋、齐、梁、陈四朝170余年的历史，只有80卷，而《南齐书》记载南齐24年历史就有60卷之多，其史料价值是《南史》所无法取代的。《南齐书》的《百官志》和《州郡志》历来受到很高的评价。《百官志》对于重要官职的职守、设置、变迁以及属官人数都作了清楚的记载，详细程度超过《宋书》，是研究南朝政治制度的重要史料。《州郡志》对于郡县的设置、历代的变迁以及各地的风土人情，都作了详尽地叙述，对于研究当时的社会制度、行政区划都很有参考价值。《礼志》记载祭祀、婚丧礼仪和设立学校的一些状况，《乐志》记载祭祀上帝和宗庙时的一些乐章，《天文志》记载日月星辰的天象变化，《五行志》记载了各种灾异，这些都是研究当时典章制度、社会状况的重要史料。《南齐书》的纪传也有重要的史料价值，《南齐书》本纪中大量的册文诏令、列传中许多重要的奏议文章在《南史》中被删除了，如《南史·祖冲之传》全文引用了祖冲之上的"大明历"表，这是一篇重要的古代科技史文献，详细说明了自已创制新历的立意和具体做法，但在《南史》中则被全文删除了。此外，《幸臣传》记载了五个出身寒门而典掌机要者的事迹；《蛮传》记载了萧齐境内各支蛮族的主要活动；《东南夷传》记载了东亚的高丽、百济、新罗、倭国和东南亚的林邑、扶南及交州等地的历史地理、风俗习惯及与萧齐的交往；《芮芮虏河南氐羌列传》分别记载了北方柔然、吐谷浑、仇池、宕昌四个少数民族政权的概况。这些都是极其珍贵的材料。

但另一方面，《南齐书》的缺点也是相当突出的。其一，曲笔现象突出。萧子显是萧齐帝王的子孙，因此在叙述祖父萧道成的时候尽量述其长处而掩盖其过失；对于父亲萧嶷更是如此，他为之作了多达6700余字的长篇传记，备极表扬，甚至说："周公以来，则未知所匹也"，简直是无以复加了。对于郁林王昭业、海陵王昭文被杀之事他毫不隐讳，这是因为二人是萧子显的侄儿，他们为萧鸾所杀，萧子显记载此事是要表现萧鸾之恶。后来萧鸾之子东昏侯宝卷被废，萧子显极力描写东昏侯的荒淫猖狂，用意也是如此。至于齐和帝禅位于萧衍，萧子显无一字提及这是篡夺的行为，这自然是身在梁朝叙事不能不有所顾忌。其二，宣传因果报应，提倡有神论。齐梁之际是佛教在中国兴起，儒释道三教激烈斗争之时。萧子显笃信佛教，在《南齐书》中大肆鼓吹佛教因果报应之说，其《高逸传》甚至将佛教提高到超乎一切学说的地位。他说："佛法者，理寂乎万古，迹兆乎中世，渊源浩博，无始无边，宇宙之所不知，数量之所不尽，盛乎哉！……今树以前因，报以后果，业行交酬，连璅相袭。"这些无疑是《南齐书》中的糟粕。其三，突出的正统意识、门阀意识。《南齐书》继承了《宋书》的正统思想，专设《魏虏传》记载北魏，其开篇就讲："魏虏，匈奴种也，姓托跋氏。晋永嘉六年，并州刺史刘琨为屠各胡刘聪所攻，索头猗卢遣子曰利孙将兵救琨于太原，猗卢入居代郡，亦谓鲜卑。被发左衽，故呼为索头"，充斥着强烈的歧视色彩。《宋书》创设的《孝义传》也为《南齐书》所效仿，萧子显强调君臣与父子两伦中父子之道是基础，而且是天之恒理。记述人物，多是于传首载明其祖、父的官阶履历，有的甚至追叙到邈远的先世。这些都是门阀世族意识在撰述中的反映。其四，某些地方叙事过于简单。总的来说，《南齐书》篇幅详略取舍在南朝诸史中是最为恰当的，既不像《宋书》那么繁芜，也没有《梁书》、《陈书》那么简略，但某些篇章仍然不免过于简略。比如，《南齐书》的《州郡志》详细记载了重要郡县的地理位置及其变迁，这是其优点，但遗憾的是没有著录各地户口，缺乏对当时社会经济状况的记载，这一点就不如《宋书·州郡志》。又如《王敬则传》写宋顺帝被逼禅位时，《南齐书》只是草草带过，未述详情，相比之下，《南史》详细记载了王敬则逼宫的经过，写得生动形象。以上这些特点是阅读《南齐书》时需要加以注意的。

《南齐书》历代版本中保存最早的是宋署大字本，此外有清武英殿本和金陵书局重刊明汲古阁本。中华书局1972年出版了标点本，点校者王仲荦在全面吸取前人校勘成就的基础上，网罗各种古籍资料，将《南齐书》校勘提高到了一个新的阶段，这是目前质量最高也最为通用的版本。

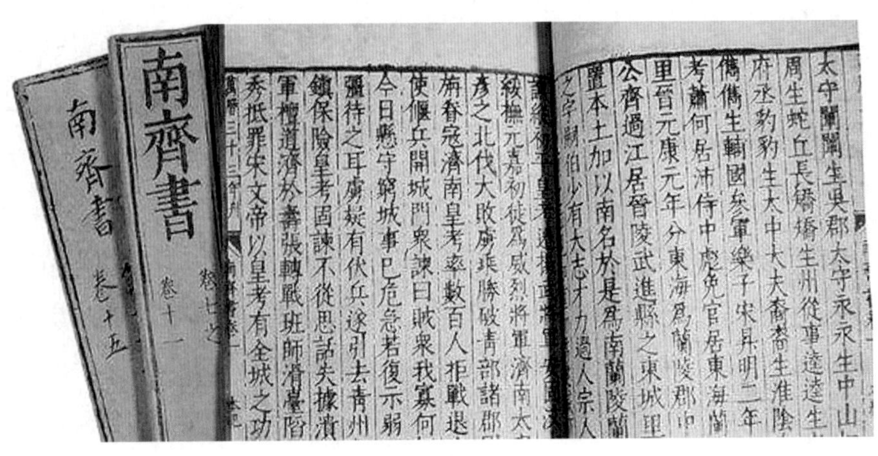

《南齐书》书影

名篇点评

永明之世

原文：

建元四年三月，壬戌，太祖崩，上即位，大赦。征镇州郡令长军屯营部，各行丧三日，不得擅离任，都邑城守防备幢队，一不得还。乙丑，称先帝遗诏，以司徒褚渊录尚书事，尚书左仆射王俭为尚书令，车骑将军张敬儿为开府仪同三司。诏曰："丧礼虽有定制，先旨每存简约，内官可三日一还临，外官间日一还临。后有大丧皆如之。"……

（五月）戊戌，诏曰："水潦为患，星纬乖序。京都囚系，可克日讯决；诸远狱委刺史以时察判。建康、秣陵二县贫民加赈赐，必令周悉。吴兴、义兴遭水县，蠲除租调。"……

永明元年……（三月）戊寅，诏"四方见囚，罪无轻重，及劫贼余口长徒敕系，悉原赦。逋负督赃，建元四年三月以前，皆特除。"

……

三年春……辛卯，车驾祀南郊，大赦。都邑三百里内罪应入重者，降一等，余依赦制。劾系之身，降遣有差。赈恤二县贫民。又诏曰："《春秋国语》云'生民之有学敩，犹树木之有枝叶。'果行育德，咸必由兹。在昔开运，光宅华夏，方弘典谟，克隆教思，命彼有司，崇建庠塾。甫就经始，仍离屯故，仰瞻徽猷，岁月弥远。今遐迩一体，车轨同文，宜高选学官，广延胄子。"又诏"守宰亲民之要，刺史案部所先，宜严课农桑，相土揆时，必穷地利。若耕蚕殊众，足厉浮堕者，所在即便列奏。其违方骄矜，佚事妨农，亦以名闻。将明赏罚，以劝勤怠。校核殿最，岁竟考课，以申黜陟。"

……

富阳人唐宇之反，聚众桐庐，破富阳、钱塘等县，害东阳太守萧崇之。遣宿卫兵出讨，伏诛。

三月，辛亥，国子讲《孝经》，车驾幸学，赐国子祭酒、博士、助教绢各有差。

……

八月乙卯，诏“吴兴、义兴水潦，被水之乡，赐痼疾笃癃口二斛，老疾一斛，小口五斗。”

九月壬寅，车驾幸琅邪城讲武，习水步军。

冬十月庚申，立冬，初临太极殿读时令。辛酉，以祠部尚书武陵王晔为江州刺史。

闰月乙卯，诏曰：“北兖、北徐、豫、司、青、冀八州，边接疆埸，民多悬罄，原永明以前所逋租调。”……

七年春正月丙午，以中军将军王敬则为豫州刺史，中军将军阴智伯为梁、南秦二州刺史。戊申，诏曰：“雍州频岁戎役，兼水旱为弊，原四年以前逋租。”辛亥，车驾祀南郊，大赦。京邑贫民，普加赈赐。又诏曰：“春颁秋敛，万邦所以惟怀，柔远能迩，兆民所以允殖。郑浑宰邑，因姓立名，王濬剖符，户口殷盛。今产子不育，虽炳常禁，比闻所在，犹或有之。诚复礼以贫杀，抑亦情由俗淡。宜节以严威，敦以惠泽。主者寻旧制，详量附定，蠲恤之宜，

齐高帝萧道成

务存优厚。”……

六月丁亥，车驾幸琅邪。

秋八月庚子，以左卫将军建安王子真为中护军。

冬十月己丑，诏曰：“三季浇浮，旧章陵替，吉凶奢靡，动违矩则。或裂锦绣以竞车服之饰，涂金镂石以穷茔域之丽。至班白不婚，露棺累叶，苟相夸炫，罔顾大典。可明为条制，严勒所在，悉使画一。如复违犯，依事纠奏。”

……

夏四月戊辰，诏“公卿已下各举所知，随才授职。进得其人，受登贤之赏；荐非其才，获滥举之罚”。

……

上刚毅有断，为治总大体，以富国为先。颇不喜游宴、雕绮之事，言常恨之，未能顿遣。临崩又诏“凡诸游费，宜从休息。自今远近荐献，务存节俭，不得出界营求，相高奢丽。金粟缯纩，弊民已多，珠玉玩好，伤工尤重，严加禁绝，不得有违准绳。”

史臣曰：世祖南面嗣业，功参宝命，虽为继体，事实艰难。御衮垂旒，深存政典，文武授任，不革旧章。明罚厚恩，皆由上出，义兼长远，莫不肃然。外表无尘，内朝多豫，机事平理，职贡有恒，府藏内充，民鲜劳役。宫室苑囿，未足以伤财，安乐延年，众庶所同幸。若夫割爱怀抱，同彼甸人，太祖群昭，位后诸穆。昔汉武留情晚悟，追恨戾园，魏文侯克中山，不以封弟，英贤心迹，臣所未详也。

（选自《武帝本纪》）

点评：

齐高帝萧道成惨淡经营，年过半百，才取代刘宋，建立南齐，为九五至尊。在门阀士族观念极强的魏晋南北朝时期，他能以“布衣素族”而成就王业，除天时地利人和外，自身有许多优秀的品质，且有一套较为成熟的治国方略。他以宋为鉴，减免赋税，整顿户籍，安抚流民还乡，提倡节俭，移风易俗，几可媲美刘裕！他还对他的长子萧赜经常教诲，后来萧赜继位，年号“永明”，创一时之治世，但这一切都离不开齐高帝萧道成打下的基础！

本篇选自《武帝本纪》，记述了南齐自高帝以降，南齐诸君中，唯一有所作为，可称一时之治世的“永明之世”。齐武帝萧赜是一个性格非常复杂的人，他的许多作为都有两面性。他一方面政绩卓著，另一方面猜忌之心颇重，果于杀戮。

武帝继位后，的确遵照高帝的遗嘱，不杀兄弟，但同时对其防范之心非常严重。严禁诸王私蓄兵仗，不准他们读异书，除“五经”外，只能看《孝子图》一类的书籍。归藩的亲王，都处于典监的严密监督之下。武帝比高帝只小十三岁，参与了高帝创业的全过程，从中积累了丰富的统治经验与行政才能。他继位时又值壮年，刚毅有断，留心政治，尽管他有这样或那样的失德，却仍把国家治理得颇有条理，以此史家说他尚能“富国为先”。

永明年间，武帝多次下诏，求直言，举荐人才“进得其人，受登贤之赏”，他还命令恢复官吏的田秩，这样就使统治集团内部能够补充新鲜的血液，并保持其高效与稳定。齐武帝还继续实行刘宋以来不以门第高低取士，重用寒人的政策。这样在中央，寒人掌机要，有利于皇权的加强，做到“遐迩一体，车轨同文”，这也是其能取得政绩的一个重要原因。他还大力劝课农桑，“宜严课农桑，相土揆时，必穷地利。若耕蚕殊众，足厉浮堕者，所在即便列奏。”采取一系列有助于农业发展的政策。同时他也十分注意发展教育，兴立学校，修建孔庙，“车驾幸学，赐国子祭酒、博士、助教绢各有差”。他对于受灾的农民“普加赈赐”。而且法令严明，“如复违犯，依事纠奏”。他也不对外穷兵黩武，使南齐境内外十年没有发生战争，这样百姓就可以得到一个休养生息的机会。他采取的这一系列措施，使社会政治趋于稳定，从而有利于南齐的经济恢复与发展！

最终也形成了“永明之世”——仅次于“元嘉之治”的第二个繁荣局面。

“书橱”陆澄

原文：

陆澄，字彦渊，吴郡吴人也。祖邵，临海太守。父瑗，州从事。澄少好学，博览无所不知，行坐眠食，手不释卷。

……

建元元年，骠骑谘议沈宪等坐家奴客为劫，子弟被劾，宪等晏然。左丞任遐奏澄不纠，请免澄官。澄上表自理曰：

周称旧章，汉言故事，爰自河雒，降逮淮海，朝之宪度，动尚先准。若乃任情违古，率意专造，岂谓酌诸故实，择其茂典？……

诏委外详议。尚书令褚渊奏：“宋世左丞荀伯子弹彭城令张道欣等，坐界劫累发不禽，免道欣等官……澄谀闻肤见，贻挠后昆，上掩皇明，下笼朝识，请以见事免澄所居官。”诏曰：“澄表据多谬，不足深劾，可白衣领职。”

……永明元年，转度支尚书。寻领国子博士。时国学置郑王《易》，杜服《春秋》，何氏《公羊》，麋氏《穀梁》，郑玄《孝经》。澄谓尚书令王俭曰：“《孝经》，小学之类，不宜列在帝典。”乃与俭书论之曰：

《易》近取诸身，远取诸物，弥天地之道，通万物之情。……

《左氏》太元取服虔，而兼取贾逵《经》，由服传无《经》，虽在注中，而《传》又有无《经》者故也。……

《穀梁》太元旧有麋信注，颜益以范宁，麋犹如故。颜论闰分范注，当以同我者亲。常谓《穀梁》劣，《公羊》为注者又不尽善。竟无及《公羊》之有何休，恐不足两立。必谓范善，便当除麋。

世有一《孝经》，题为郑玄注，观其用辞，不与注书相类。案玄自序所注众书，亦无《孝经》。

俭答曰："《易》体微远，实贯群籍，施、孟异闻，周、韩殊旨，岂可专据小王，便为该备？依旧存郑，高同来说。元凯注《传》，超迈前儒，若不列学官，其可废矣。贾氏注《经》，世所罕习，《穀梁》小书，无俟两注，存麋略范，率由旧式。凡此诸义，并同雅论。疑《孝经》非郑所注，仆以此书明百行之首，实人伦所先，《七略》、《艺文》并陈之六艺，不与《苍颉》、《凡将》之流也。郑注虚实，前代不嫌，意谓可安，仍旧立置。"

俭自以博闻多识，读书过澄。澄曰："仆年少来无事，唯以读书为业。且年已倍令君，令君少便鞅掌王务，虽复一览便谙，然见卷轴未必多仆。"俭集学士何宪等盛自商略，澄待俭语毕，然后谈所遗漏数百千条，皆俭所未睹，俭乃叹服。俭在尚书省，出巾箱几案杂服饰，令学士隶事，事多者与之，人人各得一两物；澄后来，更出诸人所不知事复各数条，并夺物将去。

……以竟陵王子良得古器，小口方腹而底平，可将七八升，以问澄，澄曰："此名服匿，单于以与苏武。"子良后详视器底，有字仿佛可识，如澄所言。隆昌元年，以老疾，转光禄大夫，加散骑常侍，未拜，卒。年七十。谥靖子。

澄当世称为硕学，读《易》三年不解文义，欲撰《宋书》竟不成。王俭戏之曰："陆公，书厨也。"家多坟籍，人所罕见。撰地理书及杂传，死后乃出。

（选自《陆澄列传》）

点评：

“学而不思则罔”，是说我们在掌握了大量的知识后，还需要进行思考，否则自己就会迷惑的。历史上有许多人经纶满腹，学富五车，却不能立言于世一二，可谓死学，充其量，不过是装知识文章的一个容器而已。这些人有时还会是一方硕儒，但因不能真正地融会贯通，一味地靠死记硬背来表现自己的“博闻强识”，往往不能立言于世。本篇选自《陆澄传》，就记载了此类之人。

陆澄，从小就勤奋好学，藏书多有人所罕见的秘本，他自己不论吃饭、睡觉都手不释卷，以致“博览无所不知”。当时的尚书令王俭“自以博闻多识，读书过澄”，就想与陆澄一比高下，陆澄就对王俭说：我从小就不通世事，一心以读书为业，现在年纪比你大上一倍有余，你年纪轻轻就操劳国事，看的书应该比我少些。王俭不服，找来何宪等著名学者，一起纵横议论，陆澄等他们说完，指出他们谈论中所遗留的，竟达百千条，让人不得不深为叹服。还有一次，王俭将尚书省中的一些装饰杂物清理出来，让学士们讲述有关这些饰物的典故，讲得多可拿走一件饰物。谈论下来，大家各有所长，每人拿了一两件。陆澄到后，于每件饰物再说几件大家所不知的典故，将饰物全部夺去。竟陵王萧子良得一古器，小口方腹而底平，可将七八升，大家都不知道这是什么东西，于是拿着去问陆澄，陆澄说，这叫“服匿”。萧子良闻言后仔细审视器底，“有字仿佛可识，如澄所言”。从这一件件的事情，我们不得不说，陆澄真“硕学”也！

陆澄如此博学，著书立说，应如探囊取物不在话下，然而他“读《易》三年不解文义，欲撰《宋书》竟不成”。这样他就被王俭嘲讽地称为“书橱”，这是讲他尽管肚子里装满了书却不能化为己用。的确，相对于王俭三十多岁便撰写礼学专著七八种，出任国子监祭酒、太子太傅这些一代儒宗才能担任的职务，陆澄不过一“书橱”而已。人的“强记”，遇到具体问题一定是不够的。建元元年（479年），骠骑谘议沈宪等纵容家奴客为盗，被有司弹劾，御使左丞进一步弹劾陆澄在沈宪事发后未及时处理，属严重失职，应当免官。陆澄不服，从“周称旧章，汉言故事”，一直洋洋洒洒历数到刘宋，为自己辩白，结果尚书令褚渊竟详细列举了刘宋与之相反的事例有六条之多，并说陆澄“谀闻肤见，贻挠后昆，上掩皇明，下笼朝识”，陆澄最终还是被免了。由之可见，一味地死记而不懂现实的事情，在重要时刻是无用的！

一千多年前，陆澄的“书橱”故事，对我们现在也有十分强的借鉴意义。这就是我们不能“死读书，读死书”，一定要融会贯通，将知识与实践相结合，才能书为我用！

“异人”张融

原文：

融年弱冠，道士同郡陆脩静以白鹭羽麈尾扇遗融，曰：“此既异物，以奉异人。”宋孝武闻融有早誉，解褐为新安王北中郎参军。孝武起新安寺，僚佐多倷钱帛，融独倷百钱。帝曰：“融殊贫，当序以佳禄。”出为封溪令。……广越嶂崄，獠贼执融，将杀食之，融神色不动，方作洛生咏，贼异之而不害也。

融文辞诡激，独与众异。

……

融家贫愿禄，初与从叔征北将军永书曰：“……昔求三吴一丞，虽属舛错；今闻南康缺守，愿得为之。融不知阶级，阶级亦可不知，融政以求丞不得，所以求郡，求郡不得，亦可复求丞。”

……融风止诡越，坐常危膝，行则曳步，翘身仰首，意制甚多。随例同行，常稽迟不进。太祖素奇爱融，为太尉时，时与融款接，见融常笑曰："此人不可无一，不可有二。"……融与吏部尚书何戢善，往诣戢，误通尚书刘澄。融下车入门，乃曰："非是。"至户外，望澄，又曰："非是。"既造席，视澄曰："都自非是。"乃去。其为异如此。……

永明二年，总明观讲，敕朝臣集听。融扶入就榻，私索酒饮之，难问既毕，乃长叹曰："呜呼！仲尼独何人哉！"为御史中丞到捴所奏，免官，寻复。

融假东出，世祖问融住在何处？融答曰："臣陆处无屋，舟居非水。"后日上以问融从兄绪，绪曰："融近东出，未有居止，权牵小船于岸上住。"

……建武四年，病卒。年五十四。遗令建白旐无旒，不设祭，令人捉麈尾登屋复魂，曰："吾生平所善，自当凌云一笑。"三千买棺，无制新衾。左手执《孝经》、《老子》，右手执小品《法华经》。妾二人，哀事毕，各遣还家。又曰："以吾平生之风调，何至使妇人行哭失声，不须暂停闺阁。"

（选自《张融列传》）

点评：

本篇选自《张融列传》，主要记述了张融其人其事，以见南齐一代名士风骨一二。张融出自书香世家，他的父亲张畅曾为刘宋会稽太守，在彭城一役中舌战李孝伯，名动天下。他的叔父张演、张镜，兄弟张充、张卷、张稷都名重一时，当时有言"充融卷稷，是为四张"。张融当时被世人视为"异"，归根结底，不过其性直也。

异人自然是有异事的。他青年时，碰到一个同乡的道士，道士把一个用白鹭羽毛做成的拂尘送给他，并且说"此既异物，以奉异人"。他曾赴任，途经广越嶂崄，一些獠贼抓住了张融，就要杀张融，他竟然神色不动，大作“洛生咏”，盗贼“异之而不害也”！看来他似乎天生异相，并带来不少好运气。但大多数的时候，他的“异”不合礼教，使时人侧目。孝武帝造了一个新安寺，是以其宠妃的儿子新安王的封号命名的，朝中大臣纷纷解囊资助，数额相当可观，唯独张融只捐百钱，结果被贬到荒蛮险恶的胶州封溪做县令。南朝士风，凡被任命官职的，即使这官是处心积虑投机钻营得来，也要作势推辞一番，以示清高。而张融却公开要官，也不说什么“为国为民”、“以济天下”之类的套话，直言说是为了解决家庭经济困难，所以不管什么官“求丞不得，所以求郡，求郡不得，亦可复求丞”，只要俸禄丰厚就可。如此直率，甚为少见，自然为“异人”。张融一生，此类异事不胜枚举，我们静观之，这些不过都出于他耿直的性格。

“异人”张融，是一性情中人。做学问，也是“玄义无师法，而神解过人”，与常人不同，但造诣相当高，“白黑谈论，鲜能抗拒”。他的文集自名为《玉海》，即“玉以比德，海崇上善”之义。其实张融之“异”，只是不苟于世俗罢了。

东昏侯骄奢亡国

原文：

东昏侯宝卷，字智藏，高宗第二子也。本名明贤，高宗辅政后改焉。建武元年，立为皇太子。永泰元年七月，己酉，高宗崩，太子即位。

……

丙午，扬州刺史始安王遥光据东府反。……壬戌，以频诛大臣，大赦天下。……十一月，丙辰，太尉、江州刺史陈显达举兵于寻阳。

（二年春正月）庚午，诏讨豫州刺史裴叔业。

二月……征寿春。己丑，裴叔业病死，兄子植以寿春降虏。

……崔慧景于广陵举兵袭京师。……己酉，江夏王宝玄伏诛。……甲寅，西中郎长史萧颖胄起义兵于荆州。

十二月，雍州刺史梁王起义兵于襄阳。……

萧颖胄弟颖孚起兵庐陵。……义师筑长围守宫城。

十二月，丙寅，新除雍州刺史王珍国、侍中张稷率兵入殿废帝，时年十九。

帝在东宫便好弄，不喜书学，高宗亦不以为非，但勖以家人之行。令太子求一日再入朝，发诏不许，使三日一朝。尝夜捕鼠达旦，以为笑乐。高宗临崩，属以后事，以隆昌为戒，曰："作事不可在人后！"故委任群小，诛诸宰臣，无不如意。

性重涩少言，不与朝士接，唯亲信阉人及左右御刀应敕等，自江祏、始安王遥光诛后，渐便骑马。日夜于后堂戏马，与亲近阉人倡伎鼓叫。……

陈显达事平，渐出游走，所经道路，屏逐居民，从万春门由东宫以东至于郊外，数十百里，皆空家尽室。巷陌悬幔为高障，置仗人防守，谓之"屏除"。……出辄不言定所，东西南北，无处不驱人。拜爱姬潘氏为贵妃，乘卧舆，帝骑马从后。着织成袴褶，金薄帽，执七宝缚槊，戎服急装，不变寒暑，陵冒雨雪，不避坑阱。驰骋渴乏，辄下马解取腰边蠡器酌水饮之，复上马驰去。马乘具用锦绣处，患为雨所沾湿，织杂彩珠为覆蒙，备诸雕巧。教黄门五六十人为骑客，又选无赖小人善走者为逐马，左右五百人，常以自随，奔走往来，略不暇息。置射雉场二百九十六处，翳中帷帐及步鄣，皆袷以绿红锦，金银镂弩牙，玳瑁帖箭。郊郭四民皆废业，樵苏路断，吉凶失时；乳妇婚姻之家，移产寄室，或舆病弃尸，不得殡葬。有弃病人于青溪边者，吏惧为监司所问，推置水中，泥覆其面，须臾便死，遂失骸骨。

后宫遭火之后，更起仙华、神仙、玉寿诸殿，刻画雕彩，青灊金口带，麝香涂壁，锦幔珠帘，穷极绮丽。絷役工匠，自夜达晓，犹不副速，乃剔取诸寺佛刹殿藻井仙人骑兽以充足之。世祖兴光楼上施青漆，世谓之“青楼”。帝曰：“武帝不巧，何不纯用琉璃。”

潘氏服御，极选珍宝。主衣库旧物，不复周用，贵市民间金银宝物，价皆数倍。……种好树美竹，天时盛暑，未及经日，便就萎枯；于是征求民家，望树便取，毁撤墙屋以移致之。朝栽暮拔，道路相继，花药杂草，亦复皆然。又于苑中立市，太官每旦进酒肉杂肴，使宫人屠酤。潘氏为市令，帝为市魁，执罚，争者就潘氏决判。

帝有膂力，能担白虎幢。自制杂色锦伎衣，缀以金花玉镜众宝，逞诸意态。所宠群小党与三十一人，黄门十人。初任新蔡人徐世檦为直阁骁骑将军，凡有杀戮，皆其用命。杀徐孝嗣后，封为临汝县子。……世檦亦知帝昏纵，密谓其党茹法珍、梅虫儿曰：“何世天子无要人，但阿侬货主恶耳。”法珍等争权，以白帝。帝稍恶其凶强，以二年正月，遣禁兵杀之，世檦拒战而死。自是法珍、虫儿用事，并为外监，口称诏敕；中书舍人王咺之与相唇齿，专掌文翰。其余二十余人，皆有势力。……帝于殿内骑马从凤庄门入徽明门，马被银莲叶具装铠，杂羽孔翠寄生，逐马左右卫从，昼眠夜起如平常。闻外鼓叫声，被大红袍登景阳楼屋上望，弩几中之。……大桁败后，众情凶惧，法珍等恐人众惊走，故闭城不复出军。既而义师长围既立，堑栅严固；然后出荡，屡战不捷。帝尤惜金钱，不肯赏赐。法珍叩头请之，帝曰：“贼来独取我邪？何为就我求物！”后堂储数百具榜，启为城防；帝云拟作殿，竟不与。又催御府细作三百人精仗，待围解以拟屏除。金银雕镂杂物，倍急于常。王珍国、张稷惧祸及，率兵入殿，分军又从西上阁入后宫断之，御刀丰勇之为内应。是夜，帝在含德殿吹笙歌作《女儿子》。卧未熟，闻兵入，趋出北户，欲还后宫。清曜阁已闭，阉人禁防黄泰平以刀伤其膝，仆地。顾曰：“奴反邪?”直后张齐斩首送梁王。

（选自《东昏侯本纪》）

点评：

齐明帝死后，太子萧宝卷继位，这就是历史上有名的暴君东昏侯。明帝萧鸾虽残忍好杀，但对自己身后之事及其子孙的未来考虑得颇为周到。临终之前为萧宝卷精心选好辅政班子，又以自己篡位的事例来告诫东昏侯“作事不可在人后”！他是对自己的儿子寄予厚望的。但萧宝卷当了皇帝，只知恣意玩乐，声色犬马，骄奢淫逸，无心过问朝政，最终亡齐！

本篇选自《东昏侯本纪》，非常细致地记述了一代亡国之君的一生，从而促使后人对其加以思考，引以为鉴。

萧宝卷自幼被娇宠惯了，“不喜书学”，高宗亦不以为非。他曾经通宵达旦地以捕鼠为乐，没有一个储君应有的样子。继位之后，无人管束，更是过甚。每天早上，五六点入睡，到午后三四点起床，朝廷送来的奏章，根本没有时间批阅。他喜欢出游，但既无定所，又无定时，东西南北，无处不去。而且，所经之处，将老百姓全部赶走，违者格杀勿论。他还在沿途街巷道路，悬挂布幔制成的高障，派专人看守，称为“屏除”，以防遭人暗杀。他曾闯进一户人家，一孕妇来不及躲避，就被剖腹看胎儿是男是女！还有一次游到定林寺，见一老僧卧病不能动，竟命人以之为靶，当众射死。

东昏侯自己的生活，奢侈豪华至极。他头戴“金薄帽，执七宝缚槊”。他游玩时害怕锦绣马具被雨淋湿，就“织杂彩珠为覆蒙”。他还射置射雉场 296 处之多，并用“金银镂弩牙，玳瑁帖箭”。他造了仙华、神仙、玉寿等殿，“刻画雕彩，青灊金口带，麝香涂壁，锦幔珠帘，穷极绮丽”。工匠们通宵达旦地工作，他还嫌不够快，就把寺庙中的藻井、仙人骑兽等饰物剔下来装到宫殿上。他还凿金作莲花状贴地，让最为宠爱的潘贵妃在上面行走，说："此步步生莲花也"。潘妃的穿戴别致新丽，宫中不能满足就到民间去买，"价皆数倍"。这样他自然用度不足，就加重对民众的盘剥。他还曾造"芳乐园"极尽奢华。当时正当盛暑，花木移植来不到一天就枯萎了，"于是征求民家，望树便取，毁撤墙屋以移致之。朝栽暮拔，道路相继，花药杂草，亦复皆然"。

另一方面，他对臣下是"委任群小，诛诸宰臣，无不如意"，"不与朝士接，唯亲信阉人及左右御刀应敕等"。待文武大臣，心毒手辣，谁稍有异议，就大肆屠杀。他先后处死了对他多加进谏的表兄弟江祏、母舅刘暄、始安王萧遥光等人。这样就使州镇将帅心生不安，最终招致各地将帅藩王不断起兵。

东昏侯从明帝手中接到的政权，已不是很稳固，再经他如此折腾，各种矛盾此起彼伏，恶性发展，再也支持不下去了。永元二年（500 年），萧衍联合荆、湘诸州，大发兵马讨伐东昏侯。永元三年（501 年），萧衍等人拥立东昏侯之弟萧宝融为帝，改元中兴，这便是齐和帝。当义军围建康之时，东昏侯的军队"屡战不捷"，连他身边宠信的佞臣茹法珍都请求他给军士赏赐金钱，他竟然"尤惜金钱，不肯赏赐"，还说："来了又不是杀我一个人，凭什么让我一人独自拿钱出来？"后来禁军将领王珍国、张稷掉转刀头，与义军里应外合，杀死东昏侯，打开城门迎接萧衍。那天夜，东昏侯还在含德殿吹笙歌作《女儿子》。正如著名诗人李商隐的《齐宫词》所道："永寿兵来夜不扃，金莲无复印中庭。梁台歌管三更罢，犹自风摇九子铃。"

第二年，萧衍废和帝，灭南齐，建立梁朝，自称皇帝。至此，南齐亡。

千古名言

民心无常，唯惠之怀。

——语出《高帝本纪》。意思是说，百姓的思想并不是固定不变的，但只要对他们关怀，就可以得到他们的拥护。常：恒久。惠：恩惠，好处。怀：拥护。

谁才是历史真正的主人？是英雄还是人民？历史已经告诉了我们答案：水能载舟，亦能覆舟。那些高高在上，漠视民生、民权，视民众如草芥的“英雄”们，虽能逞快于一时，但终将被历史拉下马来。从群众中来，到群众中去，这才是真正的历史经验。

不务先富民，而唯言益国，岂有民贫于下，而国富于上邪？

——语出《武十七王列传》。意思是说，不致力于使百姓先富足起来，而只是一味地说要使国家获得好处，哪里有下面的百姓一贫如洗，而国家却很富足的？务：致力于，从事。邪：同“耶”，吗。

中国古代哲人孔子说：“政在使民富”，西方的哲人马克思说：“人们为了能够‘创造历史’，必须能够生活。但是为了生活，首先就需要吃喝住穿以及其他一些东西。”这本是一个朴素简单的真理，但又有几个统治者真正做到了这一点呢？行胜于言，“发展才是硬道理”。

知而不言，是不忠之臣；不知而言，乃不智之臣。

——语出《崔偃列传》。意思是说，了解事情的真实情况而保持沉默的，不是忠心耿耿的臣子；不了解实际情况而胡言乱语的，是不明智的臣子。

知而不言、不知而言，当然都是不可取的行为。但如何杜绝不知而言呢？没有调查就没有发言权。如何才能杜绝知而不言呢？自由、民主、开放的言论环境。

有贤而不知，知贤而不用，用贤而不委，委贤而不信，此四者，古今之通患也。

——语出《崔祖思列传》。意思是说，有贤能的人却不知道，知道贤能的人却不任用，任用贤能的人却不委任他做事，委任贤能的人做事却不信任他，这四个方面，是古往今来共同的弊病。委：委任，委派。信：信任。

这句话深刻地指明了如何处置人才的四个环节，首先要发现人才，其次要吸收人才，再次要让人才发挥其专长，最后要信任人才。这四个环节相互关联，层层递进，缺一不可。

赏不事丰，所病于不均；罚不在重，所困于不当。

——语出《崔祖思列传》。意思是说，奖赏不在于丰厚，所要担心的在于奖励不均衡；惩罚不在于严厉，所要忧虑的在于惩罚不得当。

孔子说："不患贫而患不均，不患寡而患不安"。的确，社会财富分配的公正合理确实是社会稳定的前提之一，某种程度上比财富本身的多寡更重要。赏罚也同样如此，赏罚的公正合理与否比赏罚轻重本身更为重要。

《梁书》和《陈书》

史家生平

在贞观初年所修的“唐八史”中，有两部子承父业，历经三朝最终完成的史书，这就是由姚察和姚思廉父子呕心沥血完成的《梁书》和《陈书》。

姚察（533—606 年），字伯审，吴兴武康（今浙江德清县西）人，其九世祖姚信，曾任吴太常卿。姚察的父亲姚僧垣是梁武帝时有名的医生，姚察少年时代刻苦攻读，6 岁诵书万言，12 岁时便能写出一手好文章，经常手不释卷，尤其对班固的《汉书》具有浓厚的兴趣。公元 549 年，梁武帝被权臣侯景困死，简文帝萧纲在大臣陈霸先的拥戴下嗣位，成年后的姚察以其渊博的学识入仕。后梁世祖元帝在荆州继立，姚察随朝士例赴西台。姚察曾任原乡令，轻徭薄赋，劝民农桑，为恢复当时残破的社会经济作出了贡献，深受当地人民的爱戴。之后，姚察到京师，先后为中书侍郎领著作杜之伟、吏部尚书徐陵引荐，参与修史和佐史以及官府文书的起草工作。其时姚察官运亨通，先后任殿阁大学士、散骑侍郎、左通直、尚书祠部侍郎等职，出使北周，研读《汉书》，参掌机要，深受大臣仰慕。梁

姚思廉

灭亡后，姚察入陈，诏受秘书监、领著作，深得陈后主器重，任中书侍郎、秘书监、吏部尚书等职，参掌机要，为官清正。隋文帝开皇九年（589年），陈灭亡，姚察入隋，迁居关中，文帝下诏授姚察秘书丞，并令其继续修撰梁、陈两代的史书。开皇十三年（593年），姚察袭封北绛郡公，仁寿二年（602年），姚察因其博学多闻，诏授员外散骑常侍，侍晋王杨广昭读。炀帝即位后，授太子内舍人，跟随炀帝巡视各地，顾问应对，大业二年（606年），姚察在东都洛阳去世，终年74岁。

姚察历仕梁、陈、隋三朝，参掌政务之余，注重读书学习，长于著述。其著述主要有：《汉书训纂》30卷，《说林》10卷，另有《西聘道里记》、《玉玺》、《建康三钟》各1卷，以及文集20卷。姚察之所以在历史上留下名声，最根本的原因在于他对梁、陈历史的撰述，以及其子姚思廉继承父业，最终给后人留下了两部正史《梁书》和《陈书》。姚察在梁、陈两朝任职时，就长期“佐史”，开始了梁、陈历史的撰著工作，在隋文帝开皇年间，得文帝允许继续编修梁、陈的历史。据《陈书》卷二十七《姚察传》记载，当时隋文帝杨坚曾派内史舍人虞世基将其书稿取回，唐朝初年，姚思廉编修《梁书》和《陈书》时，姚察的书稿尚存。今天，虽然很难判别《梁书》和《陈书》具体哪些为姚察的原稿，但正如姚思廉在《陈书》卷二十七为其父所立的传记中所言：“梁、陈二史多是察之所撰，其中序论及纪、传有所阙者，临亡之时，仍以体例诫约子思廉，博访撰续，思廉泣涕奉行。”由此可见，姚察是梁、陈两代历史记述的功臣。今天，《梁书》和《陈书》尚保留了不少姚思廉的史论。据当代学者研究，可以肯定地说：《梁书》大半出自姚察之手，《陈书》绝大部分为姚思廉所为。

姚思廉（557—637 年），姚察之子，字简之，陈亡后随父迁居关中，因而《旧唐书·姚思廉传》称他为雍州万年（今陕西西安）人。姚思廉早年随其父姚察攻读《汉书》，尽得家学。陈时在扬州任会稽王主簿，入隋任汉王府参军。后补河间郡书法书佐。父亲姚察死后，姚思廉在家为父亲和继母丁忧，之后，继承父亲的未竟之业，上表陈述编撰梁、陈史书的重要性，隋炀帝下诏令其续成梁、陈史书，又与起居舍人崔祖濬编修《区域图志》。隋末，姚思廉任代王杨侑侍读，唐高祖李渊兵至代王大殿，姚思廉以礼斥退唐兵，护送杨侑，这一举动得到了李渊的称赞。不久，姚思廉来到秦王李世民的府中，得到了李世民的赏识，为秦王府“十八学士”之一。李世民即皇帝位后，姚思廉任著作郎、弘文馆学士。贞观三年（629 年），唐太宗诏修梁、陈、齐、周、隋五代史，唐代撰修前代历史的工作于是全面展开。其实，早在一年前，唐太宗已经颁发诏敕，让姚思廉撰修梁朝和陈朝的历史。在唐中央政府的全力支持下，在他父亲姚察旧稿的基础之上，结合其他学者的有关记述，经过一番努力，贞观九年（635 年），姚思廉最终完成了他父亲的遗愿，撰成了《梁书》和《陈书》。至此，经过姚察和姚思廉父子几十年的努力，历经梁、陈、隋、唐四朝的变迁，有关梁朝和陈朝历史记述得较为完整的史书总算完成。著名贞观大臣、宰相魏徵，作为监修官为《梁书》和《陈书》撰写了部分赞、论。姚思廉为《梁书》和《陈书》的完成起到了关键性的作用，正如《旧唐书·姚思廉传》所言：“编次笔削，皆思廉之功也。”这两部史书也得到了唐太宗的赞誉，贞观十一年（637 年），姚思廉在完成《梁书》和《陈书》后不久去世，李世民极为悲痛，回想起姚思廉对自己的耿耿忠心，参赞政务和编修史书的贡献，李世民废朝一日，以示哀悼，特赐姚思廉太常卿，谥曰康，归葬于昭陵（今陕西省礼泉县）自己的墓地。

史著介绍

《梁书》共计56卷，系统地记述了梁自萧衍（梁武帝）至萧方智（梁敬帝）灭亡，共计56年的历史，其中包括本纪6卷、列传50卷。《梁书》最后被列入正史，是由于其他有关的史书都已失传，因而，《梁书》成为我们今天研究这段历史的极其珍贵的参考资料。

在《梁书》的6卷本纪中，在位长达48年的梁武帝的本纪占核心的地位，共计3卷，而且篇幅较大，几乎占本纪全部字数的三分之二，这与萧衍在梁的突出地位是相称的。简文帝、元帝和敬帝的本纪，虽然较为简略，但以编年体的形式勾勒出了梁后期的政治和军事衰落的态势。这6卷本纪在全书中起到了提纲挈领的作用。如果说6卷本纪在《梁书》中起到了"骨架"的作用，那么，50卷的列传则是本书的血肉，包含了丰富的内容。有皇后列传、太子列传、宗室诸王列传和大臣列传，这其中也包括了不少写得较好的传记，如昭明太子的传记，对我们今天的文化史和魏晋南北朝时期的伦理道德的研究仍有重要的参考价值。卷五十五《豫章王综武陵王纪临贺王正德河东王誉列传》专门记述了投靠北魏政权的豫章王萧综、投靠侯景的武陵王萧纪，以及与元帝争夺帝位的临贺王萧正德、河东王萧誉的事迹，对了解梁与北魏以及其他各政权之间的关系，以及梁政权末期争权夺利的情况具有一定的史料价值。卷五十六《侯景列传》也详细地记述了梁政权迅速走向衰落的情况，具有重要的参考价值。卷四十七《孝行列传》，对我们了解当时的伦理道德亦具有一定的参考意义。卷四十八至五十的《儒林传》和《文学传》，较为详细地记述了当时的思想家和文学家的事迹，是我们了解当时的思想文化的重要资料。卷五十一至五十三的《处士列传》、《止足列传》、《良吏列传》，对研究当时的封建士人和官吏的社会心理以及政治行为皆有一定的参考价值。卷五十五的《诸夷列传》对研究周边国家和民族的历史地理、民风习俗也有一定的参考价值。

据当代学者研究，姚察的著述，主要是在何之元、刘璠的30卷《梁典》的基础之上加以删削和增补而成。另外，姚察也参与了梁的政务以及秘书工作，因而这些对《梁书》的形成都发挥了积极的作用。

《梁书》在历史事实记述方面的相互矛盾之处，颇受后世学者批评，这当然与该书的撰写持续时间较长有直接的关系，但这种矛盾之处也为后人的进一步研究留下了不少空间。姚氏父子的浮词溢美之词，在书中也屡见不鲜，所收录的诏令、奏文无多大意义的也不在少数。但《梁书》文字的简洁精练也受后世学者的赞誉，清代著名学者赵翼在《廿二史札记》中称赞说："《梁书》则全据国史，而行文则自出炉锤，直欲追远班马。……如《韦瑞传》叙合肥等处之功，《昌义之传》叙钟离之战，《康绚之传》叙淮堰之作，皆劲气锐笔，曲折明畅，一洗六朝繁冗之习。《南史》虽称简净，然不能正损一字也。至诸传论亦以散文行之。"在《古文至姚察始》中，赵翼称赞道："世但知六朝之后，古文至唐韩昌黎始，而岂知姚察父子已振于陈末唐初也哉!"(《廿二史札记》卷九）赵翼的评论，表现了《梁书》在历史文学上不可忽视的价值。

《陈书》共36卷，系统地记述了自陈霸先建国（公元557年）至陈叔宝政权被隋所灭（公元589年）共计33年的历史。包括本纪6卷、列传30卷，是"二十四史"中篇幅最小的一部。

本纪是《陈书》的核心，约占全书的四分之一，以编年体的形式记述了陈朝的兴衰情况。其中陈的开国皇帝陈霸先《高祖本纪》占两卷的篇幅，除陈废帝在位不足一年，因而内容较为单薄之外，其他本纪篇幅也较长，内容也较为充实。举凡陈的国内军国大事，以及内政外交、社会经济政治政策基本都有记述。列传包括皇后列传1卷、大臣列传22卷、诸王列传3卷、宗室列传1卷，另有类传3卷。在记述方式上，《陈书》与《梁书》基本相同，只是列传较为简略。列传进一步充实了“本纪”涉及和没有涉及的人和事，诸位大臣列传和宗室诸王列传，对了解陈的政治和军事具有重要的参考价值；《孝行传》对研究陈的社会伦理道德具有一定的参考价值，《儒林传》记述了沈文阿等13位儒者，对研究陈的经学的发展情况具有重要的参考价值，《文学列传》记述了杜之伟等17位文学之士及其著述，对研究这一时期的文学和史学具有重要的参考价值。

关于陈的历史记述，在姚察之外，当时尚有顾野王、傅縡的旧作，《陈书》的《高祖本纪》和《世祖本纪》即由此二人的书稿改编而成，陈宣帝时陆琼也有几篇续作，姚察对此加以删改，完成了《陈书》的部分书稿。姚思廉在《陈书》的最后定稿中贡献最大，贞观年间继续搜集材料，最终完成了《陈书》。《陈书》完成后，其他各家旧史相继失传，《陈书》被列入正史之中，成为今天我们研究陈的历史极其重要的参考资料。相比《梁书》而言，《陈书》分量较为单薄，文笔和资料的采择方面也较差，隐讳和虚美之词也充斥书中，诏令和奏章的采择的繁冗较之《梁书》有过之而无不及，但对《陈书》的价值我们也不可全盘否定，它毕竟是“二十四史”中的一部正史，它对陈的历史的记述是其他史书无法替代的。

名篇点评

梁武帝博学多才

原文：

高祖生知淳孝。年六岁，献皇太后崩，水浆不入口三日，哭泣哀苦，有过成人，内外亲党，咸加敬异。及丁文皇帝忧，时为齐随王谘议，随府在荆镇，仿佛奉闻，便投劾星驰，不复寝食，倍道就路，愤风惊浪，不暂停止。高祖形容本壮，及还至京都，销毁骨立，亲表士友，不复识焉。望宅奉讳，气绝久之，每哭辄欧血数升。服内不复尝米，惟资大麦，日止二溢。拜扫山陵，涕泪所洒，松草变色。及居帝位，即于钟山造大爱敬寺，青溪边造智度寺，又于台内立至敬等殿。又立七庙堂，月中再过，设净馔。每至展拜，恒涕泗滂沱，哀动左右。加以文思钦明，能事毕究，少而笃学，洞达儒玄。虽万机多务，犹卷不辍手，燃烛侧光，常至戊夜。造《制旨孝经义》，《周易讲疏》，及六十四卦、二《系》、《文言》、《序卦》等义，《乐社义》，《毛诗答问》，《春秋答问》，《尚书大义》，《中庸讲疏》，《孔子正言》，《老子讲疏》，凡二百余卷，并正先儒之迷，开古圣之旨。王侯朝臣皆奉表质疑，高祖皆为解释。修饰国学，增广生员，立五馆，置《五经》博士。天监初，则何佟之、贺玚、严植之、明山宾等覆述制旨，并撰吉凶军宾嘉五礼，凡一千余卷，高祖称制断疑。于是穆穆恂恂，家知礼节。大同中，于台西立士林馆，领军朱异、太府卿贺琛、合人孔子袪等递相讲述。皇太子、宣城王亦于东宫宣猷堂及扬州廨开讲，于是四方郡国，趋学向风，云集于京师矣。兼笃信正法，尤长释典，制《涅盘》、《大品》、《净名》、《三慧》诸经义记，复数百卷。听览余闲，即于重云殿及同泰寺讲说，名僧硕学，四部听众，常万余人。又造《通史》，躬制赞序，凡六百卷。天情睿

梁武帝

敏，下笔成章，千赋百诗，直疏便就，皆文质彬彬，超迈今古。诏铭赞诔，箴颂笺奏，爰初在田，洎登宝历，凡诸文集，又百二十卷。六艺备闲，棋登逸品，阴阳纬候，卜筮占决，并悉称善。又撰《金策》三十卷。草隶尺牍，骑射弓马，莫不奇妙。勤于政务，孜孜无怠。每至冬月，四更竟，即敕把烛看事，执笔触寒，手为皴裂。纠奸擿伏，洞尽物情，常哀矜涕泣，然后可奏。日止一食，膳无鲜腴，惟豆羹粝食而已。庶事繁拥，日倘移中，便漱口以过。身衣布衣，木绵皂帐，一冠三载，一被二年。常克俭于身，凡皆此类。五十外便断房室。后宫职司贵妃以下，六宫祎褕三翟之外，皆衣不曳地，傍无锦绮。不饮酒，不听音声，非宗庙祭祀、大会飨宴及诸法事，未尝作乐。性方正，虽居小殿暗室，恒理衣冠，小坐押褄，盛夏暑月，未尝褰袒。不正容止，不与人相见，虽睹内竖小臣，亦如遇大宾也。历观古昔帝王人君，恭俭庄敬，艺能博学，罕或有焉。

史臣曰：齐季告终，君临昏虐，天弃神怒，众叛亲离。高祖英武睿哲，义起樊、邓，仗旗建号，濡足救焚，总苍兕之师，翼龙豹之阵，云骧雷骇，剪暴夷凶，万邦乐推，三灵改卜。于是御凤历，握龙图，辟四门弘招贤之路，纳十乱引谅直之士。兴文学，修郊祀，治五礼，定六律，四聪既达，万机斯理，治定功成，远安迩肃。加以天祥地瑞，无绝岁时。征赋所及之乡，文轨傍通之地，南超万里，西拓五千。其中环财重宝，千夫百族，莫不充物王府，蹶角阙庭。三四十年，斯为盛矣。自魏、晋以降，未或有焉。及乎耄年，委事群倖。然朱异之徒，作威作福，挟朋树党，政以贿成，服冕乘轩，由其掌握，是以朝经混乱，赏罚无章。“小人道长”，抑此之谓也。贾谊有云“可为恸哭者矣”。遂使滔天羯寇，承间掩袭，鹫羽流王屋，金契辱乘舆，涂炭黎元，黍离宫室。呜呼！天道何其酷焉。虽历数斯穷，盖亦人事然也。

（选自《梁书·武帝本纪下》）

点评：

梁武帝萧衍是梁朝的开国皇帝，也是姚察、姚思廉父子着力记述的一位帝王。《梁书》以三卷的"本纪"详细地记述了萧衍的政治生涯，文末对其道德、学问、文章，以及品行和为政的态度等予以简略的综述，最后对其一生作了总结。萧衍在梁皇朝的建立和发展中具有举足轻重的地位，也是一位勤于政务、具有很高的政治和军事才能的皇帝。

本篇节选自《梁武帝本纪下》。首段概括地评述了梁武帝的孝行和学识，主要从以下几个方面来反映梁武帝萧衍：一是他的孝顺，这从他在父母去世之后的悲痛欲绝的举动，以及做了皇帝后为父母修建庙宇的祭奠行为反映了出来；二是他的博学，他精研儒家经典和老子学说，著述丰硕，设立"五经博士"，对梁朝文化的发展作出了有益的贡献；三是他的笃信佛教，翻译佛教经典、聚徒讲学；四是他在史学、文学和书法艺术方面的成就；最后，记述了梁武帝勤于政务的情况。末段史臣的评论分为两个方面：一是对梁武帝的文治武功的评论，高度赞扬了萧衍在萧齐政权腐败不堪之际，举起义旗的英雄之举，对他在位时期社会经济的恢复和发展，前期政治稳定、文化发展的政绩予以高度的肯定；二是对他晚年怠于政事，任用小人的谴责。选文文辞优美，具有可读性，对于我们直观地认识魏晋南北朝时期的封建政治以及学术和文化的真实面貌，具有重要的意义。文末关于"天道"和"人事"关系的正确认识，反映了唐代初年史学家已充分注意到"人事"在历史发展中的重要作用。

梁武帝萧衍是中国历史上一位值得深入研究的皇帝，他博学多才，勤于政务，对中国文化的发展作出了突出的贡献。但他所处的时代是门阀士族开始走向衰落的时期，虽然在建立自己的政权之后，萧衍重用了一些寒门庶族，力图在士族和庶族的相互制约中稳固自己的政权，他也采取了一些劝课农桑、兴修水利，发展社会经济的措施，但他对门阀士族的贪残采取了容忍、放任的态度，任非其人，花费了大量的人力、物力和财力于佛教迷信方面，因而，难以使政权强大稳固起来，羯族首领侯景趁机发难，萧衍最终落得个困死于台城的可悲结局。

昭明太子萧统

原文：

太子生而聪睿，三岁受《孝经》、《论语》，五岁遍读《五经》，悉能讽诵。五年六月庚戌，始出居东宫。太子性仁孝，自出宫，恒思恋不乐。高祖知之，每五日一朝，多便留永福省，或五日三日乃还宫。八年九月，于寿安殿讲《孝经》，尽通大义。讲毕，亲临释奠于国学。

十四年正月朔旦，高祖临轩，冠太子于太极殿。旧制，太子著远游冠，金蝉翠緌缨，至是，诏加金博山。

太子美姿貌，善举止。读书数行并下，过目皆忆。每游宴祖道，赋诗至十数韵。或命作剧韵赋之，皆属思便成，无所点易。高祖大弘佛教，亲自讲说；太子亦崇信三宝，遍览众经。乃于宫内别立慧义殿，专为法集之所。招引名僧，谈论不绝。太子自立二谛、法身义，并有新意。普通元年四月，甘露降于慧义殿，咸以为至德所感焉。

萧统

……

七年十一月，贵嫔有疾，太子还永福省，朝夕侍疾，衣不解带。及薨，步从丧还宫，至殡，水浆不入口，每哭辄恸绝。高祖遣中书舍人顾协宣旨曰：“毁不灭性，圣人之制。《礼》，不胜丧比于不孝。有我在，那得自毁如此！可即强进饮食。”太子奉敕，乃进数合。自是至葬，日进麦粥一升。高祖又敕曰：“闻汝所进过少，转就羸瘵。我比更无余病，正为汝如此，胸中亦圮塞成疾。故应强加馇粥，不使我恒尔悬心。”虽屡奉敕劝逼，日止一溢，不尝菜果之味。体素壮，腰带十围，至是减削过半。每入朝，士庶见者莫不下泣。

太子自加元服，高祖便使省万机，内外百司奏事者填塞于前。太子明于庶事，纤毫必晓，每所奏有谬误及巧妄，皆即就辩析，示其可否，徐令改正，未尝弹纠一人。平断法狱，多所全宥，天下皆称仁。

性宽和容众，喜愠不形于色。引纳才学之士，赏爱无倦。恒自讨论篇籍，或与学士商榷古今；闲则继以文章著述，率以为常。于时东宫有书几三万卷，名才并集，文学之盛，晋、宋以来未之有也。

性爱山水，于玄圃穿筑，更立亭馆，与朝士名素者游其中。尝泛舟后池，番禺侯轨盛称“此中宜奏女乐。”太子不答，咏左思《招隐诗》曰：“何必丝与竹，山水有清音。”侯惭而止。出宫二十余年，不畜声乐。少时，敕赐太乐女妓一部，略非所好。

普通中，大军北讨，京师谷贵，太子因命菲衣减膳，改常馔为小食。每霖雨积雪，遣腹心左右，周行闾巷，视贫困家，有流离道路，密加振赐。又出主衣绵帛，多作襦袴，冬月以施贫冻。若死亡无可以敛者，为备棺槥。每闻远近百姓赋役勤苦，辄敛容色。常以户口未实，重于劳扰。

吴兴郡屡以水灾失收，有上言当漕大渎以泻浙江。中大通二年春，诏遣前交州刺史王弁假节，发吴郡、吴兴、义兴三郡民丁就役。太子上疏曰：“伏闻当发王弁等上东三郡民丁，开漕沟渠，导泄震泽，使吴兴一境，无复水灾，诚矜恤之至仁，经略之远旨。暂劳永逸，必获后利。未萌难睹，窃有愚怀。所闻吴兴累年失收，民颇流移。吴郡十城，亦不全熟。唯义兴去秋有稔，复非常役之民。即日东境谷稼犹贵，劫盗屡起，在所有司，不皆闻奏。今征戍未归，强丁疏少，此虽小举，窃恐难合，吏一呼门，动为民蠹。又出丁之处，远近不一，比得齐集，已妨蚕农。去年称为丰岁，公私未能足食；如复今兹失业，虑恐为弊更深。且草窃多伺候民间虚实，若善人从役，则抄盗弥增，吴兴未受其益，内地已罹其弊。不审可得权停此功，待优实以不？圣心垂矜黎庶，神量久已有在。臣意见庸浅，不识事宜，苟有愚心，愿得上启。”高祖优诏以喻焉。

太子孝谨天至，每入朝，未五鼓便守城门开。东宫虽燕居内殿，一坐一起，恒向西南面台。宿被召当入，危坐达旦。

三年三月，寝疾。恐贻高祖忧，敕参问，辄自力手书启。及稍笃，左右欲启闻，犹不许，曰“云何令至尊知我如此恶”，因便呜咽。四月乙巳薨，时年三十一。高祖幸东宫，临哭尽哀。诏敛以衮冕。谥曰昭明。五月庚寅，葬安宁陵。……

太子仁德素著，及薨，朝野惋愕。京师男女，奔走宫门，号泣满路。四方氓庶，及疆徼之民，闻丧皆恸哭。所著文集二十卷，又撰古今典诰文言，为《正序》十卷；五言诗之善者，为《文章英华》二十卷；《文选》三十卷。

（选自《梁书·萧统列传》）

点评：

《梁书·萧统列传》，详细地记述了昭明太子萧统为人的孝顺、博学以及参与行政事务的具体的情况。昭明太子萧统是一位有名的人物，他的出名在于为后人留下了一部著名的《昭明文选》。从这篇传记中，我们既可以知道历史上的昭明太子到底是怎样的一位太子，又能对南朝梁的文化的发展有一个正确的认识。

节选部分，主要包括以下内容：第一至第三段，记述了昭明太子幼年的聪颖博学以及孝顺母亲的具体表现。关于昭明太子的聪颖，本传说他读书数行并下，只要看一眼便能背下来。昭明太子的才思敏捷，表现在参加宴会时，赋诗至十数韵，即刻而就，无须什么修改和雕琢。关于太子的孝顺，作者以昭明太子对贵嫔的病和死的反应来表现，母亲病了以后，他朝夕在母亲旁边伺候，衣不解带。母亲下葬时，太子悲痛欲绝，吃不下饭，甚至连一口水都不愿意喝。自己得了重病后，怕父亲为他担忧，挣扎着亲自书写报平安的问候信。通过这些典型的事例，一个聪慧孝顺的太子跃然纸上。第四段写昭明太子天性喜爱山水、不蓄女乐的简朴生活。第五、六段详细地记述了昭明太子生活俭朴、体恤民情的情况，特别是他的上书言政，劝谏梁武帝不要征发吴郡、义兴等三郡民丁开漕修渠，滥用民力。昭明太子的上疏，是我们了解梁的社会经济状况的极有价值的珍贵史料。选文最后记述了昭明太子勤于政务，以及英年早逝的情况，最后写昭明太子的死在社会上引起的巨大反响，以及他留给后人珍贵的文化遗产。

文末所载的祭文，因篇幅所限，加以删节，有兴趣的读者，可找原文仔细阅读。

侯景之乱

原文：

景既据寿春，遂怀反叛，属城居民，悉召募为军士，辄停责市估及田租，百姓子女悉以配将卒。又启求锦万匹，为军人袍，领军朱异议，以御府锦署止充颁赏远近，不容以供边城戎服，请送青布以给之。景得布，悉用为袍衫，因尚青色。又以台所给仗，多不能精，启请东冶锻工，欲更营造，敕并给之。景自涡阳败后，多所征求，朝廷含弘，未尝拒绝。

先是，豫州刺史贞阳侯渊明督众军围彭城，兵败没于魏，至是，遣使还述魏人请追前好。二年二月，高祖又与魏连和。景闻之惧，驰启固谏，高祖不从。尔后表疏跋扈，言辞不逊。鄱阳王范镇合肥，及司州刺史羊鸦仁俱累启称景有异志，领军朱异曰："侯景数百叛虏，何能为役。"并抑不奏闻，而逾加赏赐，所以奸谋益果。又知临贺王正德怨望朝廷，密令要结，正德许为内启。八月，景遂发兵反，攻马头、木栅，执太守刘神茂、戍主曹璆等。于是诏合州刺史鄱阳王范为南道都督，北徐州刺史封山侯正表为北道都督，司州刺史柳仲礼为西道都督，通直散骑常侍裴之高为东道都督，同讨景，济自历阳；又令开府仪同三司、丹阳尹、邵陵王纶持节，董督众军。

十月，景留其中军王显贵守寿春城，出军伪向合肥，遂袭谯州，助防董绍先开城降之。执刺史丰城侯泰。高祖闻之，遣太子家令王质率兵三千巡江遏防。景进攻历阳，历阳太守庄铁遣弟均率数百人夜斫景营，不克，均战没，铁又降之。萧正德先遣大船数十艘，伪称载荻，实装济景。景至京口，将渡，虑王质为梗。俄而质无故退，景闻之尚未信也，乃密遣觇之。谓使者曰："质若审退，可折江东树枝为验。"觇人如言而返，景大喜曰："吾事办矣。"乃自采石济，马数百匹，兵千人，京师不之觉。景即分袭姑孰，执淮南太守文成侯宁，遂至慈湖。于是诏以扬州刺史宣城王大器为都督城内诸军事，都官尚书羊侃为军师将军以副焉了；南浦侯推守东府城，西丰公大春守石头城，轻车长史谢禧守白下。

既而景至朱雀航，萧正德先屯丹阳郡，至是，率所部与景合。建康令庾信率兵千余人屯航北，见景至航，命撤航，始除一舶，遂弃军走南塘，游军复闭航渡景。皇太子以所乘马授王质，配精兵三千，使援庾信。质至领军府，与贼遇，未阵便奔走，景乘胜至阙下。西丰公大春弃石头城走，景遣其仪同于子悦据之。谢禧亦弃白下城走。景于是百道攻城，持火炬烧大司马、东西华诸门。城中仓卒，未有其备，乃凿门楼，下水沃火，久之方灭。贼又斫东掖门将开，羊侃凿门扇，刺杀数人，贼乃退。又登东宫墙，射城内，至夜，太宗募人出烧东宫，东宫台殿遂尽。景又烧城西马厩、士林馆、太府寺。明日，景又作木驴数百攻城，城上飞石掷之，所值皆碎破。景苦攻不克，伤损甚多，乃止攻，筑长围以绝内外，启求诛中领军朱异、太子右卫率陆验、兼少府卿徐黄、制局监周石珍等。城内亦射赏格出外："有能斩景首，授以景位，并钱一亿万，布绢各万匹，女乐二部。"

十一月，景立萧正德为帝，即伪位于仪贤堂，改年曰正平。初，童谣有"正平"之言，故立号以应之。景自为相国、天柱将军，正德以女妻之。

景又攻东府城，设百尺楼车，钩城堞尽落，城遂陷。景使其仪同卢晖略率数千人，持长刀夹城门，悉驱城内文武裸身而出，贼交兵杀之，死者二千余人。南浦侯推是日遇害。景使正德子见理、仪同卢晖略守东府城。

景又于城东西各起一土山以临城内，城内亦作两山以应之，王公以下皆负土。初，景至，便望克定京师，号令甚明，不犯百姓。既攻城不下，人心离阻，又恐援军总集，众必溃散，乃纵兵杀掠，交尸塞路，富室豪家，恣意裒剥，子女妻妾，悉入军营。及筑土山，不限贵贱，昼夜不息，乱加殴棰，疲羸者因杀之以填山，号哭之声，响动天地。百姓不敢藏隐，并出从之，旬日之间，众至数万。

史臣曰：大道不恒夷，运无常泰，斯则穷通有数，盛衰相袭，时屯阳九，盖在兹焉。若乃侯景小竖，叛换本国，识不周身，勇非出类，而王伟为其谋主，成此奸慝。驱率丑徒，陵江直济，长戟强弩，沦覆宫阙，祸缠宸极，毒遍黎元，肆其恣睢之心，成其篡盗之祸。呜呼！国之将亡，必降妖孽。虽曰人事，抑乃天时。昔夷羿乱夏，犬戎厄周，汉则莽、卓流灾，晋则敦、玄构祸，方之羯贼，有逾其酷，悲夫！

（选自《梁书·侯景列传》）

点评：

本篇节选自《梁书》卷五十六《侯景列传》，从中可见侯景如何背叛西魏政权归附梁武帝，最后又很快攻入梁的首都，搞垮了萧梁的政权。侯景是北魏怀朔镇鲜卑化的羯族人，曾为六镇士兵，后为东魏将领，高欢执政时，侯景统兵10万，据有黄河以南13州之地，高澄执政时，侯景因与其不和，投靠西魏，不久又投奔梁朝，梁武帝让其驻军寿阳（今安徽寿县）。公元548年，侯景起兵反梁，在梁贺临王萧正德配合下，侯景顺利渡过长江天险，攻入建康，次年攻破台城，梁武帝萧衍被软禁，最后活活被饿死。史称这一历史事件为“侯景之乱”。

选文包括三个部分：一是侯景背叛东魏、西魏，转归萧梁的门下；二是侯景厉兵秣马，在萧正德的配合下，攻入建康，梁文武百官惨遭屠戮的情况；三是史官的评价。第一段记述了侯景占据寿春之后，厉兵秣马，准备背叛萧梁的准备情况。第二段记述了侯景在梁武帝的袒护之下，最终勾结萧正德发动了叛乱，梁武帝仓皇之间布置应战的情况。第三段描写了侯景在萧正德配合下，顺利突破长江天险，神速逼近建康的具体情况。第四段记述了在侯景攻入建康之后，梁军将领或逃或降的败亡局面，以及侯景的烧杀抢掠的情况。第五段记述侯景立萧正德为帝，控制了军政大权。第六、七两段是侯景进攻梁的最后防线东府城以及给广大普通民众带来的深重灾难。最后节选了史官对侯景之乱的评价。史臣的评价分三个层次：一是对世事的兴衰变化的认识；二是对侯景及其叛乱的评说；三是对历代祸乱总的评论。遗憾的是《梁书》的作者将这种人为的祸乱发生的主要原因归之于“天时”，这体现了《梁书》作者史识的历史局限性。

侯景是分裂时代首鼠两端的典型人物。“侯景之乱”是南北朝时期的重大历史事件，虽然最终被平定，但其影响非常深远，刚刚兴起的萧梁政权由此而急剧衰落，江南日益恢复的社会经济遭到了毁灭性的打击，具有杰出军事才能和政治才干的萧衍，最后惨死于侯景之乱，这一历史教训值得历代政治家认真汲取。

何之元著《梁典》

原文：

何之元，庐江灊人也。祖僧达，齐南台治书侍御史。父法胜，以行业闻。

之元幼好学，有才思，居丧过礼，为梁司空袁昂所重。天监末，昂表荐之，因得召见。解褐梁太尉临川王扬州议曹从事史，寻转主簿。及昂为丹阳尹，辟为丹阳五宫掾，总户曹事。寻除信义令。之元宗人敬容者，势位隆重，频相顾访，之元终不造焉。或问其故，之元曰："昔楚人得宠于观起，有马者皆亡。夫德薄任隆，必近覆败，吾恐不获其利而招其祸。"识者以是称之。

会安西武陵王为益州刺史，以之元为安西刑狱参军。侯景之乱，武陵王以太尉承制，授南梁州刺史、北巴西太守。武陵王自成都举兵东下，之元与蜀中民庶抗表请无行，王以为沮众，囚之元于舰中。及武陵兵败，之元从邵陵太守刘恭之郡。俄而江陵陷，刘恭卒，王琳召为记室参军。梁敬帝册琳为司空，之元除司空府谘议参军，领记室。

何之元

王琳之立萧庄也，署为中书侍

郎。会齐文宣帝薨，令之元赴吊，还至寿春，而王琳败，齐主以为扬州别驾，所治即寿春也。及众军北伐，得淮南地，湘州刺史始兴王叔陵遣功曹史柳咸赍书召之元。之元始与朝庭有隙，及书至，大惶恐，读书至“孔璋无罪，左车见用”，之元仰而叹曰：“辞约若此，岂欺我哉?”遂随咸至湘州。太建八年，除中卫府功曹参军事，寻迁谘议参军。

及叔陵诛，之元乃屏绝人事，锐精著述。以为梁氏肇自武皇，终于敬帝，其兴亡之运，盛衰之迹，足以垂鉴戒，定褒贬。究其始终，起齐永元元年，迄于王琳遇获，七十五年行事，草创为三十卷，号曰《梁典》。其序曰：

记事之史，其流不一，编年之作，无若《春秋》，则鲁史之书，非帝皇之籍也。案三皇之简为《三坟》，五帝之策为《五典》，此典义所由生也。至乃《尚书》述唐帝为《尧典》，虞帝为《舜典》，斯又经文明据。是以典之为义久矣哉。若夫《马史》、《班汉》，述帝称纪，自兹厥后，因相祖习。及陈寿所撰，名之曰志，总其三国，分路扬镳。唯何法盛《晋书》变帝纪为帝典，既云师古，在理为优。故今之所作，称为《梁典》。

梁有天下，自中大同以前，区宇宁晏，太清以后，寇盗交侵，首尾而言，未为尽美，故开此一书，分为六意。以高祖创基，因乎齐末，寻宗讨本，起自永元，今以前如干卷为《追述》。高祖生自布衣，长于弊俗，知风教之臧否，识民黎之情伪。爰逮君临，弘斯政术，四纪之内，寔云殷阜。今以如干卷为《太平》。世不常夷，时无恒治，非自我后，仍属横流，今以如干卷为《叙乱》。洎高祖晏驾之年，太宗幽辱之岁，讴歌狱讼，向西陕不向东都，不庭之民，流逸之士，征伐礼乐，归世祖不归太宗。拨乱反正，厥庸斯在，治定功成，其勋有属。今以如干卷为《世祖》。至于四海困穷，五德升替，则敬皇绍立，仍以禅陈，今以如干卷为《敬帝》。骠骑王琳，崇立后嗣，虽不达天命，然是其忠节，今以如干卷为《后嗣主》。至在太宗，虽加美谥，而大宝之号，世所不遵，盖以拘于贼景故也。承圣纪历，自接太清，神笔诏书，非宜辄改，详之后论，盖有理焉。

夫事有始终，人有业行，本末之间，颇宜诠叙。案臧荣绪称史无裁断，犹起居注耳，由此而言，寔资详悉。

又编年而举其岁次者，盖取分明而易寻也。若夫猃狁孔炽，鲠我中原，始自一君，终为二主，事有相涉，言成混漫。今以未分之前为北魏，既分之后高氏所辅为东魏，宇文所挟为西魏，所以相分别也。重以盖彰殊体，繁省异文，其间损益，颇有凡例。

祯明三年，京城陷，乃移居常州之晋陵县。隋开皇十三年，卒于家。

（选自《陈书·何之元列传》）

点评：

本篇选自《陈书》卷三十四，是类传“文学”中的《何之元列传》。何之元是一位生长在短命的梁王朝统治的时代的知识分子，他步入政治生涯，适值侯景之乱，梁朝动荡不安，梁宗室诸王争权夺利，纷争不已，梁政权被陈霸先取代后，作为一位久仕于梁的封建官吏，何之元也力图匡复梁室的统治，并参与了王琳、王叔陵的起兵，但皆以失败而告终。何之元仕途的坎坷，是当时历史时代的产物，这些没有太重要的探究价值，但值得一提的是在梁亡不久，作为一位梁朝灭亡的历史见证人，何之元以强烈的历史责任感，以个人之力，用了三十余年的时间，摒绝人事，专心致志地撰著了一部反映梁期兴亡的历史著作《梁典》，这使得他在中国史学发展史上占有一席之地。

选文包括两个部分：一是何之元的个人经历，二是他所著《梁典》的序言。第一至三段，记述了何之元的先世以及他本人的为官经历。在梁司空袁昂的推荐下，何之元在梁武帝天监末年开始登上政治舞台，先后在扬州、丹阳、信义做地方的小官小吏，但他不愿攀附权贵，显示了独立的个性。第二段记述了何之元在巴蜀任武陵王安西刑狱参军、南梁州刺史、北巴西太守，劝阻武陵王起兵，最后任梁敬帝中央政府司空府谘议参军。557年，陈霸先废梁敬帝自立为帝，改国号为陈，两年后，武帝陈霸先死去，其侄子陈蒨继位，萧梁湘州刺史王琳趁机联合北齐发兵攻打陈，被陈文帝在芜湖击败。曾在王琳手下任职的何之元，这时也在政治上处于动荡不安的境地，王琳失败后，何之元又来到湘州刺史王叔陵的帐下。王叔陵起事失败后，何之元感叹人世的艰难和梁朝亡国的血的教训，于是离开了官场，摒绝人事，专心于梁朝兴亡历史《梁典》的撰著工作。选文后半部分，收录了何之元的《梁典》的序言。由于何之元的30卷《梁典》今已失传，因此，该序言显得弥足珍贵，值得读者认真阅读。何之元所撰《梁典》的《序言》包括以下各方面的内容：首先说明了“典”的起源，以及自己所著称其为《梁典》的原因，从何之元简略的叙述可以看出，他所谓的“典”是以编年体的形式记载一代帝王的事迹，略同于《春秋》的记事手法，相当于司马迁的《史记》以及班固的《汉书》中的“本纪”。何之元直接沿袭了父亲何法盛在《晋书》中称“帝纪”为“典”的说法，因自己所记为梁朝诸皇帝的事迹，因此称为《梁典》，其次，何之元概括地论述了30卷《梁典》的6个组成部分，即《追述》、《太平》、《叙乱》、《世祖》、《敬帝》、《后嗣主》。在梁王朝刚刚覆亡不久，即系统地记述梁各个皇帝的事迹，具有重大的意义，既保存了一些珍贵的历史资料，又有助于后人从中得到历史的经验和教训。再次，短短的序言中也体现出了作者卓越的历史见识。如重视史识以及历史借鉴的史学思想，将北方的王朝的更替划分为北魏、北齐、北周，这些都是在前人认识基础上的创新。何之元的《梁典》以及他的这些珍贵的思想，有赖于《陈书》得以保存，使得我们对这位史学家的贡献有所了解，这些正是我们编选此文的基本想法。

陈后主亡国

原文：

隋遣晋王广众军来伐，自巴、蜀、沔、汉下流至广陵，数十道俱入，缘江镇戍，相继奏闻。时新除湘州刺史施文庆、中书舍人沈客卿掌机密用事，并抑而不言，故无备御。

三年春正月乙丑朔，雾气四塞。是日，隋总管贺若弼自北道广陵济京口，总管韩擒虎趋横江，济采石，自南道将会弼军。丙寅，采石戍主徐子建驰启告变。丁卯，召公卿入议军旅。戊辰，内外戒严，以骠骑将军萧摩诃、护军将军樊毅、中领军鲁广达并为都督，遣南豫州刺史樊猛帅舟师出白下，散骑常侍皋文奏将兵镇南豫州。庚午，贺若弼攻陷南徐州。辛未，韩擒虎又陷南豫州，文奏败还。至是隋军南北道并进。后主遣骠骑大将军、司徒豫章王叔英屯朝堂，萧摩诃屯乐游苑，樊毅屯耆阇寺，鲁广达屯白土冈，忠武将军孔范屯宝田寺。己卯，镇东大将军任忠自吴兴入赴，仍屯朱雀门。辛巳，贺若弼进据钟山，顿白土冈之东南。甲申，后主遣众军与弼合战，众军败绩。弼乘胜至乐游苑，鲁广达犹督散兵力战，不能拒。弼

陈叔宝

进攻宫城，烧北掖门。是时韩擒虎率众自新林至于石子冈，任忠出降于擒虎，仍引擒虎经朱雀航趣宫城，自南掖门而入。于是城内文武百司皆遁出，唯尚书仆射袁宪在殿内。尚书令江总、吏部尚书姚察、度支尚书袁权、前度支尚书王瑗、侍中王宽居省中。后主闻兵至，从宫人十余出后堂景阳殿，将自投于井。袁宪侍侧，苦谏不从，后阁舍人夏侯公韵又以身蔽井，后主与争久之，方得入焉。及夜，为隋军所执。丙戌，晋王广入据京城。

三月己巳，后主与王公百司发自建业，入于长安。隋仁寿四年十一月壬子，薨于洛阳，时年五十二。追赠大将军，封长城县公，谥曰炀，葬河南洛阳之芒山。

史臣侍中郑国公魏徵曰：

高祖拔起垅亩，有雄桀之姿。始佐下藩，奋英奇之略，弭节南海，职思静乱。援旗北迈，义在勤王，扫侯景于既成，拯梁室于已坠。天网绝而复续，国步屯而更康，百神有主，不失旧物。魏王之延汉鼎祚，宋武之反晋乘舆，懋绩鸿勋，无以尚也。于时内难未弭，外邻劲敌，王琳作梗于上流，周、齐摇荡于江、汉，畏首畏尾，若存若亡，此之不图，速移天历，虽皇灵有眷，何其速也？然志度弘远，怀抱豁如，或取士于仇雠，或擢才于亡命，掩其受金之过，宥其吠尧之罪，委以心腹爪牙，咸能得其死力，故乃决机百胜，成此三分，方诸鼎峙之雄，足以无惭权、备矣。

世祖天姿睿哲，清明在躬，早预经纶，知民疾苦，思择令典，庶几至治。德刑并用，戡济艰虞，群凶授首，强邻震慑。虽忠厚之化未能及远，恭俭之风足以垂训，若不尚明察，则守文之良主也。

临川年长于成王，过微于太甲，宣帝有周公之亲，无伊尹之志，明辟不复，桐宫遂往，欲加之罪，其无辞乎！

高宗爰自在田，雅量宏廓，登庸御极，民归其厚，惠以使下，宽以容众。智勇争奋，师出有名，扬旆分麾，风行电扫，辟土千里，奄有淮、泗，战胜攻取之势，近古未之有也。既而君侈民劳，将骄卒堕，帑藏空竭，折衄师徒，于是秦人方强，遂窥兵于江上矣。李克以为吴之先亡，由乎数战数胜，数战则民疲，数胜则主骄，以骄主御疲民，未有不亡者也。信哉言乎！高宗始以宽大得人，终以骄侈致败，文、武之业，坠于兹矣。

后主生深宫之中，长妇人之手，既属邦国殄瘁，不知稼穑艰难。初惧阽危，屡有哀矜之诏，后稍安集，复扇淫侈之风。宾礼诸公，唯寄情于文酒，昵近群小，皆委之以衡轴。谋谟所及，遂无骨鲠之臣，权要所在，莫匪侵渔之吏。政刑日紊，尸素盈朝，耽荒为长夜之饮，嬖宠同艳妻之孽。危亡弗恤，上下相蒙，众叛亲离，临机不寤，自投于井，冀以苟生，视其以此求全，抑亦民斯下矣。

遐观列辟，纂武嗣兴，其始也皆欲齐明日月，合德天地，高视五帝，俯协三王，然而靡不有初，克终盖寡，其故何哉？并以中庸之才，怀可移之性，口存于仁义，心怵于嗜欲。仁义利物而道远，嗜欲遂性而便身。便身不可久违，道远难以固志。佞谄之伦，承颜候色，因其所好，以悦导之，若下坂以走丸，譬顺流而决壅。非夫感灵辰象，降生明德，孰能遗其所乐，而以百姓为心哉？此所以成、康、文、景千载而罕遇，癸、辛、幽、厉靡代而不有，毒被宗社，身婴戮辱，为天下笑，可不痛乎！古人有言，亡国之主，多有才艺，考之梁、陈及隋，信非虚论。然则不崇教义之本，偏尚淫丽之文，徒长浇伪之风，无救乱亡之祸矣。

（选自《陈书·后主本纪》）

点评：

本篇节选自《陈书·后主本纪》。陈后主是中国历史上有名的亡国之君，陈霸先起于军旅，荡平侯景，建立陈家王朝，好不威武，然而至陈后主，仅存三十余年而亡，岂不痛哉！对此，贞观名臣魏徵感慨良多，亲自撰写长篇史论，予以总结。

选文基本上包括两个大的部分：第一部分记述了晋王杨广统率大军，韩擒虎、贺若弼直捣建康，陈后主狼狈被俘最后身死的情况；第二部分是魏徵的评论。选文首段寥寥数语即表现出恢宏壮阔的战阵场面：隋晋王杨广统率五十余万大军，分兵数十路，自巴、蜀、沔、汉至于广陵，一齐压向陈的国境，但陈对隋这一重大的军事行动却置若罔闻。第二段记述隋前锋部队迅速合围陈的首都建康，陈后主仓促组织抵抗，建康迅即陷落，后主万般无奈、井中逃命的狼狈情景，一代风流君主竟然最后做了别国的一个长城县公，带着别国君臣追赠的大将军的称号，客死他乡。陈后主的亡国，与隋炀帝的败亡何等相似，这极大地震惊了亲眼目睹隋朝灭亡的贞观君臣，于是，唐太宗的重臣魏徵读了这篇本纪的草稿之后，夜不能寐，亲自提笔加写了长篇的史论。魏徵的史论包括以下几个方面的内容：一是对高祖陈霸先赫赫功绩的述评，对陈霸先剿灭侯景之乱，危难之中建立自己的政权，以及不拘一格提拔任用人才的壮举等，魏徵都予以高度赞颂。二是对陈文帝和宣帝的评价。陈霸先的侄子文帝陈蒨在位时（559—566年），削平了梁朝宗室的反叛，采取了一些缓和社会矛盾和恢复经济的措施，减免赋役，革除梁朝以来的奢靡之风。中间经过废帝临海王的短暂过渡（566—568 年），高宗宣帝陈顼即位。陈宣帝在位时期（569—582 年），陈虽然局促于江陵以下的江右之地，但仍与北方的强国北齐和北周以及后梁保持了鼎立之势，这与他继续采取恢复和发展社会经济，以及对外与北齐和北周的战争有很大的关系。魏徵对陈的这几位统治者的评论，虽然着墨不多，但却较为准确地概括了他们的政绩和执政的特点，如对陈宣帝，在充分肯定了他前期的政绩的同时，对他后期好大喜功、劳师伤民的政治行为提出了批评，认为宣帝前期以宽和得人，最后终以骄奢致败。陈后主是魏徵着力评价的历史人物，魏徵对这位不知稼穑之艰难，唯知过着奢靡生活的亡国之君给予了有力的鞭挞，说他将朝政大权委托奸佞小人，行政紊乱，朝中尸素充斥，最后破家亡国而为天下耻笑。魏徵史论的第五个方面，是结合陈后主亡国的血的历史教训，对历史治乱兴替的总体评论。魏徵结合《尚书》的“靡不有初，鲜克有终”的名言，感慨梁、陈、隋的开国之君，抱着与日月争明、与五帝比德的远大抱负，创立了王朝，而其亡国之主却口存仁义、心怀嗜欲，最终导致家破国亡的历史悲剧。

这篇选文，对隋王朝的灭陈统一江南的记述，恢宏壮阔，极富戏剧色彩。魏徵的史评，视野开阔，文辞优美，从高祖陈霸先一直论到陈后主，四朝君主，历历在目。特别是对开国之君和亡国之主的评论，极其精彩。

魏徵所谓的“不崇教义之本，偏尚淫丽之文，徒长浇伪之风，无救乱亡之祸矣”这句名言，既是对梁、陈、隋的亡国教训的总结，也是对历代治乱兴替的深刻认识。

魏徵评梁朝诸帝

原文：

史臣侍中、郑国公魏徵曰：“高祖固天攸纵，聪明稽古，道亚生知，学为博物，允文允武，多艺多才。爰自诸生，有不羁之度，属昏凶肆虐，天伦及祸，收合义旅，将雪家冤。曰纣可伐，不期而会，龙跃樊、汉，电击湘、郢，剪离德如振槁，取独夫如拾遗。其雄才大略，固无得而称矣。既悬白旗之首，方应皇天之眷，布德施惠，悦近来远，开荡荡之王道，革靡靡之商俗，大修文教，盛饰礼容，鼓扇玄风，阐扬儒业，介胄仁义，折冲樽俎，声振寰宇，泽流遐裔，干戈载戢，凡数十年。济济焉，洋洋焉，魏、晋已来，未有若斯之盛。然不能息末敦本，斫雕为朴，慕名好事，崇尚浮华，抑扬孔、墨，流连释、老。或经夜不寝，或终日不食，非弘道以利物，惟饰智以惊愚。且心未遗荣，虚厕苍头之伍，高谈脱屣，终恋黄屋之尊。夫人之大欲，在乎饮食男女，至于轩冕殿堂，非有切身之急。高祖屏除嗜欲，眷恋轩冕，得其所难而滞于所易，可谓神有所不达，智有所不通矣。逮夫精华稍竭，凤德已衰，惑于听受，权在奸佞，储后百辟，莫得尽言。险躁之心，暮年愈甚。见利而动，愎谏违卜，开门揖盗，弃好即仇，衅起萧墙，祸成戎羯，身殒非命，灾被亿兆，衣冠敝锋镝之下，老幼粉戎马之足。瞻彼《黍离》，痛深周庙；永言《麦秀》，悲甚殷墟。自古以安为危，既成而败，颠覆之速，书契所未闻也。《易》曰：'天之所助者信，人之所助者顺。'高祖之遇斯屯剥，不得其死，盖动而之险，不由信顺，失天人之所助，其能免于此乎！

"太宗聪睿过人，神彩秀发，多闻博达，富赡词藻。然文艳用寡，华而不实，体穷淫丽，义罕疏通，哀思之音，遂移风俗，以此而贞万国，异乎周诵、汉庄矣。我生不辰，载离多难，桀逆构扇，巨猾滔天，始自牖里之拘，终类望夷之祸。悠悠苍天，其可问哉！

"昔国步初屯，兵缠魏阙，群后释位，投袂勤王。元帝以盘石之宗，受分陕之任，属君亲之难，居连率之长，不能抚剑尝胆，枕戈泣血，躬先士卒，致命前驱；遂乃拥众逡巡，内怀觖望，坐观时变，以为身幸。不急莽、卓之诛，先行昆弟之戮。又沉猜忌酷，多行无礼。骋智辩以饰非，肆忿戾以害物。爪牙重将，心膂谋臣，或顾眄以就拘囚，或一言而及菹醢。朝之君子，相顾懔然。自谓安若泰山，举无遗策，怵于邪说，即安荆楚。虽元恶克剪，社稷未宁，而西邻责言，祸败旋及。上天降鉴，此焉假手，天道人事，其可诬乎！其笃志艺文，采浮淫而弃忠信，戎昭果毅，先骨肉而后寇仇。虽口诵《六经》，心通百氏，有仲尼之学，有公旦之才，适足以益其骄矜，增其祸患，何补金陵之覆没，何救江陵之灭亡哉！

"敬帝遭家不造，绍兹屯运，征伐有所自出，政刑不由于己，时无伊、霍之辅，焉得不为高让欤？"

（选自《梁书·敬帝本纪》）

点评：

本篇选自《梁书·敬帝本纪》，是唐太宗的著名辅政大臣魏徵亲自为梁朝几位皇帝撰写的评论。魏徵在"唐八史"的修撰过程中发挥了极其重要的作用，他不仅主持编修了《隋书》，而且对其他几部正史的修成发挥了极其重要的作用。

节选的史论，第一段是对梁武帝一生功过的评价，这也是这篇选文重心之所在。评论既有对梁武帝萧衍早年文治武功的赞誉，也有对他晚年沉湎于佛教而致使强盛的国势急剧衰落的批评。魏徵对萧衍的赞誉，一是说他天生的睿智及其才干和丰富的学识，二是他举起义旗取代了腐败的萧齐政权，三是他在位时社会经济的发展和文化的繁盛。最后称赞说，梁武帝统治前期达到的繁盛局面，是魏、晋以来所仅见的；但在后期，萧衍却不能息末敦本，致力于社会经济的发展和国家的稳定，反而崇尚浮华，大兴土木，流连佛教，对孔子和儒家的政治教诲置若罔闻，或经夜不寝，或终日不食，高谈阔论，将其政务委托于权佞小人，拒谏饰非，最终导致了侯景的叛乱，造成了自己身死、国破家亡的惨剧。

第二、三、四段是对太宗简文帝萧纲、元帝萧绎和敬帝的评价，以及梁朝后期政局的概括。梁武帝萧衍在位近50年(502—549年)，萧衍死后，梁政权只存在了8个年头，其中549—551年是侯景控制的傀儡皇帝萧纲在位时期。552年，侯景败亡之后，萧衍子萧绎称帝，554年，萧绎被其侄子杀死，大将陈霸先拥立萧绎子萧方智为帝，萧梁政权处于朝不保夕的境地。557年，陈霸先最终废萧方智，建立了自己的王朝。魏徵对处于动乱纷争局面下的梁的这三个皇帝也作了评价。简文帝受制于侯景、敬帝受制于陈霸先，自己不能左右和料理朝政，元帝忙于与其他兄弟争权夺利，这样的朝廷焉能不亡？魏徵的评论读后震人心魄。

梁朝虽是中国历史上一个短暂的皇朝，但它的4位皇帝败亡的深刻历史教训，却极具典型意义，作为著名的政治家的魏徵，以其大手笔对其加以概括和总结，揭示了历史治乱兴亡的深刻道理。魏徵的学识和历史见识，在他对梁朝几位皇帝特别是梁武帝的评价中，可见一斑。

千古名言

以言取士，士饰其行；以行取人，人竭其行。

——出《梁书·武帝本纪》。可翻译为：如果以言取士，士人就会掩饰其个人的言行举止；如果以品行来选拔人才，人们就会竭尽全力注意自己的行为举止。这段话对人才的选拔以及选取人才的标准对社会的影响，提出了鲜明的看法，发人深思。从中可见中国古人对官员的选拔标准的重视，对士人道德行为的强调，直到今天，仍有其意义和价值，值得各级人事部门和领导干部引以为戒。

事当其义，则节士不爱其躯。

——语出《梁书·侯景列传》。原意为：如果事情合乎情理，殉节之士会为这种“义”而献身。这句话体现了古人对“义”的行为道德规范的重视。在这种道德规范下中国历史上出现了无数的忠臣和仁人志士，尽管他们的行为有其时代和阶级的局限性，但为崇高的理想和信念而奋斗的精神，直到今天仍值得发扬和光大。

股肱体合，则四海和平；上下猜贰，则封疆幅裂。

——语出《梁书·侯景列传》。说的是君臣及大臣们团结一致的重要性。可译为：股肱大臣若能齐心协力、团结一致，国家四海之内就会出现和平的气象；君臣之间如果上下相互猜疑，那么，国家疆土就会分崩离析。中国古代君臣齐心协力致天下于太平的历史事件多不胜书，君臣之间相互猜疑导致国破家亡的情况也非常普遍。廉颇、蔺相如之间由不和到齐心协力，使赵国在强大的秦国的压迫之下，尚能生存的史实，充分证明了“将相和”的重要性，而隋炀帝猜忌大臣则导致亡国，这使唐初的史臣充分认识到君臣上下团结一致的重要性。这一历史经验教训很值得后人永远记取。

不充诎于富贵，不遑遑于所欲。

——语出《梁书·文学列传》。意思是：不为富贵而丧失理智和原则，不为各种欲望而惶惶不可终日。中国古人很早就意识到富贵和欲望给人们带来的危害，告诫人们应以正确的方式来追求富贵，来满足自己的欲望。在当今道德转型的时期，我们每一个人都应认真体会古人这一名言。

人遗子孙以才，我遗子孙以清白。

——语出《梁书·周舍徐敏列传》。这句话的意思是：别人给后代留下的是财富，我给子孙留下的却是清白。财富固然可以给后人以优厚的生活条件，但若碰上不肖的子孙，这些财富很快就会挥霍殆尽。如果能将优良的品德留传给后人，那么，在优良品德培育下的后代，就会发奋努力。

清白是人的一生最重要的品德，给后代以清白，会使后人在精神上受用无穷。中国古人已意识到这一点。但从古到今，仍有许许多多的人贪求个人的高官厚禄，不择手段，最后留下的是千古骂名，这难道不值得今人深长思之吗？

慈父不爱无益之子，明君不蓄无益之臣。

——语出《梁书·朱异贺琛列传》。可译为：慈祥的父亲不喜欢无益的孩子，贤明的君主不收养对国家没有好处的大臣。这句话说明的是慈父如何对待孩子以及明君如何任用大臣的问题，体现了古人注意教育孩子，明君应当注意官员的任用和选拔的重要性。

溪壑可盈，志欲无满。

——语出《梁书·良吏列传》。大意是：溪流和沟壑可以盈满，人的欲望却没有满足的时候。它提醒人们，应该适当地限制自己的欲望。欲望既驱使人们成就大的事业，也可使人们产生贪劣的行为。人们正当的欲望应该予以满足，但不可贪欲无限，否则，对自己和国家或民族都会造成灾难。

居后而望前，则为前；居前而望后，则为后。

——语出《陈书·萧济列传》。可译为：处于落后的位置而看着前面的人，那么他自己就会赶在前面，处于前面的位置而看着后面的人，那么他必将落后。这句话告诉人们，应当不断地学习先进，而不可停滞不前，只有这样，一个人才能不断地进步，取得更大的成就。

朽株将拔，非待寻斧；落叶就殒，不劳烈风。

——语出《陈书·萧济列传》。大意是：拔掉腐朽的树，无须用斧子；

落叶处于将要坠落的时候，不需要大风来刮落它。它告诫人们，对一切事情，都要时刻注意它的负面影响，防微杜渐，否则，事物的发展必将走向反面。

取草绝根，在于未蔓；扑火止燎，贵乎速灭。

——语出《陈书·萧济列传》。可译为：革除杂草，关键在于它还未生枝蔓之际；扑灭大火，防止火势蔓延，最关键的在于神速。它提醒人们：办任何事情都要当机立断，这样才能争取主动。

《魏书》

史家生平

《魏书》是“二十四史”中第一部以少数民族上层集团为统治者的封建王朝史。鲜卑族是我国古代东北大兴安岭东麓一个古老的民族。公元1世纪末，随着匈奴帝国的解体，鲜卑族逐渐向西迁徙，成为大漠一个强大的民族集团，公元3世纪初，鲜卑拓跋部在塞北建立了代国，公元376年，代政权被氐族建立的前秦消灭。公元386年，拓跋鲜卑各部复拥拓跋珪为代王，重建政权。拓跋珪解散了拓跋鲜卑原有的部落组织，定居农耕，迁都平城，于公元398年改称魏，史称北魏。由于吸收先进的汉族文化，北魏国力日益强盛，终于在公元439年统一中国北方，结束了十六国时期的动荡局面。公元493年，孝文帝拓跋宏迁都洛阳，改姓元氏，推行了一系列汉化改革措施。到宣武帝元恪时，北魏达到鼎盛时期，在西边夺取汉中，进窥巴蜀，在东边巩固了洛阳周边的防御，并与梁朝争夺淮南，但不久就由于政治腐败和人民的反抗而崩溃，分裂为东魏和西魏两个对峙的政权。《魏书》记载了鲜卑拓跋部早期至公元550年东魏被北齐取代这一阶段的历史。

《魏书》的作者魏收（506—572年），是北朝齐历史学家、文学家。字伯起，小字佛助。巨鹿（今河北平乡一带）人。魏收幼年好学，他15岁时就能属文，后随父亲到防留驻，很喜欢骑马射箭，想做一名武官。当时，有一位长辈郑伯和他开玩笑说："魏郎弄戟几何？"他很感惭愧，于是从此折节读书。就是炎热的夏天，晚上仍在月下坐板床攻读，白天到树荫下吟诵。"积年，板床为之锐减，而精力不辍。"结果，成为文章大手，独步当时。

魏收凭借着父亲的功勋得以进入政治舞台，初任太子博士，后任司徒记室参军。永安三年（530年），做了北主客郎中，年仅25岁。这一时期他可谓一帆风顺，官运亨通。后来，由于处于高欢同孝武帝的矛盾冲突之间，魏收畏祸，辞去了官职。不久，北魏分裂，魏收留在了东魏，虽然也进入了高欢的幕府，但起初并未受到重用，经常受到责备。司马子如曾经在高欢面前替魏收吹嘘说："魏收天子中书郎，一国大才，愿大王借以颜色"，但没能起作用。魏收本想凭借文才获取政治地位，但却屡遭挫折，于是转而希望编修国史。有人向高欢之子高澄推荐魏收说："国史事重，公家父子霸王功业，皆须记载，非收不可"，不久魏收改官散骑常侍，又兼中书侍郎，担当修史任务。

在修史的过程中，魏收的才能逐渐发挥出来，也越来越受到高氏父子的重视。高欢在一次宴会上，对司马子如说："魏收为史官，书吾善恶，闻北伐时诸贵常饷史官饮食，司马仆射颇曾饷否？"说完一同大笑起来。他又亲自对魏收说："我后世身名在卿手，勿谓我不知"。高澄也说："在朝今有魏收，便是国之光彩"，"吾或意有所怀，忘而不语，语而不尽，意有未及，收呈草皆以周悉，此亦难有"。北齐天保二年（551年），魏收奉诏撰魏史，至天保五年（554年），先后奏上纪12卷、传98卷，以及志10篇20卷。初修《魏书》时，高洋也对魏收说："好直笔，我终不作魏太武，诛史官”，表示魏收修史可以无所顾忌、秉笔直书。魏收本人也极为得意，甚至对人说：“何物小子，敢共魏收作色！举之则使上天，按之当使入地！”正是由于魏收狂妄的态度，因此《魏书》修成之后是群口沸腾，非议多多，甚至有人称《魏书》是“秽史”。

魏收也是当时著名的文学家，与河间邢子才文章并著，世称“大邢小魏”。魏收是邢子才的晚辈，然而在文才上相争于时。他们之间互不服气，互相贬低对方。邢邵（子才）贬低魏的文章说：“江南任昉，文体本疏。魏收非模似，亦大偷窃。”魏收反驳道：“伊常于沈约集中作贼，何意道我偷任昉！”可见当时“文人相轻”之风的严重。魏收所作《南狩赋》、《庭竹赋》、《聘游赋》辞甚美盛，可惜未流传下来。在他晚期，国家大事诏命军国文诰皆为他所作。《全北齐文》所辑他的文章只存一卷，诏诰之文也仅有三四篇。

魏收有史才，也有文才。但其人品行不端，可非议的地方不少。魏收曾经在南朝大肆买当地的女子为婢妾，连他手下人买的婢女也个个逼欢，遍行奸污；此外，魏收还大收财物，贪赃枉法。因此，“人称其才，而鄙其行”。魏收的品行也是他遭受骂名的一个重要原因。

史著介绍

魏收撰《魏书》，继承、借鉴了北魏以来的很多材料。主要有：北魏初年邓渊所撰《代记》10余卷（太祖拓跋珪时）；崔浩编年体《国书》，一称《国记》（太武帝拓跋焘时）；李彪改编年体为纪、表、志、传综合体国史，未成书（孝文帝时），邢峦、崔鸿、王遵业等撰孝文帝以下三朝起居注（宣武帝、孝明帝时）；元晖业撰《辨宗室录》30卷（北魏末年）；其余就是当时还能见到的有关谱牒、家传等。魏收与房延佑、辛元植、刁柔、裴昂之、高孝幹等“博总斟酌”，历时三年余，撰成《魏书》131卷，帝纪14卷、列传96卷于天保五年(554年）三月表上；十志20卷、例目1卷，于同年十一月表上。魏收在表上十志时指出：“其史三十五例，二十五序，九十四论，前后二表一启”。今例目已亡佚，二十五序俱存，九十四论存九十三论，二表皆亡佚，《前上十志启》今编于诸志之上。今本《魏书》分本纪12、传92、志10，编卷114，因为其中有分为上中下卷的，所以也有130卷之说。

《魏书》记述了中国北方鲜卑族拓跋部从4世纪后期至6世纪中期(北魏道武帝至东魏孝静帝）的历史，内容包括它的发展兴盛、统一北方、走向封建化和门阀化的过程，以及北魏早期与东晋的关系和北魏、东魏与南朝宋、齐、梁三朝关系的发展，是第一部以少数民族政权为撰述主体的正史，在“二十四史”中具有非常突出的特色。《魏书》是我们今天了解北魏和东魏历史的主要依据，具有不可替代的史料价值。《魏书》详细记载了鲜卑拓跋部的历史发展过程，对于同时存在的许多少数民族的状况，《魏书》也有很多的反映，这是其他史书不可比拟的。《魏书》的《序纪》追叙拓跋氏的远祖上至二十余代的史事，虽未可全信，但大致阐述了拓跋氏的历史渊源。《魏书》志的价值尤高。《食货志》保存了丰富的社会经济史料，而且是南北朝隋唐时期的撰述的正史中除了《隋书》以外唯一有《食货志》的史书，要了解北朝时期的社会经济史，这是最重要的史料依据。《官氏志》载明了北魏职官制度因“交好南夏，颇亦改创”的过程及职官建制的情况，前半讲官制，后半讲氏族，即鲜卑所统诸部姓氏名称由来及改汉姓名称，至关重要。《释老志》载释道始末，评述了佛教起源及北方佛教流传情况，是研究佛教历史的重要材料。《地形志》以东魏孝静帝武定年间（543—550年）的档案为依据，记述了北魏的州郡建置及户口多寡。《刑法志》写出了北魏制定律令的过程。《天象志》与《灵征志》在宣扬灾变与迷信的同时，也留下了北魏建国以来150年间的天象和地质灾害等有关资料。

在体例和撰写上，《魏书》也有不少特殊的地方。第一，增设《释老志》。魏晋南北朝时期是佛道二教开始广泛传播的时期。佛教在北魏十分盛行，佛教徒政治势力强大，道教则取得了国教的地位，二教斗争十分激烈，而且常带有浓厚的政治色彩。佛教与道教的广泛传播对当时的政治经济、思想意识、文化艺术和风俗习惯等各个方面都产生了深刻的影响。《释老志》的设立充分反映了作者把握历史特点的自觉意识和能力。与《宋书》、《南齐书》相比，《魏书·释老志》不仅是第一次系统集中地叙述了佛道二教的传播、发展与演变，而且更重要的是，《释老志》不是从宣传佛道思想的角度立论，而是着眼于佛教与社会的关系。《释老志》集中阐述了佛教与时政的关系，叙述了有关寺院经济以及佛教势力与封建国家争夺劳动人口的矛盾斗争，而且还从史鉴的高度总结北魏佛教发展的历史，指出了佛教泛滥发展的社会政治原因及其弊端，表现出高超的史识与史才。第二，添加了《官氏志》。《魏书·官氏志》不同于别的正史中的《职官志》，它的特点是增添了关于氏族的内容，并把氏族同当时的职官制度结合起来记述。北魏时期的官制和氏族有不可分割的关系，体现出以氏族制为核心的内朝官制与以汉族官吏为核心的外朝官制长期并存、相互渗透、相互制约和发展的特色。《官氏志》的设立初步揭示了这一特征，是对当时历史的积极反映。第三，《孝感列传》和《节义传》的分立。“孝”是魏晋南北朝时期极为强调的观念，《宋书》首立《孝义传》表彰孝道，《南齐书》因之，而《魏书》则是以孝以义分别立传。卷八十五《孝感列传》记述了赵琰等 14 人的种种孝行，卷八十七《节义列传》记述了“轻生蹈节，临难如归，杀身成仁，死而无悔”的大义的行为。所谓“孝感”，是“孝能感天”的简称，能使上天感动的孝行，比《宋书》、《南齐书》里所记孝行在程度上更提升了。更重要的是，《孝感列传》和《节义列传》的分立，使得《孝感列传》强调的是单一的主题，更突出了孝的地位和重要性，同时二者分立，将孝作为对于个人在家庭生活中的一种道德标准，将义作为个人在家庭生活之外的道德标准，明确地把个人对家庭与对君主和社会的责任区分开来。在编排上，《孝感列传》在前，《节义列传》在后，则从另一个方面表明了在当时父子人伦比君臣之义更重要些的社会现实。第四，传记进一步朝家族传方向发展。魏收撰《魏书》，“曾博访百家谱状”，家族谱牒无疑是《魏书》重要的史料来源，魏收也有通过撰述《魏书》来保存谱牒的主观用意。所以，魏收用了大量篇幅来为高门大族立传，对他们的世系、姻亲，详加胪列，不仅记传主的家世子孙，而且叙及后代子孙，甚至旁及疏族远支，一人之下附记十余人乃至数十人。如陇西李宝，传中附列 50 人，赵郡李顺，传中附列 59 人之多，《穆宗传》附记穆姓鲜卑贵族 66 人。这些人有的仅附列官爵而毫无事迹，有的甚至连官爵都没有，只是列名号而已。像这样的家传在《魏书》中达近 70 篇，占全书列传总数的 70%以上，这样的家传简直就是一部简明的家族发展史了。

魏收在历史观上和沈约、萧子显有相似之处，都宣扬天命的说教。《魏书·序纪》记拓跋氏先人诘汾与“天女”相媾而得子，是为“神元皇帝”。其后论又说：“帝王之兴也，必有积德累功博利，道协幽显，方契神祇之心。”《太祖纪》又载，献明贺皇后“梦日出室内，寤而见光自牖属天，欻然有感”，孕而生太祖道武皇帝。这些都是以神话传说来编织“天命”的理论。但《魏书》在历史观上最突出的还是既争正统又宣扬大一统的自觉意识。一方面，《魏书》表现出强烈的争正统的特征。《魏书》所记载的是一段分裂割据的时期，既有南朝与北朝的对峙，又有东魏与西魏的分立。这样的政权格局必然要反映在史书的编撰上。与南北朝对峙局面相适应，《魏书》创设了“岛夷”列传，以“岛夷桓玄”、“岛夷刘裕”、“岛夷萧道成”、“岛夷萧衍”分别记述南方的几个政权。“岛夷”一词源出《尚书·禹贡》，原指居住在东南沿海及岛屿上的远古部族。北朝人借此称呼南朝。胡三省解释说：“岛夷者，以东南际海，土地卑下，谓之岛中也”。《魏书》称呼东晋和十六国为“僭”为“伪”，是要说明北魏才是正统皇朝；称宋、齐、梁为“岛夷”，是为了说明北魏是中原先进文化的继承者。东魏西魏分裂的形势也深刻地影响着《魏书》的修撰。魏收奉诏编修《魏书》时，东魏为北齐所取代，西魏也行将禅位于宇文氏。魏收为了适应北齐最高统治者的需要，自然以东魏为正统，对于东魏的史事叙述详赡，不惜笔墨，而对于西魏则有意贬斥，不但不给西魏诸帝立本纪，而且对西魏一朝的军政大事，或只字不提，或语焉不详。此外，《魏书》还将鲜卑拓跋氏宣扬为华夏正统。北魏拓跋氏自称黄帝之后裔，序其先世为黄帝少子昌意。“黄帝以土德王，北俗谓土为托，为后曰跋，故以为氏”。以后定国号“魏”，以土德王，合德轩辕。拓跋珪、拓跋嗣、元宏等多次巡行代郡大宁、小宁，祭祀黄帝、尧、舜庙，意在以华夏正统自居。

另一方面，《魏书》又体现出大一统的民族史撰述意识。从政治角度看，《魏书》采纳了《春秋公羊传》“大一统”之说，从“天无二日，土无二王”的基本观念出发，明确指出所谓“正”的标准是“吞列国”、“并天下”，否则只能是“偷名窃位”之徒。这虽然同样是在争正统，但这种宣扬正统的思路，在当时有着明显的政治意义和现实意义。从史学观念上说，它一方面对大一统思想做了新的阐扬，一方面在客观上也起到了淡化夷夏之辨的历史作用。这无疑为各个政权逐步走向统一，出现新的统一局面奠定了理论基础。在文化意识、民族意识方面，《魏书》同样体现出大一统的意识。《魏书》的十志内容不一，但都在很大程度上表现了魏收自觉反映时代特点的见识。十志中除了《释老志》记佛道部分之外，其余各志莫不推本天人，或追溯中原制度文化，或追叙两汉魏晋沿革，或引两汉魏晋制度为依据，以为一统之象征，是从统一规模的变动来论说疆域、文化、制度的变迁，以务实的态度看到各个民族的文化。作为第一部以少数民族为主体的正史，《魏书》的争正统是在承认各族都是黄帝子孙的前提下的争正统，虽然缺少司马迁民族思想的开阔胸襟，但的确体现了中华民族各族之间的向心力、凝聚力。在魏晋南北朝这一民族大融合的历史时期，魏收史学中的民族思想，其积极因素是主要的。

“二十四史”中，《魏书》是引起争议最激烈的一部。《魏书》撰成后，曾经在北齐统治集团中引起激烈的争论，有人说它“可谓博物宏才，有大功于魏室”，“此谓不刊之书，传之万古”。也有人说它“遗其家世职位”，或是“其家不见记载”，甚至还有人说它记事“妄有非毁”，是一部“秽史”。北齐皇帝高洋、高演、高湛都相继过问此事，十几年中魏收两次奉命修改《魏书》，但所改仅限于个别门阀人物的先世。可见这场纷争，不过是因《魏书》宣扬门阀而又未尽如门阀之意而引起的，但自唐李百药《北齐书》行世后，《魏书》之为“秽史”的说法长期流传下来，直到清代都不能有根本的改变。清代史学大家赵翼在《廿二史札记》中专门写了一条《魏书·多曲笔》，列举出不少《魏书》记载曲笔之处，同时认为《魏书》“趋附避讳，是非不公，真所谓‘秽史’也”。从今天的观点看，“曲笔”和“秽史”是不能简单画等号的。“曲笔”是指史家在记述史事时存在着有意回护和曲解的地方，是史家缺乏史德在史书撰述上的反映，有时也用来说明史书在这方面的缺点和不足。“秽史”则是对一部史书全盘否定的说法，是对于它的一种完全否定的评价。因此，这两个概念不仅有“量”上的区别，而且也有“质”的不同。概而言之，“秽史”必定“曲笔”，“曲笔”则并非即为“秽史”。隋唐时期，重撰元魏史者甚多，但千载而下，诸家尽亡而《魏书》独存，这一事实说明了它确实是一部有价值的王朝史。今人周一良和瞿林东对于《魏书》“秽史”说多有辨正，可供参考。

《魏书》在宋初业已残缺，嘉祐六年（1061 年）曾命馆阁官校勘《魏书》和《宋书》、《南齐书》、《梁书》、《陈书》、《北齐书》、《周书》。北宋初刻的确切年月无考，据晁公武《郡斋读书志》，至迟不晚于政和中（1111—1118 年）。这个初刻本当时就流传不广，南宋绍兴十四年（1144 年）曾在四川翻刻《魏书》和其他六史，这两种本子都没有传下来。传下来的《魏书》最早刻本也是南宋翻刻，但传世的这个本子都有元、明二朝补版，即所谓“三朝本”。现存《魏书》的本子有：商务印书馆影印百衲本二十四史本（简称百衲本）。此本虽称影印，但曾据殿本校改许多刻误，间有误改；明万历二十五年（1597 年）南京国子监本（简称南本）；明万历间北京国子监本（简称北本，所用之本有清初补版）；明末汲古阁本（简称汲本）之清乾隆四年（1739 年）武英殿二十四史本（简称殿本）；清同治十一年（1872 年）金陵书局本（简称局本）等。1974 年中华书局组织专家重新点校了《魏书》，是目前最通行的本子。

名篇点评

初遭法难

原文：

世祖初即位，亦遵太祖、太宗之业，每引高德沙门，与其谈论。于四月八日，舆诸佛像，行于广衢，帝亲御门楼，临观散花，以致礼敬。

先是……凉州自张轨后，世信佛教。敦煌地接西域，道俗交得其旧式，村坞相属，多有塔寺。太延中，凉州平，徙其国人于京邑，沙门佛事皆俱东，象教弥增矣。寻以沙门众多，诏罢年五十已下者。

世祖即位，富于春秋。既而锐志武功，每以平定祸乱为先。虽归宗佛法，敬重沙门，而未存览经教，深求缘报之意。及得寇谦之道，帝以清净无为，有仙化之证，遂信行其术。时司徒崔浩，博学多闻，帝每访以大事。浩奉谦之道，尤不信佛，与帝言，数加非毁，常谓虚诞，为世费害。帝以其辩博，颇信之。会盖吴反杏城，关中骚动，帝乃西伐，至于长安。先是，长安沙门种麦寺内，御驺牧马于麦中，帝入观马。沙门饮从官酒，从官入其便室，见大有弓矢矛盾，出以奏闻。帝怒曰："此非沙门所用，当与盖吴通谋，规害人耳！"命有司案诛一寺，阅其财产，大得酿酒具及州郡牧守富人所寄藏物，盖以万计。又为屈室，与贵室女私行淫乱。帝既忿沙门非法，浩时从行，因进其说。诏诛长安沙门，焚破佛像，敕留台下四方，令一依长安行事。又诏曰："彼沙门者，假西戎虚诞，妄生妖孽，非所以一齐政化，布淳德于天下也。自王公已下，有私养沙门者，皆送官曹，不得隐匿。限今年二月十五日，过期不出，沙门身死，容止者诛一门。"

时恭宗为太子监国，素敬佛道。频上表，陈刑杀沙门之滥，又非图像之罪。今罢其道，杜诸寺门，世不修奉，土木丹青，自然毁灭。如是再三，不许。乃下诏曰："昔后汉荒君，信惑邪伪，妄假睡梦，事胡妖鬼，以乱天常，自古九州之中无此也。夸诞大言，不本人情。叔季之世暗君乱主，莫不眩焉。由是政教不行，礼义大坏，鬼道炽盛，视王者之法，蔑如也。自此以来，代经乱祸，天罚亟行，生民死尽；五服之内，鞠为丘墟，千里萧条，不见人迹，皆由于此。朕承天绪，属当穷运之弊，欲除伪定真，复羲农之治。其一切荡除胡神，灭其踪迹，庶无谢于风氏矣。自今以后，敢有事胡神及造形像泥人、铜人者，门诛。虽言胡神，问今胡人，共云无有。皆是前世汉人无赖子弟刘元真、吕伯强之徒，乞胡之诞言，用老庄之虚假，附而益之，皆非真实。至使王法废而不行，盖大奸之魁也。有非常之人，然后能行非常之事。非朕孰能去此历代之伪物！有司宣告征镇诸军、刺史，诸有佛图形像及胡经，尽皆击破焚烧，沙门无少长悉坑之。"

是岁，真君七年三月也。恭宗言虽不用，然犹缓宣诏书，远近皆豫闻知，得各为计。四方沙门，多亡匿获免，在京邑者，亦蒙全济。金银宝像及诸经论，大得秘藏。而土木宫塔，声教所及，莫不毕毁矣。

始谦之与浩同从车驾，苦与浩诤，浩不肯，谓浩曰："卿今促年受戮，灭门户矣。"后四年，浩诛，备五刑，时年七十。浩既诛死，帝颇悔之。业已行，难中修复。恭宗潜欲兴之，未敢言也。佛沦废终帝世，积七八年。然禁稍宽弛，笃信之家，得密奉事，沙门专至者，犹窃法服诵习焉。唯不得显行于京都矣。

先是，沙门昙曜有操尚，又为恭宗所知礼。佛法之灭，沙门多以余能自效，还欲求见。曜誓欲守死，恭宗亲加劝喻，至于再三，不得已，乃止。密持法服器物，不暂离身，闻者叹重之。

高宗践极，下诏曰："……今制诸州郡县，于众居之所，各听建佛图一区，任其财用，不制会限。其好乐道法，欲为沙门，不问长幼，出于良家，性行素笃，无诸嫌秽，乡里所明者，听其出家。率大州五十，小州四十人，其郡遥远台者十人。各当局分，皆足以化恶就善，播扬道教也。"天下承风，朝不及夕，往时所毁图寺，仍还修矣。佛像经论，皆复得显。

（选自《释老志》）

点评：

佛教自传入中国后，在其流布发展的过程中曾经历过不少曲折与坎坷，其中以"三武之厄"最为突出。在这三次大规模的禁佛、灭佛活动中，北魏太武帝拓跋焘可谓始作俑者。本篇选自《释老志》，详细记述了这次沙门厄运的过程及其原因。

由于文化传统的关系，北魏统治者特别相信鬼神迷信。方术巫术、谶纬之学在北魏也受提倡，不但在世俗民间广为流传，就是王室贵族也笃信不疑。拓跋焘听信道士寇谦之与宠臣崔浩的邪说，受符箓、备法驾，改元太平真君以应谶语。每遇军国大事，他总是问卜决策，一些长于图谶的朝臣都受到倚重。由于当时佛、道二教也借用卜筮手段来扩大自己的影响，这就造成了朝野对巫师与释徒道士不加区别的局面，通称他们为道人。

魏太武帝最初也是颇信佛教的，当时是"每引高德沙门，与其谈论。于四月八日，舆诸佛像，行于广衢，帝亲御门楼，临观散花，以致礼敬"。但他虽然"归宗"佛教，但于教义却未"深求"。后来崔浩"奉谦之道，尤不信佛，与帝言，数加非毁，常谓虚诞，为世费害。帝以其辩博，颇信之"。最终一系列政治事件涉及佛门弟子，促成了太武帝的灭佛行动。太平真君四年（443 年），拓跋焘亲率大军远征柔然。宗室拓跋丕勾结旧贵族企图政变，阴谋败露后，在调查过程中，发现高僧玄高、慧崇等竟是这次案件中的要犯，太武帝大为震怒，下令斩首。太平真君六年（445 年），魏太武帝派兵镇压盖吴起义，并亲率大军扫荡关中，在长安的寺院中发现"大有弓矢矛盾"，便怀疑僧侣们可能同盖吴通谋。于是下诏："彼沙门者，假西戎虚诞，妄生妖孽，非所以一齐政化，布淳德于天下也。自王公已下，有私养沙门者，皆送官曹，不得隐匿。限今年二月十五日，过期不出，沙门身死，容止者诛一门"。至此全面揭开了灭佛活动的序幕。朝内一些信奉道教的大臣趁机巩固自己的实力，与信奉佛教的太子拓跋晃相争，进一步向太武帝建议灭佛，使得佛教势力大受打击，许多寺院被夷为平地，大量佛经、佛像被焚毁，僧侣被杀，余者靠蓄发或辗转逃至南朝才苟全性命。

仔细分析太武帝灭佛的原因，大致有三：其一，寺院对大量人力与财富的占有，妨害了国家的利益。北魏要发展生产、抵御外敌、扩张领土，势必需要大量的成年壮丁与充裕的后勤供给，而寺院的迅速发展，损害了国家利益。在大规模灭佛之前，太武帝早就令年轻力壮的沙门还俗，以增加国家的赋役来源。其二，佛、道之争的激化。两晋以来，佛、道之间的矛盾和斗争，一直不曾停息过，到了魏太武之世，崔浩等人想要借助朝廷的势力来打击佛教，遂使佛、道两教之间的这一矛盾达到了不可调和的程度。于是，爆发了太武帝毁佛的激烈行动。其三，不同政治集团斗争的结果。当时不同利益集团所信奉的宗教不同，且之间的矛盾日益加深，这也促使其以消灭对方信仰的宗教，来达到打击对方的目的，佛教便成了此类斗争的牺牲品。

总的看来，魏太武帝拓跋焘的毁佛行为是佛教传入北魏并在政治、经济、文化等各个方面产生深刻影响的一种反动，既促使佛教思考如何进一步中国化的问题，也引发了如何对待外来文化的反思。本篇所节选的《释老志》是《魏书》中最具有创造性的篇章，它提纲挈领地介绍了佛、道二教的起源发展，并详细记述了二教在北魏的发展情况，是一篇优秀的汉魏西晋和北魏佛道简史。

国史之狱

原文：

崔浩，字伯渊，清河人也。白马公玄伯之长子。少好文学，博览经史。玄象阴阳，百家之言，无不关综，研精义理，时人莫及。弱冠为直郎。天兴中，给事秘书，转著作郎。太祖以其工书，常置左右。太祖季年，威严颇峻，宫省左右多以微过得罪，莫不逃隐，避目下之变。浩独恭勤不怠，或终日不归。太祖知之，辄命赐以御粥。其砥直任时，不为穷通改节，皆此类也。

……是时，有兔在后宫，验问门宫，无从得人。太宗怪之，命浩推其咎征。浩以为当有邻国贡嫔嫱者，善应也。明年，姚兴果献女。

……

世祖即位，左右忌浩正直，共排毁之。世祖虽知其能，不免群议，故出浩，以公归第。及有疑议，召而问焉。浩织妍洁白，如美妇人。而性敏达，长于谋计。常自比张良，谓已稽古过之。既得归第，因欲修服食养性之术，而寇谦之有《神中录图新经》，浩因师之。

崔浩

……

初，太祖诏尚书郎邓渊著国记十余卷，编年次事，体例未成。逊于太宗，废而不述。神䴥二年，诏集诸文人撰录国书，浩及弟览、高谠、邓颖、晃继、范亨、黄辅等共参著作，叙成《国书》三十卷。

……

乃诏浩曰："昔皇祚之兴，世隆北土，积德累仁，多历年载，泽流苍生，义闻四海。我太祖道武皇帝，协顺天人，以征不服，应期拨乱，奄有区夏。太宗承统，光隆前绪，厘正刑典，大业惟新。然荒域之外，犹未宾服。此祖宗之遗志，而贻功于后也。朕以眇身，获奉宗庙，战战兢兢，如临渊海，惧不能负荷至重，继名丕烈。故即位之初，不遑宁处，扬威朔裔，扫定赫连。逮于神䴥，始命史职注集前功，以成一代之典。自尔已来，戎旗仍举，秦陇克定，徐兖无尘，平逋寇于龙川，讨孽竖于凉域。岂朕一人获济于此，赖宗庙之灵，群公卿士宣力之效也。而史阙其职，篇籍不著，每惧斯事之坠焉。公德冠朝列，言为世范，小大之任，望君存之。命公留台，综理史务，述成此书，务从实录。"浩于是监秘书事，以中书侍郎高允、散骑侍郎张伟参著作，续成前纪。至于损益褒贬，折中润色，浩所总焉。

……

著作令史太原闵湛、赵郡郄标素谄事浩，乃请立石铭，刊载《国书》，并勒所注《五经》。浩赞成之。恭宗善焉，遂营于天郊东三里，方百三十步，用功三百万乃讫。……真君十一年六月诛浩，清河崔氏无远近，范阳卢氏、太原郭氏、河东柳氏，皆浩之姻亲，尽夷其族。初，郄标等立石铭刊《国记》，浩尽述国事，备而不典。而石铭显在衢路，往来行者咸以为言，事遂闻发。有司按验浩，取秘书郎吏及长历生数百人意状。浩伏受赇，其秘书郎吏已下尽死。

（选自《崔浩列传》）

点评：

崔浩，字伯渊，清河（河北武城西北）士族，历仕道武、明元、太武三朝。他秉承家学，兼收博采，是北魏杰出的学者。本篇选自《崔浩列传》，主要记述崔浩因“国史案”，而惨遭杀害，反映了鲜卑贵族与赵魏大族之间矛盾的激化。

崔浩，“性敏达”，他对北魏各种制度的建设立有功勋，并且极富韬略，每次军事行动，或建议于朝廷，或参谋在战场，料定敌我，设计取胜，被拓跋焘视为谋主，第一号功臣。他还是一个有政治抱负而又很自负的人，甚至认为自己超过刘邦的谋士张良。他曾撰《王者治典》二十余篇，吹捧周代分封制，主张恢复古制，实际上他的古制和两晋的门阀统治无多大差别。当他得知南朝降官王惠龙是太原王氏之后，立刻主动联姻，到处吹捧赞美。崔浩的这些作为，既伤害了拓跋权贵的自尊心，又担心他会危及自己的特权。所以“左右忌浩正直，共排毁之”，一度拓跋焘被迫将崔浩免官。后来，崔浩的政敌中又增加了太子拓跋晃。拓跋晃自监国以来权势陡增，甚至想谋夺皇位。他视崔浩为夺位的障碍，便用“阿私亲戚”、“讪鄙国化”等十分敏感的问题，离间拓跋焘和崔浩的关系。“国史之狱”则是他诱使政敌犯错误的精心杰作。拓跋焘在神䴥二年（429 年）诏命崔浩主持国史修撰，完成于太平真君十一年（450 年）。崔浩特别兴奋，请求刻石铭载国史，拓跋晃立刻赞成。结果石刻一出，拓跋氏人大哗，他们无法接受这种对本民族早期落后习俗的直露描述，群起告状，拓跋焘也被国史的内容和刻石所震怒，给其定罪名为“备而不典”，下令逮捕崔浩及所有参与修史者。经有司案治，清河崔氏及与崔浩联姻的范阳卢氏、太原郭氏、河东柳氏均遭族灭，参修者一律处死。崔浩处死前，被置于木栏中，受尽了各种侮辱和虐待。

“国史之狱”是北魏前期汉化与反汉化的重要政治事件，民族、宗教、社会、阶级等矛盾交织在一起，最后由修撰国史引发出来。此案的发生，使崔浩想建立的姓族与人伦、高官与儒学合而为一的贵族政治梦彻底破灭，北方高门大族崔、卢、郭等遭受沉重打击，鲜卑反汉化势力占了上风，直到孝文帝迁都汉化，这种势力才被打垮。

太和改制

原文：

旧制，民间所织绢、布，皆幅广二尺二寸，长四十尺为一匹，六十尺为一端，令任服用。后乃渐至滥恶，不依尺度。高祖延兴三年秋七月，更立严制，令一准前式，违者罪各有差，有司不检察与同罪。

太和八年，始准古班百官之禄，以品第各有差。先是，天下户以九品混通，户调帛二匹、絮二斤、丝一斤、粟二十石；又人帛一匹二丈，委之州库，以供调外之费。至是，户增帛三匹，粟二石九斗，以为官司之禄。

后增调外帛满二匹。所谓各随其土所出。其司、冀、雍、华、定、相、秦、洛、豫、怀、兖、陕、徐、青、齐、济、南豫、东兖、东徐十九州，贡绵绢及丝；幽、平、并、肆、岐……皆以麻布充税。

九年，下诏均给天下民田：

诸男夫十五以上，受露田四十亩，妇人二十亩，奴婢依良。丁牛一头受田三十亩，限四牛。所授之田率倍之，三易之田再倍之，以供耕作及还受之盈缩。

诸民年及课则受田，老免及身没则还田。奴婢、牛随有无以还受。

诸桑田不在还受之限，但通入倍田分。于分虽盈，没则还田，不得以充露田之数。不足者以露田充倍。

诸初受田者，男夫一人给田二十亩，课莳余，种桑五十树，枣五株，榆三根。非桑之土，夫给一亩，依法课莳榆、枣。奴各依良。限三年种毕，不毕，夺其不毕之地。于桑榆地分杂莳余果及多种桑榆者不禁。

诸应还之田，不得种桑榆枣果，种者以违令论，地入还分。

诸桑田皆为世业，身终不还，恒从见口。有盈者无受无还，不足者受种如法。盈者得卖其盈，不足者得买所不足。不得卖其分，亦不得买过所足。

诸麻布之土，男夫及课，别给麻田十亩，妇人五亩，奴婢依良。皆从还受之法。

诸有举户老小癃残无授田者，年十一已上及癃者各授以半夫田，年逾七十者不还所受，寡妇守志者虽免课亦授妇田。

诸还受民田，恒以正月。若始受田而身亡，及卖买奴婢牛者，皆至明年正月乃得还受。

……

诸民有新居者，三口给地一亩，以为居室，奴婢五口给一亩。男女十五以上，因其地分，口课种菜五分亩之一。

魏初不立三长，故民多荫附。荫附者皆无官役，豪强征敛，倍于公赋。十年，给事中李冲上言："宜准古，五家立一邻长，五邻立一里长，五里立一党长，长取乡人强谨者。邻长复一夫，里长二，党长三。所复复征戍，余若民。三载亡愆则陟用，陟之一等。其民调，一夫一妇帛一匹，粟二石。民年十五以上未娶者，四人出一夫一妇之调；奴任耕，婢任绩者，八口当未娶者四，耕牛二十头当奴婢八。其麻布之乡，一夫一妇布一匹，下至牛，以此为降。大率十匹为工调，二匹为调外费，三匹为内外百官俸，此外杂调。民年八十已上，听一子不从役。孤独癃老笃疾贫穷不能自存者，三长内迭养食之。"

书奏，诸官通议，称善者众。高祖从之，于是遣使者行其事。乃诏曰："夫任土错贡，所以通有无，井乘定赋，所以均劳逸。有无通则民财不匮，劳逸均则人乐其业。此自古之常道也。又邻里乡党之制，所由来久。欲使风教易周，家至日见，以大督小，从近及远，如身之使手，干之总条，然后口算平均，义兴讼息。是以三典所同，随世湾隆，贰监之行，从时损益。故郑侨复丘赋之术，邹人献盍彻之规。虽轻重不同，而当时俱适。自昔以来，诸州户口，籍贯不实，包藏隐漏，废公罔私。富强者并兼有余，贫弱者糊口不足。赋税齐等，无轻重之殊；力役同科，无众寡之别。虽建九品之格，而丰埆之土未融；虽立均输之楷，而蚕绩之乡无异。致使淳化未树，民情偷薄。朕每思之，良怀深慨。今革旧从新，为里党之法，在所牧守，宜以喻民，使知去烦即简之要。"初，百姓咸以为不若循常，豪富并兼者尤弗愿也。事施行后，计省昔十有余倍。于是海内安之。

（选自《食货志》）

点评：

北魏太和年间，在文明太后的主持之下，对北魏的政治、经济制度和社会风气实行了大刀阔斧的改革和涤荡，为消除各民族间的对立和隔阂、社会的进一步封建化铺平了道路。在这些措施之中，以颁行官禄制度，推行均田制和三长制、开手工工匠禁令以及禁巫觋、同姓婚等最为突出。本篇节选自《食货志》，较为详尽地记载了此次“太和改制”最核心的内容：官禄制度、均田制和三长制。

当时主政的是太皇太后冯氏，她是一位颇有才能的政治家，史称其“多智略，猜忍，能行大事，生杀赏罚，决之俄顷，多有不关高祖者。是以威福兼作，震动内外”。她主持之下的“太和改制”，扭转了文成帝以来国力衰微的局面。在官禄制度方面，之前，北魏的官吏一律不给俸禄，只有以功劳大小和品爵高低瓜分战利品的“班赏”制度，这种班赏制度是部落联盟旧制的遗留，与汉族政权的官禄制度相比非常落后。因为它随着战争的减少，社会秩序的稳定，官吏得不到稳定的经济来源，势必要把掠夺百姓和贪污国家财产当作谋生养家的手段。官吏的贪污激化了阶级矛盾，导致北魏的政治危机。在此种情况之下，冯太后在太和八年（484 年）“始准古班百官之禄，以品第各有差”，推行官禄制度，同时坚持严惩贪官的政策。

太和九年（485 年），冯太后又实行均田制与三长制。均田制是我国封建社会土地制度史上重要的土地制度，从北魏开始，历经北齐、北周、隋、唐近 300 年，影响十分深远。均田制主要以人地相连、计口受田，来保证租调力役的收入。均田制规定：15 岁以上的男子，授露田（指不种树的田）40 亩，妇女 20 亩。因为实行休耕，授田数相应增加 1—2 倍。这些土地在授田者死后归还国家。男子还有桑田 20 亩，为私人财产，不在还受之限。另外还有麻田、宅田等等规定。均田制对土地买卖进行了限制，显然是针对豪强兼并而制定的。但是它又允许奴婢和耕牛授田，反映了它对豪强大族的让步。为配合均田制的实行，冯太后还废除宗主督护制，改立三长制。三长制度实际上是汉族统治者实行已久的什伍制。它规定五家一邻，五邻一里，五里一党；邻、里、党都设长，合称三长。冯太后推行三长制，目的是将基层权力从大族那里夺回到政府手中，有利于均田制的顺利推行。所以在臣下为是否推行三长制而争论不休时，她断然决定推行，并把立三长的好处概括为征收赋税有根据，隐匿户可清查，作伪之人易暴露，很有见地。

均田制、三长制的实行，收到了意想不到的效果，使得国家收入剧增。于是国家殷富，库藏盈溢，钱绢露积于廊者不可计数。在此之后，北方经济恢复较快，北魏政权相对比较稳定。此外，本篇节选内容，也是研究北魏经济各方面非常重要的史料。

迁都洛阳

原文：

后高祖外示南讨，意在谋迁，斋于明堂左个，诏太常卿王谌，亲令龟卜，易筮南伐之事，其兆遇《革》。高祖曰："此是汤武革命，顺天应人之卦也。"群臣莫敢言。澄进曰："《易》言革者更也。将欲应天顺人，革君臣之命，汤武得之为吉。陛下帝有天下，重光累叶。今曰卜征，乃可伐叛，不得云革命。此非君人之卦，未可全为吉也。"高祖厉声曰："《象》云'大人虎变'，何言不吉也！"澄曰："陛下龙兴既久，岂可方同虎变！"高祖勃然作色曰："社稷我社稷，任城而欲沮众也！"澄曰："社稷诚知陛下之社稷，然臣是社稷之臣子，豫参顾问，敢尽愚衷。"高祖既锐意必行，恶澄此对。久之乃解，曰："各言其志，亦复何伤！"车驾还宫，便召澄。未及升阶，遥谓曰："向者之《革卦》，今更欲论之。明堂之忿，惧众人竞言，阻我大计，故厉色怖文武耳，想解朕意也。"乃独谓澄曰："今日之行，诚知不易。但国家兴自北土，徙居平城，虽富有四海，文轨未一，

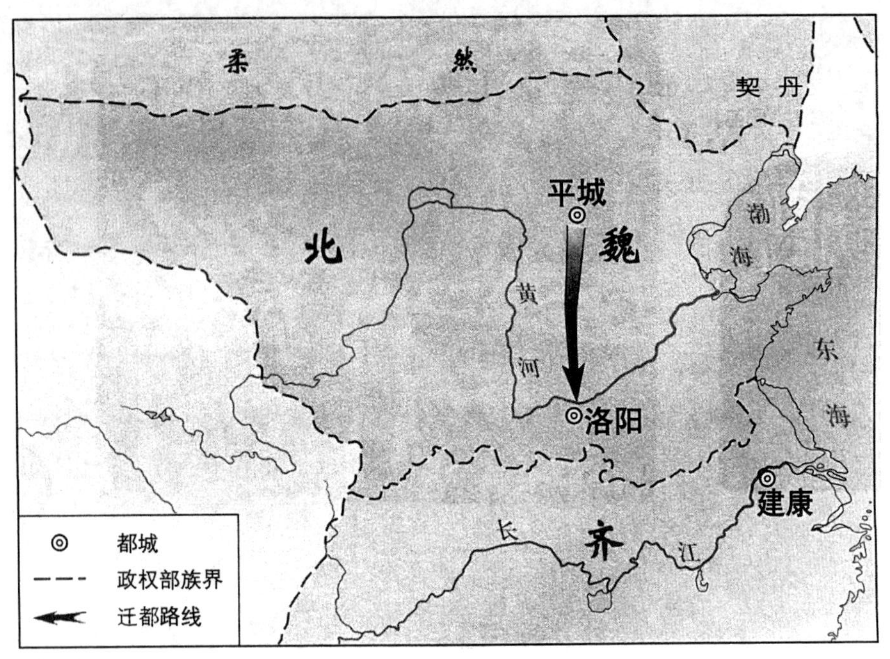

孝文帝迁都洛阳

此间用武之地，非可文治，移风易俗，信为甚难。崤函帝宅，河洛王里，因兹大举，光宅中原，任城意以为何如？”澄曰：“伊洛中区，均天下所据。陛下制御华夏，辑平九服，苍生闻此，应当大庆。”高祖曰：“北人恋本，忽闻将移，不能不惊扰也。”澄曰：“此既非常之事，当非常人所知，唯须决之圣怀，此辈亦何能为也？”高祖曰：“任城便是我之子房。”加抚军大将军、太子少保，又兼尚书左仆射。及驾幸洛阳，定迁都之策，高祖诏曰：“迁移之旨，必须访众。当遣任城驰驿向代，问彼百司，论择可否。近日论《革》，今真所谓革也，王其勉之。”既至代都，众闻迁诏，莫不惊骇。澄援引今古，徐以晓之，众乃开伏。澄遂南驰还报，会车驾于滑台。高祖大悦，曰：“若非任城，朕事业不得就也。”从幸邺宫，除吏部尚书。

……高祖曰：“襄阳款问，似当是虚。亦知初迁之民，无宜劳役。脱归诚有实，即当乘其悦附，远则有会稽之会，近则略平江北。如其送款是虚，且可游巡淮楚，问民之瘼，使彼土苍生，知君德之所在，复何所损而惜此一举？脱降问是实，而停不抚接，不亦稽阻款诚，毁朕大略也。”澄曰：“降问若审，应有表质。而使人一返，静无音问，其诈也可见。今代迁之众，人情恋本，细累相携，始就洛邑，居无一椽之室，家阙儋石之粮，而使怨苦即戎，泣当白刃，恐非歌舞之师也。今兹区宇初构，又东作方兴，正是子来百堵之日，农夫肆力之秋，宜宽彼逋诛，惠此民庶。且三军已援，无稽赴接。苟其款实，力足纳抚，待克平襄沔，然后动驾。今无故劳涉，空为往返，恐挫损天威，更成贼胆。愿上览盘庚始迁之艰难，下矜诗人《由庚》之至咏，辑宁新邑，惠康亿兆。”

（选自《任城王列传》）

点评：

北魏长期都于平城，平城偏北地寒，六月风雪，风沙常起，当时有人作《悲平城》：“悲平城，驱马入云中，阴山常晦雪，荒松无罢风”。气候环境恶劣，难以适应经济的发展，地理位置偏北更不利于北魏对整个中原地区的统治。此外，平城也是拓跋人的大本营，反对汉化的保守集团的势力非常强大。在这里改革，要付出很大的代价。因此孝文帝拓跋宏决定迁都洛阳。本篇选自《任城王列传》，它详细记述了孝文帝迁都时遇到的各种阻力，与他如何说服宗室，一步步地实现计划，最终得以成功迁都的过程。

拓跋宏不敢公开提出迁都的主张，担心朝野哗然，局面不好控制，于是借朝议的机会，声称要南下伐齐，计划在南伐的途中造成迁都的既成事实。在朝会上，他让掌管宗庙祭祀的太常卿王谌占卜吉凶，得《革卦》，大喜，说“此是汤武革命，顺天应人之卦也”，但招致朝臣的反对，连一向支持他的叔父任城王拓跋澄也大唱反调，弄得不欢而散。后来他把拓跋澄单独找来，开诚布公地把自己的计划与原因和盘托出，拓跋澄醒悟，叔侄二人共同商议具体步骤。当年七月，孝文帝亲率30万大军南伐，行军至洛阳，逢连绵大雨，行走艰难，狼狈不堪，诸多文武百官不愿前行，恳求拓跋宏取消此行。拓跋宏因势利导，乘机说，南征兴师动众，不可无功而返，不南征就迁都。百官权衡，同意迁都，至此，第一步迁都计划完成。洛阳荒废多年，经过几个月的修整，次年三月，正式入住，人心也逐渐安定下来。

魏孝文帝的成功迁都洛阳，为其改革、推行汉化政策奠定了基础，促进了北方经济的发展与民族的融合。

狗脚朕

原文：

帝好文学，美容仪。力能挟石师子以逾墙，射无不中。嘉辰宴会，多命郡臣赋诗，从容沉雅，有孝文风。齐文襄王嗣事，甚忌焉，以大将军中兵参军崔季舒为中书黄门侍郎，令监察动静，小大皆令季舒知。文襄与季舒书曰："痴人复何似？痴势小差未？"帝尝与猎于鄴东，驰逐如飞。监卫都督乌那罗受工伐从后呼帝曰："天子莫走马，大将军怒。"文襄尝侍饮，大举觞曰："臣澄劝陛下酒。"帝不悦，曰："自古无不亡之国，朕亦何用此活！"文襄怒曰："朕！朕！狗脚朕！"文襄使季舒殴帝三拳，奋衣而出。明日，文襄使季舒劳帝，帝亦谢焉。赐绢，季舒未敢受，以启文襄，文襄使取一段。帝束百匹以与之，曰："亦一段耳！"

帝不堪忧辱，咏谢灵运诗曰："韩亡子房奋，秦帝鲁连耻。本自江海人，忠义动君子。"……勒兵入宫，曰："陛下何意反邪！臣父子功存社稷，何负陛下邪！"将杀诸妃嫔。帝正色曰："王自欲反，何关于我？我尚不惜身，何况妃嫔！”文襄下床叩头，大啼谢罪。于是酣饮，夜久乃出。居三日，幽帝于含章堂，大器、瑾等皆见烹于市。

及将禅位于文宣，襄城王旭及司徒潘相乐、侍中张亮、黄门郎赵彦琛等求入奏事。帝在昭阳殿见之。旭曰：“五行递运，有始有终。齐王圣德钦明，万姓归仰。臣等昧死闻奏，愿陛下则尧禅舜。”帝便敛容答曰：“此事推挹已久，谨当逊避。”又云：“若尔，须作诏书。”侍郎崔劼、裴让之奏云：“诏已作讫。”即付杨愔，进于帝，凡十条。书讫，帝曰：“将安朕何所？复若为而去？”杨愔对曰：“在北城别有馆宇，还备法驾，依常仗卫而去。”帝乃下御座，步就东廊，口咏范蔚宗《后汉书赞》云：“献生不辰，身播国屯。终我四百，永作虞宾。”

（选自《孝静帝纪》）

点评：

本篇选自《孝静帝纪》，从孝静帝被辱一事可见西魏王道之衰微。本篇刻画人物、描写情景非常细腻，让人若身临其境，读到孝静帝被殴，使人有拍案而起之意！

高欢死后，其 27 岁的长子高澄接掌大权。长期的戎马生活和参掌军国要务的活动，养成高澄狂傲刚愎、野心勃勃的性格。他有强烈的改朝换代的欲望，坐居晋阳，遥控邺城，逼孝静帝封他为渤海王。同时，孝静帝“好学，美容仪。力能挟石师子以逾墙，射无不中。嘉辰宴会，多命郡臣赋诗，从容沉雅，有孝文风”，这更使高澄极度妒忌与忧虑，暗中以崔季舒为侦探，监察孝静帝的举止，并且对孝静帝极为不恭。孝静帝动辄得咎，难以忍耐，有一次高澄劝酒，孝静帝大为不悦说道：“自古无不亡之国，朕亦何用此活！”高澄大怒，喝道，你算什么“朕”！朕，狗脚朕！让崔季舒殴帝三拳，然后扬长而去。

皇帝的尊贵与威严，历来为万人所仰视。然而，他们一旦失去权力，恐怕连基本的自尊也难以得到。孝静帝在高澄控制的朝廷内，最多不过是个傀儡，受到“狗脚朕”的羞辱，势在必然。但为了不致招来杀身之祸，他也只好听之任之，并且给殴己的臣下赐给绢缎。此情此景，可谓窝囊至极。形势比人强，君王不过尔尔，与常人无异！

千古名言

耕则问田奴，绢则问织婢。

——语出《邢峦列传》。意思是说，耕种方面的事情就问种田的奴仆，丝织品方面的问题就问纺织的婢女。

这句话的启示是：术业有专攻，实践出真知。农夫常年从事耕种，在耕作的领域，他就是专家，若要请教耕作的问题，就应该向他询问；织妇常年从事纺织，在纺织的领域，她就是专家，若要请教纺织的问题，就应该向她询问。专家是各领域的权威，只有真正重视专家的意见，才能避免外行领导内行所造成的人力、物力、财力和时间的无谓的浪费。

迷而知返，得道不远。

——语出《高谦之列传》。意思是说，走错了路知道返回，那他离走上正道也就不远了。道：正道，正途。

“迷而知返，得道不远”，如同“知错能改，善莫大焉”、“浪子回头金不换”等俗语一样，它告诉人们：迷途知返也是一种美德，只要能够及时总结经验教训，就不会重蹈覆辙。

尚俭者开福之源，好奢者起贫之兆。

——语出《李彪列传》。意思是说，注重节俭是打开幸福的源头，喜爱浪费是开始贫困的征兆。尚：崇尚，尊崇。兆：征兆，迹象。

注重节俭，财物没有无谓的消耗，所以不用为不够用而忧愁；喜爱浪费，财物无节制地挥霍，匮乏就必然而至。因勤俭而成功，因奢侈而破败，这是历代治国、治业、治家的经验教训。

豫备不虞，古之善政；安不忘危，有国常典。

——语出《游雅高间列传》。意思是说，预先做好坏的打算，是古代好的政治的特点；安逸的时候不忘危机的存在，是治理国家通常的原则。豫备：预备。虞：忧患，忧虑。常典：通常的原则。

居安思危，方能有备无患，这是古人的卓见。这里将这一治国经验提到了“常典”的高度，尤其值得人们警惕。

不采识治之优劣，专简年劳之多少，斯非尽才之谓。

——语出《高祐崔挺列传》。意思是说，不根据治国见解的优劣，而按照年龄大小工作多少来选择考核，这不是发挥人才作用的好办法。采：采用，采纳。简：选择。

国人向来有敬老爱老的传统，但在工作考核中，如果也以“敬老爱老”为理由，论资排辈地进行奖惩，那将会大大挫伤人才尤其是年轻人才的工作积极性。中国的历史一再地证明了这一点：“专简年劳之多少”绝不可行。

《北齐书》

史家生平

“二十四史”中的《北齐书》原称《齐书》，为了与萧子显的《南齐书》相区别，宋代学者称其为《北齐书》。《北齐书》是由唐太宗李世民下令，在贞观年间由李百药在其父亲李德林原书的基础之上修撰的，是“唐八史”中又一部正史。

李德林（531—591 年），北朝博陵安平（河北省安平县）人，字公辅。历仕北齐、北周和隋三朝。李德林早岁即以文学博才而知名，后举秀才，册试甲等，历任员外散骑侍郎、给事中、中书舍人、中书郎等职，其时李德林曾与魏收、阳休之等撰修国史，并就高齐国史的开端问题展开了讨论，李德林坚持将高欢作为开国之君，今天我们看到的李百药的《北齐书》以高欢作为开始，不能不说与李德林的主张有直接的关系，这就使《北齐书》为后人留下了时限更长、内容更为丰富的记述。李德林在北齐任职期间授诏编撰《齐书》、已写成本纪和列传 27 卷（一说 24 卷）。北周灭掉北齐后，李德林任内史上士、御正下大夫。杨坚夺取北周政权建立隋王朝后，李德林又任内史令、怀州刺史。开皇初年，李德林受诏继续编撰

《齐书》，到591年他去世时原书已增至38卷。李德林的前期工作，为李百药最终写成《北齐书》打下了坚实的基础。

李百药（565—648年），李德林之子，字重规。李百药幼年好学，博览经史，隋文帝时历任太子舍人兼东宫学士、礼部员外郎，并袭父爵为安平公，深得隋文帝杨坚的信任，史称当时“奏议文表，多百药所撰。”开皇十年（590年）晋王杨广为扬州总管，曾召李百药前往，李百药以身体不适而谢绝，杨广即皇帝位后，即夺李百药爵位，并将其贬为桂林司马，不久因炀帝罢州置郡而回归乡里。大业五年（609年），李百药复任步兵校尉，之后又戍守会稽，抵御农民起义军有功，却被派往福建任郡丞，途中被农民起义军沈法行部阻拦，留置农民起义军中。隋末战乱，群雄并起的政治格局，使李百药开始了政治流浪的生涯，他先后辗转于李子通、杜伏威农民起义军中，杜伏威败亡后，李百药来到李渊的帐下，虽免于一死，却被流配泾州（今甘肃泾州北）。唐太宗即位后，李百药因其才华出众而被召到长安，先后任中书舍人、太子右庶子等职，除了在政治上为李世民提出了废分封、加强郡县制，以及节省开支等正确主张外，最重要的工作是在贞观三年（629年）受诏撰修《齐书》。在唐中央政府的大力支持下，经过一番努力，李百药在他父亲旧作的基础上，参照其他史著，最终在贞观十年（636年）完成了《北齐书》的编撰任务。李百药长于文学，他留下的著作除《北齐书》之外，尚有诗作20余首、散文13篇。

史著介绍

今天所见的《北齐书》，包括本纪8卷，列传42卷，共计50卷，反映了东魏和北齐两个割据政权的兴衰的历史过程。在帝王本纪中，《神武本纪》和《文襄本纪》主要记述了高欢、高澄的征伐和专权，《文宣本纪》、《废帝本纪》、《孝昭本纪》、《武成本纪》以及《后主、幼主本纪》，记述了北齐政权的建立、发展和灭亡的历史概貌。42卷的列传，包括后妃列传、诸王列传、大臣列传，以及儒林、文苑、循吏、酷吏、外戚、方技、恩幸列传，是学者今天研究和了解北齐历史必不可少的一部重要著作。

李百药所修《齐书》，至北宋已有散佚，据当代史学家研究，现存《北齐书》中李百药原文仅存17篇，即帝纪1卷，列传16卷。其余33卷，皆由后人根据李延寿的《北史》以及高峻的《高氏小史》补缀而成。由于《北史》和《高氏小史》有关北齐的材料大部来自李百药的原书，因而当代学者认为，现在我们所见到的《北齐书》与李百药的原作当差异不是很大。

唐朝初年所见有关北齐的历史记述的书籍尚有多种，主要有崔子发的《齐纪》30卷，王邵编年体的《齐志》20卷、纪传体的《齐书》100卷，杜台卿《齐纪》和姚最《北齐纪》20卷，另外还有史料汇编性质的《北齐令》50卷、《北齐权令》10卷，此外，尚有北齐祖孝征撰写的高欢的起居注《献武起居注》，陆元规专记高洋戎马生涯的《皇帝实录》等。李百药撰述《齐书》，主要的依据是他的父亲李德林的《齐书》38卷本，另外参考了上述有关著作。这就使《北齐书》建立在较为翔实的历史资料的基础之上，为我们保存了今天已经失传的上述珍贵的史料，并为李延寿的《北史》的编修打下了较为坚实的基础。

作为“二十四史”中的一部正史，《北齐书》是现存保存北齐历史成书最早的一部史书，因而它具有《北史》等有关史书难以替代的作用。尽管其中的33篇由后人根据《北史》补充而成，今天我们可以断定为李百药所作的17篇，也表现出了不可忽视的价值，这主要表现在以下几个方面：

其一，对农民起义的记述极为翔实。李百药亲身经历了隋末的农民大起义，感受到农民起义的力量，加之贞观初年唐太宗君臣对隋亡的教训极为重视，因而李百药在《北齐书》中记载了大量的农民起义的史实。现存的17卷李百药原书中有13篇记述了北齐的农民起义的资料，而这些内容大多被《北史》所删去，因而显得弥足珍贵。除通常书籍中提到的葛荣、杜洛周起义之外，还有其他许多次起义的记述，如卷十九韩木兰、庐仲延、田龙起义，卷二十的李延孙、张俭起义，卷二十一的路绍遵、刘盘陀、史明耀的聚众起事，卷四十一的陈暄、郑子饶起义。上述史料记述虽较为简略，但史实具体，是我们今天研究北魏和北齐历史极为珍贵的资料。

其二，本书为我们提供了不少珍贵的思想文化和科技的资料。如哲学思想方面，《北齐书》卷二十四《杜弼传》记述的邢邵反佛思想。邢邵在与杜弼的辩论中，提出了“神之在人，犹光与烛，烛尽则光穷，人死则神灭”这一光辉思想，是继范缜之后又一光辉的唯物主义思想。《儒林传》的长篇序言对北朝后期黄河中下游儒学的盛况以及学术旨趣作了全面的概括性的论述，其他相关传记揭露了当时私学盛行以及儒生埋头死读经书而昧于社会现实的弊端。在卷四十九《方技列传》中，记述了著名数学家信都芳、天文学家张子信的事迹，以及科学家綦毋怀文所述的中国古人的炼钢的方法，这为后人研究中国古代的科学和技术提供了珍贵的历史资料。

其三，注重借鉴历史经验教训的历史观，在《北齐书》中亦有明显的表现。本书对北齐统治阶级的残暴行为予以详细的记述，以起到教育当朝和后人的作用。如卷四《文宣本纪》，详细地记述了高洋的残暴行为并作了评述，这是一篇借鉴前朝政治得失的力作，为《北史》作者李延寿进一步刻画高洋奠定了基础。除此而外，李百药在卷十六、卷十七、卷四十二等其他的赞、论中，也多次说到高齐统治者的残暴和荒淫，并认为这是导致北齐政权灭亡的重要原因。

其四，《北齐书》在历史编撰上也有一定的特点。北齐政权是由高洋建立的，但《北齐书》的本纪却用3卷的篇幅，为高欢和高澄立了《帝纪》，这实际上继承了陈寿《三国志》的做法，使读者能对北齐政权历史发展的由来有所了解。在内容结构方面，《北齐书》仿照《汉书》、《后汉书》的做法，在每卷卷末都有总括性的文字“史臣曰”或“赞曰”，“帝纪”之后还有魏徵的“总论”，画龙点睛，颇有一语定乾坤之势，展示了宰相监修国史的权威性。

其五，《北齐书》在历史记述方面亦有值得称道之处。唐代著名史学评论家刘知幾对李百药的《北齐书》颇多微词，如说：本书“题目不定，首尾相违”，“其有事可书而不书者，不应书而书者”。但清代学者对刘知幾的说法提出了异议，如浦起龙在为《史通》作的疏中说：“《史通》以为百药病，亦非。”赵翼在《陔余丛考》卷八中说：《北齐书》“兼有魏徵等为总裁，故下笔不苟，其有琐言碎语事稍近于亵者，类从删削。”当代许多史学家经过研究也说《北齐书》记事简要而严谨，虽然在文辞上赶不上《史记》、《汉书》和《三国志》，但它的记事和文辞还是不错的。当然，李百药为了塑造一个失败的封建王朝，在揭露高齐政权的黑暗和残暴中也有夸大和失实之处，这些读者应注意鉴别。

作为一个封建时代的史学家，李百药的著述也不可避免地表现出时代和阶级的局限性，如本书中记载了大量的预言、神话、祥梦、气望等封建迷信，反映出作者具有浓厚的“天命论”思想，另外，本书详于政治和军事，而对社会经济的记述较为薄弱，这些尚需读者参考其他有关史书予以补足。

名篇点评

评说文宣帝高洋

原文：

帝少有大度，志识沉敏，外柔内刚，果敢能断。雅好吏事，测始知终，理剧处繁，终日不倦。初践大位，留心政术，以法驭下，公道为先。

或有违犯宪章，虽密戚旧勋，必无容舍，内外清靖，莫不祗肃。至于军国几策，独决怀抱，规模宏远，有人君大略。又以三方鼎跱，诸夷未宾，修缮甲兵，简练士卒，左右宿卫置百保军士。每临行阵，亲当矢石，锋刃交接，唯恐前敌之不多，屡犯艰危，常致克捷。尝于东山游宴，以关陇未平，投杯震怒，召魏收于御前，立为诏书，宣示远近，将事西伐。是岁，周文帝殂，西人震恐，常为度陇之计。

既征伐四克，威振戎夏，六七年后，以功业自矜，遂留连耽湎，肆行淫暴。或躬自鼓舞，歌讴不息，从旦通宵，以夜继昼。或袒露形体，涂傅粉黛，散发胡服，杂衣锦彩。拔刃张弓，游于市肆，勋戚之第，朝夕临幸。时乘馲驼牛驴，不施鞍勒，盛暑炎赫，隆冬酷寒，或日中暴身，去衣驰骋，从者不堪，帝居之自若。亲戚贵臣，左右近习，侍从错杂，无复差等。征集淫妪，分付从官，朝夕临视，以为娱乐。凡诸杀害，多令支解，或焚之于火，或投之于河。沉酗既久，弥以狂惑，至于末年，每言见诸鬼物，亦云闻异音声。情有蒂芥，必在诛戮，诸元宗室咸加屠剿，永安、上党并致冤酷，高隆之、高德政、杜弼、王元景、李蒨之等皆以非罪加害。尝在晋阳以槊戏刺都督尉子耀，应手即殒。又在三台大光殿上，以锯锯都督穆嵩，遂至于死。又尝幸开府暴显家，有都督韩悊无罪，忽于众中唤出斩之。自余酷滥，不可胜纪。朝野憯憯，各怀怨毒。而素以严断临下，加之默识强记，百僚战栗，不敢为非，文武近臣，朝不谋夕。又多所营缮，百役繁兴，举国骚扰，公私劳弊。凡诸赏赉，无复节限，府藏之积，遂至空虚。自皇太后诸王及内外勋旧，愁惧危悚，计无所出。暨于末年，不能进食，唯数饮酒，曲蘖成灾，因而致毙。

论曰：高祖平定四胡，威权延世。迁邺之后，虽主器有人，号令所加，政皆自出。显祖因循鸿业，内外协从，自朝及野，群心属望。东魏之地，举世乐推，曾未期月，玄运集已。始则存心政事，风化肃然，数年之间，翕斯致治。其后纵酒肆欲，事极猖狂，昏邪残暴，近世未有。飨国弗永，实由斯疾，胤嗣殄绝，固亦余殃者也。

赞曰：天保定位，受终攸属。奄宅区夏，爰膺帝箓。势叶讴歌，情毁龟玉。始存政术，闻斯德音。罔遵克念，乃肆其心。穷理残虐，尽性荒淫。

（选自《文宣本纪》）

点评：

本篇节选自《文宣本纪》，是史官对北齐政权的建立者高洋一生功过的评论。

北齐是中国历史上一个短暂的封建王朝，由于高欢和高澄逐渐控制了东魏政权，公元550年，高洋废杀东魏皇帝，自立为帝，建立了北齐政权。高洋是一位有政治和军事才干的皇帝，但高洋建立政权后以暴治国，荒于政务，因而刚刚建立起来的政权很快陷于混乱和衰落之中，558年高洋死，北齐政权随即走上了衰落下滑的轨道。

选文共分三段，第一段是《北齐书》的作者对高洋一生功过的概括和总结，后两段是贞观史臣对高洋本纪所作的论和赞。李德林和李百药父子，对北齐政权的建立者高洋花费了大量的笔墨，对这位皇帝的一生功过是非予以详细精当的总结和评价。首先对高洋的过人之处予以高度的赞赏，如说高洋从小就有远大的抱负，志识沉稳敏捷，性格外柔内刚，办事果断。他喜欢各种具体的行政事务，善于预测尚未发生的各种事情发展的最终结果，处理各种繁杂的政务，终日不倦。刚即皇帝位的时候，留心国家的政务，严格以法约束部下，办事力求公道。对于违犯宪章的人，即使是皇亲国戚，也绝不宽容，因而赢得了朝野的称赞。国家内外清静、政通人和。对于重大军国事务，高洋能够独自拿出正确的处理方案，考虑问题规模宏远，《北齐书》作者称赞高洋有人君大略。史官又记述了高洋在打仗时身先士卒不怕牺牲的勇猛精神，以及胸怀统一全国的宏大抱负。但就是这样一位皇帝，建立自己的政权不久，却走向了他的反面。对此，李德林父子在评论中也予以详细的论说，这就是这篇史评内容的第二个方面。在统治的后期，高洋居功自傲，对属下严酷，滥杀无辜，沉湎于腐朽的宫廷生活之中，歌舞升平、通宵达旦，生活放荡不羁，作为一个皇帝，竟然袒露形体，涂傅粉黛，散发胡服，杂衣锦彩。拔刃张弓，游于市肆。特别是他的荒淫和残暴，在历代的封建皇帝中也不多见，征集淫妪，分付从官，朝夕临视，以为娱乐。对于不称心如意的大臣，“情有蒂芥，必在诛戮”，凡诸杀害，多令肢解，或焚之于火，或投之于河。对于自己的宗室大臣，咸加屠戮，结果，永安、上党并致冤酷，高隆之、高德政、杜弼、王元景、李蒨之等皆以非罪加害。在晋阳以槊戏刺都督尉子耀，在三台大光殿上，以锯锯都督穆嵩，都督韩悊无罪，忽于众中唤出斩之。这样的暴君，最后只能成为孤家寡人。除此而外，高洋大兴土木，滥用民力，结果公私劳顿，民怨沸腾。最后高洋本人落得个“唯饮酒而死”的悲惨下场。

北齐政权存在仅仅27年即亡，这给予了正在寻求励精图治之路的贞观史臣强烈的刺激，联想到隋政权二世而亡的类似历史现象，《北齐书》的作者李百药父子，对高洋这位北齐皇帝的一生功过作了认真总结。在李氏父子的总结之后，审阅官又加写了简略的论和赞。中国历史上类似高洋那样的皇帝，代不乏人，贞观史臣总结的这一深刻历史教训，很值得后人永远记取。

杜弼论学

原文：

弼性好名理，探味玄宗，自在军旅，带经从役。注老子《道德经》二卷，表上之曰："臣闻乘风理弋，追逸羽于高云；临波命钩，引沉鳞于大壑。苟得其道，为工其事，在物既尔，理亦固然。窃惟《道》、《德》二经，阐明幽极，旨冥动寂，用周凡圣。论行也，清净柔弱，语迹也，成功致治。实众流之江海，乃群艺之本根。臣少览经书，偏所笃好，虽从役军府，而不合游息。钻味既久，斐文亹如有所见，比之前注，微谓异于旧说。情发于中而彰诸外，轻以管窥，遂成穿凿。无取于游刃，有惭于运斤。不足破秋毫之论，何以解连环之结。本欲止于门内，贻厥童蒙，兼以近资愚鄙，私备忘阙。不悟姑射凝神，汾阳流照，盖高之听卑，迩言在察。春末奉旨，猥蒙垂诱，令上所注《老子》，谨冒封呈，并序如别。"诏答云："李君游神冥窗，独观恍惚，玄同造化，宗极群有。从中被外，周应可以裁成；自己及物，运行可以资用。隆家宁国，义属斯文。卿才思优洽，业尚通远，息栖儒门，驰骋玄肆，既启专家之学，且畅释老之言。户列门张，途通径达，理事兼申，能用俱表，彼贤所未悟，遗老所未闻，旨极精微，言穷深妙。朕有味二经，倦于旧说，历览新注，所得已多，嘉尚之来，良非一绪。已敕杀青编，藏之延阁。"又上一本于高祖，一本于世宗。……

尝与邢邵扈从东山，共论名理。邢以为人死还生，恐为蛇画足。弼答曰："盖谓人死归无，非有能生之力。然物之未生，本亦无也，无而能有，不以为疑，因前生后，何独致怪？"邢云："圣人设教，本由劝奖，故惧以将来，理望各遂其性。"弼曰："圣人合德天地，齐信四时，言则为经，行则为法，而云以虚示物，以诡劝民，将同鱼腹之书，有异凿楹之诰，安能使北辰降光，龙官韫椟。就如所论，福果可以熔铸性灵，弘奖风教，为益之大，莫极于斯。此既真教，何谓非实？"邢云："死之言澌，精神尽也。"弼曰："此所言澌，如射箭尽，手中尽也。《小雅》曰'无草不死'，《月令》又云'靡草死'，动植虽殊，亦此之类。无情之卉，尚得还生，含灵之物，何妨再造。若云草死犹有种在，则复人死亦有识。识种不见，谓以为无者。神之在形，亦非自瞩，离朱之明不能睹。虽孟轲观眸，贤愚可察，钟生听曲，山水呈状。乃神之工，岂神之质。犹玉帛之非礼，钟鼓之非乐，以此而推，义斯见矣。”邢云：“季札言无不之，亦言散尽，若复聚而为物，不得言无不之也。”弼曰：“骨肉下归于土，魂气则无不之，此乃形坠魂游，往而非尽。如鸟出巢，如蛇出穴。由其尚有，故无所不之，若令无也，之将焉适？延陵有察微之识，知其不随于形；仲尼发习礼之叹，美其斯与形别。若许以廓然，然则人皆季子。不谓高论，执此为无。”邢云：“神之在人，犹光之在烛，烛尽则光穷，人死则神灭。”弼曰：“旧学前儒，每有斯语，群疑众惑，成由此起。盖辨之者未精，思之者不笃。窃有末见，可以核诸。烛则因质生光，质大光亦大；人则神不系于形，形小神不小。故仲尼之智，必不短于长狄，孟德之雄，乃远奇于崔琰。神之于形，亦犹君之有国。国实君之所统，君非国之所生。不与同生，孰云俱灭？”邢云：“合此适彼，生生恒在。周、孔自应同庄周之鼓缶，和桑扈之循歌？”弼曰：“共阴而息，尚有将别之悲，穷辙以游，亦兴中途之叹。况曰联体同气，化为异物，称情之服，何害于圣。”邢云：“鹰化为鸠，鼠变为鴽，黄母为鳖，皆是生之类也。类化而相生，犹光去此烛，复然彼烛。”弼曰：“鹰未化为鸠，鸠则非有。鼠既非二有，何可两立。光去此烛，得燃彼烛，神去此形，亦托彼形，又何惑哉？”邢云：“欲使土化为人，木生眼鼻，造化神明，不应如此。”弼曰：“腐草为萤，老木为蝎，造化不能，谁其然也？”

其后别与邢书云：“夫建言明理，宜出典证，而违孔背释，独为君子。若不师圣，物各有心，马首欲东，谁其能御？奚取于适衷，何贵于得一。逸韵虽高，管见未喻。”前后往复再三，邢邵理屈而止，文多不载。

（选自《杜弼列传》）

点评：

本篇节选自《杜弼列传》。杜弼是北齐有地位的军政大臣，在哲学思想和学术方面也很有成就。针对东魏吏治腐败、官吏巧取豪夺的弊政，杜弼提出予以整治的正确主张，但却不被高欢所接受，从而使得东魏政权陷入败亡之途，杜弼也开始随波逐流。高洋统治期间，杜弼终因对当时政治提出了看法，而被高洋杀害，最终成为一位悲剧性的政治人物。杜弼富于学识，对《周易》、《庄子》、《老子》皆有研究，并有著作问世，在一定程度上反映出了"玄学"对当时的知识分子和军政大臣的影响。杜弼是一位唯心主义思想家，他与邢邵关于名理的争论，关于灵魂与肉体的看法的分歧，从另一个方面反衬了邢邵是继范缜之后，又一位具有唯物主义思想因素的思想家。因而本篇既对我们理解北齐政权的政治具有重要的价值，而且也是一篇不可多得的学术史和哲学思想史研究的珍贵资料。

选文包括以下两个部分：第一段记述了杜弼对老子《道德经》的著述和理解，反映了魏晋时代的知识分子对老子和庄子学说的理解和把握的情况。杜弼雅好《老子》，即使是在打仗的间隙，也研读不辍，他对老子及其学说予以极高的评价，认为老子所著"《道》、《德》二经，阐明幽极，旨冥动寂，用周凡圣。论行也清净柔弱，语迹也成功致治。实众流之江海，乃群艺之本根。"也就是说，老子的《道德经》，阐明的动和静的关系，极其深刻，学说圆满，达到了圣人的地步，老子学说主张清静柔弱，用这种办法治理社会也常常能获得成功，《道德经》是中国古代各种学说的源头和根本。杜弼的《道德经注》也得到了高欢的高度赞赏，高欢也对老子的学说予以高度的评价。从杜弼和高欢对老子及其学说的评价可以看出，老子学说这一时期再度受到重视，并与中国的封建政治进一步融合。

选文的中心是第二段，即杜弼与邢邵的"形""神"之争，反映出唯心主义学说对知识分子的深远影响，以及唯物主义思想因素的进一步的发展情况。杜弼与邢邵共论名理，包括以下内容：一是人死了以后是否能够生还的问题。邢邵主张人死了以后还能生还，犹如画家画蛇还有为蛇加上足一样荒唐可笑。杜弼从老子的“有无学说”出发，狡辩说人死归于无，无能生有，故主张人死了以后一定会生还。他们争论的第二个方面是关于圣人设教问题，邢邵认为圣人设教是当时社会的需要，为了规劝和勉励当时的人，并使后世保持正常的运行秩序。杜弼认为圣人以其天生的特质教化后人，不存在以计谋愚弄后人的地方。争论的第三个方面是关于人死了以后精神是否存在的问题，这是杜弼与邢邵争论的重点，也是这篇选文最为精彩的地方。双方经历了多个回合，邢邵提出人死了之后，他的精神也随之消灭，并以烛光与蜡烛的关系予以论说：“神之在人，犹光之在烛，烛尽则光穷，人死则神灭。”杜弼对邢邵的观点予以反驳，认为人的“形体”与“神”独立存在，人的“形体”死了以后，“神”依然活跃，并以花卉草木死而复生予以比照，认为这些植物的复生在于有其“种”作为根基，而人亦有其“神”的存在，人死了之后，这种“神”会附着于他物，变成别的动物，犹如其他动物会相互变化一样。

从杜弼与邢邵的“形”“神”之争中，可以看出邢邵的神灭论思想。从现存文献可以确定，邢邵是北朝神灭论思想的杰出代表人物，是继范缜之后又一位具有唯物主义思想因素的思想家。邢邵与杜弼关于神灭与否问题的争论，在《北齐书》和《北史》的《杜弼传》中皆有记载，《文苑英华》卷七八五以及《全北文》卷五，皆题为“与邢邵议神灭论”。邢邵提出的许多观点，具有明显的唯物论思想的因素，不过，邢邵的神灭论思想，在与杜弼的“与邢邵议神灭论”中，是被当作批判和嘲笑的对象，因而这段文字，对邢邵的论辩的曲解是不可避免的。

受南朝知识分子喜谈名理之说的影响，北朝思想界也形成了空谈名教、探寻老庄、议论佛性的风气，杜弼可以看作是这种社会风气的代表人物之一，从他的著述和言论来看，可以肯定地说，杜弼是魏晋南北朝时代一位著名的唯心主义思想家，《杜弼传》是我们研究和了解南北朝时期玄学和佛学思想发展的一篇不可多得的资料。

孝昭帝英年早逝

原文：

帝聪敏有识度，深沉能断，不可窥测。身长八尺，腰带十围，仪望风表，迥然独秀。自居台省，留心政术，闲明簿领，吏所不逮。及正位宸居，弥所克励。轻徭薄赋，勤恤人隐。内无私宠，外收人物，虽后父位亦特进无别。日昃临朝，务知人之善恶，每访问左右，冀获直言。曾问舍人裴泽在外议论得失。泽率尔对曰："陛下聪明至公，自可远侔古昔，而有识之士，咸言伤细，帝王之度，颇为未弘。"帝笑曰："诚如卿言。朕初临万机，虑不周悉，故致尔耳。此事安可久行，恐后又嫌疏漏。"泽因被宠遇。其乐闻过也如此。赵郡王睿与库狄显安侍坐，帝曰："须拔我同堂弟，显安我亲姑子，今序家人礼，除君臣之敬，可言我之不逮。"显安曰："陛下多妄言。"曰："若何？"对曰："陛下昔见文宣以马鞭挞人，常以为非，而今行之，非妄言耶？"帝握其手谢之。又使直言。对曰："陛下太细，天子乃更似吏。"帝曰："朕甚知之，然无法来久，将整之以至无为耳。"又问王晞，晞答如显安，皆从容受纳。性至孝，太后不豫，出居南宫，帝行不正履，容色贬悴，衣不解带，殆将四旬。殿去南宫五百余步，鸡鸣而去，辰时方还，来去徒行，不乘舆辇。太后所苦小增，便即寝伏阁外，食饮药物尽皆躬亲。太后常心痛不自堪忍，帝立侍帷前，以爪掐手心，血流出袖。友爱诸弟，无君臣之隔。雄断有谋，于时国富兵强，将雪神武遗恨，意在顿驾平阳，为进取之策。远图不遂，惜哉！

初帝与济南约不相害。及舆驾在晋阳，武成镇邺，望气者云邺城有天子气。帝常恐济南复兴，乃密行鸩毒，济南不从，乃扼而杀之。后颇愧悔。初苦内热，频进汤散。时有尚书令史姓赵，于邺见文宣从杨愔、燕子献等西行，言相与复仇。帝在晋阳宫，与毛夫人亦见焉。遂渐危笃。备禳厌之事，或煮油四洒，或持炬烧逐。诸厉方出殿梁，骑栋上，歌呼自若，了无惧容。时有天狗下，乃于其所讲武以厌之。有兔惊马，帝坠而绝肋。太后视疾，问济南所在者三，帝不对。太后怒曰："杀之耶？不用吾言，死其宜矣！"临终之际，唯扶服床枕，叩头求哀。遣使诏追长广王入纂大统，手书云："宜将吾妻子置一好处，勿学前人也。"

论曰：神武平定四方，威权在己，迁邺之后，虽主器有人，号令所加，政皆自出。文宣因循鸿业，内外叶从，自朝及野，群心属望，东魏之地，举国乐推，曾未期月，遂登宸极。始则存心政事，风化肃然，数年之间，朝野安乂。其后纵酒肆欲，事极猖狂，昏邪残暴，近代未有，飨国不永，实由斯疾。济南继业，大革其弊，风教粲然，搢绅称幸。股肱辅弼，虽怀厥诚，既不能赞弘道德，和睦亲懿，又不能远虑防身，深谋卫主，应断不断，自取其咎。臣既诛夷，君寻废辱，皆任非其器之所致尔。孝昭早居台阁，故事通明，人吏之间，无所不委。文宣崩后，大革前弊。及临尊极，留心更深，时人服其明而识其细也。情好稽古，率由礼度，将封先代之胤，且敦学校之风，征召英贤，文武毕集。于时周氏朝政移于宰臣，主将相猜，不无危殆。乃眷关右，实怀兼并之志，经谋宏远，实当代之明主，而降年不永，其故何哉？岂幽显之间，实有报复，将齐之基宇止在于斯，帝欲大之，天不许也？

（选自《孝昭本纪》）

点评：

高洋死后，北齐政权犹如江河日下。齐废帝和孝昭帝在位仅两年的时间，之后，武成帝高湛即位，北齐的强大之势日显，但仅执政 5 载，却禅位于太子高纬，是为北齐的后主，这位“无愁天子”，整天只知玩狗斗鸡，这时北齐军事优势虽然犹存，但西方的北周政权最终铲除了权臣宇文护，在周武帝宇文邕的励精图治之下，表现出更为强劲的发展势头，周、齐之间开始了激烈的争夺北方霸权的战争，北齐占上风的态势逐渐发生了变化，北周和梁联合攻齐的态势逐渐出现，而北齐内部却展开了激烈的争权夺利的斗争。齐后主执政 12 年，传位于太子高恒，这时周武帝已对齐发动了全面的打击，北齐政权随即灭亡。

这篇选文节选自《孝昭本纪》，所评述的是北齐在位仅两年，27 岁就离开人世的第三位皇帝——孝昭帝高演的事迹。这位皇帝颇有政治才干，励精图治，采取了一些措施，在一定程度上扭转了高洋后期的混乱政局，但天不假其年，孝昭帝英年早逝。这篇选文长篇的史论，文辞精练优美，值得一读。

第一段是对孝昭帝的政绩的论述。关于孝昭皇帝的政绩，选文首先论述了他的早年以及做皇帝之前的基本情况。高演天生聪敏，性格深沉、办事果敢，在台省任职时，长于处理各种行政事务。其次，论述了他做皇帝后，轻徭薄赋、体察民情的具体情况。高演任用官员公正无私，内无私宠，外收人物，即使是他的岳父也不给予照顾，特进无别。高演勤于政务，日昃临朝。他注意了解和掌握国家大政方针运行的具体情况，力图知道人民所喜欢和憎恶之所在，经常从周围大臣处了解真实情况。除了一般性的总论之外，史官的评论又以典型的事例叙说孝昭帝善于纳谏的具体表现。他向门下舍人裴泽征寻自己执政的不足，裴泽直言他作为一个皇帝，不应整天忙于各种具体的行政事务。他又向显安和王睿这些皇亲国戚请教自己的为政所失，让他们推心置腹地说实话，显安直言皇帝说话不算数，具体表现在原来对文宣帝高洋用马鞭随意抽打部下不满意，现在自己也常常用马鞭打人。对周围人所说的缺点，他即刻接受并尽全力改正。第一段的第四层意思，是对孝昭皇帝的孝顺的记述，通过他对重病在床的皇太后朝夕伺候，与太后同甘共苦的场景，具体地论述了高演不愧为一位“至孝”的封建皇帝。

选文第二段，追叙高演杀废帝济南王高殷（559—560 年在位）的悔过之情，借以表现高演的仁慈之心，从一个侧面婉转地表现了高洋死后，诸弟、子为争夺皇位相互仇杀的情况。最后一段的史论，是对北齐各位皇帝，包括高欢、高洋、高湛以及高演的功过是非的评论。李百药对孝昭帝评价颇高，如说：“孝昭早居台阁，故事通明，人吏之间，无所不委。文宣崩后，大革前弊。”高演本人又情好稽古，制礼作乐，发展学校教育事业，为国家培养出一批有学识的士人。在用人方面，他极力征召英贤，结果朝廷文武毕集。在国力开始逐步恢复之际，高演又力图实现统一全国的宏伟目标，但却英年早逝。李百药对高演的死表示了惋惜之情，感慨地说：“降年不永，其故何哉？岂幽显之间，实有报复，将齐之基宇止在于斯，帝欲大之，天不许也？”像高演这样的明君，志存远大，但天不假年，这难道是齐的气数已经穷尽了吗？我们说，李百药当然没有找到高演以及北齐覆亡的原因，自高洋以来，北齐统治阶级的腐败以及为皇位的拼死争夺，决定了北齐必然灭亡的命运。加上北齐君主多残暴无道，在与处于日益上升地位的北周政权的竞争中，北齐焉能不败亡！

战乱年代的科学家

原文：

信都芳，河间人。少明算术，为州里所称。有巧思，每精研究，忘寝与食，或坠坑坎。尝语人云：“算之妙，机巧精微，我每一沉思，不闻雷霆之声也。”其用心如此。以术数干高祖为馆客，授参军。丞相仓曹祖珽谓芳曰：“律管吹灰，术甚微妙，绝来既久，吾思所不至，卿试思之。”芳遂留意，十数日，便云：“吾得之矣，然终须河内葭莩灰。”后得河内葭莩，用其术，应节便飞，余灰即不动也。不为时所重，竟不行，故此法遂绝云。芳又撰次古来浑天、地动、欹器、漏刻诸巧事，并画图，名曰《器准》。又著《乐书》、《遁甲经四术》、《周髀宗》。芳又私撰历书，名为《灵宪历》，算月有频大频小，食必以朔，证据甚甄明。每云：“何承天亦为此法，不能精，灵宪若成，必当百代无异议。”书未就而卒。

……

綦母怀文，不知何郡人。以道术事高祖。武定初，官军与周文战于邙山。是时官军旗帜尽赤，西军尽黑。怀文言于高祖曰：“赤火色，黑水色，水能灭火，不宜以赤对黑。土胜水，宜改为黄。”高祖遂改为赭黄，所谓河阳幡者。

又造宿铁刀，其法烧生铁精以重柔铤，数宿则成刚。以柔铁为刀脊，浴以五牲之溺，淬以五牲之脂，斩甲过三十札。今襄国冶家所铸宿柔铤，乃其遗法，作刀犹甚快利，不能截三十札也。怀文云：“广平郡南干子城是干将铸剑处，其土可以莹刀。”怀文官至信州刺史。

《灵宪历》书影

……

张子信，河内人也。性清净，颇涉文

学。少以医术知名，恒隐于白鹿山。时游京邑，甚为魏收、崔季舒等所礼，有赠答子信诗数篇。后魏以太中大夫征之，听其时还山，不常在邺。

又善易卜风角。武卫奚永洛与子信对坐，有鹊鸣于庭树，斗而堕焉。子信曰："鹊言不善，向夕若有风从西南来，历此树，拂堂角，则有口舌事。今夜有人唤，必不得往，虽敕，亦以病辞。"子信去后，果有风如其言。是夜，琅邪王五使切召永洛，且云敕唤永洛欲起，其妻苦留之，称坠马腰折。诘朝而难作。子信，齐亡卒。

（选自《方伎列传》）

点评：

毛泽东曾经说过：中华民族具有悠久的历史和辉煌灿烂的文化，在中华民族的开化史上，有素称发达的农业和手工业，有许多伟大的思想家、科学家、发明家、政治家、军事家、文学家和艺术家，有丰富的文化典籍。"二十四史"是中国丰富的文化典籍的代表，这其中除了记述了大量的帝王将相之外，还有不少科学家和发明家的资料，我们节选的战乱年代的科学家，记述了北朝三位科学家、发明家的简要事迹。

本篇出自类传《方伎列传》，记述了北朝时代三位科学家及其成就。第一段记述的是数学家、天文历法学家信都芳的学术成就，以及他专心治学的情况。信都芳自幼喜欢算学，思考问题专心致志，以至连天上的打雷声都充耳不闻。他探寻出古代久已失传的律管吹灰的原理及其技巧之所在，在天文学方面他描述并画出了浑天仪、地动仪、欹器、漏刻等精巧的科学仪器。信都芳著述甚丰，有《乐书》、《遁甲经四术》、《周髀宗》。他自己改进历法，创立了灵宪历，算月有频大频小，食必以朔。第二段记述的是綦母怀文的事迹，綦母怀文可以称为北朝时代的化学家和冶金家。他通阴阳五行学说，炼出了锋利无比的宿铁刀。他发明的灌钢法，是将熔态的生铁灌注到未经锻打的熟铁中，使铁得以渗碳而成钢。这种炼钢的方法与现代的平炉炼钢法极为相似，这是我国炼钢技术的独特创举，后世将他发明的这种独特的炼钢方法称为“灌钢”或“团钢”法。这在公元 7 世纪是一项了不起的发明。綦母怀文发明的宿铁刀，以熟铁作刀背，使其富于弹性和韧性；他用牲畜的小便和脂来浴淬，看似荒唐，但这种方法取料便宜，更重要的是炼出的刀，锋利无比。可见綦母怀文不愧为中国古代一位伟大的发明家。最后两段文字记述了医学家、气象学家张子信的事迹。张子信喜好文学，以其精湛高超的医术而知名，又善于预测。

“二十四史”不仅记述了中国封建时代的帝王将相，而且传承了中华民族的灿烂文化，这其中就包括古代的科学技术成就。中国古代的科学大多与迷信相互关联，读者在阅读这类文字时，应该分清哪些是精华，哪些是糟粕。

千古名言

为臣奉主，匡救危乱，若处不谏争，出不陪随，缓则耽宠争荣，急便逃窜，臣节安在？

——语出《神武本纪下》。它讲的是封建时代辅佐皇帝的大臣的职责，即臣节的具体表现。可译为：作为大臣辅佐主子，匡正和救助国家江山社稷于危乱之中，若皇帝有错而不能谏诤，皇帝出行而不陪奉，国家平安之时，大臣忙于争宠求荣，国家危难之时，大臣只顾自己逃命，这样的臣子，还有什么臣节？致君于尧舜之上，这是古往今来多少大臣的夙愿，于是出现了一大批谨守臣节、衷心辅政的大臣。但同时也出现了一大批卖主求荣、无德无节之人，这些人随风飘荡，多少封建政权就倾覆在这些大臣之手！固然，谨守封建的臣节不值得赞颂，但衷心辅政、匡救危乱、敢于谏诤的品德还是值得颂扬的。

始则存心政事，风化肃然，数年之间，翕斯致治。其后纵酒肆欲，事极猖狂，昏邪残暴，近世未有。

——语出《文宣本纪》。它虽然讲的是北齐封建政权的发展变化的规律，但同样适用于其他封建王朝。这段话的意思是：北齐皇帝高洋一开始能致力于国家的政务，国家社会风气政治教化都有条理，几年之间，使得国家出现了治世。其后他放纵酒色，肆意逞欲，异常猖獗，昏庸邪恶残暴，近世无有。北齐皇帝的急剧变化值得后世警惕。

《道》、《德》二经，阐明幽极，旨冥动寂，用周凡圣。论行也清净柔弱，语迹也成功致治。实众流之江海，乃群艺之本根。

——语出《杜弼列传》。这是北朝学者对老子《道德经》思想的评述和认识，反映出清静无为思想对政治家的影响。这段话可译为：《道经》和《德经》这两部经书，阐发的学说明了而且深远，其宗旨深远行为寂静，作用周密而神圣。从政治行为上说，它主张清静柔弱的无为政治，也是致天下于太平的政治。《道经》和《德经》的学说，实际上是各种学术流派的江海，各种技艺的根本。

思政不察逆顺之理，不识大小之形，不度强弱之势，有此三蔽，宜其俘获。

——语出《杜弼列传》。这段话的意思是：制定大政方针，不懂得逆顺的道理，不识大小的形势，不了解强弱的态势，有这三种弊端，最终会导致失败，这是必然的结果。它从反面提醒人们，为政要懂得逆顺之理、大小之势和强弱的情况，这样才能减少各种失误，达到预期的目标。

黎元之命，系于长吏，若得其人，则苏息有地，任非其器，为患更深。

——语出《薛琡列传》。这句话的意思是：百姓的身家性命，与官吏息息相关，如果任用得当，那么国富民安；如果任用不当，造成的祸害将更为深远。古人总结的这一任用官吏的历史经验，值得后人永远汲取。

任之重者莫如身，途之畏者莫如口，期之远者莫如年。以重任行畏途，至远期，惟君子为能及矣。

——语出《魏收列传》。这句话出自《管子》，说的是君子能承担大任，完成常人难以完成的大任。本句可译为：责任的重大，没有能超过自身的重任；道途的危险没有能比得上关口之险；时间的远没有能超过年代的久远。承担着重任，长时间地在艰难的道路上跋涉，这只有君子方能做到。

处天壤之间，劳死生之地，攻之以嗜欲，牵之以名利，粱肉不期而共臻，珠玉无足而俱致；于是乎骄奢仍作，危亡旋至。

——语出《魏收列传》。原文的大意是：处于天地之间，在死生之间劳作，用嗜欲来攻击，用名利来引诱，粱肉没有想到就自动而来，珠玉没有脚也自然而至；于是骄奢出现，国家很快陷于危亡之中。古人总结的这一道理，值得今人深思。

饰伪乱真，国法所必去；附下罔上，王政所不容。

——语出《宋遊道列传》。意思是：掩饰作伪混乱真相，国法必然予以铲除；依附下级欺瞒上级，国家的政令也难以宽容。这几句话讲的是为政的根本。这些封建时代的人们已经认识的道理，今天的各级干部也应注意。

危亡之祚，昏乱之朝，小人道长，君子道消。

——语出《恩幸列传》。原文大意是：危亡的国祚，昏乱的朝廷，小人的为人处世的道理得以风行，而君子的品德逐渐被人们淡化和忘记。这段话阐述了社会意识形态与社会发展的关系，值得当代人警惕。

《周书》

史家生平

唐高祖武德四年（621 年）十一月，京城长安北风呼啸，大雪纷飞。一大早，起居舍人令狐德棻就将一份奏章上呈高祖李渊，其时正忙于全国战事的李渊匆匆阅过后就将这份上奏放在了一边。但一连几天，在李渊的脑海中，那份奏疏一直萦绕在耳边："陛下既受禅于隋，复承周氏历数，国家二祖功业，并在周时。如文史不存，何以贻鉴今古？如臣愚见，并请修之。"回想起这位三年前投靠自己的儒生的耿耿忠心，几经思索，并与朝臣的几番讨论后，次年十二月，最终下达了《命萧瑀等修六代史诏》。这份诏书重述了史官职掌的重要和修史的目的，并决定重新撰修魏史、周史、隋史、梁史、齐史和陈史，修周史的重任就委任给起居舍人，即后来历仕高祖、太宗、高宗的三朝史臣，唐代著名的史学家令狐德棻。同时参与《周史》编修的尚有侍中陈叔达、太史令庾俭。

令狐德棻，生于隋文帝开皇三年（583 年），卒于唐高宗乾封元年（666 年），祖籍唐宜州华原（今陕西省耀县）人。他的远祖令狐迈因功封为建威大将军，王莽乱政时期，避居河西敦煌，成为河西大姓。其后代令狐嗣、令狐安都做过郡守。德棻的祖父令狐整，深得西魏的创立者宇文泰的赏识，为稳定河西地区立下了汗马之功，北周政权建立后，拜御正中大夫，位至大将军。其父令狐熙博览群书，尤明《三礼》，善骑射，任鸿胪卿。德棻自幼聪慧好学，博涉经史，隋炀帝时不愿入仕，李渊定鼎长安之后，令狐德棻求见，因其过人的才识被授予起居舍人，深受李渊器重。

令狐德棻等受诏撰修六朝史书后，开始访求天下遗书，为修史做一些准备工作。但其时统一全国的战争仍在继续，令狐德棻等史臣也只好将主要精力放在各种具体的行政事务方面。公元 626 年，经过“玄武门之变”，李世民诛除了哥哥太子李建成，逼父亲李渊让位，次年改元贞观。贞观三年（629 年），天下逐渐稳定下来，李世民政权也逐渐稳固起来，社会经济逐渐恢复，贞观治世渐渐出现，这时，李世民也想在文化建设方面有一些大的作为，于是下令设立史馆，移史馆于禁中，命诸大臣立即动手编撰梁、陈、齐、周、隋五代史书，取消著作郎著史的惯例，改由宰相监修国史。令狐德棻受命负责《周书》的编撰，秘书郎岑文本协助他的修史工作，德棻又推荐殿中侍御史崔仁师辅助工作，于是《周书》的撰修工作正式开始。岑文本，河南棘阳（河南新野）人，贞观年间，他自秘书郎官至中书令，颇得唐太宗李世民的信任，据史书记载，岑文本“性沉敏，有姿仪，博考经史，多所贯通，美谈论，善属文。”令狐德棻主撰《周史》，岑文本以中书令的身份撰写了不少的史论。崔仁师，唐定州安喜（今河北定县）人，唐高祖武德初年，崔仁师入仕。由于思维敏捷，有惊人的记忆力，崔仁师被推荐参与了梁史和魏史的修撰，后来又协助令狐德棻，为《周书》的撰述做了不少辅助性的工作。

令狐德棻老于文学，又参与了唐高祖、唐太宗的实录的修撰工作，在“唐八史”的编修工作中发挥了极其重要的作用。加之他的祖上在西魏和北周享有一定的地位，因而对《周书》的编撰热情极高，经过一番努力，贞观十年（636年），《周书》和其他四部史书同时完成，令狐德棻由于在这几部史书编撰工程中的特殊贡献，唐太宗亲自赐绢400匹，以示褒奖。令狐德棻一生勤于史学，除主编《周书》之外，又参与了《晋书》和“五代史志”的撰写工作，此外，参与撰修的著作尚有《艺文类聚》、《氏族志》、《新礼》、《太宗实录》、《高宗实录》以及《唐律令》。令狐德棻一生在官场上较为顺利，除在太子李承乾被废之后出现了一点波折之外，基本上仕途一帆风顺，《晋书》修成之后，令狐德棻官复秘书少监，高宗永徽元年（650年），又恢复了礼部侍郎之职，不久又升太常卿，兼弘文馆学士、国子祭酒等，晋爵为公，高宗乾封元年（666年），84岁的令狐德棻因病老死。

史著介绍

由令狐德棻主撰的《周书》，共50卷，其中本纪8卷、列传42卷，较为详细系统地记述了北周（557—581年）一朝的历史，其涉及的内容包括了西魏的创建者宇文泰以及梁、陈和后梁萧詧的历史，实际上包括了东、西魏以及北周共计48年的历史。

本纪以西魏、北周六代帝王为中心，以编年体的形式概括地记述了西魏、北周的政治、经济、军事等方面的大概，为全书之纲。与本纪专记皇帝的惯例不同的是，令狐德棻以两卷的篇幅，以《文帝本纪》的形式详细地记述了从未做过皇帝的西魏重臣宇文泰的功业，这一方面符合西魏政局的实际，另一方面为记述北周历史提供了铺垫，这种记述方法从一个侧面显示了令狐德棻的卓识。本纪又以两卷的篇幅，以编年体的形式简明扼要地记述了北周武帝宇文邕的事迹，适值北周政权的鼎盛时代，从中可见北周当时的政治和军事态势。从本纪对周武帝灭北齐的记述中，可见当时北周和北齐的政治和军事情况，对这一段历史的研究具有重要的价值。对周武帝灭佛的记述也具有很高的文化价值。42卷的列传是《周书》至关重要的部分，有别于其他正史的是，本书的列传绝大部分为类传和合传，很少有个人单独立传，这一方面反映了这一时期门阀政治对当时社会以及史学的影响，另一方面也容纳了更多的人物和历史事实，其中有不少列传具有很高的史学价值，如卷九《皇后列传》中的《武帝阿史那皇后传》、《宣帝杨皇后传》，卷十一的《晋荡公护传》、卷十二的《齐炀王宪传》，对了解北周的历史具有极其重要的价值。卷二十一的尉迟炯、王谦、司马消难传，对我们全面了解“三总管叛乱”和北周实力的急剧下降以及杨坚的上台具有重要的价值。《周书》虽然没有“志”，但其中也包括和收录了不少的典章制度的资料，卷十六中对西魏末八大柱国将军、十二大将军姓名、官职的记载，成为史学家今天研究西魏府兵制度的极其重要的资料。卷二十四《卢辩传》反映了西魏和北周时期《周礼》以及当时的官制，卷二十三《苏绰传》所载的《六条诏书》，不仅对我们今天研究西魏北周的社会经济、政治有重要的意义，而且有助于中国古代政治经济思想的研究，也有助于我们深刻地理解北周强盛的原因。另外，《周书》卷四十五的《儒林列传》和卷四十七的《艺术列传》，实际上也就是正史里的文化艺术的《志》的内容。

由令狐德棻主撰的《周书》，是在史料较为缺乏的基础上经过著者的努力完成的。当时参考的主要书籍是西魏柳虬的《起居注》，以及隋代牛弘的《周记》18卷。可见，在可供参考的资料方面，《周书》与贞观年间编修《晋书》有大量可供参考的资料大为不同，《周书》的撰修缺乏可供选择的史料，这就大大地增加了编写的难度。在这种情况下，令狐德棻等人克服困难，参阅了唐初收集到的民间的家状之类的资料，经过斟酌，在几位助手的协助之下，在贞观十年（636年）最终完成了《周书》的编撰。清代学者赵翼认为：令狐德棻主撰的《周书》具有以下几个方面的优点和长处：一是叙事繁简得宜，文笔亦极为简劲；二是记载的当时各国的情况使读者一目了然；三是与宋、齐、梁、陈诸史都记述了各朝易代的九锡文不同，《周书》对此等空虚不实之文不予收录；四是该书保存了许多极为珍贵的历史文献。除此而外，有学者还提出，《周书》搜集资料丰富，叙述各国情况清楚，重视对史官的记述，保存了后梁的史事，这些确实都是令狐德棻主撰的《周书》的特点和价值之所在。《周书》的编撰，也为以后李延寿《北史》和《南史》的修撰打下了基础。

与其他史书一样，令狐德棻主持编撰的《周书》也有不足之处，其中最为突出的是对当朝大臣的祖先予以不适当的表彰和歌颂，当然这是历代正史的通病，在唐初所修的“五史”中都有明显的表现，只是在令狐德棻的《周书》中表现更为突出而已，如令狐德棻为自己的祖先令狐整立了嘉传，杜如晦的祖父杜杲也因而写入传记之中，后梁皇帝萧詧也因宰相萧瑀而得以载入史书之中。当然我们不是说不应该为后梁写传记，但后梁之所以能进入《周书》的直接原因，毫无疑义与萧瑀有直接的关系，特别是该传的“史臣曰”对萧詧作了不符合历史事实的吹捧，不管这段文字是否出自令狐德棻之手，但确实违背了“直笔而书”的优良传统。作为一位杰出的史学家，其史书中有这样的不足确实是一个明显的缺陷。另外，本书亦有史料考订不够精当、编次失当之处，且把北周以外各国当作“异域”来对待，等等，这些都需读者阅读时注意。

令狐德棻主持编撰的《周书》，到北宋时期已经残缺，据学者研究，《周书》曾在北宋熙宁年间和南宋绍兴年间刻版印刷，但这两个版本今天皆已失传，目前保存下来的版本是南宋翻刻，元、明两朝补版的“三朝本”。据唐长孺等学者研究，《周书》卷十八、卷二十四、卷二十六、卷三十一、卷三十二全缺，卷三十六可能全缺，也可能半缺，卷二十一大半缺，也有宋初未缺而传世各本脱去的大段文字，如卷六的《武帝本纪》、卷三十九的《杜杲传》皆脱去了几百字。以后有学者根据《北史》和《南史》有关记载加以补足。目前《周书》的最好版本是“文革”前已基本完成，由著名魏晋南北朝史研究专家唐长孺主持的标点本，该书由中华书局在1971年出版，以后多次重印。

名篇点评

战乱母子情

原文：

初，太祖创业，即与突厥和亲，谋为犄角，共图高氏。是年，乃遣柱国杨忠与突厥东伐。破齐长城，至并州而还。期后年更举，南北相应。齐主大惧。先是，护母阎姬与皇第四姑及诸戚属，并没在齐，皆被幽縶。护居宰相之后，每遣间使寻求，莫知音息。至是，并许还朝，且请和好。四年，皇姑先至。齐主以护既当权重，乃留其母，以为后图。仍令人为阎作书报护曰：

天地隔塞，子母异所，三十余年，存亡断绝，肝肠之痛，不能自胜。想汝悲思之怀，复何可处。吾自念十九入汝家，今已八十矣。既逢丧乱，备尝艰阻。恒冀汝等长成，得见一日安乐。何期罪衅深重，存没分离。吾凡生汝辈三男三女，今日目下，不睹一人。兴言及此，悲缠肌骨。赖皇齐恩恤，差安衰暮。又得汝杨氏姑及汝叔母纥干、汝嫂刘新妇等同居，颇亦自适。但为微有耳疾，大语方闻。行动饮食，幸无多恙。今大齐圣德远被，特降鸿慈，既许归吾于汝，又听先致音耗。积稔长悲，豁然获展。此乃仁侔造化，将何报德！

汝与吾别之时，年尚幼小，以前家事，或不委曲。昔在武川镇生汝兄弟，大者属鼠，次者属兔，汝身属蛇。鲜于修礼起日，吾之阖家大小，先在博陵郡住。相将欲向左人城，行至唐河之北，被定州官军打败。汝祖及二叔，时俱战亡。汝叔母贺拔及儿元宝，汝叔母纥干及儿菩提，并吾与汝六人，同被擒捉入定州城。未几间，将吾及汝送与元宝掌。贺拔、纥干，各别分散。宝掌见汝云："我识其祖翁，形状相似。"时宝掌营在唐城内。经停三日，宝掌所掠得男夫、妇女，可六七十人，悉送向京。吾时与汝同被送限。至定州城南，夜宿同乡人姬库根家。茹茹奴望见鲜于修礼营火，语吾云："我今走向本军。"既至营，遂告吾辈在此。明旦日出，汝叔将兵邀截，吾及汝等，还得向营。汝时年十二，共吾并乘马随军，可不记此事缘由也？于后，吾共汝在受阳住。时元宝、菩提及汝姑儿贺兰盛洛，并汝身四人同学。博士姓成，为人严恶，(淩)[汝]等四人谋欲加害。吾共汝叔母等闻之，各捉其儿打之。唯盛洛无母，独不被打。其后尔朱天柱亡岁，贺拔阿斗泥在关西，遣人迎家累。时汝叔亦遣奴来富迎汝及盛洛等。汝时着绯绫袍、银装带，盛洛着紫织成缬通身袍、黄绫里，并乘骡同去。盛洛小于汝，汝等三人并呼吾作"阿摩敦"。如此之事，当分明记之耳。今又寄汝小时所着锦袍表一领，至宜检看，知吾含悲戚多历年祀。

属千载之运，逢大齐之德，矜老开恩，许得相见。一闻此言，死犹不朽，况如今者，势必聚集。禽兽草木，母子相依，吾有何罪，与汝分离，今复何福，还望见汝。言此悲喜，死而更苏。世间所有，求皆可得，母子异国，何处可求。假汝贵极王公，富过山海，有一老母，八十之年，飘然千里，死亡旦夕，不得一朝蹔见，不得一日同处，寒不得汝衣，饥不得汝食，汝虽穷荣极盛，光耀世间，汝何用为？于吾何益？吾今日之前，汝既不得申其供养，事往何论。今日以后，吾之残命，唯系于汝，尔戴天履地，中有鬼神，勿云冥昧而可欺负。

汝杨氏姑，今虽炎暑，犹能先发。关河阻远，隔绝多年，书依常体，虑汝致惑，是以每存款质，兼亦载吾姓名。当识此理，不以为怪。

护性至孝，得书，悲不自胜，左右莫能仰视。报书曰：

区宇分崩，遭遇灾祸，违离膝下，三十五年。受形禀气，皆知母子，谁同萨保，如此不孝！宿殃积戾，唯应赐钟，岂悟网罗，上婴慈母。但立身立行，不负一物，明神有识，宜见哀怜。而子为公侯，母为俘隶，热不见母热，寒不见母寒，衣不知有无，食不知饥饱，泯如天地之外，无由暂闻。昼夜悲号，继之以血，分怀冤酷，终此一生，死若有知，冀奉见于泉下尔。不谓齐朝解网，惠以德音，摩敦、四姑，并许矜放。初闻此旨，魂爽飞越，号天叩地，不能自胜。四姑即蒙礼送，平安入境，以今月十八日于河东拜见。遥奉颜色，崩动肝肠。但离绝多年，存亡阻隔，相见之始，口未忍言，唯叙齐朝宽弘，每存大德。云与摩敦虽处宫禁，常蒙优礼，今者来邺，恩遇弥隆。矜哀听许摩敦垂敕，曲尽悲酷，备述家事。伏读未周，五情屠割。书中所道，无事敢忘。摩敦年尊，又加忧苦，常谓寝膳贬损，或多遗漏；伏奉论述，次第分明。一则以悲，一则以喜。当乡里破败之日，萨保年已十余岁，瞵曲旧事，犹自记忆；况家门祸难，亲戚流离，奉辞时节，先后慈训，刻肌刻骨，常缠心腑。

天长丧乱，四海横流。太祖乘时，齐朝抚运，两河、三辅，各值神机。原其事迹，非相负背。太祖升遐，未定天保，萨保属当犹子之长，亲受顾命。虽身居重任，职当忧责，至于岁时称庆，子孙在庭，顾视悲摧，心情断绝，胡颜履戴，负愧神明。霈然之恩，既以沾洽，爱敬之至，施及傍人。草木有心，禽鱼感泽，况在人伦，而不铭戴。

有家有国，信义为本，伏度来期，已应有日。一得奉见慈颜，永毕生愿。生死肉骨，岂过今恩，负山戴岳，未足胜荷。二国分隔，理无书信，主上以彼朝不绝子母之恩，亦赐许奉答。不期今日，得通家问，伏纸呜咽，言不宣心。蒙寄萨保别时所留锦袍表，年岁虽久，宛然犹识，抱此悲泣。至于拜见，事归忍死，知复何心！

（选自《晋荡公护列传》）

点评：

本文节选自《晋荡公护列传》。选文主要部分是宇文护与老母亲情真意切的书信，将宇文护与分隔三十余年的母子思念之情淋漓尽致地表现了出来。宇文护，西魏权臣，因曾经与宇文泰一起为西魏政权的稳固和发展立过汗马功劳，宇文泰死后，受遗诏辅政，曾经先后废立过几个皇帝而权倾天下。选文从宇文护做了宰相后寻找母亲开始。

公元439年，鲜卑人在北方建立了统一的北魏政权，孝文帝的汉化运动，使得鲜卑民族和汉族地主之间的矛盾逐步缓和，加之均田制和租调制的实行，社会经济逐步恢复和发展起来，北魏政权逐步稳定下来。宣武帝元恪在位时期，北魏政权继续保持着向上发展的良好态势。515年，年幼的元诩继位，骄奢淫逸的胡太后临朝执政，鲜卑贵族的贪婪腐败之风日渐发展，北魏政权与广大人民的矛盾日渐加深，各族人民起义不断，与此同时，统治阶级内部的矛盾也日渐激化。528年，胡太后毒死孝明帝，另立三岁的元钊为帝，这引起了在山西手握重兵的尔朱荣的不满，尔朱荣统率大军攻入洛阳，杀胡太后及王公大臣两千余人。尔朱荣拥立元子攸为帝，史称孝庄帝。尔朱荣的专权引起了孝庄帝的不满，530年，孝庄帝诱杀尔朱荣，尔朱荣的侄子尔朱兆从并州率大军攻入洛阳，杀孝庄帝，立元恭为帝，史称节闵帝。532年，尔朱荣部将高欢因与尔朱兆不和，起兵于冀州，攻入洛阳，消灭了尔朱兆的势力。高欢先后立元朗和元修为帝，534年，元修逃离洛阳，投靠了关中的宇文泰。高欢又立元善见为帝，迁都于邺城（今河北临漳西南），史称东魏。次年，宇文泰另立元宝炬为帝，定都长安，史称西魏。从此，北方又处于分裂状态。

北魏政权的分裂，使得不少人妻离子散，骨肉分离，给许多家庭带来了痛苦。本篇所选的宇文护与母亲三十余年的别离，以及母子之间的思念之情，从双方的感人至深的信中充分表露了出来。选文第一段是宇文护向北齐讨要母亲，得到了失散三十年的母亲的来信。第二段到第五段，是宇文护母亲致儿子的书信。书信第一段即选文的第二段，述说了母亲对儿子三十年来的苦苦思念之情，感人至深。书信第二段，从北魏末年鲜于修礼在定州左人城（今河北唐县）发动起义，宇文护一家开始过上了颠沛流离的生活开始述说。由于宇文护的祖父和他的两位叔叔相继战死，宇文护的母亲与他的叔侄一家6口困于左人城，之后流离失所，与母亲失散。感人的是，经历三十年的沧桑，宇文护的母亲尚记得儿子当时的着装，保留着孩子当年的衣物。书信的第三段，是宇文护的母亲对战争祸害的强烈谴责，正如她在信中所说：禽兽草木还有母子相依之情，我有什么罪责，竟然与儿子分离三十余载！人世间所需要的东西，皆可求得，但独独母子异国，到何处可以求得呢？即使你贵极王公，富过山海，但有一位80岁的老母亲，竟然飘然千里，死亡旦夕，与你不得一朝蹔见，不得一日同处，寒冷时得不到你的衣服，饥饿时吃不上你端上来的饭碗，你本人虽穷荣极盛，光耀世间，这些对于你有何用处？对于我又有什么益处？这些话发自一位80岁的老太太的口中，感人至深。书信的第四段是宇文护的母亲托其姑姑与他相互联系，以确证这封书信的真实性。

第五、六段，是宇文护的回信。首段宇文护表露了对母亲的思念，以及不能侍奉老母的内疚，述及了他与失散多年的姑母相见之后的欢心。末段论及了北魏分裂之后，周、齐并立的客观形势，对北齐允许母亲致书表示感谢，寄希望于在有生之年能与母亲团圆。宇文护的回信中，也有感人至深的语言，如说儿子贵为公侯，但其母亲却成为别人的俘虏和奴隶。天热的时候，做儿子的无法感受母亲的酷热，天气寒冷的时候，作为儿子看不见母亲的寒冷，不知母亲是否有衣穿，是否能吃饱饭。三十年来，母子二人犹如远隔天地，无法交通音信。想念母亲的时候，经常昼夜悲号，以至哭出了血，即使今生不能与母亲相见，也希望能在黄泉之下侍奉老母。所有这些感人至深的语句，值得读者仔细品味。如果说，宇文护还能凭借权势，使得母子团圆，那么，普通的大众如何消除骨肉分离之痛呢?

周武帝剪除权臣

原文：

护性甚宽和，然暗于大体。自恃建立之功，久当权轴。凡所委任，皆非其人。兼诸子贪残，僚属纵逸，恃护威势，莫不蠹政害民。上下相蒙，曾无疑虑。高祖以其暴慢，密与卫王直图之。

七年三月十八日，护自同州还。帝御文安殿，见护讫，引护入含仁殿朝皇太后。先是帝于禁中见护，常行家人之礼。护谒太后，太后必赐之坐，帝立侍焉。至是护将入，帝谓之曰："太后春秋既尊，颇好饮酒。不亲朝谒，或废引进。喜怒之间，时有乖爽。比虽犯颜屡谏，未蒙垂纳。兄今既朝拜，愿更启请。"因出怀中《酒诰》以授护曰："以此谏太后。"护既入，如帝所戒，读示太后。未讫，帝以玉珽自后击之，护踣于地。又令宦者何泉以御刀斫之。泉惶惧，斫不能伤。时卫王直先匿于户内，乃出斩之。

初，帝欲图护，王轨、宇文神举、宇文孝伯颇豫其谋。是日，轨等并在外，更无知者。杀护讫，乃召宫伯长孙览等告之，即令收护子柱国谭国公会、大将军莒国公至、崇业公静、正平公乾嘉，及乾基、乾光、乾蔚、乾祖、乾威等，并柱国侯伏侯龙恩、龙恩弟大将军万寿、大将军刘勇、中外府司录尹公正、袁杰、膳部下大夫李安等，于殿中杀之。齐王宪白帝曰："李安出自皂隶，所典唯庖厨而已。既不预时政，未足加戮。"高祖曰："公不知耳，世宗之崩，安所为也。"

十九日，诏曰：

君亲无将，将而必诛。太师、大冢宰、晋公护，地寔宗亲，义兼家国。爰初草创，同济艰难，遂任总朝权，寄深国命。不能竭其诚效，罄以心力，尽事君之节，申送往之情。朕兄故略阳公，英风秀远，神机颖悟，地居圣胤，礼归当璧。遗训在耳，忍害先加。永寻摧割，贯切骨髓。世宗明皇帝聪明神武，[惟几] 藏智。护内怀凶悖，外托尊崇。凡厥臣民，谁亡怨愤。

朕纂承洪基，十有三载，委政师辅，责成宰司。护志在无君，义违臣节。怀兹虿毒，逞彼狼心，任情诛暴，肆行威福，朋党相扇，贿货公行，所好加羽毛，所恶生疮痏。朕约己菲躬，情存庶政。每思施宽惠下，辄抑而不行。遂使户口凋残，征赋劳剧，家无日给，民不聊生。且三方未定，边隅尚阻，疆场待戎旗之备，武夫资捍城之力。侯伏 [侯] 龙恩、万寿、刘勇等，未效庸勋，先居上将，高门峻宇，甲第雕墙，实繁有徒，同恶相济。民不见德，唯利是际。百姓嗷嗷，道路以目；含生业业，相顾钳口。常恐七百之基，忽焉颠坠，亿兆之命，一旦阽危，上累祖宗之灵，下负苍生之责。

今肃正典刑，护已即罪，其余凶党，咸亦伏诛。氛雾既清，遐迩同庆。朝政惟新，兆民更始。可大赦天下，改天和七年为建德元年。

……护世子训为蒲州刺史。其夜，遣柱国、越国公盛乘传往蒲州，征训赴京师，至同州赐死。护长史代郡叱罗协、司录弘农冯迁及所亲任者，皆除名。护子昌城公深使突厥，遣开府宇文德赍玺书就杀之。三年，诏复护及诸子先封，谥护曰荡，并改葬之。

……

史臣曰：仲尼有言："可与适道，未可与权。"夫道者，率礼之谓也；权者，反经之谓也。率礼由乎正理，易以成佐世之功，反经系乎非常，难以定匡时之业。故得其人则治，伊尹放太甲，周旦相孺子是也，不得其人则乱，新都迁汉鼎，晋氏倾魏族是也。是以先王明上下之序，圣人重君臣之分。委质同于股肱，受爵均其休戚。当其亲受顾托，位居宰衡，虽复承利剑，临沸鼎，不足以詟其虑，据帝图，君海内，不足以回其心。若斯人者，固以功与山岳争其高，名与穹壤齐其久矣。

有周受命之始，宇文护寔预艰难。及太祖崩殂，诸子冲幼，群公怀等夷之志，天下有去就之心。卒能变魏为周，俾危获乂者，护之力也。向使加之以礼让，继之以忠贞，桐宫有悔过之期，未央终天年之数，则前史所载，焉足以道哉。然护寡于学术，昵近群小，威福在己，征伐自出。有人臣无君之心，为人主不堪之事。忠孝大节也，违之而不疑；废弑至逆也，行之而无悔。终于身首横分，妻孥为戮，不亦宜乎。

（选自《晋荡公护列传》）

点评：

本文选自《晋荡公护列传》。宇文护是北周政权初期的重要权臣。公元556年，西魏政权的创建者宇文泰在甘肃的泾州（今泾川）病逝，宇文泰临终前将他的江山托付给侄子宇文护，在大臣于谨的支持下，宇文护掌握了西魏的军政大权。宇文护首先迫使西魏皇帝恭帝元廓逊位，另立宇文泰的三子宇文觉继位，宇文觉改国号为周，史称北周。宇文觉不愿受制于宇文护，几次想除掉宇文护，但却没有成功，反而被宇文护废掉，不久，节闵帝宇文觉被杀。557 年，明帝宇文毓即位，3 年后，宇文毓被宇文护派人毒死。随后，宇文护立宇文邕即皇帝位，是为周武帝。

周武帝宇文邕具有雄才大略，他汲取了前面两个皇帝的血的历史教训，一直对宇文护采取了忍让的态度，伺机除掉宇文护。在一些大臣的支持下，经过一番周密的部署，572 年，周武帝宇文邕最终设计除掉了权臣宇文护。本篇节选的正是周武帝时宇文护的专权，以及最后被除掉的情况。

选文包括两个大的部分：第一部分集中地描绘了周武帝设计除掉宇文护及其党羽的经过。第二部分是对宇文护的评述。第一至第三段，是周武帝宇文邕设计除掉宇文护，以及最后彻底剿灭宇文护的党羽的经过。首段是说宇文护的专权跋扈，引起了周武帝的愤恨，于是，武帝决心除掉宇文护。第二段是对武帝设计利用宇文护向太后劝谏之机，击杀宇文护的经过的详细记叙。第三段是周武帝彻底剿除宇文护的党羽的情况。选文第二部分，是周武帝的诏书，共有三段，第一段历数宇文护接连废掉和害死节闵帝宇文觉以及明帝宇文毓的弥天大罪，第二段宇文邕历数自己执政 13 年来，宇文护任情诛暴，肆行威福，交结朋党，公行贿赂，独断朝纲，导致国家残破、民怨滔天的罪行。第三段明示已诛除宇文护及其党羽，大赦天下和改元建德。诏令之后是进一步诛灭宇文护的儿子及其势力情况。最后两段是史官的评论，首先结合历史论述了选择恰当的辅政大臣的重要性，其次对宇文护的一生作了评价。令狐德棻肯定了宇文护建立北周政权的功绩，但对他的动辄废帝、专权跋扈的行为予以严厉的谴责，认为他的下场是罪有应得的。

宇文护在政治上是一个悲剧的历史人物，从中可见北周初年权臣辅政的政治形势，以及周武帝宇文邕开始亲政的基本情况。选文文辞优美，很值得广大读者仔细地加以品味。

周齐大战晋州城

原文：

冬十月，帝谓群臣曰："朕去岁属有疹疾，遂不得克平逋寇。前入贼境，备见敌情，观彼行师，殆同儿戏。又闻其朝政昏乱，政由群小，百姓嗷然，朝不谋夕。天与不取，恐贻后悔。若复同往年，出军河外，直为抚背，未扼其喉。然晋州本高欢所起之地，镇摄要重，今往攻之，彼必来援，吾严军以待，击之必克。然后乘破竹之势，鼓行而东，足以穷其窟穴，混同文轨。"诸将多不愿行。帝曰："几者事之微，不可失矣。若有沮吾军者，朕当以军法裁之。"

己酉，帝总戎东伐。以越王盛为右一军总管，杞国公亮为右二军总管，随国公杨坚为右三军总管，谯王俭为左一军总管，大将军窦(泰)[恭]为左二军总管，广化公丘崇为左三军总管，齐王宪、陈王纯为前军。庚戌，荧惑犯太微上将。戊午，岁星犯太陵。癸亥，帝至晋州，遣齐王宪率精骑二万守雀鼠谷，陈王纯步骑二万守千里径，郑国公达奚震步骑一万守统军川，大将军韩明步骑五千守齐子岭，（焉）［乌］氏公尹升步骑五千守（钟）鼓［钟］镇，凉城公辛韶步骑五千守蒲津关，柱国、赵王招步骑一万自华谷攻齐汾州诸城，柱国宇文盛步骑一万守汾水关。遣内史王谊监六军，攻晋州城。帝屯于汾曲。齐王宪攻洪洞、永安二城，并拔之。是夜，虹见于晋州城上，首向南，尾入紫微宫，长十余丈。帝每日自汾曲赴城下，亲督战，城中惶窘。庚午，齐行台左丞侯子钦出降。壬申，齐晋州刺史崔景嵩守城北面，夜密遣使送款，上开府王轨率众应之。未明，登城鼓噪，齐众溃，遂克晋州，擒其城主特进、开府、海昌王尉相贵，俘甲士八千人，送关中。甲戌，以上开府梁士彦为晋州刺史，加授大将军，留精兵一万以镇之。又遣诸军徇齐诸城镇，并相次降款。

十一月己卯，齐主自并州率众来援。帝以其兵新集，且避之，乃诏诸军班师，遣齐王宪为后拒。是日，齐主至晋州，宪不与战，引军度汾。齐主遂围晋州，昼夜攻之。齐王宪屯诸军于涑水，为晋州声援。河东地震。癸巳，至自东伐。献俘于太庙。甲午，诏曰："伪齐违信背约，恶稔祸盈，是以亲总六师，问罪汾、晋。兵威所及，莫不摧殄，贼众危惶，乌栖自固。暨元戎反旆，方来聚结，游魂境首，尚敢趑趄。朕今更率诸军，应机除剪。"丙申，放齐诸城镇降人还。丁酉，帝发京师。壬寅，度河，与诸军合。

十二月戊申，次于晋州。初，齐攻晋州，恐王师卒至，于城南穿堑，自乔山属于汾水。庚戌，帝帅诸军八万人，置阵东西二十余里。帝乘常御马，从数人巡阵处分，所至辄呼主帅姓名以慰勉之。将士感见知之恩，各思自厉。将战，有司请换马。帝曰："朕独乘良马何所之？"齐主亦于堑北列阵。申后，齐人填堑南引。帝大喜，勒诸军击之，齐人便退。齐主与其麾下数十骑走还并州。齐众大溃，军资甲仗，数百里间，委弃山积。

辛亥，帝幸晋州，仍率诸军追齐主。诸将固请还师，帝曰："纵敌患生。卿等若疑，朕将独往。"诸将不敢言。甲寅，齐主遣其丞相高阿那肱守高壁。帝麾军直进，那肱望风退散。丙辰，师次介休，齐将韩建业举城降，以为上柱国，封郇国公。丁巳，大军次并州，齐主留其从兄安德王延宗守并州，自将轻骑走邺。

（选自《武帝本纪下》）

点评：

本篇节选自《武帝本纪下》，主要记述周武帝宇文邕大举伐北齐，双方大战晋州城的基本情况。晋州，即今山西临汾市，是北齐的战略要地，也是高欢的发家之所。晋州大战是周武帝宇文邕攻灭北齐的具有决定性意义的战役，也是他统一北方的重大军事举动。从这篇选文的阅读中，我们可见这一重大历史事件的详细经过，以及宇文邕杰出的军事胆略。北齐的衰亡和北周的强盛从中也可见一斑。

选文从公元576年周武帝第二次伐齐开始，首段是周武帝的战前总动员。主要讲述了他去年退兵的原因及得知北齐国内的虚实，又阐述了他这次用兵晋阳的谋略，最后，在诸将犹豫不决的时候，宇文邕力主讨伐北齐的情况。第二段是宇文邕亲自统领各路大军，向晋阳逼近的兵力总部署。第三段，记述了宇文邕在晋阳周围布置重兵，一举攻克晋阳城的雄伟而壮观的战争场面。宇文邕的长于谋略和善于用兵充斥字里行间。第四段，记述宇文邕大军主动撤离晋阳城，齐后主高纬亲自统率大军夺回晋州，宇文邕再以计鼓足将士的决战勇气，并放回了投向北周的北齐的民众，以瓦解北齐的军心。第五段，记述了宇文邕体恤将士、身先士卒，最后再次夺回晋州城的情况。选文最后一段，记述了宇文邕重战晋州之后，果断地乘胜追击逃亡的齐军，打败齐丞相高阿那肱、韩建业的军队，最后北周大军挺进并州，齐后主最后仓皇逃命的情况，至此，周武帝宇文邕讨伐北齐的战争已取得决定性的胜利。

节选的这段文字将一个果断、勇敢、爱惜将士、颇有谋略的皇帝宇文邕的形象充分地展现在读者面前。周武帝宇文邕的果断和在关键时刻立场坚定，从第一段就有明显的体现。最后一段，在齐后主出逃之后，宇文邕坚持率诸军追齐主，也显示了武帝的果决。可以明确地说：正是由于宇文邕的果断，最终抓住了战机，赢得了灭齐的重大军事行动的决定性胜利。

宇文邕赢得这场战争的胜利的又一根本原因，在于他的善于用兵，这从他第一次夺取晋州时的兵力部署可见一斑。先兵分八路据守各战略要地，然后以主力直取晋州。在齐后主统率大军直逼晋州时，宇文邕却令大军主动撤出晋州城，以避敌人的锋芒。

宇文邕取得战争胜利的第三个方面的原因，在于他能够体恤将士，身先士卒。在第二次夺取晋州的大战之前，宇文邕走入军阵之中，亲呼各位主将的姓名，慰劳各位将士，在战前坚持骑着自己平常的战马，表现了一位具有特殊品格的将帅的气质，也大大赢得了将士的衷心拥护和爱戴，为战争的最后胜利奠定了坚实的基础。与此相对照的是齐后主的仓皇应战，夺得晋州城后，不知据险守城，以等待援军和战机，借以拖垮北周的军队，却令将士填平城堑，弃城而跑。这样截然相反的两军统帅，战争的胜负自不待言。

本纪多为编年体的流水账式的记述，然而这篇节选的部分却具有较强的可读性。令狐德棻老于文学和长于记事的史才，从这篇选文中可见一斑。这篇本纪收录了周武帝宇文邕的几篇诏书，保存了原始资料，由于篇幅的关系，加以删节，有兴趣的读者可以自己找原文加以欣赏。

千古名言

俭为德之恭，侈为恶之大。

——语出《韦孝宽列传》。俭：节俭，奢：奢侈。本句的意思是：节俭是道德的极其重要的方面；过度的奢欲是邪恶的非常显著的表现。这句话警示人们应该时刻注意节俭，防止和克服自己的奢欲。节俭是中华民族的美德，今天，虽然我们的物质生活逐渐富裕起来，但仍应该继续发扬这种美德。

表不正，不可求直影；的不明，不可求射中。

——语出《苏绰列传》。表：测量用的标杆；的：射箭的靶子。这句话的意思是说：如果标杆都不直，就不要强求其投影能直；连射箭的靶子都不知道，就不要想象能够射中目标。这句话启示后人：当官的人必须以身作则，这样下属才能行为端正；办任何事情都要目标明确，这样才有可能达到预期的目的。

饥寒切体，而欲使民兴行礼让者，此犹逆坂走丸，势不可得也。

——语出《苏绰列传》。这句话的意思是说：饥寒交迫，而能使民众遵循道德礼让，这就好比在逆放过来的板上滚弹丸，这种情形显然是不可想象的。古代能出现这样的警句，确实是十分可贵的。表明我们的古人已有了经济基础决定人们的道德的朴素唯物论思想。

大丈夫宁为忠鬼，安能作叛臣乎！

——语出《李贤列传》。意思是说：顶天立地的男子，宁可做一个忠实的鬼去死，而不愿去背叛自己的君主，做一个叛臣。这句话虽然表现出狭隘的忠君思想，但在一定程度上反映了古人坚贞不屈的高尚品德。

清者莅职之本，俭者持身之基。

——语出《郑孝穆列传》。意思是说：清正廉洁这是官员从事行政工作的根本，勤俭节约是个人立身的基础。清正廉洁、勤俭节约，这是中华民族的优良品德，在今天仍值得我们继承和发扬。

学不精勤，不如不学。

——语出《李贤列传》。意思是：如果不有选择地读书，不勤奋攻读，那就不如不学。这句话告诉我们，读书要有选择，为学必须勤奋。这是经验之谈，值得各位学子深思。

士必从微而至著，功必积小以至大。

——语出《苏绰列传》。这句话是说：士人做事必须从小处着手，然后才有可能期望办成大事。功业也必须从小的功绩予以积累，然后才能期待建立卓著的功勋。这句话提醒人们，事情必须从一点一滴做起，这样才能期望有更大的成就。

严刑酷罚，非致治之弘规。

——语出《尉迟运列传》。原意为：严刑酷罚，不是走上治世的高妙的办法。中国古代的儒家反对以严刑酷法治理国家和社会，这句名言，即是这种政治思想的体现。

化于敦朴者，则质直；化于伪者，则浮薄。

——语出《苏绰列传》。意思是：以敦厚朴实教化出来的人，他的品行正直，而受虚伪教化的人，他的本质必然轻薄。这句话表明了古代政治家强调教化的政治思想。

置臣得贤则治，失贤则乱。

——语出《苏绰列传》。意思是：治理国家任用贤臣则会出现治世，失去和远离贤能则国家会走向动乱。这是古人总结出来的历史经验，也是古人崇尚贤能政治的极其重要的政治思想的表现。

官得其才，用当其器。

——语出《艺术列传》。本句可翻译为：任用官员必须合理地利用其才干；使用手下也必须按照个人的具体情况，予以合理的使用。这是古人总结出的宝贵的历史经验，也是中国封建社会极其重要的政治思想。今天仍然不失其宝贵的历史价值。

经师易求，人师难得。

——语出《儒林列传》。经师：讲授经学的老师。经学：指中国古代的儒家经典著作，包括《周易》、《尚书》、《诗经》、《春秋》、《仪礼》等儒家经典著作。人师：指为人师表的老师。本句的原意是：传授经书的老师容易求得，而能为人师表的老师却不容易得到。这句话告诉人们，作为老师的人要加强自己的道德修养，拜访老师也要注意其道德行为举止。

二十四史

名篇选评

下

汪高鑫　主编

人民出版社

《南史》和《北史》

史家生平

《南史》和《北史》是由李延寿在其父亲李大师旧作的基础上由个人编撰，并得到唐中央政府首肯的两部史书，这是唐初所修的八部正史中两部通史性质的著述。

李大师（570—628年），字君威，祖籍陇西狄道（今甘肃临洮），后迁居相州（今河南安阳）。李大师的父亲李超，字仲举，博涉经史，不守章句之学，这对李大师以后走上史学研究的道路有很大影响。李超曾为北齐修武县令、晋州别驾，杨坚取代北周政权，曾降职使用李超，李超不愿赴任，老死洛阳永康里。李大师因为他的父亲曾反对北齐丞相投降北周一事，长期不得重用。隋炀帝统治时期，李大师才得到了信都司户书佐、渤海郡主簿的职位。窦建德起义军势力大盛时，李大师参加了窦建德农民起义军，担任了窦建德夏政权的尚书礼部侍郎，并担任了窦建德与唐谈判的使者。窦建德起义失败后，李大师被流放至西会州（今甘肃靖远）。武德九年（626年），李大师遇大赦，不愿继续从政，于是回归故里。贞观二年（628年），李大师因病去世。李大师在政治上虽无大的作为，但在学术上却做出了不可磨灭的贡献，这就是促成了他的儿子李延寿最后编修成了“二十四史”中的两部正史。南北朝时期，全国处于分裂割据时期，民族矛盾和各割据政权之间的矛盾错综复杂，反映这一时代的历史著作中也充满了民族主义情绪，即所谓：“北书谓南为‘岛夷’，南书谓北为‘索虏’，加之这一时期所成的著作多为一朝一代历史的反映，缺少全面贯通的著述。李大师对此深有感触，因而欲仿效《吴越春秋》，以编年体例撰写一部贯通南北的历史著述。在流放会州期间，借助于凉州总管杨恭仁的丰富藏书，李大师开始了编年体的南、北二史的编撰工作，回归故里后，这一工作继续进行。贞观二年（628 年），59 岁的李大师因病去世，临死前他对业已开始的历史著述尚未完成抱着满腔的遗憾，嘱咐他的儿子李延寿要想尽一切办法完成自己的未竟之业。综观李大师为修南、北二史所做的工作，历史学家高敏认为，“李大师死前，不仅定好了撰写《南北史》的计划，而且已经开始收集宋、齐、梁、魏四代的史料，为李延寿撰写《南北史》奠定了一定的基础。”（《经史说略·二十五史说略》，北京燕山出版社 2002 年版，第 258 页）早在有关南北朝的断代史大部分尚未修成之际，李大师就有志于撰写贯通南北的历史著述，不能不说是一位具有开拓精神的史学家。

李延寿，字遐龄，生卒年代不详，大约生于隋文帝开皇十五年（595 年）左右，卒于唐高宗仪凤年间（676—679 年），活了八十余岁。李延寿自幼受其父亲的影响，具有著史之才，有志于从事历史著述工作。贞观三年（629 年），唐太宗李世民命大臣编修梁、陈、齐、周、隋五代史，时任史职的李延寿协助颜师古、孔颖达编修《隋书》（一说从事《五经正义》以及古书的整理工作），李延寿在《隋书》编撰工作之余，利用皇家丰富的藏书，为南、北二史的编撰进一步搜集资料。贞观五年（631 年），李延寿的母亲去世，他回家守丧，以后又任职于蜀中。这一时期他继续搜求有关南北朝的历史资料。贞观十五年（641 年），李延寿任东宫典膳丞、右庶子，得令狐德棻的推荐参与了《晋书》的修撰；贞观十七年（643 年），得右仆射、谏议大夫褚遂良的允许，又参与了《隋书》十志的修撰。与此同时，李延寿加快了《南史》和《北史》的撰述步伐，他借助皇家的藏书，以及已经修成的梁、陈、齐、周、隋五代史，加上魏收、魏澹的《魏书》，沈约的《宋书》，萧子显的《齐书》，王劭的《齐志》，参考其他史著，以及各类杂史 1000 余种，在他父亲李大师著述的基础之上，仿照司马迁的纪传体通史的体例，先著成《南史》80 卷，呈请监国史、国子祭酒、著名史学家令狐德棻过目刊正，之后又完成了《北史》100 卷的定稿工作，经令狐德棻的审定，并遍咨于其他宰相后，在唐高宗显庆四年（659 年）上呈高宗皇帝，唐高宗李治阅后亲自为其作序并下令颁行。至此，历经李大师和李延寿父子两代几十年的努力，贯通南北八个朝代的通史《南史》和《北史》相继告终。

除了参与《隋书》、《晋书》编修以及撰成了《南史》和《北史》之外，李延寿还参与了长孙无忌、于志宁等主持的唐朝国史的编修工作；与此同时，李延寿又撰成了《太宗政典》30 卷。李延寿去世后，唐高宗李治因其所撰《太宗政典》“词殚直笔”，称赞李延寿“艺文该恰，才兼良史”，赐其家绢五十匹，以示褒奖，并将《太宗政典》抄写两份，一份存秘书省，一份赐皇太子。仅从以上著述以及当时皇帝和朝臣对李延寿著述的推崇，就可以明显地看出，李延寿是一位有功于唐代史学发展的史学家，他撰写的《南史》和《北史》，在“二十四史”中占有一定的地位，丰富了中国史学遗产的宝库。

史著介绍

《南史》共 80 卷，其中本纪 10 卷、列传 70 卷，系统地记述了从宋孝武帝永初元年（420年）至陈后主祯明三年（589年）的历史，包括南朝的宋、齐、梁、陈四个朝代，共计170年的历史。

10卷本纪，包括宋本纪3卷，齐本纪2卷，梁本纪3卷，陈本纪2卷，以编年体的形式系统地记述了南朝宋、齐、梁、陈政权的更迭情况。本纪之后，是2卷的《后妃传》，以朝代顺序记述了宋、齐、梁、陈的42后妃，以及个别的皇后的父亲和兄长的事迹。卷十三至四十，是刘宋宗室以及大臣的列传，共27卷。卷四十一至五十，包括萧齐宗室、齐高帝诸子、齐武帝诸子、明帝诸子的传记，以及5卷大臣列传；卷五十一至六十四，为梁宗室和大臣的传记，包括梁宗室、梁武帝诸子、梁简文帝诸子、元帝诸子的传记，另有大臣传记10卷；卷六十五至六十九，包括陈宗室诸王、文帝诸子、宣帝诸子、后主诸子的传记，另有4卷大臣的传记。卷七十至七十七为类传，包括循吏、儒林、文学、孝义、隐逸、恩幸六个类传，记述了许多官僚和士人的学术成就以及道德品质和性格，是我们了解南朝的社会百态的珍贵资料，具有重要的参考价值。卷七十八至七十九，记述了周边国家，包括南海诸国、西南夷、东夷共计22个古代国家的历史、地理人文和风俗情况；以及包括西戎、诸蛮、北狄的各少数民族的情况的记述。卷八十为《贼臣传》，包括侯景、陈实应等六位梁、陈政权的叛逆分子的传记，全文主要集中于侯景之乱这一重要历史事件上。

南朝齐武帝永明年间（483—493年），沈约奉诏撰成《宋书》100卷，系统地记述了刘宋一朝的历史；梁代齐之后，萧子显奉敕撰成《南齐书》60卷，记述萧齐一朝24年的历史；贞观年间，姚思廉在他父亲姚察的基础上，撰成了《梁书》56卷和《陈书》36卷，这些断代史专著为李延寿最终完成《南史》提供了坚实的基础。在参考了当时皇室的大量丰富藏书的同时，李延寿在上述有关断代史的基础上，对已经写成的宋、齐、梁、陈的史著进一步精简和删削，按照一定的编撰原则和指导思想，最终撰成了《南史》。

李延寿继承了司马迁的通史风格，将宋、齐、梁、陈四朝的历史融为一书，这就在一定程度上消除了南北朝时期所形成的有关断代史著作中狭隘的民族观念和南北之间的界限，表现出较为开阔的视野，反映了历经魏晋南北朝时期的民族融合和隋唐的大统一后，史学家和政治家民族观念的变化。这也是《南史》高出其他断代史的突出特征。这样贯通性的编撰方式，使得读者在一部书里就可以明了南朝历史的基本情况，而无须逐本地去翻阅宋、齐、梁、陈的断代史著作。

《南史》是在有关的断代史的基础之上进一步精简而成，它删掉了许多繁冗而没有太大意义的诏令、册文和列传中的奏议、文章等，具有突出主题、言简意赅的优点。从总体而言，宋、齐、梁、陈四书共计 251 卷，而《南史》为 80 卷，分量上仅为前者的三分之一。具体而言，如《宋书·武帝本纪》载有关册文 36 篇之多，而《南史·宋本纪·武帝本纪》，仅保留了讨桓玄檄、韩彦之答刘裕书等 6 篇诏书，文字简洁，突出了刘裕在建立刘宋政权的功业以及刘裕时代的重大历史事件。又如卷二十《谢灵运传》，删去《宋书·谢灵运传》中的《撰征赋》、《山居赋》、《劝伐河北疏》、《诣阙自陈表》，共计 1.5 万余字，进一步突出传主个人经历。不言而喻，李延寿对宋、齐、梁、陈诸书删削过程中牺牲了不少宝贵的资料，但由此所记的传主的事迹也变得简洁集中，颇便于一般读者阅读。

李延寿的《南史》不仅是简单的删削功夫，它参考了多种书籍，做了进一步的补充。这主要表现在入传人物的增补和本纪、列传内容的增补两个方面。高敏指出："《南史》列传中的王琳、甄法崇、甄彬、鲍行卿、鲍客卿、张彪、吉士瞻、罗研、李膺等人，均为增补者，在其《文艺传》、《孝义传》以及《隐逸传》中，尤多增补者。据不完全统计，《南史》较南朝四书新增入传者不下一百余人。"(《经史说略·二十五史说略》，北京燕山出版社2002年版，第266页）具体而言，如《陈书·后主本纪·祯明二年》记事共600余字，《南史》补充近一倍，达1100余字；《南齐书·江夏王萧锋传》仅170字，《南史》将其增加到700余字；《南齐书·宜都王萧铿传》仅百余字，《南史》将其增加到530余字。《南史》卷一《宋本纪·武帝本纪》记载的刘裕少年时代的特异表现以及卷末所载武帝的逸事，皆为《宋书·武帝本纪》所无；《南史》卷五十七《范缜传》，虽然删去了《神灭论》这一宝贵的思想史资料，但却增加了范缜不愿“卖论取官”和不祠神庙的对话和史实，表现出了这位刚直不阿的无神论思想家的优秀品格。《南史》也订正了其他断代史记载的不少失误。如关于海陵王刘休茂举兵反叛时，义成太守薛继考与刘休茂的关系，《宋书·文五王列传》记载参军尹玄庆攻休茂并将其斩首，而《宋书·孝武本纪》却说薛继考攻杀了刘休茂，对此，李延寿在《南史·宋本纪·孝武帝本纪》中予以纠正，明确地说：“（休茂）举兵反，参军尹玄庆起义，斩之。”《南史》修成于唐朝初年，因而相比早年修成的《宋书》和《齐书》，隐讳较少，这就有助于后世史学家进一步探寻历史的真相，即使是对姚思廉的《陈书》，也纠正了不少的隐讳之处，姚思廉的《陈书》是在他父亲姚察旧作的基础之上写成的，姚察曾任职于陈，因而对陈有不少的隐讳之处。对此，李延寿在《南史》中予以纠正。如《陈书》将陈霸先篡梁，并将梁敬帝萧方智杀死一事予以隐讳，而李延寿则在《南史》卷六十八《刘师知传》中予以揭露：“梁敬帝在内殿，师知常侍左右。及将加害，师知诈帝令出，帝觉，绕床走曰：‘师知卖我，陈霸先反。我本不须作天子，何意见杀。’师知执帝衣，行事者加刃焉。既而报陈武帝曰：‘事已了。’武帝曰：‘卿乃忠于我，后莫复尔。’师知不对。”仅从这一则典型的事例，就可以明显地看出，《南史》在历史事实的记述上，也有许多方面较之《宋书》、《齐书》、《梁书》、《陈书》的优越之处。

从历史编撰学的角度看，《南史》与《北史》一样，表现出明显的特点。这就是将一家一姓按其子孙世系贯通下来，合于一篇传记之中。这也是魏晋南北朝时期重视门阀士族观念在史学方面的反映。这一编撰方法也并非李延寿的首创，如刘宋时代何法盛的《晋中兴书》，就设有《陈郡谢录》和《琅邪王录》等类目；魏收的《魏书》，也将出身高门士族的祖孙及同姓合于一传。这一做法在新中国成立以来很长时期，受到了史学家的批评，但实际上这既是当时社会政治意识的反映，又鲜明地反映出了南朝门阀氏族观念的浓厚，及其广泛深远的社会影响。对此，我们应以历史主义的态度去认识，以能否更真实地表现历史的真实作为判断是非的标准，而不能因为门阀士族后来成为落后的社会腐朽势力而简单地将对门阀士族的记述，或受门阀士族思想影响的史学一概否定。

在对南朝历史的记载方面，在历史资料的原始性方面，《南史》虽然比不上《宋书》、《南齐书》、《梁书》和《陈书》，其中的删削也有不当之处，对少数民族的态度尚具有华夷之辨的大汉族主义思想的色彩，但《南史》仍是我们今天研究南朝历史不可缺少的一部极其重要的史著。历朝历代学者对《南史》的评价都高出于其他四部断代史书。目前《南史》最好的版本是中华书局1975年的标点本，该书以后多次再版，读者可根据自己的时间和兴趣选读几篇本纪和列传。

《北史》共计100卷，其中本纪12卷、列传88卷，详细地记述了从386年北魏建国至618年隋王朝的灭亡，包括北魏、东魏、西魏、北齐、北周、隋六个朝代，共计233年的历史，是一部与《南史》并列的纪传体通史著作。

《北史》的本纪，卷一至卷五为魏本纪，从魏先世拓跋力微至西魏恭帝和东魏孝静帝，以编年体的形式概括地记述了从北魏立国至西魏和东魏灭亡的历史概貌。卷六至卷八为北齐皇帝的本纪，从高祖高欢至幼主高恒，卷九和卷十为北周皇帝的本纪，从太祖宇文泰至静帝宇文阐，卷十一至十二为隋本纪，从高祖文帝杨坚至恭帝杨侑。除主干“本纪”之外，88卷的列传是《北史》的血肉。卷十三至十九，包括后妃传、魏宗室传、诸王列传，卷二十至五十为大臣列传。卷五十一至五十二为齐宗室诸王传，卷五十三至五十六为齐大臣列传。卷五十七至五十八为周宗室以及周宗室诸王列传，卷五十九至七十为大臣列传。卷七十一为隋宗室诸王列传，卷七十二至七十九为隋大臣列传。卷八十至九十二为类传，包括外戚、儒林、文苑、孝义、节义、循吏、酷吏、隐逸、艺术、列女、恩幸11个类别。从封建皇朝正统观念出发，《北史》专设《僭伪附庸传》，记述了夏、燕、后秦、北燕、西秦、北凉、后梁等各割据政权兴衰的历史。卷九十四至九十五记述了高丽、百济、倭、林邑等周边各国的历史。卷九十六至九十九分别记述了氐、突厥等各少数民族的历史以及风土人情。卷一百是李延寿为他的祖先所立的传记，并交代了《南史》和《北史》的撰述经过。

李延寿的《北史》是在他父亲李大师原来工作的基础上。进一步补充、加工而成的，当时可供他参考的资料有魏收、魏澹的《魏书》，王劭的《齐志》，另外，唐朝初年令狐德棻修成的《周书》、李百药的《北齐书》、魏徵主持修撰的《隋书》，都是李延寿的主要参考资料。除此而外，李延寿还参考了大量的杂史。

关于《北史》撰述的底稿以及它与其他断代诸史的关系，清代著名史学家赵翼经过仔细研究后，在《廿二史札记》中指出:《北史·魏书》多以魏收的《魏书》为底本，《北史》全用《隋书》。从《北史》借用各书的具体情况看来，《北史》的修撰，对魏收的《魏书》删削较多，对成于唐朝初年的《周书》、《北齐书》和《隋书》删削较少，特别是《隋书》删削更少。从总体上看，记述北朝（包括隋朝）的《魏书》、《北齐书》、《周书》和《隋书》共计315卷，而李延寿的《北史》为100卷，为前者的三分之一，显得更为简洁，颇便于读者阅读。具体而言，除删掉了大量的诏令、册令、奏议等之外，对南北之间的战争也删去不少。赵翼分析了《南史》和《北史》两国交兵不详细记载的原因，他说："盖延寿叙事，专以简扩为主，故不能一一详书，且南北交兵，各自夸胜讳败，国史故各记其所记，延寿则合南北皆出其一手，唯恐照本抄誊，一经核对，则事实多不相符故也。"(《廿二史札记》，中国书店1987年版，第172页）南北朝时期，战争是当时政治的一个极其重要的方面，这也是历代正史记述的一项极其重要的内容，《南史》和《北史》对此不详细记载，今天看来不能不说是一项缺陷，但对于自己无法判断事实真相的这些战争，李延寿采取了一种简略的记述方法，不能不说是一项明智的选择。

李延寿在《北史》中也增补了不少的内容，如在帝王本纪中，根据魏澹的《魏书》，增补了西魏三帝的本纪，《后妃传》中增写了西魏诸帝的后妃；列传中增补了梁览、雷绍等人的传记。北齐增补了不少的太妃传、公主传，新增附传更多，不下数十人。这绝非对原来有关断代史简单的抄录或简写所能达到，从中可见李延寿为修《北史》所做的许多具有原创性的工作。其他列传中增补的内容也不少，如《北史·苏威传》增补了隋灭陈之后，江南人民的反隋斗争的珍贵史料。《北史》卷四十三的《李谐传》，补充了当时南北交往的史实，这些都是反映这一时期历史的珍贵资料。李延寿的《北史》对其他诸史记载失实之处，也予以更正。如北魏宗室诏改"拓跋氏"为"元氏"是在孝文帝太和二十年（496年），而魏收的《魏书》对改姓以前的北魏诸帝和宗室皆冠以"元"姓，对此李延寿在《北史》中加以改正。对一些曲笔隐讳，《北史》也在一定程度上予以纠正，如对高欢废北魏节闵帝并将其杀害，《魏书》予以隐讳，简单地记为："（节闵帝）殂于门下外省。"而李延寿在《北史》中据实直书："帝遇弑，殂于门下外省，时年三十五。”这些都使《北史》在一定程度上显示出自身所具有的价值。

当然，《北史》主要是在删削和精简其他断代史的基础之上而成的，因而也有删削不当的问题。如北魏孝文帝时李安世上的均田疏，是研究北魏均田制的极其重要的历史文献，《魏书·李安世传》对此全文收录，而李延寿的《北史》却删掉了这一极其珍贵的历史文献。又如450年，北魏与南朝刘宋之间的战争持续一年多，对此，《魏书·世祖本纪下》和《宋书·文帝本纪》都作了较为详细的记述，而《南史》和《北史》的则较为简略，使得不少有价值的材料难以保存下来。《北史》与《南史》一样，仅有本纪和列传，作为一部纪传体通史来说，是不完整的，似乎是一种缺憾，但实际上有关南北朝以及隋代的典章制度，《五代史志》已将有关的内容完整地反映了出来，李延寿本人就参与了《五代史志》的编撰工作，因而《南史》和《北史》缺少“志”的缺憾，正可由《五代史志》得以补足。

《北史》作为“二十四史”中的一部正史，修成之后，与《南史》一样，因其简洁和文辞优美，得以广泛流传，以至相关的断代史著作长期以来不大受学者的重视，如李百药的《北齐书》竟至大部散佚，后代学者因《北史》而使《北齐书》得以补足。

名篇点评

谢弘微通达守礼

原文：

混风格高峻，少所交纳，唯与族子灵运、瞻、晦、曜、弘微以文义赏会，常共宴处，居在乌衣巷，故谓之乌衣之游。混诗所言“昔为乌衣游，戚戚皆亲姓”者也。其外虽复高流时誉，莫敢造门。瞻等才辞辩富，弘微每以约言服之，混特所敬贵，号曰微子。谓瞻等曰：“汝诸人虽才义丰辩，未必皆惬僸心，至于领会机赏，言约理要，故当与我共推微子。”常言“阿远刚躁负气，阿客博而无检，曜仗才而持操不笃，晦自知而纳善不周。设复功济三才，终亦以此为恨。至如微子，吾无间然”。又言“微子异不伤物，同不害正，若年造六十，必至公辅”。尝因酣宴之余，为韵语以伛劝灵运、瞻等曰：“康乐诞通度，实有名家韵，若加绳染功，剖莹乃琼瑾。宣明体远识，颖达且沉侥，若能去方执，穆穆三才顺。阿多标独解，弱冠纂华胤，质胜诚无文，其尚又能峻。通远怀清悟，采采摽兰讯，直辔鲜不踬，抑用解偏吝。微子基微尚，无倦由慕蔺，勿轻一篑少，进往必千仞。数子勉之哉，风流由尔振。如不犯所知，此外无所慎。”灵运、瞻等并有诫厉之言，唯弘微独尽褒美。曜，弘微兄，多其小字。通远即瞻字。客儿，灵运小名也。晋世名家身有国封者，起家多拜员外散骑侍郎，弘微亦拜员外散骑侍郎、琅邪王大司马参军。

义熙八年，混以刘毅党见诛，混妻晋陵公主改适琅邪王练。公主虽执意不行，而诏与谢氏离绝。公主以混家事委之弘微。混仍世宰相，一门两封，田业十余处，僮役千人，唯有二女，年并数岁。弘微经纪生业，事若在公，一钱尺帛出入，皆有文簿。宋武受命，晋陵公主降封东乡君。以混得罪前代，东乡君节义可嘉，听还谢氏。自混亡至是九年，而室宇修整，仓廪充盈，门徒不异平日。田畴垦辟，有加于旧。东乡君叹曰：“仆射生平重此子，可谓知人，仆射为不亡矣。”中外姻亲、道俗义旧见东乡之归者，入门莫不叹息，或为流涕，感弘微之义也。

性严正，举止必循礼度，事继亲之党，恭谨过常。伯叔二母，归宗两姑，晨夕瞻奉，尽其诚敬。内外或传语通讯，辄正其衣冠。婢仆之前，不妄言笑。由是尊卑大小，敬之若神。时有蔡湛之者，及见谢安兄弟，谓人曰：“弘微貌类中郎，而性似文靖。”

文帝初封宜都王，镇江陵，以琅邪王球为友，弘微为文学。母忧去职，居丧以孝称。服阕，蔬素踰时。文帝即位，为黄门侍郎，与王华、王昙首、殷景仁、刘湛等，号曰五臣。迁尚书吏部郎，参机密。寻转右卫将军，诸故吏臣佐，并委弘微选拟。

居身清约，器服不华，而饮食滋味尽其丰美。兄曜历御史中丞，彭城王义康骠骑长史，卒官。弘微哀戚过礼，服虽除犹不啖鱼肉。沙门释慧琳尝与之食，见其犹蔬素，谓曰：“檀越素既多疾，即吉犹未复膳。若以无益伤生，岂所望于得理。”弘微曰：“衣冠之变，礼不可踰，在心之哀，实未能已。”遂废食歔欷不自胜。

弘微少孤，事兄如父。友睦之至，举世莫及。口不言人短，见兄曜好臧否人物，每闻之，常乱以他语。历位中庶子，加侍中。志在素宦，畏忌权宠，固让不拜，乃听解中庶子。每献替及陈事，必手书焚草，人莫之知。上以弘微能膳羞，每就求食，弘微与亲旧经营。及进之后，亲人问上所御，弘微不答，别以余语酬之，时人比之汉世孔光。

及东乡君薨，遗财千万，园宅十余所，又会稽、吴兴、琅邪诸处太傅安、司空琰时事业，奴僮犹数百人，公私咸谓室内资财宜归二女，田宅僮仆应属弘微，弘微一不取。自以私禄营葬。混女夫殷睿素好摴蒱，闻弘微不取财物，乃滥夺其妻妹及伯母两姑之分以还戏责，内人皆化弘微之让，一无所争。弘微舅子领军将军刘湛谓弘微曰：“天下事宜有裁衷，卿此不问，何以居官？”弘微笑而不答。或有讥以“谢氏累世财产，充殷君一朝戏责，譬弃物江海以为廉耳”。弘微曰：“亲戚争财，为鄙之甚，今内人尚能无言，岂可导之使争。今分多共少，不至有乏，身死之后，岂复见关。”

东乡君葬，混墓开，弘微牵疾临赴，病遂甚。元嘉十年卒，年四十二。文帝叹惜甚至，谓谢景仁曰：“谢弘微、王昙首年踰四十，名位未尽其才，此朕之责也。”

（选自《南史·谢弘微列传》）

点评：

本篇记述了南朝刘宋时代的官吏谢弘微的事迹。公元318年，司马睿在王导等大臣的支持下，重建晋王朝，史称东晋。东晋王朝建立后，谢安、谢石、谢玄皆因功而权倾天下，王、谢家族成为东晋政权的支柱，在东晋统治的100多年里，王、庾、桓、谢四大家族轮流执政。420年，出身寒微的刘裕废东晋皇帝自立为帝，建立了刘宋王朝。刘裕对东晋以来的门阀士族采取了一系列限制和打击的措施，注重选拔出身低微而有才能的人充实中央政府。在东晋王朝曾经权倾天下的王、庾、桓、谢家族的政治地位逐渐发生了变化。本传记述的是谢家一位后裔谢弘微的事迹。

谢密，字弘微，晋西中郎万之曾孙、尚书左仆射景仁从子也。祖韶，车骑司马。父思，武昌太守。弘微年仅10岁时，继从叔谢混，深得谢混器重。根据东晋重用门阀士族子弟的惯例，晋世名家身有国封者，起家多拜员外散骑侍郎，弘微亦拜员外散骑侍郎、琅邪王大司马参军。义熙八年（412年），谢混因参与刘毅的谋反活动被杀，谢弘微失去了靠山，于是在刘宋政权的统治下开始了独立的政治生涯。

选文主要记述了谢弘微的个人品德，以及突出的料理经济的才能。第一段通过谢混之口，反映谢弘微少年时代的超人之处。第二段是对谢弘微代谢混理财的成效的叙述。在理财方面，谢混死后，谢弘微代理其家人经纪生业，事若在公，即使是一钱尺帛的出入，都有明确的文簿记载。由于谢弘微善于料理经济，结果自谢混死后的第9年，在谢弘微的协助之下，谢混家族室宇修整，仓廪充盈，门徒不异平日。田畴垦辟，比过去还多。第三段是对谢弘微个人行为举止的记载。在个人行为举止方面，谢弘微对自己要求极为严格，一切遵循礼度，恭谨过常。对伯叔二母，也能晨夕瞻奉，尽其诚敬。内外传话时，也常常衣帽端正。即使在奴婢和仆人的面前，也不苟言笑。第四段是对谢弘微官运亨通的记述。正由于谢弘微的行为检点，在晋宋交替的复杂政治旋涡中，在谢氏家族权势日渐下降之时，谢弘微依然在刘宋王朝官运亨通。宋文帝刘义隆即位后，谢弘微为当时著名的五大臣之一，以后又任尚书吏部郎，参掌机密。不久又转右卫将军，诸故吏臣佐的选拔提升大权，朝廷都交给谢弘微一手操办。第五、六段是对谢弘微行为举止合乎礼节，事兄长如父亲的行为的记述。谢弘微少年时即失去双亲，因而，长大成人后事兄如父。他对人友善和睦，当世的人很难赶上。谢弘微绝不在背后说别人的坏话，见兄长谢曜喜欢褒贬人物，每次听到时，常常用其他话语来搪塞他。第七段通过谢弘微在东乡君死后，对其财物一文不取的行为的记述，展示了谢弘微的高风亮节。谢弘微除了自己行为检点、谨慎为官、廉洁自律外，对其兄长以及谢氏后裔的争权夺利的举动，也予以规劝和约束，这些在文中读者自可领会。最后是宋文帝刘义隆对谢弘微的评价和赞颂。

节选本篇的目的，一是借以展现当时的官吏的情况，二是读者可以看出南朝初年，官吏封山占水、营治产业的情况。魏晋南北朝时期地主庄园经济的发展，亦由此可见一斑。

王僧达羞辱路琼之

原文：

及元凶弑立，孝武发寻阳，沈庆之谓人曰："王僧达必来赴义。"人问其所以，庆之曰："虏马饮江，王出赴难，见其在先帝前，议论开张，执意明决，以此言之，其必至也。"僧达寻至，孝武即以为长史。及即位，为尚书右仆射。僧达自负才地，一二年间便望宰相。尝答诏曰："亡父亡祖，司徒司空。”其自负若此。

后为护军将军，不得志，乃求徐州，上不许。固陈，乃以为吴郡太守。时期岁五迁，弥不得意。吴郭西台寺多富沙门，僧达求须不称意，乃遣主簿顾旷率门义劫寺内沙门竺法瑶得数百万。荆、江反叛，加僧达置佐领兵。台符听置千人，而辄立三十队，队八十人。立宅于吴，多役功力，坐免官。后孝武独召见，傲然了不陈逊，唯张目而视。及出，帝叹曰："王僧达非狂如何？乃戴面向天子。"后颜师伯诣之，僧达慨然曰："大丈夫宁当玉碎，安可以没没求活。"师伯不答，逡巡便退。

初，僧达为太子洗马在东宫，爱念军人朱灵宝，及出为宣城，灵宝已长。僧达诈列死亡，寄宣城左永之籍，注以为子，改名元序。启文帝以为武陵国典卫令，又以补竟陵国典书令，建平国中军将军。孝建元年，事发，又加禁锢。表谢言不能因依左右，倾意权贵。上愈怒。僧达族子确少美姿容，僧达与之私款。确叔父休为永嘉太守，当将确之郡，僧达欲逼留之，确知其意，避不往。僧达潜于所住屋后作大坑，欲诱确来别，杀埋之。从弟僧虔知其谋，禁呵乃止。御史中丞刘瑀奏请收案，上不许。二年，除太常，意尤不悦。顷之，上表解职，文旨抑扬。侍中何偃以其言不逊，启付南台，又坐免官。

先是，何尚之致仕，复膺朝命，于宅设八关斋，大集朝士，自行香，次至僧达曰："愿郎且放鹰犬，勿复游猎。"僧达答曰："家养一老狗，放无处去，已复还。"尚之失色。大明中，以归顺功，封宁陵县五等侯，累迁中书令。黄门郎路琼之，太后兄庆之孙也，宅与僧达门并。尝盛车服诣僧达，僧达将猎，已改服。琼之就坐，僧达了不与语，谓曰："身昔门下驺人路庆之者，是君何亲？"遂焚琼之所坐床。太后怒，泣涕于帝曰："我尚在而人陵之，我死后乞食矣。"帝曰："琼之年少，无事诣王僧达门，见辱乃其宜耳。僧达贵公子，岂可以此加罪乎？"太后又谓帝曰："我终不与王僧达俱生。”先是，南彭城蕃县人高阇、沙门释昙标、道方等共相诳惑，自言有鬼神龙凤之瑞，常闻箫鼓音，与秣陵人蓝宏期等谋为乱，又结殿中将军苗乞食等起兵攻宫门。事发，凡党与死者数十人。僧达屡经犯忤，上以为终无悛心，因高阇事陷之，收付廷尉，于狱赐死。时年三十六。帝亦以为恨，谓江夏王义恭曰：“王僧达遂不免死，追思太保余烈，使人慨然。”于是诏太保华容文昭公门爵国姻，一不贬绝。

（选自《南史·王僧达列传》）

点评：

王僧达所属的王氏家族，自汉魏以来一直是中原最有名望的世家大族，在司马睿建立东晋政权的过程中，王导与族兄王敦为东晋政权立足江南立下了汗马之功，从此，王氏家族及其后裔，在东晋存在的百余年间，在政治和经济上皆享有特权。“王与马，共天下”，充分反映了王氏家族在东晋王朝初年势力之强盛。324 年，王敦叛乱被平定之后，王氏家族控制东晋政权的局面虽然大为削弱，但其特权一直存在。本文节选的部分，是在刘宋文帝刘义隆和孝武帝刘骏统治时期，王氏家族的后人王僧达的骄横跋扈，最终死于非命的情况。

选文主要表现了王僧达的桀骜不驯以至最后被杀的情况。第一段记述了刘宋孝武帝刘骏继位后，名士王僧达任职于朝廷时的自负情况。第二段记述了王僧达任职于地方的排场，甚至连孝武帝也丝毫不放在眼里。第三段写王僧达因故被免官，而仍然趾高气扬的情况。第四段集中记述了王僧达羞辱路琼之，以故惹怒了路太后，而终于导致杀身之祸的具体情况。

王僧达本是一位普通的封建官僚，他的出名在于本传记述的士族的名望和地位。王僧达因其显赫的家族，得以与皇室家族联姻；又因其少年时代就好学，善长文章，做了太子舍人，并得到了宋文帝刘义隆的称赞。王僧达的政治生涯主要在宋孝武帝统治时期（453—464年），孝武帝刘骏继承了父亲刘义隆的遗志，重用寒门庶族，整顿吏治，这必然触及门阀士族的政治和经济特权，《王僧达传》从一个侧面反映了当时的这场激烈的政治斗争的情况。王僧达仕途的坎坷以及没有多大政绩，反映门阀氏族政治的衰落以及寒门庶族开始走上南朝政治舞台的情况。王僧达的敢于与皇帝抗礼以及向皇室挑战的举动，反映了门阀氏族在南朝统治时期依然有实力和力量的现状。而王僧达的覆没，反映了在门阀士族与以皇室为首的庶族的斗争中，门阀士族逐渐覆没的历史命运。

大发明家祖冲之

原文：

祖冲之字文远，范阳遒人也。曾祖台之，晋侍中。祖昌，宋大匠卿。父朔之，奉朝请。

冲之稽古，有机思，宋孝武使直华林学省，赐宅宇车服。解褐南徐州从事、公府参军。

始元嘉中，用何承天所制历，比古十一家为密。冲之以为尚疏，乃更造新法，上表言之。孝武令朝士善历者难之，不能屈。会帝崩不施行。

历位为娄县令，谒者仆射。初，宋武平关中，得姚兴指南车，有外形而无机杼，每行，使人于内转之。升明中，齐高帝辅政，使冲之追修古法。冲之改造铜机，圆转不穷，而司方如一，马钧以来未之有也。时有北人索驭驎者亦云能造指南车，高帝使与冲之各造，使于乐游苑对共校试，而颇有差僻，乃毁而焚之。晋时杜预有巧思，造欹器，三改不成。永明中，竟陵王子良好古，冲之造欹器献之，与周庙不异。文惠太子在东宫，见冲之历法，启武帝施行。文惠寻薨又寝。

转长水校尉，领本职。冲之造《安边论》，欲开屯田，广农殖。建武中，明帝欲使冲之巡行四方，兴造大业，可以利百姓者，会连有军事，事竟不行。

冲之解钟律博塞，当时独绝，莫能对者。以诸葛亮有木牛流马，乃造一器，不因风水，施机自运，不劳人力。又造千里船，于新亭江试之，日行百余里。于乐游苑造水碓磨，武帝亲自临视。又特善算。永元二年卒，年七十二。著《〈易〉〈老〉〈庄〉义》，释《论语》、《孝经》，注《九章》，造《缀述》数十篇。子暅之。

（选自《南史·祖冲之列传》）

点评：

本篇选自《祖冲之列传》。祖冲之是中国家喻户晓的著名数学家，他将圆周率第一次精确至小数点之后的第 7 位，比欧洲人早一百多年。祖冲之对中国古代的数学著作予以研究，注《九章》，著有《缀述》数十篇。祖冲之还是一位著名的发明家，他改制历法、指南车，这些都反映了我们祖先的智慧。

《祖冲之传》对祖冲之及其诸多发明和创造予以系统的记述。选文第一段，是对祖冲之家世及其个人学识、政治生涯的简略概述。第二段记述祖冲之在宋孝武帝时代改进的历法，祖冲之创制的《大明律》，比之刘宋时何承天的《元嘉律》更为精致和科学。他对前人的历法作了三项重大的改进：一是破“十九岁七闰”的“破章法”的提出，以及对“破章法”的理论阐述；二是制定岁差，并将其编入历法；三是定交点日月数，并在自己的《大明历》中明确提出。祖冲之在历法方面的主要贡献，在于对前人已经提出的一些可贵的思想进一步理论化，并正式纳入自己的历法中。他创制的历法经过了当时众多学者的辩难，但由于统治阶级内部更迭不断，最终未能实行。第三段记述祖冲之在齐高帝萧道成时代对后秦姚兴指南车的改进。指南车是中国人民的又一重要发明。选文对祖冲之的指南车予以重点记述："冲之改造铜机，圆转不穷，而司方如一，马钧以来未之有也。"当时北方人索驭驎也改造了指南车，但与祖冲之的指南车一比较，羞愧难当，于是焚毁了自己的指南车，这也显示了祖冲之改制的指南车的精妙。第四段，记述祖冲之造"欹器"，以及北齐朝廷欲颁行祖冲之历法的情况。第五段是关于祖冲之为政情况的记述，他上《安边论》，欲行屯田，南齐明帝萧鸾也想让他巡行边境，但由于南齐政权已处于急剧衰落时代，祖冲之这些愿望终究难以实现。第六段，记述了祖冲之的其他发明以及丰富的著述，如改进诸葛亮的木牛流马，造千里船、水碓磨等。从中可见，祖冲之不愧为中国历史上的伟大发明者。祖冲之还是一位著名的哲学家，他对《周易》、《老子》和《庄子》皆有研究，释《论语》和《孝经》，他的著名数学著作为《缀述》。

祖冲之的学术和科技成就，一方面反映了他杰出的才能，另一方面体现出当时中国古代学术和文化的发展成就，表明魏晋南北朝并不是中国历史上的一个黑暗的时代，而是一个文化继续发展，科技事业不断进步的时代。

改革皇帝孝文帝

原文：

夏四月丙午朔，帝崩于谷塘原之行宫，时年三十三。秘讳至鲁阳发丧，还京师。上谥曰孝文皇帝，庙曰高祖。五月丙申，葬长陵。

帝幼有至性。年四岁时，献文患痈，帝亲自吮脓。五岁受禅，悲泣不自胜。献文问其故，对曰："代亲之感，内切于心。"献文甚叹异之。文明太后以帝聪圣，后或不利冯氏，将谋废帝。乃于寒月，单衣闭室，绝食三朝，召咸阳王禧将立之。元丕、穆泰、李冲固谏乃止。帝初不有憾，唯深德丕等。抚念诸弟，始终曾无纤介。惇睦九族，礼敬俱深。虽于大臣，持法不纵。然性宽慈，进食者曾以热羹覆帝手，又曾于食中得虫秽物，并笑而恕之。宦者先有谮帝于太后，太后杖帝数十，帝默受，不自申明。太后崩后，亦不以介意。

听览政事，从善如流。哀矜百姓，恒思所以济益。天地、五郊、宗庙、二分之礼，帝必躬亲，不以寒暑为倦。尚书奏案，多自寻省。百官大小，无不留心。务于周洽，每言凡为人君，患于不均，不能推诚遇物；苟能均诚，胡越之人，亦可亲如兄弟。常从容谓史官曰："直书时事，无讳国恶。人君威福自己，史复不书，将何所惧！"南北征巡，有司奏请修道，帝曰："粗修桥梁，通舆马便止，不须去草划令平也。"凡所修造，不得已而为之，不为不急之事，重损人力。巡幸淮南，如在内地。军事须伐人树者，必留绢以酬其直。人苗稼无所伤践。诸有禁忌禳厌之方非典籍所载者，一皆除罢。

雅好读书，手不释卷。《五经》之义，览之便讲。学不师受，探其精奥；史传百家，无不该涉。善谈庄、老，尤精释义。才藻富赡，好为文章；诗赋铭颂，在兴而作。有大文笔，马上口授；及其成也，不改一字。自太和十年已后，诏册皆帝文也。自余文章，百有余篇。

爱奇好士，情如饥渴。待纳朝贤，随才轻重。常寄以布素之意。悠然玄迈，不以世务婴心。又少善射，有膂力，年十余，能以指弹碎羊膊骨，射禽兽，莫不随行所至而毙之。至十五，便不复杀生，射猎之事悉止。性俭素，常服浣濯之衣，鞍勒铁木而已。帝之雅志，皆此类也。

论曰：有魏始基代朔，廓平南夏，辟土经世，咸以威武为业，文教之事，所未遑也。孝文纂承洪绪，早著睿圣之风。时以文明摄事，优游恭己；玄览独得，著自不言，神契所标，固以符于冥化。及躬总大政，一日万机，十许年间，曾不暇给，殊涂同归，百虑一致。夫生灵所难行，人伦之高迹，虽尊居黄屋，尽蹈之矣。若乃钦明稽古，协御天人，帝王制作，朝野轨度。斟酌用合，焕乎其有文章。海内黔黎，咸受耳目之赐。加以雄才大略，爱奇好士，视下如伤，役己利物，亦无得而称之。其经纬天地，岂虚谥也！

（选自《北史·魏本纪·孝文帝本纪》）

点评：

本文节选自《北史·魏本纪·孝文帝本纪》。本传记述了北魏著名的皇帝孝文帝的事迹及其时代的历史概貌。孝文帝元宏，是鲜卑族杰出的民族首领，他在位期间实行的迁都洛阳和汉化政策，极大地促进了鲜卑民族的发展，使这一落后民族逐步赶上了汉族的历史文化发展的水平。他继续推行和完善从冯太后时代颁行的均田制和租调制，以及与之相辅的三长制，为北魏社会经济的恢复和发展，地方统治的巩固，都发挥了极其重要的作用，极大地加速了鲜卑族的封建化进程。孝文帝是中国历史上著名的改革家，他的迁都洛阳和实行的汉化政策、均田制和租庸调制，极大地促进了北方社会经济的恢复和发展，这种土地制度和赋税制度也成为中国历史上的一项极其重要的制度，并被北齐和北周以及隋和唐的统治者所沿袭。

选文是史官对孝文帝元宏的一生的评论和赞颂，文辞优美，记述集中翔实，具有一定的可读性。第一段是对这位杰出的孝文皇帝英年早逝，后人对他的谥号的记载。第二段是对孝文帝元宏的孝顺和宽宏大量的记述，从他的幼年一直论说到他对父亲和太后的孝顺和宽宏大量，对手下的过失也能抱宽容的态度。中国传统的儒家的政治品格“孝”和“仁”，已在元宏这位拓跋部首领的身上有所体现。第三段，是对北魏孝文帝元宏的为政、学识以及生活喜好，予以概括性的总结，这也是这篇选文的中心之所在。首先概括地论述了孝文帝勤于政务、善于纳谏、体恤百姓的为政风格；其次，是对孝文帝爱惜民力的生动记述，本段对元宏这位少数民族的杰出首领、汉化程度很深的封建皇帝的“文”的表现，也极为精彩：元宏雅好读书，经常手不释卷。对于儒家的经典，即《诗经》、《尚书》、《周易》、《三礼》和《春秋》“五经”的大义，看了以后便能讲解。对于史传百家，无不广泛涉猎。元宏善谈庄子和老子的学说，尤其是对于佛教的义理颇感兴趣。元宏才思敏捷，好为文章，“诗赋铭颂，在兴而作。有大文笔，马上口授；及其成也，不改一字。”这样的才思，就是汉族的封建帝王也不多见。自太和十年（486年）以后，所下发的诏册，都是孝文帝亲自执笔。孝文帝所写的文章，达百余篇之多。这段评述的第四个方面，是对孝文帝爱奇好士，多方招揽和合理任用人才的记述。第四段是李延寿为孝文帝撰写的史论，这里对元宏改变拓跋部的以武驭天下，而代之以文治国的重大转变，予以高度的评价，以“海内黔黎，咸受耳目之赐。加以雄才大略，爱奇好士，视下如伤，役已利物，亦无得而称之。其经纬天地，岂虚谥也”作总结，突出了孝文帝统治时期人民普遍地得到了孝文帝的恩惠，认为“孝文”的谥号，恰当地表现了元宏的一生。

《孝文帝本纪》多为流水账式的记载，有兴趣的读者可以耐心阅读，必能对孝文帝这位中国历史上伟大的改革家，对他的改革措施以及为人、为政的品行和大政方针有进一步的了解，特别是从该本纪中对北魏孝文帝及其所推行的汉化政策，有一个较为深入的了解。

河阴之变

原文：

荣洁白美容貌，幼而神机明决。及长，好射猎，每设围誓众，便为军阵之法，号令严肃，众莫敢犯。秀容界有池三所，在高山上，清深不测，相传曰祁连池，魏言天池也。父新兴曾与荣游池上，忽闻箫鼓音，谓荣曰：“古老相传，闻此声，皆至公辅。吾年老暮，当为汝耳。”荣袭爵，后除直寝、游击将军。

正光中，四方兵起，遂散畜牧，招合义勇。以讨贼功，进封博陵郡公，其梁郡前爵听赐第二子。时荣率众至肆州，刺史尉庆宾闭城不纳。荣怒，攻拔之，乃署其从叔羽生为刺史，执庆宾还秀容。自是兵威渐盛，朝廷亦不能罪责。及葛荣吞杜洛周，荣恐其南逼邺城，表求东援相州，帝不许。荣以山东贼盛，虑其西逸，乃遣兵固守滏口以防之。于是北捍马邑，东塞井陉。

寻属明帝崩，事出仓卒，荣乃与元天穆等密议，入匡朝廷。抗表云：“今海内草草，异口一言，皆云大行皇帝鸩毒致祸，举潘嫔之女以诳百姓，奉未言之儿而临四海。求以徐纥、郑俨之徒，付之司败。更召宗亲，推其明德。”于是将赴京师。灵太后甚惧，诏以李神轨为大都督，将于太行杜防。荣抗表之始，遣从子天光、亲信奚毅及仓头王相入洛，与从弟世隆密议废立。天光乃见庄帝，具论荣心，帝许之。天光等还北，荣发晋阳，犹疑所立，乃以铜铸孝文及咸阳王禧等五王子孙像，成者当奉为主。唯庄帝独就。师次河内，重遣王相密迎庄帝与帝兄彭城王劭、弟始平王子正。武泰元年四月，庄帝自高渚度，至荣军，将士咸称万岁。

及庄帝即位，诏以荣为使持节、都督中外诸军事、大将军、开府、尚书令、领军将军、领左右、太原王。及度河，太后乃下发人道，内外百官皆向河桥迎驾。

荣惑武卫将军费穆之言，谓天下乘机可取，乃谲朝士共为盟誓，将向河阴西北三里。至南北长堤，悉命下马西度，即遣胡骑四面围之。妄言丞相高阳王欲反，杀百官王公卿士二千余人，皆敛手就戮。又命二三十人拔刀走行宫。庄帝及彭城王、霸城王俱出帐。荣先遣并州人郭罗察共西部高车叱列杀鬼在帝左右，相与为应。及见事起，假言防卫，抱帝入帐，余人即害彭城、霸城二王。乃令四五十人迁帝于河桥，沉灵太后及少主于河。时又有朝士百余人后至，仍于堤东被围。遂临以白刃，唱云能为禅文者出，当原其命。时有陇西李神俊、顿丘李谐、太原温子升并当世辞人，皆在围中，耻是从命，俯伏不应。有御史赵元则者，恐不免死，出作禅文。荣令人诫军士，言元氏既灭，尔朱氏兴。其众咸称万岁。荣遂铸金为己像，数四不成。时荣所信幽州人刘灵助善卜占，言今时人事未可。荣乃曰："若我作不吉，当迎天穆立之。"灵助曰："天穆亦不吉，唯长乐王有王兆耳。"荣亦精神恍惚，不自支持，遂便愧悔。至四更中，乃迎庄帝，望马首叩头请死。其士马三千余骑，既滥杀朝士，乃不敢入京，即欲向北为移都之计。持疑经日，始奉驾向洛阳宫。及上北芒，视城阙，复怀畏惧，不肯更前。武卫将军沉礼苦执不听，复前入城，不朝戍。北来之人，皆乘马入殿。诸贵死散，无复次序。庄帝左右，唯有故旧数人。荣犹执移都之议，上亦无以拒焉。又在明光殿重谢河桥之事，誓言无复二心。庄帝自起止之，因复为荣誓，言无疑心。荣喜，因求酒一遍。及醉熟，帝欲诛之，左右苦谏乃止。即以床轝向中常侍省。荣夜半方寤，遂达旦不眠。自此不复禁中宿矣。

荣女先为明帝嫔，欲上立为后，帝疑未决。给事黄门侍郎祖莹曰："昔文公在秦，怀嬴入侍。事有反经合义，陛下独何疑焉？"上遂从之。荣意甚悦。

于时人间犹或云荣欲迁都晋阳，或云欲肆兵大掠，迭相惊恐，人情骇震。京邑士子，十不一存，率皆逃窜，无敢出者，直卫空虚，官守废旷。荣闻之，上书谢愆。无上王请追尊帝号，诸王、刺史，乞赠三司；其位班三品，请赠令仆；五品之官，各赠方伯；六品已下及白身，赠以镇郡。诸死者无后，听继，即授封爵。均其高下，节级别科，使恩洽存亡，有慰生死。诏从所表。又启帝，遣使巡城劳问，于是人情遂安，朝士逃亡者，亦稍来归阙。荣又奏请番直，朔望之日，引见三公、令、仆、尚书、九卿及司州牧、河南尹、洛阳河阴执事之官，参论国政，以为常式。

五月，荣还晋阳，乃令元天穆向京，为侍中、太尉公、录尚书事、京畿大都督，兼领军将军，封上党王。树置腹心在列职，举止所为，皆由其意。七月，诏加荣柱国大将军。

（选自《北史·尔朱荣列传》）

点评：

499年，北魏著名的皇帝孝文帝元宏驾崩，其子元恪即位，是为宣武帝。元恪在位15年，北魏政权仍能保持向上发展的势头，但各种社会矛盾日益暴露。515年，年幼的孝明帝元诩执政，胡太后临朝辅政。胡太后骄奢淫逸，助长了各级贵族的贪婪觊觎之心，统治阶级内部的矛盾也日渐激化。515年，冀州僧人法庆聚众起义，北魏政府调兵十万才将起义镇压下去。523年，边镇将领破六韩拔陵因不堪将领虐待部下的行为，发动六镇起义。525年，杜洛周和葛荣相继在河北起义。各地的大起义，使处于风雨飘摇中的北魏政权更加陷入混乱之中，军阀尔朱荣趁机而起，发动“河阴之变”，加速了北魏的分裂和灭亡的历史进程。

本文节选自《北史·尔朱荣传》。尔朱荣是北魏有名的权臣，他依靠自己的实力，发动“河阴之变”，控制了北魏的政权，强盛的北魏政权从此逐步衰落。节选的这段文字，从尔朱荣的父亲告知尔朱荣日后当贵为公辅起，中间详细地记述了尔朱荣拥立皇帝，发动“河阴之变”，沉杀胡太后以及年幼的皇帝元钊，残酷地屠戮北魏宗室王公大臣2000余人，最后控制了北魏政权的重大历史事件。选文第一段，记述了尔朱荣的早年，以及得到父亲的鼓励，继承了其父的爵位，逐步走上政治舞台的简要情况。

第二段记述了尔朱荣兼并各方势力，逐渐强大的过程。北魏孝明帝元诩统治时期，拓跋氏统治者的腐化堕落日渐明显，正光年间（520—524年），尔朱荣开始登上了北魏的政治和军事舞台，他先抢占了肆州刺史尉庆宾的地盘，利用葛荣起兵于河北的有利时机，“北捍马邑，东塞井陉”，控制了战略要地，又利用孝明帝仓促而死的有利时机，迎立孝庄帝元子攸，控制了北魏的朝政。第三段是这篇选文的核心之所在，详细地记述了尔朱荣发动“河阴之变”的经过。528年，胡太后毒死了对她的专权日益不满的孝明帝元诩，另立年仅3岁的元钊为帝。胡太后的专权和毒杀皇帝的行为，引起了雄踞晋阳的军事将领尔朱荣的愤怒，在手下的支持下，抱着夺取北魏政权的野心，打着为冤死的皇帝报仇的招牌，尔朱荣率大军攻入洛阳，拥立孝庄帝的儿子元子攸为帝，然后将胡太后和年幼的皇帝元钊诱至河阴（今河南孟津），沉入黄河，并虐杀王公大臣2000余人，史称这次事变为“河阴之变”。至此，尔朱荣完全控制了北魏政权。本段对这一重大的历史事件作了较为详细的记载。选文第四段记述了尔朱荣借女儿为皇后控制了孝庄皇帝，又进一步稳定政局的情况。第五段写尔朱荣退回晋阳，遥控朝廷的局面的情况。这篇选文记述生动，具有可读性，对我们了解“河阴之变”这一重大的历史事件，以及北魏政权的覆亡都具有极其重要的意义。

千古名言

人生不得行胸怀，虽寿百岁犹为夭。

——语出《南史·萧惠开列传》。意思是：人生活一辈子，若不能实现自己的抱负，就是活了一百岁，也与没有长大成人的小孩早年就夭折了一样。这句名言激励人们：人生要有远大的志向，要为实现自己的目标而不断地努力奋斗，值得青年朋友永远铭记在心。

蝉噪林逾静，鸟鸣山更幽。

——语出《南史・王籍列传》。意思是：蝉噪显得树林愈加幽静，鸟鸣之处，山更为幽深。禅噪、鸟鸣、林深、山高，这是一幅多么美丽的图画，仅用10个字将这种美丽的大自然尽收笔底，显示了王籍赋诗的才华。这两句话既很有诗意，又富有哲理，发人深思。

夫千仞之木，既摧于斧斤，一寸之草，亦悴于践蹋。高崖之修干，与深谷之浅条，存亡之要，巨细一揆耳。

——语出《南史・王华列传》。俗话说：人无远虑，必有近忧。节选的这段话的意思是：千仞高的树木，最终在斧斤面前倒下；一寸高的杂草，在众人的践踏之下枯死。处于高崖之上的参天大树，与处于深谷之中的藤条，存亡的道理都是一样的。这段话既揭示出了自然之道，又富有深远的哲理。防患于未然，不管地位高低，处于顺境还是逆途，都应如此。

丈夫拥书万卷，何假南面百城？

——语出《北史・李谧列传》。南面：因古代的封建皇帝在朝廷上，都是坐北面南，因而“南面”就成为帝王的代名词。百城：百座城池，指地方的封君。这句话是说：大丈夫只要掌握了渊博的知识，就比什么都高贵，何必去猎取帝王的宝座和封君的封地呢？这一警句在一定程度上反映了相当一部分知识分子的心理。今天的人们从中可以感受到读书的重要性。

行生于己，名生于人。

——语出《北史・甄琛列传》。行：指人的道德品行；名：指人的名誉声望。它的本意是说：人的品行是从自己的为人处世的行为方式中体现出来的；而他的名誉声望则来自于别人的评价和认可。这句名言启示人们：要时刻注意自己的道德行为，注意别人对自己的评价，时常约束自己的言行举止。

审而后发，犹未为晚。

——语出《北史·崔浩列传》。审：仔细小心，审视，发：本意为"发射"，引申为"发作、行动"。这句话可译为：仔细小心地瞄准，之后才把箭发射出去，这还不算太晚。这句话启示人们：做任何事情都要仔细周到，才能准确无误，取得好的结果，达到预期的目的。这对办事粗心大意的人，尤其具有警示的作用。

《隋书》

史家生平

《隋书》是由唐太宗贞观名臣魏徵主持编撰的一部极为重要的历史著作，也是唐修“五代史”中最杰出的一部。

魏徵（580—643年），字玄成，巨鹿下曲阳（今河北晋县）人，唐太宗贞观年间著名的大臣。魏徵早年丧父，少有大志，发愤读书，这为他以后走上政治舞台奠定了基础。魏徵生活在隋王朝由强盛转向衰落的时代，因而其人生也经历了不少的曲折。隋末农民大起义爆发后，魏徵先装扮为道士，对农民起义抱观望态度，后参加了李密农民起义军，为其掌管文书。瓦岗军起义失败后，魏徵投奔到李渊的麾下，后又辅佐太子李建成，为李唐政权统一全国立下了汗马功劳。李世民做皇帝后，魏徵被授予尚书右丞相兼谏议大夫，他尽力辅佐李世民，力图致君于尧舜之上。他敢于劝谏皇帝，为李世民出谋划策，为“贞观之治”的出现建立了不朽的功勋。唐高祖李渊武德四年（621年），秘书丞令狐德棻上书请修前朝诸史之后，武德五年（622年），李渊下诏命中书令萧瑀等17人分别撰修魏、北齐、北周、梁、陈、隋六朝历史，撰修隋史的重任交给了中书令封德彝、中书舍人颜师古。由于当时李渊君臣忙于统一全国的战争，这次修史没有结果。贞观三年（629年），李世民决定重新编修周、齐、梁、陈、隋“五代史”，作为宰相的魏徵担任了监修官，并撰写了梁、陈、齐史的总论。最能反映魏徵史学思想和他的史学贡献的代表作当属《隋书》。关于魏徵在《隋书》编修中的贡献和作用，五代时期编修的《旧唐书·魏徵列传》中作了记述：“徵受诏总加撰定，多所损益，务从简正。隋史序、论，皆徵所作。”正如有的学者所指出的：“《隋书》纪、志、列传共八十五卷，其中‘纪’有‘后论’三首，‘志’有‘序’七首，‘传’有‘后论’五十首、‘序’十四首，共七十七首。其中除‘志’及其七首‘序’与魏徵的关系尚有不同的看法外，其他均为魏徵所作。”（陈清泉等编：《中国史学家评价》上册，中州古籍出版社1985年版，第355页）由此，我们可以肯定地说，《隋书》的编撰，魏徵作为监修大臣，并不像后代许多宰相仅挂名而已，而是实际参与并领导了该书的修撰，《隋书》的修成并得到广大学者的普遍赞誉，魏徵确实功不可没。

作为中国历史上第一次官修的史书，《隋书》较好地反映了官修史书的优长，即可以充分集中和发挥学者的集体力量和个人的长处。魏徵固然在《隋书》的成熟过程中起到了别人难以替代的作用，但其他学者的贡献也不可抹杀。据学者研究，今天我们可以肯定地说：《隋书》纪传的作者，还有颜师古、孔颖达、许敬宗、李延寿、敬播、赵宏智等人。颜师古（581—645年），著名学者，其祖父颜之推历仕梁、陈、齐、北周和隋，是著名的政治家和文学家，著有《颜氏家训》一书。颜师古的父亲颜思鲁博学多才，擅长于训诂。颜师古很小的时候就继承了家学传统，博览群书，博通经史著作，写得一手好文章，对训诂也颇感兴趣。李世民执政后，颜师古官至中书侍郎、秘书监、弘文馆学士，受诏校正官府所收图籍，注“五经”和《汉书》，并参与了《隋书》的编修。孔颖达也博通经史，与颜师古等受诏主编《五经正义》，又参与《大唐仪礼》的编修，著有《孝经义疏》等著述。颜师古和孔颖达等富于学识的学者，加入到《隋书》的编撰之中，这为提高《隋书》的编修质量，发挥了难以估量的作用。

经过一批史学家和监修大臣的努力，在唐太宗和唐中央政府的大力支持下，贞观十年（636年），包括《隋书》在内的梁、陈、齐、周、隋“五代史”的本纪和列传全部修成。唐修“五代史”，仅有本纪和列传，而其志的修成，则在“五代史”本纪和列传完成之后。贞观十五年（641年），唐太宗诏左仆射于志宁、太史令李淳风、著作郎韦安仁、符玺郎李延寿、著作郎敬播等续修《五代史志》。《五代史志》的编修，集中了一批学有专长的著名专家，如天文学家李淳风，史学家令狐德棻、李延寿等。李淳风在《五代史志》的编修中发挥了极其重要的作用，他博览群书，尤其长于天文、历算和阴阳之学，《五代史志》中《天文志》、《律历志》和《五行志》皆出自李淳风之手，这有力地保证了这些“志”的科学性。《五代史志》的正式编写，始于贞观十七年（643年），监修官先是宰相褚遂良，唐高宗李治永徽元年，又令著名史学家令狐德棻监修，历经十余年，直到高宗显庆元年（656年）才最后成书，长孙无忌作为宰相监修官，将成书的《五代史志》上呈于高宗皇帝，因而题为长孙无忌等撰。这三十卷的“志”原来单独印行，称《五代史志》，后人将其总汇于《隋书》之中，因而也称《隋志》。

史著介绍

《隋书》共85卷，其中本纪5卷、列传50卷、志30卷，是一部系统记述隋朝兴衰历史的正史，其中的志，记述的范围已大大超出了隋，实际上是魏晋南北朝至隋的典章制度的专史。

隋王朝由文帝杨坚在581年正式建立，至618年杨广被弑，李渊太原起兵建立李唐王朝，仅存38年。《隋书》本纪共计5卷，包括高祖杨坚以及炀帝杨广本纪各2卷，另有1卷《恭帝纪》，其主要内容是前4卷。这5卷本纪，以编年体的形式系统地记述了隋王朝建立至灭亡的历史，不仅为我们今天研究有隋一代的历史提供了一个清晰的线索，而且保存了不少珍贵的历史资料。其中所收的一些珍贵文诰，如《高祖纪》所收的大象二年（580年）十二月的北周皇帝的《诰书》和大定元年（581年）的《册令》，对研究杨坚夺取北周政权具有重要的参考价值，开皇二年（582年）六月杨坚的另建新都诏书，对研究隋唐长安城的创建具有重要的价值。隋炀帝的本纪中所载隋末农民起义的事迹，在农民起义缺少专门记载的情况下，对研究这一时期的农民起义具有重要的价值。《高祖纪》和《炀帝纪》关于府兵制度的记述，对研究隋代的府兵制度的实行及其发展演变的具体情况具有重要的价值。另外，本纪对杨坚和杨广的评论，出自大臣魏徵之手，可当作史论名作去欣赏，对后人正确评价这两位皇帝也具有一定的参考价值。

50卷的列传是《隋书》的主体内容，涉及的人物达330人。将相大臣的传记占30卷，是列传的主体，这些大臣列传包含丰富的社会政治和经济的内容。如卷四十一的《高颎传》和《苏威传》，对我们研究隋文帝时代出现的“开皇之治”具有重要的价值；卷五十二的《韩擒虎传》和《贺若弼传》，对我们研究隋灭陈统一全国提供了丰富的历史资料，卷六十七的《虞世基传》、《裴蕴传》、《裴矩传》，卷八十五的《宇文化及传》、《王世充传》，对我们研究隋炀帝政权由强盛转向衰落的具体情况，提供了丰富的资料。《隋书》设立了不少的类传，包括诚节、孝义、循吏、酷吏、儒林、文学、隐逸、艺术、外戚、列女10个大类。其中《诚节列传》记述了在镇压农民起义及其他反隋势力的战斗中战死，以及在“江都之变”中被宇文化及所害、为王世充所杀的所谓殉节之士；《循吏列传》和《酷吏列传》为我们展示出了当时的地方官吏执行政务的具体情况，儒林、文学、艺术诸传是当时学术和文化发展盛况的记述。卷八十的《列女列传》中的《谯国夫人传》，详细地记述了冼夫人在隋初陈末稳定岭南地区的前前后后，对岭南地区历史的研究具有重要的价值。《隋书》的后妃传，对研究当时隋王朝内部的争权夺利的政治情况也有重要的参考价值。卷八十一至八十四，分别为东夷传、南蛮传、西域传、北狄传，系统地论述了当时周边少数民族的情况，可谓当时少数民族的专史。与其他正史有别的是，编者将宇文化及、司马德戡、裴虔通、王世充和段达这些隋炀政权的逆臣，放入最后一卷，以示贬斥。

《隋书》“十志”长期以来得到了众多史家的赞誉，直到今天仍是我们研究魏晋南北朝典章制度的极其重要的参考资料。《隋书》“十志”体例齐整，各志皆有《序论》概括地论述了各种典志的来历、学术源流和本志的要旨，然后按照梁、陈、北齐、北周和隋五个朝代，论述各种典章制度的具体情况。在30卷的史志中，《礼仪志》多达7卷，今天看来颇为烦琐，但在一定程度上反映了经过魏晋南北朝的民族融合，隋和唐政权这两个汉族和少数民族融合的最高统治者，借以显示正统地位的政治思想，以及他们对华夏文化的充分吸收情况，对研究魏晋至隋的礼仪制度具有重要的参考价值。3卷的《音乐志》，既提供了当时的音乐、舞蹈的发展情况，也记述了那时皇宫所用的歌词和乐器的器形，以及音乐、舞蹈、杂技的演出盛况。律历、天文和五行三志，出于著名科学家李淳风之手，特别得到了学者赞誉。3卷的《律历志》，内容极其广泛，既有当时的数学和历法的研究成果，也有度量衡变迁的记述。祖冲之的圆周率，这一世界数学发展史上的重大成就详见于此志之中。3卷的《天文志》，尽管宣扬了“天人感应”之说，但也系统地反映了魏晋南北朝时期的天文理论，以及浑天仪、浑天象等天文仪器的制作方法，是科技史研究者珍贵的参考资料。《食货志》和《刑法志》，虽然各自仅有一卷的篇幅，但却是我们今天研究当时的社会经济和法律的重要资料，北齐、北周、北齐和隋代的均田制的记述仅见于《食货志》，由此可见其价值。3 卷的《百官志》是我们了解和研究魏晋南北朝至隋代职官制度发展演变的重要资料，3 卷的《地理志》详细地记述了这一分裂时代复杂的地理行政区划的演变情况。4 卷的《经籍志》得到了学者的高度评价，这是继班固《汉书・艺文志》之后，又一部中国学术发展史的重要著述。著名史学家瞿林东先生称赞说："《五代史志》中的《经籍志》，是以目录书出现的学术史专篇，它精练地概括了唐初以前的文化典籍和学术流变，是继刘向、刘歆之后一次更大规模的历史文献整理之总结性成果。它按经、史、子、集四部分类著录历代文献，以道、佛作为附录，这就奠定了古代文献分类的基础，影响所及，至于明清。"(《中国史学史纲》，北京出版社 1999 年版，第 299 页)

《隋书》的史论也具有极其重要的史学价值，可谓贞观年间唐修"八史"的代表。由魏徵撰写的纪传的史论，继承并发扬了司马迁的优良传统，将中国古代的历史评论推向了一个新的阶段。从吸取隋王朝二世而亡的历史教训和现实政治需要出发，魏徵等大臣将史论与政论融为一体，以史为鉴，对隋朝的兴亡，隋王朝的君臣关系与朝政的得失，隋朝官吏的任用及吏治的得失，重要历史人物的功过是非，等等，都予以认真的探讨和总结，这些对中国传统的"经世致用"史学思想的发展，起到了极其重要的作用。

贞观年间由魏徵主持编修的《隋书》，参考资料较少，主要有王劭的《隋书》80 卷，王胄等编撰的《大业起居注》，而这些史著当时也已散佚，因而魏徵等史臣编写《隋书》时采访了许多历史事件的当事人。除此而外，有关隋朝的历史档案尽管当时毁坏了许多，但不可能全部消失，这些也当是魏徵等史官编修《隋书》的重要依据。《隋书》以其文辞的简洁优美、体例的规整和叙事极有章法，得到了后世史家的好评，它为我们保存了大量珍贵的史料，是治隋唐史的学者的必读书籍，对其他门类的研究也具有重要的参考价值。当然，与其他史著一样，本书也有其不足之处，如一些不当立传的而予以立传，如房玄龄的父亲房彦谦因房玄龄而得嘉传；同时，当立传记述的人物却不予记载，如对隋末政局发生过重大影响的农民起义领袖杜伏威和窦建德却不见专门的记述；开创天台宗的高僧智颉、著名书法家僧智勇也只字未提，这些不能不说是一种缺失。

名篇点评

隋文帝平定天下

原文：

高祖文皇帝，姓杨氏，讳坚，弘农郡华阴人也。汉太尉震八代孙铉，仕燕为北平太守。铉生元寿，后魏代为武川镇司马，子孙因家焉。元寿生太原太守惠嘏，嘏生平原太守烈，烈生宁远将军祯，祯生忠，忠即皇考也。皇考从周太祖起义关西，赐姓普六茹氏，位至柱国、大司空、隋国公。薨，赠太保，谥曰桓。

皇妣吕氏，以大统七年六月癸丑夜生高祖于冯翊般若寺，紫气充庭。有尼来自河东，谓皇妣曰："此儿所从来甚异，不可于俗间处之。"尼将高祖舍于别馆，躬自抚养。皇妣尝抱高祖，忽见头上角出，遍体鳞起。皇妣大骇，坠高祖于地。尼自外入见曰："已惊我儿，致令晚得天下。"为人龙颔，额上有五柱入顶，目光外射，有文在手曰"王"。长上短下，沈深严重。初入太学，虽至亲昵不敢狎也。

年十四，京兆尹薛善辟为功曹。十五，以太祖勋授散骑常侍、车骑大将军、仪同三司，封成纪县公。十六，迁骠骑大将军，加开府。周太祖见而叹曰："此儿风骨，不似代间人。"明帝即位，授右小宫伯，进封大兴郡公。帝尝遣善相者赵昭视之，昭诡对曰："不过作柱国耳。"既而阴谓高祖曰："公当为天下君，必大诛杀而后定。善记鄙言。"武帝即位，迁左小宫伯。出为隋州刺史，进位大将军。后征还，遇皇妣寝疾三年，昼夜不离左右，代称纯孝。宇文护执政，尤忌高祖，屡将害焉，大将军侯伏、侯寿等匡护得免。其后袭爵隋国公。武帝聘高祖长女为皇太子妃，益加礼重。齐王宪言于帝曰："普六茹坚相貌非常，臣每见之，不觉自失。恐非人下，请早除之。"帝曰："此止可为将耳。"内史王轨骤言于帝曰："皇太子非社稷主，普六茹坚貌有反相。"帝不悦，曰："必天命有在，将若之何！"高祖甚惧，深自晦匿。

……

大象二年五月，以高祖为扬州总管，将发，暴有足疾，不果行。乙未，帝崩。时静帝幼冲，未能亲理政事。内史上大夫郑译、御正大夫刘昉以高祖皇后之父，众望所归，遂矫诏引高祖入总朝政，都督内外诸军事。周氏诸王在藩者，高祖悉恐其生变，称赵王招将嫁女于突厥为词以征之。丁未，发丧。庚戌，周帝拜高祖假黄钺、左大丞相，百官总己而听焉。以正阳宫为丞相府，以郑译为长史，刘昉为司马，具置僚佐。宣帝时，刑政苛酷，群心崩骇，莫有固志。至是，高祖大崇惠政，法令清简，躬履节俭，天下悦之。

……

丙辰，诏王冕十有二旒，建天子旌旗，出警入跸，乘金根车，驾六马，备五时副车，置旄头云罕，乐舞八佾，设钟虡宫悬。王妃为王后，长子为太子。前后三让，乃受。

俄而周帝以众望有归，乃下诏曰："元气肇辟，树之以君，有命不恒，所辅惟德。天心人事，选贤与能，尽四海而乐推，非一人而独有。周德将尽，妖孽递生，骨肉多虞，藩维构衅，影响同恶，过半区宇，或小或大，图帝图王，则我祖宗之业，不绝如线。相国隋王，睿圣自天，英华独秀，刑法与礼仪同运，文德共武功俱远。爱万物其如己，任兆庶以为忧。手运玑衡，躬命将士，芟夷奸宄，刷荡氛昆，化通冠带，威震幽遐。虞舜之大功二十，未足相比，姬发之合位三五，岂可足论。况木行已谢，火运既兴，河洛出革命之符，星辰表代终之象。烟云改色，笙簧变音，狱讼咸归，讴歌尽至。且天地合德，日月贞明，故以称大为王，照临下土。朕虽寡昧，未达变通，幽显之情，皎然易识。今便祗顺天命，出逊别宫，禅位于隋，一依唐虞、汉魏故事。”高祖三让，不许。遣兼太傅、上柱国、杞国公椿奉册曰：

隋文帝杨坚

……

遣大宗伯、大将军、金城公赵煚奉皇帝玺绂，百官劝进。高祖乃受焉。

……

八年春正月乙亥，陈遣散骑常侍袁雅、兼通直散骑常侍周止水来聘。二月庚子，镇星入东井。辛酉，陈入寇硖州。三月辛未，上柱国、陇西郡公李询卒。壬申，以成州刺史姜须达为会州总管。甲戌，遣兼散骑常侍程尚贤、兼通直散骑常侍韦恽使于陈。

秋八月丁未，河北诸州饥，遣吏部尚书苏威赈恤之。九月丁丑，宴南征诸将，颁赐各有差。癸巳，嘉州言龙见。冬十月己亥，太白出西方。己未，置淮南行台省于寿春，以晋王广为尚书令。辛酉，陈遣兼散骑常侍王琬、兼通直散骑常侍许善心来聘，拘留不遣。甲子，将伐陈，有事于太庙。命晋王广、秦王俊、清河公杨素并为行军元帅以伐陈。于是晋王广出六合，秦王俊出襄阳，清河公杨素出信州，荆州刺史刘仁恩出江陵，宜阳公王世积出蕲春，新义公韩擒虎出庐江，襄邑公贺若弼出吴州，落丛公燕荣出东海，合总管九十，兵五十一万八千，皆受晋王节度。东接沧海，西拒巴蜀，旌旗舟楫，横亘数千里。曲赦陈国。有星孛于牵牛。十一月丁卯，车驾饯师。诏赐陈叔宝位上柱国、万户公。乙亥，行幸定城，陈师誓众。丙子，幸河东。十二月庚子，至自河东。

九年春正月己巳，白虹夹日。辛未，贺若弼拔陈京口，韩擒虎拔陈南豫州。癸酉，以尚书右仆射虞庆则为右卫大将军。丙子，贺若弼败陈师于蒋山，获其将萧摩诃。韩擒虎进师入建邺，获其将任蛮奴，获陈主叔宝。陈国平，合州三十，郡一百，县四百。癸巳，遣使持节巡抚之。

（选自《高祖纪上》）

点评：

本篇选自《高祖纪上》。隋文帝杨坚本为北周将领。宣帝宇文赟病逝，其岳父杨坚假称受遗诏辅佐宣帝之子宇文阐即位，是为静帝，北周的实际权力则掌握在杨坚手中。杨坚掌权之后，平定了地方上的反抗势力，并且大肆诛杀北周的宗室贵族，从而巩固了他的统治地位。此后，杨坚政治势力不断扩大，最终北周静帝将帝位禅让于杨坚，隋朝从此建立。隋文帝即位后，又于开皇八年（588 年）下令伐陈，次年，陈朝灭亡。至此，隋朝实现了南北的统一。隋朝的统一结束了自魏晋以来南北分裂的局面，重新建立了大一统的皇朝政权。

为了稳固隋的统治，隋文帝在中央与地方的政治、经济、军事、律法、选官等方面实行了一系列的改革措施。在中央，隋文帝改变之前北周所立官制，设置了尚书、内史、门下、秘书、内侍五省，尚书省之下又设立六部，为三省六部制奠定基础。在地方上，改州、郡、县三级制为州、县两级制（后来隋炀帝又改州称郡），从而节省了财政开支，也有利于政令的传达和施行。经济上，隋文帝发布均田令，在一定程度上限制了土地兼并，提高了生产力。在律法方面，隋文帝于开皇三年（583 年）命令苏威、牛弘等人修订律法，最终制成了《开皇律》。此外，隋文帝下令废止了中正官的选官之权，开科举选士的先河。隋文帝的这些改革措施为隋乃至唐以后的政治制度和社会发展奠定了基础。

《隋书》对隋文帝的评价比较中肯。一方面强调他称帝建隋的合理性，本篇就叙述了杨坚出生时的异象，借周太祖、赵昭、齐王宪等人之口极力渲染杨坚的帝王之气，而周帝退位禅让的诏书也充分体现了隋承天命以及杨坚之德行，这符合中国古代史学叙述中惯有的天命观念和德治观念；而且《隋书》史臣也赞扬了隋文帝的德政，称其在位期间“躬节俭，平徭赋，仓廪实，法令行，君子咸乐其生，小人各安其业，强无陵弱，众不暴寡，人物殷阜，朝野欢娱。二十年间，天下无事，区宇之内晏如也。考之前王，足以参踪盛烈”。但另一方面，《隋书》史臣也批评了隋文帝统治的过失，如：“但素无术学，不能尽下，无宽仁之度，有刻薄之资，暨乎暮年，此风逾扇。又雅好符瑞，暗于大道，建彼维城，权侔京室，皆同帝制，靡所适从。听哲妇之言，惑邪臣之说，溺宠废嫡，托付失所。灭父子之道，开昆弟之隙，纵其寻斧，剪伐本枝。坟土未干，子孙继踵屠戮，松槚才列，天下已非隋有。惜哉！迹其衰怠之源，稽其乱亡之兆，起自高祖，成于炀帝，所由来远矣，非一朝一夕。”可见，在《隋书》史臣看来，隋朝短祚不只是由隋炀帝的荒淫暴虐促成，而是在隋文帝统治时政治统治的弊端就已初露端倪，这一历史认识可以说是非常深刻的。

开皇名臣高颎

原文：

开皇二年，长孙览、元景山等伐陈，令颎节度诸军。会陈宣帝薨，颎以礼不伐丧，奏请班师。萧岩之叛也，诏颎绥集江汉，甚得人和。上尝问颎取陈之策，颎曰："江北地寒，田收差晚，江南土热，水田早熟。量彼收积之际，微征士马，声言掩袭。彼必屯兵御守，足得废其农时。彼既聚兵，我便解甲，再三若此，贼以为常。后更集兵，彼必不信，犹豫之顷，我乃济师，登陆而战，兵气益倍。又江南土薄，舍多竹茅，所有储积，皆非地窖。密遣行人，因风纵火，待彼修立，复更烧之。不出数年，自可财力俱尽。"上行其策，由是陈人益敝。九年，晋王广大举伐陈，以颎为元帅长史，三军谘禀，皆取断于颎。及陈平，晋王欲纳陈主宠姬张丽华。颎曰："武王灭殷，戮妲己。今平陈国，不宜取丽华。"乃命斩之，王甚不悦。及军还，以功加授上柱国，进爵齐国公，赐物九千段，定食千乘县千五百户。上因劳之曰："公伐陈后，人言公反，朕已斩之。君臣道合，非青蝇所间也。"颎又逊位，诏曰："公识鉴通远，器略优深，出参戎律，廓清淮海，入司禁旅，实委心腹。自朕受命，常典机衡，竭诚陈力，心迹俱尽。此则天降良辅，翊赞朕躬，幸无词费也。"其优奖如此。

是后右卫将军庞晃及将军卢贲等，前后短颎于上。上怒之，皆被疏黜。因谓颎曰："独孤公犹镜也，每被磨莹，皎然益明。"未几，尚书都事姜晔、楚州行参军李君才并奏称水旱不调，罪由高颎，请废黜之。二人俱得罪而去，亲礼逾密。上幸并州，留颎居守。及上还京，赐缣五千匹，复赐行宫一所，以为庄舍。其夫人贺拔氏寝疾，中使顾问，络绎不绝。上亲幸其第，赐钱百万，绢万匹，复赐以千里马。上尝从容命颎与贺若弼言及平陈事，颎曰："贺若弼先献十策，后于蒋山苦战破贼。臣文吏耳，焉敢与大将军论功！"帝大笑，时论嘉其有让。寻以其子表仁取太子勇女，前后赏赐不可胜计。时荧惑入太微，犯左执法。术者刘晖私言于颎曰："天文不利宰相，可修德以禳之。"颎不自安，以晖言奏之。上厚加赏慰。突厥犯塞，以颎为元帅，击贼破之。又出白道，进图入碛，遣使请兵。近臣缘此言颎欲反，上未有所答，颎亦破贼而还。

时太子勇失爱于上，潜有废立之意。谓颎曰："晋王妃有神凭之，言王必有天下，若之何？"颎长跪曰："长幼有序，其可废乎！"上默然而止，独孤皇后知颎不可夺，阴欲去之，夫人卒，后言于上曰："高仆射老矣，而丧夫人，陛下何能不为之娶！"上以后言谓颎，颎流涕谢曰："臣今已老，退朝之后，唯斋居读佛经而已。虽陛下垂哀之深，至于纳室，非臣所愿。"上乃止。至是，颎爱妾产男，上闻之极欢，后甚不悦。上问其故，后曰："陛下当复信高颎邪？始陛下欲为颎娶，颎心存爱妾，面欺陛下。今其诈已见，陛下安得信之！"上由是疏颎。会议伐辽东，颎固谏不可。上不从，以颎为元帅长史，从汉王征辽东，遇霖潦疾疫，不利而还。后言于上曰："颎初不欲行，陛下强遣之，妾固知其无功矣。"又上以汉王年少，专委军于颎。颎以任寄隆重，每怀至公，无自疑之意。谅所言多不用，甚衔之。及还，谅泣言于后曰："儿幸免高颎所杀。"上闻之，弥不平。俄而上柱国王世积以罪诛，当推核之际，乃有宫禁中事，云于颎处得之。上欲成颎之罪，闻此大惊。时上柱国贺若弼、吴州总管宇文弥、刑部尚书薛胄、民部尚书斛律孝卿、兵部尚书柳述等明颎无罪，上逾怒，皆以之属吏。自是朝臣莫敢言者。颎竟坐免，以公就第。

未几，上幸秦王俊第，召颎侍宴。颎歔欷悲不自胜，独孤皇后亦对之泣，左右皆流涕。上谓颎曰："朕不负公，公自负也。"因谓侍臣曰："我于高颎胜儿子，虽或不见，常似目前。自其解落，瞑然忘之，如本无高颎。

不可以身要君，自云第一也。”

顷之，颎国令上颎阴事，称：“其子表仁谓颎曰：‘司马仲达初托疾不朝，遂有天下。公今遇此，焉知非福！’”于是上大怒，囚颎于内史省而鞫之。宪司复奏颎他事，云：“沙门真觉尝谓颎云：‘明年国有大丧。’尼令晖复云：‘十七、十八年，皇帝有大厄。十九年不可过。’上闻而益怒，顾谓群臣曰：“帝王岂可力求！孔子以大圣之才，作法垂世，宁不欲大位邪？天命不可耳。颎与子言，自比晋帝，此何心乎？”有司请斩颎。上曰：“去年杀虞庆则，今兹斩王世积，如更诛颎，天下其谓我何？”于是除名为民。颎初为仆射，其母诫之曰：“汝富贵已极，但有一斫头耳，尔宜慎之！”颎由是常恐祸变。及此，颎欢然无恨色，以为得免于祸。

（选自《高颎列传》）

点评：

本篇节选自《高颎列传》。高颎原为北齐政权中著名的山东士族，北周灭北齐后归附北周，是杨坚夺取北周政权的主要谋士之一，也是辅佐隋文帝杨坚致“开皇之治”的一代名臣，但在开皇后期随着政治逐步发生变化，高颎的仕途逐渐变得坎坷起来，最后终于死于隋炀帝之手。高颎在隋代的仕途经历，是隋杨政权政治的一个缩影。

《高颎列传》记述了高颎在开皇年间忠心辅政，隋文帝杨坚在开皇前期对高颎的放心使用，以及晚年接受皇后的谗言，最后疏远高颎的详细经过，从一个侧面反映了杨坚晚年不如前期励精图治的政治演变情况。炀帝即位后，高颎的几次奏言，不被杨广所接受，最终以谤讪朝廷罪被杀，子孙被流放边地。

选文第一段记述了高颎向杨坚献“疲陈”的奇策，最后终于攻灭南方的陈，立下了赫赫功勋，并由此得到了隋文帝杨坚的重用。第二段，记述了杨坚不为臣下谗言所惑，坚持一心一意重用高颎，高颎也能谦虚谨慎，一心辅政，并破突厥，为文帝再立奇功的情况。第三段，记述了高颎在太子杨勇废立这件重大的事情上，得罪独孤皇后，并遭其暗算，加之高颎反对杨坚对辽东用兵，最终被隋文帝疏远的情况。第四段，记述杨坚最终听信谗言，将高颎除名为民的愚蠢之举。

从《高颎列传》中，我们可以领略到“开皇之治”的一个方面，高颎位高不忘举荐贤人，平陈立有首功却让功于大将贺若弼，杨坚屡次听到臣子对高颎的谗言，而对高颎坚信不疑。“我于高颎胜儿子，虽或不见，常似目前。”反映了杨坚对高颎的信任和器重。由于在太子废立这件重大的事情上，高颎得罪了独孤皇后，最终遭到陷害，虽免于身死，却不再受到杨坚的重用，最终除名为民。隋文帝的政治前后的巨大反差，从高颎为官的历史中也可见一斑。

对高颎这位开皇名臣，为隋王朝的强盛建立了赫赫功勋，最后却被隋文帝杨坚除名为民，后来又被杨广杀死和灭门的个人悲剧，唐初的史官也为他打抱不平。在《高颎列传》的最后，史官对高颎的一生作了评价：“颎有文武大略，明达世务。及蒙任寄之后，竭诚尽节，进引贞良，以天下为己任。苏威、杨素、贺若弼、韩擒虎等，皆颎所推荐，各尽其用，为一代名臣。自余立功立事者，不可胜数。当朝执政将二十年，朝野推服，物无异议。治致升平，颎之力也，论者以为真宰相。及其被诛，天下莫不伤惜，至今称冤不已。”这是对高颎一生的公正评价，由于篇幅所限，加以删节，读者可找原文阅读。

《高颎列传》文辞优美，叙事生动，不失为“二十四史”中历史文学的佳品。节选本文的目的，一是可对高颎这位著名的大臣有所了解，二是对“开皇之治”这一重大的历史事件能有一个较为深刻的印象，三是可以见微知著，对隋王朝由强盛逐步转为衰落的历史变化过程有一个具体的认识。

亡国之君隋炀帝

原文：

二年三月，右屯卫将军宇文化及，武贲郎将司马德戡、元礼，监门直阁裴虔通，将作少监宇文智及，武勇郎将赵行枢，鹰扬郎将孟景，内史舍人元敏，符玺郎李覆、牛方裕，千牛左右李孝本、弟孝质，直长许弘仁、薛世良，城门郎唐奉义，医正张恺等，以骁果作乱，入犯宫闱。上崩于温室，时年五十。萧后令宫人撤床箦为棺以埋之。化及发后，右御卫将军陈棱奉梓宫于成象殿，葬吴公台下。发敛之始，容貌若生，众咸异之。大唐平江南之后，改葬雷塘。

初，上自以藩王，次不当立，每矫情饰行，以钓虚名，阴有夺宗之计。时高祖雅信文献皇后，而性忌妾媵。皇太子勇内多嬖幸，以此失爱。帝后庭有子，皆不育之，示无私宠，取媚于后。大臣用事者，倾心与交。中使至第，无贵贱，皆曲承颜色，申以厚礼。婢仆往来者，无不称其仁孝。又常私人宫掖，密谋于献后，杨素等因机构扇，遂成废立。自高祖大渐，暨谅暗之中，荒淫无度，山陵始就，即事巡游。以天下承平日久，士马全盛，慨然慕秦皇、汉武之事，乃盛治宫室，穷极侈靡，召募行人，分使绝域。诸蕃至者，厚加礼赐，有不恭命，以兵击之。盛兴屯田于玉门、柳城之外。课天下富室，益市武马，匹直十余万，富强坐是冻馁者十家而九。帝性多诡谲，所幸之处，不欲人知。每之一所，辄数道置顿，四海珍羞殊味，水陆必备焉，求市者无远不至。郡县官人，竞为献食，丰厚者进擢，疏俭者获罪。奸吏侵渔，内外虚竭，头会箕敛，人不聊生。于时军国多务，日不暇给，帝方骄怠，恶闻政事，冤屈不治，奏请罕决。又猜忌臣下，无所专任，朝臣有不合意者，必构其罪而族灭之。故高颎、贺若弼先皇心膂，参谋帷幄，张衡、李金才藩邸惟旧，绩著经纶，或恶其直道，或忿其正议，求其无形之罪，加以刎颈之诛。其余事君尽礼，謇謇匪躬，无辜无罪，横受夷戮者，不可胜纪。政刑弛紊，贿货公行，莫敢正言，道路以目。六军不息，百役繁兴，行者不归，居者失业。人饥相食，邑落为墟，上不之恤也。东西游幸，靡有定居，每以供费不给，逆收数年之赋。所至唯与后宫流连耽湎，惟日不足，招迎姥媪，朝夕共肆丑言，又引少年，令与宫人秽乱，不轨不逊，以为娱乐。区宇之内，盗贼蜂起，劫掠从官，屠陷城邑，近臣互相掩蔽，隐贼数不以实对。或有言贼多者，辄大被诘责。各求苟免，上下相蒙，每出师徒，败亡相继。战士尽力，必不加赏，百姓无辜，咸受屠戮。黎庶愤怨，天下土崩，至于就擒，而犹未之寤也。

史臣曰：炀帝爰在弱龄，早有令闻，南平吴会，北却匈奴，昆弟之中，独著声绩。于是矫情饰貌，肆厥奸回，故得献后钟心，文皇革虑，天方肇乱，遂登储两，践峻极之崇基，承丕显之休命。地广三代，威振八纮，单于顿颡，越裳重译。赤仄之泉，流溢于都内，红腐之粟，委积于塞下。负其富强之资，思逞无厌之欲，狭殷、周之制度，尚秦、汉之规摹。恃才矜己，傲狠明德，内怀险躁，外示凝简，盛冠服以饰其奸，除谏官以掩其过。淫荒无度，法令滋章，教绝四维，刑参五虐，锄诛骨肉，屠剿忠良，受赏者莫见其功，为戮者不知其罪。骄怒之兵屡动，土木之功不息。频出朔方，三驾辽左，旌旗万里，征税百端，猾吏侵渔，人不堪命。乃急令暴条以扰之，严刑峻法以临之，甲兵威武以董之，自是海内骚然，无聊生矣。俄而玄感肇黎阳之乱，匈奴有雁门之围，天子方弃中土，远之扬、越。奸宄乘衅，强弱相陵，关梁闭而不通，皇舆往而不反。加之以师旅，因之以饥馑，流离道路，转死沟壑，十八九焉。于是相聚萑蒲，蝟毛而起，大则跨州连郡，称帝称王，小则千百为群，攻城剽邑，流血成川泽，死人如乱麻，炊者不及析骸，食者不遑易子。茫茫九土，并为麋鹿之场，忰忰黔黎，俱充蛇豕之饵。四方万里，简书相续，犹谓鼠窃狗盗，不足为虞，上下相蒙，莫肯念乱，振蜉蝣之羽，穷长夜之乐。土崩鱼烂，贯盈恶稔，普天之下，莫匪仇雠，左右之人，皆为敌国。终然不悟，同彼望夷，遂以万乘之尊，死于一夫之手。亿兆靡感恩之士，九牧无勤王之师。子弟同就诛夷，骸骨弃而莫掩，社稷颠陨，本枝殄绝，自肇有书契以迄于兹，宇宙崩离，生灵涂炭，丧身灭国，未有若斯之甚也。《书》曰："天作孽，犹可违，自作孽，不可逭。"《传》曰："吉凶由人，祆不妄作。"又曰："兵犹火也，不戢将自焚。"观隋室之存亡，斯言信而有征矣。

（选自《炀帝本纪下》）

点评：

"尽道隋亡为此河，至今千里赖此波。若无水殿龙舟事，共禹议功不较多。"这是晚唐诗人皮日休面对大运河发出的感叹，说的是隋炀帝的功过是非问题。

公元581年，外戚杨坚夺取了北周政权，建立了中国历史上又一个封建王朝，即隋王朝。隋王朝建立之初，杨坚与大臣高颎、苏威等励精图治，经济上实行均田制和租庸调制，军事上进一步实行兵农合一的府兵制，由此出现了中国历史上又一个封建治世，即"开皇之治"。589年，杨坚一举灭掉了南方割据的陈政权，结束了东汉以来几百年的分裂割据局面。隋文帝杨坚晚年，猜忌之心日重，诛杀大臣，废太子杨勇，立晋王杨广为太子。杨广好大喜功，即位之后，开始了全面的内外整治。对内过分滥用民力，开凿了贯通南北的大运河，对外几次讨伐高句丽，使隋朝的人力物力财力空前空虚，并导致了社会矛盾的激化。杨玄感的叛乱点燃了隋杨政权覆灭的火种，之后，翟让、李密领导的瓦岗军在河南起义，窦建德领导的农民军在河北起义，杜伏威农民军在江淮起义。618年，炀帝的表兄弟李渊起兵于太原。为了稳定江南形势，杨广出巡江南，结果被大将宇文化及杀死。杨广的暴政，落得个身死而为天下笑的结局，杨坚苦心经营的政权，到第二代就覆亡，重演秦王朝二世而亡的历史，这不能不引起贞观君臣和史家的深思。《隋书》的作者魏徵等史臣倾注全力，撰写了《炀帝纪》，翔实地记述了这位很有才气的暴君的一生，阅读《隋书》，《炀帝本纪》不可不读。由于篇幅所限，本篇仅节选了炀帝被弑以及史臣对隋炀帝的评价部分。

本篇节选自《炀帝纪下》，该卷记述了炀帝晚年群雄并起，杨广最终被手下大臣所杀的历史悲剧。选文第一段记述了隋炀帝被弑的经过。隋炀帝杨广这位统率大军灭陈、对高句丽连续发动大规模战争的赫赫人物，统治中国仅十余年的封建皇帝，就这样轻而易举地被手下宇文化及等杀掉了，并由此导致了隋王朝的灭亡，这一惨痛的历史教训值得后人永远汲取。以魏徵为首的贞观大臣，面对这一血淋淋的历史，对隋炀帝的一生作了全面深刻的总结。第二段是魏徵为首的《隋书》的作者对杨广以次子身份夺得帝位，以及即皇帝位之后的所作所为的全面总结。包括以下几个方面的内容：其一是对杨广如何夺得皇帝尊位的记述。杨广以善于掩饰自己的不义行为，以及得到了母亲文献皇后和大臣杨素的支持，而从他的哥哥杨勇手里夺得皇位的继承权。其二是对杨广好大喜功的外交政策的评述。杨广即位后，羡慕秦皇汉武的赫赫功业，派人远通西域，对于臣服的少数民族给予优厚的礼遇，对于不按照他的想法办事的则出兵予以讨伐，耗费了大量的人力、物力和财力。其三是对杨广的多次出巡、滥用民力和耗费民财的不义行为的批评。其四是对杨广政治的残暴和他统治时期社会矛盾激化情况的论述。这是这段记述的中心之所在。杨广残杀文帝时期著名的辅政大臣高颎、贺若弼等多人。炀帝统治后期，政刑弛紊，贿赂公行，滥用民力，几次对高句丽发动了大规模的战争，结果搞得人民流离失所，各地农民起义风起云涌，而炀帝对此竟然置若罔闻，这样的国君焉有不亡之理。

选文的最后一段，史臣对隋炀帝的一生作了全面的总结和评价。首先高度肯定了杨广平陈和反击突厥的赫赫战功，接着对其以次子身份靠阴谋夺得皇位予以谴责。重点是对杨广时期的政治的评价。杨广借父亲给他造就的强盛的国力，力图大展宏图，这本身无可厚非，但他的残暴和滥用民力，激化了社会各种矛盾，阶级矛盾、民族矛盾、统治阶级内部的矛盾都激化起来，而杨广本人又自恃个人的才智，刚愎自用，结果成为孤家寡人。篇末对炀帝一生的总结和史臣的评论，发人深思。作者表露出的深沉的历史鉴戒思想，以及吉凶成败由人的进步史观，反映了唐代中国传统史学已达到了一个新的阶段。

选文文辞优美，论述简洁得当，不愧为“二十四史”中的精品之作。

《经籍志序》

原文：

暨夫周室道衰，纪纲散乱，国异政，家殊俗，褒贬失实，隳紊旧章。孔丘以大圣之才，当倾颓之运，叹凤鸟之不至，惜将坠于斯文，乃述《易》道而删《诗》、《书》，修《春秋》而正《雅》、《颂》。坏礼崩乐，咸得其所。自哲人萎而微言绝，七十子散而大义乖，战国纵横，真伪莫辨，诸子之言，纷然淆乱。圣人之至德丧矣，先王之要道亡矣，陵夷踳驳，以至于秦。秦政奋豺狼之心，划先代之迹，焚《诗》、《书》，坑儒士，以刀笔吏为师，制挟书之令。学者逃难，窜伏山林，或失本经，口以传说。

汉氏诛除秦、项，未及下车，先命叔孙通草绵蕝之仪，救击柱之弊。其后张苍治律历，陆贾撰《新语》，曹参荐盖公言黄老，惠帝除挟书之律，儒者始以其业行于民间。犹以去圣既远，经籍散逸，简札错乱，传说纰缪，遂使《书》分为二，《诗》分为三，《论语》有齐、鲁之殊，《春秋》有数家之传。其余互有踳驳，不可胜言。此其所以博而寡要，劳而少功者也。武帝

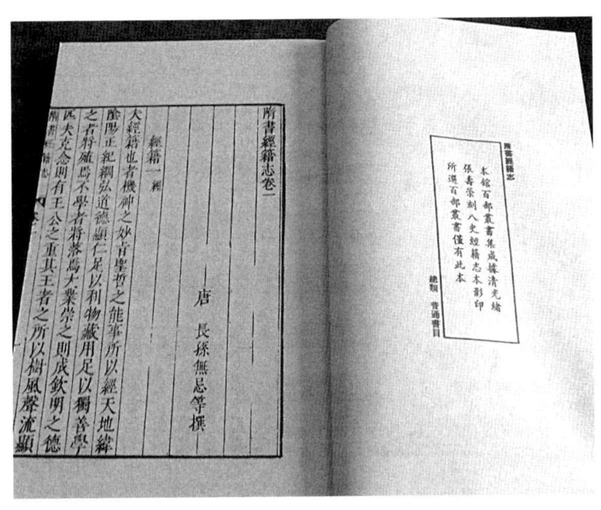
隋書經籍志
本館百部叢書集成據清光緒
張壽榮刻八史經籍志本影印
所選百部叢書僅有此本
總類　普通書目

隋書經籍志卷一
唐　長孫無忌等撰
經籍一　經
夫經籍也者機神之妙旨聖哲之能事所以經天地緯
陰陽正紀綱弘道德顯仁足以利物藏用足以獨善學
之者將殖焉不學者將落焉大業崇之則成欽明之德
匹夫克念則有王公之重其王者之所以樹風聲流顯

《隋书经籍志》书影

置太史公，命天下计书，先上太史，副上丞相，开献书之路，置写书之官，外有太常、太史、博士之藏，内有延阁、广内、秘室之府。司马谈父子世居太史，探采前代，断自轩皇，逮于孝武，作《史记》一百三十篇。详其礼制，盖史官之旧也。至于孝成，秘藏之书，颇有亡散，乃使谒者陈农，求遗书于天下。命光禄大夫刘向校经传诸子诗赋，步兵校尉任宏校兵书，太史令尹咸校数术，太医监李柱国校方技。每一书就，向辄撰为一录，论其指归，辨其讹谬，叙而奏之。向卒后，哀帝使其子歆嗣父之业。乃徙温室中书于天禄阁上。歆遂总括群篇，撮其指要，著为《七略》：一曰《集略》，二曰《六艺略》，三曰《诸子略》，四曰《诗赋略》，五曰《兵书略》，六曰《术数略》，七曰《方技略》。大凡三万三千九十卷。王莽之末，又被焚烧。光武中兴，笃好文雅，明、章继轨，尤重经术。四方鸿生巨儒，负袠自远而至者，不可胜算。石室、兰台，弥以充积。又于东观及仁寿阁集新书，校书郎班固、傅毅等典掌焉。并依《七略》而为书部，固又编之，以为《汉书·艺文志》。董卓之乱，献帝西迁，图书缣帛，军人

皆取为帷囊。所收而西，犹七十余载。两京大乱，扫地皆尽。

魏氏代汉，采掇遗亡，藏在秘书中、外三阁。魏秘书郎郑默，始制《中经》，秘书监荀勖，又因《中经》，更著《新簿》，分为四部，总括群书。一曰甲部，纪六艺及小学等书；二曰乙部，有古诸子家、近世子家、兵书、兵家、术数；三曰丙部，有史记、旧事、皇览簿、杂事；四曰丁部，有诗赋、图赞、《汲冢书》。大凡四部合二万九千九百四十五卷。但录题及言，盛以缥囊，书用缃素。至于作者之意，无所论辩。惠、怀之乱，京华荡覆，渠阁文籍，靡有孑遗。

东晋之初，渐更鸠聚。著作郎李充，以勖旧簿校之，其见存者，但有三千一十四卷。充遂总没众篇之名，但以甲乙为次。自尔因循，无所变革。其后中朝遗书，稍流江左。宋元嘉八年，秘书监谢灵运造《四部目录》，大凡六万四千五百八十二卷。元徽元年，秘书丞王俭又造《目录》，大凡一万五千七百四卷。俭又别撰《七志》：一曰《经典志》，纪六艺、小学、史记、杂传；二曰《诸子志》，纪今古诸子；三曰《文翰志》，纪诗赋；四曰《军书志》，纪兵书；五曰《阴阳志》，纪阴阳图纬；六曰《术艺志》，纪方技；七曰《图谱志》，纪地域及图书。其道、佛附见，合九条。然亦不述作者之意，但于书名之下，每立一传，而又作九篇条例，编乎首卷之中。文义浅近，未为典则。齐永明中，秘书丞王亮、监谢朏造《四部书目》，大凡一万八千一十卷。齐末兵火，延烧秘阁，经籍遗散。梁初，秘书监任昉躬加部集，又于文德殿内列藏众书，华林园中总集释典，大凡二万三千一百六卷，而释氏不豫焉。梁有秘书监任昉、殷钧《四部目录》，又《文德殿目录》。其术数之书，更为一部，使奉朝请祖恒撰其名。故梁有《五部目录》。普通中，有处士阮孝绪，沉静寡欲，笃好坟史，博采宋、齐已来王公之家凡有书记，参校官簿，更为《七录》：一曰《经典录》，纪六艺；二曰《记传录》，纪史传；三曰《子兵录》，纪子书、兵书；四曰《文集录》，纪诗赋；五曰《技术录》，纪数术；六曰《佛录》；七曰《道录》。其分部题目，颇有次序，割析辞义，浅薄不经。梁武敦悦诗书，下化其上，四境之内，家有文史。元帝克平侯景，收文德之书及公私经籍，归于江陵，大凡七万余卷。周师入郢，咸自焚之。陈天嘉中，又更鸠集，考其篇目，遗阙尚多。

其中原则战争相寻，干戈是务，文教之盛，苻、姚而已。宋武入关，收其图籍，府藏所有，才四千卷，赤轴青纸，文字古拙。后魏始都燕代，南略中原，粗收经史，未能全具。孝文徙都洛邑，借书于齐，秘府之中，稍以充实。暨于尔朱之乱，散落人间。后齐迁邺，颇更搜聚，迄于天统、武平，校写不辍。后周始基关右，外逼强邻，戎马生郊，日不暇给。保定之始，书止八千，后稍加增，方盈万卷。周武平齐，先封书府，所加旧本，才至五千。

隋开皇三年，秘书监牛弘表请分遣使人，搜访异本。每书一卷，赏绢一匹，校写既定，本即归主。于是民间异书，往往间出。及平陈已后，经籍渐备。检其所得，多太建时书，纸墨不精，书亦拙恶。于是总集编次，存为古本。召天下工书之士，京兆韦霈、南阳杜頵等，于秘书内补续残缺，为正副二本，藏于宫中，其余以实秘书内、外之阁，凡三万余卷。炀帝即位，秘阁之书，限写五十副本，分为三品：上品红琉璃轴，中品绀琉璃轴，下品漆轴。于东都观文殿东西厢构屋以贮之，东屋藏甲乙，西屋藏丙丁。又聚魏已来古迹名画，于殿后起二台，东曰妙楷台，藏古迹；西曰宝迹台，藏古画。又于内道场集道、佛经，别撰目录。

大唐武德五年，克平伪郑，尽收其图书及古迹焉。命司农少卿宋遵贵载之以船，溯河西上，将致京师。行经底柱，多被漂没，其所存者，十不一二。其《目录》亦为所渐濡，时有残缺。今考见存，分为四部，合条为一万四千四百六十六部，有八万九千六百六十六卷。其旧录所取，文义浅俗、无益教理者，并删去之。其旧录所遗，辞义可采，有所弘益者，咸附入之。远览马史、班书，近观王、阮志、录，挹其风流体制，削其浮杂鄙俚，离其疏远，合其近密，约文绪义，凡五十五篇，各列本条之下，以备《经籍志》。虽未能研几探赜，穷极幽隐，庶乎弘道设教，可以无遗阙焉。夫仁义礼智，所以治国也，方技数术，所以治身也，诸子为经籍之鼓吹，文章乃政化之黼黻，皆为治之具也。故列之于此志云。

（选自《经籍志一》）

点评：

《隋书》“十志”历来得到了众多学人的普遍赞誉，本篇节选自《经籍志一》。《经籍志序》是研究中国古代学术发展史的一篇极为重要的历史文献。虽然作者在篇首过分地夸大了“经籍”的作用，但对于经籍在文化传承以及治国理民方面的作用的论述，显示了当时知识分子对文化典籍的重视程度。

该篇序言系统地论述了历朝史官的设置及其职掌，自汉至隋经籍的源流存亡，以及中国文化典籍分类方法的演变的具体经过。随之，讲了中国丰富的文献典籍的起源。由于篇幅所限，将这两段加以删节，读者可以找原文仔细阅读。

选文从周王朝末年孔子删订“六经”，奠定了中国文化的基础开始。第一段简要地记述了春秋战国至秦朝中国学术文化发展的基本情况，突出了孔子在中国学术发展史上的地位，谴责了秦始皇对中国文化的摧残的罪行。第二段叙述了汉代学术文化的发展，叙述了西汉惠帝除挟书之律、武帝时代司马迁父子著《史记》，这些中国文化发展史上的重大历史事件。接着记述了西汉成帝和哀帝时代，命刘向、刘歆父子整理天下图书，著成《七略》，开始了中国历史上图书第一次科学分类的情况。最后记述了西汉末值王莽之乱和东汉末董卓之乱，中国文化典籍再遭摧残，以及东汉置兰台令史，班固著《汉书·艺文志》，这些重要的学术发展的历史。

魏晋南北朝时期，是中国文化发展的又一个极其重要的历史时期，这一时期的重大贡献，在于“四部目录分类法”的出现，这是中国目录学发展史上的重大事件，尽管这时西汉刘向、刘歆父子创立的“七部分类法”仍在延续。《隋书·经籍志序》对这一演变过程予以详细记述，这些资料对中国学术发展史的研究具有极其重要的意义。第三段，概括地论述了曹魏和西晋的学术成就，特别突出了郑默的《中经》和荀勖的《新簿》所创立的甲、乙、丙、丁的四部分类的方法，以及他们对中国文化典籍的具体的分类，最后概括地说明了西晋末年典籍的散佚情况。第四段是对东晋以及南朝学术发展情况的记述，论述了东晋李充对荀勖的分类法的发展、南朝谢灵运的四部分类法，重点记述了王俭的七部分类法，梁有秘书监任昉、殷钧《四部目录》，以及阮孝绪的《七录》等重要著述，在中国目录学发展史的巨大贡献。四分法和七分法，一方面是对中国丰富的文化典籍的不同的分类方法，另一方面是对这样典籍的不断的收集和整理。第五段是对北朝文化发展情况的简略叙述。

第六段，对隋唐政权在文化典籍整理方面的贡献予以记述。记述了开皇年间秘书监牛弘搜寻和整理典籍的贡献，以及隋炀帝时代抄写和按类收藏典籍的情况。第七段是唐高祖武德年间开始整理文化典籍的情况，以及到《隋书·经籍志》撰写的时候，唐中央政府所珍藏的文化典籍的数量和卷数。这为我们今天研究这一时期的文化发展提供了可贵的线索。

《隋书·经籍志序》，堪称一部中国学术文化发展的简要的历史，在中国学术文化史的研究上，具有极其重要的价值。《隋书·经籍志》最终确立的经、史、子、籍的四部分类方法，被后代所沿袭，成为中国传统文化典籍的基本的分类方法，从中可见该志在中国文化发展史上的极其重要的地位。本篇序言，文辞优美，对中国历史文化典籍的发展的叙述，涵盖面极为广阔，语言精练，很值得广大读者仔细阅读。

千古名言

舟大者任重，马骏者远驰。

——语出《隋书·高颎苏威列传》。意思是：舟船大者，运载的量大；马匹优秀者，跑得更远。我们今天所说的“能者多劳”，就是这个意思。给才能突出的人授以重任，使其能充分发挥自己的特长，这是古人已经认识的道理，在现代化建设的今天，仍值得各级领导认真体会。

居上莫能公道以御物，为下必踵私法以希时。

——语出《隋书·高祖纪下》。可译为：居上位的人如果未能做到以公道来待人处事接物，在下的必然以私法来行事以奉其上级。俗话说：上行下效，说的就是这个意思。古人早就体会到这一哲理。这种情况今天也十分普遍，因而，我们共产党人强调，党员和领导干部要以身作则，就是讲的这个道理。

多识而不穷，玄疑以待问。

——语出《隋书·经籍志》。讲的是学习的道理。意思是：多多的记忆没有穷尽，产生了疑问等候着去向别人询问。不断地学习以扩大自己的知识面，不断地发现问题探讨其中的奥妙，自己得以新的长进，这就是不断地求知和长进的过程。古人已认识到了学习的这两个方面，今人更应体会这一道理，善于学习，善于发现问题。

时不可再，机不可失。

——语出《隋书·刘昉列传》。它的意思是：时机不会再来，宝贵的机会不可失去。它要求人们要善于抓住时机，关键时刻绝不可优柔寡断，否则就会丧失宝贵的机会，后悔莫及。

贫而为盗，刑罚不能止。

一语出《隋书·食货志》。可翻译为：因为贫穷而去做盗贼，用刑罚是难以制止的。唐初撰修史书的大臣，如魏徵等人，不少参加过隋末的农民起义。他们深刻地体会到因饥饿贫穷奋起抗争的农民的力量，认识到农民起义爆发的深刻的经济原因。这句话具有朴素的唯物史观思想，在一定程度上揭示出了农民起义的经济原因。

疾风知劲草，世乱有诚臣。

一语出《隋书·杨素列传》。这句话的意思是：在猛烈的大风面前才能看出挺拔茁壮的草的本色，在乱世才能显示出忠臣的品德。古语“岁寒，然后知松柏之后凋”，说的也是这个道理。它的意思是，在关键的时候，方能显示出一个人的本色。从古到今，多少史实验证了中国古人的这一认识。

正臣之立朝廷，奸邪为之折谋。

——语出《隋书·王劭列传》。意思是：正直的大臣在朝廷处于主导的地位，邪恶奸佞之人也就不敢抛出自己的计谋。俗话说：邪不压正，说的正是这一意思。古人的这一认识，对我们今天仍然具有很强的借鉴意义。要使社会风气有一个根本的改变，领导干部首先要讲正气，以身作则。

因人成事，其功不难。

——语出《隋书·李德林列传》。意思是：按照个人的具体情况决定办事的方法，取得功效就不会有困难。古人已经认识到办事不能强求一致，应因人而异，充分发挥每个人的长处。这种领导艺术和工作方式，在今天仍有借鉴意义。

清其流者必竭其源，正其本者须端其末。

——语出《隋书·明克让列传》。可翻译为：要澄清源流必须找到它的根源，要端正根本必须端正它的末端。成语“正本清源”，说的正是这个意思。古人总结的这个道理，在今天仍具有现实意义。比如，我们要治理环境污染，必须要找到造成污染的根源，这样才能达到预期的目标，办其他事情也是这个道理。

务广德者昌，务广地者亡。

——语出《隋书·东夷列传》。意思是：追求道德的统治者，其政治必然昌盛；一心只想开疆拓土的统治者，必然走向灭亡的道路。这句话提醒统治者，要以德来统治人民，而不能穷兵黩武，追求开疆拓土的功业。

各去所短，合其所长。

——语出《隋书·文学列传》。意思是：在用人上要避免用其短处，而善于将各人的长处集中起来。高明的领导，在于善于使用属下的长处，而避免使用他的短处，这是一种极其高明的领导艺术。

《旧唐书》

史家生平

五代时期是继唐末藩镇割据而形成的一个延续半个多世纪的封建分裂割据时期，是一个群雄混战、百姓苦不堪言的黑暗时代。但值得庆幸的是在这样混乱的局面下，各个政权的统治者还是比较重视对前代史的修撰，他们大都经历过天下大乱和政权颠覆的折磨，深知要想保持自己政权的长治久安，就必须牢记唐代历史的经验教训，而做到这一点最好的方法就是编修史书，以史为鉴。于是在这种思想的指导下，编修《唐书》的工作也就呼之欲出了。五代时期，为了修撰唐史，各朝曾不断下诏书征求有关唐朝的史料，后梁时期皇帝就曾命令史官征集家传资料，上交朝廷。后唐、后晋也很早就搜集资料，开始编撰唐史的准备工作。后晋天福六年（941年）二月中，皇帝下诏令就明确表达编撰唐书是一件刻不容缓的事，而这一重任就交给了赵莹等人。自后晋高祖天福六年正式编撰开始起，到出帝开运二年（945年），历时4年，完成了《旧唐书》的编撰工作。

根据传统的宰相监修国史制度，最初的编修工作是由宰相赵莹负责监修，他在组织人员、收集史料和确定体例上，做了大量工作。以后担任宰相的桑维翰、刘昫也都相继担任监修，在全书最后完成时，正好是刘昫任监修，由他领衔奏上，所以《旧唐书》题为刘昫等撰。但实际上《旧唐书》的编撰，主要是由赵莹负责，具体分工是张昭远负责本纪，他用力最勤；贾纬则是擅长于史学，会昌以后纪传材料的补充，多出自他手，赵熙则是做文字修改工作。此外，郑实益、尹拙等人都参加了一些具体编写工作，功不可没。故可以说，《旧唐书》是一部集众人之力而修成的史书。

宰相赵莹出生于公元886年，死于公元951年，是五代时期华州华阴（陕西）人，字玄辉。他的曾祖、祖父都曾担任过县丞、秘书正字等小官，到他父亲的时候，则已经是家世衰微，十分贫穷，不得不居家务农，以此为生。史书对赵莹评价很高，说他“风仪美秀，性复纯谨”，对其人品赞扬不已。赵莹文才横溢，品性忠厚，后梁龙德中开始进入仕途，后唐时，先是在石敬瑭(后晋高祖）手下做掌书记，负责为其出谋划策，起草文书。石敬瑭灭后唐，则官拜翰林学士承旨、门下侍郎、同平章事，参与朝政，在位期间，政绩斐然。曾经有一次，天下蝗灾兴起，造成颗粒无收，饿死的人很多，赵莹于是就叫人捕捉蝗虫，规定凡是交蝗虫一斗的人，就给粮食一斗，终于在群心合力之下，消灭了蝗灾，赵莹的名声也由此而大振，深深受到老百姓的爱戴。(《旧五代史》卷八十九）出帝时，官为中书令，负责中央的日常政务处理，后来因为与当朝权贵在政见上不合，便被罢除宰相职位，出镇晋昌，不久又官复原职，并加封为弘文馆大学士。他在执政期间同时又担任监修国史之职，于是他选任史官，纂补唐代实录，修撰唐史。后晋出帝时期，契丹灭亡后晋，他与出帝被迁移到契丹，被辽世宗封为太子太保。在此期间，他怀念故乡心情甚浓，以至常常泪流满面，夜不能寐。后周广顺初在幽州见到后周通好使时，更是悲伤不自胜，不久就因为思乡过度，身染重病，卧床不起，临病前告诉契丹主，请求将自己的尸骨归还南朝，以补偿自己多年的思乡之情，契丹国王怜悯他的一番怀念之心，在赵莹死后，命其子护柩南归，葬于华阴。

与赵莹相比，刘昫可谓是一位坐享其成的作者，在他任宰相的时候，《旧唐书》的编撰工作已经大致完成，按惯例，官修之书编撰完成之后，须由当朝宰相兼修国史者在上署名，然后才能进献皇帝，而刘昫恰逢其时。刘昫，生于公元888年，死于公元947年，是五代时涿州归义（今河北雄县西北）人，字耀远，他出身于官宦之家，祖父刘乘曾经任职幽州府左司马，父亲刘因则担任过幽州巡官。史书说刘昫“神采秀拔，文学优赡”，对他也是十分赞赏。刘昫小的时候就以好学与其弟同时知名于乡里，唐代天祐年间，契丹攻陷幽州，刘昫也与其他老百姓一样被俘虏到新州，但他机智过人，趁看守兵将不注意，半路逃跑而获免。后唐庄宗时期，他凭借自己优异的文才，任职太常博士、翰林学士，负责文书诏令的撰写。长兴中，升任中书侍郎、同平章事，负责中央日常政事，深得皇帝的信任，同时他又兼判三司，负责管理中央财务工作。在任期间，他经常派遣官吏查访民间的“积年残租，或场务贩负”等情况，为消除民间的残租积负，减轻老百姓的负担做了不少工作，民间百姓皆“相与歌咏”，非常拥护他的做法，但这样一来，他也得罪了不少三司官吏，使得他们失去了勒索贿赂的机会，断了财路，因而都对刘昫抱以怨恨。契丹灭亡后晋后，仍将刘昫留任，但他却以疾病为理由，乞求退休在家养病，于开运年间病死。

史著介绍

五代后晋时官修的《旧唐书》是现存最早的比较系统记录唐代历史的一部史籍。它原名《唐书》，《郡斋读书志》、《直斋书录解题》等都以此为题，宋代以后，因为有欧阳修等人编修的《新唐书》在世间流传，为了区别二书，于是便有了新、旧《唐书》之说，到明嘉靖时期的闻人铨刻本才定名为《旧唐书》，沿用至今。《旧唐书》由纪、传、志三部分组成，共有200卷，全书共309万字。与其他记载唐代历史的史书相比，它具有一些显著的特点，这可以概括为以下几个方面：

首先，《旧唐书》编撰所遵循的指导原则是“纂修须按于旧章”，即要忠实于唐代遗留下来的原始资料，对历史事实的记载完全是按照当时人的思想认识，这样就能真实地反映唐代不同时期的思想认识、时代风貌以及经济、文化、政治状况，史料价值甚高。从史料来源的角度来说，《旧唐书》的修撰成功，应该主要得益于历代反复的征集史料，从唐高祖到唐武宗的实录，从高祖到肃宗的纪传体国史，等等，这些记载唐代历史的实录、国史、起居注等第一手资料都是五代时编撰《旧唐书》的主要依据。宰相赵莹在后晋天福六年四月时上奏称：“今据史馆所缺《唐书》实录，请下敕命购求……请下三京诸道及中外臣僚，凡有将此数朝实录诣阙进纳……有于此六十年内撰述得传记，及中书、银台史馆日历、制敕册书等，不限年月多，并许诣阙进纳。”（《五代会要》卷一八）可以说，在征集史料方面，编撰史官是不遗余力的，这保证了《旧唐书》史料来源的可靠性。

唐代政治事件是传统史家注意的焦点之一，《旧唐书》在这方面记载了不少珍贵的史料。如唐代初期唐太宗李世民为了夺取政权而发动的“玄武门之变”，在这次政变中，到底是什么人参加了政变、什么时间发起的政变、整个政变过程是如何变化的等等，这些问题在《旧唐书》的本纪和初期的列传中都或多或少地有所记载。再者如唐玄宗时期安禄山、史思明发动的“安史之乱”，唐顺宗朝王叔文集团当政时期的政治改革措施等唐代重要政治事件，在《旧唐书》中也都记载得比较具体。除此之外，《旧唐书》在《懿宗本纪》、《僖宗本纪》里也较详细地记载了庞勋起义、黄巢起义的情况，在昭宗、哀帝本纪中则较详细地记载了唐朝末年藩镇割据、宦官专权的情况，这些详细的记载对研究晚唐社会政治史参考价值极大。尤其是《旧唐书》还保存了不少文才洋溢、很有价值的文章。如《吕才传》、《卢藏用传》分别登载了两人反迷信的重要文章《论宅经》、《析滞论》，这些是唐代反对封建迷信的重要文章；《贾耽传》记载了他进奏所编地理图志的表奏，《李百药传》中保存的《封建论》记录了他对封建问题认识的独到见解，更不可忽视，这些都是中国思想史和地理学史上的重要文献。再者如，《旧唐书》诸志中可取之处也有不少，《历志》、《天文志》多是根据当时名家李淳风、僧一行的原著改编而成，保存了《麟德历》、《大衍历》的某些重要内容。《地理志》则是经过玄宗、德宗时期的修改，分别注明了两个时期统计材料与重大史事，史料价值超过其他史书，值得重视。另外，《旧唐书》记述唐代少数民族以及外国的情况，也超过以前各史，为研究唐代的民族政策和对外关系提供了珍贵史料。

因此可以说，《旧唐书》是研究唐史的一部重要史书，也正是由于它的这种“纂修须按于旧章”、忠于历史真实的史著特色，司马光在著《资治通鉴》的《唐纪》的时候，大部分以《旧唐书》为依据，这也从另一个角度表明了《旧唐书》史料价值的珍贵性。

其次，在体例上，《旧唐书》既继承了传统纪传体史书的特点，又能根据实际形势和编撰时间的短促作出相应的调整。我们说，中国古代传统纪传体史书大致是由本纪、列传、表、志所构成，本纪是以皇帝纪年的编年史，志是关于典章制度以及天文、地理、水利等专门记述，列传则在纪传体史书中占的篇幅最多，一般有专传、类传和附传三种；表则是撰者为了节省篇幅，又便于查考而形成的一种形式，它包括世袭表、年月表等。而由于《旧唐书》编撰时间短促，从发凡起例到定稿上奏朝廷仅用4年时间，基本上是抄纂已有的唐史有关文献而成，因此在体例结构上，只有纪、传、志三部分组成，没有表。但即使是这样，撰者也是尽其所能，尽量在体例上编撰得体，其中本纪 20 卷，起自唐高祖武德元年（618 年），止于哀帝天祐五年（908 年），共记载 290 年的史事。在这 20 卷本纪中，撰者以简略的语言，按照年、月、日的时间顺序记载国家大事和皇帝的政务活动，包括颁行制度法令、任免大臣和灾害天象、战争、经济等，在每个皇帝本纪后，撰者又用四言句加以议论褒贬。值得注意的是，撰者将引起争论的武则天列入本纪中，可谓卓识超绝。《旧唐书》中志 30 卷，其中有关礼仪 7 卷，音乐 4 卷，历法 3 卷，天文 2 卷，五行 1 卷，地理 4 卷，职官 3 卷，舆服 1 卷，经籍、食货各 2 卷，刑法 1 卷。本来赵莹的构想中是将志这一部分分为十志，但历经各代辗转，撰成的《旧唐书》的志与他的初衷已经是略有出入了。当然，记载唐代典章制度的史书在修撰《旧唐书》以前已有《大唐六典》、《通典》等书，但这些书或只是记到玄宗开元年间，或是记到德宗时候，没有从唐代整体上考虑典章制度的发展，而《旧唐书》则是参考以上诸书，结合实际情况，从整体上分析唐代典章制度的演变，在体例上也是颇有见识的。《旧唐书》中列传 150 卷，以多人合传为主要形式。我们说，在纪传体史书中，本纪就像是一个大的骨架子，只是搭了一个结构，而要想做到有血有肉，则全凭大量列传来充实。《旧唐书》也做到了这一点，中唐以前的列传，由于文献资料完整，材料丰富，故而叙事详明，条理清楚，文字简洁，体例完整，颇受到后人的重视，在类传方面则有外戚、宦官、良吏、酷吏、忠义、孝友、儒学、文苑、方技、隐逸、列女等；在民族与外域方面，则有突厥、回纥、吐蕃、南蛮等四夷传，这些反映当时民族关系的列传，尽管难免带有一定的民族偏见，但也保存了相当珍贵的史料。全书以安禄山、史思明、黄巢等传殿后，对这些所谓的叛逆进行贬斥，也表现《旧唐书》撰者的观念。

再次，《旧唐书》在史学思想上也显示出了明显的时代特色，丰富了中国历史学思想的宝库。这主要表现为：其一，是它对于得失兴亡的评价，基本上不怎么谈论“天命”，而是更多从人事上着眼，强调时势和历史人物的作用，如撰者把安禄山、史思明、黄巢并列，认为是唐代历史上的“大盗三发”（《旧唐书》卷二百下），并且认为这些盗贼、叛逆的出现不是一种偶然的现象，实是因为“盗之所起，必有其来，且无问于天时，宜决之于人事。”在该书中，撰者又分析玄宗、德宗几朝政策上的一系列失误，认为这才是导致安史之乱、黄巢起义的因素。可以说，比起以往封建史书，其“天命”思想要淡化得多，这是《旧唐书》在史学思想上的特点之一。其二，《旧唐书》的撰者对唐代历史上影响比较大的重要历史事件，都能提出有价值的分析。比如唐代后期时，宦官横行，控制朝政，搞得人心惶惶，政治腐败，编撰者根据这些现象，揭露宦官集团说：“自贞元之后，威权日炽……万机之与夺任情，九重之废立由已”，又如“元和之季，毒被乘舆”之类，都是撰者痛恨唐代宦官篡政的表达。再者如，针对唐高祖、太宗在唐朝初期所采取的一系列政策，《旧唐书》的撰者也是很赞赏的，认为“文皇帝（指的是唐太宗）解戎衣而开学校，饰贲帛而礼儒生。”（《旧唐书·文苑列传》）是很有效的，这些都是很有历史眼光的见解。其三，在对待民族关系上，撰者也提出不同于前人的看法，认为应当从历史上总结经验与教训，对少数民族既应该修文养德，大兴教化，选择大臣去安抚他们，同时也要加强警惕，在边疆加强军事力量，做好防守准备。这些见解也都是以往史家较少注意的。

当然，与其他封建时代的史书一样，《旧唐书》也有其时代的局限性和明显的缺陷。这主要反映在以下几个方面：首先，从全书的内容和体例来看，由于《旧唐书》出于众多史臣之手，没有名家作最后的总结和整体的把关，因而表现出体例尚不是十分规范，内容前后有重复的现象。这突出地表现在没有表，本纪、列传、志的内容也有矛盾之处。如列传对唐代末期人物缺漏很多，由于资料不全，撰者或列履历表，或作附传，少则二三人，多则七八人，史实过少。此外，一人两传，同一篇文字重复出现等现象也都有出现。因而读者阅读时应当十分注意，参考有关研究成果决定去取。其次，本书前后记事详略不一，文字风格也差别较大，这也是由当时的时代特点所决定的。《旧唐书》编修的时代离唐朝灭亡很近，所以能直接利用大量史料，特别是唐代前期的史料。但由于当时正是割据混战的时代，《旧唐书》在短期内仓促修成，所以对唐代史官的著述照抄照录多而加工少，缺乏必要的剪裁、整理和概括。再加上唐代后期的史料较少，只有《武宗实录》1卷和其他零碎材料，这样撰者在行文的时候必然捉襟见肘，前后行文风格差异较大。

名篇点评

玄武门之变

原文：

自武德初，高祖令太宗居西宫之承乾殿，元吉居武德殿后院，与上台、东宫昼夜并通，更无限隔。皇太子及二王出入上台，皆乘马携弓刀杂用之物，相遇则如家人之礼。由是皇太子令及秦、齐二王教与诏敕并行，百姓惶惑，莫知准的。建成、元吉又外结小人，内连嬖幸，高祖所宠张婕妤、尹德妃皆与之淫乱。复与诸公主及六宫亲戚骄恣纵横，并兼田宅，侵夺犬马。同恶相济，掩蔽聪明，苟行己志，惟以甘言谀辞承候颜色。

建成乃私召四方骁勇，并募长安恶少年二千余人，畜为宫甲，分屯左、右长林门，号为长林兵。及高祖幸仁智宫，留建成居守，建成先令庆州总管杨文干募健儿送京师，欲以为变。又遣郎将尔朱焕、校尉桥公山赍甲以赐文干，令起兵共相应接。公山、焕等行至豳乡，惧罪驰告其事。高祖托以他事，手诏追建成诣行在所。既至，高祖大怒，建成叩头谢罪，奋身自投于地，几至于绝。其夜，置之幕中，令殿中监陈万福防御，而文干遂举兵反。高祖驰使召太宗以谋之，太宗曰："文干小竖狂悖，起兵州府，宫司已应擒剿。纵其假息时刻，但须遣一将耳。"高祖曰："文干

玄武门

事连建成，恐应之者众，汝宜自行，还，立汝为太子。吾不能效隋文帝诛杀骨肉，废建成封作蜀王，地既僻小易制。若不能事汝，亦易取耳。"太宗既行，元吉及四妃更为建成内请，封伦又外为游说，高祖意便顿改，遂寝不行，复令建成还京居守。惟责以兄弟不能相容，归罪于中允王珪、左卫率韦挺及天策兵曹杜淹等，并流之嶲州。

后又与元吉谋行鸩毒，引太宗入宫夜宴，既而太宗心中暴痛，吐血数升，淮安王神通狼狈扶还西宫。高祖幸第问疾，因敕建成："秦王素不能饮，更勿夜聚。"乃谓太宗曰："发迹晋阳，本是汝计；克平宇内，是汝大功。欲升储位，汝固让不受，以成汝美志。建成自居东宫，多历年所，今复不忍夺之。观汝兄弟是不和，同在京邑，必有忿竞。汝还行台，居于洛阳，自陕已东，悉宜主之。仍令汝建天子旌旗，如梁孝王故事。"太宗泣而奏曰："今日之授，实非所愿，不能远离膝下。"言讫呜咽，悲不自胜。高祖曰："昔陆贾汉臣，尚有递过之事，况吾四方之主，天下为家。东西两宫，途路咫尺，忆汝即往，无劳悲也。"及将行，建成、元吉相与谋曰："秦王今往洛阳，既得土地甲兵，必为后患。留在京师，制之一匹夫耳。"

密令数人上封事曰："秦王左右多是东人，闻往洛阳，非常欣跃，观其情状，自今一去，不作来意。"高祖于是遂停。

是后，日夜阴与元吉连结后宫，谮诉愈切，高祖惑之。太宗惧，不知所为。李靖、李勣等数言："大王以功高被疑，靖等请申犬马之力。"封伦亦潜劝太宗图之，并不许。伦反言于高祖曰："秦王恃有大勋，不服居太子之下。若不立之，愿早为之所。"又说建成作乱，曰："夫为四海者，不顾其亲。汉高乞羹，此之谓矣。"

九年，突厥犯边，诏元吉率师拒之，元吉因兵集，将与建成克期举事。长孙无忌、房玄龄、杜如晦、尉迟敬德、侯君集等日夜固争曰："事急矣！若不行权道，社稷必危。周公圣人，岂无情于骨肉？为存社稷，大义灭亲。今大王临机不断，坐受屠戮，于义何成？若不见听，无忌等将窜身草泽，不得居王左右。"太宗然其计。六月三日，密奏建成、元吉淫乱后宫，因自陈曰："臣于兄弟无丝毫所负，今欲杀臣，似为世充、建德报仇。臣今枉死，永违君亲，魂归地下，实亦耻见诸贼。"高祖省之愕然，报曰："明日当勘问，汝宜早参。"四日，太宗将左右九人至玄武门自卫。高祖已召裴寂、萧瑀、陈叔达、封伦、宇文士及、窦诞、颜师古等，欲令穷覆其事。建成、元吉行至临湖殿，觉变，即回马，将东归宫府。太宗随而呼之，元吉马上张弓，再三不彀。太宗乃射之，建成应弦而毙，元吉中流矢而走，尉迟敬德杀之。俄而东宫及齐府精兵二千人结阵驰攻玄武门，守门兵仗拒之，不得入，良久接战，流矢及于内殿。太宗左右数百骑来赴难，建成等兵遂败散。高祖大惊，谓裴寂等曰："今日之事如何？"萧瑀、陈叔达进曰："臣闻内外无限，父子不亲，当断不断，反受其乱。建成、元吉，义旗草创之际，并不预谋。建立已来，又无功德，常自怀忧，相济为恶，衅起萧墙，遂有今日之事。秦王功盖天下，率土归心，若处以元良，委之国务，陛下如释重负，苍生自然乂安。"高祖曰："善！此亦吾之夙志也。”乃命召太宗而抚之曰：“近日已来，几有投杼之惑。”太宗哀号久之。

建成死时年三十八。长子太原王承宗早卒。次子安陆王承道、河东王承德、武安王承训、汝南王承明、钜鹿王承义并坐诛。太宗即位，追封建成为息王，谥曰隐，以礼改葬。葬日，太宗于宜秋门哭之甚哀，仍以皇子赵王福为建成嗣。十六年五月，又追赠皇太子，谥仍依旧。

（选自《隐太子建成列传》）

点评：

玄武门是唐初长安城宫殿群中的一个门，位于太极宫宫北，原也普普通通。然而，大唐武德九年（626年）六月，在此处发生了一场兄弟之间手足相残的惨剧，这一巨变直接影响了此后唐皇朝的历史走向，玄武门因而得以被史书记上了浓重的一笔。这场惨剧被史家称为“玄武门之变”，在《旧唐书》卷六四《隐太子建成列传》中有细致的描写。

唐高祖李渊有22个儿子，长子李建成、次子李世民、四子李元吉是最有才能的几个。李渊即位后，李建成被册封为太子，成为大唐帝国的法定继承人，李世民被封为秦王，李元吉被封为齐王。李建成以其太子的特殊身份得到李元吉、朝中不少大臣以及父亲李渊的支持，而李世民以其军功和个人魅力在秦王府中也聚拢了很多拥护者，严重威胁到李建成的继承人地位，双方不断发生冲突，直至最终刀剑相向。武德九年六月三日夜，李世民向李渊报告，控诉太子李建成与李渊的宠妃张婕妤、尹德妃淫乱，还说李建成密谋要害他。李渊惊怒之下，命令李建成、李元吉第二天进宫对质。次日，李世民带着尉迟敬德、秦叔宝、侯君集、程知节等一帮人早早地埋伏于出入内宫的必经之地玄武门，等待着李建成等人的到来。李建成、李元吉等人来到临湖殿，发现气氛不对，正当回马要走之时，李世民等人已经冲杀出来。李元吉见势不妙，于马上张弓发箭，但心慌意乱之下，连射三箭都不中。李世民也发箭射之，李建成应弦而毙。李元吉往武德殿奔逃，途中被尉迟敬德引箭射死。作为太子的李建成既已死去，在一些朝臣的劝说下，李渊无可奈何地改立李世民为太子。两个月之后，唐高祖李渊退位，李世民登基。

玄武门之变的实质是一场争夺皇权的政治斗争。从功利的角度来看，李建成、李元吉之死是他们的父亲李渊首鼠两端、摇摆不定，他们自己斗争手段、策略低下的必然结果。李渊在确定李建成为太子的同时，为了换取李世民为其立功的积极性，又不断许诺将李世民立为太子，给予重要的兵权。这就严重激化了李建成和李世民兄弟间的矛盾，双方都觉得只有消灭对方才能真正高枕无忧。李建成等人本来有好几次机会置李世民于死地，但往往在最后关头畏畏缩缩。李世民有一次到李元吉家，李元吉埋伏刺客于寝宫内，伺机刺杀李世民，但李建成怕事情不成功，最后劝阻李元吉放弃了，白白丧失了一个好机会。又有一次李建成请李世民赴宴，在酒菜之中下毒，但毒药分量似乎不够，最后只是让李世民吐了几次血。与李渊、李建成的优柔寡断相比，李世民则显得狠劲十足。他不但亲手射杀李建成，之后迅速诛灭李建成的子弟，让其子孙再无反噬的机会，还很快地就逼迫李渊退位，从而真正巩固了自己的地位。更为高明的是，李世民在登基之后运用其权力对编写实录、国史的史官施加影响，为自己杀戮行为涂上了一层“合情合理”的外衣。在正史中，我们所能看到的李建成是一阴险狡诈、好色贪功之徒，他和李元吉二人嫉妒李世民的功劳，一再地加害于李世民，想要置李世民于死地，李世民最后射杀二人是不得已而为之。实际上，真正的李建成并非如此，李渊能成为唐朝开国君主，并非只是一般所见的李世民一人的功劳，李建成的功劳也不小。李渊晋阳起兵之后，李建成西渡黄河，攻克战略要地长安，唐军声威大振。他又与窦建德相持，没有让当时士气正盛的夏军逼近太原，军功与李世民相比毫不逊色。李世民与李建成的争斗并没有多少“合理”性，其手段的凶残也不在李建成之下，王夫之就说：“太宗亲执弓以射杀其兄，疾呼以加刃其弟，斯时也，穷凶极惨，而人心无毫发之存者也。”

像“玄武门之变”这样的宫廷政变在中国历史上并非罕见，父子之间刀剑相向，兄弟之间手足相残的事屡屡见诸史书，而且只要皇权制度存在，立储机制不健全，这样的事件就无法杜绝。然而，登上皇位的手段都是相似的，而即位之后的作为则是千差万别的。李世民之所以成为史所景仰的唐太宗，不在于其如何发动“玄武门之变”，而在于他在事变之后的所作所为，这或许才是“玄武门之变”最值得世人深思的地方。

“明镜”魏徵

原文：

十六年，拜太子太师，知门下省事如故。徵自陈有疾，诏答曰：“汉之太子，四皓为助，我之赖公，即其义也。知公疾病，可卧护之。”

其年，称绵惙，中使相望。徵宅先无正寝，太宗欲为小殿，辍其材为徵营构，五日而成，遣中使赍素褥布被而赐之，遂其所尚也。及病笃，舆驾再幸其第，抚之流涕，问所欲言，徵曰：“嫠不恤纬而忧宗周之亡。”后数日，太宗夜梦徵若平生，及旦而奏徵薨，时年六十四。太宗亲临恸哭，废朝五日，赠司空、相州都督，谥曰文贞。给羽葆鼓吹、班剑四十人，赙绢布千段、米粟千石，陪葬昭陵。及将祖载，徵妻裴氏曰：“徵平生俭素，今以一品礼葬，羽仪甚盛，非亡者之志。”悉辞不受，竟以布车载柩，无文彩之饰。太宗登苑西楼，望丧而哭，诏百官送出郊外。帝亲制碑文，并为书石。其后追思不已，赐其实封九百户。尝临朝谓侍臣曰：“夫以铜为镜，可以正衣冠；以古为镜，可以知兴替；以人为镜，可以明得失。朕常保此三镜，以防己过。今魏徵殂逝，遂亡一镜矣！徵亡后，朕遣人至宅，就其书函得表一纸，始立表草，字皆难识，唯前有数行，稍可分辩，云：'天下之事，有善有恶，任善人则国安，用恶人则国乱。公卿之内，情有爱憎，憎者唯见其恶，爱者唯见其善。爱憎之间，所宜详慎，若爱而知其恶，憎而知其善，去邪勿疑，任贤勿贰，可以兴矣。'其遗表如此，然在朕思之，恐不免斯事。公卿侍臣，可书之于笏，知而必谏也。"

徵状貌不逾中人，而素有胆智，每犯颜进谏，虽逢王赫斯怒，神色不移。尝密荐中书侍郎杜正伦及吏部尚书侯君集有宰相之材。徵卒后，正伦以罪黜，君集犯逆伏诛，太宗始疑徵阿党。徵又自录前后谏诤言辞往复以示史官起居郎褚遂良，太宗知之，愈不悦。先许以衡山公主降其长子叔玉，于是手诏停婚，顾其家渐衰矣。

（选自《魏徵列传》）

点评：

"贞观之治"以其开明性而为世人传颂，这种开明性集中地表现在唐太宗一朝君勇于纳谏、臣敢于直言上。在唐太宗的倡导和鼓励下，二十余年间谏臣盈廷、进谏成风。不仅有朝廷众多大臣，而且还有皇后、嫔妃、太子，乃至于平民百姓都敢于进谏直言，而唐太宗则多能做到从谏如流，形成了中国古代历史上罕见的历史现象。在唐太宗时期，最为著名的谏臣就是魏徵。

魏徵向唐太宗进谏前后共二百余事，都为唐太宗所采纳，从现在保存在《贞观政要》一书中的各条，我们还可以见其大概。魏徵所提出的为君"兼听则明，偏信则暗"，军民关系如舟之与水，"水能载舟，亦能覆舟"，"居安思危，戒奢以俭"，等等，都是包含哲理的重要谏言。魏徵的进谏，对于唐太宗贞观年间的政事补益很大。唐太宗李世民就曾总结说："贞观之后，尽心于我，献纳忠说，安国利民，成我今日功业，为天下所福者，惟魏徵而已。古之名臣，何以加也。”

魏徵之所以敢于犯颜直谏，善于从多方面对唐太宗进谏，以纠正皇帝和朝廷的过失，这在很大程度上在于唐太宗本人乐于虚心求谏和纳谏。本篇所选唐太宗对于魏徵的评价反映出他对此有较为清醒的认识。唐太宗说：“夫以铜为镜，可以正衣冠；以古为镜，可以知兴替；以人为镜，可以明得失。”魏徵正是那可以明得失的镜子。魏徵自己也说：“陛下导之使言，臣所以敢谏，若陛下不受臣谏，岂敢数犯龙麟！”魏徵的话是大实话，他敢于直言进谏正是看到了唐太宗有容纳不同意见的气度。但将进谏建立在君主个人修养上毕竟是相当冒险的行为，有好几次唐太宗都气势汹汹地想要杀了魏徵这个“乡下佬”。晚年的唐太宗已经变得不太能听得进不同意见了，魏徵死后，唐太宗对他家人的态度就大不如前了，甚至怀疑起魏徵曾经阿党营私，这实在是很悲哀的事情。明镜固然可以照出人的美丑，但前提是主人愿意主动拿起镜子，而这不是像魏徵这样的“明镜”本身所能左右的。

玄奘西游

原文：

僧玄奘，姓陈氏，洛州偃师人。大业末出家，博涉经论。尝谓翻译者多有讹谬，故就西域，广求异本以参验之。贞观初，随商人往游西域。玄奘既辩博出群，所在必为讲释论难，蕃人远近咸尊伏之。在西域十七年，经百余国，悉解其国之语，仍采其山川谣俗，土地所有，撰《西域记》十二卷。贞观十九年，归至京师。太宗见之，大悦，与之谈论。于是诏将梵本六百五十七部于弘福寺翻译，仍敕右仆射房玄龄、太子左庶子许敬

玄奘

宗，广召硕学沙门五十余人，相助整比。

高宗在宫，为文德太后追福，造慈恩寺及翻经院，内出大幡，敕《九部乐》及京城诸寺幡盖众伎，送玄奘及所翻经像、诸高僧等人住慈恩寺。显庆元年，高宗又令左仆射于志宁、侍中许敬宗、中书令来济、李义府、杜正伦、黄门侍郎薛元超等，共润色玄奘所定之经，国子博士范义硕、太子洗马郭瑜、弘文馆学士高若思等，助加翻译。凡成七十五部。奏上之。后以京城人众竞来礼谒，玄奘乃奏请逐静翻译，敕乃移于宜君山故玉华宫。六年卒，时年五十六，归葬于白鹿原，士女送葬者数万人。

（选自《方伎列传》）

点评：

中国四大古典名著之一的《西游记》中，有一人据说吃了他的肉可以长生不老，惹得各处妖怪争相抢夺，他还常常傻里傻气，对妖怪婆婆妈妈，对自己徒弟的行动却屡屡加以钳制，经常威胁要念紧箍咒。他就是唐僧，一个让现代读者有点厌烦的人物。在历史上，西游取经的唐僧确有其人，但那是一个满腹经纶、坚忍不拔的高僧。

历史上的唐僧玄奘，俗姓陈。他 13 岁就出家为僧，游历各地，参访名师，先后从慧休、道深、道岳、法常、僧辩、玄会等学《摄大乘论》、《杂阿毗昙心论》、《成实论》、《俱舍论》以及《大般涅槃经》等经论，造旨日深。但他深感异说纷纭，无从获解，于是产生了去印度求经以会通一切的念头。玄奘西去印度，可不像小说中所讲是由唐太宗李世民作为御弟派遣，他向皇帝上表未获批准，实际上是私自出境。贞观初，他从长安出发，前后历时数年，途经西域16国，踏过炎炎沙漠、皑皑雪山，沿途历尽艰险，经过千难万苦，终于到达当时印度的佛教中心那烂陀寺，拜戒贤为师，学习佛经和梵文。不久，玄奘在印度的名声就仅次于戒贤。5年后，玄奘又遍历印度各部数十国，声誉遍及全印度。玄奘曾在印度宣讲大乘教义，一连开了18天大会，无一人能破他的理论。贞观十九年（645年），玄奘回到了长安。玄奘到印度求法取经，往返17年，行程五万里，所闻所见138国，带回了佛经520部，佛舍利150粒，佛像8座。回到长安后，玄奘拒绝了唐太宗劝他还俗入仕的提议，一心从事翻译佛经。从贞观十九年到麟德元年（645—664），20年中，共翻译佛经75部，1335卷，1300多万字，在数量上和质量上都远远超过了前人。贞观二十年（646年），玄奘遵照唐太宗的旨意，把他在路途中的所见所闻记录下来，写出了《大唐西域记》12卷，全书叙述了138个国家的疆域、山川、风土人情、名胜古迹、人物故事，是一部重要的史地著作。

然而这样一位伟大的翻译家、旅行家在正史传记中的记载却不过寥寥数百字，且被放置在《方伎列传》中，被视作从事“术数占相之法”的不入流的人物，而某些庸人的事迹却被长篇累牍地记载着。不过历史毕竟还是公正的，千载而下，大唐高僧玄奘的形象依然光彩夺目，而那些庸庸碌碌之徒早已被人所遗忘。鲁迅先生曾经说过：“我们从古以来，就有埋头苦干的人，有拼命硬干的人，有为民请命的人，有舍身求法的人……这就是中国的脊梁。”唐僧玄奘正是这“舍身求法的人”的代表。

文成公主和亲

原文：

贞观八年，其赞普弃宗弄赞始遣使朝贡。弄赞弱冠嗣位，性骁武，多英略，其邻国羊同及诸羌并宾伏之。太宗遣行人冯德遐往抚慰之。见德遐，大悦。闻突厥及吐谷浑皆尚公主，乃遣使随德遐入朝，多赍金宝，奉表求婚，太宗未之许。使者既返，言于弄赞曰："初至大国，待我甚厚，许嫁公主。会吐谷浑王入朝，有相离间，由是礼薄，遂不许嫁。"弄赞遂与羊同连，发兵以击吐谷浑。吐谷浑不能支，遁于青海之上，以避其锋。其国人畜并为吐蕃所掠。于是进兵攻破党项及白兰诸羌，率其众二十余万，顿于松州西境。遣使贡金帛，云来迎公主。又谓其属曰："若大国不嫁公主与我，即当入寇。"遂进攻松州，都督韩威轻骑觇贼，反为所败，边人大扰。太宗遣吏部尚书侯君集为当弥道行营大总管，右领军大将军执失思力为白兰道行军总管，左武卫将军牛进达为阔水道行军总管，右领军将军刘兰为洮河道行军总管，率步骑五万以击之。进达先锋自松州夜袭其营，斩千余级。弄赞大惧，引兵而退，遣使谢罪。因复请婚，太宗许之。弄赞乃遣其相禄东赞致礼，献金五千两，自余宝玩数百事。

贞观十五年，太宗以文成公主妻之，令礼部尚书、江夏郡王道宗主婚，持节送公主于吐蕃。弄赞率其部兵次柏海，亲迎于河源。见道宗，执子婿之礼甚恭。既而叹大国服饰礼仪之美，俯仰有愧沮之色。及与公主归国，谓所亲曰："我父祖未有通婚上国者，今我得尚大唐公主，为幸实多。当为公主筑一城，以夸示后代。"遂筑城邑，立栋宇以居处焉。公主恶其人赭面，弄赞令国中权且罢之，自亦释毡裘，袭纨绮，渐慕华风。仍遣酋豪子弟，请入国学以习《诗》、《书》。又请中国识文之人典其表疏。

（选自《吐蕃列传上》）

点评：

公元 641 年，大唐文成公主远嫁吐蕃松赞干布，这是唐代乃至整个中国古代民族交往史上的一件大事。这一通婚，促进了各民族的了解与融合，推动了中外文化的交流。文成公主入藏时只有 16 岁，她在吐蕃生活了 40 年。她带去了佛像佛经，营造与工技著作，诊治疾病的医方器械，农作物种子，丝绸衣物，金银器皿，陶瓷物品，等等。文成公主在吐蕃一方面适应吐蕃文化，另一方面又大力传播中原文化，如将汉文书籍翻译成吐蕃文字，命令汉族工匠传授农工技艺，侍女把纺织、刺绣等工艺教授给吐蕃的妇女，使得汉藏之间的文化得到充分交流，促进了吐蕃社会文化的进一步发展。由于文成公主对吐蕃文化作出了重要贡献，她在西藏一直受到人们的尊崇和敬仰。

本篇选自《吐蕃列传上》，描述了吐蕃赞普弃宗弄赞如何使得唐皇朝同意与他和亲的前后经过，字数虽然不多，但读来却颇为生动有趣。和亲是中原王朝与周边民族或政权交往的一种策略，往往发生在中原王朝实力较弱的时候，本质上是中原王朝和周边民族政权政治、军事实力较量的产物。但文成公主与松赞干布的和亲却是发生在唐皇朝国力鼎盛，各个民族争相模仿学习的时候。吐蕃是在唐朝时兴起的我国少数民族建立的一个政权，松赞干布 13 岁即位，他骁勇善战又多谋略，在位时，统一了内部，建立了各种制度，使吐蕃成为一个相当规模的强大的国家。实力强大之后，松赞干布派使者入唐，请求通婚。但当时的唐太宗对于吐蕃并不了解，还以为它只是一个不值一提的小国，不能和突厥、吐谷浑相提并论，就没有答应通婚的请求。松赞干布一怒之下，亲自率兵向吐谷浑发起进攻，吐谷浑可汗抵挡不住，向青海湖以北逃窜，松赞干布还连续进攻，破了党项、白兰二部。吐蕃这一举动很明显是为了向唐朝显示其强大的实力。不仅如此，松赞干布竟然于贞观十二年（638 年），亲率 20 万大军直抵唐宋州城下，再次要求迎娶公主，并扬言，唐朝如不答应，将领兵深入，这简直就是抢亲了。松州军队出来迎击，被吐蕃杀得大败。唐太宗接到战报后，迅速派出四路大军，分道迎击，吐蕃军队战败。战败后的松赞干布再次提出了和亲的要求，而唐太宗经过这场战争已见识了吐蕃的力量，对于松赞干布也颇为欣赏，终于答应了亲事。松赞干布与唐朝之间，求婚，战争，再求婚的过程，充分展示了当时唐帝国的强大繁盛，也反映了政治实力是决定和亲结果的先决条件。

刘知幾论史才三长

原文：

开元初，迁左散骑常侍，修史如故。九年，长子贶为太乐令，犯事配流。子玄诣执政诉理，上闻而怒之，由是贬授安州都督府别驾。子玄掌知国史，首尾二十余年，多所撰述，甚为当时所称。礼部尚书郑惟忠尝问子玄曰："自古已来，文士多而史才少，何也？"对曰："史才须有三长，世无其人，故史才少也。三长：谓才也，学也，识也。夫有学而无才，亦犹有良田百顷，黄金满籯，而使愚者营生，终不能致于货殖者矣。如有才而无学，亦犹思兼匠石，巧若公输，而家无楩楠斧斤，终不果成其宫室者矣。犹须好是正直，善恶必书，使骄主贼臣，所以知惧，此则为虎傅翼，善无可知，所向无敌者矣。脱苟非其才，不可叨居史任。自复古已来，能应斯目者，罕见其人。"时人以为知言。

（选自《刘子玄列传》）

点评：

一名优秀的史学家，他应该具备什么样的素质？唐代史学家刘知幾对这一问题作了系统深入的阐述。刘知幾是唐代著名的史学家，他所著《史通》一书是中国史学史上一部划时代的史学批评著作。《史通》从体裁体例、编撰方法、表述要求、撰述原则、史书内容、史学功用等多个方面阐述了史学相关问题，它的问世，标志着中国史学进入了一个更高的自觉阶段。

刘知幾小从就爱读史书，探研史事。他入仕之后，潜心从事史学研究，但在史馆之内难以发挥自己的长处，于是退而私撰《史通》。除《史通》所阐述的史学理论外，刘知幾还提出了“史才三长”说，这也是中国史学史上的重要理论成就。刘知幾通过譬喻的方式明确提出了“才”、“学”、“识”三个史学理论范畴。所谓“才”，主要是指掌握文献的能力、运用题材体例的能力和文字表述的能力；“学”是指各方面的知识，主要是文献的知识，也包括社会知识以至自然知识，“识”是指史家的器量和胆识。这三个范畴的提出，将史家素养问题提到了更加自觉的理论认识高度，对促进史家自身修养和史学进步都有积极的作用。

今天的时代已经不同于刘知幾所处的时代，从事史学研究的物质条件大大改善了，但这并不能保证我们的史学研究一定能出精品，因为物质条件的改善并不必然带来史家主体认识和史家素质的提升。刘知幾所讲的史才必须兼具“才”、“学”、“识”的观点具有永久性的价值。

三千宠爱在一身

原文：

玄宗杨贵妃，高祖令本，金州刺史。父玄琰，蜀州司户。妃早孤，养于叔父河南府士曹玄璬。开元初，武惠妃特承宠遇，故王皇后废黜。二十四年惠妃薨，帝悼惜久之，后庭数千，无可意者。或奏玄琰女姿色冠代，宜蒙召见。时妃衣道士服，号曰太真。既进见，玄宗大悦。不期岁，礼遇如惠妃。太真姿质丰艳，善歌舞，通音律，智算过人。每倩盼承迎，动移上意。宫中呼为“娘子”，礼数实同皇后。有姊三人，皆有才貌，玄宗并封国夫人之号：长曰大姨，封韩国；三姨，封虢国；八姨，封秦国。并承恩泽，出入宫掖，势倾天下。妃父玄琰，累赠太尉、齐国公；母封凉国夫人；叔玄珪，光禄卿。再从兄铦，鸿胪卿。锜，侍御史，尚武惠妃女太华公主，以母爱，礼遇过于诸公主，赐甲第，连于宫禁。韩、虢、秦三夫人与铦、锜等五家，每有请托，府县承迎，峻如诏敕，四方赂遗，其门如市。

五载七月，贵妃以微谴送归杨铦宅。比至亭午，上思之，不食。高力士探知上旨，请送贵妃院供帐、器玩、廪饩等办具百余车，上又分御馔以送之。帝动不称旨，暴怒笞挞左右。力士伏奏请迎贵妃归院。是夜，开安兴里门入内，妃伏地谢罪，上欢然慰抚。翌日，韩、虢进食，上作乐终日，左右暴有赐与。自是宠遇愈隆。韩、虢、秦三夫人岁给钱千贯，为脂粉之资。铦授三品、上柱国，私第立戟。姊妹昆仲五家，甲第洞开，僭拟宫掖，车马仆御，照耀京邑，递相夸尚。每构一堂，费逾千万计，见制度宏壮于己者，即撤而复造，土木之工，不舍昼夜。玄宗颁赐及四方献遗，五家如一，中使不绝。开元已来，豪贵雄盛，无如杨氏之比也。玄宗凡有游幸，贵妃无不随侍，乘马则高力士执辔授鞭。宫中供贵妃院织锦刺绣之工，凡七百人，其雕刻熔造，又数百人。扬、益、岭表刺史，必求良工造作奇器异服，以奉贵妃献贺，因致擢居显位。玄宗每年十月幸华清宫，国忠姊妹五家扈从，每家为一队，着一色衣，五家合队，照映如百花之焕发，而遗钿坠舄，瑟瑟珠翠，灿烂芳馥于路。而国忠私于虢国而不避雄狐之刺，每入朝或联镳方驾，不施帷幔。每三朝庆贺，五鼓待漏，艳妆盈巷，蜡炬如昼。而十宅诸王百孙院婚嫁，皆因韩、虢为绍介，仍先纳赂千贯而奏请，罔不称旨。

天宝九载，贵妃复忤旨，送归外第。时吉温与中贵人善，温入奏曰：

“妇人智识不远，有忤圣随，然贵妃久承恩顾，何惜宫中一席之地，使其就戮，安忍取辱于外哉!”上即令中使张韬光赐御馔，妃附韬光泣奏曰：“妾忤圣颜，罪当万死。衣服之外，皆圣恩所赐，无可遗留，然发肤是父母所有。”乃引刀翦发一缭附献。玄宗见之惊惋，即使力士召还。

(选自《杨贵妃列传》)

点评：

杨贵妃玉环是唐代诸多妃子中最富有传奇性的人物。她拥有倾国倾城的容颜，其美貌让大唐天子李隆基为之神魂颠倒，后有好事者将她和西施、貂蝉、王昭君并列为中国古代四大美女；她的命运起伏跌宕，刚刚还在享受“三千宠爱在一身”的无上恩泽，转眼之间却灰飞烟灭，一缕香魂飘荡在了马嵬坡上；她是骚人墨客感慨寄情的对象，“一骑红尘妃子笑，无人知是荔枝来”，小杜的诗句道出了乐极生悲的诡谲；白居易的《长恨歌》更是广为传唱，“回眸一笑百媚生，六宫粉黛无颜色”，何其美哉!“春宵苦短日高起，从此君王不早朝”，何其乐哉!“马嵬坡下泥土中，不见玉颜空死处”，何其惨哉!“在天愿作比翼鸟，在地愿为连理枝。天长地久有时尽，此恨绵绵无绝期”，缠绵悱恻，欲说还休。她承受了无理的非议和责难，在卫道士们的眼中，她迷惑君王不理朝政，大唐江山差点被葬送，她是“红颜祸水”的最好佐证。是是非非，留给了后人无尽的话题。

本篇选自《杨贵妃列传》，描写了杨玉环如何被选入后宫及其和唐玄宗李隆基沉迷于奢华的享乐的历史。历来的道学家们将唐玄宗的沉迷享乐归咎于杨玉环的入宫，其实这是倒果为因了。事实上是李隆基贪图享乐才将杨玉环引入后宫。如果不是李隆基沉迷女色，又岂能“后庭数千，无可意者”？将已经与儿子结婚 6 年的儿媳霸占为己有？如果不是李隆基早已不知励精图治为何物，将居安思危置于九霄云外，又岂会霸占杨玉环一人还嫌不够，还将她的三位姐姐也据为己有，杨氏家族得以“一人得道，鸡犬升天”。李隆基和他的爱妃们享受着大唐盛世所带来的富丽繁华。宫中供贵妃院织锦刺绣的工人有700多人，扬州、益州、岭南刺史千方百计地寻求良工造作奇器异服来奉献争宠。皇帝每年十月都会临幸华清宫，杨氏姐妹五家扈从，每家为一队着一色衣，五家合队照映如百花焕发，芳香满路。当他们花天酒地、醉生梦死之时，不知可曾想过好梦也有不在的一天。“渔阳鼙鼓动地来，惊破霓裳羽衣曲”，欢乐的日子去的是如此迅捷，莺歌燕舞转瞬间就成了明日黄花。都城被叛军攻破，人们四处逃散，谁来为这一切负责？“六军不发无奈何，宛转蛾眉马前死。花钿委地无人收，翠翘金雀玉搔头。君王掩面救不得，回看血泪相和流”，红颜成了祸水，红颜成了政治的牺牲品。贵妃玉环，享尽了人间的荣华，却也惨死于皇室的风波中，是幸抑或不幸？

杨炎创两税法

原文：

初定令式，国家有租赋庸调之法。开元中，玄宗修道德，以宽仁为理本，故不为版籍之书，人户浸溢，堤防不禁。丁口转死，非旧名矣，田亩移换，非旧额矣，贫富升降，非旧第矣。户部徒以空文总其故书，盖得非当时之实。旧制，人丁戍边者，蠲其租庸，六岁免归。玄宗方事夷狄，戍者多死不返，边将怙宠而讳，不以死申，故其贯籍之名不除。至天宝中，王鉷为户口使，方务聚敛，以丁籍且存，则丁身焉往，是隐课而不出耳。遂案旧籍，计除六年之外，积征其家三十年租庸。天下之人苦而无告，则租庸之法弊久矣。迨至德之后，天下兵起，始以兵役，因之饥疠，征求运输，百役并作，人户凋耗，版图空虚。军国之用，仰给于度支、转运二使；四方征镇，又自给于节度、都团练使。赋敛之司数四，而莫相统摄，于是纲目大坏，朝廷不能覆诸使，诸使不能覆诸州，四方贡献，悉入内库。权臣猾吏，因缘为奸，或公托进献，私为赃盗者动万万计。河南、山东、荆襄、剑南有重兵处，皆厚自奉养，王赋所入无几。吏职之名，随人署置，俸给厚薄，由其增损。故科敛之名凡数百，废者不削，重者不去，新旧仍积，不知其涯。百姓受命而供之，沥膏血，鬻亲爱，旬输月送无休息。吏因其苛，蚕食千人。凡富人多丁者，率为官为僧，以色役免；贫人无所入则丁存。故课免于上，而赋增于下。是以天下残瘁，荡为浮人，乡居地著者百不四五，如是者殆三十年。

炎因奏对，恳言其弊，乃请作两税法，以一其名，曰："凡百役之费，一钱之敛，先度其数而赋于人，量出以制入。户无主客，以见居为簿，人无丁中，以贫富为差。不居处而行商者，在所郡县税三十之一，度所与居者均，使无侥利。居人之税，秋夏两征之，俗有不便者正之。其租庸杂徭悉省，而丁额不废，申报出入如旧式。其田亩之税，率以大历十四年垦田之数为准而均征之。夏税无过六月，秋税无过十一月。逾岁之后，有户增而税减轻，及人散而失均者，进退长吏，而以尚书度支总统焉。"德宗善而行之，诏谕中外。而掌赋者沮其非利，言租庸之令四百余年，旧制不可轻改。上行之不疑，天下便之。人不土断而地著，赋不加敛而增入，版籍不造而得其虚实，贪吏不诫而奸无所取。自是轻重之权，始归于朝廷。

炎救时之弊，颇有嘉声。

（选自《杨炎列传》）

点评：

两税法是中国古代赋税制度的一次重大变革。唐代前期所实行的基本赋役制度是建立在均田制基础之上的租庸调制。唐代中期以后，随着均田制的破坏，租庸调制也随之瓦解。据史书记载，唐天宝年间全国总人口为5200万人，而其中因为是皇亲国戚、官户、僧尼、孝子贤孙而免除租调的居然有4400多万人，国家的赋税负担落到了少数民众身上。加上政治腐败、贪污横行，国家的赋税日益减少，严重动摇了唐帝国的统治基础。

为了扭转这种局面，建中元年（780年）杨炎向唐德宗建议废止租庸调制，推行两税法。两税法实行按资产征税的原则，户税按资产定等级，地税按亩产征收。两税法以户税、地税为内容，而其得名则是由于分夏、秋两次征收。这样，原先的租庸调实际已经转化为户税、地税，按丁征收的租并入按亩征收的地税之中，按丁征收的庸调并入按户征收的户税之中。在唐德宗的支持下，两税法推行开来，并迅速取得了成效。两税法的实施大大扩展了纳税面，皇亲国戚、官僚地主们不但失去了租庸调下的免税特权，而且因为他们的土地、财产多而不得不多缴纳大笔的税额。两税法以财富、土地为对象征税，改变了以人身为本的旧传统，比较合理，另外规定商人也要在所在地纳税，主客户同样缴税，负担也比较平均。此外，两税法免除了徭役，以税代役，松弛了农民对国家的依附关系，有助于生产的发展，具有进步意义。总之，两税法增加了政府的收入，加强了中央政府控制财政的权力，整顿了财政制度，基本上消除了财政上的混乱局面。所以，《旧唐书》才评价说："炎救时之弊，颇有嘉声"。

才能与道德不能兼具，这是历史人物中一个很普遍的现象。杨炎是一个有才能的政治家，但随着权力的扩大，他开始独断专行。他为人恩怨分明，掌权之后，利用职权，报恩除仇，在处理政务上掺杂了较重的个人爱憎。对于有怨于己的人，他不遗余力地打击报复。唐代宗时，元载案由吏部尚书刘晏讯问，最终定为死罪。杨炎是由元载提拔起来的，因此受到牵连而被贬斥，从此与刘晏结下了私仇。杨炎入相之后，他先是罗织罪名，将刘晏贬官，而后又授意他人诬告刘晏谋反，致使刘晏无辜被杀。朝野上下为之愤愤不平。杨炎为了开脱自己的罪责，四处散布流言，将杀害刘晏的罪责推到唐德宗身上。德宗听闻之后，对杨炎大为不满，从此开始疏离他。后来杨炎自己也被人告发谋反，唐德宗下诏历数杨炎之罪，贬他到崖州，不久又将他赐死，其时杨炎55岁。

甘露之变

原文：

训既秉权衡，即谋诛内竖。中官陈弘庆者，自元和末负弑逆之名，忠义之士无不扼腕。时为襄阳监军，乃召自汉南，至青泥驿，遣人封杖决杀。王守澄自长庆已来知枢密，典禁军，作威作福。训既作相，以守澄为六军十二卫观军容使，罢其禁旅之权，寻赐鸩杀之。训愈承恩顾，每别殿奏对，他宰相莫不顺成其言，黄门禁军迎拜戢敛。训本以纤达，门庭趋附之士，率皆狂怪险异之流。时亦能取正人伟望，以镇人心。天下之人，有冀训以致太平者，不独人主惑其言。

训虽为郑注引用，及禄位俱大，势不两立；托以中外应赴之谋，出注为凤翔节度使。俟诛内竖，即兼图注。约以其年十一月诛中官，须假兵力，乃以大理卿郭行余为邠宁节度使，户部尚书王璠为太原节度使，京兆少尹罗立言权知大尹事，太府卿韩约为金吾街使，刑部郎中知杂李孝本权知中丞事，皆训之亲厚者。冀王璠、郭行余未赴镇间，广令召募豪侠及金吾台府之从者，俾集其事。

是月二十一日，帝御紫宸。班定，韩约不报平安，奏曰："金吾左仗院石榴树，夜来有甘露，臣已进状讫。"乃蹈舞再拜。宰相百官相次称贺。李训奏曰："甘露降祥，俯在宫禁。陛下宜亲幸左仗观之。"班退，上乘软舁出紫宸门，由含元殿东阶升殿，宰相侍臣分立于副阶，文武两班，列于殿前。上令宰相两省官先往视之。既还，曰："臣等恐非真甘露，不敢轻言。言出，四方必称贺也。”上曰：“韩约妄耶？”乃令左右军中尉、枢密内臣往视之。

既去，训召王璠、郭行余曰：“来受敕旨！”璠恐悚不能前，行余独拜殿下。时两镇官健，皆执兵在丹凤门外，训已令召之，唯璠从兵入，邠宁兵竟不至。中尉、枢密至左仗，闻幕下有兵声，惊恐走出。阍者欲扃锁之，为中人所叱，执关而不能下。内官回奏，韩约气慑汗流，不能举首。中官谓之曰：“将军何及此耶？”又奏曰：“事急矣，请陛下入内。”即举软舆迎帝。训殿上呼曰：“金吾卫士上殿来，护乘舆者，人赏百千。”内官决殿后罘罳，举舆疾趋。训攀呼曰：“陛下不得入内。”金吾卫士数十人，随训而入。罗立言率府中从人自东来，李孝本率台中从人自西来，共四百余人，上殿纵击内官，死伤者数十人。训时愈急，逦迤入宣政门。帝瞋目叱训，内官郄志荣奋拳击其胸，训即僵仆于地。帝入东上阁门，门即阖，内官呼万岁者数四。须臾，内官率禁兵五百人，露刃出阁门，遇人即杀。宰相王涯、贾悚、舒元舆、方中书会食，闻难出走，诸司从吏死者六七百人。

（选自《李训列传》）

点评：

唐中期之后，朝政日渐腐败，其中皇帝孱弱，宦官专权是一个重要的原因。唐朝初年，宦官人数很少，职掌也仅限于宫廷内的扫除、守御等杂事而已。武后至中宗时候，宦官人数增加到 3000 人，但高级官阶的宦官很少。到玄宗时期，情况有了很大变化，不仅宦官人数大量增加，而被赐予高级官品的，也达千人以上。尤其是由于唐玄宗宠信宦官高力士，使得整个宦官的权力和地位大大提高。他们被派为监军，权力超过节度使，出为使节，各郡都要诚谨侍奉。安史之乱时，宦官李辅国因拥立肃宗有功，开始接管了一部分军队，从此一发不可收拾，禁军逐渐为宦官所掌控。宦官们倚仗手中的禁军，操纵朝政，排斥异己，甚至废立皇帝。从唐穆宗到昭宗的 8 个皇帝中，就有 7 个是宦官拥立的。宦官权力的膨胀严重威胁着朝官们的利益。朝官借助皇权的力量向宦官夺权的事情时有发生，文宗时候发生的“甘露之变”就是朝臣与宦官之间的一次最血腥的搏斗。

唐文宗时，大宦官王守澄任神策军中尉，专横跋扈，招权纳贿，皇帝也无法控制。文宗想利用朝官，除去这些宦官。他首先与宰相宋申锡商量此事，但事情败露，宋申锡反被宦官所害。后来，文宗又想利用李训、郑注两人之力，诛杀宦官。李训和郑注两人都是通过大宦官王守澄而得到进用的，所以宦官对他们没有什么防备。太和九年（835 年）九月，李训等人先毒杀了王守澄，然后又密谋一举将宦官杀掉。十一月二十一日，左金吾卫大将军韩约奏称，厅堂后石榴树上夜有甘露，骗宦官前去审视，以便使伏兵把他们全部杀掉。宦官仇士良、鱼志弘等发现有诈，急忙回宫，率领禁军大杀朝臣，宰相王崖、贾悚、舒元舆、李训等均被杀害，其他被牵连杀害的人员达六七百人之多。

“甘露之变”以朝臣的惨败而告终。从此之后，皇帝成为傀儡，宰相只是遵命行文书而已，宦官集团完全掌握了军政大权，唐皇朝的危机也越发地加深了。

千古名言

但立直标，终无曲影。

——语出《崔彦昭列传》。意思是说，只要竖立笔直的标杆，就不会出现歪曲的影子。

这句话告诉人们只有端正自己的行为，才有可能给人以正面的形象。形正影直是自然界的一般现象，但人类社会的情况则要复杂得多。一个人的形象和众人对他的评价不仅取决于他本人的言行，也在很大程度上受到当时的社会习俗、思想观念等等多种因素的影响，因此，思想或行为被歪曲误解的情况时有发生。但是，没有高尚的品德、正直的行为，是不可能有好的形象的。所以，“身正”未必“影直”，但“身不正”必定“影不直”，只有“身正”才能不怕“影子斜”。

先谋后事者逸，先事后谋者失。

——语出《陈子昂列传》。意思是说，先考虑好计划再做事，就没有什么麻烦；先做事然后再去考虑计划，就一定会有差错。谋：谋划，计划。事：从事，做事。逸：安逸，安闲。失：过失，差错。

不做好细致的规划和充足的准备就急急忙忙地干事，必然会造成资源的浪费，人才的损失，甚至会使好事变成坏事，一塌糊涂，不可收拾，这已经一再地被历史所证明，但却一次又一次地重演着。因此，先谋后事还是先事后谋，不能简单看作是方法问题，应该提高到人们如何认识客观规律的高度上来理解。

愚夫之计，择之者圣人。

——语出《刘仁轨列传》。意思是说，对于愚昧无知之人的建议能够采纳的，只能是见识高超的圣人。

智者千虑，必有一失；愚者千虑，必有一得。虽然经常听到这话，但真正能俯身倾听“愚者”之言的“智者”又有几人？而不善于倾听“愚者”之言的“智者”是否又是真正的“智者”呢？

法者，国家所以布大信于天下；言者，当时喜怒之所发耳。

——语出《戴胄列传》。意思是说，法律是国家用来在全国树立威信的工具，个人的言论则是一时喜怒的发泄而已。法：法律法规。布：树立。信：威信。

法律法规的威信在哪里？就在于超越法律法规制定者之上的权威性和相对的稳定性。但在言大于法的古代社会，“前主所是著为律，后主所是疏为令，当时为是”（《史记·酷吏列传》），君主的言语就是最大的法，所谓“王子犯法，与庶民同罪”不过是一厢情愿的愿望而已。

与人共其乐者，人必忧其忧；与人同其安者，人必拯其危。

——语出《李百药列传》。意思是说，能和别人共同分享快乐的人，别人一定会分担他的忧愁；能和别人共同享受安定生活的人，别人一定会救助他的危难。拯：援助，帮助。

患难方能见真情，能同甘者未必就能共苦，大难临头各自飞，各人自扫门前雪的例子比比皆是。但孟子曾说过，独乐乐不如众乐乐，一个人独享快乐总不如和众人分享来得更快乐。孟子还说过：“得道多助，失道寡助”，前一句未必真，后一句则必不假。如此，即便“人未必忧其忧”、“未必拯其危”，又何妨“与人共其乐”、“与人同其安”？

《新唐书》

史家生平

宋代庆历年间的一个晚上，皇宫里已是人人进入了梦乡，可宋仁宗寝殿的灯光却依然闪烁，原来他正在读书。据史书记载，宋仁宗喜好读书，尤其是酷爱看有关唐代历史的书籍，可这一次当他阅读《旧唐书》的时候，总感觉编修得不是太好，“记次无法，详略不当，文采不明，事实零落”，这些缺点经常在《旧唐书》中出现，宋仁宗甚为不满，重修《唐书》的愿望也越来越强烈。后来大臣曾公亮、吴缜等人也都上书表奏《旧唐书》之不足，真是君臣所见略同，因此，宋仁宗就决定任命史官，重修《唐书》，这项工作开始于庆历四年(1044 年)，完成于嘉祐五年(1060 年)，全书修撰历时 17 年。

为了保证质量，参加编修唐书工作的大都是当时的名人，如欧阳修、宋祁、范缜、王畴、宋敏求、王尧臣等。其具体分工是：列传部分主要由宋祁负责编写，志和表分别由范缜、吕夏卿负责编写。最后在欧阳修主持下完成。本纪 10 卷和赞、志、表的序以及《选举志》、《仪卫志》等都出自欧阳修之手，按照“书成奏御，旧制惟列官最高者一人”的惯例，欧阳修得以署名，但欧阳修也不愿意以一人之名代替众人之功，坚持共同署名，最后本纪、表、志三部分署名欧阳修，而列传则署名宋祁，这种做法被后人传为一段佳话，影响很好。

在众多的编修史官中，欧阳修既负责总体上的协调、规定体例，又要负责具体章节的编写，可以说是编修《新唐书》出力最大的人。欧阳修（1007—1072年）是北宋著名的文学家、史学家。字永叔，号醉翁、六一居士，吉州吉水（今属江西）人。欧阳修幼年丧父，在寡母抚育下读书，在仁宗天圣八年（1030年）考中进士。次年任西京（洛阳）留守推官，与梅尧臣、尹洙结为至交，互相切磋诗文。景祐元年（1034年），召试学士院，授任宣德郎，充馆阁校勘。景祐三年（1036年），范仲淹因为上章批评时政，被贬饶州，欧阳修为他辩护，被贬为夷陵（今湖北宜昌）县令。康定元年（1040年），欧阳修被召回京，复任馆阁校勘，后知谏院。庆历三年（1043年），范仲淹、韩琦、富弼等人推行“庆历新政”，欧阳修参与革新，提出了改革吏治、军事、贡举法等主张。庆历五年（1045年），范、韩、富等相继被贬，欧阳修也被贬为滁州（今安徽滁州）太守。以后，又知扬州、颍州（今安徽阜阳）、应天府（今河南商丘）。至和元年（1054年）八月，奉诏入京，与宋祁同修《新唐书》。嘉祐二年（1057年）二月，欧阳修以翰林学士身份主持进士考试，提倡平实的文风，录取了苏轼、苏辙、曾巩等人。这对北宋文风的转变很有影响。嘉祐五年（1060年），欧阳修拜枢密副使。次年任参知政事。以后，又相继任刑部尚书、兵部尚书等职。英宗治平二年（1065年），上表请求外任，不准。此后两三年间，因被蒋之奇等诬谤，多次辞职，都未允准。神宗熙宁二年（1069年），王安石实行新法。欧阳修对青苗法曾表异议，且未执行。熙宁三年（1070年），除检校太保、宣徽南院使等职，坚持不受，改知蔡州（今河南汝南县）。这一年，他改号“六一居士”。熙宁四年（1071年）六月，以太子少师的身份辞职，居颍州。不久就去世了，谥号文忠。

欧阳修是北宋诗文革新运动的领袖。他的文学成就以散文为最高。他继承了韩愈古文运动的精神，在散文理论上，提出文以明道的主张，大力提倡简而有法和流畅自然的文风，反对浮靡雕琢和怪险晦涩。他不仅能够从实际出发，提出平实的散文理论，而且自己又以造诣很高的创作实绩，起了示范作用。

不仅如此，欧阳修在经学、史学、金石学等方面也都有很大的成就。他研究《诗》、《易》、《春秋》不拘守前人之说，提出自己的创见。史学造诣更深于经学，除参加修撰《新唐书》225卷外，又自著《新五代史》，总结五代的历史经验，意在引为鉴戒。他勤于收集，整理了周代至隋唐的金石器物、铭文碑刻，编辑成一部考古学资料专集《集古录》。由于他在政治上的地位和经学、史学、金石学、散文创作上的巨大成就，使他在宋代的地位甚高。他的学术成就还一直影响到元、明、清各代。欧阳修的著述，今存《欧阳文忠公全集》，其生平事迹，宋人胡柯撰《庐陵欧阳文忠公年谱》附录于全集。另有清人杨希闵的《欧阳文忠公年谱》、华孳亨的《增订欧阳文忠公年谱》。

编修《新唐书》出力最多的除了欧阳修外，还有当时著名的史学家宋祁。宋祁（998—1066年），字子京，也是北宋时期著名的文学家和史学家。宋祁祖籍安州安陆（今湖北安陆），后迁开封之雍丘（今河南杞县）。他与兄长宋庠同时考中进士，礼部奏他为第一名，而将他的哥哥奏为第三名。章献太后认为弟不可以先于兄，于是便提其兄长为第一，置祁为第十名，当时人称大小宋。宋祁累迁知制诰、工部尚书、翰林学士承旨，也曾担任过寿州、陈州、杭州、亳州、定州、益州、郑州等地方官。据《宋史·宋祁传》载：“祁兄弟皆以文学显，而祁尤能文，善议论，然清约庄重不及庠。”他曾与欧阳修共修《唐书》，“自守亳州，出入内外尝以稿自随”（《宋史·宋祁传》），历十余年而修成。宋祁一生除善于作诗词修史书外，还非常喜欢筵宴，他常常在宴饮时作诗填词，或在宴饮后闭门修史，更显得风流潇洒、出类拔萃。宋代魏泰在《东轩笔录》中赞扬宋祁说：“宋子京博学能文章，天姿蕴藉，好游宴，以矜自喜。晚年知成都府，带《唐书》于本任刊修。每宴罢盥漱毕，开寝门，重帘燃二椽烛，媵婢来侍，和墨伸纸，远近观者，皆知尚书修唐书矣，望之若神仙焉。”他去世后谥号为景文，故后人又称之为宋景文公。

史著介绍

《新唐书》本名为《唐书》，《郡斋读书志》、《宋史·艺文志》等文献都记载为《新唐书》，清代乾隆时期的武英殿刻本为了区别于《旧唐书》，才最后统一定名为《新唐书》，这一说法也就为后世所接受，沿用至今，全书共225卷，记载了唐高祖创立唐朝到唐代末年间的政治、经济、文化、战争、典章制度等历史事实，是一部研究唐代历史的重要文献，也是普通读者了解唐代历史，增强历史兴趣的有益读本。全书结构分为本纪、表、志、列传，其中本纪10卷，志50卷，表15卷，列传150卷，共收载人物1862人，全书共169万字。本书编撰在某种程度上是为了弥补当时史家对《旧唐书》缺陷的不满，因为《旧唐书》“褒贬或从于新意”，以五代时期的思想认识来看待藩镇、

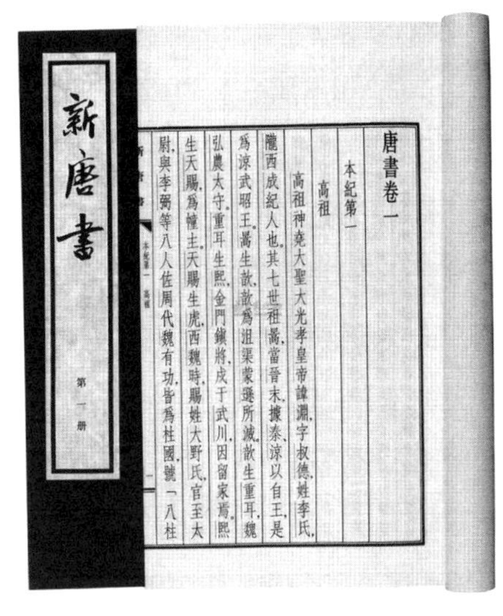

《新唐书》书影

忠义、叛逆等问题，这是宋代儒家所不能接受的。《新唐书》卷首的宋仁宗嘉祐五年（1060年）六月曾公亮进书表中讲得就很清楚，他认为《旧唐书》的缺点有两条，一是“纪次无法，详略失中”，意思就是《旧唐书》没有文采，语句不通顺，材料缺乏现象严重，没有做到对所有史料的一网打尽。二是他认为史书的功能应该是劝诫君王，警示后人，而《旧唐书》在这方面则是善恶劝诫不分明，起不到警示后人的作用，不足以担当史书的功能。曾公亮的这些观点也引起吴缜、宋祁、欧阳修等多数宋代史家的赞同，重修唐代史书的呼声很高。

同时，本书编撰的时候也正是北宋中叶社会问题日益尖锐的时期，阶级矛盾、民族矛盾趋于激化，因而出现了“庆历新政”，以仁宗为首的统治者也企图通过社会改革来缓和严重的社会问题，而通过编修唐代历史文献可以为当时的改革提供一定的历史借鉴。《新唐书》就是在这样的政治、学术环境背景下编撰的，当然，这样的学术、政治环境反过来也对《新唐书》的编撰产生了很大的影响，决定了《新唐书》有着与其他记载唐代史事文献不同的特点。

首先，《新唐书》中封建卫道的思想十分明显，这源于撰者的主要编撰指导思想，即通过对唐代历史的褒贬来对宋代封建社会起到借鉴作用。尤其是本纪部分往往是采用《春秋》笔法，对唐代历代皇帝用儒家的道德标准进行褒贬善恶，将《旧唐书》本纪30万字笔削为9万字，撰者用意不在史料记载事实的多少上，而是在于褒贬人物，起到善恶分明，以警示后人的作用。列传论赞部分也多是从维护封建王朝统治地位出发，阐发撰者的封建卫道思想，如《王世充窦建德列传赞》中撰者说：“炀帝失德，天丑其为……本孽气腥焰，所以亡隋。”认为隋炀帝的灭亡的主要原因是失德，违背了儒家的传统伦理道德，他的灭亡是老天爷对他的惩罚，并以此为后世帝王的警诫，其政治倾向性十分明显。不仅如此，《新唐书》还设计了奸臣、叛臣、逆臣类传，收载37人，奸臣如李林甫、杨国忠等，叛臣如仆固怀恩、梁崇义等，逆臣如安禄山、史思明、黄巢等都在其中，撰者严厉抨击这些所谓乱臣贼子，对他们的行为用儒家伦理道德加以严厉的谴责，认为他们这种做法都是不容许的，其用意也是在于维护封建正统的地位。同时，撰者积极维护专制主义中央集权统治的意图也很明显，《新唐书》中既有藩镇类传，也有方镇年表，其意也是用来抨击藩镇军阀的犯上作乱，并且总结中唐以来的藩镇割据的教训，以加强中央集权统治等等这些目的，都是在于加强北宋王朝统治地位，维护封建社会统治者的利益。

其次，《新唐书》在编撰体例方面也有自己的显著特点。在编撰体例上，撰者继承传统纪传体史书的优点，设立本纪、列传、志、表结构，是《史记》、《汉书》以来体例比较齐备的纪传体史书，其中颇有新意的是撰者增加了表的形式和内容。《新唐书》恢复了中国古代史书立表的传统，《史记》创造了表这一形式后，只有班固《汉书》有表。《新唐书》创立了《宰相表》、《方镇表》、《宗室世系表》、《宰相世系表》，《宰相表》按照时序排列宰相任免名单，材料虽然已经见于本纪、列传，人物事迹没有什么补充，但表的形式便于检索，可以使我们对唐代所有担任过宰相的人一目了然。《方镇表》则主要是标明地方辖区而不是表明人，它排列了唐代中后期各个藩镇的建制沿革和发展历史。《宗室世系表》则除了少数与政治、文化有关的记事外，记载的绝大部分的宗室人名只是为了方便查找而已。表的这种编撰方式既增加了史料，弥补了纪、传的不足，又创立了新的体例，对以后史书的编修也有很大影响。另外，由于宋代大体上继承了唐代的制度，为了总结唐代的典章制度以供宋王朝统治者参考，《新唐书》对志也特别重视，新增了《旧唐书》所没有的《仪卫志》、《选举志》和《兵志》。其中《兵志》是《新唐书》的首创，撰者比较详细地记述了唐代的兵制和马政等军事材料，并且对唐代的军事发展作了阐述，其观念也颇有见识。《礼乐志》系统地整理了唐朝礼仪、音乐制度的演变资料，详细阐释了吉、宾、军、嘉、凶五种中国古代礼仪制度的演变和在唐代时期的应用。《食货志》增加为 5 卷，不仅比《旧唐书》量大，而且比较有系统、有条理地保存了大量社会经济史资料，对了解唐代的经济状况有着很重要的作用。《地理志》着重叙述唐朝地理沿革，记载各地的军府设置、物产分布、水利兴废等情况，补充了不少《旧唐书·地理志》所没有的资料。《天文志》和《历志》在篇幅上超过《旧唐书》3 倍以上，记载了唐代流行的 7 种历法，特别是保存了历法史上占有重要地位的《大衍历》的《历议》，反映了唐代历法理论的水平和发展高度。《艺文志》与《旧唐书·经籍志》相比，无论是在内容上还是在体例上都增加了很多新的东西或改进，此志是由当时大文学家欧阳修亲自主编，是以《唐开元四库书目》和《旧唐书·经籍志》为蓝本，又收集了唐代其他目录编修而成的，因此所著录的书籍远远多于《旧唐书》，特别是唐玄宗开元以后的著作补充了不少，如李白、柳宗元的著作，就有一些是《旧唐书》所没有收录的。《新唐书·艺文志》在著录方法上也有一些新的改进。如它改变了书目的著录形式，将作者的名字放在书名卷数之前，在书目中分为“著录”与“不著录”两种形式等，这些都表明了撰者在《艺文志》上的创新。与《旧唐书》一样，列传也是《新唐书》的重头戏，是记载分量最多的一部分，但与《旧唐书》相比，新书列传收载的人物增加 75 人，新增史事 2000 多条，如高力士、高骈、黄巢等人的传记内容远远超过旧书内容。以上这些特点都是《新唐书》在体例编撰创制方面与其他记载唐代史事文献不同的地方。

再次，史料来源十分广泛。与《旧唐书》不同，《新唐书》的资料来源，除了以《旧唐书》为底本外，搜取范围十分广泛。我们说，宋代建立之初，就有不少私人修史者编修唐书，如孙甫的《唐史记》、赵瞻的《唐春秋》、赵邻几的《唐实录》和宋敏求补写的唐代武宗以下的六代实录等，这些撰述都是编修《旧唐书》的时候所未见到的，但却对编撰《新唐书》提供了有利的材料条件。除此之外，许多以往未被注意的史料如小说、文集、碑志、政书等文献也都被《新唐书》撰者所利用，扩大了资料的来源范围。如《新唐书》诸志的取材，在旧书各志的基础上，还采用了《贞观政要》、《李文公集》、《文苑英华》、《唐语林》等多种文献资料。因此，可以说无论是在史料来源，还是在内容上，《新唐书》都扩大了许多，这也是《新唐书》在史料来源上的显著特点之一。

最后，确定“事增文省”、“师法春秋”的编写原则。欧阳修、宋祁等编撰者大多是宋代著名的文学家、史学家，他们不喜欢骈文，凡是遇到诏令奏疏等用四六句行文的文章，或者是删除，或者是加以改造，当然，作为历史史书，应该讲究文辞的简要，重视用字炼句，力求避俗，这是一个方向，即所谓的“事增文省”，语短而意长，但是，由于《新唐书》的编撰者过于刻意为文，片面追求简约，也在某种程度上造成行文的晦涩，乃至删除、删改原始史料这些不可取的做法。

《新唐书》在编写上的另一大特点就是仿照《春秋》笔法，通过不同的字句来进行褒贬，如欧阳修将武则天放在皇后本纪中，他的解释就是以《春秋》笔法为根据，认为将皇后入为本纪这种做法很早就有了。并且，他在评论其他历史人物、事件的时候，也多以《春秋》作为评判的标准。应该说，这种做法也是有一定局限性的。

当然，由于《新唐书》编撰时间过长，工作分散，诸位编撰者的兴趣爱好也多有所不一，同时，又缺乏统一体例和合校工作，因此，本书也存在一些缺陷，除了上文略微谈到的外，主要有下列几个问题：第一，删改《旧唐书》原文，减低了史料价值的珍贵性。如《旧唐书·姜皎传》中记载唐玄宗宣布其功劳的诏书，全是第一手的原始资料，而《新唐书》撰者却将其翻译成散文，看起来文笔通畅，但却破坏了史料的真实性。第二，《新唐书》虽然增加了《旧唐书》中没有的许多事实，但是没有注明所增加史料的出处，也不像《资治通鉴》中那样另外有“考异”来说明史料来源，这给后人研究造成一定的麻烦，同时，由于撰者一味地追求文体的古雅，把不少原来是文句通顺的地方也改得很晦涩，很生硬，这样就容易使得原来的史料走样，读者读起来比较困难，甚至有读不下去的感觉。第三，删削具体数据，降低文献史料的科学性。《新唐书》编撰者在处理一些具体数据问题上，也有些问题，或者是任意选取两个数据，或者是以大约数据来代替，如《地理志》、《食货志》等中的数据都不如《旧唐书》中科学。另外，年历紊乱、查阅不便等缺陷也在《新唐书》中有所表现。应该说，《新唐书》是存在一些毛病，故此，大约30年后，便有不少史家对该书表示怀疑和纠谬，如吴缜的《新唐书纠谬》便是其中之一。总的来说，《旧唐书》与《新唐书》互有优缺点，千百年来人们对这两部书就互有褒贬，就史料价值看，这两部书都是研究唐代历史的重要文献。

名篇点评

中唐名将郭子仪

原文：

子仪事上诚，御下恕，赏罚必信。遭幸臣程元振、鱼朝恩短毁，方时多虞，握兵处外，然诏至，即日就道，无纤介顾望，故谗间不行。破吐蕃灵州，而朝恩使人发其父墓，盗未得。子仪自泾阳来朝，中外惧有变，及入见，帝唁之，即号泣曰：“臣久主兵，不能禁士残人之墓，人今发先臣墓，此天谴，非人患也。”朝恩又尝约子仪修具，元载使人告以军容将不利公。其下衷甲愿从，子仪不听，但以家僮十数往。朝恩曰："何车骑之寡？"告以所闻。朝恩泣曰："非公长者，得无致疑乎？"田承嗣傲狠不轨，子仪尝遣使至魏，承嗣西望拜，指其膝谓使者曰："兹膝不屈于人久矣，今为公拜。"李灵耀据汴州，公私财赋一皆遏绝，子仪封币道其境，莫敢留，令持兵卫送。麾下宿将数十，皆王侯贵重，子仪颐指进退，若部曲然。幕府六十余人，后皆为将相显官，其取士得才类如此。与李光弼齐名，而宽厚得人过之。子仪岁入官俸无虑二十四万缗。宅居亲仁里四分之一，中通永巷，家人三千相出入，不知其居。前后赐良田、美器、名园、甲馆不胜纪。代宗不名，呼为大臣。以身为天下安危者二十年，校中书令考二十四。八子七婿，皆贵显朝廷。诸孙数十，不能尽识，至问安，但颔之而已。富贵寿考，哀荣终始，人臣之道无缺焉。

（选自《郭子仪列传》）

点评：

郭子仪是唐代著名将领，他历事玄宗、肃宗、代宗、德宗四朝，勤于职守，一身系国家安危二十余年，是唐皇朝中期重大政治、军事历史的见证人。《郭子仪列传》记载了郭子仪戎马一生，尤其是他在东定河北、西御吐蕃中的重要作用，同时对这一大动荡的历史时期的政治、军事形势以及中央政权对地方军事集团既利用又猜忌的微妙关系等等，都作了生动的叙述。作为一个将领，郭子仪精于谋略，用兵持重，治军宽严得当，深得部下敬服，他以身许国，临危不惧，身经百战，功勋卓著的形象也塑造得相当成功。

郭子仪的成功，除了他善于带兵打仗立下大功之外，还在于他能够妥善地处理各种复杂的人际关系。本篇所节选的部分就充分反映了郭子仪这一方面的特点。宦官首领鱼朝恩素来忌惮郭子仪。出于嫉妒，他派人偷偷地将郭子仪父亲的墓地给挖了。当郭子仪凯旋回朝的时候，朝野人士都害怕会掀起一场大风暴，唐代宗也为此特别吊唁慰问。郭子仪却说：“我常年带兵在外，不能禁止士兵破坏别人的坟墓，现在我父亲的坟墓被人破坏，这是老天爷在谴责我。”他的宽宏大量让鱼朝恩很是过意不去，于是来邀请他共同游玩。有人告诉郭子仪说鱼朝恩不怀好意，劝他不要去，但郭子仪毫不理会。他的士兵穿上铠甲请求一同前往，他却制止了，只带了十几个家仆前往。鱼朝恩见他只带了那么点人，很是奇怪，问他为什么这么简省。郭子仪告诉他说：“人多了，怕你害怕。”鱼朝恩十分感动，流着眼泪说：“如果不是您这样的忠厚长者，怎能做到如此信任不疑。”从此，鱼朝恩和郭子仪的关系好了很多。鱼朝恩是当时宦官势力的代表，而田承嗣则是藩镇势力的代表。田承嗣也是一个桀骜不驯、张扬跋扈的家伙，但唯独对郭子仪很是尊敬。郭子仪派遣使者到他那里，他向西拜谢，并指着自己的膝盖对使者说：“我的膝盖很久没有向人弯过了，今天是为郭公而弯的。”正是郭子仪忍辱负重，在各种政治势力的斗争中都能全身而退，既保卫了国家又保护了自己，所以史书评价他：“天下以其身为安危者殆二十年。校中书令考二十有四。权倾天下而朝不忌，功盖一代而主不疑，侈穷人欲而君子不之罪。富贵寿考，繁衍安泰，哀荣终始，人道之盛，此无缺焉。”这实在是一个奇迹。

“诗仙”李太白

原文：

李白，字太白，兴圣皇帝九世孙。其先隋末以罪徙西域，神龙初，遁还，客巴西。白之生，母梦长庚星，因以命之。十岁通诗书，既长，隐岷山。州举有道，不应。苏颋为益州长史，见白异之，曰：“是子天才英特，少益以学，可比相如。”然喜纵横术，击剑，为任侠，轻财重施。更客任城，与孔巢父、韩准、裴政、张叔明、陶沔居徂徕山，日沈饮，号“竹溪六逸”。

天宝初，南入会稽，与吴筠善，筠被召，故白亦至长安。往见贺知章，知章见其文，叹曰：“子，谪仙人也！”言于玄宗，召见金銮殿，论当世事，奏颂一篇。帝赐食，亲为调羹，有诏供奉翰林。白犹与饮徒醉于市。帝坐沈香亭子，意有所感，欲得白为乐章；召入，而白已醉，左右以水頮面，稍解，援笔成文，婉丽精切无留思。帝爱其才，数宴见。白尝侍帝，醉，使高力士脱靴。力士素贵，耻之，擿其诗以激杨贵妃，帝欲官白，妃辄沮止。白自知不为亲近所容，益骜放不自修，与知章、李适之、汝阳王琎、崔宗之、苏晋、张旭、焦遂为“酒八仙人”。恳求还山，帝赐金放还。白浮游四方，尝乘舟与崔宗之自采石至金陵，着宫锦袍坐舟中，旁若无人。

安禄山反，转侧宿松、匡庐间，永王璘辟为府僚佐。璘起兵，逃还彭泽，璘败，当诛。初，白游并州，见郭子仪，奇之。子仪尝犯法，白为救免。至是子仪请解官以赎，有诏长流夜郎。会赦，还寻阳，坐事下狱。时宋若思将吴兵三千赴河南，道寻阳，释囚辟为参谋，未几辞职。李阳冰为当涂令，白依之。代宗立，以左拾遗召，而白已卒，年六十余。

白晚好黄老，度牛渚矶至姑孰，悦谢家青山，欲终焉。及卒，葬东麓。元和末，宣歙观察使范传正祭其冢，禁樵采。访后裔，惟二孙女嫁为民妻，进止仍有风范，因泣曰：“先祖志在青山，顷葬东麓，非本意。”传正为改葬，立二碑焉。告二女，将改妻士族，辞以孤穷失身，命也，不愿更嫁。传正嘉叹，复其夫徭役。

（选自《李白列传》）

点评：

本篇是关于唐代伟大的诗人李白的传记。李白豪放洒脱、激情澎湃，他的诗歌创作，充满了发兴无端的浪漫激情和神奇想象，既有气势浩瀚、变幻莫测的壮观奇景，又有标举风神情韵而自然天成的明丽意境，美不胜收。本篇虽然字数不多，但作者以其高超的手法把“诗仙”的形象描绘得活灵活现。文章通过“喜纵横术，击剑，为任侠，轻财重施”等直接的描述，贺知章等人“谪仙人”评语的间接说明，以及力士脱靴等故事的烘托，一个才华横溢、好酒成性、狂放洒脱、视富贵如浮云的艺术家形象便展现在了世人面前。

优秀的文人与合格的官僚似乎难以兼容，作为文人、艺术家李白是成功的，但仕途上的李白则是极其失败的。李白渴望参与政治，做帝王的辅佐大臣，但又不愿遵循一般从科举入仕的途径，而是希望凭借自己诗文的名声而得到皇帝的重用。他二十多岁出川后，曾写了有名的《与韩荆州书》，毛遂自荐，极盼荆州刺史韩朝宗举荐自己。天宝元年（742 年），李白终于得到玄宗的征召入京，在翰林院任待诏供奉。但由于他的放纵不羁，一年多之后，李白就被排挤出京，重新过起了漂泊漫游的生活。天宝十四年（755 年）爆发了安史之乱，李白似乎又找到了再次踏入仕途的机遇，可惜他实在不够明智，于次年参加了永王李璘的幕府。后来李璘由于谋反被杀，李白被牵连入狱，好在皇帝还算宽容，最终被赦免。后来，李白又在浔阳犯事下狱，宋若思领吴兵三千去河南，路过浔阳才放了他出来，辟为参谋。不久李白辞职，前去依靠从叔当涂令李阳冰，宝应元年（762 年）病死。不知是李白的文人脾气使得他与官场格格不入，还是仕途的不顺激发了他的创作，但无论如何，唐代少了一位平庸的官僚，多了一位天才纵放的绝代诗人，却是现今所有中国人的幸事！

安禄山的“赤心”

原文：

禄山阳为愚不敏盖其奸，承间奏曰：“臣生蕃戎，宠荣过甚，无异材可用，愿以身为陛下死。”天子以为诚，怜之。令见皇太子，不拜。左右擿语之，禄山曰：“臣不识朝廷仪，皇太子何官也？”帝曰：“吾百岁后付以位。”谢曰：“臣愚，知陛下不知太子，罪万死。”乃再拜。时杨贵妃有宠，禄山请为妃养儿，帝许之。其拜，必先妃后帝，帝怪之，答曰：“蕃人先母后父。”帝大悦，命与杨铦及三夫人约为兄弟。由是禄山有乱天下意，令麾下刘骆谷居京师，伺朝廷隙。

六载，进御史大夫，封妻段为夫人，有国。林甫以宰相贵甚，群臣无敢钧礼，惟禄山倚恩，入谒倨。林甫欲讽寤之，使与王鉷偕，鉷亦位大夫，林甫见鉷，鉷趋拜卑约，禄山惕然，不觉自罄折。林甫与语，揣其意，迎剖其端，禄山大骇，以为神，每见，虽盛寒必流汗。林甫稍厚之，引至中书，覆以己袍。禄山德林甫，呼十郎。骆谷每奏事还，先问：“十郎何如？”有好言辄喜；若谓“大夫好检校”，则反手据床曰：“我且死！”优人李龟年为帝学之，帝以为乐。

安禄山

晚益肥，腹缓及膝，奋两肩若挽牵者乃能行，作《胡旋舞》帝前，乃疾如风。帝视其腹曰：“胡腹中何有而大？”答曰：“唯赤心耳！”每乘驿入朝，半道必易马，号“大夫换马台”，不尔，马辄仆，故马必能负五石驰者乃胜载。帝为禄山起第京师，以中人督役，戒曰：“善为部署，禄山眼孔大，毋令笑我。”为琐户交疏，台观沼池华僭，帘幕率缇绣，金银为榜筐、爪篱，大抵服御虽乘舆不能过。帝登勤政楼，幄坐之左张金鸡大障，前置特榻，诏禄山坐，褰其幄，以示尊宠。太子谏曰：“自古幄坐非人臣当得，陛下宠禄山过甚，必骄。”帝曰：“胡有异相，我欲厌之。”

（选自《安禄山列传》）

点评：

安史之乱是大唐帝国由盛而衰的转折点。安史之乱的安指的是安禄山。此人原本连姓氏都没有，后因母亲改嫁突厥人安延偃就姓了安，改名为禄山。安禄山并没有多少谋略，他只是因为熟悉山川地势，对契丹内部的情况有所了解，所以打起仗来多能获胜，凭借军功不断攀升，并靠着善于揣摩，获得了玄宗皇帝等人的信赖。本篇所节选部分极其形象地描述了安禄山如何哄骗唐玄宗，取得其信任的伎俩。

安禄山体胖，挺着个大肚子，有一次唐玄宗问他肚子里装的是什么，他回答说：“唯赤心耳（只有一颗忠心）。”杨贵妃很得玄宗的宠爱，安禄山见到她和玄宗时首先向她参拜然后才拜玄宗，玄宗问这是为什么，安禄山回答说蕃人的风俗是先母后父，哄得唐玄宗和杨贵妃都喜笑颜开。

但正是号称有一颗“赤心”的安禄山起兵反叛，逼得唐玄宗仓皇出逃，还不得不赐死了他最宠爱的杨贵妃，这真是莫大的讽刺。而造成安禄山反叛的就是那一群昏庸的君臣。曾经励精图治的唐玄宗，到了天宝末年已经昏庸透顶，他宠信杨贵妃，重用口蜜腹剑的李林甫和不学无术的杨国忠，还被安禄山愚弄。唐玄宗对安禄山的宠信到了不可思议的地步，当安禄山叛乱的迹象已经很明显，甚至连皇太子都说他必定要谋反时，唐玄宗却把安禄山找了过来。安禄山哭着说：“臣是蕃人，不认得几个字，陛下将我提拔到现在的地位，杨国忠等人嫉妒我，非要杀我不可，陛下可要为我做主啊。”他一把鼻涕一把泪的表演，居然哄得唐玄宗更加信任他了。此后谁说安禄山要谋反，唐玄宗就把他绑起来送给安禄山。等到安禄山几乎尽占河北州县，直逼太原，各地纷纷表奏的时候，唐玄宗还以为是有人在造谣。而李林甫为了巩固自己的权位，竭力怂恿唐玄宗专任少数民族人为边将，这是安禄山得以受宠的重要原因。杨国忠虽然天天说安禄山要谋反，但却又毫不准备，还时不时搞点小花样去激怒安禄山，逼他反叛。安禄山叛乱后的第七天，唐玄宗才找宰相商量对策，杨国忠还洋洋得意地说不用 10 天，他就可以把安禄山的人头送来。有这样糊涂昏庸的君臣，安禄山焉能不反？唐玄宗等人的下场很大程度上可以说是咎由自取，不值得同情。

韩愈谏迎佛骨

原文：

宪宗遣使者往凤翔迎佛骨入禁中，三日，乃送佛祠。王公士人奔走膜呗，至为夷法，灼体肤，委珍贝，腾沓系路。愈闻恶之，乃上表曰：

佛者，夷狄之一法耳。自后汉时始入中国，上古未尝有也。昔黄帝在位百年，年百一十岁，少昊在位八十年，年百岁；颛顼在位七十九年，年九十岁，帝喾在位七十年，年百五岁；尧在位九十八年，年百一十八岁；帝舜在位及禹年皆百岁。此时天下太平，百姓安乐寿考，然而中国未有佛也。其后，汤亦年百岁，汤孙太戊在位七十五年，武丁在位五十年，书史不言其寿，推其年数，盖不减百岁。周文王年九十七岁，武王年九十三岁，穆王在位百年。此时佛法

韩愈

亦未至中国，非因事佛而致然也。汉明帝时始有佛法，明帝在位才十八年。其后乱亡相继，运祚不长。宋、齐、梁、陈、元魏以下，事佛渐谨，年代尤促。唯梁武帝在位四十八年，前后三舍身施佛，宗庙祭不用牲牢，昼日一食，止于菜果，后为侯景所逼，饿死台城，国亦寻灭。事佛求福，乃更得祸。由此观之，佛不足信，亦可知矣。

……

佛本夷狄之人，与中国言语不通，衣服殊制，口不道先王之法言，身不服先王之法服，不知君臣之义、父子之情。假如其身尚在，奉其国命来朝京师，陛下容而接之，不过宣政一见，礼宾一设，赐衣一袭，卫而出之于境，不令贰于众也。况其身死已久，枯朽之骨，凶秽之余，岂宜以入宫禁？孔子曰：“敬鬼神而远之。”古之诸侯吊于其国，必令巫祝先以桃茢祓除不祥，然后进吊。今无故取朽秽之物，亲临观之，巫祝不先，桃茢不用，君臣不言其非，御史不举其失，臣实耻之。乞以此骨付之水火，永绝根本，断天下之疑，绝前代之惑，使天下之人知大圣人之所作为，出于寻常万万也。佛如有灵，能作祸祟，凡有殃咎，宜加臣身。上天鉴临，臣不怨悔。

表入，帝大怒，持示宰相，将抵以死。裴度、崔群曰：“愈言讦牾，罪之诚宜。然非内怀至忠，安能及此？愿少宽假，以来谏争。”帝曰：“愈言我奉佛太过，犹可容；至谓东汉奉佛以后，天子咸夭促，言何乖刺邪？愈，人臣，狂妄敢尔，固不可赦！”于是中外骇惧，虽戚里诸贵，亦为愈言，乃贬潮州刺史。

（选自《韩愈列传》）

点评：

唐代在中国历史上是一个开放的时期，中外文化交流也十分频繁，很多外国宗教在隋唐时期都获得了很大的发展，而汉代传入中土的佛教，则在唐代达到鼎盛时期，不但形成了大大小小的宗派，而且基本上完成了佛教的中国化、本土化，形成了别具一格、影响深远的禅宗。佛教在唐代之所以得到长足发展与当时统治者的大力提倡、推崇有着密切的关系。唐太宗尊崇儒学，但也兼容佛道。武则天利用佛教为其政治统治服务，强令各地修建大云寺，崇佛抑道，促进了佛教的大发展。唐代宗时期崇佛更是达到了不可思议的程度。据史书记载，每次吐蕃入侵，代宗不整兵抗击，而是下令群僧齐诵经文以却敌寇，简直荒谬透顶。唐代对佛教的崇信最突出的表现就是唐皇室多次恭迎供奉法门寺的佛骨。

法门寺在今陕西扶风县城北的法门镇，是我国境内供奉佛骨的四大著名古刹之一。相传唐朝时有一个规定，即每30年打开一次地宫，皇帝派人把佛骨舍利迎请出来进行供奉，这样就会五谷丰登，国泰民安。据记载，从唐太宗到唐懿宗时期，迎请佛骨的活动共有7次之多。唐宪宗元和十四年（819年），唐政府第六次迎请佛骨时，有一人站了出来，对这一仪式表示强烈的反对，他就是著名的文学家韩愈。本篇文字就是对韩愈上书谏阻前后情况的描述。

韩愈向宪宗上书，极力陈述佛教的危害。他说佛陀本是夷狄之人，服制言语都与中国不同，既不懂先王之法，又不晓得君臣之义、父子之情，佛骨更是污秽不堪的朽骨，是不祥之物，皇帝应该将其销毁才是。他还引用史书的记载，说中国历史上的盛世、治世都不是因为崇佛信佛造成的，相反的，那些崇信佛教朝代都没有什么好的下场，而那些崇信佛教的皇帝个个都是短命鬼。韩愈的言论使得宪宗皇帝大为震怒，第二天，他将疏奏取出遍示朝臣，准备对韩愈施以重罚，后来在宰相裴度、崔群等人的说情下，宪宗的怒气才得以稍稍缓解，最后韩愈被贬为潮州刺史。韩愈后在《左迁至蓝关示侄孙湘》诗中写道："一封朝奏九重天，夕贬潮州路八千。欲为圣明除弊事，肯将衰朽惜残年！"还坚持认为自己的举动是正确的。

韩愈谏迎佛骨深刻地反映了当时社会的一些矛盾。一是儒学与佛教之间的文化冲突。韩愈是自命承绪儒学道统的人物，他和同时代的李翱等是宋明理学的先声。他之所以激烈反佛、道，是想恢复自魏晋以来旁落的儒学一统的至尊地位。二是反映了寺院与国家、世俗地主之间的经济利益冲突。中国佛教在隋唐达到鼎盛，唐代共有佛教寺院 4 万多所，僧尼 30 多万人，寺院所占土地上千万顷，蓄有奴隶 15 万多人，寺院经济和僧侣地主势力的膨胀，直接影响了封建国家的财政收入和世俗地主的经济利益，这是终唐一代反佛斗争一直不断的经济原因，也是韩愈反佛的重要社会背景。总之，对待外来文化、外来宗教是极为复杂的问题，统治者既要利用佛教安定人心的功能，又要防止它的坐大而威胁到统治根基，如何在二者之间求得平衡需要时间的检验。但无论如何，像韩愈所提出的"付之水火，永绝根本，断天下之疑，绝前代之惑"这样激烈的手段是不足取法的。

李愬雪夜袭蔡州

原文：

宪宗讨吴元济，唐邓节度使高霞寓既败，以袁滋代将，复无功。愬求自试，宰相李逢吉亦以愬可用，遂检校左散骑常侍，为隋唐邓节度使。愬以其军初伤夷，士气未完，乃不为斥候部伍。或有言者，愬曰："贼方安袁公之宽，吾不欲使震而备我。"乃令于军曰："天子知愬能忍耻，故委以抚养。战，非吾事也。"众信而安之。乃斥倡优，未尝嬉乐。士伤夷病疾，亲为营护。蔡人以尝败辱霞寓等，又愬名非夙所畏者，易之，不为备。愬沈鸷，务推诚待士，故能张其卑弱而用之。贼来降，辄听其便，或父母与孤未葬者，给粟帛遣还，劳之曰："而亦王人也，无弃亲戚。"众愿为愬死，故山川险易与贼情伪，一能晓之。

初，秀琳降，愬单骑抵栅下与语，亲释缚，署以为将。秀琳为愬策曰："必破贼，非李祐无与成功者。"祐，贼健将也，守兴桥栅，其战尝易官军。愬候祐护获于野，遣史用诚以壮骑三百伏其旁，见羸卒若将燔聚者，祐果轻出，用诚禽而还。诸将素苦祐，请杀之，愬不听，以为客。待间，召祐及李忠义屏人语，至夜艾。忠义，亦贼将，所谓李宪者。军中多谏此二人不可近，愬待益厚。乃募死士三千人为突将，自教之。会雨，自五月至七月不止，军中以为不杀祐之罚，将吏杂然不解。愬力不能独完祐，乃持以泣曰："天不欲平贼乎？何见夺者众邪？"则械而送之朝，表言必杀祐，无与共诛蔡者。诏释以还愬。愬乃令佩刀出入帐下，署六院兵马使。六院者，隋、唐兵也，凡三千人，皆山南奇材锐士，故委祐统之。祐捧檄呜咽，诸将乃不敢言，由是始定袭蔡之谋矣。旧令，敢舍谍者族。愬刊其令，一切抚之，故谍者反效以情，愬益悉贼虚实。

时李光颜战数胜，元济悉锐卒屯洄曲以抗光颜。愬知其隙可乘，乃遣从事郑澥见裴度告师期，于时元和十一年十月己卯。师夜起，祐以突将三千为前锋，李忠义副之，愬率中军三千，田进诚以下军殿。出文城栅，令曰："引而东。"六十里止，袭张柴，歼其戍。敕士少休，益治鞍铠，发刃彀弓。会大雨雪，天晦，凛风偃旗裂肤，马皆缩栗，士抱戈冻死于道十一二。张柴之东，陂泽阻奥，众未尝蹈也，皆谓投不测。始发，吏请所向，愬曰："入蔡州取吴元济！"士失色，监军使者泣曰："果落祐计。"然业从愬，人人不敢自为计。愬道分轻兵断桥以绝洄曲道，又以兵绝朗山道。行七十里，夜半至悬瓠城，雪甚，城旁皆鹅鹜池，愬令击之，以乱军声。贼恃吴房、朗山戍，晏然无知者。祐等坎墉先登，众从之，杀门者，发关，留持柝传夜自如。黎明，雪止，愬入驻元济外宅。蔡吏惊曰："城陷矣！"元济尚不信，曰："是洄曲子弟来索褚衣尔。"及闻号令曰："常侍传语。"始惊曰："何常侍得在此！"率左右登牙城，田进诚兵薄之。愬计元济且望救于董重质，乃访其家慰安之，使无怖，以书召重质，重质以单骑白衣降，愬待以礼。进诚火南门，元济请罪，梯而下，槛送京师。

赞曰：愬得李祐不杀，付以兵不疑，知可以破贼也。祐受任不辞，决策入死，以想能用其谋也。祐之才，待愬乃显，故曰平蔡功，想为多。

（选自《李愬列传》）

点评：

李愬雪夜袭取蔡州，擒获吴元济之役，是唐代历史上一次著名的战役。这次战役的成功，使得唐朝廷在对各地藩镇的关系上由被动转为主动，乘着战胜的余威，唐政府迅速平定了各地叛乱，藩镇割据的局面因之暂告结束，唐朝又恢复了统一。这次战役在《新唐书·李愬列传》中有生动细致的描写。

元和十二年（817年）十月初十，李愬利用风雪交加，敌军放松警惕，利于奇袭的天气，率领军队秘密出发。军队的行动十分秘密，除个别将领外，全军上下均不知行军的目的地和部队的任务。李愬只下令说向东。东行60里后，唐军在夜间抵达张柴村，乘守军不备，全歼包括负责烽燧报警士卒在内的守军。待全军稍事休整和进食后，李愬留500人守城栅，防备朗山方向之敌，另以500人切断通往洄曲和其他方向的桥梁，并下令全军立即开拔。诸将问军队开往何处，李愬才宣布说，入蔡州直取吴元济。诸将闻说皆大惊失色，但军令如山，众将只得率部向东南方向急进。此时夜深天寒，风雪大作，旌旗为之破裂，人马冻死者相望于道。张柴村以东的道路，唐军无人认识，人人自以为必死无疑，但众人都畏惧李愬，无人敢于违令。夜半，雪愈下愈大，唐军强行军 70 里，终于抵达蔡州。近城处有鸭鹅池，李愬令士卒击鸭鹅以掩盖行军声。自从吴少诚抗拒朝命，唐军已有三十余年未到蔡州城下，所以蔡州人毫无戒备，未发现唐军的行动。四更时，李愬军到达蔡州城下，守城者仍未发觉。李愬、李忠义在城墙下掘土为坎，身先士卒，登上外城城头，杀死熟睡中的守门士卒，只留下巡夜者，让他们照常击柝报更，以免惊动敌人。李愬等既已得手，便打开城门，迎纳大唐军。接着，又依法袭取内城。鸡鸣时分，雪渐止，李愬进至吴元济外宅。这时，有人觉察情形有异，急告吴元济说，官军来了。吴元济高卧未起，笑着回答说，俘囚作乱，天亮后当杀尽这些家伙。接着，又有人报告说，城已陷。元济仍漫不经心地说，这一定是洄曲守军的子弟向我索求寒衣。起床后，吴元济听到唐军传令，响应者近万人，才有惧意，率左右登牙城抗拒。李愬入城后，一面派人进攻牙城，一面厚抚董重质的家属，遣其子前往招降。董重质单骑至李愬军前投降，吴元济丧失了洄曲守军回援的希望。十二日，唐军再次攻打牙城，蔡州百姓争先恐后地负柴草助唐军焚烧牙城南门。黄昏时分，城门坏，吴元济投降。申、光二州及诸镇兵 2 万余人亦相继降唐，淮西遂平。

李愬奇袭的成功并非出于偶然。就主观而言，李愬治军有方，奉己俭约，待将士丰厚，能得士心；又明于知人，敢于重用降将，能得敌情；见机立断，敢于抓住蔡州空虚的时机，实施奇袭；长于谋略，善于麻痹敌方，瓦解其民心和士气。这些，都使他能利用风雪阴晦、烽火不接的天气，孤军深入，置全军于死地而后取得奇袭的胜利。从客观来说，唐宪宗和裴度始终未改其平定淮西的决心，又能集中力量对吴元济用兵，甚至撤去监阵中使，加上北线唐军牵制、吸引了淮西的主力，这些都为奇袭的胜利创造了有利的条件。

朋党难去

原文：

李宗闵，字损之，郑王元懿四世孙。擢进士，调华州参军事。举贤良方正，与牛僧孺诋切时政，触宰相，李吉甫恶之，补洛阳尉。久流落不偶，去从藩府辟署。入授监察御史、礼部员外郎。裴度伐蔡，引为彰义观察判官。蔡平，迁驾部郎中，知制诰。穆宗即位，进中书舍人。时(曾羽)为华州刺史，父子同拜，世以为宠。

长庆初，钱徽典贡举，宗闵托所亲于徽，而李德裕、李绅、元稹在翰林，有宠于帝，共白徽纳干丐，取士不以实，宗闵坐贬剑州刺史。由是嫌忌显结，树党相磨轧，凡四十年，搢绅之祸不能解。俄复为中书舍人，典贡举，所取多知名士，若唐冲、薛庠、袁都等，世谓之“玉笋”。宝历初，累进兵部侍郎，父丧解。太和中，以吏部侍郎同中书门下平章事。时德裕自浙西召，欲以相，而宗闵中助多，先得进，即引僧孺同秉政，相唱和，去异己者，德裕所善皆逐之。迁中书侍郎。

久之，德裕为相，与宗闵共当国。德裕入谢，文宗曰：“而知朝廷有朋党乎？”德裕曰：“今中朝半为党人，虽后来者，趋利而靡，往往陷之。陛下能用中立无私者，党与破矣。”帝曰：“众以杨虞卿、张元夫、萧澣为党魁。”德裕因请皆出为刺史，帝然之。即以虞卿为常州，元夫为汝州，萧澣为郑州。宗闵曰：“虞卿位给事中，州不容在元夫下。德裕居外久，其知党人不如臣之详。虞卿日见宾客于第，世号行中书，故臣未尝与美官。”德裕质之曰：“给事中非美官云何？”宗闵大沮，不得对。俄以同平章事为山南西道节度使。

李德裕

李训、郑注始用事，疾德裕，共訾短之。乃罢德裕，复召宗闵知政事，进封襄武县侯，恣肆附托。会虞卿以京兆尹得罪，极言营解，帝怒叱曰："尔尝以郑覃为妖气，今自为妖耶？"即出为明州刺史，贬处州长史。训、注乃劾："宗闵异时阴结驸马都尉沈（立义）、内人宋若宪、宦者韦元素、王践言等求宰相，且言顷上有疾，密问术家吕华，迎考命历，曰：'恶十二月。'而践言监军剑南，受德裕赇，复与宗闵家私。"乃贬宗闵潮州司户参军事，（立义）逐柳州，元素等悉流岭南，亲信并斥。时训、注欲以权市天下，凡不附己者，皆指以二人党，逐去之。人人骇栗，连月雺晦。帝乃诏宗闵、德裕姻家门生故吏，自今一切不问，所以慰安中外。尝叹曰："去河北贼易，去此朋党难！"

（选自《李宗闵列传》）

点评：

唐代中后期各种政治势力斗争不断，朝官内部以朋党之争最为典型，其中斗争最激烈的是牛僧孺为首的一派和以李德裕为首的一派之间的对立，历史上一般称之为牛李党争。本篇对于牛党与李党之间互相排挤、倾轧的情况有比较详细的描述。

牛李党争的导火线起于唐宪宗元和三年（808年），当时朝廷策试贤良方正直言极谏举人，牛僧孺、李宗闵应试，陈时政得失，痛诋当朝。而李德裕的父亲李吉甫任宰相，认为是攻击自己，两方因此而结下仇怨。穆宗长庆元年（821年），李德裕等揭露李宗闵等人在贡举中舞弊，李宗闵因而被贬为剑州刺史，两党之间结怨加深。长庆三年（823年），李逢吉引荐牛僧孺任宰相，加强了牛党的地位。到敬宗时，牛僧孺罢相。不久，文宗即位，两派的矛盾进一步发展，斗争更为激烈。大和三年（829年），李德裕从浙西观察使入朝，任兵部侍郎，裴度推荐他入相，而李宗闵却通过勾结宦官取得了宰相的职位。李宗闵随即引牛僧孺为相，二人共同排斥李德裕及其同党。李德裕任两川节度使，接受吐蕃维州副使之降，收复维州，而牛僧孺却主张拒绝对方来降，双方结怨更深了。大和六年（832年），牛僧孺罢相，李德裕回朝。第二年，李德裕任宰相，李宗闵罢相。大和八年（834年），李德裕又被罢相，李宗闵复相。次年，李宗闵又被罢相。面对着牛李两党人士像走马灯似的换来换去的景象，唐文宗不由得感慨说："去河北贼易，去此朋党难！"文宗死，宦官仇士良等拥立文宗弟李炎即位，是为武宗。李德裕复为相，牛党之人均被排斥，牛僧孺也被罢节度使官，任为太子太师，居闲散之地。会昌四年（844年），李德裕再构害牛党，牛僧孺被贬为循州长史，李宗闵长流封州。唐宣宗立，李德裕被罢相，大中三年（849年），死于崖州贬所。至此，历时40年的牛李党之争才基本结束。

牛李党争数十年，在很多方面都针锋相对。如在对待科举制上，牛党主张科举取士，李党主张朝廷显官应由公卿子弟担任，牛党观点较优，在对待藩镇问题上，李党坚决主张武力统一，牛党则采取姑息养奸、息事宁人的态度，李党观点较优；在对待佛教问题上，李党主张毁佛，牛党则不以为然，双方观点各有优长；而对待宦官，牛李两党则出奇地一致，不约而同地拉拢宦官为后台。因此，就双方观点而言，都有是有非，不可一概而论。但两派党争，任人唯亲，是非混淆，混乱朝政，两党之外的人才被大量埋没，这些都加速了统治阶级内部的混乱与分裂，加深了唐王朝的统治危机，使得统一的大唐帝国最终瓦解。

千古名言

乐闻过，罔不兴；拒谏，罔不乱。

——语出《宋务光列传》。意思是说，乐于听取别人批评自己过错的，没有不兴亡的；拒绝别人规劝的，没有不出乱子的。罔：无，没有。

讳疾忌医是人们生活中经常见到的现象。人总是乐于听到赞美自己的话，而对于批评自己的言语本能地在情感上会有排斥。但理智告诉我们：忠言逆耳。对待批评，有则改之，无则加勉，时时保持警惕，常记谦虚谨慎，如此才能不断取得进步。

急趋者无善迹，促柱者无和声。

——语出《朱敬则列传》。意思是说，急速奔走不能留下完美的足迹，急促拨弦不会有和谐的琴音。趋：奔走，快走。迹：足迹，脚印。促柱：急弦。和声：和谐的音乐。

俗话说："欲速则不达"，任何成就的取得都需要付出时间和努力，而不是可以一蹴而就的。没有踏踏实实的作风，就不会有过硬的成绩；没有认真细致的态度，就不会有令人信服的收获。

成立之难如升天，覆坠之易如燎毛。

——语出《柳晟列传》。意思是说，成功一件事的困难就如同登天一样不容易，败坏一件事容易得就像火烧毛发一样简单。成立：成功，成就。覆坠：失败。燎：烧。

要取得成功往往要付出大量的时间、精力、人力、物力，而一个很小的失误很可能就导致迅速失败，所以人们常有“创业艰难，守业更难”的感慨。这句话告诫我们：时刻牢记成功的困难，明白戒骄戒躁的重要；时时记住毁坏的容易，认识谨慎小心的必要。

在善用，不在众。

——语出《薛仁贵列传》。意思是说，成事的关键在于善用人才，而不在于人多。

俗话说：“人多力量大”、“人多好办事”，事实上并不尽然。人越多，相应带来的问题也就越多，如果处理不好，人浮于事、推诿扯皮，反而影响了办事的效果。因此，善用人才，提高人才使用效率是更关键的因素。善用人才就是要做到人尽其才，不然，人再多，才能发挥不了也是枉然。

不才者进，则有才之路塞。

——语出《韦嗣立列传》。意思是说，没有才能的人得到重用，那么有才能的人的路就会被堵塞。

如何正确选拔和任用人才的问题，是影响事业成败的大问题。一旦小人在位，一方面会挫伤旧有人才的积极性，另一方面会阻碍新的人才的选拔和引进，长此以往，事业就岌岌可危了。

《旧五代史》

史家生平

北宋王朝建立之后，为了巩固统治，避免重蹈五代覆辙，十分重视汲取历史经验教训，兴起了撰修史书的高潮。开宝六年（973 年）四月，宋太祖下达《修五代史诏》，指出：“唐季以来，兴亡相继，非青编之所记，使后世何以观？近属乱离，未遑纂集，将使垂楷模于百代，必须正褒贬于一时。宜委近臣，俾尊厥职。”（《宋大诏令集》卷一五〇）第二年闰十月，全书修成奏上。这一部记载五代史事的史书原名《梁唐晋汉周书》，总称《五代史》，后世为区别于欧阳修所撰的《五代史记》，称之为《旧五代史》。

薛居正

《旧五代史》由薛居正监修。薛居正（912—981 年），北宋初大臣，史学家，字子平，开封人，后唐清泰二年（935 年）进士。自后晋至后周累官至弘文馆学士、刑部侍郎。北宋建立后，迁户部侍郎。建隆三年(962年)，任枢密直学士，掌管全国的贡举考试大权。任中秉公办事，不徇私情，深得太祖器重，擢升为参知政事加吏部侍郎。开宝五年（972 年），兼淮南、湖南、岭南等道都提举三司水陆发运使事，兼判门下侍郎事，监修国史和《五代史》。《五代史》修成，受到太祖的嘉奖，拜门下侍郎平章事。太平兴国初，加左仆射，昭文馆大学士。薛居正喜好读书，为文笔落不能自休，死后其子整理手稿为 30 卷上奏朝廷，太宗赐名《文惠集》。

除薛居正外，参与修撰《旧五代史》的有卢多逊、扈蒙、张澹、李昉、刘兼、李穆、李九龄等人。

卢多逊（934—985 年），北宋怀州河内（今河南沁阳）人，后周显德进士，为秘书郎、集贤校理，迁左拾遗、集贤殿修撰。入宋，以本官知制诰，历祠部员外郎，权知贡举，加史馆修撰、判馆事。开宝四年（971年），为翰林学士。卢多逊熟悉五代典籍，博涉经史，文辞敏给。开宝六年（973 年），奉诏同修《五代史》。迁中书舍人，参知政事。七年，史馆修撰扈蒙请复修时政记，诏卢多逊专其事。太宗即位，拜中书侍郎、平章事，加兵部尚书。因事触怒太宗，配流崖州卒。

扈蒙（915—986 年），北宋幽州安次（今属河北）人，字日用。后晋天福进士。入后汉为鄠县主簿。后周广顺中，为右拾遗、直史馆、知制诰。宋初，由中书舍人迁翰林学士，与王溥、张澹等同修《周世宗实录》。开宝六年（973 年），受诏同修《五代史》。开宝七年（974 年），奏请复修时政记。太宗即位，复为翰林学士，与李昉等同修《太宗实录》。著有《鳌山集》。

张澹（917—974 年），北宋河南人，字成文。后晋开运进士，由校书郎历左拾遗、礼部员外郎，并充史馆修撰。后周恭帝初，为左司员外郎、知制诰。宋建隆二年（961年），加祠部郎中，通判泰州、梓州，累迁权直学士院、摄殿中监。开宝中参与修《五代史》。

李昉（925—996年），北宋深州饶阳（今属河北）人，字明远。后汉乾祐进士，为秘书郎；改右拾遗，集贤殿修撰。后周显德中，擢主客员外郎、知制诰、集贤殿直学士，加史馆修撰、判馆事，迁屯田郎中、翰林学士。宋初，加中书舍人。预修《五代史》。太宗即位，加户部侍郎，受诏同修《太祖实录》。迁工部尚书兼承旨，改文明殿学士、参知政事。后拜平章事，监修国史。曾建议时政记先进御而后付有司。

刘兼，北宋初长安（陕西西安）人。曾官荣州刺史。开宝六年（973年），参与修撰《五代史》。著有诗集一卷。

李穆（926—984年），北宋开封阳武（今河南原阳）人，字孟雍。后周显德初，以进士为郢、汝二州从事，迁左拾遗。宋初为洋州通判，移陕州，坐事免官。开宝中，擢左拾遗、知制诰。预修《五代史》。太平兴国初年，转左补阙，加史馆修撰、判馆事，拜中书舍人。预修《太宗实录》。迁翰林学士，知开封府。擢左谏议大夫、参知政事。

李九龄，北宋洛阳人。乾德进士，开宝六年，参与修撰《五代史》，与扈蒙专笔削。著有诗集一卷。

《旧五代史》成书后约80年，欧阳修另作《五代史记》，世称《新五代史》。南宋之后，《旧五代史》读者日少。金章宗泰和七年（1207年），明令“新定学令削去薛居正五代史，止用欧阳修所撰”，南宋也同样是独尊欧史。到了明朝以后，薛史几乎绝迹。直到清代四库馆臣搜辑《永乐大典》和其他史书，《旧五代史》才得重新面世。这中间出力最多的是邵晋涵。

邵晋涵（1743—1796年），字与桐，又字二云，号南江，余姚人，是清代著名史学家、经学家。邵晋涵自幼好学，博览群书，无论严寒酷暑，或外出旅行，从无片刻辍书不读。28岁即乾隆三十六年（1771年）中进士，历任翰林院侍读，入四库全书馆，主持《四库全书》史部的选录和评论，授编修、侍讲学士，参加纂修《续三通》、《八旗通志》等书。邵晋涵不仅学识渊博，且过目不忘。《四库全书》总裁向他请教某些史实，他能明白无误地说出在哪一本哪几页，受到同僚们的钦佩。他以在史馆任职的有利条件，从《永乐大典》中辑录《旧五代史》，又从《册府元龟》、《太平御览》、《通鉴长编》等书中博采史料，按照原目，编排成书，使湮没数百年的重要史籍，得以重行于世。邵晋涵熟识前明掌故，凡涉及前明史实，总是极力称赞同乡先贤王守仁、黄宗羲以及刘宗周的为人和学识，每每引为榜样，并慨然以浙东史学派自任。他还有志于重修宋史，曾仿效宋王称《东都事略》，撰《南都事略》，叙述南宋历史。相传，邵晋涵写的这部书，史实比《宋史》更为丰富，可惜随着邵晋涵的过早谢世，遗稿散失，令后世深为惋惜。邵晋涵在世时还为毕沅审定《续资治通鉴》，但刻书时未及据以改正。邵晋涵博闻强记，涉猎百家，无书不读，尤能追本求源，实事求是。他长于经学，以郭璞《尔雅》为宗，兼采汉人旧注，撰《尔雅正义》，为研究训诂学的重要著作。此外，还有《孟子述义》、《南江诗文抄》等著作传世。

史著介绍

《旧五代史》始修于开宝六年（973年）四月，第二年闰十月即告成，前后不过19个月，可谓迅速。修撰如此迅速，其原因有三：一是得益于北宋初年重视修史的环境。宋初十分重视文化建设，编撰了大批史书，其中有些是与五代相关的，如乾德元年（963年）由王溥修成《五代会要》，建隆二年（961年）由王溥、扈蒙等人修成《周世宗实录》等。二是《旧五代史》的编撰者多曾生活并入仕于五代，一些人还担任过五代时期的高级官吏，熟悉当时的掌故。三是由于《旧五代史》的修撰可资利用的材料十分丰富。五代时期各政权虽然存在时间都很短促，且一直动荡不稳，但史馆建设却很发达，各朝对于实录的修撰都很重视。据一些学者考证，五代各朝实录有17种360余卷之多，主要的后梁有《太祖实录》30卷、《大梁编遗录》30卷，后唐有《庄宗实录》30卷、《明宗实录》30卷，后晋有《高祖实录》30卷、《少帝实录》20卷，后汉有《高祖实录》20卷，后周有《太祖实录》20卷、《世宗实录》40卷等，这些实录在北宋初年还保留得相当完整。范质的《五代通录》也是《旧五代史》的主要材料来源，该书65卷，是五代实录的选编本，有很大参考价值。这些实录都是五代时期原始的资料，比较能反映历史实际，也因而保证了《旧五代史》较高的史料价值。赵翼就说："可见五代诸帝，本各有实录。薛居正本之以成书，故一年之内，即能告成。今案其记载，不惟可见其采取实录之迹，而各朝实录之书法，亦并可概见之"，我们不仅可以就此了解五代实录记载了哪些内容，而且可以了解那些实录是如何记载的。但实录的记载也不可尽信，实录的记录者们为了讨好皇帝，必然有粉饰附会之处．为了避免直书遭祸，不敢触犯忌讳，自然有失实之处。五代的实录如此，据实录修成的《旧五代史》也免不了有这样的缺憾。比如唐昭宗被杀，完全是由朱温一手导演的，但《旧五代史》却一面记载"昭宗遇弑大内"，一面记朱温"至洛阳，诣西内，临于梓宫前，祗见于嗣君"，丝毫看不出朱温该为此事负任何责任。这样的事例有不少，王鸣盛的《十七史商榷》和赵翼的《廿二史札记》有很多的揭露和总结，值得参考。

《旧五代史》在体例安排上的特点是：第一，断代为主，通史为辅。全书150卷，目录2卷，分为7个部分：《梁书》24卷，《唐书》50卷，《晋书》24卷，《汉书》11卷，《周书》22卷，杂传7卷，《志》12卷。从这一结构可以看出，《旧五代史》基本是仿照《三国志》的体例，各朝独立为书，是五个王朝的断代史集合，差别在于《三国志》的三国是同时并存的政权，而五代则是前后相续的政权。同时杂传和志的部分则叙述五朝时事，具有通史的性质。第二，将十国、契丹、吐蕃入列传。与五代同时并立的政权还有十国，《旧五代史》于十国时事，如荆南、楚、吴越等原来奉五代正朔的，列入《世系列传》，其他的入《僭伪列传》，而契丹、吐蕃等少数民族政权则为《外国列传》。这样的处理反映出薛居正等人以五代为正，十国为伪的正统观念。第三，纪内容丰赡。五代纪的部分共有 61 卷，其中《唐书·明帝纪》长达 10 卷，《梁书·太祖纪》有 7 卷，《晋书·高祖纪》和《周书·世宗纪》都是 6 卷，篇幅之长在正史中是不多见的。第四，志比较完备。《旧五代史》的志包括《天文志》1 卷、《历志》1 卷、《五行志》1 卷、《礼志》2 卷、《乐志》2 卷、《食货志》1 卷、《刑法志》1 卷、《选举志》1 卷、《职官志》1 卷、《郡县志》1 卷，比《新五代史》内容要丰富。《食货志》写出了对赋役、田租的整顿，《刑法志》写出了刑法的紊乱和整饬，《选举志》记载了五代"审官取士之方"，《职官志》记载了五代之命官及其"厘革升降"的情况，《郡县志》反映了这个时期地理建置的变迁而以后唐最详，这些都极具史料价值。

《旧五代史》在历史观上体现出宣扬天命与强调人事的矛盾心态。一方面，薛居正等人在本纪中反复称说"天命"，如《唐书·明宗纪》的后论说："明宗战伐之勋，虽高佐命，潜跃之事，本不经心。会王室之多艰，属神器之自至，谅由天赞，匪出人谋"，《唐书·末帝纪》论说末帝在位，"属天命不祐，人谋匪臧"，反映出《旧五代史》历史思想苍白的一面。另一方面，《旧五代史》一些纪、传的史论偶尔也有精彩之笔，如论后汉之亡，薛居正认为"岂系于天命哉！盖委用不得其人，听断不符于理故也！"这是强调了人事的作用。这样一种自相矛盾的历史见解既和《旧五代史》的修撰者出身五代仕途有关，也是成书过速，未及作更深入思考所致。《旧五代史》在史学思想上还体现出自觉的“彰善瘅恶”的诉求。五代时期战乱不断，统治者穷凶极恶，各种各样的酷刑、暴敛令人瞠目结舌。薛居正等人对于这种暴虐的统治加以无情的揭露。他们编纂《旧五代史》时，认为“夫彰善瘅恶，《麟史》之为义也；瑜不掩瑕，虹玉之为德也。故自崇弼而下，善者既书之，其不善者亦书之，庶使后之君子见善如不及，见恶如探汤也”，自觉以揭露和鞭挞五代时期的暴政暴行为己任，以使后来者警惕。如《梁书·太祖纪》记朱温决滑州黄河堤，阻挡李克用兵，致使五代时期黄河大决口9次；《唐书·明帝纪》记房知温屠杀魏州军士3000余人，漳水为之变色；《汉书·史弘肇传》记史弘肇在京城有腰斩、断舌、决口、折足等刑罚；《僭伪列传》记杨行密、孙儒在扬州，刘守光在常州，以人肉为军粮；等等。《旧五代史》对于五代时期统治者残暴行径的无情揭露，发扬了中国古代史书中“直书”的传统，赵翼在《廿二史札记》中就积极肯定“薛史亦有直笔”；而《旧五代史》也确实如同编撰者所设想的，起到了警醒统治者的作用。薛居正等人成书奏上后，赵匡胤立即阅读，并在第二天就评论说：“昨观新史，见梁太祖暴乱丑秽之迹，乃至如此，宜其旋被贼虐也。”（《续资治通鉴长编》卷十五）

自欧阳修撰成《新五代史》后，《旧五代史》的读者日少，以致逐渐散佚，直到清代才又被重新辑出，得以重现于世。乾隆年间修《四库全书》，馆臣从《永乐大典》中辑录古书385种，《旧五代史》就是其中最为重要的一种。邵晋涵对于辑录《旧五代史》功劳最大。邵氏从《永乐大典》所引原文辑出十之七八，又取《册府元龟》、《太平御览》、《通鉴考异》、《五代会要》、《契丹国志》、《北梦琐言》等书，以补其阙；并参考新旧《唐书》、《东都事略》、《宋史》、《辽史》、《续资治通鉴长编》、《五代春秋》、《九国志》、《十国春秋》及宋人文集，并五代碑碣尚存者以资辨正。今天所看到的辑本，既有原文，又有案语考证，内容更为丰富。

今辑本《旧五代史》于乾隆四十年（1775 年）编成缮写进呈，标明原文辑录出处，补充和考证史实的注文附在有关正文之下，部分文字考订则另附黄色粘签。1921 年南昌熊氏曾影印出版（简称“影库本”）。后来又有乾隆四十九年（1784 年）缮写的文津阁四库全书本和武英殿刊本（简称“殿本”）。1976 年，中华书局重新整理校点《旧五代史》，以影库本为底本，同时参考其他版本以及邵晋涵的批校，孔荭谷、彭元瑞、陈垣等人的校勘成果，是一个较为完备、使用广泛的版本。

名篇点评

前蜀明主王建

原文：

王建，陈州项城人。唐末，隶名于忠武军。秦宗权据蔡州，悬重赏以募之，建始自行间得补军候。广明中，黄巢陷长安，僖宗幸蜀。时梁祖为巢将，领众攻襄、邓，宗权遣小校鹿晏弘从监军杨复光率师攻之，建亦预行。是岁，复光入援京师，明年破贼收京城。初，复光以忠武军八千人立为八都，晏弘与建各一都校也。………因率三千人趋行在，僖宗嘉之，赐与巨万。分其兵为五都，仍以旧校主之，即晋晖、李师泰、张造与二建也，因号曰随驾五都，田令孜皆录为假子。及僖宗还宫，建等分典神策军，皆遥领刺史。

光启初，从僖宗再幸兴元，令孜惧逼，求为西川监军，杨复恭代为观军容使。建等素为令孜所厚，复恭惧不附己，乃出五将为郡守，以建为壁州刺史。天子还京，复恭以杨守亮镇兴元，尤畏建侵己，屡召之。建不安其郡，因招合溪洞豪猾，有众八千，寇阆州，陷之，复攻利州，刺史王珙弃城而去。建播剽二郡，所至杀掠，守亮不能制。东川节度使顾彦朗，初于关辅破贼时与建相闻，每使人劳问，分货币军食以给之，故建不侵梓、遂。西川节度使陈敬瑄忧其胶固，谋于监军田令孜，曰：“王八，吾子也，彼无他肠，作贼山南，实进退无归故也。吾驰咫尺之书，可以坐置麾下。”即飞书招建。建大喜，遣使谓彦朗曰：“监军阿父遣信见招，仆欲诣成都省阿父，因依陈太师得一大郡，是所愿也。”即之梓州见彦朗，留家寄东川，选精甲三千之成都。行次鹿头，或谓敬瑄曰：“建，今之剧贼，鸱视狼顾，专谋人国邑，倘其即至，公以何等处之？彼建雄心，终不居人之下，公如以将校遇之，是养虎自贻其患也。”敬瑄惧，乃遣人止建，遽修城守。建怒，遂据汉州，领轻兵至成都。敬瑄让之曰：“若何为者，而犯吾疆理？”建军吏报曰：“阆州司徒比寄东川，而军容太师使者继召，今复拒绝，何也？司徒不惜改辕而东，而北省太师，反为拒绝，虑顾梓州复相嫌间，谓我何心故也。使我来报，且欲寄食汉州，公勿复疑。”时光启三年。居浃旬，建尽取东川之众，设梯冲攻成都，三日不克而退，复保汉州。月余，大剽蜀土，进逼彭州，百道攻之，敬瑄出兵来援，建解围，纵兵大掠，十一州皆罹其毒，民不聊生。

建军势日盛，复攻成都，敬瑄患之，顾彦朗亦惧侵己。昭宗即位，彦朗表请雪建，择大臣为蜀帅，移敬瑄他镇，乃诏宰臣韦昭度镇蜀，以代敬瑄。敬瑄不受代，天子怒，命顾彦朗、杨守亮讨之，时昭度以建为牙内都校，董其部兵。及王师无功，建谓昭度曰：“相公兴数万之众，讨贼未效，饷运交不相属。近闻迁洛以来，藩镇相噬，朝廷姑息不暇，与其劳师以事蛮方，不如从而赦之，且以兵威靖中原，是国之本也。相公盍归朝觐，与主上画之。”昭度持疑未决。一日，建阴令军士于行府门外擒昭度亲吏，脔而食之，建徐启昭度曰：“盖军士乏食，以至于是耶！”昭度大惧，遂留符节与建，即日东还。才出剑门，建即严兵守门，不纳东师。

月余，建攻西川管内八州，所至响应，遂急攻成都，田令孜登城谓建曰："老夫与八哥相厚，太师久以知闻，有何嫌恨，如是困我之甚耶！"建曰："军容父子之恩，心何敢忘，但天子付以兵柄，太师孤绝朝廷故也。苟太师悉心改图，何福如之！"又曰："吾欲与八哥军中相款如何？"曰："父子之义，何嫌也。"是夜，令孜携蜀帅符印入建军授建。建泣谢曰："太师初心太过，致有今日相戾，既此推心，一切如旧。"翌日，敬瑄启关迎建，以蜀帅让之，建乃自称留后，表陈其事。明年春，制授检校太傅、成都尹、西川节度副大使知节度事、管内观察处置、云南八国招抚等使，时龙纪元年也。移敬瑄于雅州安置，仍以其子为刺史，既行，建令人杀之于路，令孜仍旧监军事。数月，或告令孜通凤翔书问，下狱饿死。

建雄猜多机略，意常难测，既有蜀土，复欲窥伺东川，又以彦朗婚姻之旧，未果行。会彦朗卒，弟彦晖代为梓帅，交情稍怠。李茂贞乘其有间，密构彦晖，因与茂贞连盟，关征疆吏之间，与蜀人得失。大顺末，建出师攻梓州，彦晖求援于凤翔，李茂贞出师援之，建即围解，自是秦、川交恶者累年。后建大起蜀军，败岐、梓之兵于利州，彦晖惧，乞和，请与岐人绝，许之。景福中，山南之师寇东川，彦晖求援于建，建出兵赴之，大败兴元之众。洎军旋，建乘虚奄袭梓州，据彦晖，置于成都，遂兼有两川，自此军锋益炽。天复初，李茂贞、韩全诲劫迁车驾在凤翔，梁祖攻围历年。建外修好于汴，指茂贞罪状，又阴与茂贞间使往来，且言坚壁勿和，许以出师赴援，因分命诸军攻取兴元。比及梁祖解围，茂贞山南诸州皆为建所有，自置守将。及茂贞垂翅，天子迁雒阳，建复攻茂贞之秦、陇等州，茂贞削弱不能守。或劝建因取凤翔，建曰："此言失策，吾所得已多，不俟复增岐下。茂贞虽常才，然名望宿素，与朱公力争不足，守境有余。韩生所谓人为扞蔽，出为席藉是也。适宜援而固之，为吾盾卤耳。"及梁祖将谋强禅，建与诸籓同谋兴复，乃令其将康晏率兵三万会于凤翔，数与汴将王重师战，不利而还。赵匡凝之失荆、襄也，弟匡明以其帑奔蜀，建因得夔、峡、忠、万等州。及梁祖开国，蜀人请建行刘备故事。建自帝于成都，改元永平。五年，改元通正。是年冬，改元天汉，又改元光天。在位十二年，年七十二。子衍嗣。

史臣曰：昔张孟阳为《剑阁铭》云："惟蜀之门，作固作镇，世浊则逆，道清斯顺。"是知自古坤维之地，遇乱代则闭之而不通，逢兴运则取之如俯拾。

（选自《僭伪列传·王建列传》）

点评：

五代十国的开国帝王，都是由节度使出身。稍有一些政绩者，多是外靠一支强悍的牙兵，助成割据称帝为王的"霸业"，内靠幕僚士人扶助保境安民，稳定政局。前蜀开创皇帝王建出身无赖，他之所以能够立国称帝，也是一手抓兵权、一手用士人而成就"霸业"的。

王建青少年时以屠牛、贩运私盐为生，后来当兵，参加了镇压唐末农民起义的战争。由于他很能打仗，屡立战功，8 年以后就当上了节度使。唐王朝崩溃后，王建则占据四川自立为帝。王建出身贫寒，识不了几个字，多年的拼杀，居然当上了前蜀的皇帝，这和他能够提拔重用儒生士人，并虚心接受他们的劝谏，采纳他们的意见和建议是分不开的。史书上评价他是："起于卒伍而能亲用儒生，虽目不识书，好与书生谈论，粗晓其理"，并且能够"容纳其言"。

前蜀冯涓，出身进士，是唐末的一位名士，任王建手下判官。他恃才傲物，对目不识书的王建很是瞧不起，经常当众使他难堪，让他下不了台。王建心里也很明白，知道是冯涓在故意奚落自己，虽然十分生气，但还是努力克制自己，宽容了冯涓，最后终于使冯涓受到感化，尽心竭力地辅佐自己。后来冯涓为王建制定了许多重要策略，对王建占据整个四川，建立前蜀王朝起了很大的作用。当四川诸将劝王建乘李茂贞衰，攻取凤翔时，他独表反对。他说用兵残民耗财，而且李茂贞据秦、陇，正好挡住强盛的朱温，为蜀之屏障。不如利用凤翔为屏藩，务农练兵，保固疆土，伺机而动。王建接受了这个建议，把远交近攻的传统策略改为睦邻自固，使前蜀换来了一个相对安定的环境。王建做生日，冯涓借机献颂，述生民受重征之苦，讽谏王建应减轻赋税，王建听了颇有所悟。

王建称帝后，不承认后梁王朝的正统地位。在政治上，网罗唐名臣世族，予以重任，"故典章文物有唐之遗风"。经济上，实行劝农，生产得到恢复和发展。其即位初就宣布当年租税减免，被官府收没的屋舍、庄田，其未予处理部分，发还给原主耕种，输纳赋税。禁止征税时分外加耗，如有官吏违背，允许百姓上诉。几年后，王建又颁布《劝农令》，以三国诸葛亮治蜀为榜样，提出了与民休息、发展农业的方针，明确规定各郡守、县令务必体恤下民，不要侵扰他们，使农民安居乐农。这些措施有利于减轻人民的赋税负担，鼓励那些流落他乡的百姓返回家园，发展农业生产。蜀地经过王建多年的保境息民，经济得到很大的发展。

海龙王钱镠

原文：

钱镠，杭州临安县人。少拳勇，喜任侠，以解仇报怨为事。唐乾符中，事于潜镇将董昌为部校。属天下丧乱，黄巢寇岭表，江、淮之盗贼群聚，大者攻州郡，小者剽闾里，董昌聚众，恣横于杭、越之间，杭州八县，每县召募千人为一都，时谓之"杭州八都"，以遏黄巢之冲要。时有刘汉宏者，聚徒据越州，自称节度使，攻收邻郡；润州牙将薛朗逐其节度使周宝，自称留后。唐僖宗在蜀，诏董昌讨伐，昌以军政委镠，率八都之士进攻越州，诛汉宏，回戈攻润州，擒薛朗。江、浙平，董昌为浙东节度使、越州刺史，表镠代己为杭州刺史。

……乾宁四年，镠率浙西将士破越州，擒昌以献，朝廷嘉其功，赐镠铁券，又除宰臣王溥为威胜军节度。而两浙士庶拜章，请以镠兼杭、越二镇，朝廷不能制，因而授之，改威胜军为镇东，镠乃兼镇海、镇东两藩节制。镠既兼两镇，精兵三万，而杨行密连岁兴戎，攻苏、湖、润等州，欲兼并两浙，累为镠所败，亦为行密侵盗数州，而镠所部止一十三州而已。天复中，镠大将许再思、徐绾叛，引宣州节度使田頵谋袭杭州。田頵等率师掩至城下，镠激厉军士，一战败之，生擒徐绾，田頵遁走。

钱镠

镠于临安故里兴造第舍，穷极壮丽，岁时游于里中，车徒雄盛，万夫罗列。其父宽每闻镠至，走窜避之，镠即徒步访宽，请言其故。宽曰："吾家世田渔为事，未尝有贵达如此，尔今为十三州主，三面受敌，与人争利，恐祸及吾家，所以不忍见汝。"镠泣谢之。

镠于唐昭宗朝，位至太师、中书令、本郡王，食邑二万户。梁祖革命，以镠为尚父、吴越国王。梁末帝时，加诸道兵马元帅。同光中，为天下兵马都元帅、尚父、守尚书令，封吴越国王，赐玉册、金印。初，庄宗至洛阳，镠厚陈贡奉，求为国王，及玉册诏下，有司详议，群臣咸言："玉简金字，唯至尊一人，钱镠人臣，不可。又本朝已来，除四夷远藩，羁縻册拜，或有国王之号，而九州之内亦无此事。"郭崇韬尤不容其僭，而枢密承旨段徊，奸幸用事，能移崇韬之意，曲为镠陈情，崇韬僶俛从之。镠乃以镇海、镇东军节度使名目授其子元瓘，自称吴越国王，命所居曰宫殿，府署曰朝廷，其参佐称臣，僭大朝百僚之号，但不改年号而已。伪行制册，加封爵于新罗、渤海，海中夷落亦皆遣使行封册焉。

（选自《世袭列传·钱镠列传》）

点评：

五代时，当中原地区的后梁、后唐、后晋、后汉、后周改朝换代的时候，在中国南方及北方相继建立了十个小国家。这些国家立国的君主，都是唐朝末年割据一方的藩镇武将，其中多半还是中原人。在唐末乱世中割据自立后，为巩固其统治，都能实行保障安民、与民休息的政策，进行相应的政治改革，带来了暂时的稳定。因此，相对战争频繁的中原来说，老百姓的境遇多少有些改善，有的国家战事比较少，环境比较安宁，人们能够安心从事生产，其中吴越国更显出繁盛的景象。从唐景福二年（893 年）钱镠开始经营浙东至亡于北宋共经历 86 年，是五代十国中存在时间最长的国家。

吴越的立国者钱镠，是杭州临安人，小时候聪明，很有胆量。年轻时好拳勇，喜任侠，学习武艺，善于射箭，使一把长矛，勇敢善斗。唐朝晚年，他参加镇压黄巢起义，立了功劳，先后升任刺史、节度使，被封为吴越、越王。后梁太祖朱晃封他为吴越王。钱镠为维持自己小王国的长久统治，对外打着尊奉中原王朝的旗号，对内实行保境安民政策。唐末以后，中原多事，西川王建称蜀，淮南杨行密称吴，南海刘氏称汉，所谓“皆窃大号，或通姻戚，或达聘好。”他们劝钱镠称帝自立，但钱镠说：此儿辈自坐炉炭之上，而又踞我于上也。其意思是你们叫我称帝自立，这不是叫我在炭炉上烤吗？他的策略是：既割据东南，又不招致中原王朝的征伐。“与其闭门作天子，与九族百姓俱陷涂炭，不若开门作节度使，终身富贵无忧。”所以后梁王朝建立后，他奉正朔，时年进贡，尽藩臣之职。吴越的邻国关系中，最大的敌国是吴。为了争城夺地，双方厮杀了一二十年之久。当大势定下之后，双方都意识到：对手有实力，不可能侥幸取胜。战争的损失过于惨重，对人民安居乐业不利，要危及政权的稳定。在这种历史条件下，吴越在无锡之战后，响应徐温休兵息民的建议，停止了对吴战争。吴越的繁荣，保境安民是一个重要因素。

钱镠知道自己的处境危险，勤于政事，办事谨慎。传说他晚上都不敢安稳地睡觉，叫人用小圆木做个枕头，要是睡得太熟，脑袋一翻动，就从圆木枕头上掉下来，惊醒了。他把这枕头称为“警枕”。他还让侍从通宵值班，外面有人要议事，就让值班的人把他叫醒，以免误事。钱镠在位期间，很重视兴修水利，成绩显著。唐末五代，钱塘江的入海口十分宽阔、海潮倒灌，常常冲上江岸，威胁着杭州城的安全。钱镠动员了大批劳动力，开始修筑捍海石塘。劳动人民用木桩把装满石块的竹笼固定在江边，形成坚固的进坝，战胜了汹涌的江涛，这就是有名的“钱氏捍海塘”。钱氏占据两浙后，还在许多河渠上建造了堰闸，可以蓄水泄池，不怕旱涝。江浙平原的土地本来十分肥沃，气候温和多雨，加上有了许多水利工程，灌溉便利，因此农业生产得到发展，庄稼连年丰收。民间送给钱镠一个外号——“海龙王”，称赞他在兴修水利方面的贡献。后来有人赞美吴越国“百事繁荣”，是“地上龙宫”。

钱镠本来没读过什么书，可喜欢作诗，也留心搜罗有名的文人。他对当时的著名诗人罗隐等人都很优待。常常和他们在一起吟诗，互相唱和。总之吴越在钱氏的治理下，政治上比较安定，文士荟萃，人才济济，经济繁荣；海上交通发达，中外经济文化交流频繁，文艺也称盛于时，可谓五代十国的乱世中一块“绿洲”。

守业有成唐明宗

原文：

明宗圣德和武钦孝皇帝，讳亶，初名嗣源，及即位，改今讳，代北人也。世事武皇，及其锡姓也，遂编于属籍。四代祖讳聿，皇赠麟州刺史。天成初，追尊为孝恭皇帝，庙号惠祖，陵曰遂陵；高祖妣卫国夫人崔氏，追谥为孝恭昭皇后。三代祖讳教，皇赠朔州刺史，追尊为孝质皇帝，庙号毅祖，陵曰衍陵；曾祖妣赵国夫人张氏，追谥为孝质顺皇后。皇祖讳琰，皇赠尉州刺史，追尊为孝靖皇帝，庙号烈祖，陵曰奕陵；皇祖妣秦国夫人何氏，追谥为孝靖穆皇后。皇考讳霓，皇赠汾州刺史，追尊为孝成皇帝，庙号德祖，陵曰庆陵，皇妣宋国夫人刘氏，追谥为孝成懿皇后。帝即孝成之元子也。以唐咸通丁亥岁九月九日，懿皇后生帝于应州之金城县。

壬辰，文武百僚三拜笺，请行监国之仪，以安宗社，答旨从之。

丙申，下敕："今年夏苗，委人户自供通顷亩，五家为保，本州具帐送省，州县不得差人检括。如人户隐欺，许人陈告，其田倍征。"己亥，命石敬瑭权知陕州兵马留后，皇子从珂权知河南府兵马留后。庚子，淮南杨溥进新茶。以权知汴州军州事孔循为枢密副使，以陈州刺史刘仲殷为邓州留后，以郑州防御使王思同为同州留后。敕曰："租庸使孔谦，滥承委寄，专掌重权，侵剥万端，奸欺百变。遂使生灵涂炭，军士饥寒，成天下之疮痍，极人间之疲弊。载详众状，侧听舆辞，难私降黜之文，合正诛夷之典。宜削夺在身官爵，按军令处分。虽犯众怒，特贷全家，所有田宅，并从籍没。"是日，谦伏诛。敕停租庸名额，依旧为盐铁、户部、度支三司，委宰臣豆卢革专判。

中书门下上言："请停废诸道监军使、内勾司、租庸院大程官，出放猪羊柴炭户。括田竿尺，一依朱梁制度，仍委节度、刺史通申三司，不得差使量检。州使公廨钱物，先被租庸院管系，今据数却还州府，州府不得科率百姓。百姓合散蚕盐，每年只二月内一度俵散，依夏税限纳钱。夏秋苗税子，除元征石斗及地头钱，余外不得纽配。先遇赦所放逋税，租庸违制征收，并与除放。今欲晓告河南府及诸道准此施行。”从之。是日，宋州节度使元行钦伏诛。壬寅，以枢密副使孔循为枢密使。

乙亥，庄宗皇帝梓宫发引，帝缞服临送于楼前。是日，葬庄宗于雍陵。镇州留后王建立奏，涿州刺史刘殷肇不受代，谋叛，昨发兵收掩，擒刘殷肇及其党一十三人，见折足勘诘。己卯，以比部郎中、知制诰杨凝式为给事中，充史馆修撰、判馆事；以伪蜀吏部尚书杨玢为给事中，充集贤殿学士、判院事。升应州为彰德军节度，仍以兴唐军为寰州，隶彰德军。宰相豆卢革贬辰州刺史，韦说贬溆州刺史，仍令所在驰驿发遣，为谏议大夫萧希甫疏奏故也。制略曰：“革则纵田客以杀人，说则侵邻家而夺井，选元亨之上第，改王参之本名。或主掌三司，委元随之务局；或陶熔百里，爱长吏之桑田。咸屈塞于平人，互阿私于爱子。任官匪当，黩货无厌，谋人之国若斯，致主之方安在！既迷理乱，又昧卷舒。而府司案牍爰来，谏署奏章叠至，备彰丑迹，深污明庭。是宜约以三章，投之四裔。其河南府文案及萧希甫论疏，并宜宣示百僚。”庚辰，赐萧希甫衣段二十匹、银器五十两，赏疏革、说之罪也。宰相郑珏、任圜再见安重诲，救解革、说，请不复追行后命，又三上表救解，俱留中不报。

史臣曰：明宗战伐之勋，虽高佐命，潜跃之事，本不经心。会王室之多艰，属神器之自至，谅由天赞，匪出人谋。及应运以君临，能力行乎王化，政皆中道，时亦小康，近代已来，亦可宗也。倘使重诲得房、杜之术，从荣有启、诵之贤，则宗祧未至于危亡，载祀或期于绵远矣。惜乎！君亲可辅，臣子非才，遽泯烝尝，良可深叹矣！

（选自《唐书·明宗本纪》）

点评：

后唐王朝是唐河东节度使、沙陀族军阀李克用、李存勖父子经过几十年血战建立起来的五代第一个沙陀族王朝。创业难，守业更难。李存勖做了后唐开国皇帝后，尽管其立国之环境比朱温好得多，但他不思治国，“骄于骤胜，逸于居安，忘栉沐之艰难，徇色禽之荒乐。外则伶人乱政，内则牡鸡司晨”，终不免内乱身亡。

后唐明宗在兵乱中即位于李存勖的灵柩前，以示自己是合法继承而非篡夺。明宗李嗣源出自行伍，在辅助李克用父子争夺天下时，因善战而屡建奇功，深知创业的艰难。后唐庄宗李存勖的骤胜而后败的前鉴，使他警醒。他的治国方略可以概括为“以民为本，政皆中道”八个字。

所谓“以民为本”，就是关心民间疾苦，给人民以生存的条件。他一监国，即下诏杀民愤极大的敛臣孔谦以安民心，停罢租庸使之职，依旧为盐铁、户部、度支三司。接着恢复郭崇韬、朱友谦的名誉。郭、朱是庄宗伐蜀后，为宦官诬陷遭诛的，此案曾惊动朝野，成为世人瞩目的冤案。明宗为郭、朱平反，赢得了反宦官僚的拥护。其即位后，“减置宫人、伶官”，杀罪大恶极的郭门高，伶人势力从此衰落。再就是贬斥豆卢革和韦说，以其犯有“除官受赂，树党徇私”等罪故也，这也有助于朝政的改善。在采取以上措施的同时，明宗还注意整顿封建法制。为发展生产、减轻人民负担，安定人民生活，明宗做了不少工作。欧阳修评论李嗣源治国的基本思想是“宽仁爱人”、“爱人恤物”，亦即古代儒家的民本主义。因此，在明宗统治期间，社会秩序好转，农业、手工业生产得到发展，人民难得有了休养生息的机会，社会粗安，为史家所称道。

所谓“政皆中道”，是古代“圣君”应该达到的目标。五代时充满着军阀混乱，“毒手枕拳、交相于暮夜，金戈铁马，蹂践于明时。”像李嗣源这样能以民间疾苦为意，让人民休养生息的君主，便显得非常突出，为史学家所称道，为当时政治家所推崇。名臣李琪等称李嗣源当时的社会改革合乎封建统治传统的“道”，为“尧舜之至道”，又称王道。

李嗣源即位时，年岁已高，在位 7 年。其间，“兵革粗息，年屡未登，生民实赖以休息”。但是，唐明宗之世未能革除任人唯亲之弊，他御下无术，用权臣安重诲为枢密使，付以机密之任，事无大小皆允许参决，导致其势倾天下。后又草率从事，听信谗言杀安重诲，因而加剧了统治集团内部的矛盾。李嗣源在认定继承人方面也表现得优柔寡断，导致次子李从荣密谋武力夺嗣失败被杀，最后无法控制政局。

“长乐老”冯道

原文：

冯道，字可道，瀛州景城人。其先为农为儒，不恒其业。道少纯厚，好学善属文，不耻恶衣食，负米奉亲之外，惟以披诵吟讽为事，虽大雪拥户，凝尘满席，湛如也。……

明宗入洛，遽谓近臣安重诲曰：“先帝时冯道郎中何在？”重诲曰：“近除翰林学士。”明宗曰：“此人朕素谙委，甚好宰相。”俄拜端明殿学士，端明之号，自道始也。……一日，道因上谒既退，明宗顾谓侍臣曰：“冯道性纯俭，顷在德胜寨居一茅庵，与从人同器食，卧则刍藁一束，其心晏如也。及以父忧退归乡里，自耕樵采，与农夫杂处，略不以素贵介怀，真士大夫也。”

天成、长兴中，天下屡稔，朝廷无事。明宗每御延英，留道访以外事，道曰：“陛下以至德承天，天以有年表瑞，更在日慎一日，以答天心。臣每记在先皇霸府日，曾奉使中山，经井陉之险，忧马有蹶失，不敢怠于衔辔；及至平地，则无复持控，果为马所颠仆，几至于损。臣所陈虽小，可以喻大。陛下勿以清晏丰熟，便纵逸乐，兢兢业业，臣之望也。”明宗深然之。他日又问道曰："天下虽熟，百姓得济否？"道曰："谷贵饿农，谷贱伤农，此常理也。臣忆得近代有举子聂夷中《伤田家诗》云：'二月卖新丝，五月粜秋谷，医得眼下疮，剜却心头肉。我愿君王心，化作光明烛，不照绮罗筵，遍照逃亡屋。"明宗曰："此诗甚好。"遂命侍臣录下，每自讽之。道之发言简正，善于裨益，非常人所能及也。时以诸经舛缪，与同列李愚委学官田敏等，取西京郑覃所刊石经，雕为印版，流布天下，后进赖之。明宗崩，唐末帝嗣位，以道为山陵使，礼毕，出镇同州，循故事也。道为政闲澹，狱市无挠。一日，有上介胡饶，本出军吏，性粗犷，因事诟道于牙门，左右数报不应。道曰："此必醉耳！"因召入，开尊设食，尽夕而起，无挠愠之色。未几，入为司空。

及晋祖入洛，以道为首相。二年，契丹遣使加徽号于晋祖，晋祖亦献徽号于契丹，谓道曰："此行非卿不可。"道无难色。晋祖又曰："卿官崇德重，不可深入沙漠。"道曰："陛下受北朝恩，臣受陛下恩，何有不可！"及行，将达西楼，契丹主欲郊迎，其臣曰："天子无迎宰相之礼。"因止焉，其名动远俗也如此。及还，朝廷废枢密使，依唐朝故事，并归中书，其院印付道，事无巨细，悉以归之。寻加司徒、兼侍中，进鲁国公。晋祖曾以用兵事问道，道曰："陛下历试诸艰，创成大业，神武睿略，为天下所知，讨伐不庭，须从独断。臣本自书生，为陛下在中书，守历代成规，不敢有一毫之失也。臣在明宗朝，曾以戎事问臣，臣亦以斯言答之。"晋祖颇可其说。道尝上表求退，晋祖不之览，先遣郑王就省，谓曰："卿来日不出，朕当亲行请卿。"道不得已出焉。当时宠遇，无与为比。

晋少帝即位，加守太尉，进封燕国公。……

广顺初，复拜太师、中书令，太祖甚重之，每进对不以名呼。及太祖崩，世宗以道为山陵使。会河东刘崇入寇，世宗召大臣议欲亲征，道谏止之，世宗因言："唐初，天下草寇蜂起，并是太宗亲平之。"道奏曰："陛下得如太宗否？”世宗怒曰：“冯道何相少也！”乃罢。及世宗亲征，不及扈从，留道奉太祖山陵。时道已抱疾。及山陵礼毕，奉神主归旧宫，未及祔庙，一夕薨于其第，时显德元年四月十七日也，享年七十有三。世宗闻之，辍视朝三日，册赠尚书令，追封瀛王，谥曰文懿。

……

史臣曰：道之履行，郁有古人之风；道之宇量，深得大臣之礼。然而事四朝，相六帝，可得为忠乎！夫一女二夫，人之不幸，况于再三者哉！所以饰终之典，不得谥为文贞、文忠者，盖谓此也。

（选自《周书·冯道列传》）

点评：

五代乱世，“城头变幻大王旗”，百姓朝不保夕，官僚朝秦暮楚，数易其主。所谓“五季为国，不四、三传辄易姓，其臣子视事君犹佣者焉，主易则他役，习以为常。”即：臣子看待皇帝，像雇工看待雇主一样，雇主换了，他就去别处受雇，习以为常。在五代史中，冯道就是这样一位“事君犹佣者”的特殊人物，也是难于用几句话评价的复杂人物。他混迹五代官场几十年，几乎经历了五代史的整个过程，是五代乱世的历史见证人。

冯道原本是个读书人，布衣出身，唐末是幽州刘守光的幕僚，后在后唐明宗时任宰相，历仕后唐、后晋、契丹、后汉、后周5朝，8姓，11帝，所谓“累朝不离将相三公三师之位”，前后达二十多年，全靠“个人奋斗”，适应不同的最高统治者需要，是五代史政治舞台最典型的“不倒翁”。

冯道为人圆滑，极为世故，擅长观察纷繁复杂的形势，估量强弱胜败，舍弃将要失败的弱者，逢迎将要得胜的强者，并且做得不失时机，恰到好处，所以能够代代吃香，长期享受高官显位。他从后唐到后周，都做到将、相、三公、三师的最高官职。五代一共只有53年，他当了二十多年的宰相。当前一个朝代灭亡后，他往往以宰相的身份，率领百官奉迎下一个朝代的皇帝即位。因为他地位高、名声大，各朝的皇帝都要重用他，利用他来安抚、笼络其他的文官。而冯道只要自己有官做，乐得给每个朝代效忠尽力，其他可以一概不管。

冯道久在官场，有一套为官之术，就是临难不赴、遇事依违两可，唯以圆滑应付为能事。契丹灭后晋，他不但没有做俘虏，而且还做了太傅。在民族斗争的生死关头，冯道和有民族正义感的地主阶级人士不同，他想到的不是如何为民族赴难，而是考虑自己“无城无兵”，只得主动朝拜新主子，并在新主子前低声下气，装疯卖傻，以求新主之欢。冯道自己把看风转舵，投机取巧，常保富贵，看作是为官之道的秘诀。因为官和富贵联在一起，保官即保富贵。他相信“吉人”自有天相，船到桥头自然直。在王朝更迭中，他泰然自处，好官我自为之，以“长乐老”自诩。这种不急国家民族之急的言论，正是他成为政治上“不倒翁”的秘诀。难怪史书上骂他“丧君之国亦未尝以屑意”的做法，是“可谓无耻者矣”。

当然，作为一个社会人，冯道也做了一些积极的事。在后唐明宗时当了7年宰相，力劝明宗注意减轻人民负担，注意恢复和发展生产。明宗正是采纳了冯道的劝谏，才比较关心民间疾苦，保持后唐的稳定，使后唐明宗统治时期，出现了五代乱世中少有的小康局面，其辅佐之功自不待言。另外，他倡议刊刻校订唐朝留存儒学经典“九经”，使之“流布天下”，也是他对古代文化所做的贡献。

所谓“智者千虑，必有一失”，冯道因善于投机和闭口藏舌而官运亨通，然而尽管他一生口舌甚严，最后还是祸由口出，官因舌丢。因反对周世宗攻打北汉，被周世宗打发他去新郑县修陵，墓成而病死。纵观冯道一生，专以官禄为目的，朝秦暮楚，在五代乱世中委曲求全，毫无气节，应加以揭露和批判，以教育后人。

荆南高赖子

原文：

高季兴，字贻孙，陕州硖石人也。本名季昌，及后唐庄宗即位，避其庙讳改焉。幼隶于汴之贾人李七郎，梁祖以李七郎为子，赐姓，名友让。梁祖尝见季兴于仆隶中，其耳面稍异，命友让养之为子。梁祖以季兴为牙将，渐能骑射。唐天复中，昭宗在岐下，梁祖围凤翔日久，众议欲班师，独季兴谏止之，语在《梁祖纪》中。既而竟迎昭宗归京，以季兴为迎銮毅勇功臣、检校大司空、行宋州刺史。从梁祖平青州，改知宿州事，迁颍州防御使，梁祖令复姓高氏，擢为荆南兵马留后。荆州自唐乾符之后，兵火互集，井邑不完，季兴招辑离散，流民归复，梁祖嘉之，乃授节钺。梁开平中，破雷彦恭于朗州，加平章事。荆南旧无外垒，季兴始城之，遂厚敛于民，招聚亡命，自后僭臣于吴、蜀，梁氏稍不能制焉，因就封渤海王。尝攻襄州，为孔勍所败。

及庄宗定天下，季兴来朝于洛阳，加兼中书令，时论多请留之，郭崇韬以方推信义于华夏，请放归藩，季兴促程而去。至襄州，酒酣，谓孔勍曰："是行有二错：来朝一错，放回二错。"洎至荆南，谓宾佐曰："新主百战方得河南，对勋臣夸手抄《春秋》；又竖手指云：'我于指头上得天下。'如此则功在一人，臣佐何有！且游猎旬日不回，中外之情，其何以堪，吾高枕无忧矣。"乃增筑西面罗城，备御敌之具。时梁朝旧军多为季兴所诱，由是兵众渐多，跋扈之志坚矣。明年，册拜南平王。魏王继岌平蜀，尽选其宝货浮江而下，船至峡口，会庄宗遇祸，季兴尽邀取之。明宗即位，复请夔、峡为属郡，初俞其请，后朝廷除刺史，季兴上言，称已令子弟权知郡事，请不除刺史。不臣之状既形，诏削夺其官爵。天成初，命西方邺兴师收复三州，又遣襄州节度使刘训总兵围荆南，以问其罪，属霖潦，班师。三年冬，季兴病脚气而卒。其子从诲嗣立，累表谢罪，请修职贡。由是复季兴官爵，谥曰武信。

从诲，初仕梁，历殿前控鹤都头、鞍辔库副使、左军巡使、如京使、左千牛大将军、荆南衙内都指挥使，领濠州刺史，改归州刺史，累官至检校太傅。初，季兴之将叛也，从诲常泣谏之，季兴不从。天成三年冬，季兴薨，从诲乃上表谢罪，复修职贡。明宗嘉之，寻命起复，授荆南节度使、兼侍中。长兴三年，加检校太尉。应顺中，封南平王。清泰初，加检校太师。晋天福中，加守中书令。六年，襄州安从进反，王师攻讨，从诲馈军食以助焉，诏书褒美，寻加守尚书令，从诲上章固让，朝廷遣使敦勉，竟不受其命。时有术士言从诲年命有厄，宜退避宠禄故也。及契丹入汴，汉高祖起义于太原，间道遣使奉贡，密有祈请，言俟车驾定河、汴，愿赐郢州为属郡，汉祖依违之。及入汴，从诲致贡，求践前言，汉高祖不从。从诲怒，率州兵攻郢州，旬日，为刺史尹实所败，自是朝贡不至。从诲东通于吴，西通于蜀，皆利其供军财货而已。末年，以镇星在翼轸之分，乃释罗纨，衣布素，饮食节俭，以禳灾咎。寻令人祈托襄州安审琦，请归朝待罪，朝廷亦开纳之。汉乾祐元年冬十一月，以疾薨于位。诏赠尚书令，谥曰文献。

子保融嗣，位至荆南节度使、守太傅、中书令，封南平王。皇朝建隆元年秋卒。谥曰贞懿。

……

保勖，季兴之幼子也。钟爱尤甚，季兴在世时，或因事盛怒，左右不敢窃视，惟保勖一见，季兴则怒自解，故荆人目之为“万事休”。皇朝建隆四年春卒。是岁，荆门之地不为高氏所有，则“万事休”之言，盖先兆也。

（选自《世袭列传·高季兴列传》）

点评：

五代十国中，荆南辖地最小，仅有荆、归、峡之州，且四邻强敌，高季兴父子不以屈节为耻，周旋于北方政权与吴楚之间，竟得以保国四五十年。

荆南是后梁荆南节度使高季兴建立。高季兴在朱温死后，开始割据。荆南地处四战之隅。所谓“地狭兵弱，介于吴、楚为小国。”如何维护自己的生存，就是高氏父子最关紧要的大事。荆南虽小，但地理位置重要，又是南汉、闽、楚进贡中原的必经之地，环境复杂，政局稳定与否主要取决于高氏本身的对策是否得当。荆南力图生存，不仅向中原王朝称臣，还向吴称臣。高季兴在后梁末帝时封为渤海王，后唐时被封南平王，奉中原王朝为正朔，其子高从诲曾为吴的荆南节度使。

高氏父子请降称臣的目的，实际上是一种变相的保境安民政策，一可以求得政治上的生存，二可以得到许多赏赐。但高氏父子并不安分，他们常阳奉阴违，利用矛盾，从中谋利。后梁末，高氏声言助梁取晋，侵入后梁的襄州地界。失败后，与后梁断绝关系多年。后唐庄宗李存勖死，高氏乘机去峡口截击后唐从成都运来的宝货，并出兵夔、忠、万三州。后晋时，高氏声言助石敬瑭讨伐吴和后蜀，得到甲马百匹的赏赐，但同时又与其叛将通。江陵是四通八达之地，为南北贸易的枢纽，高季兴父子专靠敲诈来往商旅过活。他们经常拦截过路的使节商旅，没收财物，对方派兵来讨则归还，毫不惭愧，是一个典型的无赖。

荆南为中原、蜀、江淮、湖南四个地区的接合部，易因各割据力量冲突而影响农业生产。从高季兴起，招辑流民，恢复生产，又与东西南北各割据政权周旋，保境自存，以维持农业生产活动的进行。荆南的江陵，位于长江之滨，港汊密布，洲多田多，水利条件较好。高氏据荆南后，不仅对江陵旧有水利工程陆续整修，并新修了一些水利工程。后梁贞明三年，高季兴修筑了从安远镇北之禄麻山到沱步渊的堤防，全长 130 里，使汉水不能肆虐农田，“居民赖焉”，称为“高氏堤”，使荆南经济得到发展。

总之，高氏父子在四邻弱内强食的环境中，无论在政治上，军事上都权变多诈，所以各国都称高氏父子为“高赖子”。这一切，都是在所向“称臣”的幌子下进行的。但从生存角度看，高氏父子确有权术，善于利用各国之间的矛盾，以维护自己的统治。

千古名言

善操理者不能有全功，善处身者不能无过失。

——语出《周书·世宗纪二》。意思是说，即使是善于操持处理的人，也不可能把事情办得尽善尽美；即使是善于立身处世的人，也不可能没有一点过失。

事物发展过程，存在特殊和一般，因此即使最善于掌握规律的人，也可能会有失误，社会矛盾关系复杂多变，因此即使最善于立身处世的人，也可能处理不当。理论总是抽象的，而社会历史的丰富性和复杂性常常会使得人们在应用理论的时候出各种各样的差错，但我们切不可就此而轻视理论，没有了理论的指导，我们所犯的错误只会更多更大，实践——认识——再实践——再认识，如此我们的错误才会越来越少。

救人瘼者，以重敛为病源；料兵食者，以惠农为军政。

——语出《唐书·李琪列传》。解救人民的疾苦，应该抓住对人民聚敛的根源；料理军队的供给，应该推行对农业优惠的政策。瘼：疾苦。敛：聚敛。料：料理，策划。惠：好处。

民以食为天，农为百业之首，粮食问题、农业问题长期以来都是困扰中国最大的问题。李琪的建议虽是封建社会针对军政理财工作的治理方法，但在今天仍然有很大参考价值。只有废除苛捐杂税，才能提高人民生产的积极性。只有提高农民种粮的积极性，军队的供给才能有所保障。

彰善瘅恶，麟史之为义也。

——语出《晋书·列传十一》。意思是说，表彰美善，憎恨邪恶，是史书撰述的宗旨。麟史：指史书，孔子修《春秋》以获麟之时为下限，故后世称史书为麟史。

中国古代史家具有崇高的使命感和强烈的社会责任感，他们修史书不仅仅是为了记录历史，更希望人们从史书中获得启迪，明辨是非。因此，彰善瘅恶就成为中国古代史学的一个重要的追求和悠久的传统。当然，史书要发挥彰善瘅恶的作用必须建立在真实记载历史的前提下，不然历史学就失去它本来的意义了。

天子，兵强马壮者当为之，宁有种耶。

——语出《晋书·列传十三》。意思是说，天子，只要是兵强马壮的人就可以当，哪有什么血统？种：血统。

穿上了龙袍就是天子，但天子并不真的就是龙的子孙，在乱世角逐中，谁能最终胜出并不取决于高贵的血统。因此，陈胜才能喊出“王侯将相宁有种乎”的口号，五代的安重荣也质疑天子“宁有种耶”。然而，最后谁能成为天子不取决于血统，也不完全取决于是否兵强马壮，楚霸王最后不还是输给了刘邦？

《新五代史》

史家生平

“二十四史”中《唐书》有新、旧两部,《五代史》同样也有两部。《旧五代史》成书于北宋初年，是与当时政治、社会与学术思潮相适应的。经过几十年的发展，北宋社会产生了许多新的社会问题，土地兼并严重、农民起义时常爆发，契丹与西夏虎视眈眈，统治者内部党争激烈，诸如此类的问题引发了人们对历史与现实的新的思考。《新五代史》就是在这样的背景下诞生的。

《新五代史》的作者是著名的文学家、史学家欧阳修。欧阳修曾经给好友尹师鲁写信说“史者国家之典法也”，史书记载“君臣善恶，与其百事之废置”，目的在于“垂劝戒，示后世”。在他看来，《旧五代史》还没有完全做到这一点，有“繁猥失实”的地方，没有起到它应起的作用。所以他要以孔子编撰《春秋》的“义例”，作为自己立论的原则，用《春秋》笔法对五代历史进行新的褒贬。这是他撰述《新五代史》的主观动机。

《新五代史》编撰的时间没有明确的记载，从他写给尹师鲁、梅圣俞等人的信来看，在景祐三年（1036 年）前已着手编写，到皇祐五年（1053

年）基本上完稿，先后经过 18 年左右的时间。但欧阳修对自己的《新五代史》十分谨慎，他说“不敢多令人知……需要好人商量”，觉得还要继续修改。至和元年（1054 年），当他听了曾巩的一些意见后，甚至还决定进行“重头改换”。嘉祐五年（1060 年），范缜等人上奏朝廷取《五代史》交付史局缮写，欧阳修表示还需要“精加考定，方敢投进”。这些都反映了欧阳修不肯草率成篇的作史态度，也说明他对于《新五代史》是极为重视的。也正因为这样，《新五代史》直到欧阳修逝世之后，才得以公之于世。

欧阳修

自从唐代设立史馆以来，正史的修撰多为官府所垄断，所以“二十四史”自中唐以后基本上都是官修史书，唯一例外的就是欧阳修的《新五代史》。《新五代史》是欧阳修个人学识修养的反映，但他在修撰过程中参考并吸收了许多学者的意见，他的好友尹洙对他的帮助很值得重视。尹洙（1001—1047 年），北宋洛阳（今河南洛阳）人，字师鲁。天圣年间进士，官至起居舍人、直龙图阁，后因故贬崇信军副使。著有《五代春秋》、《河南集》等。欧阳修是在任馆阁校勘时开始修撰《新五代史》的，当时尹洙也任馆阁校勘，两人就《新五代史》的义例问题做过商讨。另外，这一时期两人还共同修撰了《十国志》，后来成为《新五代史》内容的一部分。

史著介绍

《新五代史》有本纪12卷、列传45卷、考3卷、世家及年谱11卷、四夷附录3卷，共74卷。记载了自后梁开平元年（907年）至后周显德七年（960年）共53年的历史。同样记载五代史事，《新五代史》与《旧五代史》风格迥然不同。

《新五代史》比《旧五代史》晚出，所依据的材料更为丰富。《旧五代史》所依据的材料欧阳修基本都能见到，其取材范围除了实录等五代时期遗留的故籍之外，还参考了宋初学者补正《旧五代史》的各种著述，如范质《通鉴》、王溥《五代会要》、陶岳《五代史补》、王禹偁《五代史阙文》、龚颖《运历图》等数十种。因此，《新五代史》篇幅虽只有《旧五代史》一半，但所记载的事迹则比《旧五代史》要多得多。欧阳修还采用小说、笔记之类的记载，补充了《旧五代史》中所没有的一些史实。如王景仁、郭崇韬、安重诲、李茂贞、孔谦、王彦章、段凝、赵在礼、范延光、卢文纪、马胤孙、姚顗、崔棁、吕琦、杨渥等传都或多或少地补充了若干事实，有些则插入比较生动的情节。即便是同一史事的记载，《新五代史》也有比《旧五代史》内容更丰富之处，如《十国世家》和某些纪传，特别是南汉、东汉世家和卢光稠等传，就比旧史来得详细，而像《马缟传》中记述后唐礼仪典制的文字，约为《旧五代史》所记文字的4倍。此外，《新五代史》还对《旧五代史》记载上的一些错误予以纠正。如梁唐郓州战役时梁军的兵力，在太原杀后唐庄宗之弟者究竟是谁，朱宣与符彦饶被杀的真相，吴越是否曾经称帝改元，南唐刘仁赡是否降宋等问题，《新五代史》都有所订正。因此，虽然《旧五代史》保存了更为原始和丰富的史料，但《新五代史》的史料价值也不容小视。

《新五代史》在撰述形式上，改变了《旧五代史》以各朝君臣纪传相次的体例，而采用李延寿《南史》、《北史》的体例，通续五代之史，按历朝之本纪、家人传、大臣传、类传、杂传编次；还有《司天考》、《职方考》，记天文与方镇军名；世家及年谱，记十国史事，四夷附录，记少数民族。《旧五代史》纪的内容很丰富，多有长篇记述，而《新五代史》则十分简单，薛史本纪61卷，欧史只有12卷。薛史纪收录了大量诏令，欧史则很少，如《周书·世宗纪》，显德二年毁佛寺及私度僧尼一事，《旧五代史》全录诏文800余字，《新五代史》则概括为19字。列传的设立与归属上，新旧《五代史》也截然不同。五代政权变更迅疾，大臣多数历仕数朝。《旧五代史》对此是以死于某朝就列入某朝传内加以处理，而《新五代史》则以专仕一朝者归入此朝，仕于数朝者另入杂传中，所以欧史杂传卷数在各个部分中是最多的。另外，欧阳修还根据五代社会的特点，创设新的传目。以忠义的标准设立《死节传》、《死事传》；立《一行传》表彰洁身自好之士；立《义儿传》反映五代收养义儿的特殊风尚；以《伶官传》记述唐庄宗宠信伶优而身死国亡的历史教训；等等。《新五代史》所记典制不如《旧五代史》来得完备，欧阳修只作了《司天考》和《职方考》，其原因是欧阳修认为五代时期“天理几乎其灭”，是一个“乱极矣”的时代，根本没有什么礼乐制度可谈，他说：“五代礼乐文章，吾无取焉，其后世有必欲知之者，不可以遗也。”《新五代史》的《十国世家年谱》和《职方考》附有“表”，使读者对于五代时期君主称帝改元易号等事一目了然，这是自《史记》、《汉书》之后正史设“表”传统中断数百年之后的重新恢复。对于《职方考》设“表”，清代学者王鸣盛评价很高，他说：“此考虽简略，然提纲挈领，洗眉刷目。此则欧公笔力非薛史所能及。”

欧阳修是“唐宋八大家”之一，北宋古文运动的领袖，其文学成就为世所公认。欧阳修杰出的文学才能在《新五代史》中有很好的体现。《新五代史》在“二十四史”中文笔可谓出类拔萃，可与《史记》相媲美，《伶官传序》、《宦者传论》成为千古名篇，为历代所传诵。《新五代史》的艺术成就主要有以下几点："一、塑造了一些生动的人物形象，其成就不在《史记》之下，如唐庄宗、刘皇后、周德威、王彦章、冯道等，都写得极其动人，流传广远"；"二、作者笔调轻灵，于干练浑茫中时而露出一种诙谐幽默，使读者乐而忘疲"，"三、整个作品中充盈着一种浓厚的悲剧气氛和一种强烈的抒情性。《新五代史》中标明立传的人物有400多个，其中故事比较生动、性格比较鲜明、能给人留下较深印象的大约有50多人。而这里面绝大多数都是悲剧性的。"（韩兆琦、吴莺：《欧阳修·新五代史·简论》，《北京师范大学学报（社会科学版）》1997年第3期）

但《新五代史》最突出的特点不在其史料价值、撰述形式上，也不在于它的文学成就，而在于"师法《春秋》"的撰述思想上。欧阳修在致友人书信中谈到"五代纪传"时说："铨次去取，须有义例，论议褒贬，此岂易当?"其书重在"义例"和"褒贬"方面，而"褒贬义例，仰师《春秋》"。《新五代史》师法《春秋》反映在几个方面：第一，以《春秋》整饬道德的理念，对五代社会持严厉的批判态度。欧阳修在《一行传序》中说："呜呼，五代之乱极矣，《传》所谓'天地闭，贤人隐'之时欤！当此之时，臣弑其君，子弑其父，而搢绅之士安其禄而立其朝，充然无复廉耻之色者皆是也。……五代之乱，君不君，臣不臣，父不父，子不子，至于兄弟、夫妇人伦之际，无不大坏，而天理几乎其灭矣。"把五代看作是一个人伦大坏、天理荡灭的时代。从这样的总批判出发，欧阳修以《春秋》褒贬义理臧否人物、论君臣大义、论女色之祸、论家人之道、论宗庙之法、论死节、论义儿、辨祥瑞、辨朋党……五代历史种种问题无不在其评析之列。第二，仿《春秋》义例，搞一字褒贬。孔子修《春秋》，其属辞有一定的义例，后世儒家学者将之引申为《春秋》"一字褒贬"，蕴含大义。欧阳修的《新五代史》也在一定程度上重视和追求用字用词的义例，如《晋本纪第九》的后论不惮其烦地解释“余书‘封子重贵为郑王’，又书‘追封皇伯敬儒为宋王’者，岂无意哉”这句话。欧阳修的学生徐无党为《新五代史》作注，专从“一字褒贬”上做文章，如《梁本纪第二》中注文指出，用兵之名有四，两相攻曰攻，以大加小曰伐，有罪曰讨，天子自往曰征。攻战得地之明有二：易得曰取，难得曰克。战败之明有二：我败曰败绩，彼败曰败之。此外，降、附有别，诛、杀有别，反、叛有别，等等。但需要指出的是，徐无党的注并不完全代表欧阳修本人的看法。欧阳修说：“欲著其罪于后世，在乎不没其实”，认为“不没其实”，按照实际情况处理历史记载，才是《春秋》的深意，而那些所谓的“《春秋》笔法”并不符合《春秋》的原意。他写信把这个意思告诉徐无党，告诫他要“慎于述作”，用意自然很明显，是反对《新五代史》也搞“一字褒贬”的做法。第三，尊王一统的观念。宣扬尊王大一统是北宋《春秋》学的突出特点，欧阳修的《新五代史》受此影响，对于统一的行动，予以积极的肯定。赵匡胤灭南唐是师出无名。南唐使者徐铉见赵匡胤，说南唐之君对宋廷臣服，“以小事大，如子事父，奈何见伐?”赵匡胤确也说不出理由，但统一势在必行，所以他回答说：“尔谓父子者为两家可乎?”徐铉对此只能是“无以对而退”。欧阳修对此发表评论说：“呜呼，大哉，何其言之简也！盖王者之兴，天下必归于一统。其可来者来之，不可者伐之；僭伪假窃，期于扫荡一平而后已”，肯定天下统于一的必然性。第四，“书人不书天”。《春秋》一方面记载征伐会盟等军国大事，另一方面也记载日食、星陨等异常天象，后人以为孔子的这些记载都有深意，将其发展成为完整的天人感应理论。欧阳修则不同意这种做法，他说：“昔孔子作《春秋》而天人备。予述本纪，书人而不书天，予何敢异于圣人哉！其文虽异，其意一也。……人事者，天意也。《书》曰：‘天视自我民视，天听自我民听。’未有人心悦于下而天意怒于上者，未有人理逆于下而天道顺于上者。然则王者君天下，子生民，布德行政，以顺人心，是之谓奉天。至于三辰五星常动而不息，不能无盈缩差忒之变，而占之有中有不中，不可以为常者，有司之事也。本纪所述人君行事详矣，其兴亡治乱可以见。至于三辰五星逆顺变见，有司之所占者，故以其官志之，以备司天之所考。呜呼，圣人既没，而异端起。自秦、汉以来，学者惑于灾异矣，天文五行之说，不胜其繁也。予之所述，不得不异乎《春秋》也，考者可以知焉。”他认为，天象的变动虽然有常有异，但与社会的兴亡治乱是无关的，所以《新五代史》本纪记述人君行事以见兴亡治乱，与《春秋》的基本精神是一致的，“其文虽异，其意一也”，那些天人感应的理论，把祥瑞灾异的天象和兴亡治乱胡乱牵扯到一起的做法是不可取的。欧阳修“书人不书天”的原则既是对《春秋》学的一个重大突破，也是史学在历史观上不断发展的体现。

《新五代史》的史论不仅师法《春秋》，重在褒贬，也有反映出作者深刻历史见解的一面。如《唐本纪·明宗》后论引康澄上疏言时事：“为国家者有不足惧者五，深可畏者六：三辰失行不足惧，天象变见不足惧，小人讹言不足惧，山崩川竭不足惧，水旱虫蝗不足惧也，贤士藏匿深可畏，四民迁业深可畏，上下相徇深可畏，廉耻道消深可畏，毁誉乱真深可畏，直言不闻深可畏也。”欧阳修的态度是“识者皆多澄言切中时病。若从荣之变，任圜、安重诲等之死，可谓上下相徇，而毁誉乱真之敝矣。然澄之言，岂止一时之病，凡为国者，可不戒哉!”又如《唐本纪·废帝》后论说：“呜呼，君臣之际，可谓难哉！盖明者虑于未萌而前知，暗者告以将及而不惧，故先事而言，则虽忠而不信，事至而悔，其可及乎?”这样一些问题，在古代统治者中具有相当的普遍性，欧阳修的认识代表了理性的看法，反映出他对于历史的深刻见解，与《旧五代史》苍白的史论相比，显得光彩夺目。

名篇点评

乱世枭雄朱温

原文：

太祖神武元圣孝皇帝，姓朱氏，宋州砀山午沟里人也。其父诚，以《五经》教授乡里，生三子，曰全昱、存、温。诚卒，三子贫，不能为生，与其母佣食萧县人刘崇家。全昱无他材能，然为人颇长者。存、温勇有力，而温尤凶悍。

唐僖宗乾符四年，黄巢起曹、濮，存、温亡入贼中。巢攻岭南，存战死。巢陷京师，以温为东南面行营先锋使。攻陷同州，以为同州防御使。是时，天子在蜀，诸镇会兵讨贼。温数为河中王重荣所败，屡请益兵于巢，巢中尉孟楷抑而不通。温客谢瞳说温曰："黄家起于草莽，幸唐衰乱，直投其隙而取之尔，非有功德兴王之业也，此岂足与共成事哉！今天子在蜀，诸镇之兵日集，以谋兴复，是唐德未厌于人也。且将军力战于外，而庸人制之于内，此章邯所以背秦而归楚也。"温以为然，乃杀其监军严实，自归于河中，因王重荣以降。都统王铎承制拜温左金吾卫大将军、河中行营招讨副使，天子赐温名全忠。

……

王欲代唐……十一月辛巳，天子封王为魏王、相国，总百揆。以宣武、宣义、天平、护国、天雄、武顺、佑国、河阳、义武、昭义、武宁、保义、忠义、武昭、武定、泰宁、平卢、匡国、镇国、荆南、忠武二十一军为魏国，备九锡。王怒，不受。十二月，天子以王为天下兵马元帅。王益怒，遣人告枢密使蒋玄晖与何太后私通，杀玄晖而焚之，遂弑太后于积善宫。又杀宰相柳璨，太常卿张延范车裂以徇。天子诏以太后故停郊。

开平元年春正月壬寅，天子使御史大夫薛贻矩来劳军。宰相张文蔚率百官来劝进。夏四月壬戌，更名晃。甲子，皇帝即位。戊辰，大赦，改元，国号梁。封唐主为济阴王。升汴州为开封府，建为东都，以唐东都为西都。废京兆府为雍州。赐东都酺一日。契丹阿保机使袍笏梅老来。

三年春正月甲戌，如西都。复然灯以祈福。庚寅，享于太庙。辛卯，有事于南郊，大赦。丙申，群臣上尊号，曰睿文圣武广孝皇帝。

二月壬戌，讲武于西杏园。甲子，延州高万兴叛于岐，来降。

三月辛未，渤海国王諲撰遣使者来。甲戌，如河中。山南东道节度使杨师厚为潞州四面行营招讨使。刘知俊取丹州。

夏四月丙午，知俊克延、郎、坊三州。五月己卯，至自河中，杀佑国军节度使王重师。

六月庚戌，刘知俊执佑国军节度使刘捍，叛附于岐。辛亥，如陕州。乙卯，冀王朱友谦为同州东面行营招讨使。刘知俊奔于岐。丹州军乱，逐其刺史宋知诲。

秋七月，商州军乱，逐其刺史李稠，稠奔于岐。乙丑，克丹州，执其首恶王行思。乙亥，至自陕州。甲申，襄州军乱，杀其留后王班。房州刺史杨虔叛附于蜀。

八月辛亥，降死罪囚。辛酉，均州刺史张敬方克房州，执杨虔。

闰月癸酉，契丹遣使者来。己卯，阅稼于西苑。

九月壬寅，行营招讨使左卫上将军陈晖克襄州，执其首恶李洪。丁未，保义军节度使王檀为潞州东面行营招讨使。辛亥，韩建、杨涉罢。太常卿赵光逢为中书侍郎、翰林学士承旨工部侍郎杜晓为户部侍郎、同中书门下平章事。辛酉，李洪、杨虔伏诛。

冬十一月甲午，日南至，告谢于南郊。己酉，搜访贤良。镇国军节度使康怀英伐岐。

十二月，怀英克宁、庆、衍三州。及刘知俊战于升平，败绩。

……

乾化元年春正月丁亥，王景仁及晋人战于柏乡，败绩。庚寅，赦流罪以下囚，求危言正谏。癸巳，天雄军节度使杨师厚为北面行营招讨使。

夏四月壬申，契丹阿保机遣使者来。

五月甲申朔，大赦，改元。癸巳，幸张宗奭第。

秋八月戊辰，阅稼于榆林。渤海遣使者来。戊寅，大阅于兴安鞠场。

九月辛巳朔，御文明殿，入阁。庚子，如魏州。张宗奭留守西都。

冬十月丙子，大阅于魏东郊。

十一月，高万兴取盐州。壬辰，至自魏州。乙未，回鹘、吐蕃遣使者来。

乾化二年春二月丁巳，光禄卿卢玭使于蜀。甲子，如魏州，张宗奭留守西都。次白马，杀左散骑常侍孙骘、右谏议大夫张衍、兵部郎中张俊。戊寅，如贝州。

三月丙戌，屠枣强。丁未，复如魏州。

夏四月己巳，至自魏州。戊寅，如西都。

五月丁亥，德音降死罪已下囚。罢役徒，禁屠及捕生。渤海遣使者来。是月，薛贻矩薨。

六月，疾革，郢王友珪反。戊寅，皇帝崩。

（选自《梁本纪·太祖》）

点评：

五代乱世，兵事纷乱，战争繁多，各国的生存竞争极为激烈。后晋成德节度使安重荣就认为“天子，兵强马壮者当为之，宁有种耶。”各国的统治者，为了巩固已到手的政权，也多少讲求一些治国之术。唐末乱世中奋斗出来的后梁太祖朱温虽无曹操的雄才大略，但在五代几个开国君主中，还算是略懂治国之术的人。

朱温治国的一大特点是不用宦官。早在唐天复三年（903 年），他就大杀宦官，其目的是孤立昭宗，伺机篡位，但我们从唐宦官对中央政治的祸害出发，其诛杀宦官的行为也有积极的意义。事实上，后梁王朝建立后政治上能稍有作为，与没有宦官的祸害不无关系。朱温称帝后在戎马倥偬之中，尚能重视整肃吏治，规定“镇将位在邑令下”，改变“州牧同于闲冗”的现象，反映了朱温重视州县吏治的治国思想，对政局的稳定有利。朱温还十分重视农业生产，他对张全义在河南府恢复农业生产的活动给予支持和勖勉，因而稳定了在河南的统治。

朱温建国前后，逐鹿中原，面临李克用、李存勖父子，刘仁恭、刘守光父子及李茂贞、杨行密等割据集团的威胁。为了图强称霸，他被迫把主要精力放在军事行动上，故其治国而以治军为先。为了治军，必须养兵，为了养兵，必须重农。重农既可以保证兵源，又可以保证兵食。史书说他“忧民重农，尤以足食足兵为念”，这种“忧民重农”、“足兵足食”的方针，是古代耕战政策的继续，而且确实有效，使后梁王朝能在众虎争食的环境中得以生存。

乱世中的朱温一生精于权术，善于抓住时机。唐末叛变农民起义军降唐，并镇压起义军有功。唐末权臣崔胤鉴于宦官为害之烈，与唐昭宗请朱温诛之。朱温抓住此机，挟昭帝诛杀宦官，得手后更无心肝，即大杀唐宗室，杀唐帝自立。所谓“智者之虑，必杂于利害”。除狼得虎，除去一害而另招一害来。权臣崔胤决没有想到结果是“虽快一时之忿而国随以亡”。当然，朱温的滥杀是历史上罕见的。他经常下令把战俘全部杀死，并对士人和部属滥杀。朱温用法严峻残酷，战场上将校战死，所剩士兵生还即全部斩首，叫作“跋队斩”。同时命军士都文刺其面以记军号，逃归者执，则送所属，无不死者。用这些野蛮的方法来提高战斗力，也是千古奇闻。

朱温一生很不光彩。为达到移天易日、僭夺唐位的目的，他不惜杀害同党。所谓“上树拔梯”，怂恿人上树而后撤掉梯子。朱温为除唐昭宗，派心腹朱友恭、氏叔琮等杀昭宗。事后，朱温又猫哭老鼠，横加罪名，加害同谋，杀朱友恭和氏叔琮以灭口。朱温生活上也极为荒淫，形同禽兽，即使在封建帝王中也罕有其匹。大臣妻女，甚至儿媳都未曾幸免，最后就惨死于亲子手中。

总之，梁太祖朱温开始参加农民起义，后倒戈为唐朝军阀，通过镇压农民起义，参加藩镇混战和进行大屠杀，在藩镇割据中脱颖而出，亲手埋葬了唐王朝，当了皇帝，是个双手沾满了鲜血的残暴家伙。在他身上集中体现出军阀的凶残，政客的狡诈，皇帝的荒淫。不过，他削平了中原地区的藩镇割据，初步统一了黄河流域，这对社会生产的发展，对人民生活的安定，都带来了好处。这是他的一份功绩。

王彦章死节

原文：

王彦章，字子明，郓州寿张人也。少为军卒，事梁太祖，为开封府押衙、左亲从指挥使、行营先锋马军使。末帝即位，迁濮州刺史，又徙澶州刺史。彦章为人骁勇有力，能跣足履棘行百步。持一铁枪，骑而驰突，奋疾如飞，而佗人莫能举也，军中号王铁枪。

梁、晋争天下为劲敌，独彦章心常轻晋王，谓人曰：“亚次斗鸡小儿耳，何足惧哉!”梁分魏、相六州为两镇，惧魏军不从，遣彦章将五百骑入魏，屯金波亭以虞变。魏军果乱，夜攻彦章。彦章南走，魏人降晋。晋军攻破澶州，虏彦章妻子归之太原，赐以第宅，供给甚备，间遣使者招彦章，彦章斩其使者以自绝。然晋人畏彦章之在梁也，必欲招致之，待其妻子愈厚。

自梁失魏、博，与晋夹河而军，彦章常为先锋。迁汝郑二州防御使、匡国军节度使、北面行营副招讨使，又徙宣义军节度使。是时，晋已尽有河北，以铁锁断德胜口，筑河南、北为两城，号“夹寨”。而梁末帝昏乱，小人赵岩、张汉杰等用事，大臣宿将多被谗间，彦章虽为招讨副使，而谋不见用。龙德三年夏，晋取郓州，梁人大恐，宰相敬翔顾事急，以绳内靴中，入见末帝，泣曰：“先帝取天下，不以臣为不肖，所谋无不用。今强敌未灭，陛下弃忽臣言，臣身不用，不如死！”乃引绳将自经。末帝使人止之，问所欲言。翔曰：“事急矣，非彦章不可！”末帝乃召彦章为招讨使，以段凝为副。末帝问破敌之期，彦章对曰：“三日。”左右皆失笑。

彦章受命而出，驰两日至滑州，置酒大会，阴遣人具舟于杨村，命甲士六百人皆持巨斧，载冶者，具鞴炭，乘流而下。彦章会饮，酒半，佯起更衣，引精兵数千，沿河以趋德胜。舟兵举锁烧断之，因以巨斧斩浮桥，而彦章引兵急击南城。浮桥断，南城遂破，盖三日矣。是时庄宗在魏，以朱守殷守夹寨，闻彦章为招讨使，惊曰：“彦章骁勇，吾尝避其锋，非守殷敌也。然彦章兵少，利于速战．必急攻我南城。”即驰骑救之，行二十里，而得夹寨报者曰：“彦章兵已至。”比至，而南城破矣。庄宗彻北城为筏，下杨刘，与彦章俱浮于河，各行一岸，每舟抃相及辄战，一日数十接。彦章至杨刘，攻之几下。晋人筑垒博州东岸，彦章引兵攻之，不克，还击杨刘，战败。

是时，段凝已有异志，与赵岩、张汉杰交通，彦章素刚，愤梁日削，而嫉岩等所为，尝谓人曰：“俟吾破贼还，诛奸臣以谢天下。”岩等闻之惧，与凝叶力倾之。其破南城也，彦章与凝各为捷书以闻，凝遣人告岩等匿彦章书而上己书，末帝初疑其事，已而使者至军，独赐劳凝而不及彦章，军士皆失色。及杨刘之败也，凝乃上书言：“彦章使酒轻敌而至于败。”赵岩等从中日夜毁之，乃罢彦章，以凝为招讨使。彦章驰至京师入见，以笏画地，自陈胜败之迹，岩等讽有司劾彦章不恭，勒还第。

唐兵攻兖州，末帝召彦章使守捉东路。是时，梁之胜兵皆属段凝，京师只有保銮五百骑，皆新捉募之兵，不可用，乃以属彦章，而以张汉杰监之。彦章至递坊，以兵少战败，退保中都，又败，与其牙兵百余骑死战。唐将夏鲁奇素与彦章善，识其语音，曰：“王铁枪也！”举槊刺之，彦章伤重，马踣，被擒。庄宗见之，曰：“尔常以孺子待我，今日服乎？”又曰：“尔善战者，何不守兖州而守中都？中都无壁垒，何以自固？”彦章对曰：“大事已去，非人力可为！”庄宗恻然，赐药以封其创。彦章武人不知书，常为俚语谓人曰：“豹死留皮，人死留名。”其于忠义，盖天性也。庄宗爱其骁勇，欲全活之，使人慰谕彦章，彦章谢曰：“臣与陛下血战十余年，今兵败力穷，不死何待？且臣受梁恩，非死不能报，岂有朝事梁而暮事晋，生何面目见天下之人乎！”庄宗又遣明宗往谕之，彦章病创，卧不能起，仰顾明宗，呼其小字曰：“汝非邈佶烈乎？我岂苟活者？”遂见杀，年六十一。晋高祖时，追赠彦章太师。

（选自《死节传·王彦章传》）

点评：

五代十国时期，从时间上说，只有半个世纪，但是割据政权林立，政治极其腐败，封建制度固有的黑暗面，于此充分暴露。军阀之间不断地进行残酷的兼并战争，生灵涂炭。整个五代十国历史，就是在“毒手枕拳，交相于暮夜；金戈铁马，蹂践于明时”的军阀混乱中开始的。“夫天子者，兵强马壮者为之”，军阀之间相互厮杀，将不为将、兵不为兵。骄兵悍将常常杀主自立，或挟主投降，中国传统文化中“忠、义、信”全抛之脑后。所谓“有奶就为娘”，在那些手握兵权的统军将领中，更是朝秦暮楚，和新主旧主讨价还价。常言“世乱识忠臣，危难出孝子”，后梁的王彦章可谓五代乱世中少见的义士忠臣。

本篇选自《死节传》。文章生动描述王彦章在乱世中忠义死节的英雄形象，字数虽然不多，读起来却感热血涌喉。王彦章年轻时投为朱温部下，转战各地，以骁勇闻名，为后梁一员不可多得的勇将。他在家属被俘，并为对方厚待，使者招降之时，不为所动，杀使者以绝对方念头，弃“小家而报国”，谓之“忠”。龙德三年（923年），后唐大军从东面威胁后梁，朝廷内外恐慌，王彦章受命于危难之时，领军三日大破唐军，谓之“勇”。后梁末帝听信谗言，斥有功之王彦章，起用“智勇俱无”的段凝，致使后梁形势急转直下。在危急关头，王彦章“知不可为而为之”，领少量新军抗击后唐精锐，败而被俘，不降而被杀，死时掷地有声：“且臣受梁恩，非死不能报，岂有朝事梁而暮事唐，生何目见天下之人乎！”谓之“义”。

所以，欧阳修在修书时感慨地说：“呜呼，天下恶梁久矣！然士之不幸而生其时者，不为之臣可也。其食人之禄者，必死人之事，如王彦章者，可谓得其死哉。”他在整个五代时期只筛选出三个“全节之士”，在《新五代史》中特设《死节传》一卷，而这三人中他以王彦章为主，行文多所褒扬，认为他是乱世里难得的忠臣义士。

伶人敬新磨掌批唐庄宗

原文：

呜呼，盛衰之理，虽曰天命，岂非人事哉！原庄宗之所以得天下，与其所以失之者，可以知之矣。世言晋王之将终也，以三矢赐庄宗而告之曰：“梁，吾仇也，燕王吾所立，契丹与吾约为兄弟，而皆背晋以归梁。此三者，吾遗恨也。与尔三矢，尔其无忘乃父之志！”庄宗受而藏之于庙。

其后用兵，则遣从事以一少牢告庙，请其矢，盛以锦囊，负而前驱，及凯旋而纳之。方其系燕父子以组，函梁君臣之首，入于太庙，还矢先王而告以成功，其意气之盛，可谓壮哉！及仇雠已灭，天下已定，一夫夜呼，乱者四应，苍皇东出，未及见贼而士卒离散，君臣相顾，不知所归，至于誓天断发，泣下沾襟，何其衰也！岂得之难而失之易欤？抑本其成败之迹而皆自于人欤？《书》曰："满招损，谦得益。"忧劳可以兴国，逸豫可以亡身，自然之理也。故方其盛也，举天下之豪杰莫能与之争；及其衰也，数十伶人困之，而身死国灭，为天下笑。夫祸患常积于忽微，而智勇多困于所溺，岂独伶人也哉！作《伶官传》。

庄宗既好俳优，又知音，能度曲，至今汾、晋之俗，往往能歌其声，谓之"御制"者皆是也。其小字亚子，当时人或谓之亚次。又别为优名以自目，曰李天下。自其为王，至于为天子，常身与俳优杂戏于庭，伶人由此用事，遂至于亡。

皇后刘氏素微，其父刘叟，卖药善卜，号刘山人。刘氏性悍，方与诸姬争宠，常自耻其世家，而特讳其事。庄宗乃为刘叟衣服，自负蓍囊药笈，使其子继岌提破帽而随之，造其卧内，曰："刘山人来省女。"刘氏大怒，笞继岌而逐之。宫中以为笑乐。

其战于胡柳也，嬖伶周匝为梁人所得。其后灭梁入汴，周匝谒于马前，庄宗得之喜甚，赐以金帛，劳其良苦。周匝对曰："身陷仇人，而得不死以生者，教坊使陈俊、内园栽接使储德源之力也。愿乞二州以报此两人。"庄宗皆许以为刺史。郭崇韬谏曰："陛下所与共取天下者，皆英豪忠勇之士。今大功始就，封赏未及于一人，而先以伶人为刺史，恐失天下心。不可！"因格其命。逾年，而伶人屡以为言，庄宗谓崇韬曰："吾已许周匝矣，使吾惭见此三人。公言虽正，然当为我屈意行之。"卒以俊为景州刺史、德源为宪州刺史。

庄宗好畋猎，猎于中牟，践民田。中牟县令当马切谏，为民请，庄宗怒，叱县令去，将杀之。伶人敬新磨知其不可，乃率诸伶走追县令，擒至马前责之曰："汝为县令，独不知吾天子好猎邪？奈何纵民稼穑以供税赋！何不饥汝县民而空此地，以备吾天子之驰骋？汝罪当死！"因前请亟行刑，诸伶共唱和之。庄宗大笑，县令乃得免去。庄宗尝与群优戏于庭，四顾而呼曰："李天下，李天下何在？"新磨遽前以手批其颊。庄宗失色，左右皆恐，群伶亦大惊骇，共持新磨诘曰："汝奈何批天子颊？"新磨对曰："李天下者，一人而已，复谁呼邪！"于是左右皆笑，庄宗大喜，赐与新磨甚厚。新磨尝奏事殿中，殿中多恶犬，新磨去，一犬起逐之，新磨倚柱而呼曰："陛下毋纵儿女啮人！"庄宗家世夷狄，夷狄之人讳狗，故新磨以此讥之。庄宗大怒，弯弓注矢将射之，新磨急呼曰："陛下无杀臣！臣与陛下为一体，杀之不祥！"庄宗大惊，问其故，对曰："陛下开国，改元同光，天下皆谓陛下同光帝。且同，铜也，若杀敬新磨，则同无光矣。"庄宗大笑，乃释之。

然时诸伶，独新磨尤善俳，其语最著，而不闻其它过恶。其败政乱国者，有景进、史彦琼、郭门高三人为最。

《传》曰："君以此始，必以此终。"庄宗好伶，而弑于门高，焚以乐器。可不信哉！可不戒哉！

（选自《伶官传》）

点评：

五代十国的政治非常腐朽，其一个重要表现是外戚、宦官、伶人干政，其中在唐庄宗时优伶干政更是中国历史上少见的现象。

伶人就是戏子，唐庄宗特别喜爱演戏、看戏和打猎，宫中养了很多伶人，专门演戏给他取乐。他自己也常涂脂抹扮，穿上戏装，和伶人一起登台表演。由于对伶人的特别宠爱，伶人恃宠怙势，出入宫掖，侮弄朝臣，伶人由此干政。其中为害激烈的伶人有景进、史彦琼、郭门高等。伶人景进以进献美女和告密为手段，博取后唐庄宗的欢心，从而窃取权力。他专以谗言杀人，制造谣言，陷害别人，先后被他谗杀的有皇弟李存义、河中西平王朱友谦，以及前蜀皇帝王衍等。伶人史彦琼、郭门高则一手促成魏博兵变和禁军作乱，庄宗也死于两乱。欧阳修《新五代史》专立“伶官传”，生动揭露了伶人干政的罪恶：“出入宫掖”、“侮弄缙绅”、“反相附托，以幸恩，四方藩镇，贿赂交行”。庄宗好俳优，“伶人由此用事，遂至于亡。”

本篇选自《伶官传》，伶人敬新磨以较正面形象人物登台。文章通过敬新磨掌批后唐庄宗和巧息庄宗怒的两个小故事，巧妙地达到进谏和纳谏的双重效果，生动形象地表现了敬新磨诙谐幽默的艺术形象。“掌批庄宗”故事中，敬新磨利用“李”和“理”的谐音关系，巧妙地采用移花接木的手法，既责罚了只知享乐、不知理政的昏君，又指出了皇帝应该以“理天下”为重，不该沉溺于声乐歌舞之中。“巧息庄宗怒”的故事中，敬新磨善于观察时机，审时度势，知道庄宗已在气头上，直接劝谏讲道理只能适得其反。便采用以迂为直的方法，达到唐庄宗接受正确的意见，不杀害无辜的目的。其审时度势、诙谐幽默的形象可比之西汉武帝时的东方朔。

本篇中另一位人物形象后唐庄宗是一位历史悲剧性人物。后唐庄宗李存勖一生骁勇善战，胆略过人，作战时，常冲锋在前，冒险跟敌单身搏斗。其战绩非凡，曾百战平河北，俘杀幽州割据势力刘守光。梁晋争战中，建后唐、灭后梁，北破南侵契丹军队，取得军事上的重大胜利，堪称五代时杰出的军事家。但是他治国乏术，用人无方，重用伶人和宦官，允许皇后干政，疏远大臣和将士，称帝三年而终致众叛亲离，在一次兵变中，被乱箭射死，为天下笑。

所以欧阳修在《伶官传》中用他激情之笔感叹世事的盛衰："呜呼，盛衰之理，虽曰天命，岂非人事哉!"其中的警句格言"满招损，谦得益"、"忧劳可以兴国，逸豫可以亡身"、"夫祸患常积于忽微，而智勇多困于所溺"，今天仍闪耀着它智慧的光芒，警示着人们应该防微杜渐，否则后唐庄宗那种"盛时举天下豪杰莫能之争，及衰时数十伶人困之，而身死国灭"的悲剧就会再现。

儿皇帝石敬瑭

原文：

高祖圣文章武明德孝皇帝，其父臬捩鸡，本出于西夷，自朱邪归唐，从朱邪入居阴山。其后，晋王李克用起于云、朔之间，臬捩鸡以善骑射，常从晋王征伐有功，官至洺州刺史。臬捩鸡生敬瑭，其姓石氏，不知其得姓之始也。

敬瑭为人沈厚寡言，明宗爱之，妻以女，是为永宁公主，由是常隶明宗帐下，号左射军。庄宗已得魏，梁将刘掞急攻清平，庄宗驰救之。兵未及阵，为掞所掩，敬瑭以十余骑横槊驰击，取之以旋。庄宗拊其背而壮之，手啗以酥，啗酥，夷狄所重，由是名动军中。十五年，庄宗战于胡柳，前锋周德威战死，敬瑭以左射军从明宗复击败梁兵。明宗战胡卢套、杨村，为梁兵所败，敬瑭常脱明宗于危。

赵在礼之乱，明宗讨之，至魏而兵变，明宗初欲自归于天子，明己所以不反者。敬瑭献计曰："岂有军变于外，上将独无事者乎？且犹豫者兵家大忌，不如速行。愿得骑兵三百先攻汴州，夷门天下之要害也，得之可以成事。"明宗然之，与之骁骑三百，渡黎阳为前锋，明宗遂入汴。庄宗自洛后至，不得入，而兵皆溃去。庄宗西还，明宗以敬瑭为前锋趣汜水，且收其散卒。庄宗遇弑，明宗入立，拜敬瑭保义军节度使，赐号"竭忠建策兴复功臣”，兼六军诸卫副使。

在陕为政以廉闻。是时，诸侯多不奉法，邓州陶、亳州李邺皆以赃污论死，明宗下诏书褒廉吏普州安崇阮、洺州张万进、耀州孙岳等以讽天下，而以敬瑭为首。

天成二年十月，从幸汴州，为御营使，拜宣武军节度使、侍卫亲军马步军都指挥使，六军副使如故，改赐“耀忠匡定保节功臣。”三年四月，徙镇天雄，拜同中书门下平章事、兴唐尹。五月，拜驸马都尉。董璋反东川，为行营都招讨使，不克而还。复兼六军诸卫副使。徙镇河阳三城，未行，而契丹、吐浑、突厥皆入寇，是时，秦王从荣统六军，敬瑭疑其必及祸，不欲为其副，乃自请行。及制出，不落副使，辄复辞行。明宗数责大臣问谁可行者，范延光、赵延寿等卒以敬瑭为请，乃拜河东节度使、大同彰国振武威塞等军蕃汉马步军总管，落六军副使，乃行。

明年，明宗崩，愍帝即位，加中书令。三月，徙镇成德。清泰元年五月，复镇太原，来朝京师。潞王从珂反于凤翔，愍帝出奔，遇敬瑭于道。敬瑭杀帝从者百余人，幽帝于卫州而去。废帝即位，疑敬瑭必反。

天福元年五月，徙镇天平，敬瑭果不受命，谓其属曰：“先帝授吾太原使老焉，今无故而迁，是疑吾反也。且太原地险而粟多，吾当内檄诸镇，外求援于契丹，可乎?”桑维翰、刘知远等共以为然。乃上表论废帝不当立，请立许王从益为明宗嗣。废帝下诏削夺敬瑭官爵，命张敬达等讨之，敬瑭求援于契丹。九月，契丹耶律德光入自雁门，与唐兵战，敬达大败。敬瑭夜出北门见耶律德光，约为父子。

十一月丁酉，皇帝即位，国号晋。以幽、涿、蓟、檀、顺、瀛、莫、蔚、朔、云、应、新、妫、儒、武、寰州入于契丹。

冬十月戊寅，契丹使中书令韩频来奉册曰英武明义皇帝。庚辰，升汴州为东京，以洛阳为西京，雍州为晋昌军。戊子，右金吾卫大将军马从斌使于契丹。己未，契丹使梅里来。

九月丁丑，契丹使粘木孤来。癸未，封李从益为郇国公以奉唐后。丙戌，高丽王建使其广评侍郎邢顺来。冬十一月乙亥，立唐高祖、太宗、庄宗、明宗、愍帝庙于西京。戊子，契丹使遥折来，吐蕃罢延族来附。

夏四月甲子，契丹兴化王来。……冬十月丁未，契丹使合利来。十一月丙子，冬至，始用二舞。

……甲寅，光禄卿张澄使于契丹。九月乙亥，前安国军节度使杨彦询使于契丹。……丙申，契丹遣使者来。

七年……（六月）乙丑，皇帝崩于保昌殿。

（选自《晋本纪·高祖》）

点评：

五代乱世，兵强马壮者得天下。各朝或各国的开国者前身多为唐末藩镇割据势力、乘机拥兵自立得天下，唯后晋开国皇帝石敬瑭依靠外族势力，以割地、贿赂、“儿皇帝”的屈辱代价夺得半壁江山，做了一回皇帝梦，这也算是中国历史上的一件奇闻趣事吧。

石敬瑭年轻时沉默寡言，喜欢学习兵法，推崇战国赵名将李牧、汉名将周亚夫用兵之术，作战勇而好斗，射起箭来百发百中，也算是一条好汉。后唐明宗李嗣源尚未称帝时，石敬瑭隶属于其帐下，指挥左射军跟随李嗣源多次打败梁军。此后，李嗣源多次遇险，均赖石敬瑭力战得以解脱。后唐庄宗因兵变被杀时，石敬瑭佐李嗣源继位为帝。唐明宗入洛后，石敬瑭因佐命夺权有功，一跃成为有名望的功臣和方镇军阀，是后唐政权在北方地区军权最重的大员。后唐末，皇帝开始怀疑手握重兵的石敬瑭，处处提防，常常试探。石敬瑭也十分清楚自己所处的险境，事事小心谨慎。他借口“契丹移帐近塞”，边地急需统帅，出任太原尹、河东节度使等职，移驻太原。这一安排对石敬瑭来说就如“纵蛟龙入深渊”。他以契丹屡犯北地为借口，招训军兵，不断要求调运军粮，自己则上表称“羸疾，乞解兵柄”。总之，石敬瑭为了等待夺权时机的成熟，易代之际，韬光养晦，费尽了心机。

石敬瑭叛唐立晋的背景是勾结契丹活动的成功。契丹族的崛起，是唐末五代史上的重大事件。契丹在其杰出首领阿保机的带领下，东征西讨，如摧枯拉朽，东自海，西至于流沙，北绝大漠，扬威万里。阿保机统治期间，契丹已经频繁地南掠。其继任者耶律德光，更是一个野心勃勃的统治者，热衷于伺机南侵。当石敬瑭以出卖国格的条件向其请求援兵时，耶律德光当然乐意利用这种难得的机会，发兵去救石敬瑭。石敬瑭在叛变过程中，为了达到称帝的目的，不惜认比他小 10 岁的契丹皇帝耶律德光为父，甘当“儿皇帝”，并“愿以雁门以北及幽州之地为戎王寿，仍约岁输帛三十万”，用割地输币作为对契丹贵族支持他称帝的报偿。石敬瑭这种以民族投降为条件，换取后晋王朝建立的可耻行径，连其亲信刘知远都说：“称臣可矣，以父事之太过，厚以金帛赂之，自足致其兵，不必许以土田，恐异日大为中国之患，悔之无及。”可是一心想要夺权做皇帝的石敬瑭不顾个人人格尊严，厚颜无耻地认比自己小 10 岁的耶律德光为父，其可耻行径，受到历代史学家和广大人民的严厉谴责。

石敬瑭在政治上推行民族投降主义，屈节事契丹，镇压反抗。经济发达的幽云十六州的割让，其恶果一直影响辽和北宋王朝的终结。契丹以幽云十六州为基地，大肆南侵，城郭为墟，生灵涂炭，北方社会经济遭到严重破坏。经济上每年向契丹贡献丝绸 30 万匹，以及送给契丹贵族的大批贿赂，造成财力耗费，人民负担加重，影响社会经济的发展。事实上，石敬瑭的所作所为只有其心腹少数人赞同支持，不少藩镇则乘民心不归之机起兵反抗，石敬瑭则用各种办法加以镇压。兵连祸结，众多的反抗不仅在军事上大大削弱了石敬瑭的力量，更在心理上沉重地打击了他。石敬瑭终于忧郁成疾，不久就结束了可耻的一生，终年 51 岁。其死后不久，引狼入室的后晋也就被契丹所取，皇帝被俘，后晋一共存在十几年。

壮志未酬周世宗

原文：

世宗睿武孝文皇帝，本姓柴氏，邢州龙冈人也。柴氏女适太祖，是为圣穆皇后。后兄守礼子荣，幼从姑长太祖家，以谨厚见爱，太祖遂以为子。太祖后稍贵，荣亦壮，而器貌英奇，善骑射，略通书史黄老，性沈重寡言。太祖为汉枢密使、荣为左监门卫大将军。太祖镇天雄，荣领贵州刺史、天雄军牙内都指挥使。

乾祐三年冬，周兵起魏，犯京师，留荣守魏。太祖入立，拜澶州刺史、镇宁军节度使，检校太傅、同中书门下平章事。荣素为枢密使王峻所忌，广顺三年正月来朝，不得留。既而峻有罪诛，三月，拜荣开封尹，封晋王。是冬，卜以来年正月朔旦有事于南郊，而太祖遇疾，不能视朝者久之。

后周世宗柴荣

显德元年正月丙子，郊，仅而成礼，即以王判内外兵马事。壬辰，太祖崩，秘不发丧。丙申，发丧，皇帝即位于柩前。右监门卫大将军魏仁浦为枢密副使。二月庚戌，回鹘遣使者来。丁卯，冯道为大行皇帝山陵使，太常卿田敏为礼仪使，兵部尚书张昭为卤簿使，御史中丞张煦为仪仗使，开封少尹权判府事王敏为桥道顿递使。汉人来讨，攻自潞州。三月辛巳，大赦。癸未，郑仁诲留守东京。乙酉，如潞州以攻汉。壬辰，次泽州，阅兵于北郊。癸巳，及刘旻战于高原，败之，追及于高平，又败之。丁酉，幸潞州。己亥，侍卫马军都指挥使樊爱能、步军都指挥使何徽伏诛。壬寅，天雄军节度使符彦卿为河东行营都部署。夏四月乙卯，葬神圣文武恭肃孝皇帝于嵩陵。汾州防御使董希颜叛于汉来附。丙辰，辽州刺史张汉超叛于汉来附。辛酉，取岚、宪州。壬戌，立卫国夫人符氏为皇后。取石、沁州。乙丑，冯道薨。庚午，赦潞州流罪以下囚。如太原。忻州监军李勍杀其刺史赵皋，叛于汉来附。五月丙子，代州守将郑处谦叛于汉来附，契丹救汉。丁酉，回鹘使因难敌略来。符彦卿及契丹战于忻口，败绩，先锋都指挥使史彦超死之。六月乙巳，班师。乙丑，次新郑，前拜嵩陵。庚午，至自太原。秋七月庚辰，阅稼于南御庄。癸巳，枢密院直学士、工部侍郎景范为中书侍郎、同中书门下平章事，魏仁浦为枢密使。冬十月甲辰，杀左羽林大将军孟汉卿。

二年春二月，御札求直言。夏五月辛未，宣徽南院使向训、凤翔节度使王景伐蜀。甲戌，大毁佛寺，禁民亲无侍养而为僧尼及私自度者。秋九月丙寅朔，颁铜禁。闰月癸丑，向训克秦州。冬十月辛未，取成州。戊寅，高丽使王子太相融来。取阶州。十一月乙未朔，李谷为淮南道行营都部署以伐唐。戊申，王景克凤州。十二月丙戌，郑仁诲薨。

三年春正月，增筑京城。庚子，向训留守东京。壬寅，南征。辛亥，侍卫亲军都指挥使李重进及唐人战于正阳，败之。甲寅，重进为淮南道行营都招讨使。二月丙寅，幸下蔡浮桥。壬申，克滁州。甲戌，李景来求成，不答。壬午，景使其臣钟谟来奉表。丙戌，取扬州。辛卯，取泰州。三月庚子，内外马步军都军头袁彦为竹龙都部署。是月，取光、舒、常州。夏四月，常、泰州复入于唐。五月乙卯，至自淮南，赦京师囚。六月壬申，德音赦淮南囚。秋七月，皇后崩。扬、光、舒、滁州复入于唐。八月乙丑，课民种禾及韭。九月丙午，端明殿学士、左散骑常侍王朴为尚书户部侍郎、枢密副使。冬十月辛酉，葬宣懿皇后于懿陵。十一月庚寅，废诸祠不在祀典者。乙巳，杀李景之臣孙晟。

四年春正月己丑朔，赦非死罪囚。二月甲戌，王朴留守东京。乙亥，南征。三月丁未，克寿州。夏四月己巳，至自寿州。己卯，放降卒八百归于蜀。癸未，追册彭城郡夫人刘氏为皇后。五月丙申，杀密州防御使侯希进。秋八月乙亥，李穀罢，王朴为枢密使。癸未，蜀人来归我濮州刺史胡立。冬十月己巳，王朴留守东京，三司使张美为大内都点检。壬申，南征。十二月乙卯，泗州守将范再遇叛于唐，以其州来降。庚申，濠州团练使郭廷谓以其州来降。丁丑，取泰州。

五年春正月丁亥，取海州。壬辰，取静海军。丁未，克楚州，守将张彦卿、郑昭业死之。二月甲寅，取雄州。丁卯，如扬州。癸酉，如瓜洲。三月壬午朔，如泰州。丁亥，复如扬州。辛卯，幸迎銮。己亥，克淮南十有四州，以江为界。三月辛亥，李景来买宴。四月庚申，祔五室神主于新庙。壬申，至自淮南，回鹘，达靼遣使者来。六月辛未，放降卒四千六百于唐。秋七月乙酉，水部员外郎韩彦卿市铜于高丽。丁亥，颁《均田图》。九月，占城国王释利因德缦使莆诃散来。冬十月丁酉，括民租。十一月庚戌，作《通礼》、《正乐》。十二月丙戌，罢州县课户、俸户。

六年春正月，高丽王昭遣使者来。辛酉，女真使阿辨来。三月己酉，甘州回鹘来献玉，却之。庚申，王朴薨。丙寅，宣徽南院使吴延祚留守东京。癸酉，停给铜鱼。甲戌，北征。是月，吴延祚为左骁卫上将军、枢密使。夏四月壬辰，取乾宁军。辛丑，取益津关，以为霸州。癸卯，取瓦桥关，以为雄州。五月乙巳朔，取瀛州。甲戌，至自雄州。六月癸未，立皇后符氏，封子宗训为梁王、宗谊燕国公。戊子，占城使莆诃散来。己丑，范质、王溥参知枢密院事，魏仁浦同中书门下平章事。癸巳，皇帝崩于滋德殿。

（选自《周本纪·世宗》）

点评：

唐末以来，分裂的政治局面严重阻碍着社会生产力的发展。非正义的无休止的战争，破坏了社会生产，使人民遭受苦难。分裂局面使国内各地区之间的交流受阻，从而加强了社会经济发展的不平衡性，破坏了已经形成的中国社会经济的整体性。分裂局面不能有效地制止落后而强悍的少数民族的骚扰，而使民族矛盾加剧。同时分裂局面使中华民族和邻邦国家、地区经济文化的交流处于停顿。总之，分裂对整个中华民族来说，有百害而无一利。五代后期历史的发展，使统一的重任落到后周世宗柴荣和其继任者赵匡胤的肩上。

柴荣本是后周太祖郭威养子，因办事谨慎，为人厚道，深得郭威信任。柴荣出道前一度贩卖茶货，使得他有机会深入社会下层，深知民间疾苦和地方利弊，对于他日后的发展有极为重要的意义。郭威在位时间短，只能做到政局初安，来不及进行统一活动。郭威死，柴荣继位，是为周世宗。这位新皇帝，年富力强，积极有为。他继承郭威未竟之业，遵循其以治本为中心的治国方略，在积极整顿的基础上，推行了一系列重大改革，举凡法律、兵制、科举、吏治、税制，无不涉及，从而加强了国力，缓和了社会阶级矛盾。

经济上，柴荣关心民间疾苦，采取了一系列恢复和发展经济、振兴百业的措施。为尽快恢复发展社会经济，吸引逃户早日归来，宣布 5 年内归来者交还其原庄田的 2/3，原来官府强占的耕牛、农具，也公开答应退还原主。这一措施深受老百姓欢迎，“比户欣然”。同时还核定民产，均定租赋，打击豪强，减轻农民负担，这些规定促使逃户及早回归和荒弃庄田的开垦利用，大大有利于农村经济的恢复和发展，也增加了官府收入。

为增加劳动力和兵源，柴荣还对僧尼贵族进行了无情的打击。他下令天下的寺院，不是经过朝廷特别许可的，一律废除。一年之内共废除3万多座寺院，让二十多万和尚、尼姑还俗从事生产，同时严格规定出家为僧尼的条件。为解决钱荒，柴荣下令把寺院中的铜佛像销毁，拿来铸造铜钱，并亲自动手砍毁传说很灵验的铜像。另外，他修治黄河、疏导汴水等，改善漕运水路，不仅避免了水灾，而且使开封成为水路交通枢纽，山东和江淮的货物源源运来，加强了中央集权的物质力量，奠定了统一大业的物质基础。

政治上，周世宗虚心求谏。显德二年（955年），要求“内外文武臣僚，今后或有所见所闻，并许上章论谏。……时政之有瑕疵，勿宜有隐。”并要求臣下大面积命题对策。他一一审读后，对王朴的平边策中所提到的“先易后难”的主张最为赏识，并且随即付诸实践，把重大决策交给群臣们议论，择善而从。在用人风格上，柴荣比郭威更加讲求实际，魏仁浦出身贫寒，高干之战中，他劝柴荣“出阵需殊死战，遂克之。”世宗欲命仁浦为相，有人以其不由科第反对。柴荣回答：“古人为宰相，岂尽由科第耶?”遂决意用之。这些活动反映了柴荣专注于统一大业，但他不是迷信武力，而是依靠谋略。

军事上，周世宗念念不忘统一大业是他应完成的历史使命。周世宗即位初年，北汉勾结契丹进犯，朝廷震动。在这节骨眼上，周世宗如果有软弱的表示，刚刚建立不久的后周肯定就会亡国。柴荣力排众议，坚持亲征，以泰山压卵之势在山西高平与北汉契丹联军展开大战，击败北汉。交战之初，周军右翼骑兵望风而逃，步兵解甲投降。紧要关头，柴荣“自率亲骑，临阵督战”、“驰骑于阵前，先犯其锋”，军心大振，“战士皆奋命争先”，很快扭转了局面，周军大胜。战斗结束，周世宗对有功的将士赏赐、提升，把临阵后退的将领处死。赏罚分明，全军口服心服，“由是骄将堕兵，无不知慎。”大大提高了军队战斗力。

高平一战不仅保卫了后周政权，而且顺应了从分裂割据走向统一的历史趋势，有着积极的意义。战后，柴荣大力整顿军备，简选禁军，汰弱留强，其他骑步诸军，各命将帅自选，以提高士兵质量。后来，周世宗亲征南唐，取得淮河以南长江以北的 14 州县，与南唐划江为界。回过头来，他又下诏征伐辽国，收复了北方的部分失地。不幸的是，在进军途中，他得病死去，统一天下的大业只完成了一小半，时年才 39 岁。

周世宗精明强干，很有志气，他曾想为君 30 年，“以十年开拓天下，十年养百姓，十年致太平”的愿望，终于未能实现。然而他在位 5 年半的文治武功，已经为结束割据局面奠定了基础，为五代诸帝之冠。在中国历史上，亦有一定地位，所以史誉“神武雄略，乃一代之英主。”

才子帝王李煜

原文：

煜字重光，初名从嘉，景第六子也。煜为人仁孝，善属文，工书画，而丰额骈齿，一目重瞳子。自太子冀已上，五子皆早亡，煜以次封吴王。建隆二年，景迁南都，立煜为太子，留监国。景卒，煜嗣立于金陵。母钟氏，父名泰章。煜尊母曰圣尊后，立妃周氏为国后；封弟从善韩王，从益郑王，从谦宜春王，从度昭平郡公，从信文阳郡公。大赦境内。遣中书侍郎冯延鲁修贡于朝廷，令诸司四品已下无职事者，日二员待制于内殿。

三年，泉州留从效卒。景之称臣于周也，从效亦奉表贡献于京师，世宗以景故，不纳。从效闻景迁洪州，惧以为袭己，遣其子绍基纳贡于金陵，而从效病卒，泉人因并送其族于金陵，推立副使张汉思。汉思老不

南唐后主李煜

任事，州人陈洪进逐之，自称留后，煜即以洪进为节度使。乾德二年，始用铁钱，民间多藏匿旧钱，旧钱益少，商贾多以十铁钱易一铜钱出境，官不可禁，煜因下令以一当十。拜韩熙载中书侍郎、勤政殿学士。封长子仲遇清源公，次子仲仪宣城公。

五年，命两省侍郎、给事中、中书舍人、集贤勤政殿学士，分夕于光政殿宿直，煜引与谈论。煜尝以熙载尽忠，能直言，欲用为相，而熙载后房妓妾数十人，多出外舍私侍宾客，煜以此难之，左授熙载右庶子，分司南都。熙载尽斥诸妓，单车上道，煜喜留之，复其位。已而诸妓稍稍复还，煜曰："吾无如之何矣!"是岁，熙载卒，煜叹曰："吾终不得熙载为相也。"欲以平章事赠之，问前世有此比否，群臣对曰："昔刘穆之赠开府仪同三司。"遂赠熙载平章事。熙载，北海将家子也，初与李榖相善。明宗时，熙载南奔吴，榖送至正阳，酒酣临诀，熙载谓榖曰："江左用吾为相，当长驱以定中原。"榖曰："中国用吾为相，取江南如探囊中物尔。"及周师之征淮也，命榖为将，以取淮南，而熙载不能有所为也。

开宝四年，煜遣其弟韩王从善朝京师，遂留不遣。煜手疏求从善还国，太祖皇帝不许。煜尝怏怏以国蹙为忧，日与臣下酣宴，愁思悲歌不已。

五年，煜下令贬损制度。下书称教，改中书、门下省为左、右内史府，尚书省为司会府，御史台为司宪府，翰林为文馆，枢密院为光政院，诸王皆为国公，以尊朝廷。煜性骄侈，好声色，又喜浮图，为高谈，不恤政事。

六年，内史舍人潘佑上书极谏，煜收下狱，佑自缢死。

七年，太祖皇帝遣使诏煜赴阙，煜称疾不行，王师南征，煜遣徐铉、周惟简等奉表朝廷求缓师，不答。八年十二月，王师克金陵。九年，煜俘至京师，太祖赦之，封煜违命侯，拜左千牛卫将军。其后事具国史。

（选自《南唐世家·李煜传》）

点评：

五代后期时南方各小国，由于战争较少，社会环境相对安定，经济生活较为富裕，官僚士人无不热衷诗词绘画，形成崇尚文艺的社会风气。城市出现了一批讲究物质享受，精通琴棋书画、诗词音律的文士，他们在行事上与皓首穷经的士子不同，喜交游，风雅不羁，才华出众。其杰出代表就是南唐后主李煜。

李煜，南唐元宗李璟第六子，是南唐的亡国之君。他即位时，南唐国势已衰，宋朝正在虎视石头城。李煜做了15年小皇帝，在位期间对北宋卑躬屈膝，不断以金帛珠宝结宋朝皇帝的欢心。这15年实际上是胆战心惊，为小国存亡忧虑不安的15年。李煜虽做了皇帝，但实质上仍然是一位风流才子。他自幼聪慧，多才多艺，善属文，工书画，知音律。他虽没有帝王之才，却和其父一样，迫于绍袭而勉为人主。他不堪寂寞而烦忧的君王生活，把一腔感情倾注在国后周氏姐妹身上。在当时国运日蹙的环境下，李煜有为君无策的难言苦衷，只得寄情于爱后，唯以美人安慰自己空虚的心。降宋以后，从皇帝宝座跌入囚徒的深渊，过的是“日夕以泪流面”的日子，那痛苦更是难言了。

李煜作为君主是个失败者，然而他在文学艺术方面的造诣则为历代帝王中所罕见，尤其是他的词作在中国文学史上占有重要地位。他的词被公推为晚唐五代词中最杰出之作。他的前期作品承晚唐以来的“花间派”词风，大多写宫廷享乐生活，但绘情绘景十分真切，描述人物，丝丝入扣，非常生动。后期作品多写亡国之痛，感叹身世，怀念过往岁月，有浓厚的感伤情绪，但形象显明，语言生动，撼动人心。其代表作《虞美人》与《浪淘沙》词，突出表现了他对“故国”、“江山”的痛念，把他从皇帝到囚徒的悲伤，表现得分外真切和沉重，感情强烈激越，撼人心魄，催人泣下。词中的“雕栏玉砌”与“小楼”作鲜明对比，春水向东流，如泣如诉，悲切凄凉，抒发了作者内心深处的积郁与悲愤，为国破家亡而痛哭流涕，情真意挚。这两首词其中包蕴着的内容有许多是不容易表达明白的，但读起来竟像是脱口而出，随笔写成，看不出一点选词炼字的痕迹，显示了他的不凡的艺术功力。

李煜本无经国之才，对安邦治国一无定见，具有高超的文学才华而无政治才能，面临的又是强大的正在完成全国统一大业的宋朝，他不是个暴君，并且能够自悔、自责、自痛，但是他的不明是非，不能审时度势、怠政误国，也是不容宽恕的。

李煜的这些特点，构成他的悲剧风流帝王形象，但他作为五代时期词坛最耀眼的星辰，无论是内容还是形式都冲破了“花间派”的藩篱，开创了一个词史上的新时期，是辉煌宋词的开路人。王国维评论说：“词至李后主而眼界始大，感慨遂深，遂变伶工之词为士大夫之词。”

千古名言

夫欲著其罪于后世，在乎不没其实。

——语出《梁本纪第二》。意思是说，想要一个人遗臭万年，在于按照实际情况记载他的事实。

欧阳修所讲的是史学撰述的一个重要原则。中国古代史学撰述中存在着“直笔”与“名教”的冲突，一方面，史学撰述有强调“书法无隐”的“直笔”传统，另一方面，史家又必须依据时代的道德标准和礼法原则对史事进行评判，很多时候就出现了为凸显“名教”的原则而故意歪曲事实的记载，走到了“直笔”的对立面——“曲笔”。欧阳修针对这种状况，提出历史评价要建立在“不没其实”的基础之上，是有积极意义的。

忧劳可以兴国，逸豫可以亡身。

——语出《伶官传序》。忧劳：忧虑劳苦。逸：安逸，舒适。豫：快乐。亡：灭亡，死亡。

这句话是欧阳修根据后唐庄宗李存勖由兴国到亡国的史实而得出的结论，事实上，中国历代王朝之兴无不和“忧劳”相关，王朝之亡也无不与“逸豫”相连。老子说：“祸兮福之所倚，福兮祸之所伏。”祸福的转换是如此微妙。“忧劳”本不是福，然而可能“兴国”，“逸豫”本是福，但却可能导致“亡身”，古人“居安思危”的忧患意识不值得我们深思吗？

毁誉乱真深可畏，直言不闻深可畏。

——语出《唐本纪第六》。意思是说，对于一个人的诋毁和赞誉到了以假乱真的地步是很可怕的，听不进坦率无忌的进言是很可怕的。

这是欧阳修转述的“不足惧者五，深可畏者六”中的两条，其意思都是在告诫统治者要听得进批评的意见而不可只听阿谀奉承，要听不同的意见而不可偏听偏信。“自古治世少而乱世多”，原因之一就在于大多数统治者无法做到这一点。

善人日远，而小人日进。

——语出《唐六臣传》。意思是说，贤能的人日益离去，肖小之徒就日益汇聚。

这是欧阳修对于所谓“朋党”所发的感慨。因为政见不同结朋结党，形成不同的集团原本是正常的现象。但北宋时期的“朋党”却成了有不轨企图的小人集团的代名词，成为打击不同政见者的工具。为了避免给人以结成“朋党”的口实，人们变得不敢推荐真正有才能的人，造成的结果就是贤能的人日益离去，宵小之徒日益汇聚。欧阳修对此痛心疾首。

习见善则安于为善，习见恶则安于为恶。

——语出《杂传第三十九》。意思是说，见惯了为善人们就会安于为善，见惯了为恶人们就会安于为恶。

古人云：“久入芝兰之室而不闻其香、久入鲍鱼之肆而不觉其臭”，这里深刻地指出了环境对于人的影响之大。当人在一个环境中待久了，往往就会认同周围的环境而迷失自己。人相对于环境总是被动的，如果是一个“善”的环境倒还罢了，但如果身处一个“恶”的环境，人们该何去何从呢?

《宋史》

史家生平

《宋史》和《辽史》、《金史》并称“三史”，皆成书于元至正年间（1341—1368 年），为元末官修史书。其实早在元世祖即位之初，就有撰修辽、金二史的动议。元灭南宋后，又不断有撰修三史的措施，忽必烈曾命臣下撰修三史，但都未见成绩，延祐（仁宗）、天历（文宗）时也屡诏修三史，都未克成功。究其原因，主要是“义例”即宋、辽、金三者关系难以确定。所谓“义例”，实际是三者何为正统的关系。汉人学者多主宋为正统，但元以北方少数民族入主中原，事类辽、金，又不能不祖辽、金，各持己见。当时的意见主要有三种：一是以宋为正统，元承宋统，应仿《晋书》体例，以宋为主体，辽、金为载记。二是仿《南史》、《北史》之法，以辽、金为北史，北宋为宋史，南宋为南宋史。三是有人指出，宋、金均非正统，如危素即认为，本朝立国于宋、金未亡之先，非承宋、金而有国也。诸儒争论，久而未决。元顺帝即位后，伯颜专权，废科举，排斥汉人。至元六年（1340 年），脱脱发动政变，逐走伯颜，任中书右丞相，废伯颜旧政，恢复科举，开马禁，减盐额，蠲负逋，开经筵等，这些措施称为“更张”，主要精神是用汉法和儒术治理天下。这种情况下，为讲求文治，以古鉴金，按中国传统为前代修史也就是必然的了。至正三年（1343年）三月，脱脱等再次奏请撰修辽、宋、金三史，元顺帝下达有关撰修三史的诏书，任命脱脱为都总裁，铁木儿塔识、太平、张起岩、欧阳玄、吕思诚、揭傒斯为总裁，负责编纂事宜。又选一些文臣任史官，在翰林国史院设辽史、金史、宋史三个史局，同时修三史。修三史诏对于三史的纂修有实质性的推动作用，它着重指出了修三史同元朝统治的关系，认为宋、辽、金三朝“为圣朝所取制度、典章、治乱、兴亡之由，恐因岁久散失，合遴选文臣，分史置局，纂修成书，以见祖宗圣德得天下辽、宋、金之由，垂鉴后世，做一代盛典”。诏书强调要选“文学博雅，才德修洁”的人编修史书，诏书除任命总裁官外，还任命提调官负责搜求三朝实录、野史、传记、碑文等史料，令史馆制定修史凡例。脱脱等人制定的《三史凡例》如下：“——帝纪：三国（指辽、宋、金三朝）各史书法准《史记》、《西汉书》、《新唐书》。各国称号等事准《南、北史》。——志：各史所载，取其重者作志。——表：表与志同。——列传：后妃、宗室、外戚、群臣、杂传。人臣有大功者，虽父子各传。余以类相从，或数人共一传。三国所书事有与本朝相关涉者，当禀。宋、金死节之臣，皆合立传，不须避忌。其余该载不尽，从总裁官与修史官临文详议。——疑事传疑，信事传信，准《春秋》。”（见中华书局点校本《辽史》附录）回答了争论几十年的“正统”问题，决定辽、宋、金分写，各为正统，各用自己年号，确定了平等对待三史的原则，在史书处理民族关系上是一大进步。还规定了撰修中可能遇到的问题，并提出了写信史的原则：“疑事传疑，信事传信”、“金宋死节之臣，皆合立传，不须避忌”。比起《明史》避讳南明史，胜出一筹。《宋史》至正三年（1343年）四月开始编纂，至正五年（1345年）十月二十一日成书奏进。其间脱脱以疾辞去相位，总裁官之一的揭傒斯得寒疾去世。《宋史》由中书右丞相、领三史事阿鲁图领衔进呈，但他其实与《宋史》的编纂并无很大关系，只是丞相兼领史事而已。修三史诏明确地提出了修三史的目的是总结三朝治乱兴亡原因，借鉴其典章制度，并张扬元朝祖宗“圣德”及灭宋、金的功绩垂鉴后世，实质上是为元朝张本，起到巩固统治的作用。

根据《宋史》所附《修史官员》所载，参与修《宋史》的人员有：中书右丞相、领三史事阿鲁图，左丞相别儿怯不花，都总裁脱脱，总裁铁木儿塔识、太平（贺惟一）、张起岩、欧阳玄、李好文、王沂、杨宗瑞，史官有斡玉伦徒、泰不华、危素等，以及提调官纳麟、伯颜等 23 人。《进〈宋史〉表》署名虽为阿鲁图，但实际上阿鲁图与左丞相别儿怯不花只是按例兼领三史事，与《宋史》编纂并无直接关系。真正编纂《宋史》的是都总裁脱脱及几位总裁和史官们，脱脱对三史的编纂贡献最大，功不可没：上书请求修三史，对三史的编纂起了推动作用；确定了三史各为正统，平等对待三史的修史原则，解决了几十年来三史何为正统的争论，并且平等对待汉族所建皇朝史与少数民族所建皇朝史也是史书在处理民族关系上的一大突破。此外，脱脱还为三史编纂提供了经费，采纳别人建议，以江南三省贡士庄钱粮作为修史的专项费用，并上奏皇帝使儒臣欧阳玄、揭傒斯等人在国史院修撰辽、宋、金三史，修三史的写作班底也主要由他拟定。另外，总裁关于编书的各项意见最后也要由身为三史撰修最高负责人的脱脱裁定。总之，三史的最后成书，脱脱功居首位。而三史的具体撰写则是由总裁官和史官完成的。一般是由史官撰写初稿，然后进呈总裁，由总裁判定是非，判决可否，最后删定。总裁一般是由德高望重、长于史才的人担任，史官则挑选文学博雅、才德修洁的文士充任。当时的文学侍从之士都令入馆著述三史。《宋史》的总裁官中欧阳玄、揭傒斯、张起岩三人所起的作用最重要。

欧阳玄，字原功，浏阳(今属湖南）人。元代著名的文学家、史学家，博通经、史、子、集，对程朱理学尤为熟悉。至正三年（1343年），应召为三史总裁，曾向脱脱提出修史的关键在于购书和选史官，建议被采纳，他还定三史凡例，为修三史提供了依据。《宋史》的论、赞、表、奏（含《进〈宋史〉表》）都出自欧阳玄之手。撰修过程中，史官有的自恃其才，议论不公，欧阳玄等他们呈上稿后，加以改定，并不与史官争论，欧阳玄是《宋史》的主要作者之一。

揭傒斯，字曼硕，龙兴富州（今江西丰城）人，他也是《宋史》的主要作者之一，是当时号称的“儒林四杰”之一。揭傒斯对律历方面研究很深，曾参与编修《经世大典》，自己撰写《宪典》。脱脱曾分别询问欧阳玄和揭傒斯修史之本，揭傒斯认为修史以用人为本，用人之道当以心术为本，他对当时人只知求作史法不管作史意很不满，认为古人对于善言虽微必详，恶事虽隐必书，意在劝诫。揭还尽力实践自己的主张，他位任总裁，凡呈上的史稿不管政事得失还是人物臧否，是非一律公论，如果史官们对此仍持异论，揭则反复辩论，争取大家同意他的意见。后来揭为了早日完成《宋史》，焚膏继晷，夜以继日，奋笔疾书，人物臧否、事实论定皆不假手他人，自任劳责，终因劳累过度，身体失调，得寒疾逝世。他虽卒于《宋史》未成之前，但对《宋史》的贡献却是不可磨灭的。

另一个总裁官张起岩也是《宋史》的主要作者之一。张起岩，字梦臣，济南人，他博学多才，对宋儒道学的情况尤为熟识。他任总裁官时也像揭傒斯一样，每有史官悻悻露才，议论不公时，他就据理窜定。

其余的几个总裁，铁木儿塔识、太平、吕思诚、李好文、杨宗瑞对《宋史》也多有贡献。太平曾受业于赵孟頫，他任中书右丞时，三史久未能修，他极力促成了此事。铁木儿塔识对宋朝的理学很有研究。李好文见闻很广，他们对《宋史》的纂修也有协赞之力。杨宗瑞则长于历史地理记问度数之学，对各志的编纂颇有裨益。另外除都总裁、总裁外，史官们对负责起拟《宋史》初稿，贡献也不少，据《宋史》卷末所附《修史官员》来看，《宋史》局的史官至少有23人，多位进士出身，供职翰林院，修三史诏下后进入史馆修史的，也都是一时之选。

史著介绍

1.《宋史》的编纂

《宋史》叙事始自960年赵匡胤称帝，终于1279年元军攻破厓山（今广东新会南），陆秀夫负帝昺投海，记有宋一代320年的史实。《宋史》体例完备，纪传志表皆有，其中本纪47卷、列传255卷、志162卷、表32卷，合计496卷，近500万字，是正史中篇幅最大的。

本纪：《宋史》本纪以宋为正统，用宋年号，辽、金称号，同《南史》、《北史》。本纪共47卷，即十六帝、二王，计有：太祖纪（3卷）、太宗纪(2卷)、真宗纪(3卷)、仁宗纪(4卷)、英宗纪(1卷)、神宗纪(3卷)、哲宗纪（2卷）、徽宗纪（1卷）、钦宗纪（1卷）、高宗纪（9卷）、孝宗纪（3卷）、光宗纪（1卷）、宁宗纪（4卷）、理宗纪（5卷）、度宗纪（1卷）、瀛国公（1卷附二王）。本纪书法准《史记》、《汉书》、《新唐书》，每纪

《宋史》书影

后例有赞，其中北宋不载诏令，南宋有载之者。钱大昕认为本纪自宁宗以后就繁简无法，度宗、瀛国公两纪尤其冗杂，瀛国公纪采集史料非常博杂，但却不知删汰，对诸臣谥号亦详加记之，按史法臣子谥号应归入列传，收入帝纪既造成重复，况且同一情况又有记有不记的，体例很不划一。

表：《宋史》只设《宰辅表》（5 卷）、《宗室世系表》（27 卷），合计 32 卷。《宰辅表》很醒目，共分四行，前两行记宰相任免，后两行记执政除罢。《宗室世系表》就像帝王家谱，卷数虽少，篇幅却占全书的五分之一。《宋史》卷帙浩繁却仅此二表，表少传不得不多，传多文字则冗杂，不如多列表，文简而醒目。《金史》有交聘表专记与宋、西夏、高丽和战交往之事。与宋为邻的国家比金多很多，却不设《交聘表》，不得不多费很多文字来叙述，这也是造成《宋史》冗杂的原因之一。

志：《宋史》志 162 卷共 15 篇：《天文志》（3 卷）、《五行志》（5 卷）、律历志（17 卷）、地理志（6 卷）、河渠志（7 卷）、礼志（28 卷）、乐志（17 卷）、仪卫志（6 卷）、舆服志（6 卷）、选举志（6 卷）、职官志（12 卷）、食货志（14 卷）、兵志（12 卷）、刑法志（3 卷）、艺文志（8 卷）。诸志合计占全书篇幅的三分之一，内容详细居“二十四史”之冠，每志皆有序，叙其源流、概目，志的名目没有新创，只是把律志、历志合二为一，礼志分为两卷。篇幅最多的是《礼志》，长达 28 卷，详细记载了两宋制定“五礼”的过程以及“五礼”的内容及与之相关的评论。其中吉礼 12 卷，嘉礼 6 卷，宾礼 5 卷，军礼 1 卷，凶礼 4 卷。《艺文志》分经、史、子、集四类，著录文献 9819 部，共 119972 卷，其中子部儒家类宋人著作占五分之四，可见宋代儒学的兴盛。但因史臣不能博览群书、考订异同、辨别真伪，以致造成《艺文志》重复脱漏、讹误及分类失当者数不胜数。像范成大《吴郡志》属地理类却归入传记，王应麟《小学绀珠》本属类书却归入小学类。还有同一本书二见或三见者，像赵明诚《金石录》既收入目录类，又见于小学类。还有同一类前后重出者，像张九成《语录》，在儒家类两次出现。记载图书缺略的也很多，宋人著作钱大昕时仍存而未著录的就有六十多种。但尽管存在种种失误，《宋史·艺文志》仍是反映唐宋以来历史文献存佚、增损变化的重要目录书。《律历志》亦本之旧史，律、历本应分别论述，但元史臣仅沿袭宋国史旧志，使律论和历议错杂，显得杂乱无章、漫无头绪。《地理志》记宋神宗元丰年间（1078—1085年）的地理建置情况和户口多少。但义例较不统一。《河渠志》详细记载河道决堤情况和历代治理河患的方略，并叙及江、淮以南各江河舟楫灌溉之利。《职官志》写出了宋朝官制的细密，反映了宋对唐代官制的继承、发展关系。《食货志》遵循杜佑《通典》“首食货而先田制”的思想，以农田、方田、赋税、布帛、和籴、漕运、屯田、昌平义仓、课役、赈恤为上篇，以合计、钱币、会子、盐、茶、酒、坑冶、商税、市易、均输、互市、舶法为下篇，大致上反映了有宋一代的经济面貌和经济、财政制度。

传:《宋史》传共255卷，记2000多人，是正史中记人的盛举。分别是后妃传（2卷）、宗室传（4卷）、公主传（1卷）、北宋诸臣传（109卷）、南宋诸臣传（68卷）、循吏传（1卷）、道学传（4卷）、儒林传（8卷）、忠义传（10卷）、隐逸传（3卷）、列女传（1卷）、方技传（3卷）、外戚传(3卷)、宦者传(4卷)、佞幸传(1卷)、奸臣传(4卷)、叛臣传(3卷)、世家传（6卷）、周三臣传（1卷）、外国传（8卷）、蛮夷传（4卷）。共分22类，分类较有条理，不仅按后妃、宗室、群臣等名目分类，而且每类中各人也以类相从，如《道学传》就将程氏门人归入一类，朱氏门人归入一类。“外国”和“蛮夷”分为两类，开国内、外分别叙述的先河。特设《世家传》记各割据政权的历史。《廿二史考异》非之，认为其处置不当，并且在传中设世家，又未标明，义例不符。还设《周三臣传》记载拥周反宋的韩通、李筠和李重进三人事迹。三人曾与宋太祖并肩事周，而死于宋未受禅之际，新、旧《五代史》皆不为立传，元史臣为之补设，是取“洛邑之顽民而殷之忠臣”之义。《道学传》是《宋史》新设的篇目，因为《宋史》以表章道学为主，所以新创此传，认为洛、闽各大儒讲明性道，自谓直接孔孟之传，所以讲性理的入《道学传》，谈经术的入《儒林传》。《道学传》置《儒林传》之前，共4卷，分记周敦颐、程颢、程颐和程氏门人、朱熹、张栻和朱氏门人。《道学传》序称："道学盛于宋，宋弗究于用，甚至有厉禁焉。后之时君世主，欲复天德王道之治，必来此取法矣。”反映了元代史臣崇尚道学的思想倾向，也写出了宋代意识形态的特色。但钱大昕对专立《道学传》不以为然，他认为欲尊周、程、张、朱可为其设专传，其余人等入《儒林传》，这样程朱等五子不必辞以儒学之名，而其道欲尊，其余诸人也不得并于五子，《宋史》撰者徒知尊道学而不知其所以尊者。《宋史》立传，卷数虽多，包容人物虽盛。但所传或疏漏不全，或重复，或颠倒，或误入，或义例不一，问题多多，不一而足。现列主要问题如下：(1) 一人两传者。如程师孟已见于列传第九十卷，《循吏传》又有程师孟传，两篇无一字相异。再如《李光传》末附其子李孟传事150多字，而另外又单为李孟传立传。(2) 无传而称有传。像《钱端礼传》末说其孙钱象祖自有传，实无。《王安节传》称其为节度使王坚之子，王坚亦无传。《张昌元传》称父张秘自有传，亦无。(3) 不必立传而立传者，《宋史》传载2000多人，实有一些不必立传却立了的，像很多在五代做官，入宋后仍袭旧官并无功绩的，《宋史》都一一列之，并叙其履历，还有一些并未在宋出仕的仍为其立传。(4) 宜附传而立专传的。《廿二史考异》认为有一些人祖孙父子事迹可比附的应立附传。以免造成史书繁冗，像陈密可附其父《陈俊卿传》，刘瑾可附其父《刘沆传》等，如此之类，不一而足。(5) 立传编次失当，像权邦彦是徽、钦时人，却立于宁宗诸臣之列，汪若海、张运、柳约也是钦、高时人，却厕于理宗诸臣之列。（6）立传是非失当。像史弥远掌权三十几年，势焰嚣张，且有废立大罪，却不入奸臣传。郑清也有失四蜀之罪，南宋之亡肇端于此，本传却无一言提及，而南宋末王坚死守合州，蒙古倾国来攻，围数月攻克不下，宋末武臣无出其右，《宋史》却不为立传，令人叹息。（7）数人共事各自专功。如贝州王则之乱，讨平的是明镐和文彦博，但《郑骧传》却说讨平王则是郑骧一人之功。又如夏竦卒，赐谥文正，司马光、刘敞皆驳之，但《司马光传》和《刘敞传》都仅叙及传主力驳之功，一言不及另外之人，似为一人之功。

《宋史》于元顺帝至正三年（1343 年）四月开始编修，至正五年（1345 年）十月二十一日成书奏进，共 496 卷，是“二十四史”中卷帙最浩繁的。短短两年半时间编出如此浩大的《宋史》，简直不可思议，但了解到《宋史》编纂所依据的史料，也就不足为奇了。有宋一代因为经济文化发达，又重文轻武，私家著述十分丰富。国家又非常重视历史编纂，史馆组织非常健全，史学也很发达，官修史书就有起居注、时政记、日历、编年体实录及纪传体国史。据《宋史·汪藻传》记载：“书榻前议论之词则有时政记，录柱下见闻之实则有起居注，类而次之，谓之日历，修而成之，谓之实录”。元灭南宋后，董文炳率军入临安，对奉元世祖诏招宋士而到临安的翰林学士李槃说：“国可灭，史不可没。宋十六主，有天下三百余年，其太史所记具在史馆，宜悉以备典礼。”于是“乃得宋史及诸注记五千余册，归之国史院。”（《元史·董文炳传》）到元修《宋史》时，宋代官私史料还大都保存，除上面提到的国史、实录、日历、起居注、时政记外，还有一些记典章制度的专书，如《宋会要》、《文献通考》、《宋刑统》、《百官公卿表》等；一些宋当事人编写的编年体宋史，如李焘的《续资治通鉴长编》，徐梦莘的《三朝北盟会编》，李心传的《建炎以来系年要录》；一些地方志、全国一统志，如《太平寰宇记》、《元丰九域志》等；一些目录书，如《崇文总目》、《郡斋读书志》、《直斋书录解题》等；另外，宋人的笔记及文集流传的也非常多，其中也保存了很多珍贵史料。总之，元修《宋史》，不像修《辽史》材料有限，而是史料汗牛充栋、浩如烟海，修史者不患无米下炊，而患选录、组织材料不易。他们的具体做法是“辞之繁简以事，而文之今古以时，旧史之传述既多，杂记之搜罗又广。于是参是非而去取，权丰约以损增。”(《进〈宋史〉表》)《宋史》的本纪多源自宋国史及实录，《宰辅表》亦取材实录，《宗室世系表》则本自《仙源积庆图》、《玉牒》等书；只是综合《三朝国史》、《两朝国史》、《四朝国史》和《中兴四朝国史》稍加整理并补齐理宗以后部分形成的，《宋史》宁宗以前传多源自国史并加以改动，理宗以后传则大多取材于实录、日历附传及墓志铭、行状、神道碑等文字。《宋史》之所以修撰极速实因本自宋代大量史料的缘故，史官们只是稍加整理贯通，义例既定，遂着手编排，纪表志传也就很快完备了，《宋史》编纂在“二十四史”中并不算成功，以后屡有重修《宋史》者，包括很多大学问家，如归有光、汤显祖、顾炎武、黄宗羲、邵晋涵等，皆未能取代元修《宋史》，大概是因为《宋史》所包含的史料极为丰富且有很多已湮没的缘故吧。

《宋史》问世后，历代史家多对其持否定态度，讥其草率从事，全依宋旧史著录却无剪裁损益之功，北宋繁芜，南宋理、度二朝又失之疏略，编次失当，错误百出。赵翼在《廿二史札记》中认为“《宋史》繁芜”且列出《宋史》的许多缺点，如“是非失当”、“各传回护”、“附会”、“专功”、“错谬”、“遗漏”、“缺传”、“排次失当”、“一人两传”等。钱大昕在《潜研堂文集》中则认为：“世人读《宋史》者，多病其繁芜，予独病其缺略。”邵晋涵在《四库提要·宋史》中也指出了《宋史》的缺漏，认为《宋史》详于北宋，疏于南宋，理、度两朝更是罕所记载，《文苑传》北宋详细，南宋仅录周邦彦数人。《循吏传》南宋竟无一人。而且《宋史》舛误处更是不能胜数，记事纪传互异，志传不符，传文前后互异者屡见不鲜。总结《宋史》编纂的失误处大致有以下几条：

首先，叙事冗杂。《宋史》是“二十四史”中最浩繁的，它记北、南宋共319年历史和《明史》记载的近300年史事相差不多，却比《明史》多出164卷，其叙事冗杂可见一斑。主要表现：(1）一事屡见。如诸后妃崩薨谥号附庙前后之序，《后妃传》已有记，日月则本纪详书之，《礼志·园陵篇》又一一载入，这是重复得最厉害的。《选举志》已经记载苏轼《论选举疏》，而《苏轼传》又原原本本载入，本来采用互见的方法就可以了，《宋史》却因编纂不精，一再重复，造成史书的冗杂，这种一事互见的例子《廿二史考异》记载甚详，可参阅。

(2）多载无用之文。像王问的《公默先生传》、夏侯嘉正的《洞庭赋》、朱昂的《广闲情赋》、路振的《祭战马文》等，既无文采又无劝诫之功，《宋史》却一一附入各列传，徒增篇幅，当然今天看来对保存史料也有一定的积极作用。

(3）赘文多而无确。因《宋史》列传多本之宋朝国史旧传，国史又多依据家传、碑志、行状、言行录、笔谈，所以列传中叙先代官资的赘文很多，又多为装点门面，往往不确。像《晁补之传》记补之为太子少傅晁迥五世孙，宗悫之曾孙。但据考证，晁补之既非晁迥五世孙，又非宗悫之曾孙，这么写只是家传中为炫耀门楣而采用，《宋史》列传却全文照搬，不似正史，却似替人作墓志铭，追叙几代先祖却无事迹，如此屡见不鲜，像《陶节夫传》甚至追溯到晋时的大司马陶侃。另外《宋史》为父亲立传叙其籍贯后，在为其子孙立传时又叙一遍原籍也造成文字重复。

(4）一人两传。如程师孟一见列传卷九十，一见《循吏传》，两篇文章几乎无一字相异。

其次，事迹遗误。《宋史》篇幅虽浩繁，但却多有疏略，事迹遗漏的很多，像吴缜作《新唐书纠缪》，其书至今还存在，吴在史学史上也占有一席之地，今天所作史学史皆有记载，而《宋史》竟不为之立传，再如刘克庄是宋末诗文大家，姜夔是南宋词学大家，开雅词一派，两人在文学史上占有重要地位，《宋史》也不为之立传。还有人虽立传，却漏叙其主要事迹的。像叶梦得入《文苑传》，但他的著述如《石林燕语》、《避暑录话》却不录入，通篇只叙其吏绩，既入《文苑传》，却无一语涉及文章，这是遗漏应记之事的例子。还有一些位极人臣关系到当时政局的人物都未为立传，像乾道（1165—1173年）、淳熙（1174—1189年）间宰相曾怀，嘉定（1208—1224年）间宰相钱象祖，绍兴（1131—1162年）末同知枢密院事周麟之皆不立传。除了遗漏外，《宋史》所记事迹错讹的也很多，如《吕蒙正传赞》说国朝三次入相唯赵普及蒙正，但以后王钦若、张士逊、吕夷简、文彦博、陈康伯都三次入相，蔡京甚至四次入相，吕传赞未深究即下此断言。又如《太祖纪》记建隆元年正月，江宁军节度高怀德为义成军节度使，其时宋节镇无江宁军之名，江宁系宁江之误。《职官志》卷一记南渡后，置左、右丞相，省仆射不置。这种说法也有误。南渡初，仍有左、右仆射之称，直到乾道八年才改仆射为丞相。《艺文志》记有《宋太祖实录》50卷，注李沆、沈伦修，但实际上把两本书混为一谈了。《太祖实录》有两种，各50卷，一为太平兴国（976—984年）中李昉、扈蒙、李穆等修，宰相沈伦监修、表进，一为真宗咸平（998—1003年）中钱若水、李宗谔、梁颢、赵安仁等修，宰相李沆监修、表进，《艺文志》将二书混为一书，而且将李沆列于沈伦之前，实为粗心不细究之故也。其余错误不胜枚举，就不再叙说了。

再次，详略失当。《宋史》详略安排很不得当，北宋详尽而南宋疏略，本纪自宁宗以后，繁简无法，度宗、瀛国公两纪冗杂异常。列传中北宋人记录较全，南宋人却多有遗漏。《宋史》漏载的三个宰相都是南宋人。而

《宋史·循吏传》所记全是北宋人，南宋竟一个没有。南宋文人有成就的很多，著述也很丰富，但《宋史·文苑传》却漏记很多，像姜夔、刘克庄等大名鼎鼎的词人、诗文家都未能立传，其余更是挂一漏万，《宋史·忠义传》多收忠义之士，但南宋死守合州的王坚、生祭文天祥的王炎午和终身不向北的郑思肖等人忠义事迹都很突出，却未能入《忠义传》。另外，《宋史》详略失当处还体现在《宋史》重京朝，轻地方，列传所记多京官，地方官漏载之人甚多。后来陆心源撰写《宋史翼》补传 808 人，附传又有 60 人，所补多为地方官，像南宋死守合州的王坚及守利州的王佐皆是名震一时的地方官，却都漏载。

最后，编次不当。《宋史》还有很多因编次不精造成的失误。如《宋史》记汪若海、张运、柳约都是钦宗、高宗时人，却与理宗诸臣同列。《忠义传》陈东、欧阳澈排在最后，而宋末起兵诸人却排在前面，这种时代错乱、次序颠倒的例子不少。还有父子皆立传，子传却排在父传之前的，往往授人以笑柄。《宋史》还有纪、表之间，表、传之间甚至一篇之间互相抵牾、彼此矛盾的，像《宋史·燕王德昭传》记赵从信赠楚国公，一会儿又说赠楚安僖王，一篇之中，自相矛盾。《谢深甫传》开始叙其为一代名臣，赞则说韩侂胄专政，严禁道学，好人全无，谢与之同时秉政，并曾弹劾陈傅良、赵汝愚等，与正士为难，传中称其为君子，赞则称其为小人，不知何故。还有论赞不附本传却附于他人传后的，最明显的就是《牛皋传》后总论岳飞之功，这段论赞本应附于《岳飞传》后的，原因是宋国史本以牛皋附岳飞传之后，《宋史》为牛皋单独立传，而国史原传末总论岳飞功绩的文字却未转到《岳飞传》后，这是没有订正的失误。《宋史》还存在义例不统一的情况，像五代史南唐徐铉、北汉杨业入宋后皆出仕为官，入宋臣传。但南唐周惟简、西蜀欧阳迥也仕于宋，却不入宋臣传而附于南唐、西蜀世家之后。

以上是后人对《宋史》的评论和《宋史》编纂的失误之处，官修史书众手成书，编纂上出现问题也在所难免，但像《宋史》编修如此草率、粗略的却罕见，概因其成书太速又涵盖内容太丰之故吧！

2. 历史思想和史学思想

（1）以理学作为指导思想。元代理学成为思想界主流，《宋史》的编撰者也以表彰道学作为指导思想。一切是非功过，包括国家兴亡、人物是非及社会发展都以道学作为批判的标准。如撰者在总结两宋历史时说："赵宋虽起于周武，功成治定之后，义仁传家……然仁之弊失于弱。"又说："建炎而后，土宇分裂，犹能六主百五十年而亡，岂非礼义足以维持君子之志，恩惠足以固结黎庶之心欤？"（《宋史·瀛国公纪》）把北宋的弱归结于"以仁传家"，把南宋的存在归结为"礼义"和"恩惠"。这是完全空言"性命之说"的看法，脱离了当时的物质生产和社会矛盾，是唯心史观。撰者还依此判定人物功过，如《王安石传》中的议论，多取自理学大家朱熹的《名臣言行录》。而南宋史弥远擅杀韩侂胄，谋废宁宗时已立储君赵竑，改立理宗，并为秦桧翻案，后人都认为他罪过弥天，该入《奸臣传》，但《宋史》撰者因韩侂胄禁道学，而史弥远松禁，因崇尚道学故，偏袒史氏，不仅未入《奸臣传》，反而在《宁宗纪》和史的本传中讳言其废立擅杀大罪。撰者还在《艺文志》序中说："其时君汲汲于道艺辅治之臣莫不以经术为先务，学士缙绅先生，谈道德性命之学不绝于口，岂不彬彬乎进于周之文哉！宋之不竞，或以文胜之弊，遂归咎焉，此以功利为言，未必知道者之论也。"鲜明地体现了撰者维护"道德性命之学"的立场。

（2）关于社会发展方面的一些观点。《宋史》有时也有一些进步、积极的历史思想，如在总结徽宗失国之由时，认为他并不像晋惠之愚、孙皓之暴，也并非有曹操、司马氏之篡夺，而是因为他恃着小智小慧，排斥正直之士，亲近奸谀小人，使得奸臣蔡京、童贯先后主事，骄奢淫逸，弄得民力衰竭，外敌入侵，造成国破身辱，不能用“气数”来推诿失国责任，并指出：“自古人君玩物而丧志，纵欲而败度，鲜不亡者，徽宗甚焉。”体现出重人事的思想。但在讲到元平宋时又打出“天命”、“气数”的幌子，如《瀛国公纪》后的赞说：“宋之亡征，已非一日，历数有归，真主御世，而宋之遗臣，区区奉二王为海上之谋，可谓不知天命也已。”是说宋亡元兴乃是天命。

（3）对王安石变法的看法。《宋史》撰者，多站在旧党立场上，全盘否定新党和新法，在旧党诸人传中，有关诋毁新法的言论、事情都有详细记载，而对于新党诸人传，则加以嘲弄并把新党章惇列入《奸臣传》，有失公正。

（4）对农民起义的态度。史臣完全站在地主阶级立场上，持敌视态度，把王小波、李顺、宋江、方腊等农民起义军一律诬为“寇”、“盗”，并极力扭曲、诬蔑。

（5）褒贬问题。因为《宋史》列传多本之宋国史旧传，而国史又多本之家传、行状、碑志、言行录、笔谈，大多出自传主子弟门生之手，多谀辞，而修《宋史》者不详加考订，全盘照录以致善恶是非不分，功过失实，褒贬失当者众多。

《宋史》尽管在编纂上和史学思想上都存有诸多问题，在“二十四史”中不能算是一部好的史书，但因为它篇幅浩大，包罗广泛，内容丰富，故保存了大量的珍贵史料，这是《宋史》的主要价值所在，也是后人修宋史虽多，它却始终未被取代的原因，《宋史》仍是一部较系统和全面记录宋代历史的书籍，也是研究宋史的入门书和基本参考书，仍具有较大的学术价值。

名篇点评

陈桥兵变

原文：

太祖启运立极英武睿文神德圣功至明大孝皇帝讳匡胤，姓赵氏，涿郡人也。高祖朓，是为僖祖，仕唐历永清、文安、幽都令。朓生珽，是为顺祖，历藩镇从事，累官兼御史中丞。珽生敬，是为翼祖，历营、蓟、涿三州刺史。敬生弘殷，是为宣祖。周显德中，宣祖贵，赠敬左骁骑卫上将军。

宣祖少骁勇，善骑射，事赵王王镕，为镕将五百骑援唐庄宗于河上，有功。庄宗爱其勇，留典禁军。汉乾祐中，讨王景于凤翔，会蜀兵来援，战于陈仓。始合，矢集左目，气弥盛，奋击大败之，以功迁护圣都指挥使。周广顺末，改铁骑第一军都指挥使，转右厢都指挥，领岳州防御使。从征淮南，前军却，吴人来乘，宣祖邀击，败之。显德三年，督军平扬州，与世宗会寿春。寿春卖饼家饼薄小，世宗怒，执十余辈将诛之，宣祖固谏得释。累官检校司徒、天水县男。与太祖分典禁兵，一时荣之。卒，赠武清军节度使、太尉。

太祖，宣祖仲子也，母杜氏。后唐天成二年，生于洛阳夹马营，赤光绕室，异香经宿不散。体有金色，三日不变。既长，容貌雄伟，器度豁如，识者知其非常人。学骑射，辄出人上。尝试恶马，不施衔勒，马逸上城斜道，额触门楣坠地，人以为首必碎，太祖徐起，更追马腾上，一无所伤。又尝与韩令坤博土室中，雀斗户外，因竞起掩雀，而室随坏。

汉初，漫游无所遇，舍襄阳僧寺。有老僧善术数，顾曰："吾厚赆汝，北往则有遇矣。"会周祖以枢密使征李守真，应募居帐下。广顺初，补东西班行首，拜滑州副指挥。世宗尹京，转开封府马直军使。

世宗即位，复典禁兵。北汉来寇，世宗率师御之，战于高平。将合，指挥樊爱能等先遁，军危。太祖麾同列驰马冲其锋，汉兵大溃。乘胜攻河东城，焚其门。左臂中流矢，世宗止之。还，拜殿前都虞候，领严州刺史。

三年春，从征淮南，首败万众于涡口，斩兵马都监何延锡等。南唐节度皇甫晖、姚凤众号十五万，塞清流关，击走之。追至城下，晖曰："人各为其主，愿成列以决胜负。"太祖笑而许之。晖整阵出，太祖拥马项直入，手刃晖中脑，并姚凤禽之。宣祖率兵夜半至城下，传呼开门，太祖曰："父子固亲，启闭，王事也。"诘旦，乃得入。韩令坤平扬州，南唐来援，令坤议退，世宗命太祖率兵二千趋六合。太祖下令曰："扬州兵敢有过六合者，断其足！"令坤始固守。太祖寻败齐王景达于六合东，斩首万余级。还，拜殿前都指挥使，寻拜定国军节度使。

四年春，从征寿春，拔连珠砦，遂下寿州。还，拜义成军节度、检校太保，仍殿前都指挥使。冬，从征濠、泗，为前锋。时南唐砦于十八里滩，世宗方议以橐驼济师，而太祖独跃马截流先渡，麾下骑随之，遂破其砦。因其战舰乘胜攻泗州，下之。南唐屯清口，太祖从世宗翼淮东下，夜追至山阳，俘唐节度使陈承诏以献，遂拔楚州。进破唐人于橐銮江口，直抵南岸，焚其营栅，又破之于瓜步，淮南平。唐主畏太祖威名，用间于世宗，遣使遗太祖书，馈白金三千两，太祖悉输之内府，间乃不行。五年，改忠武军节度使。

六年，世宗北征，为水陆都部署。及莫州，先至瓦桥关，降其守将姚内斌，战却数千骑，关南平。世宗在道，阅四方文书，得韦囊，中有木三尺余，题云"点检作天子"，异之。时张德为点检，世宗不豫，还京师，拜太祖检校太傅、殿前都点检，以代永德。恭帝即位，改归德军节度、检

河南封丘陈桥乡陈桥驿兵变遗址

校太尉。

七年春，北汉结契丹入寇，命出师御之。次陈桥驿，军中知星者苗训引门吏楚昭辅视日下复有一日，黑光摩荡者久之。夜五鼓，军士集驿门，宣言策点检为天子，或止之，众不听。迟明，逼寝所，太宗入白，太祖起。诸校露刃列于庭，曰："诸军无主，愿策太尉为天子。"未及对，有以黄衣加太祖身，众皆罗拜，呼万岁，即掖太祖乘马。太祖揽辔谓诸将曰："我有号令，尔能从乎？"皆下马曰："唯命。"太祖曰："太后、主上，吾皆北面事之，汝辈不得惊犯；大臣皆我比肩，不得侵凌；朝廷府库、士庶之家，不得侵掠。用令有重赏，违即孥戮汝。"诸将皆载拜，肃队以入。副都指挥使韩通谋御之，王彦升遽杀通于其第。

太祖进登明德门，令甲士归营，乃退居公署。有顷，诸将拥宰相范质等至，太祖见之，呜咽流涕曰："违负天地，今至于此！"质等未及对，列校罗彦环按剑厉声谓质等曰："我辈无主，今日须得天子。"质等相顾，计无从出，乃降阶列拜。召文武百僚，至晡，班定。翰林承旨陶谷出周恭帝禅位制书于袖中，宣徽使引太祖就庭，北面拜受已，乃掖太祖升崇元殿，服衮冕，即皇帝位。迁恭帝及符后于西宫，易其帝号曰郑王，而尊符后为周太后。

（选自《太祖本纪一》）

点评：

本篇主人公是宋朝的开国皇帝赵匡胤。赵匡胤（927—976 年），涿郡（今河北涿州市）人，出身于五代时一个军官家庭，22 岁时应募郭威帐下从军。在后周与北汉的高平之战，奋勇杀敌，大败汉军，以勇敢与卓越的军事才能受到后周世宗的赏识，任殿前司副长官，参与世宗重组殿前司的工作，成为世宗的亲信将领。在随世宗攻打南唐的诸战役中，身先士卒，奋不顾身，屡立战功。此后又屡次随世宗攻淮南及辽，因战功升任殿前都点检，统率禁军。世宗病逝，年仅 7 岁的柴宗训继位，960 年，赵匡胤通过陈桥兵变，夺取后周政权，国号为宋，都开封。赵匡胤在稳定内部统治之后，继续推行后周柴荣进行的统一大业，他遵循先南后北、先易后难、各个击破的方针，先后灭荆南、后蜀、南汉和南唐，除吴越、北汉和漳泉二州外，五代十国的各个割据政权基本被消灭。他还采取了一系列措施加强专制皇权，建立了由皇帝直接控制的庞大的军队和官僚机构，通过杯酒释兵权，解除了石守信等高级将领的兵权，提拔了一些资历尚浅易于掌握的人任禁军将领，设立三衙，统率禁军，且不互相统属，并设枢密院掌管兵权。三衙与枢密院互相牵制，皆听命于皇帝。赵匡胤还经常调换军队将领，并实行更戍法，军队定期换防，使将不识兵，兵不识将。最大可能地减少军队造反的可能。并且，为削弱相权，以防止同皇权抗争，他设参知政事、枢密使和三司分相权。为避免出现五代时期藩镇割据局面的重新出现，他逐步将各地的节度使调到开封，任没有实权的闲差。他还沿袭隋唐以来的科举制度，选拔官吏，并亲自主持考试，使殿试成为一项制度。赵匡胤的一系列改革结束了五代以来藩镇割据、民不聊生的局面，有进步性，但他滥用分权的方法防止大臣擅权，结果造成了叠床架屋的庞大的官僚机构；为防止军队叛变，使得将不识兵，兵不识将，严重削弱了军队的战斗力。赵匡胤的国策，将重点放在防止内患上，这些措施给后世造成了不良影响，导致了北宋中期的统治危机。

本篇节选自《太祖本纪一》中的陈桥兵变、黄袍加身的故事。后周显德六年(959年)，世宗柴荣病死，继任皇帝年仅7岁，主少国疑。第二年，风闻北汉勾结契丹来犯，宰相范质等匆忙令时任殿前都点检的赵匡胤北上御敌。军队行至陈桥驿时，懂星象学的官员看到太阳下面还有一个太阳，黑光久久不散。半夜，士兵齐聚驿门，声称要让都点检当皇帝，并亮出兵器，逼近赵匡胤的住所，未等赵匡胤作出答复，就有人将一件黄袍披在他的身上，大家高呼万岁，拥立赵匡胤为皇帝。赵匡胤与部下约法三章，令他们不得惊扰后周皇室，不得侮辱大臣，不得掠夺百姓。军队随即返回京师，面对赵匡胤的武力逼迫，宰相范质等都束手无策，只得让恭帝退位，皇位禅让给赵匡胤。赵匡胤轻松取得了后周的政权，从而开始了长达三百多年的宋皇朝的历史。

陈桥兵变是赵匡胤自编自导的一次夺取后周政权的军事政变。在朝代更迭频繁，天子无他，唯兵强马壮者为之的五代时期，武力夺取政权也是司空见惯的事，况且后周恭帝年仅7岁，根本无法履行皇帝的职责，更不用说继承父志，完成统一大业，赵匡胤掌握兵权，又有雄心壮志，当然不会错失良机，而且他经历了后周初年的夺权兵变，很有经验，所以在这次政变中是一个出色的导演。事前他已经和亲信做了周密的安排与准备，并谎报军情，率军离开开封，当时机成熟，军队拥立他为皇帝时，他假装推诿，做出不得已的样子。他与士兵约法三章，避免了历次兵变纵容士兵抢掠的恶习，获得了百姓的好感。礼遇后周皇室，最大限度地降低反对势力的力量。安抚大臣，防止发生混乱。就这样，赵匡胤不费一兵一卒，和平地登上了皇帝的宝座。

杯酒释兵权

原文：

石守信，开封浚仪人。事周祖，得隶帐下。广顺初，累迁亲卫都虞候。从世宗征晋，遇敌高平，力战，迁亲卫左第一军都校。师还，迁铁骑左右都校。从征淮南，为先锋，下六合，入涡口，克扬州，遂领嘉州防御使，充铁骑、控鹤四厢都指挥使。从征关南，为陆路副都部署，以功迁殿前都虞候，转都指挥使、领洪州防御使。恭帝即位，加领义成军节度。

太祖即位，迁侍卫马步军副都指挥使，改领归德军节度。李筠叛，守信与高怀德率前军进讨，破筠众于长平，斩首三千级。又败其众三万于泽州，获伪河阳节度范守图，降太原援军数千，皆杀之。泽、潞平，以功加同平章事。李重进反扬州，以守信为行营都部署兼知扬州行府事。帝亲征至大仪顿，守信驰奏:“城破在朝夕，大驾亲临，一鼓可平。”帝亟赴之，果克其城。建隆二年，移镇郓州，兼侍卫亲军马步军都指挥使，诏赐本州宅一区。

乾德初，帝因晚朝与守信等饮酒，酒酣，帝曰:“我非尔曹不及此，然吾为天子，殊不若为节度使之乐，吾终夕未尝安枕而卧。”守信等顿首曰:“今天命已定，谁复敢有异心，陛下何为出此言耶?”帝曰:“人孰不欲富贵，一旦有以黄袍加汝之身，虽欲不为，其可得乎。”守信等谢曰:“臣愚不及此，惟陛下哀矜之。”帝曰:“人生驹过隙尔，不如多积金、市田宅以遗子孙，歌儿舞女以终天年。君臣之间无所猜嫌，不亦善乎。”守信谢曰：“陛下念及此，所谓生死而肉骨也。”明日，皆称病，乞解兵权，帝从之，皆以散官就第，赏赍甚厚。

已而，太祖欲使符彦卿管军，赵普屡谏，以为彦卿名位已盛，不可复委以兵权，太祖不从。宣已出，普复怀之，太祖迎谓之曰：“岂非符彦卿事耶？”对曰：“非也。”因奏他事。既罢，乃出彦卿宣进之，太祖曰：“果然，宣何以复在卿所？”普曰：“臣托以处分之语有侏儒者，复留之。惟陛下深思利害，勿复悔。”太祖曰：“卿苦疑彦卿，何也？朕待彦卿厚，彦卿岂负朕耶。”普对曰：“陛下何以能负周世宗？”太祖默然，事遂中止。

开宝六年秋，加守信兼侍中。太平兴国初，加兼中书令。二年，拜中书令，行河南尹，充西京留守。三年，加检校太师。四年，从征范阳，督前军失律，责授崇信军节度、兼中书令，俄进封卫国公。七年，徙镇陈州，复守中书令。九年，卒，年五十七，赠尚书令，追封威武郡王，谥武烈。

（选自《石守信列传》）

点评：

本篇选自《石守信列传》。石守信是北宋初期著名的将领，在后周时，屡立战功，官至殿前都指挥使、义成军节度使，并和赵匡胤等人结成义社兄弟。因为长期与赵匡胤在殿前司任职，关系最为亲密，是赵匡胤的心腹。陈桥兵变时，石守信是殿前司留京的最高长官，是赵匡胤事先安排的内应，待赵匡胤发动兵变，回师开封之后，他开城门迎接，使军队顺利进城，帮助赵匡胤取得政权。宋朝建立以后，他又率军平定了后周节度使李筠、李重进的叛乱，加封同平章事，并成为中央禁军的主要将领。太祖采用赵普的建议，杯酒释兵权，石守信意会皇帝的意思，主动交出兵权，所受赏赐最为优厚。石守信交出兵权之后，任太平军节度使 17 年，专事聚敛，聚财巨万。宋太宗继位后，先灭北汉，后又攻辽，起用石守信督前军，结果大败，太宗迁怒于石守信，石守信受到贬官的处罚。但很快就晋封为卫国公。

本篇即绘声绘色地再现了当时杯酒释兵权的场景。赵匡胤本人凭借着手中掌握的兵权，轻而易举地实现改朝换代，如何防止这样的事情再次发生，也自然成为他的一块心病。宋初，中央禁军占全国总兵力的一半以上，掌握禁军的高级将领石守信、慕容延钊等人又都是功臣，地位可谓是举足轻重。卧榻之策，岂容他人酣睡，赵匡胤对这些人自然放心不下。但如果效仿汉高祖尽杀功臣，又太对不起义社兄弟情谊。于是趁酒酣之机，大吐苦经，先是直接抒发对功臣夺位的疑惧，又用富贵安逸享乐的生活来劝诱武将们及早抽身，自动解职。石守信等人宦海沉浮几十年哪有不明之理，当即称病交权，并对赵匡胤感激有加。这样，赵匡胤不动干戈，和平地收回了兵权。既把兵权牢牢地掌握在自己的手中，又不伤兄弟的情分。

五代时期改朝换代如同儿戏，兵强马壮者都有觊觎帝位的野心，赵匡胤对此深有体会，他早就想革除这种现象，先是从禁军入手，杯酒释兵权，使将领们解甲归田，统军权于皇帝一人之手，地方上由文官充任武职，武将调离军队，使得“兵无常帅，帅无常师”，布阵作战也听命于皇帝。这样武将自然没有机会叛变，但同时军队的战斗力也大为衰落，以至于在与辽、西夏的军事行动中屡屡受挫。

赵普半部《论语》治天下

原文：

赵普字则平，幽州蓟人。后唐幽帅赵德钧连年用兵，民力疲弊。普父回举族徙常山，又徙河南洛阳。普沈厚寡言，镇阳豪族魏氏以女妻之。

周显德初，永兴军节度刘词辟为从事，词卒，遗表荐普于朝。世宗用兵淮上，太祖拔滁州，宰相范质奏普为军事判官。宣祖卧疾滁州，普朝夕奉药饵，宣祖由是待以宗分。太祖尝与语，奇之。时获盗百余，当弃市，普疑有无辜者，启太祖讯鞫之，获全活者众。淮南平，调补渭州军事判官。太祖领同州节度，辟为推官；移镇宋州，表为掌书记。

太祖北征至陈桥，被酒卧帐中，众军推戴，普与太宗排闼入告。太祖欠伸徐起，而众军擐甲露刃，喧拥麾下。及受禅，以佐命功，授右谏议大夫，充枢密直学士。

车驾征李筠，命普与吕馀庆留京师，普愿扈从，太祖笑曰："若胜胄介乎？"从平上党，迁兵部侍郎、枢密副使，赐第一区。建隆三年，拜枢密使、检校太保。

乾德二年，范质等三相同日罢，以普为门下侍郎、平章事、集贤殿大学士。中书无宰相署敕，普以为言，上曰："卿但进敕，朕为卿署之可乎？"普曰："此有司职尔，非帝王事也。"令翰林学士讲求故实，窦仪曰："今皇弟尹开封，同平章事，即宰相任也。"令署以赐普。既拜相，上视如左右手，事无大小，悉咨决焉。是日，普兼监修国史。命薛居正、吕余庆参知政事以副之，不宣制，班在宰相后，不知印，不预奏事，水押班，但奉行制书而已。先是，宰相兼敕，皆用内制，普相止用敕，非旧典也。

太祖数微行过功臣家，普每退朝，不敢便衣冠。一日，大雪向夜，普意帝不出。久之，闻叩门声，普亟出，帝立风雪中，普惶惧迎拜。帝曰："已约晋王矣。"已而太宗至，设重裀地坐堂中，炽炭烧肉。普妻行酒，帝以嫂呼之。因与普计下太原。普曰："太原当西北二面，太原既下，则我独当之，不如姑俟削平诸国，则弹丸黑子之地，将安逃乎？"帝笑曰："吾意正如此，特试卿尔。"

五年春，加右仆射、昭文馆大学士。俄丁内艰，诏起复视事。遂劝帝遣使分诣诸道，征丁壮籍名送京师，以备守卫；诸州置通判，使主钱谷。由是兵甲精锐，府为充实。

……

普为政颇专，廷臣多忌之。时官禁私贩秦、陇大木，普尝遣亲吏诣市屋材，联巨筏至京师治第，吏因之窃货大木，冒称普市货鬻都下。权三司使赵玭廉得之以闻。太祖大怒，促令追班，将下制逐普，赖王溥奏解之。

故事，宰相、枢密使每候对长春殿，同止庐中；上闻普子承宗娶枢密使李崇矩女，即令分异之。普又以隙地私易尚食蔬圃以广其居，又营邸店规利。卢多逊为翰林学士，因召对屡攻其短。会雷有邻击登闻鼓，讼堂后官胡赞、李可度受赇骫法及刘伟伪作摄牒得官，王洞尝纳赂可度，赵孚授西川官称疾不上，皆普庇之。太祖怒，下御史府按问，悉抵罪，以有邻为秘书省正字。普恩益替，始诏参知政事与普更知印、押班、奏事，以分其权。未几，出为河阳三城节度、检校太傅、同平章事。

太平兴国初入朝，改太子少保，迁太子太保。颇为卢多逊所毁，奉朝请数年，郁郁不得志。会柴禹锡、赵镕等告秦王廷美骄恣，将有阴谋窃发。帝召问，普言愿备枢轴以察奸变，退又上书，自陈预闻太祖、昭宪皇太后顾托之事，辞甚切至。太宗感悟，召见慰谕。俄拜司徒兼侍中，封梁国公。先是，秦王廷美班在宰相上，至是，以普勋旧，再登元辅，表乞居其下，从之。及涪陵事败，多逊南迁，皆普之力也。

八年，出为武胜军节度、检校太尉兼侍中。帝作诗以饯之，普奉而泣曰："陛下赐臣诗，当刻石，与臣朽骨同葬泉下。"帝为之动容。翌日，谓宰相曰："普有功国家，朕昔与游，今齿发衰矣，不容烦以枢务，择善地处之，因诗什以导意。普感激泣下，朕亦为之堕泪。"宋琪对曰："昨日普至中书，执御诗涕泣，谓臣曰：'此生余年，无阶上答，庶希来世得效犬马力。'臣昨闻普言，今复闻宣谕，君臣始终之分，可谓两全。"

……

初，太祖侧微，普从之游，既有天下，普屡以微时所不足者言之。太祖豁达，谓普曰："若尘埃中可识天子、宰相，则人皆物色之矣。"自是不复言。普少习吏事，寡学术，及为相，太祖常劝以读书。晚年手不释卷，每归私第，阖户启箧取书，读之竟日。及次日临政，处决如流。既薨，家人发箧视之，则《论语》二十篇也。

（选自《赵普列传》）

点评：

民间都熟知"半部《论语》治天下"的俗语，其所说的人物就是本篇的主人公赵普。赵普是北宋初年著名的政治家，位极人臣，宋朝立国的一些基本政策他多参与制定，对北宋的政治生活颇有影响。赵普出生于五代一个藩镇僚属家庭，青少年时期曾读书，但无甚学识，见科举无望，遂步祖父后尘，充为僚属。后因机缘巧合，结识宋太祖，太祖与之语，深器之。赵普也尽心尽力侍奉太祖，攀为同宗，成为赵匡胤的亲信僚属，是有名的霸州幕僚集团的核心人物，也是策划陈桥兵变的主要人物。北宋建立之后，他针对五代军阀割据的情况，建议宋太祖对方镇，"稍夺其权，制其钱谷，收其精兵。"加强皇权，对兵权过重的石守信等人，他建议采用杯酒释兵权的方式加予节制。这些建议都被采纳，并收到了预期的效果。赵普也逐步得到重用，升任宰相。他在相位时，刚毅果断，但也肆意弄权，太祖末年，被罢相。

本篇节选赵普追随宋太祖，策划陈桥兵变，巩固中央集权的谋略，熟读《论语》，勇于直谏，善于用人等几件事，勾勒出了一位虽学识有限，但谋略丰富；为两朝皇帝建言立策，树立功勋；为皇朝建立与巩固殚精竭虑，忠心耿耿、刚毅坚韧而又勇于任事的辅臣形象。

半部《论语》治天下，虽然是一个夸张的说法。赵普在早年熟读《论语》前，就为陈桥兵变及攻南征北、巩固皇权出谋划策了。这个故事的寓意在于：在佛道甚嚣尘上的隋唐五代之后，儒家学说在宋代已逐渐成为占据统治地位的主流，成为为统治阶级服务并被钦定提倡的正统哲学。赵普读《论语》，只不过是统治阶级提倡儒学的一种象征。

千古忠烈杨家将

原文：

杨业，并州太原人。父信，为汉麟州刺史。业幼倜傥任侠，善骑射，好畋猎，所获倍于人。尝谓其徒曰："我他日为将用兵，亦犹用鹰犬逐雉兔尔。"弱冠事刘崇，为保卫指挥使，以骁勇闻。累迁至建雄军节度使，屡立战功，所向克捷，国人号为"无敌"。

太宗征太原，素闻其名，尝购求之。既而孤垒甚危，业劝其主继元降，以保生聚。继元既降，帝遣中使召见业，大喜，以为右领军卫大将军。师还，授郑州刺史。帝以业老于边事，复迁代州兼三交驻泊兵马都部署，帝密封橐装，赐予甚厚。会契丹入雁门，业领麾下数千骑自西陉而出，由小陉至雁门北口，南向背击之，契丹大败。以功迁云州观察使，仍判郑州、

杨业

代州。自是，契丹望见业旌旗即引去。主将戍边者多忌之，有潜上谤书斥言其短，帝览之皆不问，封其奏以付业。

雍熙三年，大兵北征，以忠武军节度使潘美为云、应路行营都部署，命业副之，以西上阁门使、蔚州刺史王侁，军器库使、顺州团练使刘文裕护其军。诸军连拔云、应、寰、朔四州，师次桑干河，会曹彬之师不利，诸路班师，美等归代州。

未几，诏迁四州之民于内地，令美等以所部之兵护之。时契丹国母萧氏与其大臣耶律汉宁、南北皮室及五押惕隐领众十余万，复陷寰州。业谓美等曰："今辽兵益盛，不可与战。朝廷止令取数州之民，但领兵出大石路，先遣人密告云、朔州守将，俟大军离代州日，令云州之众先出。我师次应州，契丹必来拒，即令朔州民出城，直入石碣谷。遣强弩千人列于谷口，以骑士援于中路，则三州之众，保万全矣。"侁沮其议曰："领数万精兵而畏懦如此。但趋雁门北川中，鼓行而往。"文裕亦赞成之。业曰："不可，此必败之势也。"侁曰："君侯素号无敌，今见敌逗挠不战，得非有他志乎？"业曰："业非避死，盖时有未利，徒令杀伤士卒而功不立。今君责业以不死，当为诸公先。"将行，泣谓美曰："此行必不利。业，太原降将，分当死。上不杀，宠以连帅，授之兵柄。非纵敌不击，盖伺其便，将立尺寸功以报国恩。今诸君责业以避敌，业当先死于敌。"因指陈家谷口曰："诸君于此张步兵强弩，为左右翼以援，俟业转战至此，即以步兵夹击救之，不然，无遗类矣。"美即与侁领麾下兵阵于谷口。自寅至巳，侁使人登托逻台望之，以为契丹败走，欲争其功，即领兵离谷口。美不能制，乃缘交河西南行二十里。俄闻业败，即麾兵却走。业力战，自午至暮，果至谷口。望见无人，即拊膺大恸，再率帐下士力战，身被数十创，士卒殆尽，业犹手刃数十百人。马重伤不能进，遂为契丹所擒，其子延玉亦没焉。业因太息曰："上遇我厚，期讨贼捍边以报，而反为奸臣所迫，致王师败绩，何面目求活耶！”乃不食，三日死。

帝闻之，痛惜甚，俄下诏曰：“执干戈而卫社稷，闻鼓鼙而思将帅。尽力死敌，立节迈伦，不有追崇，曷彰义烈！故云州观察使杨业诚坚金石，气激风云。挺陇上之雄才，本山西之茂族。自委戎乘，式资战功。方提貔虎之师，以效边陲之用。而群帅败约，援兵不前。独以孤军，陷于沙漠；劲果猋厉，有死不回。求之古人，何以加此！是用特举徽典，以旌遗忠。魂而有灵，知我深意。可赠太尉、大同军节度，赐其家布帛千匹、粟千石。大将军潘美降三官，监军王侁除名、隶金州，刘文裕除名、隶登州。”

业不知书，忠烈武勇，有智谋。练习攻战，与士卒同甘苦。代北苦寒，人多服毡罽，业但挟纩露坐治军事，傍不设火，侍者殆僵仆，而业怡然无寒色。为政简易，御下有恩，故士卒乐为之用。朔州之败，麾下尚百余人，业谓曰：“汝等各有父母妻子，与我俱死，无益也，可走还，报天子。”众皆感泣不肯去。淄州刺史王贵杀数十人，矢尽遂死，余亦死，无一生还者。闻者皆流涕。

（选自《杨业列传》）

点评：

本篇选自《杨业列传》。杨家将的故事早已广为流传，家喻户晓，其满门忠烈、赤胆忠心的可歌可泣的事迹曾感动激励了无数代人，本篇的主人公即为杨业。

杨业本是北汉的武将，屡建战功，人称“杨无敌”。宋在攻打北汉时，他负责守太原城，宋军多次攻打未果，只得退兵。宋太宗亲征太原，杨业仍令人坚守城池，宋军死伤无数，直到北汉国主令他归降，他才归宋。当时辽军经常南侵，边境形势很紧张，宋太宗认为杨业老于边事，通晓敌情，遂命他为代州知州，巡视驻守边境。第二年，辽军南犯雁门，杨业与大将潘美合军，大败辽军，杀死和俘虏两员大将，取得雁门大捷，声威大振，以至契丹军远远看到杨业的大旗就狼狈逃窜。但是他仅仅是一个降宋不到一年的降将，朝野闻名，受到宋太宗的重用的同时也引起了宋朝旧将的嫉妒，为其后血染沙场埋下了祸根。

雍熙三年（986年），宋军大举攻辽，以曹彬等东路军为主力取幽州，西路军以潘美为主将，杨业为副，率军出雁门，西路军一路攻城略地，连连获胜，所到之处。辽守将望风而逃，但东路军贪功，违背谕旨，自行北上，又因粮尽退兵，遭到辽军主力的进攻，大败而逃。辽军击败东路军之后，又全力攻西路军，宋守军千余人战死，面对强敌，杨业向潘美建议先避其兵锋，驻扎应州，等待敌军大批聚集时，设弓箭手埋伏，再以骑兵支援，即可全胜。但监军王侁仗着统率数万精兵，盲目乐观，以不出兵即有异心相威胁。在此情况下，杨业只能以死明忠心，虽然知道其事不可为，但不得已而为之。临行前，他要潘美在谷口接应。王侁派人瞭望，以为辽军战败，想抢战功，率军离开谷口，但得知杨业兵败后，即率大军撤退。杨业一路奋力厮杀，从中午一直战斗到晚上，到谷口后见没有宋军即拍胸大哭，绝望中仍率军死战，受伤几十处，士兵伤亡将尽，直到战马受伤不能行，才被生擒，杨业长叹皇恩浩荡，本想讨贼寇捍卫边疆来报答，却不料被奸人所逼，连累军队大败，无脸存于世上，遂绝食而死。太宗得知杨业死讯，十分痛惜。杨业与辽作战三十余年，人称“杨无敌”，深受辽人的敬畏，辽人在其死所建庙祭祀。苏辙有诗感叹说：“驰骋本为中原同，尝享能令异域尊”。本为宋朝的武将，却受到辽宋人民的尊敬，除了其勇敢无畏的精神和杰出的军事才能，最感动人心的恐怕是他忠贞坚毅，又勇于承担责任的人格魅力了。他的抗辽故事至今读来仍让人荡气回肠，击节感叹，扼腕叹息。

吕端大事不糊涂

原文：

吕端，字易直，幽州安次人。父琦，晋兵部侍郎。端少敏悟好学，以荫补千牛备身。历国子主簿、太仆寺丞、秘书郎、直弘文馆，换著作佐郎、直史馆。太祖即位，迁太常丞、知浚仪县，同判定州。开宝中，西上阁门使郝崇信使契丹，以端假太常少卿为副。八年，知洪州，未上，改司门员外郎、知成都府，赐金紫。为政清简，远人便之。

会秦王廷美尹京，召拜考功员外郎，充开封府判官。太宗征河东，廷美将有居留之命，端白廷美曰："主上栉风沐雨，以申吊伐，王地处亲贤，当表率扈从。今主留务，非所宜也。"廷美由是恳请从行。寻坐王府亲吏请托执事者违诏市竹木，贬商州司户参军。移汝州，复为太常丞、判寺事。出知蔡州，以善政，吏民列奏借留。改祠部员外郎、知开封县，迁考功员外郎兼侍御史知杂事。使高丽，暴风折樯，舟人怖恐，端读书若在斋阁时。迁户部郎中、判太常寺兼礼院，选为大理少卿，俄拜右谏议大夫。

许王元僖尹开封，又为判官。王薨，有发其阴事者，坐裨赞无状，遣御史武元颖、内侍王继恩就鞫于府。端方决事，徐起候之，二使曰："有诏推君。"端神色自若，顾从者曰："取帽来。"二使曰："何遽至此？"端曰："天子有制问，即罪人

吕端雕像

矣，安可在堂上对制使?”即下堂，随问而答。左迁卫尉少卿。会置考课院，群官有负谴置散秩者，引对，皆泣涕，以饥寒为请。至端，即奏曰：“臣前佐秦邸，以不检府吏，谪掾商州，陛下复擢官籍辱用。今许王暴薨，臣辅佐无状，陛下又不重谴，俾亚少列，臣罪大而幸深矣！今有司进退善否，苟得颍州副使，臣之愿也。”太宗曰：“朕自知卿。”无何，复旧官，为枢密直学士，逾月，拜参知政事。

时赵普在中书，尝曰：“吾观吕公奏事，得嘉赏未尝喜，遇抑挫未尝惧，亦不形于言，真台辅之器也。”岁余，左谏议大夫寇准亦拜参知政事。端请居准下，太宗即以端为左谏议大夫，立准上。每独召便殿，语必移晷。擢拜户部侍郎、平章事。

时吕蒙正为相，太宗欲相端，或曰：“端为人糊涂。”太宗曰：“端小事糊涂，大事不糊涂。”决意相之。会曲宴后苑，太宗作《钓鱼诗》，有云：“欲饵金钩深未达，磻溪须问钓鱼人。”意以属端。后数日，罢蒙正而相端焉。初，端兄余庆，建隆中以藩府旧僚参预大政，端复居相位，时论荣之。端历官仅四十年，至是骤被奖擢，太宗犹恨任用之晚。端为相持重，识大体，以清简为务。虑与寇准同列，先居相位，恐准不平，乃请参知政事与宰相分日押班知印，同升政事堂，太宗从之。时同列奏对多有异议，惟端罕所建明。一日，内出手札戒谕：“自今中书事必经吕端详酌，乃得闻奏。”端愈谦让不自当。

初，李继迁扰西鄙，保安军奏获其母。至是，太宗欲诛之，以寇准居枢密副使，独召与谋。准退，过相幕，端疑谋大事，邀谓准曰：“上戒君勿言于端乎?”准曰：“否。”端曰：“边鄙常事，端不必与知，若军国大计，端备位宰相，不可不知也。”准遂告其故，端曰：“何以处之?”准曰：“欲斩于保安军北门外，以戒凶逆。”端曰：“必若此，非计之得也，愿少缓之，端将覆奏。”入曰：“昔项羽得太公，欲烹之，高祖曰：‘愿分我一杯羹。’夫举大事不顾其亲，况继迁悖逆之人乎？陛下今日杀之，明日继迁可擒乎？若其不然，徒结怨仇，愈坚其叛心尔。”太宗曰：“然则何如？”端曰：“以臣之愚，宜置于延州，使善养视之，以招来继迁。虽不能即降，终可以系其心，而母死生之命在我矣。”太宗抚髀称善曰：“微卿，几误我事。”即用其策。其母后病死延州，继迁寻亦死，继迁子竟纳款请命，端之力也。进门下侍郎兼兵部尚书。

太宗不豫，真宗为皇太子，端日与太子问起居。及疾大渐，内侍王继恩忌太子英明，阴与参知政事李昌龄、殿前都指挥使李继勋、知制诰胡旦谋立故楚王元佐。太宗崩，李皇后命继恩召端，端知有变，锁继恩于阁内，使人守之而入。皇后曰：“宫车已晏驾，立嗣以长，顺也，今将如何？”端曰：“先帝立太子正为今日，今始弃天下，岂可遽违命有异议邪？”乃奉太子至福宁庭中。真宗既立，垂帘引见群臣，端平立殿下不拜，请卷帘，升殿审视，然后降阶，率群臣拜呼万岁。以继勋为使相，赴陈州。贬昌龄忠武军司马，继恩右监门卫将军、均州安置，旦除名流浔州，籍其家赀。

真宗每见辅臣入对，惟于端肃然拱揖，不以名呼。又以端躯体洪大，宫庭阶戺稍峻，特令梓人为纳陛。尝召对便殿，访军国大事经久之制，端陈当世急务，皆有条理，真宗嘉纳。加右仆射，监修国史。明年夏，被疾，诏免常参，就中书视事。上疏求解，不许。十月，以太子太保罢。在告三百日，有司言当罢奉，诏赐如故。车驾临问，端不能兴，抚慰甚至。卒，年六十六，赠司空，谥正惠，追封妻李氏泾国夫人，以其子藩为太子中舍，荀大理评事，蔚千牛备身，蔼殿中省进马。

端姿仪瑰秀，有器量，宽厚多恕，善谈谑，意豁如也。虽屡经摈退，未尝以得丧介怀。善与人交，轻财好施，未尝问家事。李惟清自知枢密改御史中丞，意端抑己，及端免朝谒，乃弹奏常参官疾告逾年受奉者，又构人讼堂吏过失，欲以中端。端曰："吾直道而行，无所愧畏，风波之言不足虑也。"

（选自《吕端列传》）

点评：

本篇选自《吕端传》。吕端大事不糊涂，源自宋太宗的评语，是金口玉言的皇帝对人臣的褒奖。而作为同僚的赵普也不掩饰自己对吕端的赞赏："吾观吕公奏事，得嘉赏未尝喜，遇抑挫未尝惧，亦不形于言，真台辅之器也。"不以物喜，不以己悲，吕端实为真君子，也确具台辅之器，日后登上宰相之位并发挥了重要作用。其实吕端虽然出身名门，并为宰相吕余庆之弟，但他的仕途并非青云直上，而是命运多舛。他早年曾入皇弟赵廷美幕府，因亲吏请托市竹木被贬官，后又入赵王僖的幕府，王卒，因失职而被降官。但他生性坦荡，虽屡经摈退，未尝以得丧介怀，不久复官为参知政事，深得太宗的赏识，有人说他办事糊涂，太宗以吕端大事不糊涂为对。吕端任相后，虑与寇准同任参知政事，自己先升为相，恐寇准不服，遂请求与副相轮流掌印，同升政事堂办公而后成为制度。宋太宗病时，曾协助太宗夺位的宦官王继恩又想故技重演，说动李皇后，谋立太宗长子赵元佐为帝。太宗死后，李皇后派王继恩召宰相吕端，吕端知有变，遂把王继恩锁在阁内，立即奉太子赵恒登基，是为真宗。真宗继位，垂帘见群臣，吕端恐宦官以赵元佐充赵恒，平立不拜，请卷廉查验无误之后，方才率领群臣拜呼万岁，这是宋朝历史上皇位的首次正常继承，也是宰相第一次参与意见的皇位继承，太宗识人，吕端在面临大事时，头脑清醒，发挥了重要作用。

本篇就节选了吕端大事不糊涂的几个典型事例，除了上面提到的顾全大局，与寇准分权，主持真宗继位等事外，还有几件事值得称道：其一是吕端被贬官时，太宗曾召集一些左迁的官吏，问他们的近况，众人皆涕泣不已，以饥寒为由请求复官，独吕端上奏自己辅佐无状，罪有应得，因此贬官也绝无怨言，深得太宗赏识。其二是某官左迁，以为是吕端抑己，遂罗织罪状中伤吕端，吕端则坦荡不以为意，认为“吾直道而行，无所愧畏，风波之言不足虑也。”其三是李继迁经常骚扰宋边境，军队擒获其母，太宗和寇准都想杀掉李母，以儆效尤，吕端则坚决反对，认为成大事者不顾父母，叛逆者更不会因杀掉其母而归顺，不如好生赡养，以安抚李继迁，即使他不肯投降，也可以用她来牵制，太宗采纳了他的建议。

吕端大事不糊涂，其实所谓的小事糊涂也都是有意为之，他实际上恪守以清简为务、谦让不自当的准则，如在朝廷上很少参与是非辩论，对同僚的恶意中伤泰然处之，乐善好施，家无余财。关乎个人的利害问题不汲汲争取，而是难得糊涂，含蓄慎重，有意克制。但在关系国家利益的大事上却立场分明，毫不含糊。体现了高度负责任的精神，他的这种小事糊涂、大事不糊涂的处事原则，也值得今天的人效仿。

寇准劝帝亲征

原文：

帝久欲相准，患其刚直难独任。景德元年，以毕士安参知政事，逾月，并命同中书门下平章事，准以集贤殿大学士位士安下。是时，契丹内寇，纵游骑掠深、祁间，小不利辄引去，徜徉无斗意。准曰：“是狃我也。请练师命将，简骁锐据要害以备之。”是冬，契丹果大入。急书一夕凡五至，准不发，饮笑自如。明日，同列以闻，帝大骇，以问准。准曰：“陛下欲了此，不过五日尔。”因请帝幸澶州。同列惧，欲退，准止之，令候驾起。帝难之，欲还内，准曰：“陛下入则臣不得见，大事去矣，请毋还而行。”帝乃议亲征，召群臣问方略。

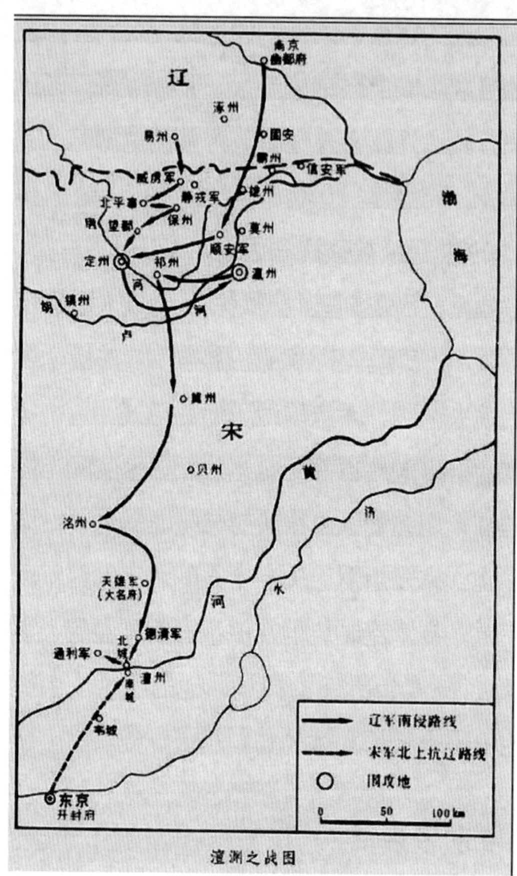

澶渊之战示意图

既而契丹围瀛州，直犯贝、魏，中外震骇。参知政事王钦若，江南人也，请幸金陵。陈尧叟，蜀人也，请幸成都。帝问准，准心知二人谋，乃阳若不知，曰："谁为陛下画此策者，罪可诛也。今陛下神武，将臣协和，若大驾亲征，贼自当遁去。不然，出奇以挠其谋，坚守以老其师，劳佚之势，我得胜算矣。奈何弃庙社欲幸楚、蜀远地，所在人心崩溃，贼乘势深入，天下可复保邪?"遂请帝幸澶州。

及至南城，契丹兵方盛，众请驻跸以觇军势。准固请曰："陛下不过河，则人心益危，敌气未慑，非所以取威决胜也。且王超领劲兵屯中山以扼其亢，李继隆、石保吉分大阵以扼其左右肘，四方征镇赴援者日至，何疑而不进?"众议毕惧，准力争之，不决。出遇高琼于屏间，谓曰："太尉受国恩，今日有以报乎?"对曰："琼武人，愿效死。"准复入对，琼随立庭下，准厉声曰："陛下不以臣言为然，盍试问琼等?"琼即仰奏曰："寇准言是。"准曰："机不可失，宜趣驾。"琼即麾卫士进辇，帝遂渡河，御北城门楼，远近望见御盖，踊跃欢呼，声闻数十里。

契丹相视惊愕，不能成列。

帝尽以军事委准，准承制专决，号令明肃，士卒喜悦。敌数千骑乘胜薄城下，诏士卒迎击，斩获大半，乃引去。上还行宫，留准居城上，徐使人视准何为。准方与杨亿饮博，歌谑欢呼。帝喜曰："准如此，吾复何忧？"相持十余日，其统军挞览出督战。时威虎军头张瓌守床子弩，弩撼机发，矢中挞览额，挞览死，乃密奉书请盟。准不从，而使者来请益坚，帝将许之。准欲邀使称臣，且献幽州地。帝厌兵，欲羁縻不绝而已。有谮准幸兵以自取重者，准不得已，许之。帝遣曹利用如军中议岁币，曰："百万以下皆可许也。"准召利用至幄，语曰："虽有敕，汝所许毋过三十万，过三十万，吾斩汝矣。"利用至军，果以三十万成约而还。河北罢兵，准之力也。

准在相位，用人不以次，同列颇不悦。它日，又除官，同列因吏持例簿以进。准曰："宰相所以进贤退不肖也，若用例，一吏职尔。"二年，加中书侍郎兼工部尚书。准颇自矜澶渊之功，虽帝亦以此待准甚厚。王钦若深嫉之。一日会朝，准先退，帝目送之，钦若因进曰："陛下敬寇准，为其有社稷功邪？"帝曰："然。"钦若曰："澶渊之役，陛下不以为耻，而谓准有社稷功，何也？"帝愕然曰："何故？"钦若曰："城下之盟，《春秋》耻之。澶渊之举，是城下之盟也。以万乘之贵而为城下之盟，其何耻如之！"帝愀然为之不悦。钦若曰："陛下闻博乎？博者输钱欲尽，乃罄所有出之，谓之孤注。陛下，寇准之孤注也，斯亦危矣。"由是帝顾准浸衰。

（选自《寇准列传》）

点评：

本篇选自《寇准列传》。本传主要通过寇准直言进谏、面折同僚，固请真宗亲征取得澶州之战的胜利及仕途险恶、贬官南荒几个典型事例塑造了一个言事切直、刚正不阿、忠君爱民的直臣形象。

寇准少年登科，颇具才干，更以直言进谏而远近闻名。曾因切直，激怒太宗，太宗不听，起身离去，寇准竟扯住龙袍不放，直至太宗听他陈述完毕。他也经常在太宗面折同僚过失，引起同僚的嫉恨，为他日后的仕途埋下了祸根。但他对赵宋王朝忠心耿耿，以至于当他贬官期间，太宗因思念他而长吁短叹。真宗临死前也说寇准和李迪是可托付大事的重臣。寇准仕途的最高峰是他力请皇上亲征，终于取得澶州之战的胜利，保卫了宋边境和人民的生命财产，遏制了契丹贵族的勃勃野心和南下骚扰。澶州之战后，寇准的声望更高，引起朝臣的嫉恨，王钦若在真宗面前进谗言，说寇准逼帝亲征，如同赌博之人孤注一掷，用皇帝的安危来博取声望。于是真宗逐渐疏远寇准，再加上寇准在相位期间，用人不拘一格，不按照资历升迁官吏，引起一些大臣的不满。后来奸人丁谓趁真宗病危，皇后秉权之机，把寇准贬到南荒，寇准最终死于贬所雷州。

本篇节选了澶州之战，寇准请真宗亲征这一段故事。景德元年（1004年），辽圣宗、萧太后率大军南下，宋真宗与朝臣震惊不已，副相王钦若是江南人，请真宗迁都金陵，枢密使陈尧叟是四川人，他请真宗移驾成都。寇准当着两人的面指斥出此意见的人是卖国的奸人，罪当斩首，极力劝真宗亲征，振奋士气，击退辽军。真宗犹疑不决，寇准说辽军逼进，四方危急，只可进，不可退，并请出太尉高琼，真宗才决心亲征，至澶州城，真宗又不愿过河，寇准认为此时不过河则人心危急，高琼用锤击为真宗驾车的马夫，强迫真宗过河。真宗登上城楼，宋军大受鼓舞，踊跃欢呼，奋勇杀敌。真宗又把军事指挥权都交给寇准，寇准治军严明，指挥有方，将士皆喜悦，相持十多天。宋军用床子弩射出利箭，当场射杀契丹统帅。契丹随即向宋求和，寇准本不答应求和，但真宗无心作战，遂订下了澶渊之盟。

在宋辽抗衡，宋军占优势的情况下，订下了澶渊之盟，显示了宋朝的腐败无能。但如果没有寇准的坚决主战，恐怕连这样的局面都达不到。从另一方面来看，澶渊之盟的签订，辽宋维持了一百多年的和平局面，宋北方边境得以安宁，生产得到恢复，人民能够安居乐业。澶渊之盟还是有积极的意义。本篇着力描写寇准的忠贞爱国，以国家利益为重，挺身而出，力排众议，不畏强权，坚毅果断的事迹。与皇帝的无能和其他官员的贪生怕死、蝇营狗苟、自私自利形成鲜明对比。

刚正坚毅包青天

原文：

包拯，字希仁，庐州合肥人也。始举进士，除大理评事，出知建昌县。以父母皆老，辞不就。得监和州税，父母又不欲行，拯即解官归养。后数年，亲继亡，拯庐墓终丧，犹徘徊不忍去，里中父老数来劝勉。久之，赴调，知天长县。有盗割人牛舌者，主来诉。拯曰："第归，杀而鬻之。"寻复有来告私杀牛者，拯曰："何为割牛舌而又告之？"盗惊服。徙知端州，迁殿中丞。端土产砚，前守缘贡，率取数十倍以遗权贵。拯命制者才足贡数，岁满不持一砚归。

寻拜监察御史里行，改监察御史。时张尧佐除节度、宣徽两使，右司谏张择行、唐介与拯共论之，语甚切。又尝建言曰："国家岁赂契丹，非御戎之策。宜练兵选将，务实边备。"又请重门下封驳之制，及废锢赃吏，选守宰，行考试补荫弟

包拯

子之法。当时诸道转运加按察使，其奏劾官吏多擿细故，务苛察相高尚，吏不自安，拯于是请罢按察使。

去使契丹，契丹令典客谓拯曰："雄州新开便门，乃欲诱我叛人，以刺疆事耶?"拯曰："涿州亦尝开门矣，刺疆事何必开便门哉?"其人遂无以对。

历三司户部判官，出为京东转运使，改尚书工部员外郎、直集贤院，徙陕西，又徙河北，入为三司户部副使。秦陇斜谷务造船材木，率课取于民；又七州出赋河桥竹索，恒数十万，拯皆奏罢之。契丹聚兵近塞，边郡稍警，命拯往河北调发军食。拯曰："漳河沃壤，人不得耕，刑、洺、赵三州民田万五千顷，率用牧马，请悉以赋民。"从之。解州盐法率病民，拯往经度之，请一切通商贩。除天章阁待制、知谏院。数论斥权幸大臣，请罢一切内除曲恩。又列上唐魏郑公三疏，愿置之坐右，以为龟鉴。又上言天子当明听纳，辨朋党，惜人才，不主先入之说，凡七事；请去刻薄，抑侥幸，正刑明禁，戒兴作，禁妖妄。朝廷多施行之。除龙图阁直学士、河北都转运使。尝建议无事时徙兵内地，不报。至是，请："罢河北屯兵，分之河南兖、郓、齐、濮、曹、济诸郡，设有警，无后期之忧。借曰戍兵不可遽减，请训练义勇，少给糇粮，每岁之费，不当屯兵一月之用，一州之赋，则所给者多矣。"不报。徙知瀛州，诸州以公钱贸易，积岁所负十余万，悉奏除之。以丧子乞便郡，知扬州，徙庐州，迁刑部郎中。坐失保任，左授兵部员外郎、知池州。复官，徙江宁府，召权知开封府，迁右司郎中。

拯立朝刚毅，贵戚宦官为之敛手，闻者皆惮之。人以包拯笑比黄河清，童稚妇女，亦知其名，呼曰"包待制"。京师为之语曰："关节不到，有阎罗包老。"旧制，凡讼诉不得径造庭下。拯开正门，使得至前陈曲直，吏不敢欺。中官势族筑园榭，侵惠民河，以故河塞不通，适京师大水，拯乃悉毁去。或持地券自言有伪增步数者，皆审验劾奏之。

迁谏议大夫、权御史中丞。奏曰："东宫虚位日久，天下以为忧，陛下持久不决，何也？"仁宗曰："卿欲谁立？"拯曰："臣不才备位，乞豫建太子者，为宗庙万世计也。陛下问臣欲谁立，是疑臣也。臣年七十，且无子，非邀福者。"帝喜曰："徐当议之。"请裁抑内侍，减节冗费，条责诸路监司，御史府得自举属官，减一岁休暇日，事皆施行。

张方平为三司使，坐买豪民产，拯劾奏罢之；而宋祁代方平，拯又论之；祁罢，而拯以枢密直学士权三司使。欧阳修言："拯所谓牵牛蹊田而夺之牛，罚已重矣，又贪其富，不亦甚乎！"拯因家居避命，久之乃出。其在三司，凡诸管库供上物，旧皆科率外郡，积以困民。拯特为置场和市，民得无扰。吏负钱帛多缧系，间辄逃去，并械其妻子者，类皆释之。迁给事中，为三司使。数日，拜枢密副使。顷之，迁礼部侍郎，辞不受，寻以疾卒，年六十四。赠礼部尚书，谥孝肃。

拯性峭直，恶吏苛刻，务敦厚，虽甚嫉恶，而未尝不推以忠恕也。与人不苟合，不伪辞色悦人，平居无私书，故人、亲党皆绝之。虽贵，衣服、器用、饮食如布衣时。尝曰："后世子孙仕宦，有犯赃者，不得放归本家，死不得葬大茔中。不从吾志，非吾子若孙也。"初，有子名繶，娶崔氏，通判潭州，卒。崔守死，不更嫁。拯尝出其媵，在父母家生子，崔密抚其母，使谨视之。繶死后，取媵子归，名曰綖。有奏议十五卷。

（选自《包拯列传》）

点评：

本篇选自《包拯列传》。包青天的故事在民间广为流传，并衍生出了许多逸事传闻，至今能有很多以他为主人公的戏曲、故事、影视。包拯在人们心中已经成为刚正不阿和断案如神的化身。包拯是北宋中期著名的政治家，以廉洁和执法严明著称，本篇主要列举了他不畏权贵、敢于弹劾、断案清明、严于律己、体察至情等方面的事例。

包拯任监察御史时，屡次弹劾一些为非作歹、鱼肉百姓的当朝权贵，包括弹劾贩卖私盐、牟取暴利的淮南转运按察使及监守自盗的仁宗亲信太监阎士良等，其中较有影响的是对王逵的弹劾。王逵巧立名目、盘剥百姓，激起民变后又派兵抓捕百姓严刑拷打，受害者不计其数，民愤甚大。但因他得到仁宗青睐，又与宰相关系亲密，所以有恃无恐，毫不收敛。包拯曾先后七次弹劾他，言辞激烈，引起朝野震动，最终迫于舆论压力，王逵被解职。包拯还弹劾过宰相和三使司。因为包拯敢于弹劾权贵，以至出现了“包弹”的谚语，为非作歹的权贵也因此对他忌惮三分。

包拯最为人称道的还是他断案的英明果断。在任知县时遇到一个案子，有一个农夫状告他家的牛的舌头被歹徒割走，包拯让他回家宰牛，等罪犯自投罗网，果然第二天，就有人来告农家杀牛，包拯立即指出他就是割牛舌的罪犯。因宋代禁止私杀耕牛，割牛舌本身是无利可图的，因此包拯断定一定是仇家所为，让农人回去宰牛是引罪犯上钩。他断案之神明由此可见一斑。包拯还很严于律己，他曾任端州地方官，端州以砚闻名，端砚是文人士大夫寻觅的珍品，他的前任总是在进贡之外，加征数十倍，从而中饱私囊和贿赂权贵，包拯尽除陋习，任满去日，竟不持一端砚归。包拯执法严峻，不徇私情，有请托者一律拒之门外，当时的人称赞包拯比黄河水还要清，并称其为阎罗包老。包拯虽对权贵严峻，对百姓民情却体贴关注。他在开封，做了许多大快人心的事。

包拯已经成为清官的代名词，作为封建官吏中清官的典型形象深入民心。千百年来人们之所以对他赞美和怀念不绝，其实是在心中期盼这样的好官在现实中出现，其实制度极为关键，人治难保不会出现昏官、贪官，但在封建社会的人不可能认识到这一点的。当然，包拯的敢于负责、不媚权贵、为民做主、严于律己的精神在任何时代都应该成为各级官员的楷模。

欧阳修“蓄道德而能文章”

原文：

范仲淹以言事贬，在廷多论救，司谏高若讷独以为当黜。修贻书责之，谓其不复知人间有羞耻事。若讷上其书，坐贬夷陵令，稍徙乾德令、武成节度判官。仲淹使陕西，辟掌书记。修笑而辞曰：“昔者之举，岂以为己利哉？同其退不同其进可也。”久之，复校勘，进集贤校理。庆历三年，知谏院。时仁宗更用大臣，杜衍、富弼、韩琦、范仲淹皆在位，增谏官员，用天下名士，修首在选中。每进见，帝延问执政，咨所宜行。既多所张弛，小人翕翕不便。修虑善人必不胜，数为帝分别言之。初，范仲淹之贬饶州也，修与尹洙、余靖皆以直仲淹见逐，目之曰“党人”。自是，朋党之论起，修乃为《朋党论》以进。其略曰：“君子以同道为朋，小人以同利为朋，此自然之理也。臣谓小人无朋，惟君子则有之。小人所好者利禄，所贪者财货，当其同利之时，暂相党引以为朋者，伪也。及其见利而争先，或利尽而反相贼害，虽兄弟亲戚，不能相保，故曰小人无朋。君子则不然，所守者道义，所行者忠信，所惜者名节。以之修身，则同道而相益，以之事国，则同心而共济，终始如一，故曰惟君子则有朋。纣有臣亿万，惟亿万心，可谓无朋矣，而纣用以亡。武王有臣三千，惟一心，可谓大朋矣，而周用以兴。盖君子之朋，虽多而不厌故也。故为君但当退小人之伪朋，用君子之真朋，则天下治矣。”

修论事切直，人视之如仇，帝独奖其敢言，面赐立品服。顾侍臣曰：“如欧阳修者，何处得来？”同修起居注，遂知制诰。故事，必试而后命，帝知修，诏特除之。

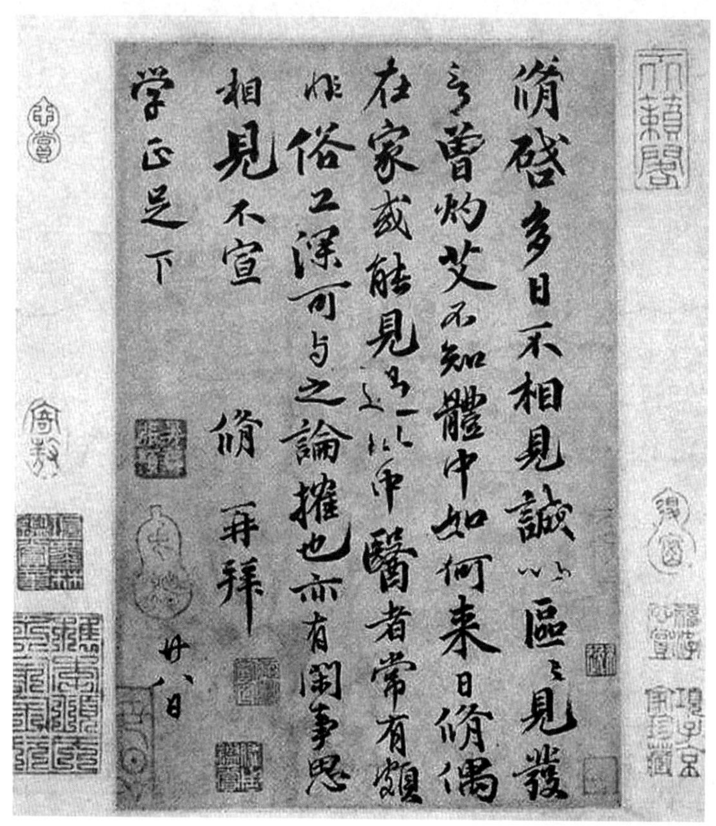

欧阳修手迹

奉使河东。自西方用兵，议者欲废麟州以省馈饷。修曰："麟州，天险，不可废；废之，则河内郡县，民皆不安居矣。不若分其兵，驻并河内诸堡，缓急得以应援，而平时可省转输，于策为便。"由是州得存。又言："忻、代、岢岚多禁地废田，愿令民得耕之，不然，将为敌有。"朝廷下其议，久乃行，岁得粟数百万斛。凡河东赋敛过重民所不堪者，奏罢十数事。使还，会保州兵乱，以为龙图阁直学士、河北都转运使。陛辞，帝曰："勿为久留计，有所欲言，言之。"对曰："臣在谏职得论事，今越职而言，罪也。"帝曰："第言之，毋以中外为间。"贼平，大将李昭亮、通判冯博文私纳妇女，修捕博文系狱，昭亮惧，立出所纳妇。兵之始乱也，招以不死，既而皆杀之，胁从二千人，分隶诸郡。富弼为宣抚使，恐后生变，将使同日诛之，与修遇于内黄，夜半，屏人告之故。修曰：“祸莫大于杀已降，况胁从乎？既非朝命，脱一郡不从，为变不细。”弼悟而止。

方是时，杜衍等相继以党议罢去，修慨然上疏曰：“杜衍、韩琦、范仲淹、富弼，天下皆知其有可用之贤，而不闻其有可罢之罪，自古小人谗害忠贤，其说不远。欲广陷良善，不过指为朋党，欲动摇大臣，必须诬以颛权，其故何也？去一善人，而众善人尚在，则未为小人之利；欲尽去之，则善人少过，难为一一求瑕，唯指以为党，则可一时尽逐，至如自古大臣，已被主知而蒙信任，则难以他事动摇，唯有颛权是上之所恶，必须此说，方可倾之。正士在朝，群邪所忌，谋臣不用，敌国之福也。今此四人一旦罢去，而使群邪相贺于内，四夷相贺于外，臣为朝廷惜之。”于是邪党益忌修，因其孤甥张氏狱傅致以罪，左迁知制诰、知滁州。居二年，徙扬州、颍州。复学士，留守南京，以母忧去。服除，召判流内铨，时在外十二年矣。帝见其发白，问劳甚至。小人畏修复用，有诈为修奏，乞澄汰内侍为奸利者。其群皆怨怒，谮之，出知同州，帝纳吴充言而止。迁翰林学士，俾修《唐书》。奉使契丹，其主命贵臣四人押宴，曰：“此非常制，以卿名重故尔。”

……

修平生与人尽言无所隐。及执政，士大夫有所干请，辄面谕可否，虽台谏官论事，亦必以是非诘之，以是怨诽益众。帝将追崇濮王，命有司议，皆谓当称皇伯，改封大国。修引《丧服记》，以为：“‘为人后者，为其父母服。’降三年为期，而不没父母之名，以见服可降而名不可没也。若本生之亲，改称皇伯，历考前世，皆无典据。进封大国，则又礼无加爵之道。故中书之议，不与众同。”太后出手书，许帝称亲，尊王为皇，王夫人为后。帝不敢当。于是御史吕诲等诋修主此议，争论不已，皆被逐。惟蒋之奇之说合修意，修荐为御史，众目为奸邪。之奇患之，则思所以自解。修妇弟薛宗孺有憾于修，造帷薄不根之谤摧辱之，展转达于中丞彭思永，思永以告之奇，之奇即上章劾修。神宗初即位，欲深护修。访故宫臣孙思恭，思恭为辨释，修杜门请推治。帝使诘思永、之奇，问所从来，辞穷，皆坐黜。修亦力求退，罢为观文殿学士、刑部尚书、知亳州。明年，迁兵部尚书、知青州，改宣徽南院使、判太原府。辞不拜，徙蔡州。

（选自《欧阳修列传》）

点评：

本篇选自《欧阳修列传》。欧阳修以其诗文革新运动而闻名，他通过不懈的努力一改唐末五代以来浮艳绮靡的文风，大力提倡古文运动，继承和发扬了唐代散文的优良传统，并以自己平易自然的文章影响了有宋一代文风，在中国散文史上有着卓越贡献，自己也位列“唐宋八大家”中。欧阳修的作风非常正派，向以“风节自持”，刚正不阿，敢于直言极谏，不畏权势，不怕贬官，不怕刑戮，胸襟坦荡，他平易的学风与其正直的作风关系密切。他还博通古今，于经学、金石、史学皆有造诣，“二十四史”中有两部是欧阳修参与编纂的，《新五代史》更是其独力完成的，他的词、赋艺术成就亦甚高，当时能出其右者寥寥。

本篇主要描述了他为官处世的正直风气与坦荡胸襟，他锐意推动诗文革新的影响以及他宗主文坛文冠天下和奖掖后进唯恐不及等事迹。一个德才兼备、博古通今的文坛领袖被栩栩如生地勾勒出来。欧阳修同宋代许多杰出的政治家类似，出身贫寒，幼年无钱买纸笔，甚至以荻草划地写字，靠着自己艰苦不懈的读书，中进士科并颇具文名。他刚入朝不久，范仲淹以言事被贬，当时正直人士皆知其冤，纷纷论救，谏官高若讷不仅不敢进谏，反而落井下石，诋毁范仲淹。欧阳修为之激怒，遂愤而写下《与高司谏书》，指其“毁其贤而当黜，庶乎恕己不言之过——以智文其过，此君子之贱也”，直揭其丑恶嘴脸。欧阳修本人则因写此篇文章而被贬官。他在贬为夷陵令期间，周达民事，兼知宦情，立下为民办事尽心竭力的心愿。范仲淹被贬时，欧阳修多次为其陈情辨冤。范仲淹起复之后，辟欧阳修为掌书记，欧阳修笑辞道：“昔者之举，岂以为己利哉？同其退不同其进，可也。”一心为公，只问是非，不计个人得失。欧阳修在政治上也颇有见地，对西北边患及和议问题等具有独到的眼光，并对军事提出一系列的改革方案，只可惜他的政声为他的文声所盖，久不传于世。欧阳修胸怀广阔，即使贬官也并不作怨嗟戚戚之语，而是直行其道，无怨无悔。并纵情山水，在山水之间陶冶情操。其名作《醉翁亭记》，就是在贬官滁州时所作。

欧阳修作文，讲究文与道俱，以为道胜文者不难而至，他论道，不尚空谈，重视实际，对宋朝的性理之学有所批评。他所讲的道，不同于他们，而类似于韩愈，也就是为人的大节，对那些先天下之忧而忧，后天下之乐而乐的人极为佩服和提倡，而对那些汲汲于个人名利得失、尸位素餐的人则十分不满，常常写文章鞭挞。他追慕韩愈的文章，但其为人处世，坚守正道则又高于韩愈，他的文章，虽不及韩愈气势磅礴，但平易朴实而又委婉真切，颇有以柔克刚的气势。欧阳修还很爱惜重视人才，奖掖后进，唯恐不及，曾巩、三苏、王安石等人，后来活跃于政坛、文坛，他们都是欧阳修从平民中发现和提拔上来的。这显示了他的识人之功和宽阔的胸襟。

观宋之世，德才兼备，以天下苍生为己任的士大夫大有人在，这大概与宋文官政治、重文轻武的祖宗家法有关。朝廷以礼待士子，士子也以国家兴亡为己任，富有入世精神并胸襟坦荡。

王安石变法

原文：

二年二月，拜参知政事。上谓曰："人皆不能知卿，以为卿但知经术，不晓世务。"安石对曰："经术正所以经世务，但后世所谓儒者，大抵皆庸人，故世俗皆以为经术不可施于世务尔。"上问："然则卿所施设以何先？"安石曰："变风俗，立法度，正方今之所急也。"上以为然。于是设制置三司条例司，令判知枢密院事陈升之同领之。安石令其党吕惠卿预其事。而农田水利、青苗、均输、保甲、免役、市易、保马、方田诸役相继并兴，号为新法，遣提举官四十余辈，颁行天下。

青苗法者，以常平籴本作青苗钱，散与人户，令出息二分，春散秋敛。均输法者，以发运之职改为均输，假以钱货，凡上供之物，皆得徙贵就贱，用近易远，预知在京仓库所当办者，得以便宜蓄买。保甲之法，籍乡村之民，二丁取一，十家为保，保丁皆授以弓弩，教之战阵。免役之法，据家赀高下，各令出钱雇人充役，下至单丁、女户，本来无役者，亦一概输钱，谓之助役钱。市易之法，听人赊贷县官财货，以田宅或金帛为抵当，出息十分之二，过期不输，息外每月更加罚钱百分之二。保马之法，凡五路义保愿养马者，户一匹，以监牧见马给之，或官与其直，使自市，岁一阅其肥瘠，死病者补偿。方田之法，以东、西、南、北各千步，当四十一顷六十六亩一百六十步为一方，岁以九月，令、佐分地计量，验地土肥瘠，定其色号，分为五等，以地之等，均定税数。又有免行钱者，约京师百物诸行利入厚薄，皆令纳钱，与免行户祗应。自是四方争言农田水利，古陂废堰，悉务兴复。又令民封状增价以买坊场，又增茶监之额，又设措置河北籴便司，广积粮谷于临流州县，以备馈运。由是赋敛愈重，而天下骚然矣。

王安石

御史中丞吕诲论安石过失十事，帝为出诲，安石荐吕公著代之。韩琦谏疏至，帝感悟，欲从之，安石求去。司马光答诏，有“士夫沸腾，黎民骚动”之语，安石怒，抗章自辨，帝为巽辞谢，令吕惠卿谕旨，韩琦又劝帝留之。安石入谢，因为上言中外大臣、从官、台谏、朝士朋比之情，且曰：“陛下欲以先王之正道胜天下流俗，故与天下流俗相为重轻。流俗权重，则天下之人归流俗；陛下权重，则天下之人归陛下。权者与物相为重轻，虽千钧之物，所加损不过铢两而移。今奸人欲败先王之正道，以沮陛下之所为。于是陛下与流俗之权适争轻重之时，加铢两之力，则用力至微，而天下之权，已归于流俗矣，此所以纷纷也。”上以为然。安石乃视事，琦说不得行。

安石与光素厚，光援朋友责善之义，三诒书反覆劝之，安石不乐。帝用光副枢密，光辞未拜而安石出，命遂寝。公著虽为所引，亦以请罢新法出颍州。御史刘述、刘琦、钱顗、孙昌龄、王子韶、程颢、张戬、陈襄、陈荐、谢景温、杨绘、刘挚，谏官范纯仁、李常、孙觉、胡宗愈皆不得其言，相继去。骤用秀州推官李定为御史，知制诰宋敏求、李大临、苏颂封还词头，御史林旦、薛昌朝、范育论定不孝，皆罢逐。翰林学士范镇三疏言青苗，夺职致仕。惠卿遭丧去，安石未知所托，得曾布，信任之，亚于惠卿。

三年十二月，拜同中书门下平章事。明年春，京东、河北有烈风之异，民大恐。帝批付中书，令省事安静以应天变，放遣两路募夫，责有司、郡守不以上闻者。安石执不下。

开封民避保甲，有截指断腕者，知府韩维言之，帝问安石，安石曰："此固未可知，就令有之，亦不足怪。今士大夫睹新政，尚或纷然惊异；况于二十万户百姓，固有蠢愚为人所惑动者，岂应为此遂不敢一有所为邪？"帝曰："民言合而听之则胜，亦不可不畏也。"

东明民或遮宰相马诉助役钱，安石白帝曰："知县贾蕃乃范仲淹之婿，好附流俗，致民如是。"又曰："治民当知其情伪利病，不可示姑息。若纵之使妄经省台，鸣鼓邀驾，恃众侥幸，则非所以为政。"其强辩背理率类此。

帝用韩维为中丞，安石憾曩言，指为善附流俗以非上所建立，因维辞而止。欧阳修乞致仕，冯京请留之，安石曰："修附丽韩琦，以琦为社稷臣。如此人，在一郡则坏一郡，在朝廷则坏朝廷，留之安用？"乃听之。富弼以格青苗解使相，安石谓不足以阻奸，至比之共、鲧。灵台郎尤瑛言天久阴，星失度，宜退安石，即黥隶英州。唐坰本以安石引荐为谏官，因请对极论其罪，谪死。文彦博言市易与下争利，致华岳山崩。安石曰："华山之变，殆天意为小人发。市易之起，自为细民久困，以抑兼并尔，于官何利焉。"阏其奏，出彦博守魏。于是吕公著、韩维，安石藉以立声誉者也；欧阳修、文彦博，荐己者也；富弼、韩琦，用为侍从者也；司马光、范镇，交友之善者也：悉排斥不遗力。

礼官议正太庙太祖东向之位，安石独定议还僖祖于祧庙，议者合争之，弗得。上元夕，从驾乘马入宣德门，卫士诃止之，策其马。安石怒，上章请逮治。御史蔡确言："宿卫之士，拱扈至尊而已，宰相下马非其处，所应诃止。"帝卒为杖卫士，斥内侍，安石犹不平。王韶开熙河奏功，帝以安石主议，解所服玉带赐之。

七年春，天下久旱，饥民流离，帝忧形于色，对朝嗟叹，欲尽罢法度之不善者。安石曰："水旱常数，尧、汤所不免，此不足招圣虑，但当修人事以应之。"帝曰："此岂细事，朕所以恐惧者，正为人事之未修尔。今取免行钱太重，人情咨怨，至出不逊语。自近臣以至后族，无不言其害。两宫泣下，忧京师乱起，以为天旱，更失人心。"安石曰："近臣不知为谁，若两宫有言，乃向经、曹佾所为尔。"冯京曰："臣亦闻之。"安石曰："士大夫不逞者以京为归，故京独闻其言，臣未之闻也。"监安上门郑侠上疏，绘所见流民扶老携幼困苦之状，为图以献，曰："旱由安石所致。去安石，天必雨。"侠又坐窜岭南。慈圣、宣仁二太后流涕谓帝曰："安石乱天下。"帝亦疑之，遂罢为观文殿大学士、知江宁府，自礼部侍郎超九转为吏部尚书。

（选自《王安石列传》）

点评：

本篇选自《王安石列传》。王安石是北宋中后期著名的政治家、文学家、思想家。北宋至神宗时，内外交困，面临着一系列的统治危机。军费开支庞大，官僚机构臃肿，加上每年向辽、西夏缴纳的大量岁币，北宋政府财政年年亏空。下层人民由于豪强兼并、高利贷者盘剥和沉重的赋税徭役负担，屡屡反抗。而境外强敌辽和西夏虎视眈眈，侵边犯境。年轻的宋神宗即位后，耳闻目睹宋积贫积弱的困境，望治心切，锐意改革。起用王安石、吕惠卿等人，实行变法。王安石是变法的支持者，改革以富国强兵为目的，重点在经济方面，力图通过抑制豪强和高利贷者的活动，保证自耕农的生产条件，改善中央和地方的财政状况。王安石变法遭到守旧大臣的普遍反对，他们有的是出于政见不同，有的是顾及自身利益，有的则仅仅是嫉妒神宗对王安石的信任。他们攻击新法祸国殃民，甚至说动太皇太后、太后，弄得起初信任王安石的神宗皇帝也左右摇摆，新法步履维艰。元丰八年，神宗病逝，哲宗即位，向太后掌政，尽行恢复旧法，变法失败。

历代对王安石变法持反对态度的大有人在，《宋史》本传则屡屡从王安石“性狷介”的角度攻击王安石和新法，完全是偏见。传并引用了大儒朱熹的语录，说王安石变法“卒之群奸嗣虐，流毒四海，至于崇宁、宣和之际，而祸乱极矣。”把宋亡的责任推加给王安石和新法。其实宋徽宗时奸相蔡京等人虽说是打着新法的旗号，但他们行事，与王安石新法无干，纯粹是用新法排挤政敌，打击异己。蔡京等人对北宋灭亡，负有不可推卸的责任，北宋覆亡，不能归咎于新法。新法不行，才是北宋的悲哀。

岳飞精忠报国

原文：

秋，入见，帝手书“精忠岳飞”字，制旗以赐之。授镇南军承宣使、江南西路沿江制置使，又改神武后军都统制，仍制置使，李山、吴全、吴锡、李横、牛皋皆隶焉。

……

襄汉平，飞辞制置使，乞委重臣经画荆襄，不许。赵鼎奏：“湖北鄂、岳最为上流要害，乞令飞屯鄂、岳，不惟江西藉其声势，湖、广、江、浙亦获安妥。”乃以随、郢、唐、邓、信阳并为襄阳府路隶飞，飞移屯鄂，授清远军节度使、湖北路、荆、襄、潭州制置使，封武昌县开国子。

兀术、刘豫合兵围庐州，帝手札命飞解围，提兵趋庐，伪齐已驱甲骑五千逼城。飞张“岳”字旗与“精忠”旗，金兵一战而溃，庐州平。飞

杭州岳王庙内岳飞塑像

奏：“襄阳等六郡人户阙牛、粮，乞量给官钱，免官私逋负，州县官以招集流亡为殿最。”……

初，桧逐赵鼎，飞每对客叹息，又以恢复为己任，不肯附和议。读桧奏，至“德无常师，主善为师”之语，恶其欺罔，恚曰：“君臣大伦，根于天性，大臣而忍面谩其主耶！”兀术遗桧书曰：“汝朝夕以和请，而岳飞方为河北图，必杀飞，始可和。”桧亦以飞不死，终梗和议，己必及祸，故力谋杀之。以谏议大夫万俟卨与飞有怨，风卨劾飞，又风中丞何铸、侍御史罗汝楫交章弹论，大率谓：“今春金人攻淮西，飞略至舒、蕲而不进，比与俊按兵淮上，又欲弃山阳而不守。”飞累章请罢枢柄，寻还两镇节，充万寿观使、奉朝请。桧志未伸也，又谕张俊令劫王贵、诱王俊诬告张宪谋还飞兵。

桧遣使捕飞父子证张宪事，使者至，飞笑曰：“皇天后土，可表此心。”初命何铸鞫之，飞裂裳以背示铸，有“尽忠报国”四大字，深入肤理。既而阅实无左验，铸明其无辜。改命万俟卨。卨诬：飞与宪书，令虚申探报以动朝廷，云与宪书，令措置使飞还军；且言其书已焚。

飞坐系两月，无可证者。或教卨以台章所指淮西事为言，卨喜白桧，簿录飞家，取当时御札藏之以灭迹。又逼孙革等证飞受诏逗遛，命评事元龟年取行军时日杂定之，傅会其狱。岁暮，狱不成，桧手书小纸付狱，即报飞死，时年三十九。云弃市。籍家赀，徙家岭南。幕属于鹏等从坐者六人。

（选自《岳飞列传》）

点评：

岳飞（1103—1141 年），字鹏举，相州汤阴（今属河南）人。南宋军事家，民族英雄。少时勤奋好学，并练就一身好武艺。19 岁时投军抗辽，不久因父丧，退伍还乡守孝。1126 年金兵大举入侵中原，岳飞再次投军，开始了他抗击金军，保家卫国的戎马生涯。传说岳飞临走时，其母姚氏在他背上刺了"尽忠报国"四个大字，这成为岳飞终生遵奉的信条。

北宋末年，深受民族压迫的汉、契丹、渤海、奚等各族人民，"仇怨金国，深入骨髓"，纷纷自动组织起来反抗。一时间，黄河南北、两淮之间，掀起了轰轰烈烈的抗金战争。岳飞和抗金名将宗泽、韩世忠等一道，站在抗金斗争的最前线。可是，腐败的北宋统治集团，采取妥协、投降的政策，1127 年（靖康二年），徽宗赵佶、钦宗赵桓被掳，北宋灭亡。然而，南宋皇帝赵构，同样是个投降派。他偏安于江南一地，沉醉于歌舞逸乐之中，没有真正组织抗金民族战争的决心和打算，他一面利用宗泽、岳飞、韩世忠等抗战派，抵挡金军的凌厉攻势，以保住他的皇帝宝座和积累屈膝求和的资本；一面重用秦桧等投降派，通过他们出面进行一系列议和投降活动。当东自江淮、西至陕西一线的宋、金双方对峙的军事分界线形成后，赵构、秦桧统治集团，实际上已经成了南宋抗金斗争最大绊脚石，南宋朝廷内部抗战派与投降派的斗争日趋尖锐。

岳飞是南宋抗金将领的杰出代表，史家笔下精忠报国的典范。他坚决反对议和，主张抗战到底，置个人荣辱安危于度外，对赵构、秦桧的投降活动进行坚决斗争。早年曾以秉义郎之职，上书批评权臣黄潜善、汪伯彦不图恢复，一味奉帝南逃的行径，并要求高宗亲率六军北上收复失地，结果“书闻，以越职夺官归”。1139 年绍兴和议伊始，岳飞上书极力反对，申言“金人不可信，和好不可恃”，直接抨击秦桧出谋划策、用心不良的投降活动。和议达成后，高宗赵构得意忘形，颁下大赦诏书，对文武大臣大加爵赏。岳飞则坚决不受开府仪同三司（一品官衔）的爵赏和三千五百户食邑的封赐。他在辞谢中，痛切地表示：“今日之事，可危而不可安，可忧而不可贺。”并再次表示收复中原的决心：“愿定谋于全胜，期收地于两河，唾手燕云，终欲复仇而报国。”这无异于给宋高宗当头泼了冷水，也由此遭到赵构、秦桧的忌恨。但岳飞却不顾个人得失，一直积极联络北方义军，进行抗金战争，筹划收复中原大业，成为当时抗金民族战争的中流砥柱。

在抗金战争中，岳飞组建了一支纪律严明、骁勇善战的岳家军。他率领这支军队，在抗金战场上屡建奇功，重创金军，以至于金军统帅兀术不得不感慨“撼山易，撼岳家军难”。然而就是这样一位抗金英雄，却遭到秦桧等投降派的陷害而冤死狱中，南宋的抗金战争也以签订屈辱的和议而告终。后人怀念岳飞，颂扬岳飞的精忠报国精神，一直传诵着一个“岳母刺字”的故事。“岳母刺字”不见于《宋史》，其实故事的真实与否并不重要，人们之所以这样代代传诵着，是为了表达对精忠报国、英勇抗金的民族英雄岳飞的敬仰。

朱熹集理学之大成

原文：

始，熹少时，慨然有求道之志。父松病亟，尝属熹曰："籍溪胡原仲、白水刘致中、屏山刘彦冲三人学有渊源，吾所敬畏，吾即死，汝往事之，而惟其言之听。"三人，谓胡宪、刘勉之、刘子翚也。故熹之学既博求之经传，复遍交当世有识之士。延平李侗老矣，尝学于罗从彦，熹归自同安，不远数百里，徒步往从之。

其为学，大抵穷理以致其和，反躬以践其实，而以居敬为主。尝谓圣贤道统之传散在方册，圣经之旨不明，而道统之传始晦。于是竭其精力，以研穷圣贤之经训。所著书有：《易本义》、《启蒙》、《蓍卦考误》，《诗集传》，《大学中庸章句》、《或问》，《论语》、《孟子集注》，《太极图》、《通书》、《西铭解》，《楚辞集注》、《辨证》，《韩文考异》；所编次有：《论孟集议》，《孟子指要》，《中庸辑略》，《孝经刑误》，《小学书》，《通鉴纲目》，《宋名臣言行录》，《家礼》，《近思录》，《河南程氏遗书》，《伊洛渊源录》，皆行于世。熹没，朝廷以其《大学》、《语》、《孟》、《中庸》训说立于学官。又有《仪礼经传通解》未脱稿，亦在学官。平生为文凡一百卷，生徒问答凡八十卷，别录十卷。

朱熹

理宗绍定末，秘书郎李心传乞以司马光、周敦颐、邵雍、张载、程颢、程颐、朱熹七人列于从祀，不报。淳祐元年正月，上视学，手诏以周、张、二程及熹从祀孔子庙。

黄榦曰："道之正统待人而后传，自周以来，任传道之责者不过数人，而能使斯道章章较著者，一二人而止耳。由孔子而后，曾子、子思继其微，至孟子而始著。由孟子而后，周、程、张子继其绝，至熹而始著。"识者以为知言。

（选自《朱熹列传》）

点评：

本篇选自《朱熹列传》，对朱熹一生的经历与贡献进行了回顾。朱熹可以称得上是南宋学术造诣最深、影响最大的学者，其通过总结以往思想，建立起庞大的理学体系，成为宋代理学集大成者。其理学思想在元、明、清三朝一直被奉为封建统治阶级的官方哲学，标志着封建社会意识形态更趋完备。

朱熹理学思想的主要内容，一是天理史观。朱熹是客观唯心主义理学家，认为理在物先，理一万殊。理既是万物的主宰，事物的规律，也是社会纲常伦理。二是格物致知。朱熹认为理在物先，同时肯定理又在物中，故而需要即物穷理，格物致知。三是修养心性。朱熹既强调向外格物，也重视向内修养身心，收敛本心，磨炼意志，通过居敬功夫，达到精神专一。四是道统学说。朱熹以北宋理学家周敦颐接续孔孟以前先圣的传道统绪，以程朱为主要传道之人，以"人心惟危，道心惟微，惟精惟一，允执厥中"之"十六字诀"为"道"之内涵，由此构建起一套新的道统理论；《宋史·道学传》的创立，则是对这一道统说的认定与接受。

在《朱熹传》的记载中，我们发现，作为一位博学多识的大学问家，朱熹有很多方面值得后人学习。他一生学而不厌，诲人不倦，博览经史，

岳麓书院

治学严谨，著作宏富。他在训诂、考证、注释古籍，整理文献资料等方面都取得了丰富的成果。另外，他对天文、地理、律历等许多自然科学，也都进行过广泛的研究。作为封建社会的一位官员，他在努力维护那个制度的同时，也能体察民情，反对横征暴敛与为富不仁者，敢于同贪官污吏和地方豪绅的不法行为作斗争。在地方官的任期内，朱熹也做了一些如赈济灾荒、鼓励生产等安定民生的有益工作，在封建社会的官员中，不失为一位正直有为的人。而且，朱熹还是中国教育史上的著名教育家，他一生热心于教育事业，孜孜不倦地授徒讲学，无论在教育思想或教育实践上，都取得了重大的成就。朱熹在世之时，曾经整顿了一些县学、州学，又亲手创办了同安县学、武夷精舍、考亭书院，重建了白鹿洞书院和岳麓书院，并且还亲自制定了学规，编撰了“小学”和“大学”的教材，为封建国家培养了一大批知识分子，其中包括不少著名的学者，成为理学中闽学派的开创者。

千古名言

人不率则不从，身不先则不信。

——语出《宋祁列传》。意思是说自己做事不起表率作用，别人就不会跟着干；自己做事不率先在前，别人就不会信任自己。

身为表率，永远是领导者不可缺少的品格，否则就无法胜任自己的职责。

世之治乱，在赏当其功，罚当其罪，即无不治。

——语出《宋琪列传》，意思是说国家的治和乱，在于恰如其分地奖励功劳和惩处犯罪，做到这样，就没有治理不好的了。

赏罚恰如其分，是反映国家政治清明、法制完整的表现。

感物之道莫过于诚。

——语出《何铸列传》，意思是说感化人心的作用没有比用诚更好的了。

诚信在任何一个社会都是应该提倡的。

用贤转石，去佞拔山。

——语出《李宗勉列传》，意思是说任用贤人就像推转山石一样，而去除佞人却像把山拔起一样艰难。

任贤虽然难，但是识别并去除小人却更是难上加难，居上位的人更要注意辨识贤奸，要亲君子远小人。

上有忧危之心，下有安泰之象，世道所由隆。

——语出《吴泳列传》，意思是说居上位的人有忧国忧民的心态，下边便呈现国泰民安的气象，国家由此兴隆。

生于忧患，死于安乐，要时时居安思危，才能保国家安定。

陟一善而天下之为善者劝，黜一恶而天下之为恶者惧。

——语出《孙觉列传》，意思是说奖赏一个善人可使天下行善之人得到鼓舞，而贬黜一个恶人可使天下作恶的人惧怕。

赏罚分明、惩恶扬善，方能使善者向善、恶者向恶。

《辽史》

史家生平

契丹是生活在中国北方的一个古老民族，从北魏登国年间以来，就见于文献记载，唐末五代时逐渐强大，并不断对外扩张。公元916年，契丹族首领耶律阿保机在今天内蒙古西拉木伦河流域称帝建国，国号为“辽”。辽太祖耶律阿保机之后，经过辽太宗、辽圣宗等皇帝的励精图治、苦心经营，辽的政治经济实力大为加强，疆域不断扩张，其强盛时，国土东至海，西至阿尔泰山，南至河北，北至外蒙古克鲁伦河。圣宗之后，辽走向衰落。公元1125年，辽为后起的女真建立的金所灭。辽的一支西逃，建立西辽。《辽史》一书记载了辽代及建国之前契丹族的历史，共116卷，元代脱脱等人奉敕修撰。

中国历来有异代修史的传统，即后继的王朝为前一代王朝修撰史书。金灭辽之后，曾两次修《辽史》，但均未正式刊刻流传。元修《辽史》也前后历经数次，中统二年（1261年），翰林院承旨王鹗向元世祖忽必烈建议修辽金二史，当时国家草创，百废待兴，该建议没有得到落实。元灭南宋统一全国之后，朝廷不断有修辽、宋、金三史的动议及准备措施，但最

契丹归猎图

终都因为义例难以确定，一直未能定稿。至正三年（1343年），元顺帝命中书右丞相脱脱修三史，任都总裁。翰林院学士欧阳玄、铁木儿塔识、太平、张起岩、揭傒斯、吕思诚等六人为总裁，主持修撰。次年二月，《辽史》告竣，历时仅一年。《辽史》之后，《金史》、《宋史》相继完成。

三史是众多史学家辛苦劳动的结晶，其中都总裁脱脱对三史的最终完稿贡献很大。他虽然未曾亲自动手写史，但在组织领导编撰人员、制定各项修史原则等方面，发挥了一个领导者的作用。脱脱（1314—1356年），字大用，出生于一个地位十分显赫的蒙古贵族家庭，他伯父伯颜是当朝权相，独秉朝政实权将近十年。脱脱既有蒙古人崇武尚勇的精神，又对汉族的儒家文化接受颇深。他年轻时就学于名儒吴直才门下，经吴直才的悉心培养，脱脱能书善画，更重要的是他接受了儒家的道德、价值观念。他曾立志“日记古人嘉言善行，服之终身”，对古代圣贤充满仰慕之情。由于家庭的缘故，脱脱年纪轻轻就步入政坛，至正元年（1341年），他在与伯父权相伯颜的政治斗争中取得胜利，出任中书右丞相。脱脱颇有政治才能，他上台之后，即大刀阔斧地推行新政，史称“更化”。至正三年，脱脱等人奏请纂修辽、宋、金三史，元顺帝随即下达了有关编修三史的诏书。脱脱受命为三史都总裁，以翰林院学士欧阳玄、中书平章政事铁木儿塔识、中书右丞太平、御史中丞张起岩、翰林侍讲学士揭傒斯、侍御史吕思诚等六人为总裁官，并挑选了一批修史官员，在这些史官中，不仅有汉族学者，还有蒙古、维吾尔、哈剌鲁、唐兀、钦察等族的史学家。如此众多的少数民族学者参加纂修正史的工作，这在全部“二十四史”中是绝无仅有的。元几次修辽金宋史，都因“正统”问题的长期困扰，久久不能成书。当时意见主要有两种：一种认为应仿照《晋书》体例，以宋为正统，以辽、金为伪，《辽史》、《金史》列为“伪史”或“载记”；一种认为辽自唐末后据有中国北部，与五代、北宋相始终，应当为“北史”，北宋则为“南史”，金灭辽与北宋之后，占据中原，应当为“北史”，南宋自高宗建炎南渡，中原不再为宋所有，应当为《南宋史》。众说纷纭，又有诸多顾忌，致使修史陷入停顿状态。脱脱任都总裁之后，力排众议，提出“三国各与正统，各系其年号”的主张，即辽、宋、金三史分别撰写，各为正统，一律平等。这才平息争议，促成三史的顺利完成。脱脱的主张写入了后来制定的《三史凡例》之中，成为修史的准则。《三史凡例》第一条：“帝纪：三国各史书法准《史记》、《西汉书》、《新唐书》。各国称号等事，准《南北史》。”便是脱脱思想的体现，也是脱脱对三史纂修的一大贡献。脱脱的另一大贡献是解决了修史经费问题。《庚申外史》对此事有较为详细的记载：“……议修辽、金、宋三史，丞相脱脱意欲成至，而所费浩大，钱粮经数不足，颇以为忧。掾史行文书，丞相三却之。掾史遂与国史典籍谋之数日，丞相不喜。或曰，若非钱粮无可措画乎？此易耳。江南三省南宋田颇有贡士庄钱粮者，各路椿寄累年，仓库盈积，有司亦尝借用之，此项钱粮以为修史费，孰曰不然？掾史即日引见丞相，丞相闻其说甚喜。于是奏臣使儒臣欧阳玄、揭傒斯等于国史院修撰辽、宋、金三史。”所谓的“贡士庄钱粮”，即南宋原有的官田和南宋亡后没入官的田产。这一项的田赋收入当是不少，足够供修史之用。

除了脱脱及各位总裁外，参加《辽史》编撰的还有廉惠山海牙、王沂、徐昺、陈绎曾四人，他们对《辽史》的具体修撰作出了贡献。

史著介绍

《辽史》在不到一年的时间里即仓促完成，办事草率，因而《辽史》极其简略，书中疏漏、文字混乱、史实错误的地方不少，颇受后人诟病。除了修史人员的草率行事，史料的缺乏也成为影响《辽史》质量的又一大因素。辽因与北宋、西夏长期对峙，外部环境比较紧张。出于国防安全的考虑，辽代禁书政策极严：凡是当代辽人的著作，只准于国内刊行，严禁输出边境。防止邻国从中获取国土、安全方面情报。禁书政策影响了辽代人的著作的流传，后世有关辽代的资料极少。金元之际的著名文学家元好问曾经感慨地说：现在人们谈起辽代史事，竟不知道前后历经几代皇帝，更毋庸论其他。史料的缺乏，在当时就已经很突出。但也正因为辽代的著作流传下来的不多，《辽史》之外，有关的资料极少，因而作为有关辽代的唯一正史的《辽史》，也就更加珍贵。

资料来源而论，今本《辽史》，基本上是以辽耶律俨所撰的《皇朝实录》和金代人陈大任所撰的《辽史》为基础，并参考《资治通鉴》、《契丹国志》和《契丹传》等书编撰而成。全书共116卷，其中本纪30卷，志32卷，表8卷，列传45卷，书后附有《国语解》10卷。历代论辽、金、宋三史，都以为"《辽史》最为简略"，虽是如此，却也不影响它在编撰上作一些创新，或者说是有独特的风格。今以纪、志、表、传为序，分别论之。

《辽史》的本纪，共9篇，30卷，分别为：《太祖本纪》、《世宗本纪》、《穆宗本纪》、《景宗本纪》、《圣宗本纪》、《兴宗本纪》、《道宗本纪》、《天祚本纪》。本纪记事从唐咸通十三年（872年）辽太祖耶律阿保机出世开始，止于辽天祚帝保大五年（1125年），前后253年。辽太祖之前，契丹族的历史，除《辽史·世表》中有简略的记载外，《太祖本纪》的"赞"中也追述了阿保机的历代先祖，但总的说来，还是过于简单，反观《金史》，本纪中专门有《世纪》一篇，记载金以前女真的历史，颇为得体。辽先祖中，如肃祖、懿祖、元祖、德祖四代，他们的妻子立于《后妃传》中，而本人却没有专纪，也不太妥当，所叙述的史事，也不甚明晰。本纪当中有不少史论性的文字，写得较为认真，评论也很有见地。《太祖本纪》中，评价阿保机说："太祖受可汗之禅，遂建国。东征西讨，如折枯拉朽。东自海，西至于流沙，北绝大漠，信威万里，历年二百，岂一日之故哉！周公诛管、蔡，人未有能非之者。剌葛、安端之乱，太祖既贷其死而复用之，非人君之度乎？"辽圣宗在位将近五十年，是辽兴盛时期的关键人物，《圣宗本纪》中高度评价了辽圣宗的政绩："践祚四十九年，理冤滞，举才行，察贪残，抑奢僭，录死事之子孙，振诸部之贫乏，责迎合不忠之罪，却高丽女乐之归。辽之诸帝，在位最久，令名无穷，其唯圣宗乎？"

《辽史》中的志共10篇，32卷，分别为：《营卫志》、《兵卫志》、《地理志》、《历象志》、《百官志》、《礼志》、《乐志》、《仪卫志》、《食货志》、《刑法志》等。《营卫志》3卷，是《辽史》的独创。第一卷为"宫卫"，第二卷为"捺钵、部族上"，第三卷为"部族下"。关于宫卫、捺钵、部族，《营卫志·序》中说得很清楚："有辽始大，设制尤密，居有宫卫，谓之斡鲁朵。出有行营，谓之捺钵，分镇边圉，谓之部族。有事则以攻战为务，闲暇则以畋渔为生，无日不营，无不在卫，立国规模，莫重于此。”宫卫、捺钵、部族三者是辽代的军事组织和社会组织方式，战时为兵，平时为民，以渔猎为生。宫卫、捺钵、部族制度是辽的特色，《辽史》将之列为诸志之首。诸志中如《兵卫志》、《仪卫志》、《百官志》等，虽然体例上是仿照前史，但其内容十分有特点。《仪卫志》中“舆”分为“国舆”、“汉舆”，“服”分为“国服”、“汉服”，仪仗分为“国仗”、“渤海仗”、“汉仗”，不仅记载契丹族的车舆、服饰和仪仗等制度，也记载汉族、渤海国人的舆服制度，对契丹后来采用汉制的时间、规格、形制等方面也都有论述。《百官志》中则记载了辽代“官分南北，以国制治契丹，以汉制待汉”、“北面治宫帐、部族、属国之政，南面治汉人州县，租赋、军马之事，因俗而治”的官制特点。《礼志》、《乐志》也兼载辽、汉制度。辽是契丹族建立的多民族政权，具有鲜明的契丹族的民族特色和多民族融合的因素。《辽史》或通过设置新志类，或编排新内容，很好地反映了辽代的社会特色。

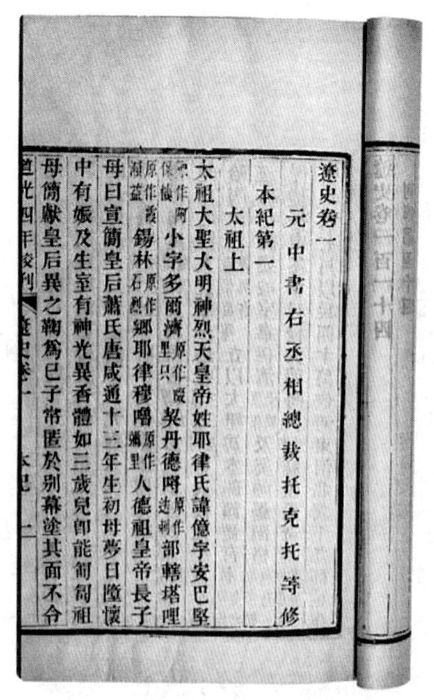
遼史卷一
元中書右丞相總裁托克托等修
本紀第一
太祖上
太祖大聖大明神烈天皇帝姓耶律氏諱億字安巴堅（原作阿保機）小字多爾濟（原作啜里只）契丹德哷（原作迭剌）部輝塔哩（原作霞瀨益）錫林石烈（原作石烈）鄉耶律穆嚕（原作彌里）人德祖皇帝長子
母曰宣簡皇后蕭氏唐咸通十三年生初母夢日墮懷
中有娠及生室有神光異香體如三歲兒即能匍匐祖
母簡獻皇后異之鞠爲已子常匿於別幕塗其面不令
道光四年校刊　遼史卷一　本紀　一

《辽史》书影

《辽史》的表有8篇，分别为《世表》、《皇子表》、《公主表》、《皇族表》、《外戚表》、《游幸表》、《部族表》、《属国表》。《辽史》立表极多，篇幅约占全书的 1/6，分量很重。表的最大特点和优点是容量大。对《辽史》而言，纪传内容十分简略，但由于有众多的表作为补充，有辽一代的众多史事，方才不至于湮没无闻。清代考据史学大家赵翼评论说："《辽史》最为简略，二百年人物列传仅百余篇，其脱漏必多矣。然其体例，亦有最善者，在乎立表之多。表多则传自可少，如皇子、皇族、外戚之类，有功罪大者，自当另为列传，其余则传之不胜传，若必一一传之，此史之所以繁也。唯列之于表，既著明其世系、官位，而功罪亦附书焉。实足省无限笔墨。故《辽史》列传虽少，而一代之事迹亦略备。"赵翼对《辽史》的表给予高度评价。虽然如此，《辽史》中的表还不够尽善尽美。除了考据不精的缺点外，有的表的设置，也有商榷的余地，如《游幸表》，辽代皇帝的历次游幸之事都列于表中，而相关的内容，本纪中已一一俱载，所以意义并不大。

《辽史》列传有 45 卷，分为"后妃"、"宗室"、"文学"、"能吏"、"卓行"、"列女"、"方技"、"伶官"、"宦官"、"奸臣"、"逆臣"。各类传人物寥寥无几，显得极为单薄。《文学传》仅 6 人而已，而分为 2 卷。"能吏"也不过 6 人，"卓行" 3 人，"列女"分贤女、烈女，前二后三，总共 5 人。"伶官" 1 人，"宦官" 2 人。《辽史》书末附有《国语解》一卷，对纪、传、志中出现的许多官制、人事、物产、部族、地理、姓氏等契丹词汇作了译解。《国语解》也成为研究契丹语言文字及历史的珍贵史料。

以上仅就体例而论《辽史》在类目设置上的特点，从写作上看，《辽史》还有以下几个优缺点。优点是《辽史》行文简洁，少有虚言浮词。缺点是过于简略，史事考订多有不精。有纪年上的错误，译名的混乱，有记载的前后矛盾，等等。卷二《太祖本纪》："天显元年七月，卢龙行军司马张崇叛，奔唐。"然而据《资治通鉴》、《旧五代史》等书记载，张崇奔唐之事是在天成三年，即辽天显三年闰八月。《辽史》中契丹的人名、地名前后不一，极为混乱。如耶律勃古哲，本传中作："耶律勃古哲，字蒲奴隐"，《圣宗本纪》中又作"普奴宁"。记事前后矛盾在《辽史》中不少见，如《百官志》："左丞相，圣宗太平四年间左丞相张俭"，"右丞相，圣宗开泰元年间右丞相马保忠"。然而《圣宗本纪》却又记载张俭为左丞相是在太平六年，马保忠为右丞相在开泰二年。又如耶律贤适，《耶律贤适列传》载："三年，为南北录兵马都部署。"《景宗本纪》中却说："保宁三年七月辛丑……以北院枢密使贤适为西北路招讨使。"纪传记事矛盾，令人莫衷一是。总之，《辽史》优点也有，但问题也不少。

名篇点评

平定诸弟之乱

原文：

三月癸丑，次芦水，弟迭剌哥图为奚王，与安端拥千余骑而至，绐称入觐。上怒曰："尔曹始谋逆乱，朕特恕之，使改过自新，尚尔反覆，将不利于朕！"遂拘之。以所部分隶诸军。而剌葛引其众至乙室堇淀，具天子旗鼓，将自立，皇太后阴遣人谕令避去。会弭姑乃、怀里阳言车驾且至，其众惊溃，掠居民北走，上以兵追之。剌葛遣其党寅底石引兵径趋行宫，焚其辎重、庐帐，纵兵大杀。皇后急遣蜀古鲁救之，仅得天子旗鼓而已。其党神速姑复劫西楼，焚明王楼。上至土河，秣马休兵，若不为意。诸将请急追之，上曰："俟其远遁，人各怀土。怀土既切，其心必离，我军乘之，破之必矣！"尽以先所获资畜分赐将士，留夷离毕直里姑总政务。

夏四月戊寅，北追剌葛。己卯，次弭里，问诸弟面木叶山射鬼箭厌禳，乃执叛人解里向彼，亦以其法厌之。至达里淀，选轻骑追及培只河，尽获其党辎重、生口。先遣室韦及吐浑酋长拔剌、迪里姑等五人分兵伏其前路，命北宰相迪里古为先锋进击之。剌葛率兵逆战，迪里古以轻兵薄之。其弟遏古只临阵，射数十人毙，众莫敢前。相拒至晡，众乃溃。追至柴河，遂自焚其车乘庐帐而去。前遇拨剌、迪里姑等伏发，合击，遂大败之。剌葛奔溃，遗其所夺神帐于路，上见而拜奠之。所获生口尽纵归本土。其党库古只、磨朵皆面缚请罪。师次札堵河，大雨暴涨。

五月癸丑，遣北宰相迪辇率骁骑先渡。甲寅，奏擒剌葛、涅里衮阿钵于榆河，前北宰相萧实鲁、寅底石自刭不殊。遂以黑白羊祭天地。壬戌，剌葛、涅里衮阿钵诣行在，以稿索自缚，牵羊望拜。上还至大岭。时大军久出，辎重不相属，士卒煮马驹、采野菜以为食，孳畜道毙者十七八，物价十倍，器服资货委弃于楚里河，狼藉数百里，因更剌葛名暴里。丙寅，至库里，以青牛白马祭天地。以生口六百、马二千三百分赐大、小鹘军。

六月辛巳，至榆岭，以辖赖县人扫古非法残民，磔之。甲申，上登都庵山，抚其先奇首可汗遗迹，徘徊顾瞻而兴叹焉。闻狱官涅离擅造大校，人不堪其苦，有至死者，命诛之。壬辰，次狼河，获逆党雅里、弭里，生埋之铜河南轨下。放所俘还，多为于骨里所掠。上怒，引轻骑驰击。复遣骁将分道追袭，尽获其众并掠者。庚子，次阿敦泺，以养子涅里思附诸弟叛，以鬼箭射杀之。其余党六千，各以轻重论刑。于厥掠生口者三十余人，亦俾赎其罪，放归本部。至石岭西，诏收回军乏食所弃兵仗，召北府兵验而还之。以夷离涅里衮附诸弟为叛，不忍显戮，命自投崖而死。

秋八月己卯，幸龙眉宫，逆党二十九人，以其妻女赐有功将校，所掠珍宝、孳畜还主；亡其本物者，命责偿其家；不能偿者，赐以其部曲。

……

八年春正月甲辰，以曷鲁为迭剌部夷离，忽烈为惕隐。于骨里部人特离敏执逆党怖胡、亚里只等十七人来献，上亲鞫之。辞多连宗室及有胁从者，乃杖杀首恶怖胡，余并原释。于越率懒之子化哥屡蓄奸谋，上每优容

辽中京遗址

之，而反覆不悛，召父老群臣正其罪，并其子戮之，分其财以给卫士。有司所鞫逆党三百余人，狱既具，上以人命至重，死不复生，赐宴一日，随其平生之好，使为之。酒酣，或歌、或舞、或戏射、角，各极其意。明日，乃以轻重论刑。首恶剌葛，其次迭剌哥，上犹弟之，不忍置法，杖而释之。以寅底石、安端性本庸弱，为剌葛所使，皆释其罪。前于越赫底里子解里、剌葛妻辖剌已实预逆谋，命皆绞杀之。寅底石妻涅离胁从，安端妻粘睦姑尝有忠告，并免。因谓左右曰："诸弟性虽敏黠，而蓄奸稔恶。尝自矜有出人之智，安忍凶狠，溪壑可塞而贪黩无厌。求人之失，虽小而可恕，谓重如泰山；身行不义，虽入大恶，谓轻于鸿毛。昵比群小，谋及妇人，同恶相济，以危国祚。虽欲不败，其可得乎？北宰相实鲁妻馀卢睹姑于国至亲，一旦负朕，从于叛逆，未置之法而病死。此天诛也。解里自幼与朕常同寝食，眷遇之厚，冠于宗属，亦与其父背大恩而从不轨，兹可恕乎！"

秋七月丙申朔，有司上诸帐族与谋逆者三百余人罪状，皆弃市。上叹曰："致人于死，岂朕所欲。若止负朕躬，尚可容贷。此曹恣行不道，残害忠良，涂炭生民，剽掠财产。民间昔有万马，今皆徒步，有国以来所未尝有。实不得已而诛之。"

……

神册元年春二月丙戌朔，上在龙化州，迭烈部夷离耶律曷鲁等率百僚请上尊号，三表乃允。丙申，群臣及诸属国筑坛州东，上尊号曰大圣大明天皇帝，后曰应天大明地皇后。大赦，建元神册。初，阙地为坛，得金铃，因名其地曰金铃冈。坛侧满林曰册圣林。

（选自《太祖本纪上》）

点评：

本篇选自《太祖本纪上》。本纪较为详细地记载了辽太祖耶律阿保机的一生及在位时的重大历史事件。综合其本人生平及本纪，年少有为、平定诸弟之乱、建国称帝可视为阿保机人生的第一大阶段，开拓疆土、草创制度是后一阶段的重要内容。阿保机以其卓越的军事、政治才干，在部落联盟的废墟上建立了国家政权，统一了中国北疆的大片领土和处于四分五裂、互争互斗状态下的草原各游牧民族，加速了契丹和北方各游牧民族的历史发展进程。本纪在凸显阿保机文韬武略的同时，也反映了他阴险、狡诈的一面，真实展现了一个伟大人物性格的复杂性。

本篇选取了本纪中耶律阿保机平定诸弟之乱这一段内容。阿保机在被选举为联盟可汗之后，在不断扩张本部族势力的同时，也赋予了可汗这一职位更重要的权力与地位，朝着建国称帝的方向迈进。然而根据契丹族的旧俗，汗位在转入耶律家族之后，该家族的成年男子都有被选举的权利。可汗一职的日益重要，刺激了阿保机诸多族兄弟的野心。他们打着传统的旗号，同阿保机进行激烈的争夺。在几次争权失败后，913 年，双方爆发了武装冲突。反对派首领剌葛，率军直攻阿保机大营，纵火焚烧粮草辎重，并夺走了象征可汗权力的旗鼓。阿保机的妻子述律后组织人马防守，并夺回了旗鼓。阿保机在土河一带秣马厉兵，纵剌葛率军远遁，等到叛军人困马乏，而将士归乡心切之时，发动攻击，一举歼灭叛军。平定诸弟之乱，从而扫除了建国称帝的最大障碍，第二年，阿保机正式称帝，国号为辽。

作为契丹族的领袖人物，阿保机既弘扬草原民族固有的勇武精神，也致力于提高本民族的文化修养，他命人制定契丹文字，建立各项制度。同时尊重管辖区内的汉、渤海等民族的生产方式和生活方式。他本人即精通汉语，对汉民族历史文化颇为了解。公元 918 年，阿保机在西楼之地修建都城，此即后来辽的上京。都城分南北两部分，北面为皇城，建有宫殿、衙署、寺庙，还有供契丹贵族安扎帐篷用的大片空旷地带。南城为汉族、渤海人和回鹘人居住所在，主要建筑是民居和作坊，并有驿馆和回鹘商人暂住用的回鹘营。都城的这一特色从一个侧面反映了阿保机对各族文化兼容并蓄的态度。其开阔的胸襟、恢宏的气度，令人油然而生敬意。

君臣相得

原文：

耶律曷鲁，字控温，一字洪隐，迭剌部人。祖匣马葛，简宪皇帝兄。父偶思，遥辇时为本部夷离堇，曷鲁其长子也。

性质厚。在髫髾，与太祖游，从父释鲁奇之曰：“兴我家者，必二儿也。”太祖既长，相与易裘马为好，然曷鲁事太祖弭谨。会滑哥弑其父释鲁，太祖顾曷鲁曰：“滑哥弑父，料我必不能容，将反噬我。今彼归罪台哂为解，我姑与之。是贼吾不忘也！”自是，曷鲁常佩刀从太祖，以备

辽中京大明塔

不虞。

居久之，曷鲁父偶思病，召曷鲁曰："阿保机神略天授，汝率诸弟赤心事之。"已而太祖来问疾，偶思执其手曰："尔命世奇才。吾儿曷鲁者，他日可委以事，吾已谕之矣。"既而以诸子属之。

太祖为挞马狘沙里，参预部族事，曷鲁领数骑召小黄室韦来附。太祖素有大志，而知曷鲁贤，军国事非曷鲁议不行。会讨越兀与乌古部，曷鲁为前锋，战有功。

及太祖为迭剌部夷离堇，讨奚部，其长术里偪险而垒，攻莫能下，命曷鲁持一笴往谕之。既入，为所执。乃说奚曰："契丹与奚言语相通，实一国也。我夷离于奚岂有轹轹之心哉？汉人杀我祖奚首，夷离堇进怨次骨，日夜思报汉人。顾力单弱，使我求援于奚，传矢以示信耳。夷离堇受命于天，抚下以德，故能有此众也。今奚杀我，违天背德，不祥莫大焉。且兵连祸结，当自此始，岂尔国之利乎！"术里感其言，乃降。

太祖为于越，秉国政，欲命曷鲁为迭刺部夷离。辞曰："贼在君侧，未敢远去。"太祖讨黑车子室韦，幽州刘仁恭遣养子赵霸率众来救。曷鲁伏兵桃山，俟霸众过半而要之；与太祖合击，斩获甚众，遂降室韦。太祖会李克用于云州，时曷鲁侍，克用顾而壮之曰："伟男子为谁？"太祖曰："吾族曷鲁也。"

会遥辇痕德堇可汗殁，群臣奉遗命请立太祖。太祖辞曰："昔吾祖夷离堇雅里尝以不当立而辞，今若等复为是言，何欤？"曷鲁进曰："曩吾祖之辞，遗命弗及，符瑞未见，第为国人所推戴耳。今先君言犹在耳，天人所与，若合符契。天不可逆，人不可拂，而君命不可违也。"太祖曰："遗命固然，汝焉知天道？"曷鲁曰："闻于越之生也，神光属天，异香盈幄，梦受神诲，龙锡金佩。天道无私，必应有德。我国削弱，齮龁于邻部日久，以故生圣人以兴起之。可汗知天意，故有是命。且遥辇九营棋布，非无可立者；小大臣民属心于越，天也。昔者于越伯父释鲁尝曰：'吾犹蛇，儿犹龙也。'天时人事，机不可失。"太祖犹未许。是夜，独召曷鲁责曰："众以遗命迫我。汝不明吾心，而亦俛随耶？"曷鲁曰："在昔夷离堇雅里虽推戴者众，辞之，而立阻午为可汗。相传十余世，君臣之分乱，纪纲之统隳。委质他国，若缀然。羽檄蜂午，民疲奔命。兴亡之运，实在今日。应天顺人，以答顾命，不可失也。"太祖乃许。明日，即皇帝位，命曷鲁总军国事。

时制度未讲，国用未充，扈从未备；而诸弟剌葛等往往觊非望。太祖宫行营始置腹心部，选诸部豪健二千余充之，以曷鲁及萧敌鲁总焉。已而诸弟之乱作，太祖命曷鲁总领军事，讨平之，以功为迭剌部夷离堇。时民更兵焚剽，日以抗敝，曷鲁抚辑有方，畜牧益滋，民用富庶。乃讨乌古部，破之。自是震慑，不敢复叛。乃请制朝仪、建元，率百官上尊号。太祖既备礼受册，拜曷鲁为阿鲁敦于越。"阿鲁敦"者，辽言盛名也。

后太祖伐西南诸夷，数为前锋。神册二年，从逼幽州，与唐节度使周德威拒战可汗州西，败其军，遂围幽州，未下。太祖以时暑班师，留曷鲁与卢国用守之。俄而救兵继至，曷鲁等以军少无援，退。

三年七月，皇都既成，燕群臣以落之。曷鲁是日得疾薨，年四十七。既葬，赐名其阡宴答，山曰于越峪，诏立石纪功。清宁间，命立祠上京。

初，曷鲁病革，太祖临视，问所欲言。曷鲁曰："陛下圣德宽仁，群生咸遂，帝业隆兴。臣既蒙宠遇，虽瞑目无憾。惟析迭剌部议未决，愿亟行之。"及薨，太祖流涕曰："斯人若登三五载，吾谋蔑不济矣！"

后太祖二十一功臣，各有所拟，以曷鲁为心云。子惕剌、撒剌，俱不仕。

论曰：曷鲁以肺腑之亲，任帷幄之寄，言如蓍龟，谋成战胜，可谓算无遗策矣。其君臣相得之诚，庶吴汉之于光武欤？夫信其所可信，智也，太祖有焉。故曰，惟圣知圣，惟贤知贤，斯近之矣。

（选自《耶律曷鲁列传》）

点评：

耶律曷鲁（872—918年），字控温，一字洪隐，是阿保机建辽过程中的臂膀，位列开国功臣之首，被阿保机誉为"心"。本篇选自《耶律曷鲁传》，该传重点有二：一是展现耶律曷鲁卓越的政治、军事、外交才干；二是耶律曷鲁与阿保机之间亲密无间的君臣关系。曷鲁有勇有谋，能征善战，屡立战功，并且善于辞令。说降奚部、力劝阿保机称帝，是其才能的完美表现。901年，阿保机为迭剌部夷离堇，征讨奚部，久攻不下。耶律曷鲁凭着自己勇敢机智，成功地说服奚部首领术里。耶律曷鲁与耶律阿保机是同族兄弟，二人名为君臣，却情同手足。从曷鲁日夜守护、以备不虞，到曷鲁之父偶思的临终托付，再到曷鲁殚精竭虑、奔死效命，本传都极力展示耶律曷鲁对阿保机的忠心耿耿。903年，于越释鲁在契丹贵族的争权斗争中被杀，阿保机也面临着威胁，曷鲁佩刀日夜护卫阿保机，以防意外。阿保机取得部落联盟的军政大权之后，想以曷鲁为迭剌部夷离堇，曷鲁坚持留在阿保机身边，充当护卫。此后，阿保机征室韦，战刘仁恭，结盟李克用，曷鲁无不从行。曷鲁临终病危，阿保机亲自探望，曷鲁遗言仍句句不忘国事，感人至深，也为《耶律曷鲁传》添上了浓重的一笔。

在历来尔虞我诈、互相倾轧的政治场上，能做到像阿保机与曷鲁一样推心置腹、相待以诚，实属不易。难怪作者在论中感叹只有吴汉与光武帝才能与之媲美。本传也通过此向世人展示了冷酷的政治场中人性、温情的一面。

萧韩家奴托栗讽谏

原文：

萧韩家奴，字休坚，涅剌部人，中书令安抟之孙。少好学，弱冠入南山读书，博览经史，通辽、汉文字。统和十四年始仕。家有一牛，不任驱策，其奴得善价鬻之。韩家奴曰："利己误人，非吾所欲。"乃归直取牛。二十八年，为右通进，典南京栗园。

重熙初，同知三司使事。四年，迁天成军节度使，徙彰愍宫使。帝与语，才之，命为诗友。尝从容问曰："卿居外有异闻乎？"韩家奴对曰："臣惟知炒栗：小者熟，则大者必生；大者熟，则小者必焦。使大小均熟，始为尽美。不知其他。"盖尝掌栗园，故托栗以讽谏。帝大笑。诏作四时逸乐赋，帝称善。

时诏天下言治道之要，制问："徭役不加于旧，征伐亦不常有，年谷既登，帑廪既实，而民重困，岂为吏者慢、为民者惰欤？今之徭役何者最重？何者尤苦？何所蠲省则为便益？补役之法何可以复？盗贼之害何可以止?”韩家奴对曰：

臣伏见比年以来，高丽未宾，阻卜犹强，战守之备，诚不容已。乃者，选富民防边，自备粮糗。道路修阻，动淹岁月；比至屯所，费已过半；只牛单毂，鲜有还者。其无丁之家，倍直佣僦，人惮其劳，半途亡窜，故戍卒之食多不能给。求假于人，则十倍其息，至有鬻子割田，不能偿者。或逋役不归，在军物故，则复补以少壮。其鸭渌江之东，戍役大率如此。况渤海、女直、高丽合从连衡，不时征讨。富者从军，贫者侦候。加之水旱，菽粟不登，民以日困。盖势使之然也。

方今最重之役，无过西戍。如无西戍，虽遇凶年，困弊不至于此。若能徙西戍稍近，则往来不劳，民无深患。议者谓徙之非便：一则损威名，二则召侵侮，三则弃耕牧之地。臣谓不然。阻卜诸部，自来有之。曩时北至胪朐河，南至边境，人多散居，无所统壹，惟往来抄掠。及太祖西征，至于流沙，阻卜望风悉降，西域诸国皆愿入贡。因迁种落，内置三部，以益吾国，不营城邑，不置戍兵，阻卜累世不敢为寇。统和间，皇太妃出师西域，拓土既远，降附亦众。自后一部或叛，邻部讨之，使同力相制，正得驭远人之道。及城可敦，开境数千里，西北之民，徭役日增，生业日殚。警急既不能救，叛服亦复不恒。空有广地之名，而无得地之实。若贪土不已，渐至虚耗，其患有不胜言者。况边情不可深信，亦不可顿绝。得不为益，舍不为损。国家大敌，惟在南方。今虽连和，难保他日。若南方有变，屯戍辽邈，卒难赴援。我进则敌退，我还则敌来，不可不虑也。方今太平已久，正可恩结诸部，释罪而归地，内徙戍兵以增堡障，外明约束以正疆界。每部各置酋长，岁修职贡。叛则讨之，服则抚之。诸部既安，必不生衅。如是，则臣虽不能保其久而无变，知其必不深入侵掠也。或云，弃地则损威。殊不知殚费竭财，以贪无用之地，使彼小每抗衡大国，万一有败，损威岂浅？或又云，沃壤不可遽弃。臣以为土虽沃，民不能久居，一旦敌来，则不免内徙，岂可指为吾土而惜之？

夫帑廪虽随部而有，此特周急部民一偏之惠，不能均济天下。如欲均济天下，则当知民困之由，而窒其隙。节盘游，简驿传，薄赋敛，戒奢侈。期以数年，则困者可苏，贫者可富矣。盖民者国之本，兵者国之卫。兵不调则旷军役，调之则损国本。且诸部皆有补役之法。昔补役始行，居者、行者类皆富实，故累世从戍，易为更代。近岁边虞数起，民多匮乏，既不任役事，随补随缺。苟无上户，则中户当之。旷日弥年，其穷益甚，所以取代为艰也。非惟补役如此，在边戍兵亦然。譬如一抔之土，岂能填寻丈之壑！欲为长久之便，莫若使远戍疲兵还于故乡，薄其徭役，使人人给足，则补役之道可以复故也。

臣又闻，自昔有国家者，不能无盗。比年以来，群黎凋弊，利于剽窃，良民往往化为凶暴。甚者杀人无忌，至有亡命山泽，基乱首祸。所谓民以困穷，皆为盗贼者，诚如圣虑。今欲芟夷本根，愿陛下轻徭省役，使民务农。衣食既足，安习教化，而重犯法，则民趋礼义，刑罚罕用矣。臣闻唐太宗问群臣治盗之方，皆曰："严刑峻法。"太宗笑曰："寇盗所以滋者，由赋无度，民不聊生。今朕内省嗜欲，外罢游幸，使海内安静，则寇盗自止。"由此观之，寇盗多寡，皆由衣食丰俭。徭役重轻耳。

今宜徙可敦城于近地，与西南副都部署乌古敌烈、隗乌古等部声援相接。罢黑岭二军，并开、保州，皆隶东京；益东北戍军及南京总管兵。增修壁垒，候尉相望，缮完楼橹，浚治城隍，以为边防。此方今之急务也，愿陛下裁之。

……

韩家奴每见帝猎，未尝不谏。会有司奏猎秋山，熊虎伤死数十人，韩家奴书于册。帝见，命去之。韩家奴既出，复书。他日，帝见之曰："史笔当如是。"帝问韩家奴："我国家创业以来，孰为贤主？"韩家奴以穆宗对。帝怪之曰："穆宗嗜酒，喜怒不常，视人犹草芥，卿何谓贤？"韩家奴对曰："穆宗虽暴虐，省徭轻赋，人乐其生。终穆之世，无罪被戮，未有过今日秋山伤死者。臣故以穆宗为贤。"帝默然。

（选自《文学列传上》）

点评：

本篇选自《文学列传上》。《辽史·文学传》属于类传，它以人物传记的形式反映了有辽一代文学的兴盛。辽虽是契丹人建立的政权，对汉文化在内的各族文化一向采取兼容的态度。萧韩家奴是一位通晓契丹、汉文字，受汉文化濡染并取得突出成就的契丹上层分子，精通诗文，文采出众，又具政治眼光，明于治国之道，重视历史的资治作用。他自统和十四年（996年）出仕之后，历任右通进、典南京栗园，同知三司使事、天成军节度使、翰林都牙监修国史、归德军节度使等职，始终以善谏见长，深受辽兴宗的信任。传中称他是"知无不言，虽谐谑不忘规谏"。萧韩家奴同时又是辽中期卓有成就的史学家、经学家。辽兴宗重熙十三年（1044年），萧韩家奴奉诏与耶律古欲、耶律庶成等人编辑上世以来事迹及诸帝实录。这次编成的实录称为《遥辇自重熙以来事迹》，又称《辽国上世事迹及诸帝实录》、《先朝事迹》，共20卷。萧韩家奴为实录的完成作出重要贡献。萧韩家奴兼通蕃汉、经史，翻译了《通典》、《贞观政要》、《五代史》等书，希望契丹统治者能以史为鉴，从古今成败得失中吸取经验。

选文从萧韩家奴"少好学"、"博通经史"开始着笔，并叙述了萧韩家奴"归值取牛"的小事，看似无谓，却极简洁有力地突出了萧韩家奴清廉自守、不妄取于人的高贵品质。传的重点在萧韩家奴的几次建言。《辽史》列传，一向以疏漏受后人诟病，名臣中如耶律斜轸、耶律休哥，《辽史》用墨极少，而本传中，于萧韩家奴洋洋洒洒几千言的奏疏，则照录不误。本传也通过此刻画了一位忠贞、富有社会责任感的儒臣形象："寇盗多寡，皆由衣食丰俭，徭役重轻"，赋役繁重，民益贫困，宜倡节俭，戒奢侈，轻徭薄赋，使民务农。他无时不以民为计，以国家长治久安为念。这样的人物，也许他们没有沙场豪情，也无可供后世津津乐道的传奇故事，但他们无疑一样是国家的顶梁柱，也是鲁迅先生所说的中国的脊梁。

耶律休哥算无遗策

原文：

耶律休哥，字逊宁。祖释鲁，隋国王。父绾思，南院夷离堇。休哥少有公辅器。初乌古、室韦二部叛，休哥从北府宰相萧干讨之。应历末，为惕隐。

乾亨元年，宋侵燕，北院大王奚底、统军使萧讨古等败绩，南京被围。帝命休哥代奚底，将五院军往救。遇大敌于高梁河，与耶律斜轸分左右翼，击败之。追杀三十余里，斩首万余级，休哥被三创。明旦，宋主遁去，休哥以创不能骑，轻车追至涿州，不及而还。

是年冬，上命韩匡嗣、耶律沙伐宋，以报围城之役。休哥率本部兵从匡嗣等战于满城。翌日将复战，宋人请降，匡嗣信之。休哥曰："彼众整而锐，必不肯屈，乃诱我耳。宜严兵以待。"匡嗣不听。休哥引兵凭高而视，须臾南兵大至，鼓噪疾驰。匡嗣仓卒不知所为，士卒弃旗鼓而走，遂败绩。休哥整兵进击，敌乃却。诏总南面戍兵，为北院大王。

明年，车驾亲征，围瓦桥关。宋兵来救，守将张师突围出。帝亲督战，休哥斩师，余众退走入城。宋阵于水南。将战，帝以休哥马介独黄，虑为敌所识，乃赐玄甲、白马易之。休哥率精骑渡水，击败之，追至莫州。横尸满道，韊矢俱罄，生获数将以献。帝悦，赐御马、金盂，劳之曰：“尔勇过于名，若人人如卿，何忧不克?”师还，拜于越。

耶律休哥

圣宗即位，太后称制，令休哥总南面军务，以便宜从事。休哥均戍兵，立更休法，劝农桑，修武备，边境大治。统和四年，宋复来侵，其将范密、杨继业出云州；曹彬、米信出雄、易，取歧沟、涿州，陷固安，置屯。时北南院、奚部兵未至，休哥力寡，不敢出战。夜以轻骑出两军间，杀其单弱以胁余众；昼则以精锐张其势，使彼劳于防御，以疲其力。又设伏林莽，绝其粮道。曹彬等以粮运不继，退保白沟。月余，复至。休哥以轻兵薄之，伺彼蓐食，击其离伍单出者，且战且却。由是南军自救不暇，结方阵，堑地两边而行。军渴乏井，漉淖而饮，凡四日始达于涿。闻太后军至，彬等冒雨而遁。太后益以锐卒，追及之。彼力穷，环粮车自卫，休哥围之。至夜，彬、信以数骑亡去，余众悉溃。追至易州东，闻宋师尚有数万，濒沙河而爨，促兵往击之。宋师望尘奔窜，堕岸相蹂死者过半，沙河为之不流。太后旋蠢，休哥收宋尸为京观。封宋国王。

又上言，可乘宋弱，略地至河为界。书奏，不纳。及太后南征，休哥为先锋，败宋兵于望都。时宋将刘廷让以数万骑并海而出，约与李敬源合兵，声言取燕。休哥闻之，先以兵扼其要地。会太后军至，接战，杀敬源，廷让走瀛州。七年，宋遣刘廷让等乘暑潦来攻易州，诸将惮之；独休哥率锐卒逆击于沙河之北，杀伤数万，获辎重不可计，献于朝。太后嘉其功，诏免拜、不名。自是宋不敢北向。时宋人欲止儿啼，乃曰："于越至矣！"

休哥以燕民疲弊，省赋役，恤孤寡，戒戍兵无犯宋境，虽马牛逸于北者悉还之。远近向化，边鄙以安。十六年，薨。是夕，雨木冰。圣宗诏立祠南京。

休哥智略宏远，料敌如神。每战胜，让功诸将，故士卒乐为之用。身更百战，未尝杀一无辜。

（选自《耶律休哥列传》）

点评：

燕山山脉起于陇西，横贯入海，是中原农耕地区与草原游牧地区的天然分界线。地势险峻，天下名关如居庸关、雁门关、古固口，齐聚于此，战略地位十分重要，是中原抵抗游牧民族入侵的有力屏障。五代时期，后晋将燕云割让予辽，整个华北平原无险可守，直接暴露在契丹的兵锋之下。宋太祖、太宗文韬武略，中原稍定，随即谋复燕云。宋太宗时期，发动两次大规模的北伐，力图收复幽州，但都大败而归。耶律休哥作为辽军的军事统帅之一，在战争发挥着举足轻重的作用。

979年，北宋在消灭北汉割据政权之后，挥师北上，发动对辽的首次大规模战争。包围了辽的南京城，形势危急。耶律休哥与耶律斜轸奉命救援，双方会战于高梁河，宋军大败，宋太宗勉强逃脱。986年，宋太宗出动大军，并分三路，大举伐辽。耶律休哥审时度势，采用避开宋军兵锋、沿途袭扰的策略，使宋军疲于应付。待援军抵达后，耶律休哥率军出击，

"宋师望尘逃窜，堕岸相蹂者过半，沙河为之不流。"经过两次大的较量，宋朝再也无力以武力收复燕云。而收复幽州地区的失败，注定了宋在辽宋战争中的长期劣势地位。

耶律休哥有勇有谋，每战必胜，深为宋人所惧。平时，他也能够注重生产、休兵养民。辽圣宗在位时初期，他长年主持南京地区的军务政务，轻徭薄赋，安定民心，成绩斐然。难怪圣宗对这位文武全才的军政人才爱护有加，称赞说："若人人如卿，何忧不克？"

耶律大石建西辽

原文：

耶律大石者，世号为西辽。大石字重德，太祖八代孙也。通辽、汉字，善骑射，登天庆五年进士第，擢翰林应奉，寻升承旨。辽以翰林为林牙，故称大石林牙。历泰、祥二州刺史，辽兴军节度使。

保大二年，金兵日逼，天祚播越，与诸大臣立秦晋王淳为帝。淳死，立其妻萧德妃为太后，以守燕。及金兵至，萧德妃归天祚。天祚怒诛德妃而责大石曰："我在，汝何敢立淳？"对曰："陛下以全国之势，不能一拒敌，弃国远遁，使黎民涂炭。即立十淳，皆太祖子孙，岂不胜乞命于他人耶？"上无以答，赐酒食，赦其罪。

大石不自安，遂杀萧乙薛、坡里括，自立为王，率铁骑二百宵遁。北行三日，过黑水，见白达达详稳床古儿。床古儿献马四百，驼二十，羊若干。西至可敦城，驻北庭都护府，会威武、崇德、会蕃、新、大林、紫河、驼等七州及大黄室韦、敌剌、王纪剌、茶赤剌、也喜、鼻古德、尼剌、达剌乖、达密里、密儿纪、合主、乌古里、阻卜、普速完、唐古、忽母思、奚的、纠而毕十八部王众，谕曰："我祖宗艰难创业，历世九主，历年二百。金以臣属，逼我国家，残我黎庶，屠翦我州邑，使我天祚皇帝

耶律大石

蒙尘于外，日夜痛心疾首。我今仗义而西，欲借力诸蕃，翦我仇敌，复我疆宇。惟尔众亦有轸我国家，忧我社稷，思共救君父，济生民于难者乎？”遂得精兵万余，置官吏，立排甲，具器仗。

明年二月甲午，以青牛白马祭天地、祖宗，整旅而西。先遗书回鹘王毕勒哥曰：“昔我太祖皇帝北征，过卜古罕城，即遣使至甘州，诏尔祖乌母主曰：‘汝思故国耶，朕即为汝复之；汝不能返耶，朕则有之。在朕，犹在尔也。’尔祖即表谢，以为迁国于此，十有余世，军民皆安土重迁，不能复返矣。是与尔国非一日之好也。今我将西至大食，假道尔国，其勿致疑。”毕勒哥得书，即迎至邸，大宴三日。临行，献马六百，驼百，羊三千，愿质子孙为附庸，送至境外。所过，敌者胜之，降者安之。兵行万里，归者数国，获驼、马、牛、羊、财物，不可胜计。军势日盛，锐气日倍。

至寻思干，西域诸国举兵十万，号忽儿珊，来拒战。两军相望二里许。谕将士曰：“彼军虽多而无谋，攻之，则首尾不救，我师必胜。”遣六院司大王萧斡里剌、招讨副使耶律松山等将兵二千五百攻其右；枢密副使萧剌阿不、招讨使耶律术薛等将兵二千五百攻其左；自以众攻其中。三军俱进，忽儿珊大败，僵尸数十里。驻军寻思干凡九十日，回回国王来降，贡方物。

又西至起儿漫，文武百官册立大石为帝，以甲辰岁二月五日即位，年三十八，号葛儿罕。复上汉尊号曰天皇帝，改元延庆。追祖父为嗣元皇帝，祖母为宣义皇后，册元妃萧氏为昭德皇后。因谓百官曰："朕与卿等行三万里，跋涉沙漠，夙夜艰勤。赖祖宗之福，卿等之力，冒登大位。尔祖尔父宜加恤典，共享尊荣。"自萧斡里剌等四十九人祖父，封爵有差。

延庆三年，班师东归，马行二十日，得善地，遂建都城，号虎思斡耳朵，改延庆为康国元年。三月，以六院司大王萧斡里剌为兵马都元帅，敌剌部前同知枢密院事萧查剌阿不副之，茶赤剌部秃鲁耶律燕山为都部署，护卫耶律铁哥为都监，率七万骑东征。以青牛白马祭天，树旗以誓于众曰："我大辽自太祖、太宗艰难而成帝业，其后嗣君耽乐无厌，不恤国政，盗贼蜂起，天下土崩。朕率尔众，远至朔漠，期复大业，以光中兴。此非朕与尔世居之地。"申命元帅斡里剌曰："今汝其往，信赏必罚，与士卒同甘苦，择善水草以立营，量敌而进，毋自取祸败也。"行万余里无所得，牛马多死，勒兵而还。大石曰："皇天弗顺，数也！"康国十年殁，在位二十年，庙号德宗。

子夷列年幼，遗命皇后权国。后名塔不烟，号感天皇后，称制，改元咸清，在位七年。子夷列即位，改元绍兴。籍民十八岁以上，得八万四千五百户。在位十三年殁，庙号仁宗。

子幼，遗诏以妹普速完权国，称制，改元崇福，号承天太后。后与驸马萧朵鲁不弟朴古只沙里通，出驸马为东平王，罗织杀之。驸马父斡里剌以兵围其宫，射杀普速完及朴古只沙里。普速完在位十四年。

仁宗次子直鲁古即位，改元天禧，在位三十四年。时秋出猎，乃蛮王屈出律以伏兵八千擒之，而据其位。遂袭辽衣冠，尊直鲁古为太上皇，皇后为皇太后，朝夕问起居，以侍终焉。直鲁古死，辽绝。

耶律淳在天祚之世，历王大国，受赐金券，赞拜不名。一时恩遇，无与为比。当天祚播越，以都元帅留守南京，独不可奋大义以激燕民及诸大臣，兴勤王之师，东拒金而迎天祚乎？乃自取之，是篡也。况忍王天祚哉?

大石既帝淳而王天祚矣，复归天祚。天祚责以大义，乃自立为王而去之。幸藉祖宗余威遗智，建号万里之外。虽寡母弱子，更继迭承，几九十年，亦可谓难矣。

然淳与雅里、大石之立，皆在天祚之世。有君而复君之，其可乎哉？诸葛武侯为献帝发丧，而后立先主为帝者，不可同年语矣。故著以为戒云。

（选自《天祚本纪四》）

点评：

女真贵族建立的金王朝，不断吞噬着辽的疆土，然而以辽天祚帝为首的契丹贵族，对辽朝政治腐败、民心涣散、女真人步步进逼的严重局面缺乏清醒的认识，不思进取，无所作为，依然纵情游猎，迷恋淫乐。辽军将士士气低落，军心涣散，战斗力下降。天祚帝既不能加强军队的训练，提高战斗力，整顿军纪，重振军威，又不能针对女真人的进攻，做出有效的部署。败将萧嗣先，本应受到严厉的处罚，但因其兄枢密使萧奉先是天祚帝的宠臣，竟仅免官而已。诸将愤恨牢骚满腹，军中有云："战则有死而无功，逃则有生而无罪。"军队无斗志，则外不能御侮。内则君臣离心，内乱四起，辽王朝已经处于土崩瓦解的边缘。耶律大石就是在这样的情况下，西行万里，领军东征，在广阔的西北地区，建立了新的政权，史称西辽。

文中较为详细地记载了耶律大石西行万里建西辽的过程，是有关西辽的重要汉文文献。耶律大石颇有胆略谋识，当金人南下，天祚皇帝仓皇出奔，他当机立断，立太子为帝，以稳定军心。但最终因此获罪于天祚皇帝。他自知不能为天祚皇帝所容，所以率军西行，自立山头。他西行途中，利用太祖的威望和辽的政治影响，巧妙地使用各种安抚怀柔的手段，取得广泛的支持。与辽的日益窘迫、丧地辱国相比，西辽则一派生机，这不能不令人佩服耶律大石西进政策的英明。

“君子之泽，五世而斩”，辽太祖威名，八世之后，耶律大石犹从中受益匪浅。

方正清廉大公鼎

原文：

辽自太祖创业，太宗抚有燕、蓟，任贤使能之道亦略备矣。然惟朝廷参置国官，吏州县者多遵唐制。历世既久，选举益严。时又分遣重臣巡行境内，察贤否而进退之。是以治民、理财、决狱、弭盗，各有其人。考其德政，虽未足以与诸循、良之列，抑亦可谓能吏矣。作能吏传。

大公鼎，渤海人，先世籍辽阳率宾县。统和间，徙辽东豪右以实中京，因家于大定。曾祖忠，礼宾使。父信，兴中主簿。

公鼎幼庄愿，长而好学。咸雍十年，登进士第，调沈州观察判官。时辽东雨水伤稼，北枢密院大发濒河丁壮以完堤防。有司承令峻急，公鼎独曰：“边障甫宁，大兴役事，非利国便农之道。”乃疏奏其事。朝廷从之，罢役，水亦不为灾。濒河千里，人莫不悦。改良乡令，省徭役，务农桑，建孔子庙学，部民服化。累迁兴国军节度副使。

时有隶鹰坊者，以罗毕为名，扰害田里。岁久，民不堪。公鼎言于上，即命禁戢。会公鼎造朝，大臣谕上嘉纳之意，公鼎曰：“一郡获安，诚为大幸；他郡如此者众，愿均其赐于天下。”从之。徙长春州钱帛都提点。车驾如春水，贵主例为假贷，公鼎曰：“岂可辍官用，徇人情？”拒之。颇闻怨詈语，曰："此吾职，不敢废也。"俄拜大理卿，多所平反。

天祚即位，历长宁军节度使、南京副留守，改东京户部使。时盗杀留守萧保先，始利其财，因而倡乱。民亦互生猜忌，家自为斗。公鼎单骑行郡，陈以祸福，众皆投兵而拜曰："是不欺我，敢弗听命。"安辑如故。拜中京留守，赐贞亮功臣，乘传赴官。时盗贼充斥，有遇公鼎于路者，即叩马乞自新。公鼎给以符约，俾还业，闻者接踵而至。不旬日，境内清肃。天祚闻之，加赐保节功臣。时人心反侧，公鼎虑生变，请布恩惠以安之，为之肆赦。

公鼎累表乞归，不许。会奴贼张撒八率无赖啸聚，公鼎欲击而势有不能。叹曰："吾欲谢事久矣。为世故所牵，不幸至此，岂命也夫！"因忧愤成疾。保大元年卒，年七十九。

（选自《能吏列传》）

点评：

包公、海瑞等人的形象，已经深入民心。他们清廉自守、刚正不阿，受到人们的爱戴。本传的主人公大公鼎，则是一位契丹族的包青天。但他生活在辽代末期，主宰当时政治舞台的辽代皇帝，骄奢淫逸，昏庸怠惰，辽王朝已经病入膏肓。统治集团中的头面人物，争权不休，对民众肆意压榨和剥削。相比之下，大公鼎是统治阶级中方正清廉、头脑清醒的人物，他数任地方官，对朝廷忠心耿耿，为国办事勤勉认真，对百姓的疾苦也较为关心，即使在平息民变时，采取的也是温和的手段。因此《辽史》将他列为"能吏"第一，这是可以理解的。但怎奈有心杀贼，无力回天，他再踏实能干，也无法遏制和逆转辽皇朝的衰败局势。大公鼎又是这样一位有着强烈的社会责任心的官员，面对这种局面，他内心的苦闷无奈可想而知。他日感力不从心，一再要求退休。当张撒八等人聚众造反时，大公鼎虽然从维护统治阶级的利益出发，予以镇压，但他终究不敢付诸行动，只是发出了“岂命也夫”的悲鸣，反映了他对统治集团的不满和对国家前景黯然无助的悲观失望。

大奸大恶耶律乙辛

原文：

耶律乙辛，字胡睹衮，五院部人。父迭剌，家贫，服用不给，部人号“穷迭剌”。

初，乙辛母方娠，夜梦手搏羖羊，拔其角尾。既寤占之，术者曰：“此吉兆也。羊去角尾为王字，汝后有子当王。”及乙辛生，适在路，无水以浴，回车破辙，忽见涌泉。迭剌自以得子，欲酒以庆，闻酒香，于草棘间得二榼，因祭东焉。

乙辛幼慧黠。尝牧羊至日昃，迭剌视之，乙辛熟寝。迭剌触之觉，乙辛怒曰：“何遽惊我！适梦人手执日月以食我，我已食月，日方半而觉，惜不尽食之。”迭剌自是不令牧羊。

耶律乙辛

及长，美风仪，外和内狡。重熙中，为文班吏，掌太保印，陪从入宫。皇后见乙辛详雅如素宦，令补笔砚吏；帝亦爱之，累迁护卫太保。道宗即位，以乙辛先朝任使，赐汉人户四十，同知点检司事，常召决疑议，升北院同知，历枢密副使。清宁五年，为南院枢密使，改知北院，封赵王。

九年，耶律仁先为南院枢密使，时驸马都尉萧胡睹与重元党，恶仁先在朝，奏曰："仁先可任西北路招讨使。"帝将从之。乙辛奏曰："臣新参国政，未知治体。仁先乃先帝旧臣，不可遽离朝廷。"帝然之。重元乱平，拜北院枢密使，进王魏，赐匡时翊圣竭忠平乱功臣。咸雍五年，加守太师。诏四方有军旅，许以便宜从事，势震中外，门下馈赂不绝。凡阿顺者蒙荐擢，忠直者被斥窜。

大康元年，皇太子始预朝政，法度修明。乙辛不得逞，谋以事诬皇后。后既死，乙辛不自安，又欲害太子。乘间入奏曰："帝与后如天地并位，中宫岂可旷？"盛称其党驸马都尉萧霞抹之妹美而贤。上信之，纳于宫，寻册为皇后。时护卫萧忽古知乙辛奸状，伏桥下，欲杀之。俄暴雨坏桥，谋不遂。林牙萧岩寿密奏曰："乙辛自皇太子预政，内怀疑惧，又与宰相张孝杰相附会。恐有异图，不可使居要地。"出为中京留守。乙辛泣谓人曰："乙辛无过，因谗见出。"其党萧霞抹辈以其言闻于上。上悔之。无何，出萧岩寿为顺义军节度使，诏近臣议召乙辛事。北面官属无敢言者，耶律撒剌曰："初以萧岩寿奏，出乙辛。若所言不当，宜坐以罪；若当，则不可复召。"累谏不从。乃复召为北院枢密使。

时皇太子以母后之故，忧见颜色。乙辛党欣跃相庆，谗谤沸腾，忠良之士斥逐殆尽。乙辛因萧十三之言，夜召萧得特谋构太子，令护卫太保耶律查剌诬告耶律撒剌等同谋立皇太子。诏按无迹而罢。又令牌印郎君萧讹都斡诣上诬首："耶律查剌前告耶律撒剌等事皆实，臣亦与其谋。本欲杀乙辛等而立太子。臣等若不言，恐事白连坐。"诏使鞫劾，乙辛迫令具伏。上怒，命诛撒剌及速撒等。乙辛恐帝疑，引数人庭诘，各令荷重校，绳系其颈，不能出气，人人不堪其酷，惟求速死。反奏曰："别无异辞。"时方暑，尸不得瘗，以至地臭。乃囚皇太子于上京，监卫者皆其党。寻遣萧达鲁古、撒把害太子。乙辛党大喜，聚饮数日。上京留守萧挞得以卒闻。上哀悼，欲召其妻，乙辛阴遣人杀之，以灭其口。

五年正月，上将出猎，乙辛奏留皇孙，上欲从之。同知点检萧兀纳谏曰："陛下若从乙辛留皇孙，皇孙尚幼，左右无人，愿留臣保护，以防不测。"遂与皇孙俱行。由是上始疑乙辛，颇知其奸。会北幸，将次黑山之平淀，上适见扈从官属多随乙辛后，恶之，出乙辛知南院大王事。及例削一字王爵，改王混同，意稍自安。及赴阙入谢，帝即日遣还，改知兴中府事。

七年冬，坐以禁物鬻入外国，下有司议，法当死。乙辛党耶律燕哥独奏当入八议，得减死论，击以铁骨朵，幽于来州。后谋奔宋及私藏兵甲事觉，缢杀之。乾统二年，发冢，戮其尸。

（选自《奸臣列传》）

点评：

耶律乙辛，字胡睹衮，契丹五院部人。他外表俊朗，风度翩翩，表面上温和谦让，但实则诡计多端，内藏祸心。辽道宗时，皇太弟耶律重元权高位重，阴谋篡位。他审时度势，依附于宰相耶律仁先，对抗重元。在耶律重元父子伏诛之后，他因功封为魏王，官进枢密使，位极人臣，大权在握，开始了长达十几年的专权。

耶律乙辛野心极大，他利用辽道宗的信任，大肆排斥异己、安插党羽，为达到擅权乃至夺位的目的，制造了多起冤案。手段之狠辣，令人发指。皇太子濬成年以后开始参政，办事得体，法度严明，得到众多大臣的拥护。却因而招来耶律乙辛的忌恨，将之视为自己夺权道路上的一大障碍，于是开始了陷害皇太子和其母后的行动。道宗懿德皇后待人仁厚，有母仪之风，道宗沉迷于酒猎，她常加规谏，因而不为道宗所喜。耶律乙辛借此大加疏远。懿德皇后精于诗文，通晓音律。耶律乙辛就通过皇后身边的奴婢，请她抄写内容香艳的《十香词》。耶律乙辛则以此为物证，诬告皇后与她宠信的伶官赵惟一私通。在严刑逼供下，赵惟一屈打成招。最后皇后被赐自尽，赵惟一等人族诛。耶律乙辛轻而易举地陷害懿德皇后之后，又炮制了太子谋反案。他指使耶律塔不也等人到道宗面前自首，说太子勾结他们阴谋篡位。而他的党羽萧十三、耶律燕哥则受命审理该案。他们在上京除掉太子，而以病死上闻。道宗想召太子妃了解情况，他们又杀太子妃灭口。于是一桩莫须有的谋逆案就被定为事实。耶律乙辛长期专权擅政，不仅残害了皇后太子母子，也牵连了大批正直的大臣，使辽朝统治元气大伤。至道宗死后天祚继位，辽已经是日薄西山，离灭亡之日不远了。

可恨辽道宗昏庸而又无情，任人玩弄于股掌之间；可怜一代才女、无数忠臣烈士，化作刀下冤魂。集权、专制制度，曾经创造了中国早熟的辉煌的古代文明，而外戚专权、宦官擅政、权臣作乱，永远是封建专制制度母体上的毒瘤。这专制背影下的辉煌，又包含着多少血和泪，多少撕心裂肺的控诉。每一回夺权专政，无不是以无数的无辜生命作为垫脚石，这代价令人心痛。

千古名言

政令乖失，则人心不服，虽得之亦将失之。

——语出《张励列传》，意思是如果倒行逆施，就会失去民心。失去民心，即使拥有天下，也很快就会失去。

中国有悠久的民本思想，将民作为国家的根本。如果一个国家的政令、政策以老百姓的安乐为出发点，那它一定会兴旺发达；反之，就将败亡，这是被无数历史事实所证明了的真理。

恩赏明则贤者进，刑罚当则奸人消。

——语出《萧严寿列传》。意思是如果赏罚分明，贤能的人自然齐聚，奸佞小人自然消退。

亲贤人，远小人，国家所以兴盛；亲小人，远贤人，国家所以败亡。亲贤之道，在于赏罚得当。赏罚得当，贤人得到褒扬，则人人争而为贤；奸人得到惩罚，人人争而去恶。赏罚进退是领导者手中的权柄，要慎而用之。

贤达哀乐，不在穷通祸福之间。

——语出《文学列传》。意思是贤明通达之人的喜怒哀乐，不在于个人的荣辱祸福。

古代的先贤圣哲们无不具有强烈的社会责任感。先天下之忧而忧，后天下之乐而乐是每一个正直的君子具有的美德。他们早已超脱了自身的荣辱祸福，天下兴亡，百姓安康才是他们喜怒的源泉。

《金史》

史家生平

《金史》，元脱脱主编。书共 135 卷，记述了女真族的兴起到金灭亡的历史。《金史》和《辽史》、《宋史》并称“三史”，皆成书于元至正年间，都属官修史书。然而元修《金史》的成书，经历了一个漫长的过程，前后八十余年，大致可分为三个阶段：第一阶段，元世祖中统二年（1261 年），大臣王鄂向世祖建议：“自古帝王得失兴废，班班可考者，以有史在，我国家以威武定四方，罔不臣属，皆太祖庙谋雄断所致，若不乘时记录，窃恐岁久渐至遗亡，金实录尚存，善政颇多，辽史散佚，尤为未备。宁可亡人之国，不可亡人之史。若史馆不立，后世亦不知有今日。”元世祖采纳其言，随即令修辽金二史。第二阶段，元世祖至元十六年（1279 年），灭南宋，世祖命史臣通修宋辽金三史。由于“正统”问题长期悬而未决，前两次修史的工作都没有正式的成果面世。但为后来《金史》的最终完成做了充分的准备。第三阶段，至正三年（1343 年）三月，由右丞相脱脱任都总裁，领衔修史。由于确定了三史各为正统、各系年号的原则，廓清了修三史中争议不决的正统问题，修史取得了实质性的进展，并于次年十一月完成《金史》。至正年间修成的这部《金史》，由于它官修的性质，被定为“正史”。在元修三史中，《金史》一向被认为是最好的，《辽史》过于简陋，《宋史》过于芜杂。论地域，金朝疆域不如元。论思想文化，金又不如宋。论王朝长短，又不如宋。然而《金史》在三史中颇为可观，即使在“二十四史”中，也算是不错的。究其原因，除纂修人员较为勤勉外，前人的努力也是重要的原因。

根据历代学者的研究，今本《金史》是以王鹗的金史稿为底本的，参证《金实录》、元好问的《壬辰杂编》、陈祁的《归潜志》等书编撰而成的。王鹗在中统二年首倡修金史，他所完成的金史稿，对后来《金史》的修撰作用尤大。王鹗（1190—1273 年），字百一，金元之际的学者。金哀宗正大元年殿试状元，金朝时官至尚书省左右司郎中。金亡时，王鹗在蔡州成为蒙古兵的俘虏，幸蒙张柔从中搭救，方才幸免于难。此事《元史·张柔传》中有记载：“汝南既破，下令屠城，一小校缚十人以待，一人貌独异。柔问之，状元王鹗也，解其缚，宾礼之。”张柔不仅爱才，对典籍文献也很爱惜。蒙古人攻下开封后，别人争着抢财物，张柔独入史馆，取金实录并秘府图书，使之免遭兵火，保存了有金一代的史料。王鹗在此后的十年里，遍阅金实录和秘府图书。元世祖闻其声名，特意招他做官。中统二年，他上书建议修辽金二史，元世祖命王鹗主持。王鹗早年仕金，对金朝的典制、政事、人物多耳闻目睹，并经历了金末的大动乱。金亡后，他又得以阅读金代的文献。他奉命修史，并聘请郝经、李昶、李治等人，他们大都是金代遗民，对金代史事较为熟悉，并且对故国有感情。因而就修史的条件来讲，各项皆已具备。王鹗所作金史，大体上已经有了眉目。至于为什么未进献朝廷，大概是由于“正统”问题没有解决。

至正三年三月，脱脱等奏请撰修辽、宋、金三史，元顺帝下达有关撰修三史的诏书，任命脱脱为都总裁，铁木儿塔识、太平、张起岩、欧阳玄、吕思诚、揭傒斯为总裁，负责编纂事宜。又选一些文臣任史官，在翰林国史院设辽史、金史、宋史三个史局，同时修三史。在都总裁脱脱及几位总裁和史官中，脱脱对三史的编纂贡献最大，功不可没。他上书请求修三史，对三史的编纂起了推动作用。脱脱的另一个大贡献是确定了三史各为正统，平等对待三史的修史原则，解决了几十年来三史何为正统的争论，并且平等对待汉族所建皇朝史与少数民族所建皇朝史，也是史书在处理民族关系上的一大突破。此外脱脱还为三史编纂提供了经费，采纳别人建议，以江南三省贡士庄钱粮作为修史的专项费用，并上奏皇帝使儒臣欧阳玄、揭傒斯等人在国史院修撰辽、宋、金三史，修三史的写作班底也主要由他拟定。另外，总裁关于编书的各项意见最后也要由身为三史撰修最高负责人的脱脱裁定。《金史》从至正三年（1343年）四月开始编纂，至正四年十一月成书奏进。此时脱脱已因疾辞去相位，领三史事的是中书右丞相阿鲁图、左丞相别儿怯不花。但因为他的名望和对三史的贡献，三史仍署“脱脱等撰”。根据阿鲁图的《进〈金史〉表》，参与修《金史》的人员，还有中书右丞相、领三史事阿鲁图，左丞相别儿怯不花，总裁帖睦尔达识、贺惟一、张起岩、欧阳玄、李好文、王沂、杨宗瑞，史官伯颜、沙剌班、王理、费著、赵时敏等人。《进〈金史〉表》署名虽为阿鲁图，但实际上阿鲁图与左丞相别儿怯不花只是按例兼领三史事，与《金史》编纂并无直接关系。具体编纂《金史》的是几位总裁和史官们。史官负责撰写初稿，然后进呈总裁，由总裁判定是非，判决可否，最后删定。总裁一般是由德高望重、长于史才的人担任，史官则挑选文学博雅、才德修洁的文士充任。当时的文学侍从之士都令入馆著述三史。

史著介绍

1. 内容及体例

《金史》，为“二十四史”之一，是体例完整的纪传体史书。全书135卷，另有目录2卷。其中本纪10篇，19卷，即：《世纪》、《太祖本纪》、《太宗本纪》、《熙宗本纪》、《海陵本纪》、《世宗本纪》、《章宗本纪》、《卫绍王本纪》、《宣宗本纪》、《哀宗本纪》。《金史》本纪纪事，从1068年（辽道宗咸雍四年、宋神宗熙宁元年）完颜阿骨打出世开始，止于金哀宗天兴三年（1234年）金灭亡，前后167年，涵盖了金朝的全过程。在本纪之首，又有《世纪》一卷，仿照《魏书》帝纪例，追叙金朝先祖的事迹。后又有《世纪补》，叙述了景皇帝、睿宗、显宗三位有号无位的皇帝。海陵王完颜亮在位时，也曾经追尊自己的父亲宗干为皇帝，但由于海陵王后被废为庶人，因而《世纪补》中也就没有宗干。像景皇帝、睿宗、显宗这样三位追尊的皇帝，《元史》、《明史》都采用各为一传，列诸传首的做法。《世纪》中十一代先祖，也属于追封，为保持前后一致，《金史》故将景皇帝、睿宗、显宗三人列为本纪。《世纪》、《世纪补》与金朝九代帝王的本纪，构成了女真发源、建立金朝直至金灭亡的历史。从内容上讲，相当完善；从体裁上讲，也显得整齐划一，反映了《金史》纂修者的匠心独运。《金史》的本纪写得比较成功，还表现在各纪的内容安排上详略得当，重点突出。《章宗本纪》写金章宗在位时的政绩，叙述充实，评论得体。《世宗本纪》详写金世宗的种种改革措施，赞颂世宗“孳孳为治，夜以继日，可谓得为君之道。”

《金史》的志有14篇，39卷，分为“天文志”、“历志”、“五行志”、“地理志”、“河渠志”、“礼志”、“乐志”、“仪卫志”、“舆服志”、“兵志”、“刑

金地图

志”、“食货志”、“选举志”、“百官志”等。《四库全书总目提要》曾评论《金史》诸志的特点道：“《历志》则采赵知微之《大明历》，而兼考浑象之存亡。《礼志》则缀韩企先之《大金集礼》，而兼及杂议之品节。《河渠志》详于二十五埽，《百官志》之首叙建国诸官，咸原原本本，具有条例。《食货志》则因物力之微，而叹其初法之不慎。《选举志》则因令史之正班，而推言仕进之弊末……皆切中要机，意存殷鉴，卓然有良史之风。”

《金史》的表仅有2篇，4卷，即“宗室表”、“交聘表”。内容上远远不如《辽史》丰富。后代补《金史》表的，层出不穷，尤其是对史料搜寻最为用力的清代学者，万斯同作有《金诸帝统系表》、《将相大臣年表》、《金衍庆宫功臣表》，黄大表作有《宰辅年表》，吴廷燮作有《方镇年表》等。《金史》“交聘表”是辽、金、宋三史中特有的，凡是金与宋、西夏及高丽的和战庆吊之事，根据此表则可一目了然。辽、金、宋时代，可说是中国历史上的又一个南北朝，而互通使节的所谓“交聘”，又可说是各国关系的晴雨表。《金史》通过设《交聘表》，用最简洁明了的方式表达了最复杂的内容。而这些内容，对研究辽宋金关系史是至关重要的。

《金史》列传，共 73 卷，有诸臣列传，有类传，类传分为“后妃”、“世戚”、“忠义”、“文艺”、“孝友”、“隐逸”、“循吏”、“酷吏”、“佞幸”、“列女”、“宦者”、“方技”、“逆臣”、“叛臣”、“外国”等。《金史》列传内容相当充实，不似《辽史》疏漏，如《文学传》，《辽史》虽然设有《文学传》，所收人物仅 6 人，《金史》设《文艺传》，所收人物达三十几人，反映了金代文学的兴盛。历来学者，对《金史》列传人物的选择也有非议。钱大昕《十驾斋养新录》中说：“《金史》酷吏止二人，高闾山死于国事，可掩其酷刑之咎，则《酷吏传》可不立也。宣宗以后，近侍颇预政事，然金之近侍者，皆世家子弟为之，与宦者无预也。宦者亦止二人，梁琉可入佞幸，宋珪可附见《奉御泽山传》，则宦者亦可不立也。张邦昌、王伦，《宋史》有传，不当又入《金史》。崔立当入《叛臣传》，不当侪于列传，张谨言非叛党，不得附《张觉传》。”

2. 优缺点

历来评价《金史》，赞毁不一。但对其体裁，持肯定态度的较多。《四库简明目录》以为：“金一代典制修明，图籍亦备，又有元好问、刘祁诸人，私相缀辑，故是书有所依据。较《辽史》为详赅，承修者明于史裁，体例亦为严整。”顾炎武《日知录》中说：“其史裁大体，文笔甚简，非《宋史》之繁芜，载述稍备，非《辽史》之阙略，序次得实，非《元史》之伪缪。”体例严整，内容详赅是《金史》公认的一大优点。《世纪》、《世纪补》、《交聘表》等的设置，体现了作者的创新。《金史》纪事，讲究条理性。凡几个人共一事的，则在主事人的传中详载，如灭辽、北宋，详于宗干、宗弼传中，渡江追宋，详于宗弼传，同功诸人，以类相从，避免材料的分散和不必要的重复。

当然，《金史》也有许多缺点。一、记载失误。如《礼志》，大定八年册礼，却误抄《大金集礼》天德三年的册礼文字，这本是极易发现的，纂修者却忽略了。二、避讳回护。金宋战争，互有胜败。南宋方面刘锜的顺昌大捷、岳飞的郾城大捷等，而《金史》讳言败，《宗弼传》中不书战败之事。三、人名地名混乱。不仅同时修的辽、宋、金三史互异，《金史》一书前后也不统一。四、在取材方面，《金史》的纂修者十分看重《实录》，而对其他材料，利用的很少。《实录》的价值毋庸置疑，但问题是由于政治上的种种因素，《实录》也有不“实”之处，撰者必须加以考证，才不至于人云亦云，被牵着鼻子走。相较于过分迷信《实录》，《金史》的纂修者有轻视稗官小说的倾向。稗官小说，有些纯属道听途说，不可轻信。但其中也有一些是有价值的，如《松漠纪闻》，作者洪皓，本是宋臣，奉命出使金国，被扣留在金。《松漠纪闻》是他回国后，回忆当时在金国的闻见，由他儿子整理而成。书中所载，是有一定可信度的。《金史》纂修者不加考证，全部斥为“不可信”，未免失之武断。由于撰者的偏见，导致与一些珍贵史料失之交臂，这恐怕是当时的史官所没想到的。

名篇点评

太祖起兵

原文：

二年甲午，六月，太祖至江西，辽使使来致袭节度之命。初，辽每岁遣使市名鹰海东青于海上，道出境内，使者贪纵，征索无艺，公私厌苦之。康宗尝以不遣阿疏为言，稍拒其使者。太祖嗣节度，亦遣蒲家奴往索阿疏，故常以此二者为言，终至于灭辽然后已。至是，复遣宗室习古乃、完颜银术可往索阿疏。习古乃等还，具言辽主骄肆废弛之状。于是召官僚耆旧，以伐辽告之，使备冲要，建城堡，修戎器，以听后命。辽统军司闻之，使节度使捏哥来问状，曰："汝等有异志乎？修战具，饬守备，将以谁御？"太祖答之曰："设险自守，又何问哉！"辽复遣阿息保来诘之。太祖谓之曰："我小国也，事大国不敢废礼。大国德泽不施，而逋逃是主，以此字小，能无望乎？若以阿疏与我，请事朝贡。苟不获已，岂能束手受制也。"阿息保还，辽人始为备，命统军萧挞不野调诸军于宁江州。

太祖闻之，使仆聒剌复索阿疏，实观其形势。仆聒剌还言："辽兵多，不知其数。"太祖曰："彼初调兵，岂能遽集如此。"复遣胡沙保往，还言："惟四院统军司与宁江州军及渤海八百人耳。"太祖曰："果如吾言。"谓诸将佐曰："辽人知我将举兵，集诸路军备我，我必先发制之，无为人制。"众皆曰："善。"乃入见宣靖皇后，告以伐辽事。后曰："汝嗣父兄立邦家，见可则行。吾老矣，无贻我忧，汝必不至是也。"太祖感泣，奉觞为寿。即奉后率诸将出门，举觞东向，以辽人荒肆，不归阿疏，并已用兵之意，祷于皇天后土。酹毕，后命太祖正坐，与僚属会酒，号令诸部。使婆卢火征移懒路迪古乃兵，斡鲁古、阿鲁抚谕斡忽、急赛两路系辽籍女直，实不迭往完睹路执辽障鹰官达鲁古部副使辞列、宁江州渤海大家奴。于是达鲁古部实里馆来告曰："闻举兵伐辽，我部谁从？"太祖曰："吾兵虽少，旧国也，与汝邻境，固当从我。若畏辽人，自往就之。"

九月，太祖进军宁江州，次寥晦城。婆卢火征兵后期，杖之，复遣督军。诸路兵皆会于来流水，得二千五百人。致辽之罪，申告于天地曰："世事辽国，恪修职贡，定乌春、窝谋罕之乱，破萧海里之众，有功不省，而侵侮是加。罪人阿疏，屡请不遣。今将问罪于辽，天地其鉴佑之。"遂

金太祖完颜阿骨打陵墓

命诸将传梃而誓曰："汝等同心尽力，有功者，奴婢部曲为良，庶人官之，先有官者叙进，轻重视功。苟违誓言，身死梃下，家属无赦。"师次唐括带斡甲之地，诸军禳射，介而立，有光如烈火，起于人足及戈矛之上，人以为兵祥。明日，次扎只水，光见如初。

将至辽界，先使宗斡督士卒夷堑。既度遇渤海军攻我左翼七谋克，众少却，敌兵直犯中军。斜也出战，哲垤先驱。太祖曰："战不可易也。"遣宗斡止之。宗斡驰出斜也前，控止哲垤马，斜也遂与俱还。敌人从之，耶律谢十坠马，辽人前救。太祖射救者毙。并射谢十中之。有骑突前，又射之，彻扎洞胸。谢十拔箭走，追射之，中其背，饮矢之半，偾而死，获所乘马。宗干与数骑陷辽军中，太祖救之，免胄战。或自傍射之，矢拂于颡。太祖顾见射者，一矢而毙。谓将士曰："尽敌而止。"众从之，勇气自倍。敌大奔，相蹂践死者十七八。撒改在别路，不及会战，使人以战胜告之，而以谢十马赐之。撒改使其子宗斡、完颜希尹来贺，且称帝，因劝进。太祖曰：“一战而胜，遂称大号，何示人浅也。”

进军宁江州，诸军填堑攻城。宁江人自东门出，温迪痕、阿徒罕邀击，尽殪之。十月朔，克其城，获防御使大药师奴，阴纵之，使招谕辽人。铁骊部来送款。次来流城，以俘获赐将士。召渤海梁福、斡答剌使之伪亡去，招谕其乡人曰：“女直、渤海本同一家，我兴师伐罪，不滥及无辜也。”使完颜娄室招谕系辽籍女直。

师还，谒宣靖皇后，以所获颁宗室耆老，以实里馆赀产给将士。初命诸路以三百户为谋克，十谋克为猛安。酬斡等抚定逸谋水女直。鳖古酋长胡苏鲁以城降。

十一月，辽都统萧纠里、副都统挞不野将步骑十万会于鸭子河北。太祖自将击之。未至鸭子河，既夜，太祖方就枕，若有扶其首者三，寤而起，曰：“神明警我也！”即鸣鼓举燧而行。黎明及河，辽兵方坏凌道，选壮士十辈击走之。大军继进，遂登岸。甲士三千七百，至者才三之一。俄与敌遇于出河店，会大风起，尘埃蔽天，乘风势击之，辽兵溃。逐至斡论泺，杀获首虏及车马甲兵珍玩不可胜计，遍赐官属将士，燕犒弥日。辽人尝言女直兵若满万则不可敌，至是始满万云。

斡鲁古败辽兵，斩其节度使挞不野。仆虺等攻宾州，拔之。兀惹雏鹘室来降。辽将赤狗儿战于宾州，仆虺、浑黜败之。铁骊王回离保以所部降。吾睹补、蒲察复败赤狗儿、萧乙薛军于祥州东。斡忽、急塞两路降。斡鲁古败辽军于咸州西，斩统军实娄于阵。完颜娄室克咸州。

是月，吴乞买、撒改、辞不失率官属诸将劝进，愿以新岁元日恭上尊号，太祖不许。阿离合懑、蒲家奴、宗斡等进曰：“今大功已建，若不称号，无以系天下心。”太祖曰：“吾将思之。”

收国元年正月壬申朔，群臣奉上尊号。是日，即皇帝位。上曰："辽以宾铁为号，取其坚也。宾铁虽坚，终亦变坏，惟金不变不坏。金之色白，完颜部色尚白。"于是国号大金，改元收国。

（选自《太祖本纪》）

点评：

"开创曰祖，继统曰宗"，只有有开疆辟土、建国定邦功勋的皇帝，才能尊称为"祖"。完颜阿骨打是金朝的开创者，身后与宋太祖、明太祖一样，庙号都为太祖。

本篇历载阿骨打一生。阿骨打是女真族的勇士，史称他"甫成童，即善射。"辽使曾见他张弓射群鸟，连三发而皆中，惊称为"奇男子"。成年以后，屡建战功。但若阿骨打仅有勇力，是无法成就他后来所建立的丰功伟业的，最多只能是战场上的一员骁将。1109年，女真地区灾荒，饥民四处流窜，贫弱者难以维生，女真上层贵族有人提议用严刑峻法来控制局面，阿骨打力排众议，他说："以财杀人，不可。财者，人所致也"。民之所以为盗，是由于不能生存，针对此，他提出："减盗贼征偿法为征三倍"，贫民所欠债务，三年内不准催征，三年之后再议。从而缓和了社会矛盾，稳定了女真内部。天辅七年（1122年），因农事将兴，命金将"分谕典兵之官，无纵军士动扰人民，以废农业"，"秋毫有犯，必刑无赦"。女真族一向以渔猎为生，在进入汉人农业区后，重农重民，丝毫不逊于中国历史上的明君明主，其德如此，又怎能不王？而反观此时的北宋统治者，宋徽宗专任童贯、高俅、梁师成等奸诈小人，只知搜刮民脂民膏，"花石纲"一项，即不知害得江南多少百姓家破人亡。貌似强大的北宋王朝，已经被他们掏空。难怪1126年靖康之变，宋徽宗本人也成了金人的阶下囚。而此时，仅距金太祖逝世还不到四年。

金人从兴起到灭亡当时世界上的军事强国——契丹和富国——北宋，仅仅用了几十年的时间，完颜阿骨打居功甚伟。

宗弼南侵

原文：

宋主自扬州奔于江南，宗弼等分道伐之。进兵归德，城中有自西门北门出者，当海复败之。乃绝隍筑道，列炮隍上，将攻之。城中人惧，遂降。先遣阿里、蒲卢浑至寿春，宗弼军继之。宋安抚使马世元率官属出降。进降卢州，再降巢县王善军。当海等破郦琼万余众于和州，遂自和州渡江。将至江宁西二十里，宋杜充率步骑六万来拒战，鹘卢补、当海、迪虎、大抃合击破之。宋陈邦光以江宁府降。留长安奴、斡里也守江宁。使阿鲁补、斡里也别将兵徇地，下太平州、濠州及句容、溧阳等县，溯江而西，屡败张永等兵，杜充遂降。

宗弼自江宁取广德军路，追袭宋主于越州。至湖州，取之。先使阿里、蒲卢浑趋杭州，具舟于钱塘江。宗弼至杭州，官守巨室皆逃去，遂攻杭州，取之。宋主闻杭州不守，遂自越奔明州。宗弼留杭州，使阿里、蒲卢浑以精兵四千袭之。讹鲁补、术列速降越州。大抃破宋周汪军，阿里、蒲卢浑破宋兵三千，遂渡曹娥江。去明州二十五里，大破宋兵，追至其城下。城中出兵，战失利，宋主走入于海。宗弼中分麾下兵，会攻明州，克之。阿里、蒲卢浑泛海至昌国县，执宋明州守赵伯谔，伯谔言："宋主奔温州，将自温州趋福州矣。"遂行海追三百余里，不及，阿里、蒲卢浑乃还。

宗弼还自杭州，遂取秀州。赤盏晖败宋军于平江，遂取平江。阿里率兵先趋镇江，宋韩世忠以舟师扼江口。宗弼舟小，契丹、汉军没者二百余人，遂自镇江溯流西上。世忠袭之，夺世忠大舟十艘，于是宗弼循南岸，

完颜宗弼

世忠循北岸，且战且行。世忠艨艟大舰数倍宗弼军，出宗弼军前后数里，击柝之声，自夜达旦。世忠以轻舟来挑战，一日数接。将至黄天荡，宗弼乃因老鹳河故道开三十里通秦淮，一日一夜而成，宗弼乃得至江宁。挞懒使移剌古自天长趋江宁援宗弼，乌林答泰欲亦以兵来会，连败宋兵。

宗弼发江宁，将渡江而北。宗弼军渡自东，移剌古渡自西，与世忠战于江渡。世忠分舟师绝江流上下，将左右掩击之。世忠舟皆张五緉，宗弼选善射者，乘轻舟，以火箭射世忠舟上五緉，五緉着火箭，皆自焚，烟焰满江，世忠不能军，追北七十里，舟军歼焉，世忠仅能自免。

宗弼渡江北还，遂从宗辅定陕西。与张浚战于富平。宗弼陷重围中，韩常流矢中目，怒拔去其矢，血淋漓，以土塞创，跃马奋呼搏战，遂解围，与宗弼俱出。既败张浚军于富平，遂与阿卢补招降熙河、泾原两路。及攻吴玠于和尚原，抵险不可进，乃退军。伏兵起，且战且走。行三十里，将至平地，宋军阵于山口，宗弼大败，将士多战没。明年，复攻和尚原，克之。天会十五年，为右副元帅，封沈王。

……

宗弼由黎阳趋汴，右监军撒离喝出河中趋陕西。宋岳飞、韩世忠分据河南州郡要害，复出兵涉河东，驻岚、石、保德之境，以相牵制。宗弼遣孔彦舟下汴、郑两州，王伯龙取陈州，李成取洛阳，自率众取亳州及顺昌府，嵩、汝等州相次皆下。时暑，宗弼还军于汴，岳飞等军皆退去，河南平，时天眷三年也。上使使劳问宗弼以下将士，凡有功军士三千，并加忠勇校尉。攻岚、石、保德皆克之。

宗弼入朝，是时，上幸燕京，宗弼见于行在所。居再旬，宗弼还军，上起立，酌酒饮之，赐以甲胄弓矢及马二匹。宗弼已启行四日，召还。至日，希尹诛。越五日，宗弼还军，进伐淮南，克庐州。

上幸燕京，宗弼朝燕京，乞取江南，上从之。制诏都元帅宗弼比还军，与宰臣同入奏事。俄为尚书左丞相兼侍中，太保、都元帅、领行台如故。诏以燕京路隶尚书省，西京及山后诸部族隶元帅府。乃还军，遂伐江南。既渡淮，以书责让宋人，宋人答书乞加宽宥。宗弼令宋主遣信臣来禀议，宋主乞"先敛兵，许弊邑拜表阙下"，宗弼以便宜约以画淮水为界。上遣护卫将军撒改往军中劳之。

皇统二年二月，宗弼朝京师，兼监修国史。宋主遣端明殿学士何铸等进誓表，其表曰："臣构言，今来画疆，合以淮水中流为界，西有唐、邓州割属上国。自邓州西四十里并南四十里为界，属邓州。其四十里外并西南尽属光化军，为弊邑沿边州城。既蒙恩造，许备藩方，世世子孙，谨守臣节。每年皇帝生辰并正旦，遣使称贺不绝。岁贡银、绢二十五万两、匹，自壬戌年为首，每春季差人般送至泗州交纳。有渝此盟，明神是殛，坠命亡氏，踣其国家。臣今既进誓表，伏望上国蚤降誓诏，庶使弊邑永有凭焉。"

宗弼进拜太傅。乃遣左宣徽使刘筈使宋，以衮冕圭宝佩璲玉册册康王为宋帝。其册文曰"皇帝若曰：咨尔宋康王赵构。不吊，天降丧于尔邦，亟渎齐盟，自贻颠覆，俾尔越在江表。用勤我师旅，盖十有八年于兹。朕用震悼，斯民其何罪。今天其悔祸，诞诱尔衷，封奏狎至，愿身列于藩辅。今遣光禄大夫、左宣徽使刘筈等持节册命尔为帝，国号宋，世服臣职，永为屏翰。呜呼钦哉，其恭听朕命。”仍诏天下。

（选自《宗弼列传》）

点评：

完颜宗弼（？—1148年），金太祖完颜阿骨打第四子。他一生对金朝的贡献甚大，既是一代名将，在宋金战争中屡建战功；又是一代名相，辅佐金熙宗完成改革大业。金世宗论金初名臣，称赞“宗干之后，惟宗弼一人。”对他的评价很高。

本篇选自《宗弼列传》。《金史·宗弼列传》的重点在叙述完颜宗弼的赫赫战功，选文则截取了这一段。天会七年征宋，直追宋高宗狼狈逃入海中；在长江一带与宋名将韩世忠的攻战，在西线陕西的收复和尚原等军事胜利，是完颜宗弼军事生涯的辉煌篇章，选文通过此，塑造了一个胆略俱佳、有勇有谋的军事统帅形象。宗弼同时也是一个出色的政治家，但本传对宗弼在政治上的才能并无叙述，而散见于其他篇章，颇为可惜。他在掌管河南等原来伪齐政权统治区期间，厉行文治，选拔能吏，减轻赋税，民情大悦，乐为所用。他所选拔的如蔡松年、曹望之等人，后来也都证明是理财能手，成为国家的良辅。完颜宗弼知人善任，文武双全，的确有宰辅之才。

宗弼屡次带兵征宋，沿途烧杀抢掠，1130年，返金途中，放火焚烧具有几百年历史的临安古城，也可谓作恶多端。对这样的人物，人们的感情是十分复杂的。当仇恨渐成往事，融合也取代对抗，我们可以更加理性地看待这样的人物。

海陵弑君

原文：

废帝海陵庶人亮，字元功，本讳迪古乃，辽王宗干第二子也。母大氏。天辅六年壬寅岁生。天眷三年，年十八，以宗室子为奉国上将军，赴梁王宗弼军前任使，以为行军万户，迁骠骑上将军。皇统四年，加龙虎卫上将军，为中京留守，迁光禄大夫。为人僄急，多猜忌，残忍任数。初，熙宗以太祖嫡孙嗣位，亮意以为宗干太祖长子，而己亦太祖孙，遂怀觊觎。在中京，专务立威，以厌伏小人。猛安萧裕倾险敢决，亮结纳之，每与论天下事。裕揣知其意，因劝海陵举大事，语在《裕传》。

七年五月，召为同判大宗正事，加特进。十一月，拜尚书左丞，务揽持权柄，用其腹心为省台要职，引萧裕为兵部侍郎。一日因召对，语及太祖创业艰难，亮因呜咽流涕，熙宗以为忠。八年六月，拜平章政事。十一月，拜右丞相。

九年正月，兼都元帅。熙宗使小底大兴国赐亮生日，悼后亦附赐礼物，熙宗不悦，杖兴国百，追其赐物，海陵由此不自安。三月，拜太保、领三省事，益邀求人誉，引用势望子孙，结其欢心。四月，学士张钧草诏忤旨死，熙宗问："谁使为之？"左丞相宗贤对曰："太保实然。"熙宗不悦，遂出为领行台尚书省事。过中京，与萧裕定约而去。至良乡，召还。海陵莫测所以召还之意，大恐。既至，复为平章政事，由是益危迫。

熙宗尝以事杖左丞唐括辩及右丞相秉德，辩及与大理卿乌带谋废立，而乌带先此谋告海陵。他日，海陵与辩语及废立事，曰："若举大事，谁可立者？"辩曰："胙王常胜乎？"问其次，曰："邓王子阿懒。"亮曰："阿懒属疏，安得立？"辩曰："公岂有意邪？"海陵曰："果不得已，舍我其谁！"于是旦夕相与密谋。护卫将军特思疑之，以告悼后曰："辩等公余每窃窃聚语，窃疑之。"后以告熙宗。熙宗怒，召辩谓曰："尔与亮谋何事，将如我何？"杖之。亮因此忌常胜、阿懒，且恶特思。因河南兵士孙进自称皇弟按察大王，而熙宗之弟止有常胜、查剌，海陵乘此构常胜、查剌、阿懒、达懒。熙宗使特思鞫之，无状。海陵曰："特思鞫不以实。"遂俱杀之。护卫十人长仆散忽土旧受宗干恩。徒单阿里出虎与海陵姻家。大兴国给事寝殿，时时乘夜从主者取符钥归家，以为常。兴国尝以李老僧属海陵，得为尚书省令史，故使老僧结兴国为内应，而兴国亦以被杖怨熙宗，遂与亮约。

十二月丁巳，忽土、阿里出虎内直。是夜，兴国取符钥启门纳海陵、秉德、辩、乌带、徒单贞、李老僧等人至寝殿，遂弑熙宗。秉德等未有所属。忽土曰："始者议立平章，今复何疑。"乃奉海陵坐，皆拜，称万岁。诈以熙宗欲议立后，召大臣，遂杀曹国王宗敏，左丞相宗贤。是日，以秉德为左丞相兼侍中、左副元帅，辩为右丞相兼中书令，乌带为平章政事，忽土为左副点检，阿里出虎为右副点检，贞为左卫将军，兴国为广宁尹。于是自太师、领三省事勖以下二十人进爵增职各有差。己未，大赦。改皇统九年为天德元年。参知政事萧肄除名。镇南统军孛极为尚书左丞。赐左丞相秉德、右丞相辩、平章政事乌带、广宁尹兴国、点检忽土、阿里出虎、左卫将军贞、尚书省令史老僧、辩父刑部尚书阿里等钱绢马牛羊有差。甲子，誓太祖庙，召秉德、辩、乌带、忽土、阿里出虎、兴国六人赐誓券。丙寅，以燕京路都转运使刘麟为参知政事。癸酉，太傅、领三省事萧仲恭，尚书右丞禀罢。以行台尚书左丞温都思忠为右丞。乙亥，追谥皇考太师宪古弘道文昭武烈章孝睿明皇帝，庙号德宗，名其故居曰兴圣宫。宋、高丽、夏贺正旦使中道遣还。

（选自《海陵本纪》）

点评：

海陵王完颜亮（1122—1161年），字元功，金太祖长子宗干的次子。他臭名昭著，在历史上以弑君杀母、骄奢淫逸闻名，明清的通俗小说如"三言"、"二拍"中，有许多以他为主角的故事，更使得他家喻户晓。

本篇为《海陵本纪》的节选，讲述完颜亮弑君自立这一段历史。金熙宗统治前期，得到宗干、宗弼等人的辅佐，积极推进女真社会的封建化，开疆拓土，恢复经济。但好景不长，熙宗在后期却不思进取、怠于朝政。几位老臣过世之后，皇后裴满氏乘机干政，大臣大都依附于她。完颜亮有着宗室的身份，并且他与熙宗自小一块长大，在熙宗朝格外受重用。入京仅两年，就升为右丞相。不久熙宗发现他与皇后勾结，皇统九年（1149年），将他贬为领尚书台省事，不久追回，任平章事。完颜亮在返京之后，与曾经遭受熙宗杖打的右丞相完颜秉德、尚书右丞唐括辩等人发动政变，刺死金熙宗自立为皇帝。

完颜亮在位时，奢靡无度，广建宫室，耗费靡计。为征宋，征集全国人力物力，手段狠辣，扰民甚多，导致民情激愤，群臣离心离德，他最终也死于此次征战途中。完颜亮比较不幸的是，他生前篡位，又被人篡位，以至于他的一些功绩不被人注意。他虽然荒淫无度，但也绝非昏庸无能。他上台之后，进行了多项改革，尤其是正隆六年（1161年）的官制改革，对金朝的政治影响巨大。在他死后，他的政敌为了显示继承皇位的合法性，对他百般诋毁。而历来人们对篡位之君，多有贬词。《辽史》坚持道德评判标准，是可以理解的。但篡位的皇帝之中，也不乏事业的成功者，如明成祖。皇位继承的合法与否，其实与老百姓切身利害关系并不大，关键是他能为国家和人民做什么。“抚我则后，虐我则仇”，这是范文澜先生对历次农民起义的总结。斤斤于海陵是篡位之君，似乎也甚无谓。

金世宗求治

原文：

……（八月）癸酉，上谓宰臣曰：“百姓上书陈时政，其言犹有所补。卿等位居机要，略无献替，可乎？夫听断狱讼，簿书期会，何人不能？

唐、虞之圣，犹务兼览博照，乃能成治。正隆专任独见，故取败亡。朕早夜孜孜，冀闻谠论，卿等宜体朕意。”诏：“百司官吏，凡上书言事或为有司所抑，许进表以闻，朕将亲览，以观人材优劣。”夏国遣使贺尊号。丁丑，免齐国妃、韩王亨、枢密忽土、留守赜等家亲属在宫籍者。诏元帅右都监完颜思敬以所部军与大军会讨窝斡。乙酉，诏左谏议大夫石琚、监察御史冯仲廉察河北东路。丁亥，诏御史台曰：“卿等所劾，惟诸局行移稽缓，及缓于赴局者耳，此细事也。自三公以下，官僚善恶邪正，当审察之。若止理细务而略其大者，将治卿等罪矣！”

……

八月癸卯朔，太白昼见。诏朝臣曰：“朕尝谕汝等，国家利便，治体遗阙，皆可直言。外路官民亦尝言事，汝等终无一语。凡政事所行，岂能皆当？自今直言得失，毋有所隐。”乙巳，上谓宰臣曰：“随朝之官，自谓历一考则当得某职，两考则当得某职。第务因循，碌碌而已。自今以外路官与内除者，察其公勤则升用之，但苟简于事，不须任满，便以本品出之。赏罚不明，岂能劝勉。”庚戌，诏曰：“应因窝斡被掠女直及诸色人未经刷放者，官为赎放。隐匿者，以违制论。其年幼不能称说住贯者，从便住坐。”上谓宰臣曰：“五品以下阙员甚多，而难于得人。三品以上朕则知之，五品以下不能知也。卿等会无一言见举者。欲画久安之计，兴百姓之利，而无良辅佐，所行皆寻常事耳，虽日日视朝，何益之有。卿等宜勉思之。”……

八月己巳，观稼于近郊。壬申，以监察御史体察东北路官吏，辄受讼牒，为不称职，笞之五十。庚辰，上谓宰臣曰：“今之在官者，同僚所见，事虽当理，必以为非，意谓从之则恐人谓政非己出。如此者多，朕甚不取。今观大理寺所断，虽制有正条，理不能行者别具情见，朕惟取其所长。夫为人之理，他人之善者从之，则可谓善矣。”壬午，上谓宰臣曰：

“今在下僚岂无人材，但在上者不为汲引，恶其材胜己故耳。”丙戌，上谓御史中丞纥石烈邈曰：“台臣纠察吏治之能否，务去其扰民，且冀其得贤也。今所至辄受讼牒，听其妄告，使为政者如何则可也。”

……

十一月庚申朔，尚书省奏，拟同知永宁军节度使事阿可为刺史，上曰：“阿可年幼，于事未练，授佐贰官可也。”平章政事唐括安礼奏曰：“臣等以阿可宗室，故拟是职。”上曰：“郡守系千里休戚，安可不择人而私其亲耶？若以亲亲之恩，赐与虽厚，无害于政。使之治郡而非其才，一境何赖焉。”壬申，以静难军节度使乌延查剌等为贺宋正旦使。丙子，尚书省奏，崇信县令石安节买车材于部民，三日不偿其直，当削官一阶，解职。上因言：“凡在官者，但当取其贪污与清白之尤者数人黜陟之，则人自知惩劝矣。夫朝廷之政，太宽则人不知惧，太猛则小玷亦将不免于罪，惟当用中典耳。”戊寅，上责宰臣曰：“近问赵承元何故再任，卿等言，曹王尝遣人言其才能干敏，故再任之。官爵拟注，虽由卿辈，予夺之权，当出于朕。曹王之言尚从之，假皇太子有所谕，则其从可知矣。此事因卿言始知，其不知者知复几何？且卿等公受请属，可乎？”

（选自《世宗本纪》）

点评：

金世宗完颜雍，是金代盛世的开创者，历史上有名的勤政皇帝。经过世宗一朝君臣的同心协力、励精图治，金朝已经完全从海陵王末期社会动荡、民生凋敝的困顿中走出，后来人极尽了赞美之词来描述当时社会，“当此之时，群臣守职，上下相安，家给人足，仓廪有余”。吏治澄清，百姓安居乐业，刑部每年判死罪者，全国甚至只有 17 人，有时 20 人。广受人们赞誉的唐太宗时代的“贞观之治”，也不过如此而已。因此金世宗完

金世宗完颜雍

颜雍有“小尧舜”之称。

金世宗（1123—1189年），女真名乌禄，即位后改名雍，是金太祖阿骨打的孙子。金熙宗时，他因宗室的身份，被封为葛王，为兵部尚书。海陵王篡位之后，对完颜雍等宗室子孙心存忌惮，虽未赶尽杀绝，但严加防范。完颜雍为保存自己，也不得不时常进献珍宝奇玩，以消除海陵王的戒心。海陵王末年穷兵黩武，举全国之力征讨南宋，弄得民怨四起。完颜雍抓住时机，起兵讨伐海陵王。1161年，进据中都，成为皇帝。海陵王则死于南征途中。金世宗即位之后，以海陵王为戒，大力纠正海陵时期的弊政。对外，通过“隆兴和议”，结束同南宋的战争局面，对内，采取剿、抚两种手段，镇压各地的暴动，从而稳定了封建统治秩序。接着，金世宗致力于澄清吏治，加强官员的选拔与管理，对一国之本的农业，采取保护和奖励措施。经过多年的努力，到世宗统治的大定年间，金朝政治稳定，经济发展，文化昌盛，无愧于治世的称号。

《世宗本纪》在金史中的分量相当重，它篇幅很长，在《金史》中是少有的，对金世宗的生平、言行以及君臣议政、国之大事都有较为详细的记载，后人也可以借此窥知金世宗的治国之道、为君之道。选文节选了世宗关于吏治方面的言论，从中体现了他对该问题的深刻理解。金世宗首先非常重视官员尤其地方官的人选。他求贤若渴，屡屡下诏要求官员推荐人才，并告诫他们切莫妒忌贤能。但若人非其才，即使是宗室之子、功臣之后，他也不委予重任，理由是“使之治郡而非其才，一境何赖焉”。其次，他鼓励大臣上疏，从中既可以知道政治得失，也可以分辨官员优劣，一举而两得。另外，他重视官员考核，对渎职贪赃的，严加惩处。轻则降职，重则收监。因贪污降官者，若重犯则永不叙用，处罚十分严厉。民乃一国之根本，而民心的向背、治民的好坏，官员是关键。金世宗开一代治世，谁能够说与吏治没有关系呢？他的言论，今天读来，依然令人深受启发。

高琪误国

原文：

（贞祐）四年十月，大元大兵取潼关，次嵩、汝间，待阙台院令史高嶷上书曰：“向者河朔败绩，朝廷不时出应，此失机会一也。及深入吾境，都城精兵无虑数十万，若效命一战，必无今日之忧，此失机会二也。既退之后，不议追袭，此失机会三也。今已度关，不亟进御，患益深矣。乞命平章政事高琪为帅，以厌众心。”不报。御史台言：“兵逾潼关、崤、渑，深入重地，近抵西郊。彼知京师屯宿重兵，不复叩城索战，但以游骑遮绝道路，而别兵攻击州县，是亦困京师之渐也。若专以城守为事，中都之危又将见于今日，况公私蓄积视中都百不及一，此臣等所为寒心也。不攻京城而纵其别攻州县，是犹火在腹心，拨置于手足之上，均一身也，愿陛下察之。请以陕西兵扼拒潼关，与右副元帅蒲察阿里不孙为掎角之势，选在京勇敢之将十数人，各付精兵数千，随宜伺察，且战且守，复谕河北，亦以此待之。”诏付尚书省，高琪奏曰：“台官素不习兵，备御方略，非所知也。”遂寝。高琪止欲以重兵屯驻南京以自固，州郡残破不复恤也。宣宗惑之，计行言听，终以自毙。

未几，进拜尚书右丞相，奏曰：“凡监察有失纠弹者从本法。若人使入国，私通言语，说知本国事情，宿卫、近侍官、承应人出入亲王、公主、宰执之家，灾伤阙食，体究不实，致伤人命，转运军储，而有私载，及考试举人关防不严者，并的杖。在京犯至两次者，台官减监察一等论赎，余止坐专差者。任满日议定升降。若任内有漏察之事应的决者，依格虽为称职，止从平常，平常者从降罚。”制可。高琪请修南京里城，宣宗曰：“此役一兴，民滋病矣。城虽完固，能独安乎？”

初，陈言人王世安献攻取盱眙、楚州策，枢密院奏乞以世安为招抚使，选谋勇二三人同往淮南，招红袄贼及淮南宋官。宣宗可其奏，诏泗州元帅府遣人同往。兴定元年正月癸未，宋贺正旦使朝辞，宣宗曰：“闻息州透漏宋人，此乃彼界饥民沿淮为乱，宋人何敢犯我？”高琪请伐之以广疆土。上曰：“朕但能守祖宗所付足矣，安事外讨。”高琪谢曰：“今雨雪应期，皆圣德所致。而能包容小国，天下幸甚，臣言过矣。”四月，遣元帅左都监乌古论庆寿、签枢密院事完颜赛不经略南边，寻复下诏罢兵，然自是与宋绝矣。

兴定元年十月，右司谏许古劝宣宗与宋议和，宣宗命古草牒，以示宰臣，高琪曰：“辞有哀祈之意，自示微弱不足取。”遂寝。集贤院谘议官吕鉴言：“南边屯兵数十万，自唐、邓至寿、泗沿边居民逃亡殆尽，兵士亦多亡者，亦以人烟绝少故也。臣尝比监息州榷场，每场所获布帛数千匹、银数百两，大计布帛数万匹，银数千两，兵兴以来俱失之矣。夫军民有逃亡之病，而国家失日获之利，非计也。今隆冬冱寒，吾骑得骋，当重兵屯境上，驰书谕之，诚为大便。若俟春和，则利在于彼，难与议矣。昔燕人获赵王，赵遣辩士说之，不许，一牧竖请行，赵王乃还。孔子失马，驭卒得之。人无贵贱，苟中事机，皆可以成功。臣虽不肖，愿效牧竖驭卒之智，伏望宸断。”诏问尚书省。高琪曰：“鉴狂妄无稽，但其气岸可尚，宜付陕西行省备任使。”制可。十二月，胥鼎谏伐宋，语在《鼎传》。高琪曰:“大军已进,无复可议。”遂寝。

二年,胥鼎上书谏曰:“钱谷之冗,非九重所能兼,天子总大纲,责成功而已。”高琪曰:“陛下法上天行健之义,忧勤庶务,夙夜不遑,乃太平之阶也。鼎言非是。”宣宗以南北用兵,深以为忧,右司谏吕造上章:“乞诏内外百官各上封事,直言无讳。或时召见,亲为访问。陛下博采兼听,以尽群下之情,天下幸甚。”宣宗嘉纳,诏集百官议河北、陕西守御之策。高琪心忌之,不用一言。是时,筑汴京城里城,宣宗问高琪曰:“人言此役恐不能就,如何?”高琪曰:“终当告成,但其濠未及浚耳。”宣宗曰:“无濠可乎?”高琪曰:“苟防城有法,正使兵来,臣等愈得效力。”宣宗曰:“与其临城,曷若不令至此为善。”高琪无以对。

……

初,宣宗将迁南,欲置乣军于平州,高琪难之。及迁汴,戒象多厚抚此军,象多辄杀乣军数人,以至于败。宣宗末年尝曰:“坏天下者,高琪、象多也。”终身以为恨云。

(选自《高琪列传》)

点评:

高琪误国的说法,源于《金史》本传。其实,将金朝灭亡的全部罪责,归之于高琪个人,自然是不大妥当。但他擅权乱政,陷害忠良,以及南迁都城、交恶宋朝等重大国策上的失误,确实给金带来了重大损失,对金朝灭亡负有不可推卸的责任。

术虎高琪(?—1220 年),又作高乞,金西北路(内蒙古多伦多、正蓝旗一带)女真人,金宣宗时期的宰相。金宣宗完颜珣,金世宗之孙,史书上说他自幼勤奋好学,熟读经史子集,好作诗文,常与名人学士交游,饮酒赋诗,并且有雍容大度的优点。也许假予时日,能够成为一个不错的文人，但错就错生在帝王之家。当上皇帝以后，他性格懦弱、没有主见，缺乏经世雄心与才能的缺点暴露无遗。他本人无力整顿朝纲，恢复经济，安定民心。转而一味依靠权臣，先是乞石烈执中，后是高琪。高琪本是败军之将，因为害怕执中惩罚，故而先发制人，诛杀执中。宣宗不能正其罪，反而赦免他，升任为左副元帅。不久，拜平章政事，掌握军政大权。高琪为相之后，擅作威福，广植党羽，诛杀异己，致使朝政混乱不堪。在对内统治上，面对金朝经济日益衰败的局面，高琪为相后，改变金朝长期以来宽厚的国策，专横逐利，在通常的税收外，巧立名目，增加赋税，民情激愤，金王朝更不得民心。面对蒙古大军的强大攻势，高琪不思抵抗，而是怂恿宣宗迁都，南下开封，并且带走了金国的大部分兵力，致使北方地区防务空虚，实际上将中都地区拱手相让，北方地区很快沦陷。金朝的抗元形势急转直下，从而加速了金朝的灭亡。

国之将亡，妖孽渐多。内有高琪，外有蒙古，金朝安能不亡？

张行信无所畏避

原文：

张行信，字信甫，先名行忠，避庄献太子讳改焉。行简弟也。登大定二十八年进士第，累官铜山令。明昌元年，以廉擢授监察御史。泰和三年，同知山东西路转运使，俄签河东路按察司事。四年四月，召见于泰和殿，行信因言二事，一依旧移转吏目以除民害，一徐、邳地下宜麦，税粟许纳麦以便民。上是其言，令尚书省议行之。崇庆二年，为左谏议大夫。时胡沙虎已除名为民，赂遗权贵，将复进用。举朝无敢言者，行信乃上章曰：“胡沙虎残忍凶悖，跋扈强梁，媚结近习，以图称誉。自其废黜，士庶莫不忻悦。今若复用，惟恐为害更甚前日，况利害之机更有大于此者。”书再上，不报。及胡沙虎弑逆，人甚危之，行信坦然不顾也。

……

二年三月，以朝廷括粮恐失民心，上书言："近日朝廷令知大兴府胥鼎便宜计画军食，鼎因奏许人纳粟买官。既又遣参知政事奥屯忠孝括官民粮，户存两月，余悉令输官，酬以爵级银钞。时有粟者或先具数于鼎，未及入官。忠孝复欲多得以明己功，凡鼎所籍者不除其数，民甚苦之。今米价踊贵，无所从籴，民粮止两月又夺之，将不独归咎有司，亦怨朝廷不察也。大兵在迩，人方危惧，若复无聊，或生他变，则所得不偿所损矣。"上深善其言，即命与近臣往审处焉。仍谕忠孝曰："极知卿尽心于公，然国家本欲得粮，今既得矣，姑从人便可也。"四月，迁山东东路按察使，兼转运使，仍权本路宣抚副使。将行，求入见，上御便殿见之。奏曰："臣伏见奥屯忠孝饰诈不忠，临事惨刻，与胡沙虎为党。"历数其罪，且曰："无事时犹不容一相非才，况今多故，可使斯人与政乎？愿即罢之。"上曰："朕始即位，进退大臣自当以礼，卿语其亲知，讽令求去可也。"行信以告右司郎中把胡鲁白忠孝，忠孝不恤也。

三年二月，改安武军节度使，兼冀州管内观察使。始至，即上书言四事，其一曰："杨安儿贼党旦暮成擒，盖不足虑。今日之急，惟在收人心而已。向者官军讨贼，不分善恶，一概诛夷，劫其资产，掠其妇女，重使居民疑畏，逃聚山林。今宜明敕有司，严为约束，毋令劫掠平民。如此则百姓无不安之心，奸人诳胁之计不行，其势渐消矣。"其二曰："自兵乱之后，郡县官豪，多能纠集义徒，摧击土寇，朝廷虽授以本处职任，未几遣人代之。夫旧者人所素服，新者未必皆才，缓急之间，启衅败事。自今郡县阙员，乞令尚书省选人拟注。其旧官，民便安者宜就加任使，如资级未及，令摄其职，待有功则正授。庶几人尽其才，事易以立。"其三曰："掌军官敢进战者十无一二，其或有之，即当责以立功，不宜更授他职。"其四曰："山东军储皆鬻爵所获，及或持敕牒求仕，选曹以等级有不当鬻者往往驳退。夫鬻所不当，有司罪也，彼何责焉。况海岱重地，群寇未平，田野无所收，仓廪无所积，一旦军饷不给，复欲鬻爵，其谁信之？”朝廷多用其议。八月，召为吏部尚书。九月，改户部尚书。十二月，转礼部尚书，兼同修国史。

……

又曰：“近闻保举县令，特增其俸，此朝廷为民之善意也。然自关以西，尚未有到任者，远方之民不能无望。岂举者犹寡，而有所不敷耶？乞诏内外职事官，益广选举，以补其阙，使天下均受其赐。且丞、簿、尉亦皆亲民，而独不增俸，彼既不足以自给，安能禁其侵牟乎。或谓国用方阙，不宜虚费，是大不然。夫重吏禄者，固使之不扰民也，民安则国定，岂为虚费。诚能裁减冗食，不养无用之人，亦何患乎不足。今一军充役，举家廪给，军既物故，给其子弟，感悦士心，为国尽力耳。至于无男丁而其妻女犹给之，此何谓耶？自大驾南巡，存赡者已数年，张颐待哺，以困农民。国家粮储，常患不及，顾乃久养此老幼数千万口，冗食虚费，正在是耳。如即罢之，恐其失所，宜限以岁月，使自为计，至期而罢，复将何辞。”上多采纳焉。

（选自《张行信列传》）

点评：

本篇选自《张行信列传》。张行信（1162—1232年），字信甫，金宣宗、金哀宗时的宰相。张行信为人直率，遇事辄发，无所畏避。选文通过选取他几次仗义执言、匡救时弊、为国建言立策的大事，展示了他不畏强权、坚贞自守、勇于直谏的性格特点。

张行信是大定二十年（1180年）的进士，卫绍王崇庆二年（1213年）为右谏议大夫。当时逆臣胡沙虎虽然已经被降为民，但他不甘心失败，赂遗权贵，交结朝中大臣，妄图东山再起。张行信察觉他的阴谋，上书揭露他的行为，并说："今若复起，唯恐为害更甚于前。"可惜没有引起朝廷的重视，果然后来胡沙虎杀卫绍王，独揽朝政。在胡沙虎秉权时期，得罪过他的朝臣人人自危，张行信则坦然不顾。胡沙虎伏诛之后，又是张行信上言胡沙虎谋逆过程中反抗者应予嘉奖，以正刑罚。兴定二年（1218年），拜参知政事，宋兵侵境，廷议派遣使者责问，宰相高琪认为失体，行信上书，力驳其非。同年，金宣宗以张行信"廷议之际，每不据正，妄为异同"，出为彰化军节度使。行信至彰化，立即上书言马政可缓，应乘岁饥之机，大量买马。又说近来延边将士有军功，朝廷前时宣谕，本是好事，但却要给使者送礼，或马或金，使立功将士反以馈献为苦。

张行信以刚正不阿、勇于直谏而闻名于史。

郭虾蟆忠义殉国

原文：

郭虾蟆，会州人。世为保甲射生手，与兄禄大俱以善射应募。兴定初，禄大以功迁遥授同知平凉府事、兼会州刺史，进官一阶，赐姓颜盏。夏人攻会州，禄大遥见其主兵者人马皆衣金，出入阵中，约二百余步，一发中其吭，殪之。又射一人，矢贯两手于树，敌大骇。城破，禄大、虾蟆俱被禽。夏人怜其技，囚之，兄弟皆誓死不屈。朝廷闻之，议加优奖，而未知存没，乃特迁禄大子伴牛官一阶，授巡尉职，以旌其忠。其后兄弟谋奔会，自拔其须，事觉，禄大竟为所杀，虾蟆独拔归。上思禄大之忠，命复迁伴牛官一阶，遥授会州军事判官，虾蟆遥授巩州钤辖。会言者乞奖用禄大弟，遂迁虾蟆官两阶，授同知兰州军州事。

兴定五年冬，夏人万余侵定西，虾蟆败之，斩首七百，获马五十匹，以功迁同知临洮府事。元光二年，夏人步骑数十万攻凤翔甚急，元帅赤盏合喜以虾蟆总领军事。从巡城，濠外一人坐胡床，以箭力不及，气貌若蔑视城守者。合喜指似虾蟆云："汝能射此人否？"虾蟆测量远近，曰："可。"虾蟆平时发矢，伺腋下甲不掩处射之无不中，即持弓矢伺坐者举肘，一发而毙。兵退，升遥授静难军节度使，寻改通远军节度使，授山东西路斡可必剌谋克，仍遣使赏赉，遍谕诸郡焉。

是年冬，虾蟆与巩州元帅田瑞攻取会州。虾蟆率骑兵五百皆被赭衲，蔽州之南山而下，夏人猝望之以为神。城上有举手于悬风版者，虾蟆射之，手与版俱贯。凡射死数百人。夏人震恐，乃出降。盖会州为夏人所据近四年，至是复焉。

正大初，田瑞据巩州叛，诏陕西两行省并力击之。虾蟆率众先登，瑞开门突出，为其弟济所杀，斩首五千余级，以功迁遥授知凤翔府事、本路兵马都总管、元帅左都监、兼行兰、会、洮、河元帅府事。六年九月，虾蟆进西马二匹，诏曰："卿武艺超绝。此马可充战用，朕乘此岂能尽其力。既入进，即尚厩物也，就以赐卿。"仍赐金鼎一、玉兔鹘一，并所遣郭伦哥等物有差。

天兴二年，哀宗迁蔡州，虑孤城不能保，拟迁巩昌，以粘葛完展为巩昌行省。三年春正月，完展闻蔡已破，欲安众心，城守以待嗣立者，乃遣人称使者至自蔡，有旨宣谕。绥德州帅汪世显者亦知蔡凶问，且嫉完展制己，欲发矫诏事，因以兵图之，然惧虾蟆威望，乃遣使约虾蟆并力破巩昌。使者至，虾蟆谓之曰："粘葛公奉诏为行省，号令孰敢不从。今主上受围于蔡，拟迁巩昌。国家危急之际，我辈既不能致死赴援，又不能叶众奉迎，乃欲攻粘葛公，先废迁幸之地，上至何所归乎。汝帅若欲背国家，任自为之，何及于我。"世显即攻巩昌破之，劫杀完展，送款于大元，复遣使者二十余辈谕虾蟆以祸福，不从。

甲午春，金国已亡，西州无不归顺者，独虾蟆坚守孤城。丙申岁冬十月，大兵并力攻之。虾蟆度不能支，集州中所有金银铜铁，杂铸为炮以击攻者，杀牛马以食战士，又自焚卢舍积聚，曰："无至资兵。"日与血战，而大兵亦不能卒拔。及军士死伤者众，乃命积薪于州廨，呼集家人及城中将校妻女，闭诸一室，将自焚之。虾蟆之妾欲有所诉，立斩以徇。火既炽，率将士于火前持满以待。城破，兵填委以入，鏖战既久，士卒有弓尽矢绝者，挺身入火中。虾蟆独上大草积，以门扉自蔽，发二三百矢无不中者，矢尽，投弓剑于火自焚。城中无一人肯降者。虾蟆死时年四十五。土人为立祠。

（选自《郭虾蟆列传》）

点评：

俗话说："时穷节乃现。"越是在危难时刻，越是能看出一个人的真实品质。金朝末年，内忧外患不绝。北方蒙古人的迅速崛起，严重威胁着金王朝。蒙古大军兵锋所指，有弃城而逃者，有开门迎敌者，也有城亡人亡、壮烈殉国者。选文的主人公，因为坚贞不屈、以死报国，而位列《金史·忠义传》。

郭虾蟆（1192—1236年），又名郭斌，金朝末年会州人氏。祖上世代为保甲射生手，受此影响，他从小练就了高超的弓箭技艺。应募从军之后，屡次于两军对阵中射杀敌军将领，立下奇功。元光二年（1223年），西夏纠集数十万军队围攻凤翔府（今陕西凤翔），郭虾蟆领兵御敌。他在巡城时，见敌军主帅坐在胡床上指挥作战，弯弓搭箭，一箭而射杀之，击退西夏军。郭虾蟆不仅射术精良，而且颇有军事指挥才能，领兵参加过收复会州、平定田瑞叛乱等战役，立下战功。但若仅仅如此，终郭虾蟆一生，也不过是一个普通的中级军官。使他彪炳史册、名垂千古的，是他忠贞不二的爱国精神。这种精神，超越了民族、地域的界限，具有普遍、永恒的意义。天兴三年（1234年），金代末帝金哀宗在城破国灭的情况下，上吊自杀。其余州县，无不归降蒙古，唯独郭虾蟆率军坚守城池，拒不投降，抗争了将近三年，歼灭敌人无数。虽自知不能保全，也决一死战。蒙古军攻破城池之日，郭虾蟆令人于衙门堆起柴火，他独自站在柴堆上，以大门为掩护，继续抵抗，直至弓矢竭尽，投火自焚而死。英雄悲壮，读完此篇，犹使人壮怀激烈，荡气回肠。

千古名言

疑人勿使，使人勿疑。

——语出《熙宗本纪》。熙宗时，左丞相宗熙等人建议，州郡长官应当全部由女真人充任，熙宗说："四海之内，皆朕臣子。若分别待之，岂能致一。谚不云乎：'疑人勿使，使人勿疑。'自今及诸色人，量才通用之。""疑人勿使，使人勿疑"，意思是对于有怀疑的人不要轻易使用，对任用的人则不要怀疑。

使用自己不信任的人，对自己和你所使用的人都没有好处；使用人却又不信任他，就使他无法放开手脚，结果还是给事业带来损失。总而言之，唯有上下齐心合力、同心同德，方能干出一番事业。

人之聪明，多失之浮炫。

——语出《马惠迪列传》。意思是聪明之人，往往有浮躁的缺点。

虽然这仅是作者的经验之谈，却有无数事实反复证明其正确性。天资聪颖，本是一大优势。然而好耍弄小聪明，往往无法成大器。戒骄戒躁，脚踏实地，是成功的又一关键因素。

教化之行，兴于学校。

——语出《图克坦镒列传》。意思是教化民众，关键在于学校。

在国际竞争日益激烈的今天，教育是一个国家兴盛不衰的保证，十年树木，百年树人。“教化之行，兴于学校”，该话虽然仅就学校的教化功能而言，即使大而言之，无疑也具有正确性。

朱云攀槛，秉文攀人。

——语出《金史·赵秉文列传》。朱云，汉成帝时人，他公然在朝堂上弹劾成帝的老师张禹，使得成帝极为恼怒，下令将朱云处死，御史上前拖朱云，他死死地攀住殿槛，继续斗争，结果把殿槛都拉断了。这时另有大臣冒死进宫进谏，汉成帝怒气渐消，终于收回成命，并吩咐保存断槛，以表彰朱云这样直臣。赵秉文，金代有名的文学家，金章宗时，他上书论述宰相胥持国应当被撤职。章宗复加询问，发现他所说的情况与上书中的意见很不一致，于是令人审讯赵秉文。赵秉文后来交代说，他上书之前，曾与翰林修撰王廷筠等人商量，王廷筠等人也因此都被投入监狱。当时的人编了歌谣：“古有朱云，今有秉文。朱云攀槛，秉文攀人。”加以讽刺。

《元史》

史家生平

《元史》是明代官修史书。洪武二年（1369 年）二月，始开局于南京天界寺（今南京朝天宫东），以中书左丞李善长为监修，宋濂、王祎为总裁，汪克宽、胡翰、宋僖等 16 人为纂修。到当年八月癸酉（十一日），就已经完成了上自太祖，下讫宁宗的“粗完之史”。由于顺帝时的史馆职废，没有实录可以征用，于是又令欧阳佑等儒生到全国各地采集顺帝一朝的史料，于洪武三年（1370 年）重开史局，仍令宋濂、王祎为总裁，另招朱右、贝琼、朱世濂等 14 人为纂修，历时 143 天于七月丁亥（初一）续修完成。《元史》两次修纂，除监修李善长，总裁宋濂、王祎外，前后参加修史的人共有 30 人，而始终任编修之职的仅赵埙一人。所以，以下仅以此 4 人为例简述其生平如下：

李善长（1314—1390 年），字百室，定远（今属安徽）人，洪武三年大封功臣，朱元璋将他比作汉之萧何，是明朝的开国功臣。年少时就颇有智谋，研习法家著作，善于推断时事。元至正十四年（1354 年），善长投到朱元璋帐下，任掌书记一职。因劝朱元璋应该效法汉高祖刘邦豁达大

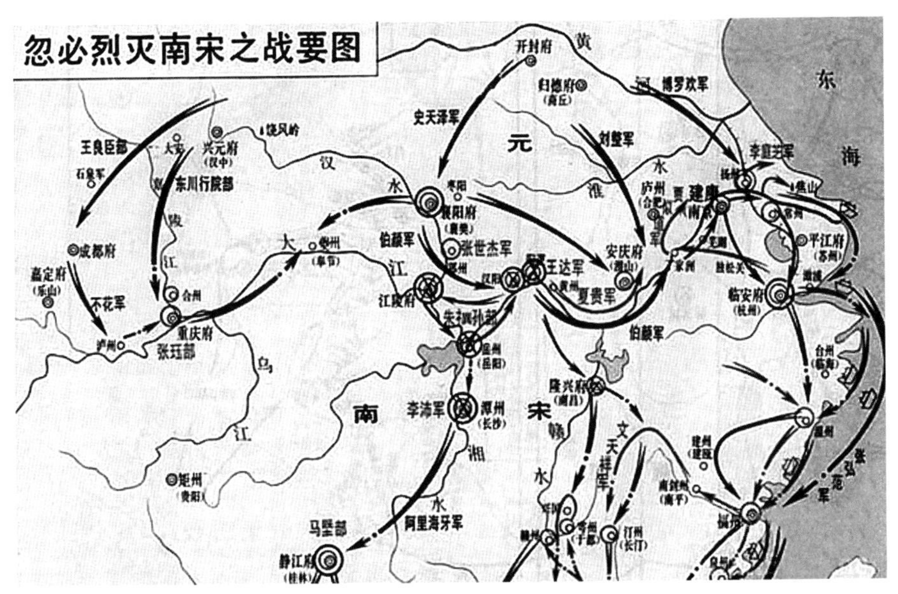

忽必烈灭南宋之战要图

度，知人善用，被升任为参谋，得以参预机画，主持馈饷而备受朱元璋重用。至正二十七年（1367年），朱元璋自立为吴王，善长被任用为右相国。由于他娴于辞令，明习故事，处理政务，裁决如流，又为民立法定税，使得国用日益丰饶，民生不困，所以在吴元年（1367年），因功封为宣国公。吴官改制后尚左，故李善长也由右相国改为左相国，居于百官之首。

朱元璋改元称帝后，李善长兼太子少师，授银青光禄大夫、上柱国，委以军国重任。明初的官制、礼仪皆由善长制定。又于洪武二年（1369年）担当起监修《元史》之任，编《祖训录》、《大明集礼》。总之，朝廷的大小事宜，都要由善长与儒臣商议后再执行。洪武三年（1370年），朱元璋大封功臣，在受封的六人之中，李善长位居第一，被授予开国辅运推诚守正文臣，特进光禄大夫、左柱国、太师、中书左臣，封韩国公。可谓一人之下，万人之上。但李善长位居人臣之极后，逐渐变得骄横起来，渐渐引起朱元璋的不满。洪武二十三年（1390年），善长为胡惟庸案所累，被诛连九族而亡。

宋濂（1310—1381年），字景濂，号潜溪，其先人是浙江金华潜溪人，到宋濂时迁居浦江，是明初有名的大儒，以文史见长。自幼就聪明过人，被乡人称为“神童”。先师从大学者刘梦吉学习儒家经书，精通“五经”；后来又跟从著名的理学家吴莱学习理学；最后以文章大师柳贯、黄缙为师。元至正九年（1349年），元朝征召宋濂为翰林院编修，但他固辞不就，并隐入龙门山潜心著书。至正十八年（1358年），朱元璋夺取婺州，召见宋濂，以他为郡学的五经师。此后经常在朱元璋左右，以备顾问。曾向朱元璋进言，说得天下应以人心为本，得人心则天下可定。明洪武二年（1369年），奉诏与待制王祎一起出任编修《元史》的总裁，书成后授翰林学士。宋濂精通礼乐，有明一代的礼乐典章多由他裁定而成；又博通经史百家，文章雄丽闲雅，盛名远播，四方学者皆称他为太史公。宋濂以文学承宠渥，深受朱元璋信任。洪武十年（1377年），宋濂致仕还乡。但洪武十三年（1380年），因长孙宋慎坐胡惟庸案，被远戍茂州（今四川省茂汶羌族自治县），并于次年中途死于夔州（今四川奉节县）。宋濂一生著作丰富，有后人编的《宋学士全集》四十二卷等传于世。

虽然《元史》由于成书仓促，许多史料未加考究，书中舛误较多，编次也混乱芜杂，但因宋濂博洽经史，精通故事，《元史》的纲领基本由宋濂裁定，发凡起例，更是由宋濂亲自捉刀，故《元史》书成，宋廉的功劳居多，不负“太史公”之名，位居明朝开国的文臣之首。

王祎（1322—1373年），字子充，义乌人。元朝末年，隐居在青岩山著书。朱元璋攻下婺州后，将王祎召为中书省掾史。不久被李文忠荐入礼贤馆。旋授江南儒学提举司校理，累迁侍礼郎，掌起居注，同知南康府事。朱元璋即皇帝位时，把王祎召还朝廷议礼，但因触怒了龙颜，被降为漳州通判。洪武二年（1369年）修《元史》，与宋濂为总裁官。王祎擅长史事，用笔精练。《元史》修成之后，王袆被擢升为翰林待制，同知制诰兼国史院编修官。洪武五年，王袆奉诏招谕割据云南的梁王，不幸被害，年仅51。

赵埙（生卒年不详），字伯友，新喻人，擅长文学。元至正年间举于乡，为皇上的教谕官。洪武二年，太祖召修《元史》，命左丞相李善长为监修，前起居注宋濂、漳州府通判王袆为总裁，征山林遗逸之士汪克宽、胡翰、宋僖、陶凯、陈基、曾鲁、高启、赵访、张文海、徐尊生、黄篪、傅恕、王琦、傅著、谢徽为纂修官，赵埙参与其中。至八月，《元史》的初完之史成，诸儒获封赏而回；三年二月重开史局时，仍以宋濂、王袆为总裁，征四方文学之士朱右、贝琼、朱世濂、王濂、张孟兼、高逊志、李懋、李汶、张宣、张简、杜寅、俞寅、殷弼为纂修，先后纂修者30人，两次都参与的只有赵埙一人而已。六月书成之后，诸儒大多授官封赏，只有朱右、朱濂和赵埙三人不受封而归。不久，朝廷又诏修日历，授翰林编修，曾奉诏作《甘露颂》，得到朱元璋的称赞。最后卒任于靖江府长史。

史著介绍

1. 史著特色

《元史》共210卷，含本纪47卷，志58卷，表8卷，列传87卷，上讫元太祖，下至元顺帝，记载了约160年间蒙古、元朝的史事，笔墨以元朝史事为主。由于我国古代有悠久的修史传统，到明修《元史》时，单就正史而言，前面已经有约22部正史以供《元史》的修撰者总结得失。所以《元史》在体例上有一个突出的特点：在全面考察历代正史的体例之后，择善而从之。

《元史》本纪共47卷，记载了上自铁木真，下至元顺帝妥欢帖睦儿共

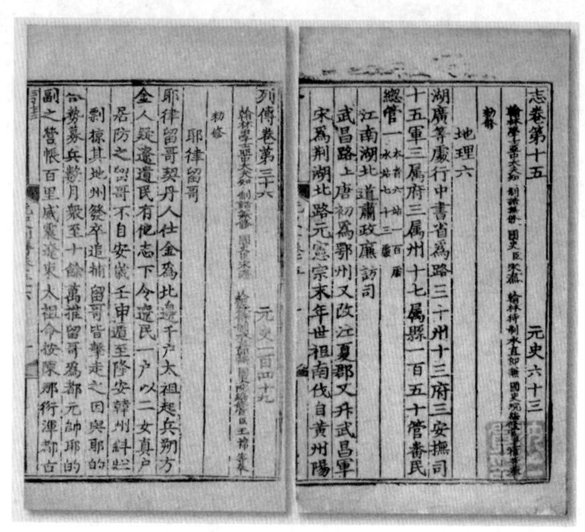
志卷第十五　元史六十三
地理六
湖廣等處行中書省為路三十州十三府三安撫司
十五軍三屬府三屬州十七屬縣一百五十管番民
總管一
江南湖北道肅政廉訪司
武昌路上唐初為鄂州又改江夏郡又升武昌軍
宋為荊湖北路元憲宗末年世祖南伐自黃州陽

列傳卷第三十六　元史一百四十九
耶律留哥
耶律留哥契丹人仕金為北邊千户太祖起兵朔方
金人疑遼遺民有他志下令遼民一户以二女真户
居防之留哥不自安歲壬申遁至隆安韓州糾壯
剽掠其地州發卒追捕留哥皆擊走之因與耶的
合勢募兵數月衆至十餘萬推留哥為都元帥耶的
副之營帳百里威震遼東太祖命按陳那衍渾都古

《元史》书影

十四位皇帝，其篇幅分布如下：太祖本纪 1 卷，太宗和定宗本纪合为 1 卷，宪宗本纪 1 卷，世祖本纪 14 卷，成宗本纪 4 卷，武宗本纪 2 卷，仁宗本纪 3 卷，英宗本纪 2 卷，泰定帝本纪 2 卷，明宗本纪 5 卷，文宗本纪 1 卷，顺帝本纪 10 卷。《元史》详于本纪，其量约占全书的四分之一，单元朝开国皇帝元世祖忽必烈的本纪就占了 14 卷，元朝最后一位皇帝顺帝的本纪也有 10 卷，而文帝的本纪则达到了一年一卷。篇幅巨大的本纪，保留了比较丰富的史料。由于当时采用的史料大多亡逸，所以本纪有很高的史料价值。

《元史》47 卷本纪除顺帝一朝外，基本是依据《元十三朝实录》编撰而成。蒙古起于朔漠，本无文字，所以开国之后关于史事的记载很少。直到元世祖忽必烈至元元年（1264 年），曾为金朝状元的王鹗上奏说："自古帝王得失兴废可考者，以有史在也。我国家以神武定四方，天戈所临，无不臣服者，皆出太祖皇帝庙谟雄断所致，若不乘时纪录，窃恐久而遗亡，宜置局纂就实录，附修辽、金二史。"（宋濂等撰《元史》卷一六〇《王鹗传》）元世祖听从他的建议后才开始设立翰林学士院。至元十年（1273 年），诏敕翰林院收集累朝事实，着手编撰。到成宗年间（1295—1307 年）修成前四传和世祖实录。大德七年（1303 年）完成《太祖实录》、《太宗实录》、《定宗实录》、《宪宗实录》，八年（1304 年）则成《世祖实录》。

自此以后成为制度，各朝皆修有实录。赖有元十三朝实录，所以明修《元史》时的本纪才得以详赡。

但是，太祖、太宗、定宗、宁宗四朝则过于简略。《金史》中途述先世事迹的“世纪”超过一卷，而《元史》本纪没有设“世纪”，将追述蒙古先世的内容并入《太祖纪》中，其中记述了从成吉思汗十世祖孛端叉儿以下十世史事，总共才一千多字。托雷（铁木真四子）监国一年，海迷失皇后称制三年，却无一字记载。有史家认为前三朝过于简略的原因是没有参考到《脱卜赤颜》的缘故。由蒙古文记载的《脱卜赤颜》是元人自述其事最早的一部书，对成吉思汗以前的史事记载得较为详细。到元仁宗时曾用汉文译出，定名为《圣武开天纪》；此书中记元太祖成吉思汗和太宗史事部分又译作《圣武亲征录》；波斯人拉斯特著的《蒙古全史》也是依据此书而成；后来到了明洪武十五年（1382 年），又汉译为《元朝秘史》。可见《脱卜赤颜》在元史中的重要性，但是在修《元史》之时，撰修的官员多为南方汉儒，而《元朝秘史》又未汉译成书，故而没有利用上《脱卜赤颜》一书。

《元史》本纪的编撰方法，在宋濂的《纂修元史凡例》中明确写道：“本纪。按：两汉本纪，事实与言辞并载，兼有《书》、《春秋》之义。及唐本纪，则书法严谨，全仿乎《春秋》。今修《元史》，本纪准两汉史。”（宋濂：《纂修元史凡例》）即《元史》本纪的编撰之法，以两汉史之“事实与言辞并载”为准则，所以往往全文记载皇帝即位、改元等诏书，如《世祖本纪》中的即位诏书、中统建元诏书、至元建元诏书，《顺帝纪》中的即位诏书、撤文宗庙的诏书等；并择要载录中书省臣、御史台臣等的奏言。与其他本纪内容极其简略的正史相比，《元史》忽必烈之后的本纪内容十分丰富，也相当生动，故而保存了大量重要的史料。

《元史》的志共 53 卷，分 13 个目类，其中天文 2 卷，五行 2 卷，历

6卷，地理6卷，河渠3卷，礼乐5卷，祭祀6卷，舆服3卷，选举4卷，百官8卷，食货5卷，兵4卷，刑法4卷。

《元史》的志基本录自元朝的《经世大典》。《经世大典》又名《皇朝经世大典》，是元文宗时的官修政书，于至顺元年（1330年）由奎章阁士院主编，以虞集、赵世延为总裁，历时一年编成。《元史》的志、表部分基本就删节自《经世大典》，志书中的“百官志”，取自《大典》中的“治典”，食货志大多取自《赋典》，礼乐志、舆服志、历志、选举志皆取自“礼典”，兵志则取自“政典”，此外，还有很多皆取自《大典》，就不一一列出了。

《元史》志的编纂方法，《凡例》中规定：“历代史志，为法间有不同。至唐志，则悉以事实组织成篇，考核之标，学者惮之。惟辽代《宋史》所志，条分件列，览者易见。今修《元史》，志准《宋史》。”（宋濂：《纂修元史凡例》）即修志则以《宋史》的“条分件列”为准则，因而《元史》志的分类与《宋史》相似。《元史》的志在体例上并没有多少创新，反而因为将礼、乐合为一志，又把祭祀、舆服拆分为两志，不合前史遗规而备受抨议；最为“乖迕”的是，把历来很重要的艺文志删去，而把著作收入到列传之中，“遂使无传之人，所著皆不可考”（永瑢等：《四库全书总目》卷四十六，中华书局1965年版），所以艺文志的缺失遭受的责备最多。后来清钱大昕为弥补此缺憾，著有《补元史艺文志》。

但是占全书四分之一强的《元史》志，具有较高的史料价值，如《天文志》、《历志》反映了郭守敬的《授时历》的成果，记载了李谦的《历议》以及郭守敬的《历经》等天文、历法的重要资料，还补证了一些元朝未曾颁用的历法；《选举志》、《百官志》、《食货志》、《兵志》、《刑法制》等志则内容详赡，各有特色。《选举志》详细记载了考试的科目、学校建设、官员铨选以及考课的情况；《食货志》则涵盖经理、农桑、税粮、科差、海运、钞法、岁课、盐法、茶法、酒醋课、商税、市舶、额外课、岁赐、奉秩、常平义仓等19个方面的内容，涉及广泛而记载翔实；《兵志》则主要依据典籍，分别记载了兵制、宿卫、镇戍，然后分类附传了马政、屯田、站赤、弓手、急递铺兵、鹰房捕猎等内容。值得多费笔墨的是《地理志》和《河渠志》，《地理志》数量最大，不仅记载了元代的辽阔疆域和中书省、行省的设置情况，反映了我国区域建制的重大变化，还附载了潘昂霄的《河源考》，并将宋思本所译的《梵字图书》分注于下，大大丰富了元代的地理知识，所附的河源、西北地区、安南郡县的资料极为珍贵；《河渠志》记载扩大了前史记载的范围，北方的河渠涉及了庐沟河、御河，南方则兼及盐官、海塘、龙山河道，并详细考察了它们的源头和浚疏的方法，所以《四库全书总目提要》称其“未尝不可为考古之证”，即可以将《元史·河渠志》中的记载作为考古的凭证之一。

《元史》的表有8卷，分别为《后妃表》1卷，《宗室世系表》1卷，《诸王表》1卷，《公主表》1卷，《三公表》2卷，《宰相年表》2卷，其中《宰相年表》的史料价值较高，而《三公表》则有所创新。

表的编撰方法，《凡例》中规定：“表。按：汉、唐史表所载为详，而《三国志》、《五代史》则无之。惟辽、金史据所考者作表，不计详略。今修《元史》，表准辽、金史。”（宋濂：《纂修元史凡例》）即以辽、金史表的“据所考者作表，不计详略”为准则。《辽史》表在正史的表中是最为详细的，有世系表、皇子表、公主表、皇族表、外戚表、游幸表、部族表、属国表等。由于列表可以减少列传的篇幅，除了皇子、皇族、外戚和有大功或大罪的臣子应当立传外，其他的人如果一一立传势必会造成烦琐和冗长，而将他们列于表中，再将其官职世袭和功过赏罚附上，就可以大大减省纸张笔墨，而且能够使人一目了然。《辽史》的列传虽然不多，但一代事迹梗概仍在，全仰赖于它的表，所以《辽史》表被史家称善。《金史》虽然只有宗室、交聘两表，但其交聘表将其与宋朝交涉的情况一一编列出来，其一目了然也是史家的称善之处。《元史》表汲取了辽、金二史表的优点，应该说还是很成功的，基本上是“一览了如”。但是，《元史》表还是遭受不少的抨击，如《四库全书总目提要》说《元史》将三公、宰相分为两表，不合前史遗规。也有史家认为，《元史》三公表的内容太少，为何不合到宰相表中去呢？其实，两者的内容是不一致的，分开列表可能更好一些。还有的史家认为《宗室世系表》对元初世系遗漏和省略的地方太多。缺省的原因，跟本纪中前三朝史事记载过少相类，可能都是没有采用《元朝秘史》等资料的缘故。

《元史》的列传共97卷，皇后传放在首位，然后是睿宗、裕宗、显宗、顺宗传，其后是他们的后妃传。如此编排，可能是因为睿宗等四人都是在后来才追谥的，故而放在皇后传的后面，诸臣的前面。其他的传分别是：儒学2卷，良吏2卷，忠义4卷，孝友2卷，隐逸1卷，列女2卷，释老1卷，方技1卷，宦者1卷，奸臣1卷，叛臣1卷，逆臣1卷，外国3卷。

《元史》列传所依据的材料多来自于元修的《后妃功臣列传》和部分采信资料。《后妃功臣列传》始修于至正八年（1348年），成书年代不详，后已亡佚。《元史》的后妃传和许多功臣，尤其是没有留下碑传资料的蒙古、色目文武大臣的传记大多出自《后妃功臣列传》，所以《元史》的列传也有一些史料的价值，但总体而言，价值不如本纪、志书和表。

《元史》列传的编纂按《凡例》规定：“史专之目，冠以后妃，尊也；次以宗室诸王，亲也；次以一代诸臣，善恶之总也；次以叛逆，成败之归也；次以四夷，王化之及也。然诸臣之传，历代名目又自增减不同。今修《元史》，传准历代史而参酌之。”（宋濂：《纂修元史凡例》）即以历代的传为参照，再斟酌而行。虽然如此谨慎，非议之处仍不在少数。《四库全书总目提要》批评《元史》的传“先及释老，次以方技”，不合前史遗规。其实，如果考察一下元代的宗教情况就可以得出，在兼容并蓄的宗教政策之下，各种宗教都十分繁荣，所以《元史》以释老为先，实不为过。不过，《元史》列传中的不足也是很明显的，如蒙古、色目人的传太少。见于《宰相年表》的蒙古人有 59 人，但在列传中有传的还不到一半；见于《宰相年表》的色目人较蒙古人更多，而为之立传的却更少；即便对皇族，也是如此，太祖诸弟诸子中只有一人得以立传，而太宗以后的皇子甚至没有一人立传。因此，像太祖弟失吉忽秃忽、权臣奥都剌合蛮这样的蒙古名臣居然没有列传传世，可见列传多有不足之处。当然了，《元史》的列传并非无一可取之处，有的地方还是值得一提的，如《释老》在类传中就属于首创，而《方技列传》中增加了“工艺”人物，丰富了方技的内容，此外，还记录了一些域外的情况。

《元史》以比较完整的纪传体皇朝史的形式记述了元代的史事，其视野开阔，内容丰富，并在某些方面显示了独具的特色，在体例上而言，它在前二十二史的基础上，也能做到博采众长，在史料上的价值更是为他书所无法取代。但是，《元史》一经成书，就遭到了方方面面的批评，除了上面已经提的一些编纂体例、内容取舍的不当外，还存在着一些史事重复、错误，人传、人名不一等较严重的谬误。清人钱大昕、汪祖辉就曾专门针对这些谬误分别作了《廿二史考异》和《元史本证》。其主要谬误归结如下：

（1）史事重复。如始见于《舆服志》的服饰等第一条又见于《刑法志》；始见于《选举志》的入票补房一条，又见于《食货志》；始见于《选举志》的国子监黜罚科一条，又见于《刑法志》。

（2）史事前后矛盾。如属于太仆寺的群牧所，《百官志》记载是设置于中统四年（1263 年），而在《世祖本纪》中则有两种记载，一是设置于中统元年（1260年），一是至元九年（1272年）；又如对诸王昔里吉劫北平王叛乱时间的有五种不同记载：一是至元十二年，一是十三年，一是十四年，一是十六年，一是十九年。诸如此类明显的错误，在其他史中是不多见的，而在《元史》中却是比比皆是，大概是修纂时的史料是随得随抄，没有细加甄别的缘故。

（3）人名不统一。《元史》中对蒙古、色目人的汉译名字不统一的情况很多，如速不台又译作雪不台、唆不台；八思八又译作八合思八、巴思八、八哈思八、八合斯八；阿里海牙又译作阿剌海牙、阿鲁海牙、阿里海涯；合答又译作合丹、合达、哈答、哈丹；和礼霍孙又译作火鲁霍孙、和鲁火孙。如此人名不一的情况不一一列举，此外还有汉人只具姓不具名的现象，如在《河渠志》中，只记载了官阶和职位名称，诸如耿参政、刘都水、田司徒之类，而没有详考其姓名。可见仍是直接抄录案牍之文而未加考察的缘故。

（4）一人两传。由于人名不一，所以一人多传的情况就在所难免了。如卷一二一有《速不台传》，卷一二二又有《雪不台传》；卷一三一有《完者都传》，到卷一三三又有《完者都拔都传》；卷一五〇的《石抹也先传》，在卷一五二又有《石抹阿辛传》。

（5）附传重复。如在卷一二三的《也蒲甘卜传》中详细记载了其子昂吉儿的事迹，而在卷一三二中又有《昂吉儿传》，而且也记载也蒲甘卜的事迹；卷一二三的《直脱儿传》详其子忽剌出，而在卷一三三中又有《忽剌出传》。

（6）史实失乱。《元史》中史实错乱、张冠李戴的情况不在少数，如史天泽传中记载元太宗在山峰山战胜之后北还，留睿宗统领大军围攻汴，而《塔察儿传》和《睿宗传》都记载为睿宗与太宗一起北还；《郑鼎传》记载郑鼎随从宪宗征伐大理，而本纪中则记载为宪宗二年，宪宗命令皇弟忽必烈（元世祖）出征大理，一年后平定。可见郑鼎跟从的应该是世祖而非宪宗。除史实错误和皇帝庙号舛误之外，还有时间上的错误。如卷 149《移剌捏儿传》记载移剌捏儿在辽灭亡之后任金国的参议，后来听到元太祖铁木真起兵伐金，私下对亲信说："为国复仇的时候到了！"考辽灭亡的时间是 1125 年，而铁木真起兵伐金是 1214 年，整整过了 90 年。很显然是史官推错了甲子，多出了 60 年，而又附会杜撰，因而导致了史实的错乱。

（7）编次简繁失宜。如在《元史》列传中，本应编在列传前面的开国元勋耶律楚材、史天倪、张弘范等却放在元末死臣泰不华、余阙等人之后，在编次上前后倒置。而列传 32 卷以前多详于蒙人，而 33 卷之后则详于汉人，汉人之中，又详于文人，将他们的文章附载其中，而蒙古人的文章几乎没有，事迹也阙失。

为什么《元史》在编纂上出现如此多的错误呢？大多史家认为主要有以下几个方面的原因：一是太祖朱元璋威严太重，修史者不敢触怒龙颜。朱元璋确实是一个比较重视以史为鉴的帝王，但更是一个猜疑成性的独裁者，而且任喜怒为生杀。自他即位以后，"无几时不变之法，无一日无过之人"，一旦触怒天威，就会"根除剪蔓，诛其奸逆"（张廷玉等：《明史》卷一四七《解缙传》，中华书局 1974 年版）。例如被朱元璋比为汉代萧何的李善长，曾被赐予免死金牌，但是因推荐胡惟庸而在胡惟庸案发后被诛灭九族。可见天威难测，儒臣更是朝不保夕，因此"洪武年间，秀才做官，吃多少辛苦，受多少惊怕，出多少心力，到头来善终者十二三耳！其间国家负士大夫多矣"（《纪录汇编》卷一九五，何良俊：《四有斋丛说》，转引自张孟伦：《中国史学史》，第 276 页）。《元史》列传编次上的拙劣，即列传的 31、32 卷已经完成了元末死事诸臣如泰不华、余阙等人的传，而在 33 卷又将开国功臣耶律楚材、刘秉忠等人的传编入，如此明显的失误，编史者怎么没有发觉呢？赵翼就认为32卷之前和之后的内容不是同时进呈的，但“诸臣以太祖威严，恐干烦渎，遂不敢请将前后两书重加遍定”，（赵翼：《廿二史札记》卷二九《元史》，中华书局1984年版）才导致编次上前后倒置而不更改的情况。

二是史料不足。《元史》征用的材料只有《元十三朝实录》、《经世大典》、《国朝名臣事略》、《后妃功臣列传》等元现有汉文资料以及《庚申帝大事记》等采访资料。元初重要史料《脱卜赤颜》即《元朝秘史》在明修《元史》之时还未汉译成功，故未能用上；至于如波斯人志费尼撰于13世纪中叶的《世界征服者史》、成书于1310年的伊利罕国宰相拉斯都丁编纂的《史集》，以及《瓦萨夫史》、《完者都史》等域外史料，要明初的史官收集也是不现实的。所以，《元史》对元初史事记载的异常简略也可以理解。另外，虽然我国自唐宋以来，史官制度完备，所以记事精准，但是元朝乃蒙古族入主中原后建立的蒙古贵族统治的帝国，而“元朝制度又为服从简便，且闻史事尤为疏略，不置日历，不置起居注，独中书置时政科，以一文学掾掌之，以事付史官，及一帝崩，则国史院据所付修实录而已。”（徐一夔：《与王待制书》，《明文衡》卷二六，转引自《中国史学名著评介》，第241页）即元朝没有专职的史官，故而许多史事有失记载。再加上元朝统治者又禁止将国史外传，使修史者很多史事未能接触，这在一定程度上也给后来修史的明初史官增加了难度。

三是史官结构不够合理。元朝是由蒙古贵族建立的，其蒙古人、色目人等居于统治地位，通晓蒙古和西北各族语言在修《元史》中蔚为关键。但是，明初修《元史》的史官多为南儒，没有一人懂得这些语言。虽然总裁宋濂等博洽经史，通晓故事，但是在处理元朝留下的蒙古等文资料时，也是英雄无用武之地。而南儒中谙晓元朝旧事之人如陶宗仪、叶子奇、徐一夔、权衡等人却没有进入史局；当时精通蒙古语者如杨景贤、丁鹤年等也在史局之外。所以，史官结构上的不合理造成编修《元史》时，很多蒙古、色目的文字资料未能采用。

四是修史的时间过于仓促。虽然造成《元史》编修失误过多的原因还有很多，但最重要的原因还是修史的时间过于仓促，如此草率成书，不出现错误是不可能的。司马迁用近二十年，花了毕生精力才成《史记》，班固的《汉书》，经四人之手，历三四十年而成，而明修《元史》，前后两次开局，历时不过一年，“毋怪乎草率荒谬，为史家最劣者”（赵翼：《廿二史札记》卷一《司马迁作史年岁》）了。

2. 史家思想

明王朝在建国之初就着手修订前朝历史，并在如此短的时间内就完成，在中国历史上实属罕见。这充分反映了明初君臣对修元史的重视程度，首先是修订元史的重要政治意义。虽然在明军攻克大都后，元顺帝携后妃、太子出逃，元朝大势已去，但是新建的明朝也不容乐观：山西有拥兵二十万的扩廓帖木儿，陕西有李思齐、张良弼，辽阳有纳哈，云南则有割据一方的把匝剌瓦尔密。迫于局势，明朝有必要发动一场宣传元朝已经灭亡、九州统一的舆论战和心理战。所以，明朝统治者迅速修成《元史》，首要原因是为了服务于政治的需要。其次是明太祖朱元璋等君臣的历史意识。朱元璋在诏修《元史》时对群臣说道：“今克元都，得《十三朝实录》，元虽亡国，事当记载，况史记成败，示劝惩不可废也。”（《明太祖实录》卷三九，转引自《中国史学名著评介》，第225页）又对修史诸儒说：“自古有天下者，行事见于当时，是非公于后世。固一代之兴衰，必有一代之史以载之。”（同上）朱元璋认为修史是为了“记成败”、“示劝惩”，反映了他深刻的历史意识，所以修有元一代史事，以达到以史为鉴是明初修元史的又一宗旨。

《元史》的修纂原则，朱元璋在召见史臣时说：“今命尔等修纂，以备一代之史，务直述其事，勿溢美，勿隐恶，庶和公论，以垂鉴戒。”(同上)《凡例》中也说道：“历代史书，纪、志、表、传之后，各有论赞之辞，今修《元史》，不作论赞，但据事直书，具文见义，使善恶自见，准《春秋》及钦奉圣旨事意。”(宋濂：《纂修元史凡例》) 即《元史》以《春秋》的“信以传信，疑以传疑”信史原则和朱元璋提出的“勿溢美，勿隐恶”为书法准则。《元史》在《元十三朝实录》等旧有资料的基础上抄撮而成，而元朝修实录的人又都熟悉掌故，如修国事的董文用就十分熟悉各祖各宗的功绩以及近戚将相的功勋叛伐事迹，而且参与元实录编修的都是一些娴于辞令的文学之士，所以《元史》在承接元朝旧史的优点之后，基本上达到了信史原则。但是，由于元朝不备史官，许多史实记载有缺失，而且即使记载在案，也因为史官有所忌讳而不敢秉笔直书，致使“元之旧史往往详于记善，略于惩恶。”(《元史》卷二〇五《奸臣传序》) 即元朝的实录也不是完全的信史，而以元朝实录为底本的《元史》势必受到影响。再加上元顺帝 36 年的史事，“既无实录，又无稽考之书，为品凭采访，以足成智。则其实未必驯，其首尾未必贯”(《明史》卷二八五《徐一夔传》)，这也影响了《元史》的信史程度。

虽然《元史》以“据事直书”为准则，不作论赞之词，但是实际上《元史》在本纪各帝纪之后往往还是有简短的评价，在志、传中也有不少评论。如太祖论：“帝深诚沉有大略，用兵如神，故能灭国四十，遂平西夏”(《元史》卷一《太祖本纪》)；论太宗：“帝有宽宏大量，忠恕之心，量时度力，举无过事，华夏富庶，养马成群，旅卢不赍粮，时称志平”(《元史》卷二《太宗本纪》)；论世祖：“度量宏广，知人善任使，信用如书，用能以夏变夷，历经陈纪，所以为一代之制也，规模宏远矣。”(《元史》卷十七《世祖本纪十》) 可见《元史》修撰者仍情不自禁地对时事帝王进行评论。

《元史》中反映的历史观，基本上是重于人事的，对时事大势的审度论述也比较符合历史事实。对有元一朝的历史也能辩证地看待：“其初君臣朴厚，政事简略，与民休息，时号小康。然昧于先王之道，酣溺胡虏之俗，制度疏阔，礼乐无闻。至季世，嗣君荒淫，权臣跋扈，兵伐四起，民命颠危，虽间有贤智之臣，言不见用，用不见信，天下遂至土崩。”（《明太祖实录》卷三十，转引自《中国史学名著评介》，第225页）对元朝灭亡的认识也比较恰当，并没有将明朝代元归结为天命。既然《元史》“钦奉圣旨事意”行事，所以朱元璋对历史的认识自然成为《元史》的认识。

朱元璋亲历元末之乱，对元朝灭亡的认识自然深有所悟，他曾说：“元本胡人，起自沙漠，一旦据有中国，混一海内，建国之初，辅弼之臣，率皆贤达，所进用者又皆君子，是以政治翕然可观。及其后也，贵戚擅权，奸佞竞进，举用亲旧，结为朋党，中外百司，贪婪无耻，由是法度日弛，纪纲日不振，至于土崩瓦解，卒不可救也。”（《明太祖实录》卷14，转引自《中国史学名著评介》，第237页），他不仅从历史的变化来总结元朝灭亡的原因，而且看到了人在历史中作用的关键，以及用人唯贤的重要性。《元史》在对史势的认识中，有一种历史上的“通识”观，如在《河渠志三》中论黄河时说：“议者往往以谓天下之乱，皆由贾鲁治河之役，劳民动众之所致。殊不知元之所以亡者，实基于上下因循，狃于宴安之习，纪纲废弛，风俗偷薄，其致乱之阶，实非一朝一夕之故，所由来已久矣。不此之察，乃独归咎于是役，是徒以成败论事，非通论也。”（《元史》卷六六《河渠志三》）

当然，《元史》也未能完全做到以人事论史，也有不少宣扬“天命”和神意的地方。如描写铁木真的十世祖孛端叉儿出生的情况是：“阿兰寡居，夜寝帐中，梦白光自天窗中入，化为金色神人，来趋卧榻。阿兰惊觉，遂有妊，产一子，即孛端叉儿也。”（《元史》卷一《太祖本纪》）；又如说元顺帝出逃说成是“知顺天命，退避而去”。（《元史》卷四七《顺帝本纪十》）但是瑕不掩瑜，《元史》的历史观基本还是以人事为主，对元朝历史的认识也是比较客观的。

名篇点评

一代天骄

原文：

初，烈祖征塔塔儿部，获其部长铁木真。宣懿太后月伦适生帝，手握凝血如赤石。烈祖异之，因以所获铁木真名之，志武功也。族人泰赤乌部旧与烈祖相善，后因塔儿不台用事，遂生嫌隙，绝不与通。及烈祖崩，帝方幼冲，部众多归泰赤乌。近侍有脱端火儿真者，亦将叛，帝自泣留之。脱端曰：“深池已干矣，坚石已碎矣，留复何为！”竟帅众驰去。宣懿太后怒其弱己也，麾旗将兵，躬自追叛者，驱其太半而还。时帝麾下搠只别居萨里河。札木合部人秃台察儿居玉律哥泉，时欲相侵凌，掠萨里河牧马以去。搠只麾左右匿群马中，射杀之。札木合以为怨，遂与泰赤乌诸部合谋，以众三万来战。帝时驻军答兰版朱思之野，闻变，大集诸部兵，分十有三翼以俟。已而札木合至，帝与大战，破走之。

当是时，诸部之中，唯泰赤乌地广民众，号为最强。其族照烈部，与帝所居相近。帝常出猎，偶与照烈猎骑相属。帝谓之曰：“今夕可同宿乎？”照烈曰：“同宿固所愿，但从者四百，因糗粮不具，已遣半还矣，今将奈何？”帝固邀与宿，凡其留者，悉饮食之。明日再合围，帝使左右驱兽向照烈，照烈得多获以归。其众感之，私相语曰：“泰赤乌与我虽兄弟，常攘我车马，夺我饮食，无人君之度。有人君之度者，其惟铁木真太子乎?”照烈之长玉律，时为泰赤乌所虐，不能堪，遂与塔海答鲁领所部来归，将杀泰赤乌以自效。帝曰:“我方熟寐，幸汝觉我，自今车辙人迹之途，当尽夺以与汝矣。”已而二人不能践其言，复叛去。塔海答鲁至中路，为泰赤乌部人所杀，照烈部遂亡。

时帝功德日盛，泰赤乌诸部多苦其主非法，见帝宽仁，时赐人以裘马，心悦之。若赤老温、若哲别、若失力哥也不干诸人，若朵郎吉、若札剌儿、若忙兀诸部，皆慕义来降。

帝会诸族薛彻、大丑等，各以旄车载湩酪，宴于斡难河上。帝与诸族及薛彻别吉之毋忽儿真之前，共置马湩一革囊;薛彻别吉次毋野别该之前，独置一革囊。忽儿真怒曰:“今不尊我，而贵野别该乎?”疑帝之主膳者失丘儿所为，遂笞之。于是颇有隙。时皇弟别里古台掌帝乞列思事，乞列思，华言禁外系马所也。播里掌薛彻别吉乞列思事。播里从者因盗去马靷，别里古台执之。播里怒，斫别里古台，伤其背。左右欲斗，别里古台止之，曰:“汝等欲即复仇乎?我伤幸未甚，姑待之。”不听，各持马乳橦疾斗，夺忽儿真、火里真二哈敦以归。薛彻别吉遣使请和，因令二哈敦还。会塔塔儿部长蔑兀真笑里徒背金约，金主遣丞相完颜襄帅兵逐之北走。帝闻之，发近兵自斡难河迎击，仍谕薛彻别吉帅部人来助。候六日不至，帝自与战，杀蔑兀真笑里徒，尽虏其辎重。帝之麾下有为乃蛮部人所掠者，帝欲讨之，复遣六十人征兵于薛彻别吉。薛彻别吉以旧怨之故，杀其十人，去五十人衣而归之。帝怒曰:“薛彻别吉曩笞我失丘儿，斫伤我别里古台，今又敢乘敌势以陵我耶?”因帅兵逾沙碛攻之，杀虏其部众，唯薛彻、大丑仅以妻孥免。越数月，帝复伐薛彻、大丑，追至帖烈徒之隘，灭之。

(选自《太祖本纪》)

点评：

“一代天骄，成吉思汗，只识弯弓射大雕”是毛泽东在他的《沁园春·雪》中对成吉思汗的评价之语，其中给既包含了对成吉思汗赫赫武功的赞赏，肯定他作为大蒙古国创始人和统一蒙古部族对历史的贡献；同时也指出了成吉思汗由于身处的时代的局限性，以及蒙古民族彪悍民风和成吉思汗的崇尚武功，在蒙古大军所向披靡、开疆拓土之时，却给其他民族和国家带来了巨大灾难。这正是道德评价和历史评价的矛盾和冲突。

《太祖本纪》记述了成吉思汗戎马倥偬的一生和他创下的赫赫武功。如同中原许多布衣白手起家的帝王，为了使自己的统治更有名分，要不就神话自己的出生，要不将自己与先贤圣王扯上千丝万缕的联系，故而《元史》纂修者也不忘给成吉思汗的先祖增添一些神话色彩，如对十世祖孛端叉儿的出生：“阿兰（其母阿兰果火）寡居，夜寝帐中，梦白光自天窗中入，化为金色神人，来趋卧榻，阿兰惊觉，遂有娠，产一子，即孛端叉儿也。”但是，一代天骄成吉思汗的建国之路并不因为其先祖有神人庇佑而变得更加顺利。1171 年，成吉思汗的父亲也速该带着九岁的长子铁木真前往舅父的部族斡勒忽纳部，按照旧俗为儿子求亲。归途中，也速该被塔塔儿人毒死。树倒猢狲散，也速该原有的家丁、属民以及军队和追随者纷纷离去。铁木真一家只好漂荡在鄂嫩河畔，依靠野果和捕鱼狩猎为生。这样艰难的日子过了几年，一些仇家想在铁木真羽毛未丰时剪除他，于是泰亦赤兀部首领率众突然袭击，抓住了铁木真，并将铁木真流枷示众。最后铁木真伺机逃跑，在别人的帮助之下才得以逃回家。这些苦难的经历磨砺了这只蒙古草原上的雄鹰，使他变得更加英勇和智慧，最终在草原上展翅高飞，并将他的大军带到任何他想得到的地方，先是灭乃蛮，统一蒙古大漠，建立大蒙古国，接着征西灭辽伐金，开创了他显赫的帝国伟业。

选文正是成吉思汗成年之后，凭借父祖的名望和自己个人的杰出才智

成吉思汗陵

以及兄弟的骁勇，逐步蓄积力量，重振家业，从而迈开挽弓射雕的第一步。首先，他先争取先父生前的盟友（安答）克烈部首领脱斡邻的支持，于是将妻子陪嫁的黑貂皮献给脱斡邻，并认脱斡邻为父，重申旧时的盟约；接着铁木真又获得儿时交物之友（安答）扎只剌部首领扎木合的支持。铁木真在遭受蔑儿乞部族的突袭之后，曾邀请脱斡邻和札木合起兵相助报蔑儿乞部之仇，联军大获全胜。之后铁木真与札木合再次结盟，共同游牧。由于札木合的不少部众是铁木真父亲也速该的旧部，所以铁木真伺机拉拢札木合的部下。这就为后来铁木真和札木合成为死敌埋下了种子。不久铁木真被推选为新的部落联盟的汗，组织起了自己的侍卫队。而此时又发生了札木合与铁木真属民因抢劫马群而发生的纠纷。札木合纠集十三部之众的三万大军向铁木真发动进攻。成吉思汗也组织了十三个古列筵（又称十三翼）与之战。但是羽翼初成的铁木真暂时还不是敌人联军的对手，只好被迫退至鄂嫩河上源地区避其锋芒。这就是十三翼之战。

十三翼之战虽然没有取得胜利，但是吃一堑长一智，铁木真更加成熟了。这时泰赤兀部仍然是一个地广民众的强大部族，因此铁木真用他慷慨大度的人格魅力获得不少民心，原属于泰赤兀部的照烈部就投向铁木真，虽然不久叛去最后被泰赤兀部消灭干净，但是足以看出铁木真的亲民政策的效果。1196 年，金国派遣丞相完颜襄讨伐扰边为患的塔塔儿部，并传檄蒙古草原诸部发兵助讨。完颜襄率军在克鲁伦河大败塔塔儿部众，向北乘胜追击。铁木真得到消息后，为了报父祖的世仇，立马邀请脱斡邻等共同出兵夹击败走斡里札河的塔塔儿部。这一仗大获全胜，并得到了完颜襄的嘉奖：脱斡邻因此被授为王，铁木真也被授予札木忽里的官职。征塔塔儿部的胜利对刚刚兴起的铁木真有双重的意义，首先，塔塔儿部与蒙古乞颜部是世仇，相互砍杀近百年，铁木真的父祖辈俺巴孩就是被塔塔儿部捕获送往金朝被钉死在木驴上。因此，铁木真的胜利不仅报了父祖的世仇，也相应提高了他在本族的地位和威望，使他们更加心悦诚服地归附于他。其次，得到金廷的册封也是一种特殊的荣誉，不仅可以获得纳贡的利益，也提高了铁木真在蒙古草原的地位。

虽然铁木真还要经历无数的战争和更加严峻的考验，但是这一役的胜利是他迈向辉煌人生的第一步。可以说从此之后，只见一代天骄成吉思汗，不时挽弓射大雕。

耶律楚材以儒治国

原文：

时河南初破，俘获甚众，军还，逃者十七八。有旨：居停逃民及资给者，灭其家，乡社亦连坐。由是逃者莫敢舍，多殍死道路。楚材从容进曰："河南既平，民皆陛下赤子，走复何之！奈何因一俘囚，连死数十百人乎？"帝悟，命除其禁。金之亡也，唯秦、巩二十余州久未下，楚材奏曰："往年吾民逃罪，或萃于此，故以死拒战，若许以不杀，将不攻自下矣。"诏下，诸城皆降。甲午，议籍中原民，大臣忽都虎等议，以丁为户。楚材曰："不可。丁逃，则赋无所出，当以户定之。"争之再三，卒以户定。时将相大臣有所驱获，往往寄留诸郡，楚材因括户口，并令为民，匿占者死。乙未，朝议将四征不廷，若遣回回人征江南，汉人征西域，深得制御之术，楚材曰："不可。中原、西域，相去辽远，未至敌境，人马疲乏，兼水土异宜，疾疫将生，宜各从其便。"从之。

丙申春，诸王大集，帝亲执觞赐楚材曰："朕之所以推诚任卿者，先帝之命也。非卿，则中原无今日。朕所以得安枕者，卿之力也。"西域诸国及宋、高丽使者来朝，语多不实，帝指楚材示之曰："汝国有如此人乎？"皆谢曰："无有。殆神人也。"帝曰："汝等唯此言不妄，朕亦度必无此人。"有于元者，奏行交钞，楚材曰："金章宗时初行交钞，与钱通行，有司以出钞为利，收钞为讳，谓之老钞，至以万贯唯易一饼。民力困竭，国用匮乏，当为鉴戒。今印造交钞，宜不过万锭。"从之。

秋七月，忽都虎以民籍至，帝议裂州县赐亲王功臣。楚材曰："裂土分民，易生嫌隙，不如多以金帛与之。"帝曰："已许奈何？"楚材曰："若朝廷置吏，收其贡赋，岁终颁之，使毋擅科征，可也。"帝然其计，遂定天下赋税，每二户出丝一斤，以给国用；五户出丝一斤，以给诸王功臣汤沐之资。地税，中田每亩二升又半，上田三升，下田二升，水田每亩五升；商税，三十分而一；盐价，银一两四十斤。既定常赋，朝议以为太轻，楚材曰："作法于凉，其弊犹贪，后将有以利进者，则今已重矣。"时工匠制造，糜费官物，十私八九，楚材请皆考核之，以为定制。

耶律楚材

时侍臣脱欢奏简天下室女，诏下，楚材尼之不行，帝怒。楚材进曰："向择美女二十有八人，足备使令。今复选拔，臣恐扰民，欲覆奏耳。"帝良久曰："可罢之。"又欲收民牝马，楚材曰："田蚕之地，非马所产，今若行之，后必为人害。"又从之。

丁酉，楚材奏曰："制器者必用良工，守成者必用儒臣。儒臣之事业，非积数十年，殆未易成也。"帝曰："果尔，可官其人。"楚材曰："请校试之。"乃命宣德州宣课使刘中随郡考试，以经义、词赋、论分为三科，儒人被俘为奴者，亦令就试，其主匿弗遣者死。得士凡四千三十人，免为奴者四之一。

先是，州郡长吏，多借贾人银以偿官，息累数倍，曰羊羔儿利，至奴其妻子犹不足偿。楚材奏令本利相侔而止，永为定制，民间所负者，官为代价之。至一衡量，给符印，立钞法，定均输，布递传，明驿券，庶政略备，民稍苏息焉。

有二道士争长，互立党与，其一诬其仇之党二人为逃军，结中贵及通事杨惟忠，执而虐杀之。楚材按收惟忠。中贵复诉楚材违制，帝怒，系楚材；既而自悔，命释之。楚材不肯解缚，进曰："臣备位公辅，国政所属。陛下初令系臣，以有罪也，当明示百官，罪在不赦。今释臣，是无罪也，岂宜轻易反覆，如戏小儿？国有大事，何以行焉！"众皆失色。帝曰："朕虽为帝，宁无过举耶？"乃温言以慰之。楚材因陈时务十策，曰："信赏罚，正名分，给俸禄，官功臣，考殿最，均科差，选工匠，务农桑，定土贡，制漕运。”皆切于时务，悉施行之。

（选自《耶律楚材列传》）

点评：

“蒙古有公方用夏，居庸从此不为关。”是后世史家对辅助窝阔台治理中原，作出杰出贡献的功臣耶律楚材的盛赞之语。耶律楚材是辽太祖阿保机的长子东丹王突欲的八世孙，其父耶律履是金国著名的学者，精通汉、契丹、女真等文字，还曾参与辽史的编纂。由于耶律氏长期居住在燕京，世代受到汉文化的熏陶，是以，耶律楚材可以说是出生在已经汉化了的契丹贵族家庭。耶律楚材出生后，其父耶律履据《左传》“楚虽有材，晋实用之”，给他取名叫耶律楚材。耶律楚材三岁丧父，由母亲教育成人。他自幼勤奋好学，13 岁时开始习读诗书，17 岁时就能博及群书，旁通天文地理、律历术数以及医药和释老之说。

楚材博及群书，自视甚高，自命为“百尺栋梁”。但是，日益腐朽衰亡的金朝却不能提供耶律楚材施展抱负的舞台。1215 年，中都被蒙古大军攻陷，楚材不忍见生灵涂炭、时势艰难，无奈之中便弃仕途而皈依佛教。他向当时曹洞宗的宗师行秀学法，号湛然居士。这位万松老人（行秀的号）对楚材影响很大，他主张的“以佛治心，以儒治国”的思想被楚材吸收和运用。1218 年，楚材应成吉思汗的征召，作为汉文书记和星相占卜家随从西征。在西域，与全真教长春真人丘处机相遇，并结为密友，但终因释老不一途而分道扬镳。1227 年西征回朝后，著成《西游录》。

本篇主要讲述耶律楚材“以儒治国”的具体经过。窝阔台即位后，耶律楚材得到重用，担任中书令一职。此时，他认为“以儒治国”的时机已经成熟。当蒙古灭金后，窝阔台一方面部署征伐南宋、高丽和二次西征，另一方面让中州断事官失吉忽突忽主持括编中原户籍事宜。于前者，楚材力劝不宜以回鹘人南征和汉人西征，应该“各从其便”；于后者，楚材坚决反对蒙古和西域的以丁为户的括编成法，而应该遵循中原的传统，按户定赋。最后，窝阔台采纳了楚材的建议。一年后，户口括编完成，失吉忽突忽又主张按照蒙古国俗实行分封。楚材又向窝阔台建言“烈土分民”的弊端，最后朝廷将分封改为朝官制度。在括编户口的基础上，楚材还制定了中原的赋税制度，这样一来不仅限制了诸王和勋臣的分封特权，还剥夺了蒙古贵族在中原的许多经济特权。此外，楚材还制定了两项重要的政策，一是废止了蒙古国商人如果丢失财物找不回来后由当地居民代偿的旧规，一是制止了西域商人的高利贷盘剥。1237年，楚材还向窝阔台陈时务十策，这些建议“均切于时务，悉施行之。”耶律楚材正是在他担任中书令的几年时间内，一步步推行他的“以儒治国”方案，在经济、政治、文化等方面都作出了很多贡献。而他的这些方案势必会触犯蒙古贵族旧势力和西域商人的利益，因此在楚材推行“以儒治国”的方案之时，与这些势力的矛盾也越来越尖锐，以至于窝阔台死后，耶律楚材晚景凄凉。直到死后，他的对手还污蔑他久居相位，贪污严重。待入府搜查时，只见十几张琴和数千卷书画、金石和遗文，别无他物，可见其严谨操守。到忽必烈即位后，耶律楚材的遗体才如愿埋葬在故乡玉泉山以东的瓮山，即今天的万寿山。

耶律楚材是我国13世纪伟大的政治家和学者。就其政治活动而言，在窝阔台时期，他组织了大蒙古国对中原地区的治理，加速了蒙古统治者适应中原农业封建文明的步伐。他一生致力于用中原的封建文明和儒家的治国理想去影响和改变大蒙古国的社会制度和治国方针，并用自己积极的活动促使了大蒙古国居庸关内外地区的联系。因此，耶律楚材的历史活动是积极而进步的。

李璮之乱

原文：

（中统三年春正月）李璮质子彦简逃归。二月己丑，李璮反，以涟、海三城献于宋，尽杀蒙古戍军，引麾下趋益都。前宣抚副使王磐脱身走至济南，驿召磐，令姚枢问计，磐对："竖子狂妄，即成擒耳。"帝然之。庚寅，宋兵攻新蔡。甲午，李璮入益都，发府库犒其将校。辛丑，李璮遣骑寇蒲台。癸卯，诏发兵讨之。以赵璧为平章政事。修深、冀、南宫、枣强四城。甲辰，发诸蒙古、汉军讨李璮，命水军万户解成、张荣实、大名万户王文干及万户严忠范会东平，济南万户张宏、归德万户邸浃、武卫军炮手元帅薛军胜等会滨棣，诏济南路军民万户张宏、滨棣路安抚使韩世安，各修城堑，尽发管内民为兵以备。召张柔及其子弘范率兵二千诣京师。丙午，命诸王合必赤总督诸军，以不只爱不干及赵璧行中书省事于山东，宋子贞参议行中书省事，以董源、高逸民为左右司郎中，许便宜从事。真定、顺天、河间、平滦、大名、邢州、河南诸路兵皆会济南。以中书左丞阔阔、尚书怯烈门、宣抚游显行宣慰司于大名，洺滋、怀孟、彰德、卫辉、河南东西两路皆隶焉。己酉，王文统坐与李璮同谋伏诛，仍诏谕中外。王演等以妖言诛。辛亥，敕元帅阿海分兵戍平滦、海口及东京、广宁、懿州，以余兵诣京师。诏诸道括逃军还屯田，严其禁。壬子，李璮据济南。癸丑，诏大名、洺滋、彰德、卫辉、怀孟、河南、真定、邢州、顺天、河间、平滦诸路皆籍兵守城。宋兵攻滕州。丙辰，诏拔都抹台将息州戍兵诣济南，移其民于蔡州，东平万户严忠范留兵戍宿州及蕲县，以余兵自随。

三月戊午，有旨："非中书省文移及兵民官申省者，不许入递。"己未，括木速蛮、畏吾儿、也里可温、答失蛮等户丁为兵。庚申，括北京鹰坊等户丁为兵，蠲其赋，令赵炳将之。辛酉，宗拔突言河南有自愿从军者，命即令将之。遣郑鼎、赡思丁、答里带、三岛行宣慰司事于平阳、太原。签见任民官及捕鹰坊、人匠等军。徙弘州锦工绣女于京师。敕河东两路元括金州兵付郑鼎将之。诏以平章政事祃祃、廉希宪，参政商挺，断事官麦肖，行中书省于陕西、四川。获私商南界者四十余人，命释之。敕燕京至济南置海青驿凡八所。……免今岁丝银，止输田租。癸酉，命史枢、阿术各将兵赴济南。遇李璮军，邀击，大破之，斩首四千，璮退保济南。乙亥，宋将夏贵攻符离。戊寅，万户韩世安率镇抚马兴、千户张济民，大破李璮兵于高苑，获其权府傅珪，赐济民、兴金符。诏以李璮兵败谕诸路。禁民间私藏军器。壬午，始以畏吾字书给驿玺书。免西京今年丝银税。甲申，免高丽酒课。乙酉，宋夏贵攻蕲县。谕诸路管民官，毋令军马、使臣入州城、村居、镇市，扰及良民。

夏四月丙戌朔，大军树栅凿堑，围璮于济南。丁亥，诏博兴、高苑等处军民尝为李璮胁从者，并释其罪。庚寅，命怯烈门、安抚张耕分邢州户隶两答剌罕。辛卯，修河中禹庙，赐名建极宫。壬辰，以大梁府渠州路军民总帅蒲元圭为东夔路经略使。丙申，宋华路分、汤太尉攻徐、邳二州。诏分张柔军千人还戍亳州。庚子，江汉大都督史权以赵百户洁众逃归，斩之。诏："自今部曲犯重罪，鞫问得实，必先奏闻，然后置诸法。"诏安辑徐、邳民，禁征戍军士及势官，毋纵畜牧伤其禾稼桑枣。以米千石、牛三百给西京蒙古户。癸卯，宋兵攻亳州。甲辰，命行中书省、宣慰司、诸路达鲁花赤、管民官，劝诱百姓，开垦田土，种植桑枣，不得擅兴不急之役，妨夺农时。乙巳，以北京、广宁、豪、懿州军兴劳弊，免今岁税赋。命诸路详谳冤狱。诏河东两路并平阳、太原路达鲁花赤及兵民官，抚安军民，各安生业，毋失岁计。丁未，李璮遣柴牛儿招谕部民卢广，广缚以献，杀之；以广权威州军判，兼捕盗官。戊申，赐诸王也相哥金印。庚戌，赐诸王合必赤金银海青符各二。免松州、兴州、望云州新旧差赋，以望云、松山、兴州课程隶开平府。壬子，敕非军情毋行望云驿。乙卯，河南路王豁子、张无僧、杜信等谋为不轨，并伏诛。诏右丞相史天泽专征，诸将皆受节度。

五月戊午，蕲县陷，权万户李义、千户张好古死之。庚申，筑环城围济南，璮不复得出。诏撒吉思安抚益都路百姓，各务农功，仍禁蒙古、汉军剽掠。癸亥，史权妄奏徐、邳总管李杲哥完复邳州城，诏由杲哥以下并原其罪。……

（秋七月）甲戌，李璮穷蹙，入大明湖，投水中不即死，获之，并蒙古军囊家伏诛，体解以徇。戊寅，以夔府行省刘整行中书省于成都、潼川两路，仍赐银万两，分给军士之失业者。

（选自《世祖本纪二》）

点评：

本篇选自《世祖本纪二》。当忽必烈与阿里不哥相争之时，李璮在山东起兵叛乱。如果说对阿里不哥的胜利使忽必烈得以摆脱蒙古贵族旧势力的羁绊，放手变通祖制，推行汉法的话，那么对李璮之乱的平定则是消弭了自金元之际以来长期盘踞在山东、河北地区汉人军阀势力的威胁。因此，平定李璮之乱与战胜阿里不哥一样，为元朝中央集权制的封建王朝的顺利建成扫清了道路。

李璮是屡次叛变的李全的义子。李全曾于1214年作为山东红袄军起义的领袖，起兵反金，1218年归顺南宋，1227年又以青州投降蒙古，管辖山东淮南行省。1231年，李全死后，由李璮袭益都行省长官。至1262年发动变乱时，李璮已经统治益都达三十余年。李璮却是一个有“远大抱负”的人，他认为在这个“干戈烂漫”的乱世，蒙古人的统治未必就成为定局，便利用地处蒙古和南宋之间的有利位置和自己与蒙古皇族的特殊关系（他的次妻是塔察儿之妹），培植自己的势力，等待时机，以便成就自己的帝王事业。他多次以防备南宋为借口拒绝蒙古对他的军队的征调，即使在忽必烈即位后也“挟敌国以要朝廷，而自为完善益兵计。”当忽必烈与阿里不哥争夺汗位之时，内地防务空虚，李璮认为机不可失，于是“改腔易调”，发动变乱。

李璮变乱的消息传到漠北时，忽必烈问计于老臣姚枢。姚枢说如果李璮直捣燕京，那么是上策；如果与南宋联合，固守扰边是中策；如果出兵济南，等待世侯响应，则是下策。并预计李璮必出下策。果不其然，李璮起兵后，考虑到自己还没有直捣燕京的实力，便进据济南。忽必烈立即命令哈必赤率蒙古、汉军从北方前线转师南下，讨伐李璮。在大军压境之下，穷途末路的李璮只好投大明湖自尽，水浅未死被俘，于军前处死。

李璮的变乱历时不到半年，但是影响还是很大的。忽必烈感到尽管自己用汉法统治汉地，任用汉人，特别是自己最为重用的汉人王文统在这次变乱中竟然也与李璮同为一党，由此他认为汉人还不能完全信赖，于是在局势稳定之后果断削夺了汉人世侯的权力。李璮变乱平定之后，虽然蒙汉联合的统治延续下来，但是忽必烈开始重用西域人，这样，在忽必烈统治的后期，回回、畏兀儿等官僚势力得势，掌握了朝政。而忽必烈对汉人世侯权力的削弱，不仅遏制了汉人地区汉人世侯的割据势力，同时也在行政和军事两大系统上加强了中央集权，从而加快了忽必烈仿照中原封建王朝的传统模式，完善元朝新政权的步伐。

忽必烈建元

原文：

（1259 年十一月）时先朝诸臣阿蓝答儿、浑都海、脱火思、脱里赤等谋立阿里不哥。阿里不哥者，睿宗第七子，帝之弟也。于是阿蓝答儿发兵于漠北诸部，脱里赤括兵于漠南诸州，而阿蓝答儿乘传调兵，去开平仅百余里。皇后闻之，使人谓之曰："发兵大事，太祖皇帝曾孙真金在此，何故不令知之？"阿蓝答儿不能答。继又闻脱里赤亦至燕，后即遣脱欢、爱莫干驰至军前密报，请速还。丁卯，发牛头山，声言趣临安，留大将拔突儿等帅诸军围鄂。闰月庚午朔，还驻青山矶。辛未，临江岸，遣张文谦还谕诸将曰："迟六日，当去鄂退保浒黄洲。"命文谦发降民二万北归。宋贾似道遣宋京请和，命赵璧等语之曰："汝以生灵之故来请和好，其意甚善，然我奉命南征，岂能中止？果有事大之心，当请于朝。"是日，大军北还。己丑，至燕。脱里赤方括民兵，民甚苦之，帝诘其由，托以宪宗临终之命。帝察其包藏祸心，所集兵皆纵之，人心大悦。是冬，驻燕京近郊。

忽必烈

中统元年春三月戊辰朔，车驾至开平。亲王合丹、阿只吉率西道诸王，塔察儿、也先哥、忽剌忽儿、爪都率东道诸王，皆来会，与诸大臣劝进。帝三让，诸王大臣固请。辛卯，帝即皇帝位，以祃祃、赵璧、董文炳为燕京路宣慰使。陕西宣抚使廉希宪言："高丽国王尝遣其世子倎入觐，会宪宗将兵攻宋，倎留三年不遣。今闻其父已死，若立倎，遣归国，彼必怀德于我，是不烦兵而得一国也。"帝是其言，改馆倎，以兵卫送之，仍赦其境内。夏四月戊戌朔，立中书省，以王文统为平章政事，张文谦为左丞。以八春、廉希宪、商挺为陕西四川等路宣抚使，赵良弼参议司事，粘合南合、张启元为西京等处宣抚使。己亥，诏谕高丽国王王倎，仍归所俘民及其逃户，禁边将勿擅掠。辛丑，以即位诏天下。诏曰：

朕惟祖宗肇造区宇，奄有四方，武功迭兴，文治多缺，五十余年于此矣。盖时有先后，事有缓急，天下大业，非一圣一朝所能兼备也。先皇帝即位之初，风飞雷厉，将大有为。忧国爱民之心虽切于

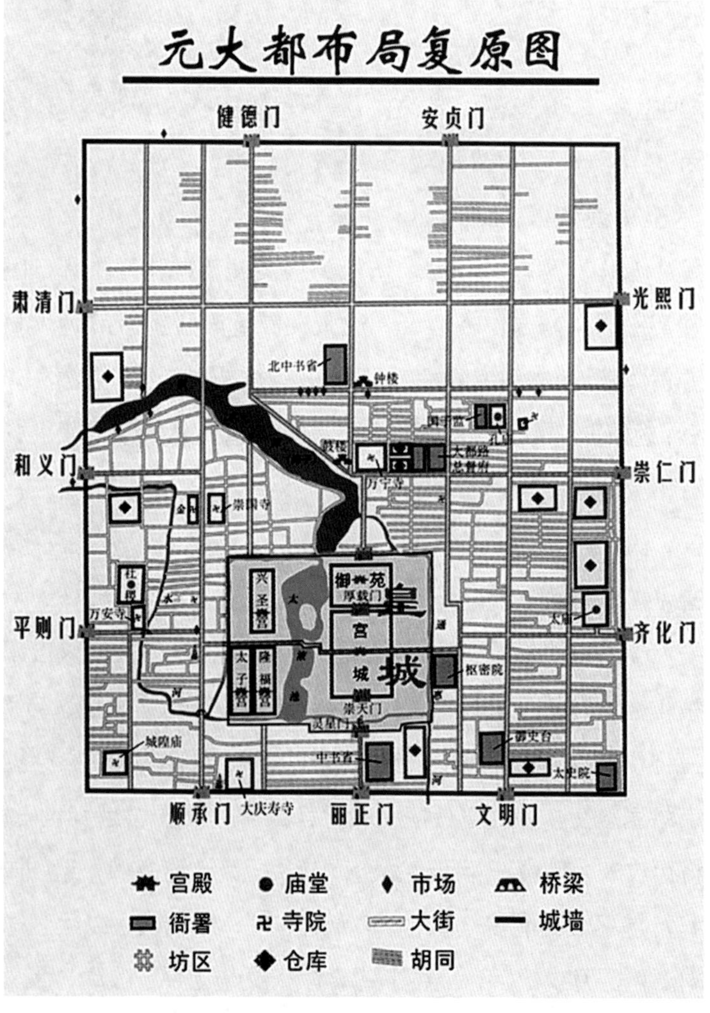

元大都布局复原图

己，尊贤使能之道未得其人。方董夔门之师，遽遗鼎湖之泣。岂期遗恨，竟勿克终。

肆予冲人，渡江之后，盖将深入焉，乃闻国中重以佥军之扰，黎民惊骇，若不能一朝居者。予为此惧，驿骑驰归。目前之急虽纾，境外之兵未戢。乃会群议，以集良规。不意宗盟，辄先推戴。左右万里，名王巨臣，不召而来者有之，不谋而同者皆是，咸谓国家之大统不可久旷，神人之重寄不可暂虚。求之今日，太祖嫡孙之中，先皇母弟之列，以贤以长，止予一人。虽在征伐之间，每存仁爱之念，博施济众，实可为天下主。天辟道助顺，人谟与能。祖训传国大典，于是乎在，孰敢不从。朕峻辞固让，至于再三，祈恳益坚，誓以死请。于是俯徇舆情，勉登大宝。自惟寡昧，属时多艰，若涉渊冰，罔知攸济。爰当临御之始，宜新弘远之规。祖述变通，正在今日。务施实德，不尚虚文。虽承平未易遽臻，而饥渴所当先务。呜呼！历数攸归，钦应上天之命；勋亲斯托，敢忘烈祖之规？建极体元，与民更始。朕所不逮，更赖我远近宗族、中外文武，同心协力，献可替否之助也。诞告多方，体予至意！

丁未，以翰林侍读学士郝经为国信使，翰林待制何源、礼部郎中刘人杰副之，使于宋。丙辰，收辑中外官吏宣札牌面。遣帖木儿、李舜钦等行部，考课各路诸色工匠。置急递铺。乙丑，征诸道兵六千五百人赴京师宿卫。置互市于涟水军，禁私商不得越境，犯者死。是月，阿里不哥僭号于和林城西按坦河。召贾居贞、张儆、王焕、完颜愈乘传赴阙。五月戊辰朔，诏燕帖木儿、忙古带节度黄河以西诸军。丙戌，建元中统，诏曰：

祖宗以神武定四方，淳德御群下。朝廷草创，未遑润色之文；政事变通，渐有纲维之目。朕获缵旧服，载扩丕图，稽列圣之洪规，讲前代之定制。建元表岁，示人君万世之传；纪时书王，见天下一家之义。法《春秋》之正始，体大《易》之乾元。炳焕皇猷，权舆治道。可自庚申年五月十九日，建元为中统元年。惟即位体元之始，必立经陈纪为先。故内立都省，以总宏纲；外设总司，以平庶政。仍以兴利除害之事、补偏救弊之方，随诏以颁。于戏！秉箓握枢，必因时而建号；施仁发政，期与物以更新。敷宣恳恻之辞，表著忧劳之意。凡在臣庶，体予至怀！

诏安抚寿春府军民。甲午，以阿里不哥反，诏赦天下。……

（选自《世祖本纪一》）

点评：

《世祖本纪》在《元史》中卷数最多，它从忽必烈“思大有为于天下”的潜藩时期治理中原到建国后与阿里不哥争位，到平定李璮的叛乱，到推行汉法、加强封建统治，到踏平南宋、统一江南以及争夺西北边地、平定北方、巩固东北边疆，无一不详细记载。但是由于正统思想的先入为主的观念，史者多站在统一中国的元朝的立场来写，因此对成吉思汗的建国的态度未免有失公正，选文就忽必烈建国的前后，稍作一点补充。

本篇节选自《世祖本纪一》。1259 年，蒙哥在进攻南宋合州知州时，身负重伤去世。此时忽必烈正往鄂州进发，留在和林的阿里不哥则在蒙哥诸子和亲信大臣的支持下积极策划继承汗位。他一方面发兵漠北漠南，一方面派人报告忽必烈，请忽必烈回漠北。忽必烈觉得奉命南征不能无功而返，于是继续率大军攻鄂州。忽必烈的妻子察必察觉有变，立即派人密告忽必烈。忽必烈在接到密报后，谋臣建议与南宋议和。忽必烈按计行事，于年底撤抵燕京。1260 年 3 月，忽必烈到达开平，召集忽邻勒塔（选汗大会），在没有要王到场的情况下先发制人，登上汗位。而阿里不哥在不知情的情况下，于 4 月在和林召开忽邻勒塔，在另一些王的拥戴下继汗位。因此，大蒙古国出现了两个可汗，他们既是亲兄弟，又经过忽邻勒塔的正式推举，也都各自得到一些王的拥戴，因此，兄弟间这样尖锐的夺位斗争只能靠武力解决。

起初，忽必烈的优势并不明显，反而是阿里不哥获得的支持较多。但是忽必烈从小受汉学熏陶，注重汉法，重用汉人的文人能士。他在践祚的次月就将《继位诏》颁行天下，宣布“祖述变通，正在今日”，表明了他参用中原王朝传统体制改变大蒙古国“文治多缺”的决心，然后又建元中统，更表明他所建立的新政权是中朝正统、天下一家。在几次大战后，忽必烈逐步取得了诸王的支持，最后，走投无路的阿里不哥于 1264 年率领身边的诸王和大臣到上都开平归顺忽必烈。忽必烈问阿里不哥兄弟两人谁应该继承汗位？阿里不哥说以前他是对的，现在忽必烈是对的，即只承认自己的失败，并不认为忽必烈以前继位有理。忽必烈于是下诏，阿里不哥等成吉思汗的子孙不予以问罪，而不鲁花等谋臣则以叛国罪诛杀。

忽必烈继位建元，可以说在很大程度上是依靠中原地区的人力、物力和财力。但是终元之世，北方诸王守旧势力的叛乱一直威胁着元廷，成吉思汗的子孙们也一直存在着蒙古旧俗与推行汉法的争斗，直至元朝灭亡。从忽必烈建国以及与幼弟阿里不哥的汗位之争，我们可以看出，这不仅是统治集团高层的权力之争，同时也是传统制度与汉法新政的争斗，这两股势力在有元一朝始终是此消彼长，各有胜负。

帝师八思巴

原文：

帝师八思巴者，土番萨斯迦人，族款氏也。相传自其祖朵栗赤，以其法佐国主霸西海者十余世。八思巴生七岁，诵经数十万言，能约通其大

八思巴文印章

义，国人号之圣童，故名曰八思巴。少长，学富五明，故又称曰班弥怛。岁癸丑，年十有五，谒世祖于潜邸，与语大悦，日见亲礼。

中统元年，世祖即位，尊为国师，授以玉印。命制蒙古新字，字成上之。其字仅千余，其母凡四十有一。其相关纽而成字者，则有韵关之法；其以二合三合四合而成字者，则有语韵之法；而大要则以谐声为宗也。至元六年，诏颁行于天下。诏曰："朕惟字以书言，言以纪事，此古今之通制。我国家肇基朔方，俗尚简古，未遑制作，凡施用文字，因用汉楷及畏吾字，以达本朝之言。考诸辽、金，以及遐方诸国，例各有字，今文治浸兴，而字书有阙，于一代制度，实为未备。故特命国师八思巴创为蒙古新字，译写一切文字，期于顺言达事而已。自今以往，凡有玺书颁降者，并用蒙古新字，仍各以其国字副之。"遂升号八思巴曰大宝法王，更赐玉印。

十一年，请告西还，留之不可，乃以其弟亦怜真嗣焉。十六年，八思巴卒，讣闻，赙赠有加，赐号皇天之下一人之上开教宣文辅治大圣至德普觉真智佑国如意大宝法王、西天佛子、大元帝师。至治间，特诏郡县建庙通祀。泰定元年，又以绘像十一，颁各行省，为之塑像云。

（选自《释老列传》）

点评：

《元史·释老列传》的序言说道："元兴，崇尚释氏，而帝师之盛，尤不可与古昔同语。”从中可见帝师在有元一代的崇高地位。而实际上，帝师在元朝的统治集团中信仰的作用更是有过之而无不及，他们不仅为皇帝、皇子等讲经，还总管着天下的佛教。帝师八思巴就是元朝帝师的第一人。

《元史·释老列传》对帝师八思巴的传不过区区几百字，只简单记述了八思巴的生平、重点记述了他创制的蒙古新字。八思巴在忽必烈即位的中统元年（1260 年）被尊为国师，并受命完成创制蒙古新字的任务。至元六年（1269 年），八思巴创字成功，由忽必烈下令颁行天下。并规定从此以后，“凡有玺书颁降者，并用蒙古新字，仍各以其国文字副之。”因蒙古新字是帝师八思巴创立的，所以又叫八思巴文。它是由藏文字母衍化而成的拼音文字，形为方体，与古时汉字的书写方式是相同的，都是由右至左，从上到下。这种拼音文字共有四十多个字母，既可以拼写蒙古语，也可以拼写汉语，只是有些字母的拼写汉语和蒙古语表示的音值不同。自从蒙古新字创立以后，忽必烈就采取各种措施加以推广，所以终有元一朝，八思巴所创立的蒙古新字始终作为元朝的官方文字。但是，这种文字在民间却难以推广。尽管如此，八思巴对元朝宗教和文化的贡献是不可磨灭的。

八思巴（又译为发思巴、拔思发、八合思巴），是乌思藏萨斯迦人。1235 年出生于后藏昂仁的鲁孔。父亲索南监藏，母亲觉卧公却吉，伯父是乌思藏萨斯迦派的首领萨班。吐蕃归附蒙古后，八思巴随伯父学法，居留凉州。1251 年，八思巴在伯父去世后继任萨斯迦法主之位。1253 年，经营漠南中原地区的忽必烈与八思巴相会，并接受了密续灌顶。1258 年，在忽必烈举行的平城大辩论上，八思巴的雄辩为佛教战胜道教立下了汗马功劳，因而名声渐著。1260 年，忽必烈即位，八思巴被封为国师，成为佛教的最高首领。1264 年夏，八思巴与弟弟洽纳受命前往吐蕃建立乌思藏地区的行政体系。1269年即至元六年，蒙古新字创建完成。1280年，八思巴在萨斯迦的拉康喇让中去世，终年46岁。死后，极受尊崇之礼。

八思巴是元朝杰出的宗教活动家和社会活动家，他对巩固元朝在吐蕃地区的统治、增进蒙、藏、汉、畏兀儿等民族的了解和团结，以及维护国家统一、保护宗教信仰自由和繁荣文化事业等方面都作出了积极的贡献。而以八思巴为第一帝师的帝师制度，也在忽必烈之后为元朝历代帝王所沿袭。这一制度规定：帝师必须由萨斯迦一派掌握；必须由皇帝任命，总管天下佛教以及兼管吐蕃的地方事务；负责举荐宣政院及乌思藏地方行政官员；为皇帝、皇子、后妃讲经说法，祈福祈寿等。

脱脱大义灭亲

原文：

脱脱，字大用，生而岐嶷，异于常儿。及就学，请于其师浦江吴直方曰："使脱脱终日危坐读书，不若日记古人嘉言善行服之终身耳。"稍长，膂力过人，能挽弓一石。年十五，为皇太子怯怜口怯薛官。天历元年，袭授成制提举司达鲁花赤。二年，入觐，文宗见之悦，曰："此子后必可大用。"迁内宰司丞，兼前职。五月，命为府正司丞。至顺二年，授虎符、忠翊侍卫亲军都指挥使。元统二年，同知宣政院事，兼前职。五月，迁中政使。六月，迁同知枢密院事。

至元元年，唐其势阴谋不轨，事觉伏诛，其党答里及剌剌等称兵外应。脱脱选精锐与之战，尽禽以献。历太禧宗禋院使，拜御史中丞、虎符亲军都指挥使，提调左阿速卫。四年，进御史大夫，仍提调前职，大振纲纪，中外肃然。扈从上都还，至鸡鸣山之浑河，帝将畋于保安州，马蹶。脱脱谏曰："古者帝王端居九重之上，日与大臣宿儒讲求治道，至于飞鹰走狗，非其事也。"帝纳其言，授金紫光禄大夫，兼绍熙宣抚使。

是时，其伯父伯颜为中书右丞相，既诛唐其势，益无所忌，擅爵人，赦死罪，任邪佞，杀无辜，诸卫精兵收为己用，府库钱帛听其出纳。帝积不能平。脱脱虽幼养于伯颜，常忧其败，私请于其父曰："伯父骄纵已甚，万一天子震怒，则吾族赤矣。曷若于未败图之。"其父以为然，复怀疑久未决。质之直方，直方曰："《传》有之，'大义灭亲'。大夫但知忠于国家耳，余复何顾焉。"当是时，帝之左右前后皆伯颜所树亲党，独世杰班、阿鲁为帝腹心，日与之处。脱脱遂与二人深相结纳。而钱唐杨瑀尝事帝潜邸，为奎章阁广成局副使，得出入禁中，帝知其可用，每三人论事，使瑀参焉。

五年秋，车驾留上都，伯颜时出赴应昌。脱脱与世杰班、阿鲁谋欲御之东门外，惧弗胜而止。会河南范孟矫杀省臣，事连廉访使段辅，伯颜风台臣言汉人不可为廉访使。时别儿怯不花亦为御史大夫，畏人之议己，辞疾不出，故其章未上。伯颜促之急，监察御史以告脱脱。脱脱曰："别儿怯不花位吾上，且掌印，我安敢专邪?"别儿怯不花闻之惧，且将出。脱脱度不能遏，谋于直方。直方曰："此祖宗法度，决不可废，盍先为上言之?"脱脱入告于帝，及章上，帝如脱脱言。伯颜知出于脱脱，大怒，言于帝曰："脱脱虽臣之子，其心专佑汉人，必当治之。"帝曰："此皆朕意，非脱脱罪也。"及伯颜擅贬宣让、威顺二王，帝不胜其忿，决意逐之。一日，泣语脱脱，脱脱亦泣下，归与直方谋。直方曰："此宗社安危所系，不可不密。议论之际，左右为谁?"曰："阿鲁及脱脱木儿。"直方曰："子之伯父，挟震主之威，此辈苟利富贵，其语一泄，则主危身戮矣。"脱脱乃延二人于家，置酒张乐，昼夜不令出。遂与世杰班、阿鲁议，候伯颜入朝禽之。戒卫士严宫门出入，螭坳悉为置兵。伯颜见之大惊，召脱脱责之。对曰："天子所居，防御不得不尔。"伯颜遂疑脱脱，益增兵自卫。

六年二月，伯颜请太子燕帖古思猎于柳林。脱脱与世杰班、阿鲁合谋以所掌兵及宿卫士拒伯颜。戊戌，遂拘京城门钥，命所亲信列布城门下。是夜，奉帝御玉德殿，召近臣汪家奴、沙剌班及省院大臣先后入见，出五门听命。又召瑀及江西范汇入草诏，数伯颜罪状。诏成，夜已四鼓，命中书平章政事只儿瓦歹赍赴柳林。己亥，脱脱坐城门上，而伯颜亦遣骑士至城下问故。脱脱曰："有旨逐丞相。"伯颜所领诸卫兵皆散，而伯颜遂南行。详见《伯颜传》中。事定，诏以马扎儿台为中书右丞相；脱脱知枢密院事，虎符，忠翊卫亲军都指挥使，提调武备寺、阿速卫千户所，兼绍熙等处军民宣抚都总使、宣忠兀罗思护卫亲军都指挥使司达鲁花赤、昭功万户府都总使。十月，马扎儿台以疾辞相位，诏以太师就第。

（选自《脱脱列传》）

点评：

脱脱是元朝后期蒙古统治集团中少有的有远见卓识、能力出众的宰相。在《元史·脱脱列传》中，史家评价他不仅"仪状雄伟，颀然出于百人之中，而器宏识远，莫测其蕴"，更是"功施社稷而不伐，位极人臣而不骄，轻财货，远声色，好贤礼士，皆出于天性。至于事君之际，始终不失臣节，虽古有道之臣，何以过之。"可见对他的评价是何其之高。

脱脱字大用，是蒙古蔑儿乞部人。伯父是自元顺帝即位后即担任中书右丞相的伯颜，父亲马札儿台也自仁宗以来位居要职，可以说脱脱出身显赫。脱脱自幼养在伯父伯颜的家中，稍长就学于明儒吴方直，接受儒家教育。因而脱脱虽说是蒙古贵族后裔，但儒家思想影响很深。伯父伯颜是武宗海山的旧臣，在泰定帝病卒后曾支持燕铁木儿发动政变，是拥戴文宗夺位的第二位功臣。所以燕铁木儿死后，伯颜就独揽大权。脱脱虽自幼养于伯颜家中，但是他却能深明大义，尤其是他看到伯父倒行逆施，势欲熏心，感到事态严重，一旦事情败亡，不仅伯颜有杀身之祸，自己也难脱其咎。于是，脱脱先与自己的生父马扎儿台商议，又问计于自己的老师吴方直。吴方直晓之以大义，让他大义灭亲。于是，脱脱下定决心，准备铲除伯颜。

本篇论述了脱脱大义灭亲，开创明相之途的具体过程。铲除大权在握的伯颜，首先需获得元顺帝的支持。但是在宫廷复杂的环境里，要让年轻的顺帝轻易相信权臣伯颜的侄儿是不切实际的。所以在顺帝多次测试了脱脱之后，才对脱脱的行动表示支持。在取得顺帝的支持后，脱脱曾两次准备下手，但均因准备不足而放弃。至元五年（1339 年）十一月，河南省台掾史范孟因为不满其地位低下便假传圣旨矫杀了该省的行省长官，命原河南廉访使段辅在省中知事，而自己则为河南都元帅。五天后事情败露被朝廷诛杀。因为这件事牵连廉访使，伯颜大怒，借机让御使台臣上书言汉人不可为廉访使。而脱脱当时为御史大夫，在与吴方直商议后，认为祖宗之法不可废，于是伯颜的企图没有得逞。当伯颜得知是脱脱在背后捣鬼后，非常生气，不再信任脱脱。至元六年（1140 年）二月，伯颜约顺帝去柳林打猎，顺帝托疾不去，伯颜便邀请太子同往。当夜，脱脱立即带兵控制京城；顺帝则派人将已经抵达柳林的太子接回城，同时诏贬伯颜为河南省右丞相。所有这一切都是一夜之间完成，迅速得让伯颜没有半点反抗的准备。

脱脱虽然为伯颜的亲侄儿，但是在伯颜权势膨胀的时候，他没有忘记自己身为臣子的本分，不但没有助纣为虐，反而助君铲除心患，可见其深明大义，不惜大义灭亲。脱脱与伯颜的斗争也包含着深刻的社会背景。自忽必烈推行汉法以来，蒙古统治集团一直存在着是否推行汉法的尖锐矛盾，而伯颜擅权以后，不断采取措施排挤打击汉人，还采取了一系列民族压迫的政策，是元朝后期一场顽固的抵制汉法的运动。因而脱脱出于社稷大运而发动的这次铲除伯颜的行动得到了朝野的普遍欢迎。脱脱在铲除伯颜后，出任右丞相，开始大刀阔斧地废除伯颜旧政，从而踏上名相之途的第一步。

千古名言

学校者，士之所受教，以至于成德达材者也。

——语出《元明善列传》。这句话的意思是：学校，就是士子接受教育，能够使他们修炼道德，成为社稷栋梁之材的地方。

自有庠序以来，对于学校的作用，就有很多有价值的认识，元明善的这一评论，就是在前人认识的基础之上，再加以总结，达到理论的升华。而且，他提出了学校教育的双重任务：育德和成材。德才兼备，一直是我国教育的最终目标，而这一教学宗旨，在元时，就已经由元明善提出，在我国教育史上有一定的历史意义。

储小仓，不若储大仓。

——语出《张弘范列传》。这句话的意思是：让小仓装满粮食，不如让大仓装满粮食。

何谓“储小仓，不若储大仓”？这与今天我们讲的“大河有水小河满”的意思相类。元至元二年（1265年）水灾，地方官张弘范擅自免除了当地百姓的租税，朝廷怪罪他藐视王法。于是张弘范晋见皇帝说：“我认为朝廷储小仓，不若储大仓。今年洪水已经让老百姓颗粒无收，如果还要责令百姓输赋税，皇家的仓库虽然满了，但是百姓却都饿死了，明年的租税由谁来出呢？不如让百姓休养生息，使得年年岁岁都有税收，这难道不是陛下的大仓库吗？”张弘范的用意当然是为了维护统治阶级的利益，但是这种朴素的民本思想，还是有一定的积极意义的。

力无所用与无力同，勇无所施与不勇同，计不能行与无计同。

——语出《郝经列传》。这句话的意思是：力量没有地方使用跟没有力量相同，勇气无处可施与没有勇气是一样的，计谋不得实施跟没有计谋没什么两样。

这句话强调了条件的重要性：枉你一身武艺或才华，没有你施展的舞台，成效跟武艺全无和目不识丁有什么区别呢？所以，当政者，要为人才创造条件，使他们得以施展抱负；否则，英雄无用武之地，慨叹生不逢时，而国家也是白白损失，二者都没有好处。任何事物都是相辅相成、缺一不可的。

为国之道，在立法、任人二者而已。法不徒立，须人而行，人不滥用，惟贤是择。

——语出《商挺列传》。这句话的意思是：管理国家的方法，关键在于立法和用人。法度不能空空地确立，而要人去执行，执行的人不能随便任用，而要选择贤能的人。

关于为国之道，历来众说纷纭，而对法度和用人更是争讼不止。其实，法度与人事的关系，也是需要辩证地看。商挺的这一句论断，正是辩证地看待法度和人事，而且还主张任人唯贤，这在蒙古贵族统治的多民族元帝国而言，是难能可贵的。即使在今天，仍有很大的现实意义。

帝中国，当行中国之事。

——语出《徐世隆列传》。这句话的意思是：统治中国，就应当按照中国的情况来办事。

“帝中国，当行中国之事”，这是元初名臣徐世隆的一句奏言。在至元元年（1264 年），徐世隆向元世祖忽必烈上奏疏说：“陛下称帝于中国，就应该了解中国的情况，按照中国的情况办事，首先就是要行祭祀大典，而祭祀得先修祖庙。”当时，刚刚入主中原的元帝国，其奴隶主贵族的社会形态远远落后于中原的封建社会，而且游牧文明与农耕文明有很大区别。如果统治中国，而不按照中国的国情行事，那么只会加剧两者的矛盾，不仅对中原地区人民的生产和生活造成破坏，而且也会损害元帝国的基础。所以徐世隆建言“帝中国，当行中国之事”，对当时元帝国的统治是十分重要。今天我们所说的“入乡随俗”，也可以看作是这句话的现代版。

天地之间，人寿几何，恶可无闻，同腐草木也！

——语出《李德辉列传》。这句话的意思是：人在天地间的时间，只有短短的几十个春秋，怎么可以默默无闻，和草木一同腐朽呢？

“朝如青丝暮如雪”，光阴如梭，人生短暂，人们应该珍惜时间，成就一番事业，也就不枉来人世间一遭。人的意识，正是有别于其他动物的地方，怎样完成自己的人生之旅，是可以选择的。虽然最终人都要与草木同腐，但其间的过程却很重要。

作文如用兵。

——语出《吴莱列传》。这句话的意思是：写文章的技巧如同排兵布阵的方法一样。

兵法有正有奇，正是讲究法度，即部队的编制要清楚明白，便于调度；奇就是指用兵之时，要灵活运用，战术上讲究千变万化。作文也是如此，既要讲究结构上的紧凑合理，又要在立意和语言运用上有所创新，让人耳目一新。

待人以诚，人亦以诚待我。

——语出《乌古孙良桢列传》。这句话的意思是：我用真诚对待别人，别人也用真诚对待我。

大家也许还记得回声的故事，小白兔对大山说：“你好吗？”大山也回应他：“你好吗？”而之前小白兔对大山怒骂，大山则以怒骂之声回骂他。回声的道理人人都晓得，但是未必人人都能做到待人以诚。

己有知，使人亦知之，岂不快哉！

——语出《许谦列传》。这句话的意思：自己懂得，使别人也懂得，这难道不快乐吗？

把自己的知识分享给别人，让别人也享受知识的好处，这确实是一种难得的快乐；把自己的快乐分给众人，快乐就变成大家的了。就像孟子将“独乐乐，众乐乐，孰乐”的问题抛给梁惠王一样，许谦也将“己有知，使人亦知之，岂不快哉”抛给你，关键是你自己的选择。这无关快乐与否，而关乎人的心境和品性：是自私还是无私。

《明史》

史家生平

清修《明史》，历时近百年，这在“二十四史”的修撰中是非常罕见的。《明史》的名义作者是张廷玉，因为最后定稿的时候他是明史馆的总裁官，所以乾隆四年（1739 年）刊行时，题为张廷玉等奉敕撰。但实际上因为官修史书是众手成书，所以它的作者众多。《明史》的修纂又历时长久，共有三个编纂阶段，参与编写人员也就更多，其中对成书贡献最大、最有影响的是万斯同（字季野）。

第一个阶段是从顺治二年（1645 年）到康熙十七年（1678 年），历时 34 年。这一阶段成绩很小，设史馆只是议定修撰体例，并无实质上的撰述工作。设明史馆的意义也更多的是出于一种政治上的需要，是清统治者为了显示一种胜利者的姿态并借以宣布前朝结束从而掌握话语霸权而实施的。这一阶段修史没有成就也与当时的社会大环境有关。当时清军入主中原不久，各地反清运动此起彼伏，南明各支势力依然存在并为大多数汉族人奉为正统，好容易剿平大部分反清势力后，又爆发了“三藩之乱”，清统治者立足未稳、疲于奔命、应接不暇，根本没精力也不可能过多地去注意《明史》的编修。另外，清设史馆除了想强调改朝换代这一事实外，也想通过修前朝史借以笼络汉族的地主知识分子，但当时很多真正有学识的汉族知识分子为了维护自己的民族气节加上对异族入侵、残暴地占据自己家园的敌视，根本就不想为清统治者所用，史馆也就网罗不到很多有用的人才。还有修史需要大量的史料，但当时因为战乱不断及改朝换代，京城保存的图书、文献材料等毁损很多，而当时天下并不太平，各地的材料又很难搜集，人与史料的匮乏也制约了《明史》的修撰。另外还有一个人为的因素也对《明史》修撰有消极影响，就是史馆总裁，当时的总裁是冯铨、洪承畴等人，他们本不是史官，缺乏史学修养，又因为是降臣，所以编修《明史》时也忌讳颇多，不能怀着秉笔直书的心态去撰写，史德既无才，学识也谈不上，这些人编书的效果也就可想而知了。而且冯铨在明末魏忠贤当权时曾投身阉党，并参与谋杀了东林党人杨涟和熊廷弼，为士林所不耻，《熹宗实录》上恰恰记载了他的劣迹，他在任史馆总裁后有机会在皇史宬看到这份实录，见到天启四年记事毁已尤甚，遂去其籍，无完书。不仅未编成史书，反而蓄意毁灭史料，也是史学界一大奸贼了。综上所述，第一阶段修史几无所成，只是议定修撰体例和做了一些搜集史料的工作。

从康熙十八年（1679 年）起，修《明史》进入第二阶段，到康熙六十一年（1722 年）止，历时 44 年。这个时期修史取得了很大的成绩，可以说基本奠定了《明史》的基础，这也与此时段的社会大环境密不可分。这时平定“三藩之乱”已取得了决定性的胜利，各地反清势力也大部分被剿灭，不再对统治构成严重威胁，天下安定，清朝统治者为显示文治武功，也为了笼络汉族知识分子，特开“博学鸿词科”，招徕了一批博学鸿儒，遂于第二年重开史局修《明史》，命当时的内阁大学士徐元文任监修，徐元文是顾炎武的外甥。又命翰林院学士叶方霭及张玉书任总裁。

而当时应“博学鸿词”科考并取中的诸鸿儒也分别授予侍读、侍讲、编修、检讨等官，进入明史馆参与修史，这些人多是博学能文、论古有识之士。其中对修《明史》贡献较大的有朱彝尊、汤斌、尤侗、毛奇龄、汪琬等人。

朱彝尊（1629—1709年），浙江修水人，通经学并擅长诗文，曾和汪森合编《词综》。他对《明史》的纂修体例及收集材料等方面提出过很多有益建议，并为《明史》拟稿。

汤斌（1627—1687年），河南睢州人。他是清代著名理学家，他曾为《明史》撰写了天文志、历志、五行志以及正统、景泰、天顺、成化、弘治五朝列传。

汪琬（1624—1690年），他学识渊博且著述很多，曾为修撰《明史》撰写列传一百多篇，很多重要的传出自他手。

姜宸英（1628—1699年），浙江慈溪人，他撰写的《刑法志》言明中期厂卫之利害淋漓痛切，深得全祖望好评。

不过对《明史》贡献最大的还是万斯同，论《明史》的人常说《明史》自斯同之《明史稿》一变而为王鸿绪之《明史稿》，再变而为现今之《明史》。道出了《明史》成书的渊源。乾隆四年张廷玉在进《明史》表时说：“惟旧臣王鸿绪之《史稿》经名人三十载之用心……”名人即指万斯同，所以《明史》成书，万斯同当居首功。

万斯同，字季野，号石园。浙江鄞县人。父泰，字履安，是黄宗羲的好友。万氏兄弟八人，都以学问著名，被称为“万氏八龙”。老六万斯大字充宗，以经学闻世，并且讲究风节，非常刚毅，可惜天不假年，逝世较早。万斯同最为年幼，他小的时候非常淘气，父亲每次都说要把他送到和尚庙里去，却依然不改，没有办法，只好把他锁在空房子里，他看到书架上有几十册明代史料，无聊之下翻了翻觉得很有趣，就把史料都读完了。

从此立志向学。后来他像他的兄长一样都拜黄宗羲为师求学。在黄宗羲的徒弟中，万斯同是最小的，但也最受老师器重。万氏的学问非常渊博，尤其喜欢文献，他非常熟悉历史上的典章制度，尤其关心明代史事，幼年时就以著《明史》为己任。他博览明十三朝实录，并且对各代实录都能暗记背诵，据方苞所作的《万季野墓表》，万氏自己说“吾少馆于某氏，其家有列朝实录，吾默识暗诵，未有一言一事之遗也。”记忆力可谓惊人，并且很有心于实录，除实录外他还博览各种私修明代史籍，“长游四方，就故家长老求遗书，考问往事，旁及郡志、邑乘、杂家传志之文，靡不网罗参伍，而要以实录为指归”。（徐浩：《廿五史论纲》，上海书店出版社 1989 年版）他本想仿通鉴体例，以明实录为主，辅以搜集的各家史书，编成一套明史，为了这个自幼就有的志向，他很注意搜集史料，凡是稍微与明代史事有牵连的书他都要先睹为快，就是稗官野史也搜罗详备。康熙十七年（1678 年）开“博学鸿词科”，有人荐他，他力拒才得免。康熙十八年，重开史局，顾亭林的外甥、大学士徐元文任总裁，极力罗致他，延请他纂修明史。万斯同因为在官方搜罗史料比较容易，而且他向以明遗民自居，想“修故国之史以报故国”，再加上老师黄宗羲的支持，他决定北上修史。黄宗羲赠给他大事纪及三史钞，并赋诗送别，诗为：“三叠湖头入帝畿，十年乌背日光飞。四方声价归明水，一代贤奸托布衣。良夜剧谈红烛跋，名园晓色牡丹旂。不知后会期何日，老泪纵横未肯稀。”“一代贤奸托布衣”饱含了黄宗羲对万斯同的倚重、推崇与期望。万斯同到京后以布衣参史事，不署衔、不受俸，馆于徐元文家，徐对万很推重，纂修官的史稿都要送到万斯同那里由他核定，史馆讨论问题时也以万斯同的意见为准则。万斯同很反对唐以后设史馆分局修史的制度，他认为“昔迁、固才即杰出，又承父学，故事信而言文。其后专家之书，才虽不逮，犹未至如官修者之杂乱也。譬如入人之室，始而周其堂寝，继而知其蓄产礼俗，久之其男女、少长、性质、刚柔、轻重、贤愚无不习察，然后可制其家之事。若官修之史，仓卒而成于众人，不暇择其才之宜与事之习，是犹招市人而与之谋室中之事也，吾所以辞史局而假馆总裁所者，惟恐众人分操割裂，使一代治乱之迹，暗昧而不明耳。”（钱大昕《潜研堂集·万季野先生传》，转引自梁启超：《中国近三百年学术史》，东方出版社 1996 年版，第 107 页）唐以后的官修史书大多是众手杂凑成篇，漫无选择，芜杂不堪，但万斯同修史却极为严谨，把很多精力用在史料搜集和鉴别上，其取材之广博、审订史料之严格在官修史书中是很罕见的，所以《明史》在“二十四史”中除前四史外是最精善、编得最好的，名义上仍为官修，其实大多为万氏一人之力。万斯同特别追求史书的真即实录精神，为了做到这一点，他采用的方法是以实录为主，参考他书并互相印证，删去虚妄不实之处。“实录者，直载其事与言而已，所增饰者也，因其世以考其事、核其言，而平心察之，则其本末十得八九矣。然言之发或有所由事之端或有所起，而其流或有所激，则非他书不能具也。凡实录之难详者，吾以他书证之；他书之诬且滥者，吾以所得于实录者裁；虽不敢具谓可信，而枉者或鲜矣。”（方苞：《望溪文集·万季野先生墓表》，转引自梁启超：《中国近三百年学术史》，东方出版社 1996 年版）万氏编《明史》之用心与严谨可见一斑。

康熙三十年（1691 年）徐元文病死，继任总裁王鸿绪、陈廷敬依然聘万氏于家，让他继续核定《明史》，并让钱名世（亮工）做他的助手，万斯同辛辛苦苦地修撰核定《明史稿》达 20 年之久，在康熙三十一年（1692 年）也撒手人寰，他死时《明史稿》初稿已成，这是《明史》修撰第二阶段的最大成果。方卒于京师，附近没有亲属，他所藏的书籍都被钱名世等人拿走。而曾任总裁的王鸿绪因为依附皇八子夺嫡，附和阿灵阿等奏议改立皇太子被免官，他走时把史馆的《明史稿》草稿全部带走，在万稿的基础上加以增损改动，先是完成了列传，后于雍正元年（1723年）完成纪、志、表，并上表奏之，《明史稿》至此有了完稿。王鸿绪死后，他儿子把这些稿子收入《横云山人集》，题名《明史稿》并且每卷都题“王鸿绪著”，于是万稿变成了王稿，这是第二阶段的最后成果。此阶段历时 40 年之久，已成初稿但终未定稿，主要是一些历史事实与清统治者的利益发生矛盾，难以下笔。

第三阶段既雍正元年到乾隆四年 (1739 年)，共 16 年。雍正元年又开史馆，张廷玉为总裁，他召集词臣对王稿加工订正，直至乾隆四年正式进呈，纂修工作全部结束。乾隆时刊行的《明史》仅以当时在史馆的人员署名并且以张廷玉领衔，并无徐元文、王鸿绪等人的名字，更不用说万斯同了，但《明史》成书万斯同确应居首功，张廷玉等修改王稿长达十几年，有人说仅是点窜字句而已，实际上他们在润色文字、搜集补充材料方面也下了很大功夫，并且全书论赞多数成于此时，所以此阶段也是最后审查修订终于成书的重要阶段。乾隆四十二年（1777 年）又命英廉等修改《明史》，成本纪二十四卷，但只有些微文字改动，影响不大。

史著介绍

1.《明史》的编纂

《明史》编纂时间之久、编纂人数之多在“二十四史”中都是罕见的，但它“首尾略具、事实颇详”，体例比较完善且优于其他正史，可能与编纂者的认真严谨有关。《明史》编写时很重视编纂体例的修订，徐乾学制定过《修史条议》，王鸿绪任总裁时有《史例议》，汤斌任总裁时又制定《本纪条例》、《明史凡例议》，其他编纂者及总裁也都有相应的编纂体例，朱彝尊更是清楚地阐释了制定编纂体例的必要性，“盖作史者必先定其体

《明史》书影

例，发其凡，而后一代之事，可无纰缪”。（朱彝尊：《史馆上总裁第一书》，转引自仓修良主编：《中国史学名著评介》，第418页）

《明史》的编纂延续了纪传体史书的特点，分为纪、表、志、传四部分，但每一部分继承的同时又有创新并有超越以前正史的内容。

本纪：共24卷，如下：太祖本纪（3卷）、惠帝本纪（1卷）、成祖本纪（3卷）、仁宗本纪（1卷）、宣宗本纪（1卷）、英宗前本纪（1卷）、景帝本纪（1卷）、英宗后本纪（1卷）、宪宗本纪（2卷）、孝宗本纪（1卷）、武宗本纪（1卷）、世宗本纪（2卷）、穆宗本纪（1卷）、神宗本纪（2卷，光宗附）、熹宗本纪（1卷）、庄烈帝本纪（2卷），本纪占《明史》全书字数不足1/25，所占比例很小，这也是编纂特点之一。本纪编写遵循了“以时为序，以事为主”这一纪传体编纂的传统方法，以编年形式总叙一朝大事，《明史》本纪简略是突出了它在全书提纲挈领的作用，简明扼要地交代明朝概况，让读者对有明一代历史大事先有个总体把握，而不是事无巨细，全部录在本纪里。这是《明史》编纂的独到之处。《明史》本纪分帝记述，虽以每个皇帝在位时间长短来分卷记史，但又充分考虑到史事轻重来分卷，如太祖、成祖本纪皆占三卷，一是在位时间较长，同时也是因为一为开国皇帝，一为夺位登极之帝，史事较多。世宗在位 45 年，神宗在位 48 年，本纪各为 2 卷，庄烈帝在位虽仅 17 年，本纪亦占两卷，盖因崇祯朝史事既多且重之故吧！总之本纪编写轻重安排比较适宜，《明史》本纪另一特点是较重史实，根据明朝皇帝实际在位情况来编写。如成祖夺位后，革除建文帝封号，他的四年实录附于《明太祖实录》后。而《明史》却专立《恭闵帝本纪》一卷。再如英宗复辟后，革景泰帝号，其事附在《英宗实录》中，并称景泰帝为郕戾王，《明史》本纪则根据实际情况设英宗前后纪，中间列景帝本纪。这两例是实有其帝而未有实录的，还有两例是未曾称帝却有帝号的，本纪也做了合理处理，其一是建文帝的父亲朱标，洪武中被立为太子但早逝未继位，建文以皇太孙身份继位后追尊乃父为孝康皇帝，庙号兴宗，因其未曾改元登极，所以不立本纪归入列传，与他情形相同的是嘉靖皇帝的父亲兴献王朱祐杬，本为藩王，因子入继大统，故被尊为睿宗兴献皇帝。此二人没有登极不能立本纪，但又有帝号，情况特殊，所以在后妃传后单独立传。还有光宗在位仅一月未曾改元，本纪附入神宗本纪后，这样处理体现了本纪作为全书之纲的特点。总之《明史》本纪着墨虽少，但详略得当，叙事、编排较好，美中不足之处是它未为南明各帝立本纪，亦未单独立传，仅有附传。1644 年崇祯吊死之后，先后有福王朱由崧、唐王朱聿键、桂王朱由榔、鲁王朱以海即位承嗣且都有年号，直到康熙中期，施琅入台，南明余绪才彻底灭绝。对这一段相当长时期明朝的余绪，《明史》都未做妥善安排，不为南明各帝立纪，却为他们的臣子如史可法、瞿式耜等立传，章太炎认为未有帝纪却有臣传则不知所事何主，所立何朝，实在是一大荒谬。这是《明史》编排的一大缺憾，大概是与当时的政治情况有关，史官不敢忤逆清当局，不便为南明诸帝张扬吧！

志：《明史》志共75卷，分别为天文志（3卷）、五行志（3卷）、历志（3卷）、地理志（3卷）、礼志（14卷）、乐志（3卷）、仪卫志（1卷）、舆服志（4卷）、选举志（3卷）、职官志（5卷）、食货志（6卷）、河渠志（6卷）、兵志（4卷）、刑法志（3卷）、艺文志（4卷）。对于《明史》志的编纂特点，《四库全书总目提要》做了很好的概括："其间诸志，一从旧例，而稍变其例者二：《历志》增以图，以历生于数，数生算，算法之勾股面线，今密于古，非图则分割不明。《艺文志》则惟载明人著述而前著录者不载，其例始于宋孝王《关中风俗传》，刘知幾《史通》则反复申明，于义为允，唐以来未能用而今用之也。"（转引自徐浩：《廿五史论纲》，上海书店出版社1989年版）《明史》与以前正史最大的不同是除表之外还有图，均附于《大统历法》之中，有"割圆弧矢图"、"侧立之图"、"平视之图"、"月道距差图"、"二至出入差图"共五幅，这一新创大概与明朝引进西洋历法有关吧！《历志》以大统历为主，回回历为辅，叙述较详，但因历法知识较专业，明又兼用二历，故此志较难读。《艺文志》是目录学名家黄虞稷执笔，黄曾著有《千顷堂书目》，目录学知识极为渊博。而申明《艺文志》修撰体例的《艺文志序》则是倪灿所叙，《艺文志》最大的特点是不录前代图书目录，仅录有明一代270年间各家著述，"前史兼录古今载籍，以为皆其时柱下之所有也。明万历中，修撰焦竑修国史，辑《经籍志》，号称详博。然延阁广内之藏，竑亦无从遍览，则前代陈编，何凭记录，区区掇拾遗闻，冀以上承《隋志》，而赝书错列，徒滋讹舛。故今第就二百七十年各家著述，稍为厘次，勒成一志。凡卷数莫考、疑信未定者，宁缺而不详云。"（《艺文志序》，转引自《中国通史》第九卷，上海人民出版社1999年版）《汉书·艺文志》、《隋书·经籍志》都保存了大量历代图书，可视为目录学中的优秀之作，《明史·艺文志》独树一帜，仅录明人图书，前人图书因未能详细考证，宁缺毋滥。《艺文志》共收书4589部，按经史子集四分法排列。经部十类，分别为：易、书、诗、礼、乐、春秋、孝经、诸经、四书、小学。史部十类，分别为：正史、杂史、史钞、故事、职官、仪注、刑法、传记、地理、谱牒。子部十二类，分别是：儒家、杂家、农家、小说家、兵书、天文、历数、五行、艺术、类书、道家、释家。集部共三类，分别为：别集、总集、文史。《明史》各志除《历志》、《艺文志》外，其他各志也都各有特色，并有不同程度的创新。如《明史》立《职官志》五卷，是各志中的重点，明初是中国文官制度一大变革期，延续一千多年的宰相制度被废除并且成祖时设内阁，又设锦衣卫及东西厂等宦官衙门，明还有南北二京两套衙门，官制大不同于以往，这些特点都在《职官志》中得到了很好的表现。《职官志》采取由中央到地方，由内到外，由文到武的叙述方法，至于南北二京两套衙门，以北京为主，南京略述专立于后。《职官志》对六部叙述颇详，因为已废宰相，六部权势变大，地位上升，为官制主体，对内阁涉及笔墨较少，但内阁为明新创，应着重交代一下起源及作用。《职官志》第一卷除六部、内阁外，还叙及宗人府、三公三孤、太子三师三少。第二卷叙及都察院、通政司、大理寺、詹事府、翰林院、国子监、衍圣公。其中都察院所占篇幅最长，因为都察院是明朝新设置的，由原来的御史台发展而来，都御史类似今天的纪检机构，负责纪纲风宪之事，都御史外任为巡抚，还有经略、总理、赞理巡视、抚治等名目。监察御史还有巡按制，明时巡抚与清朝封疆大吏的巡抚意义不同。《职官志》第三卷设太常寺、光禄寺、太仆寺、鸿胪寺、尚宝司、六科、中书舍人、行人司、钦天监、太医院、上林苑监、五城兵马司、顺天府、武学、僧道录司、教坊司、宦官、女官。宦官立在京师各衙门之后，专立一篇，与明代宦官势力猖獗、为祸甚巨有关。“宦官”这一章详细记述了明朝宦官二十四衙门即十二监、四司、八局，还记载了诸库、房、厂、提督、守备、镇守等职。记宦官衙门后又对明朝宦官情况做了评述。由明初朱元璋铸铁牌“内臣不得干预政事，犯者斩”到成祖时任用宦官，再到英宗时王振误国，宪宗时汪直掌西厂，直至魏忠贤专权都有总结，清朝就以史为戒，宦官始终未得势，另外《职官志》还专立土司篇目，反映了明朝这一新特点。《兵志》不单记载明代兵制，还记述了火器、车船的建造和功用，反映了明代科学技术的情况，明代中央集权大大加强，兵制方面也改元旧制，吸收唐府兵制优点，从京师到郡县都设卫所，外统于都司，内统于五军都督府，另外天子自将十二卫，《兵志》各卷记载有明一代军政非常详细。明代因为南有倭寇，北有女真，军事很重要，而军制又经常变化，复杂的沿革《兵志》记载也很详细，《明史·地理志》保存了很好的明代地理资料。明代是全国统一的朝代，“禹迹所奄，尽入版图，近古以来所未有也。”明统一全国后，京师之外设十三布政使司，又有都指挥使司、行都指挥使司管理全国疆域，成祖时改北平为北京作为首都，还增设交阯、贵州二布政使司，仁、宣后放弃交阯，定南北二京、十三布政使司，从此不再变更。英宗时修的《大明一统志》是明全国政区的志书，但失误较多，《地理志》在其基础上考订，并述其沿革之故，南北二京及十三布政使司都有总述然后再按府、州、县分述，对于都司、卫所的设置沿革也叙述得很详尽可取。《明史·选举志》为陆棻所编，陆乃进士出身，对选举很熟悉，所以《选举志》叙述甚为得体。选举方法大略有四种，即学校、科目、荐举、铨选，明初重荐举，永乐以后渐重科目，荐举日衰。《选举志》首卷为学校，次卷为科目，三卷为荐举、任官铨选、考察叙体例制度沿革同时夹杂事例，使人明白易懂又不枯燥《明史·天文志》记叙明代天文学的发展，尤其是传教士带来的西洋天文学知识，对中国传统天文学发展很有裨益。

表:《明史》表共13卷,分别为:诸王表(5卷)、功臣表(3卷)、外戚表(1卷)、宰辅表(2卷)、七卿表(2卷)。《四库全书总目提要》记:“表从旧例者四,创新例者一,曰《七卿》。盖明废左右丞相,而分其政于六部,而都察院纠核百司,为任亦重,故合而为七也。”(转引自徐浩:《廿五史论纲》,上海书店出版社1989年版)可见《七卿年表》是《明史》独创,记历朝吏、户、礼、兵、刑、工六部尚书及左右都御史的任免。而《宰辅年表》记载了洪武十三年“革中书省左、右丞相,左、右丞,参政等官”之后内阁辅臣任免情况。《明史》表可与列传记述相互补充印证。

传:《明史》列传共220卷,是整个《明史》中字数最多的,也是《明史》的主体。第一第二为《后妃列传》,第三为《兴宗孝康皇帝睿宗献皇帝列传》,第四至第八为《诸王列传》,第九为《公主列传》,第十至第十一为郭子兴、陈友谅等传,十三以下为诸臣传。类传有《循吏列传》、《儒林列传》、《文苑列传》、《忠义列传》、《孝义列传》、《隐逸列传》、《方技列传》、《外戚列传》、《列女列传》、《宦官列传》、《阉党列传》、《佞幸列传》、《奸臣列传》、《流贼列传》、《土司列传》、《外国列传》、《西域列传》。列传创新的有三处即《阉党列传》、《流贼列传》、《土司列传》。《四库全书总目提要》称:“列传从旧例者十三,创例者三,曰《阉党》,曰《流贼》,曰《土司》。盖貂珰之祸,虽汉、唐以下皆有,而士大夫趋势附膻,则唯明人为最多。其流毒天下亦至酷。别为一传,所以著乱亡之源,不但示斧钺之诛也。闯、献二寇,至于明亡,剿抚之失,足为炯鉴,非他小丑之比,亦非割据群雄之比,故别立之。至于土司,古谓羁縻州也。不内不外,衅隙易萌。大抵多建置于元,而滋蔓于明。控驭之道与牧民殊,与御敌国又殊,故自为一类焉。”也就是“阉党”、“流贼”、“土司”三传为《明史》列传所新增。明代阉党为祸之烈,前代所无。明中叶前士大夫还重名节,不与宦官为伍,所以王振、汪直势力还不是很猖獗。刘瑾窃权时,阁臣列卿争先献媚，后私立太监有全局内阁，神宗朝阉党之祸已很烈，天启年间更是流毒至极。《明史》特立此卷以儆人臣，同时以史为鉴。土司叛服无常，既不可立于外国，又不能归入一般列传，单立一卷也符合当时的实际情况。《土司列传》含有湖广土司、四川土司、云南土司、贵州土司、广西土司。《流贼列传》是史官怀着愤慨、悲伤和以史为鉴的心情立的，《李自成传》长达万余言，是《明史》各传中最长的，修史者没有把他的事迹分散到剿贼诸臣传中，本意是引以为鉴。但客观上却保留了较为丰富的农民起义与明末的史料。另外《明史》列传中的《外国传》和《西域列传》反映了明王朝与外国及部落地区的联系，保存了大量东南亚及中亚等地的历史、地理、物产及交往资料，现在仍是很好的史料。

《明史》列传于编纂体例方面做得较好，归纳起来有以下几个特点：（1）编排的次序较好。列传大都依据时间次序编写，关于父子兄弟等亲属是合传还是分传都根据实际情况处理得很好，除了徐达、常遇春等人的子孙附在本传后以叙功臣世次，杨洪、李成梁等子孙附在本传后因其世家为将外。其他祖父子孙如各有大事可记，像张玉、张辅父子，一个是在靖难之役中出名，一个在征交阯时立功，就为他们各自立传，与他们情况类似的还有周瑄、周经，耿裕、耿九涛，杨廷和、杨慎，瞿景淳、瞿式耜，刘显、刘铤等。还有一种情况像杨肇基及其子杨御蕃虽各有战功，但御蕃功在登莱，遂附在同事的传中，还有文武同传的，因其共同从事一件大事，所以合传，像黄福、陈洽等都是文臣，柳升、王通等都是武臣，但因其同事安南，所以合传。（2）《明史》列传于同事立传安排较好，几十人共一事者，为一主要人物立传，而其余同事各附一小传于后。同事者有的虽另有专传，但共事的大事不再详叙，只说见某人传。像孙承宗虽单独有传，但提到柳河之役，就说见《马世修列传》。列传中还有一个人立传兼叙同事的，像熊廷弼、王化贞一个主战，一个主守，意见不同，但因为事情相牵涉，所以王化贞不单独立传，附在《熊廷弼传》内。袁崇焕、毛文龙一个任经略、一个是岛帅，官职不同，但因为同涉登莱事，所以毛文龙不单独立传，附在袁崇焕传内，这样编排既节省笔墨又不重复，事情也可交代清楚。(3) 对于参与一件大事但生平可记事不多者处理较好，像《史可法传》就附有当时文臣同死扬州之难者几十人，而正德中诛南巡罚跪午门杖谪者一百四十余人，嘉靖伏阙争大礼者六百四五十人，一一载其姓名为每人立传则太繁杂，全部删去不用，则他们的行事就全部泯灭了，附于一人后则可以保全姓名又避免繁杂，由此可见修史者的良苦用心。(4) 立传存大体。一些野史笔记记载徐达、刘基见忌于明太祖，徐达得疽病，最忌鹅，但太祖偏赐予蒸鹅，徐达食而卒。《明史》此二人传却记载明太祖始终对他们二人恩礼有加，大概因传明初功臣多不保全，仅此二人得善终，实在不忍再写其遭横祸，特替明太祖存体面吧。(5) 传中多附原文，保存了珍贵的原始材料，又易于使人明白当时事实真相，是非自现。像嘉靖中大礼议，有主张世宗承嗣孝宗的，有主张尊兴献王为皇考的，列传并存他们的疏，使读史的人可对照参阅，是非自现。《李善长传》附载王用为善长讼冤一疏，可看出善长被诛杀的冤枉。《于谦传》附有成化中官赐祭告词，可证于谦被害之冤。杨涟弹劾魏忠贤的疏也附原文，史官是想申表彰之意。总之《明史》编纂在“二十四史”中都是很优秀的。张廷玉在进史表中也肯定了这一点：“发凡起例，尚在严谨，据事直书，要归忠厚……”

清人对于《明史》推崇备至。清代史学家赵翼作《廿二史札记》，总结《明史》几大优点：一是修纂时间长，历四代近百年才成熟，功力深厚可见。二是动手时间早，明亡未久即开始编修，方便搜集史料。三是详于考订，经几十年参考订正，执笔者反复审定才成篇，并且编书日久，执笔者与明人关系不大，无所徇隐，更增可信度。这三个特点决定了《明史》的精审、优胜。《明史》是一部史料价值较高的正史，因为修史者多为遗民，怀着为故国修史的念头，尽量保存明代历史的内容以寄哀思。至于明初历史，修史者尽量依据历史脉络保存其真貌，如建文逊国事，在其本纪中既记其不知所终，又说燕王使人出帝后尸葬之，故意存疑，后来又称其从地道出亡，还在《郑和传》中记成祖疑惠帝亡海外，令郑和暗查，实际是修史者疑其未死，使《明史》起到自证的效果，《明史》除记史求真得体外，还重于考订，当时史馆诸人文集还存有很多明史的考辨文字。如朱彝尊文集就有关于建文帝的五段考辨文字。明史馆考订详审的一个突出事例是为袁崇焕辨冤。明末清初，世人皆以为袁确实叛国，崇祯处其磔刑，京师小民至有啖其肉者。清修《明史》时史馆人员参校《清太宗实录》始知是皇太极设的反间计，在《袁崇焕传》中直书其事，其冤案始白，若修史时不加详考，则卖国之说后人不能辨其诬。除了考订详审外，《明史》编纂还有其他优点。《明史》在引用史料时很严谨，但有些史料虽非事实，流传较广，则姑著其说，但指出其不可信，像《张紞传》，说到燕师入境建文出亡，后“严震直奉使至云南，遇建文君，悲怆吞金死，考诸国史，非其实也。”对于史籍记载相左难定是非时，《明史》就并载异说。《明史》虽称完美之作，但国史馆修书，众手成书又历时太久，总纂官频换，缺点也显而易见。《明史》往往有漏撰某一人物或重大历史事实的情况。如《于谦传》说“（朱）骥自有传”，其实却并未立传。《明史·艺文志》对一些明人著作有疏漏未录的，像王圻《续文献通考》都未收录。这些小瑕疵在所难免，但真正的疏漏确是有意隐蔽史实。清初修《明史》需要隐蔽的史实与明清关系有关。故意隐瞒的有两处：一是隐没清未建国前曾臣于明，二是隐没清入关后南明朝廷存在的史实。清统治者为表明自己从未臣属过明朝，在《明史》中对自己祖先三百年间的历史都不做记载，谈到建州或女真时也竭力回避，凡明文武诸臣皆在传中削其征辽之事，如一生功绩离不开征辽事的，则干脆不立传。清初大搞文字狱，史臣不敢冒杀身之祸以书其事，避讳也是必然的，但瑕不掩瑜，从编纂学角度看，《明史》仍不失为官修正史中的佳作。

2. 史家思想

《明史》因是官修史书，所以不可能像前四史那样鲜明地表达出作者的史学思想和历史思想，但编撰者的意志还是可以通过史书的内容及编纂体例透露出一些的。《明史》主要编纂者的修史动机是为了借修故国之史来怀念故国并探究明覆亡原因，总结明朝政治得失，这也得到了清统治者的认可，《明史》就是在这样的思想指导下编纂的。中国历史学家都讲求信史原则，也就是要直书，反对曲笔，《明史》编纂者主观上也很追求直书，每次开史馆都订有很多修史凡例，典型的是潘耒在史馆所作《明史议》，对修《明史》提出了很严格的要求："搜求欲博，考证欲精，职任欲分，义例欲一，秉笔欲直，持论欲平，岁月欲宽，卷帙欲简，此其大要也……"（转引自徐浩：《廿五史论纲》，上海书店出版社 1989 年版）并且很强调直书的重要性，"史家大端，在善善恶恶，所谓'诛奸谀于既死，发潜德之幽光'，其权至重，稍有曲笔，便名秽史"（同上引），编纂凡例是这样要求的，修史者大部分也是这样做的，为了搜求大量材料来尽量恢复历史原貌，时任总裁的汤斌曾上书请广搜野乘遗书，博采的同时史家们又谨慎严格地选择材料，靠不住的材料不管它说得如何绚丽多彩，也弃而不取。为了做到审慎，《明史》的撰写一般经过由博而约，由繁至简的提炼过程，先立单卷或长编，然后逐步删削定稿。

为了尽量追求直书，史家们往往特别注重史实考订，现在见到的史馆诸人文集之中还留有很多考辨文字。编纂者们也尽量想做到"秉笔直，持论平"，《明史》在评论人物时，不专学《春秋》义例搞史家书法，不从一字的褒贬上下功夫，而是采取"如实以录，褒贬自见"的方法。一般是功过并举，互不相掩，基本上做到了较为全面地评述，《明史》编纂者虽极力追求“直书”，但因为当时特定的政治环境及官修史书的特点决定了《明史》必然会有“曲笔”及隐讳。《明史》隐没的史实主要有两个：一是隐没清未建国前曾臣服于明；二是隐没清入关后南明各小朝廷存在的史实，明清史专家谢国桢认为除此之外《明史》缺失还有四点：一是对明初事实记载不详，清廷讳言明朝廷驱逐蒙古，犹如讳言女真曾臣服于明。史官是明末降清人士，为顾全大体，对明初统治集团内部矛盾不愿详记。二是记建文帝事，讳言建文出亡，主张他死于火中，这是清廷之意以示亡国之君无生还之理。三是除李自成、张献忠外，其余各农民起义，只见于各剿贼诸臣传中，并严重歪曲农民起义。四是《明史》出于东南文人之手，对江浙文人尤其东林党人多立佳传，有地域偏见。清初文字狱盛行，尤其触到清廷两大避讳的更是死无葬身之地，史官也不敢冒杀身之祸直书，清初文禁又严，避讳之事更不能容许存于官修史书，所以曲笔、隐讳虽然是《明史》一大缺点，又是必然的结果。

《明史》中体现的历史思想也是较突出的。具体而言有以下数端：

（1）关于社会发展规律、决定力量的认识。《明史》一方面认识到明朝的灭亡是必然之势，任何人也挽救不了。如谈到为什么武宗荒唐淫逸，却稳坐天下，崇祯帝励精图治却做了亡国之君时，认为武宗是在孝宗与民休养生息十几年后“仁泽深而人心固，元气盛而国脉安”的原因。而崇祯帝则是在神宗荒弃政事几十年而熹宗时阉党横行，元气耗尽，国脉将绝之后，虽然崇祯帝本人奋发图强，但“大势已倾，积习难挽”，逃脱不了亡国的命运，并说：“庄烈非亡国之君，而当亡国之运”，“向使熹宗御宇复延数载，则天下之亡，不再传矣”。（《明史》卷三〇九序）但另一方面，《明史》在进一步探讨明的盛衰时，又经常采取宿命论的解释，说“盖天命有归，莫之而为者矣”（《明史》卷二七二赞语），“国步将移，刑章颠复，岂非天哉”(《明史》卷二五九赞语)，把朝代兴衰、社会变化归为“天命”，认为一切都是上天注定的，人在天面前是渺小的，只能任其摆布，《明史》在这方面的两重性也是由其封建史书的性质和当时的社会状况所决定的。封建史书不可能认识到推动社会发展的真正力量，在难于作解释时就归于天命，但明末清初一系列巨大变化又使史官模糊地认识到社会发展背后巨大的推动力量和社会条件与英雄人物之间的必然联系。

（2）对待天人感应和超自然力量的态度。《明史》存在着矛盾性。《明史·五行志》认为“天道远，人道迩，逐事而比之，必有验有不验”。重视社会现象，相信人事，并且《五行志》只记“祥异”不载“事应”，反对以前正史的《五行志》把灾祥与人事一一对应的做法，正确地认识到自然现象的变化和社会上人事的变动是没有必然联系的。但《明史》有些地方却相信有“鬼神”的存在，在方技类中周颠、张三丰等传中就有很多荒诞不经的描写，忠义、孝义、列女传中也有关于感动天神得到天神帮助及除妖灭怪的记载，这种矛盾性也是由《明史》的性质决定的，它一方面要神化君权，表明君权神授，维护封建统治；另一方面又要借迷信果报宣扬忠孝节义等封建道德，让人们安于现实，不要反抗。

（3）关于社会经济生活。《明史》继承了历代正史的优良传统，特立《食货志》记载当时的社会经济，系统详细地介绍了明代的土地关系、赋役制度、钱钞制度及矿产冶炼情况等。除了《食货志》对明代经济进行集中记载外，列传中也保留了很多跟社会经济相关的史料，如《赵世卿传》完整地叙述了他任户部尚书时争罢矿税的情况，而《李森传》则涉及土地兼并情况，《明史》还专设《河渠志》记载当时的河渠、水利、河工、漕运等情况，内容可与《食货志》相补充，列传中也记载了一些地方官治理黄河、提倡垦田等事迹，认为他们为国家长治久安出力，并使百姓受益无穷，可见史官们已意识到经济在社会生活中的重要性。

（4）对待农民起义的态度。《明史》增设《流贼列传》，表明了史官对农民反抗斗争的重视。自明初唐赛儿至明末李自成、张献忠，较大的起义《明史》都收容在内，做了不同程度的记载，在叙述中也记载了一些真实情况，如《李自成列传》记载“自成不好酒色，脱粟粗粝，与其下共甘苦。”“军令不得藏白金，过城邑不得室处，妻子外不得携他夫人”。也记载了起义军的英勇和明朝军队镇压起义军时所表现出的庸碌无能及对无辜百姓的滥杀，如《马中锡传》叙武宗镇压刘六、刘七起义时“贼方炽，诸将率畏懦，莫敢当其锋。”《洪钟传》说洪钟镇压廖麻子起义时“官军不敢击，潜蹑贼后，馘良民为功。土兵虐尤甚，时有谣曰：‘贼如梳，军如篦，土兵如剃’”。生动形象地写出了官兵对百姓的危害。《明史》作者也认识到了农民起义的原因是统治阶级压迫剥削过于严重的结果，如《李戴列传》就记载了万历年间李戴的奏疏，当时遭遇旱灾，人们已经非常饥饿穷困以至有很多人饿死了，但官府仍照旧收丁税和田租，“蚩蚩小民，安得不穷且乱也?”“此辈宁不爱性命哉？变亦死，不变也死，与其吞声独死，毋宁与仇家俱糜，故一发不可遏耳。”《明史》记载这些是要劝统治者吸取教训，不要剥削过度激起人民反抗，还是站在统治阶级的立场上，对农民起义完全采取敌对蔑视态度，把农民军称为“盗贼”、“匪”、“寇”，并对农民军领袖横加诬蔑，说张献忠“性狡谲嗜杀”、“共杀男女六万万有奇”，说李自成“性情猜忌，日杀人斮足剖心为戏”。（《明史·流贼列传》）对起义军诬蔑，对镇压起义军的刽子手却大加表彰，特立《忠义列传》表扬那些残酷镇压农民起义的地主阶级，认为与农民军誓死为敌、斗争到底才是地主阶级应有的品德，因为《明史》纂修者是地主阶级知识分子，所以他们对农民军的立场也是必然的。

（5）关于统治阶级内部斗争。《明史》记载了很多，如明初朱元璋杀功臣，靖难之役朱棣夺位，英宗复辟的“夺门之变”，东林党与阉党的斗争，等等，对待这些斗争，史家用封建正统道德观念进行评价。《明史·于谦传》说英宗复辟是“小人乘间窃发”，称赞于谦“忠心义烈，与日月争光。”对张居正变法的评价更是比《宋史》对王安石的评价公允很多，这也是《明史》在历史思想上的进步之处。

(6) 关于民族关系。《明史》作了较多记载，特设《土司列传》记少数民族土司设置情况，还记载汉族与少数民族经济贸易情况，如茶马关市、西藏喇嘛到北京的“朝贡”情况及俞大猷促进黎地区经济发展情况，还记载了汉族人民和少数民族人民并肩作战、抵御倭寇的情况，在如何处理和少数民族关系问题上，《明史》赞成“抚绥”政策，主张恩威并施，不主张单纯使用武力。

名篇点评

足智多谋刘伯温

原文：

及太祖下金华，定括苍，闻基及宋濂等名，以币聘。基未应，总制孙炎再致书固邀之，基始出。既至，陈时务十八策。太祖大喜，筑礼贤馆以处基等，宠礼甚至。初，太祖以韩林儿称宋后，遥奉之。岁首，中书省设御座行礼，基独不拜，曰：“牧竖耳，奉之何为！”因见太祖，陈天命所在。太祖问征取计，基曰：“士诚自守虏，不足虑。友谅劫主胁下，名号不正，地据上流，其心无日忘我，宜先图之。陈氏灭，张氏势孤，一举可定。然后北向中原，王业可成也。”太祖大悦曰：“先生有至计，勿惜尽言。”会陈友谅陷太平，谋东下，势张甚，诸将或议降，或议奔据钟山，基张目不言。太祖召入内，基奋曰：“主降及奔者，可斩也。”太祖曰：“先生计安出？”基曰：“贼骄矣，待其深入，伏兵邀取之，易耳。天道后举者胜，取威制敌以成王业，在此举矣。”太祖用其策，诱友谅至，大破之，以克敌赏赏基。基辞。友谅兵复陷安庆，太祖欲自将讨之，以问基。基力赞，遂出师攻安庆。自旦及暮不下，基请径趋江州，捣友谅巢穴，遂悉军西上。友谅出不意，帅妻子奔武昌，江州降。其龙兴守将胡美遣子通款，请勿散其部曲。太祖有难色。基从后蹋胡床。太祖悟，许之。美降，江西诸郡皆下。

刘伯温

基丧母，值兵事未敢言，至是请还葬。会苗军反，杀金、处守将胡大海、耿再成等，浙东摇动。基至衢，为守将夏毅谕安诸属邑，复与平章邵荣等谋复处州，乱遂定。国珍素畏基，致书唁。基答书，宣示太祖威德，国珍遂入贡。太祖数以书即家访军国事，基条答悉中机宜。寻赴京，太祖方亲援安丰。基曰：“汉、吴伺隙，未可动也。”不听。友谅闻之，乘间围洪都。太祖曰：“不听君言，几失计。”遂自将救洪都，与友谅大战鄱阳湖，一日数十接。太祖坐胡床督战，基侍侧，忽跃起大呼，趣太祖更舟。太祖仓卒徙别舸，坐未定，飞炮击旧所御舟立碎。友谅乘高见之，大喜。而太祖舟更进，汉军皆失色。时湖中相持，三日未决，基请移军湖口扼之，以金木相犯日决胜，友谅走死。其后太祖取士诚，北伐中原，遂成帝业，略如基谋。

吴元年以基为太史令，上《戊申大统历》。荧惑守心，请下诏罪己。大旱，请决滞狱。即命基平反，雨随注。因请立法定制，以止滥杀。太祖方欲刑人，基请其故，太祖语之以梦。基曰：“此得土得众之象，宜停刑以待。”后三日，海宁降。太祖喜，悉以囚付基纵之。寻拜御史中丞兼太史令。

太祖即皇帝位，基奏立军卫法，初定处州税粮，视宋制亩加五合，惟青田命毋加，曰：“令伯温乡里世世为美谈也。”帝幸汴梁，基与左丞相善长居守。基谓宋、元宽纵失天下，今宜肃纪纲。令御史纠劾无所避，宿卫宦侍有过者，皆启皇太子置之法，人惮其严。中书省都事李彬坐贪纵抵罪，善长素匿之，请缓其狱。基不听，驰奏。报可。方祈雨，即斩之。由是与善长忤。帝归，诉基僇人坛壝下，不敬。诸怨基者亦交谮之。会以旱求言，基奏：“士卒物故者，其妻悉处别营，凡数万人，阴气郁结。工匠死，胔骸暴露，吴将吏降者皆编军户，足干和气。”帝纳其言，旬日仍不雨，帝怒。会基有妻丧，遂请告归。时帝方营中都，又锐意灭扩廓。基濒行，奏曰：“凤阳虽帝乡，非建都地。王保保未可轻也。”已而定西失利，扩廓竟走沙漠，迄为边患。其冬，帝手诏叙基勋伐，召赴京，赐赉甚厚，追赠基祖、父皆永嘉郡公。累欲进基爵，基固辞不受。

初，太祖以事责丞相李善长，基言：“善长勋旧，能调和诸将。”太祖曰：“是数欲害君，君乃为之地耶？吾行相君矣。”基顿首曰：“是如易柱，须得大木。若束小木为之，且立覆。”及善长罢，帝欲相杨宪。宪素善基，基力言不可，曰：“宪有相才无相器。夫宰相者，持心如水，以义理为权衡，而己无与者也，宪则不然。”帝问汪广洋，曰：“此褊浅殆甚于宪。”又问胡惟庸，曰：“譬之驾，惧其偾辕也。”帝曰：“吾之相，诚无逾先生。”基曰：“臣疾恶太甚，又不耐繁剧，为之且孤上恩。天下何患无才，惟明主悉心求之，目前诸人诚未见其可也。”后宪、广洋、惟庸皆败。三年授弘文馆学士。十一月大封功臣，授基开国翊运守正文臣、资善大夫、上护军，封诚意伯，禄二百四十石。明年赐归老于乡。

帝尝手书问天象。基条答甚悉而焚其草。大要言霜雪之后，必有阳春，今国威已立，宜少济以宽大。基佐定天下，料事如神。性刚嫉恶，与物多忤。至是还隐山中，惟饮酒弈棋，口不言功。邑令求见不得，微服为野人谒基。基方濯足，令从子引入茅舍，炊黍饭令。令告曰："某青田知县也。"基惊起称民，谢去，终不复见。其韬迹如此，然究为惟庸所中。

（选自《刘基列传》）

点评：

本篇选自《刘基列传》。刘基，字伯温，民间称为刘伯温先生，流传着许多他料事如神、未卜先知的故事。又誉他为"小诸葛"，但正如本传的赞语中所说的那样，民间所服膺的多是他的阴阳占卜、呼风唤雨之术，并没有掌握他足智多谋的真髓。他的聪明才智其实主要体现在出色的军事谋略、安邦定国的制度订立和知人善任等方面。朱元璋称他是"吾之子房"。

刘基本是元代进士出身，博通经史，且精于天文，他在元代任官时，清正廉洁，以打击权贵名重一时，镇压农民起义，维护元统治，也是不遗余力。但因为元代实行民族压迫政策，身为最底层的"南人"的刘基，纵使才华横溢，也屡遭排斥。英雄无用武之地，他感到无比地压抑，也对元朝廷失望，愤而辞职，全力著《郁离子》一书以明心迹。并预备择木而栖。在各个割据势力中，他认为朱元璋能成大器，遂投奔朱元璋麾下效力。当时即上时务十八策，深得朱元璋器重。后来，在历次战役中，刘基都运筹帷幄，决胜千里，为朱元璋统一华夏立下奇功，如在攻打陈友谅时，安庆城坚不可摧，刘基遂建议避开安庆，直捣陈江州老巢，陈友谅梦中惊醒，以神兵天降，仓促应战。还有在张士诚来犯时，诸将欲反击，刘基则说三日后必退，待其退时可追随其后，将之斩杀。三日后，刘基登楼瞭望说敌军退了，众人见敌营壁垒森严、旗帜环绕且不时有鼓声，不敢进军。刘基拼命督促进军，等大军赶到营地，才发现敌军主力果然早已撤退。刘基的料事如神可见一斑。建国后，刘基为国家的长治久安、经济的恢复、制度的建立，呕心沥血，称得上是治世能臣。明初的重大典章制度，如礼乐、刑法、科举等，都是他与李善长、宋濂等人制定的。他针对当时百姓疲敝无力养兵的情况，建议设立卫所，令军队屯田自给，既安定边防，又减轻了农民的负担。他的雄才大略还体现在知人善任上，他与宰相李善长不合，但当有人弹劾李时，他极力为李辩护，因为知他能调和诸将。朱元璋佩服他的学问，想立他为相，但他以才不堪用辞谢。后来朱元璋又询问他谁可为相，他推荐杨宪、汪广洋、胡惟庸，但同时也说杨有相才而无相器，汪更不堪，胡则会颠覆国家，自己过于刚正忤时，也不可为相。后来，汪广洋、胡惟庸果然因事获罪，先后被诛杀，而他自己也确实性刚疾恶，为淮西功臣所不容，最终被胡惟庸所迫害，忧愤而死。

开国元勋徐达

原文：

徐达，字天德，濠人，世业农。达少有大志，长身高颧，刚毅武勇。太祖之为郭子兴部帅也，达时年二十二，往从之，一见语合。及太祖南略定远，帅二十四人往，达首与焉。寻从破元兵于滁州涧，从取和州，子兴授达镇抚。子兴执孙德崖，德崖军亦执太祖，达挺身诣德崖军请代，太祖乃得归，达亦获免。从渡江，拔采石，取太平，与常遇春皆为军锋冠。从破擒元将陈野先，别将兵取溧阳、溧水，从下集庆。太祖身居守，而命达为大将，帅诸军东攻镇江，拔之。号令明肃，城中宴然。授淮兴翼统军元帅。

时张士诚已据常州，挟江东叛将陈保二以舟师攻镇江。达败之于龙潭，遂请益兵以围常州。士诚遣将来援。达以敌狡而锐，未易力取，乃离城设二伏以待，别遣将王均用为奇兵，而自督军战。敌退走遇伏，大败之，获其张、汤二将，进围常州。明年克之。进佥枢密院事。继克宁国，徇宜兴，使前锋赵德胜下常熟，擒士诚弟士德。明年复攻宜兴，克之。太祖自将攻婺州，命达留守应天，别遣兵袭破天完将赵普胜，复池州。迁奉国上将军、同知枢密院事。进攻安庆，自无为陆行，夜掩浮山寨，破普胜部将于青山，遂克潜山。还镇池州，与遇春设伏，败陈友谅军于九华山下，斩首万人，生擒三千人。遇春曰："此劲旅也，不杀为后患。"达不可，乃以状闻。而遇春先以夜坑其人过半，太祖不怿，悉纵遣余众。于是始命达尽护诸将。陈友谅犯龙江，达军南门外，与诸将力战破之，追及之慈湖，焚其舟。

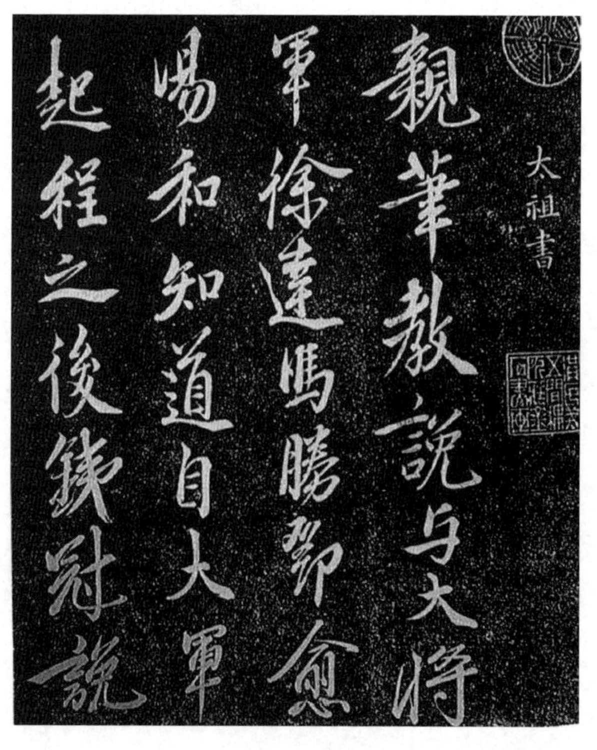

朱元璋手书

明年，从伐汉，取江州。友谅走武昌，达追之。友谅出战舰沔阳，达营汉阳沌口以遏之。进中书右丞。明年，太祖定南昌，降将祝宗、康泰叛。达以沌口军讨平之。从援安丰，破吴将吕珍，遂围庐州。会汉人寇南昌，太祖召达自庐州来会师，遇于鄱阳湖。友谅军甚盛，达身先诸将力战，败其前锋，杀千五百人，获一巨舟。太祖知敌可破，而虑士诚内犯，即夜遣达还守应天，自帅诸将鏖战，竟毙友谅。

明年，太祖称吴王，以达为左相国。复引兵围庐州，克其城。略下江陵、辰州、衡州、宝庆诸路，湖、湘平。召还，帅遇春等徇淮东，克泰州。吴人陷宜兴，达还救复之。复引兵渡江，克高邮，俘吴将士千余人。会遇春攻淮安，破吴军于马骡港，守将梅思祖以城降。进破安丰，获元将忻都，走左君弼，尽得其运艘。元兵侵徐州，迎击，大破之，俘斩万计。淮南、北悉平。

师还，太祖议征吴。右相国李善长请缓之。达曰："张氏汰而苛，大将李伯升辈徒拥子女玉帛，易与耳。用事者，黄、蔡、叶三参军，书生不知大计。臣奉主上威德，以大军蹙之，三吴可计日定。"太祖大悦，拜达大将军，平章遇春为副将军，帅舟师二十万人薄湖州。敌三道出战，达亦分三军应之，别遣兵扼其归路。敌战败返走，不得入城。还战，大破之，擒将吏二百人，围其城。士诚遣吕珍等以兵六万赴救，屯旧馆，筑五寨自固。达使遇春等为十垒以遮之。士诚自以精兵来援，大破之于皂林。士诚走，遂拔升山水陆寨。五太子、朱暹、吕珍等皆降，以徇于城下，湖州降。遂下吴江州，从太湖进围平江。达军葑门，遇春军虎丘，郭子兴军娄门，华云龙军胥门，汤和军阊门，王弼军盘门，张温军西门，康茂才军北门，耿炳文军城东北，仇成军城西南，何文辉军城西北，筑长围困之。架木塔与城中浮屠等。别筑台三成，瞰城中，置弓弩火筒。台上又置巨炮，所击辄糜碎。城中大震。达遣使请事，太祖敕劳之曰："将军谋勇绝伦，故能遏乱略，削群雄。今事必禀命，此将军之忠，吾甚嘉之。然将在外，君不御。军中缓急，将军其便宜行之，吾不中制。"既而平江破，执士诚，传送应天，得胜兵二十五万人。城之将破也，达与遇春约曰："师入，我营其左，公营其右。"又令将士曰："掠民财者死，毁民居者死，离营二十里者死。”既入，吴人安堵如故。师还，封信国公。

寻拜征虏大将军，以遇春为副，帅步骑二十五万人，北取中原，太祖亲祃于龙江。是时称名将，必推达、遇春。两人才勇相类，皆太祖所倚重。遇春剽疾敢深入，而达尤长于谋略。遇春下城邑不能无诛僇，达所至不扰，即获壮士与谍，结以恩义，俾为己用。由此多乐附大将军者。至是，太祖谕诸将御军持重有纪律，战胜攻取得为将之体者，莫如大将军达。又谓达，进取方略，宜自山东始。师行，克沂州，降守将王宣。进克峄州，王宣复叛，击斩之。莒、密、海诸州悉下。乃使韩政分兵扼河，张兴祖取东平、济宁，而自帅大军拔益都，徇下潍、胶诸州县。济南降，分兵取登、莱。齐地悉定。

洪武元年，太祖即帝位，以达为右丞相。册立皇太子，以达兼太子少傅。

（选自《徐达列传》）

点评：

本篇选自《徐达列传》。徐达是明朝开国的第一元勋，位列功臣之首，也是明初少数几个得以善终的开国功臣。在古代历史上以足智多谋、料敌如神、克敌制胜而闻名，他不仅有着卓越的军事指挥才能和过人的胆识，而且功高不伐、谦虚谨慎，所以能在大诛功臣的明初得以保身，并得到朱元璋的倚赖、敬重。

本传主要记载了他为朱元璋荡平各地割据势力，奠定明王朝根基，立下赫赫战功，以及他冲锋陷阵、所向披靡的几十年的戎马生涯，还有他的谨慎和善于处理君臣关系的事迹。徐达出身贫寒，饱受生活的磨炼，他身材魁梧、性格坚毅，凡事爱动脑筋，不逞匹夫之勇。他与朱元璋是贫贱之交、患难兄弟。后来一直追随朱元璋南征北战。早在郭子兴部下时，有一个叫孙德崖的人被郭子兴抓住，但同时孙的部下也抓住了朱元璋，他们扬言要杀了朱元璋为主帅报仇。徐达担心他有生命危险，毅然请求代替朱元璋作为人质，这场危机后来平定，徐达的舍身相救，朱元璋深为赞许，二人的关系更加密切。郭子兴死后，朱元璋成为义军的实际将领，在他南渡发展的过程中，徐达率军攻打采石、太平、集庆，作战勇敢，功勋卓著。占领应天之后，朱元璋面对强敌林立的局势，徐达率军东征，攻克镇江，在攻城过程中，他军纪严明、不妄杀掠，老百姓日常生活没有受到影响，因此徐达深受老百姓的爱戴，之后经过几年的艰苦卓绝的作战，徐达又攻克常州。在进攻陈友谅的鄱阳湖战役，陈军人多势众、气势汹汹，徐达却毫无惧色，身先士卒，属下士兵深受鼓舞，士气高昂，经过整整一天的鏖战，最终打败陈友谅军，整个鄱阳湖的水都被血染红了，取得鄱阳湖战役的胜利。此后，讨伐张士诚及北伐元军势力的斗争中，徐达都做出了卓越的贡献。为国家的安定和皇权的巩固做出了巨大贡献。徐达在战场上多出奇谋，深谋远虑且有见识，在伴君如伴虎的君臣关系中，他也颇谙自处之道，功居第一，却不矜不伐，在军中令出不二，面对皇帝则小心翼翼，木讷不能言。加上他从不贪财好色，对皇帝忠心不贰，所以才得以保全性命。

从来都是功高震主者危，跟徐达一起的功臣多因朱元璋的猜忌而被杀戮，徐达位列元勋之首，却得以保全，他的小心谨慎和深谋远虑确实起到了关键的作用。徐达有勇有谋，确实是人中龙凤。

贤良淑德马皇后

原文：

太祖孝慈高皇后马氏，宿州人。父马公，母郑媪，早卒。马公素善郭子兴，遂以后托子兴。马公卒，子兴育之如己女。子兴奇太祖，以后

马皇后

归焉。

后仁慈有智鉴，好书史。太祖有札记，辄命后掌之，仓卒未尝忘。子兴尝信谗，疑太祖。后善事其妻，嫌隙得释。太祖既克太平，后率将士妻妾渡江。及居江宁，吴、汉接境，战无虚日，亲缉甲士衣鞋佐军。陈友谅寇龙湾，太祖率师御之，后尽发宫中金帛犒士。尝语太祖，定天下以不杀人为本。太祖善之。

洪武元年正月，太祖即帝位，册为皇后。初，后从帝军中，值岁大歉，帝又为郭氏所疑，尝乏食。后窃炊饼，怀以进，肉为焦。居常贮糗糒脯脩供帝，无所乏绝，而己不宿饱。及贵，帝比之“芜蒌豆粥”，“滹沱麦饭”，每对群臣述后贤，同于唐长孙皇后。退以语后。后曰：“妾闻夫妇相保易，君臣相保难。陛下不忘妾同贫贱，愿无忘群臣同艰难。且妾何敢比长孙皇后也！”

后勤于内治，暇则讲求古训。告六宫，以宋多贤后，命女史录其家法，朝夕省览。或言宋过仁厚，后曰：“过仁厚，不愈于刻薄乎？”一日，问女史：“黄老何教也，而窦太后好之？”女史曰：“清净无为为本。若绝仁弃义，民复孝慈，是其教矣。”后曰：“孝慈即仁义也，讵有绝仁义而为孝慈者哉？”后尝诵《小学》，求帝表章焉。

帝前殿决事，或震怒，后伺帝还宫，辄随事微谏。虽帝性严，然为缓刑戮者数矣。参军郭景祥守和州，人言其子持槊欲杀父，帝将诛之。后曰：“景祥止一子，人言或不实，杀之恐绝其后。”帝廉之，果枉。李文忠守严州，杨宪诬其不法，帝欲召还。后曰：“严，敌境也，轻易将不宜。且文忠素贤，宪言讵可信？”帝遂已。文忠后卒有功。学士宋濂坐孙慎罪，逮至，论死，后谏曰：“民家为子弟延师，尚以礼全终始，况天子乎？且濂家居，必不知情。”帝不听。会后侍帝食，不御酒肉。帝问故。对曰：“妾为宋先生作福事也。”帝恻然，投箸起。明日赦濂，安置茂州。吴兴富民沈秀者，助筑都城三之一，又请犒军。帝怒曰：“匹夫犒天子军，乱民也，宜诛。”后谏曰：“妾闻法者，诛不法也，非以诛不祥。民富敌国，民自不祥。不祥之民，天将灾之，陛下何诛焉！”乃释秀，戍云南。帝尝令重囚筑城。后曰：“赎罪罚役，国家至恩。但疲囚加役，恐仍不免死亡。”帝乃悉赦之。帝尝怒责宫人，后亦佯怒，令执付宫正司议罪。帝曰：“何为？”后曰：“帝王不以喜怒加刑赏。当陛下怒时，恐有畸重。付宫正，则酌其平矣。即陛下论人罪亦诏有司耳。”

一日，问帝：“今天下民安乎？”帝曰：“此非尔所宜问也。”后曰：“陛下天下父，妾辱天下母，子之安否，何可不问！”遇岁旱，辄率宫人蔬食，助祈祷；岁凶，则设麦饭野羹。帝或告以振恤。后曰：“振恤不如蓄积之先备也。”奏事官朝散，会食廷中，后命中官取饮食亲尝之。味弗甘，遂启帝曰：“人主自奉欲薄，养贤宜厚。”帝为饬光禄官。帝幸太学还，后问生徒几何，帝曰：“数千。”后曰：“人才众矣。诸生有廪食，妻子将何所仰给？”于是立红板仓，积粮赐其家。太学生家粮自后始。诸将克元都，俘宝玉至。后曰：“元有是而不能守，意者帝王自有宝欤。”帝曰：“朕知后谓得贤为宝耳。”后拜谢曰：“诚如陛下言。妾与陛下起贫贱，至今日，恒恐骄纵生于奢侈，危亡起于细微，故愿得贤人共理天下。”又曰：“法屡更必弊，法弊则奸生；民数扰必困，民困则乱生。”帝叹曰：“至言也。”命女史书之册。其规正，类如此。

帝每御膳，后皆躬自省视。平居服大练浣濯之衣，虽敝不忍易。闻元世祖后煮故弓弦事，亦命取练织为衾裯，以赐高年茕独。余帛纇丝，缉成衣裳，赐诸王妃公主，使知天桑艰难。妃嫔宫人被宠有子者，厚待之。命妇入朝，待之如家人礼。帝欲访后族人官之，后谢曰：“爵禄私外家，非法。”力辞而止。然言及父母早卒，辄悲哀流涕。帝封马公徐王，郑媪为王夫人，修墓置庙焉。

洪武十五年八月寝疾。群臣请祷祀，求良医。后谓帝曰：“死生，命也，祷祀何益！且医何能活人！使服药不效，得毋以妾故而罪诸医乎？”疾亟，帝问所欲言。曰：“愿陛下求贤纳谏，慎终如始，子孙皆贤，臣民得所而已。”是月丙戌崩，年五十一。帝恸哭，遂不复立后。是年九月庚午葬孝陵，谥曰孝慈皇后。宫人思之，作歌曰：“我后圣慈，化行家邦。抚我育我，怀德难忘。怀德难忘，于万斯年。毖彼下泉，悠悠苍天。”永乐元年上尊谥曰孝慈昭宪至仁文德承天顺圣高皇后。嘉靖十七年加上尊谥曰孝慈贞化哲顺仁徽成天育圣至德高皇后。

（选自《后妃列传》）

点评：

本篇选自《后妃列传》。中国历史上著名的贤后有两位，一是唐太宗长孙皇后，一是本文主人公明太祖马皇后。马皇后民间称为马大脚，流传着很多她贤良淑德拼力挽救明初功臣及力劝太祖善待百姓的故事。

马皇后出身贫寒，生父早亡，为郭子兴养女，与朱元璋是结发夫妻。在朱元璋微贱时与他同心协力，共度艰难岁月。有一次郭子兴受人挑唆将朱元璋监禁起来并断其饮食，马氏获知，就匆匆取了两张刚出炉的炊饼正要给朱元璋送去，不巧遇见义母，慌忙中把炊饼放到怀里，待拿出炊饼时，胸前皮肉已烫成焦红。军中粮食匮乏之时，马氏自己经常挨饿，却想方设法让朱元璋吃饱。她不仅在生活上悉心照料朱元璋，在事业上也全力协助。朱元璋有写札记、备忘录的习惯，马氏就随时为他收集以备检索。战事繁忙时，她亲自率领妇女为将士缝制衣鞋，还经常拿出宫中的金帛犒赏将士。她作为女子还很有见识，劝朱元璋“定天下不以杀人为本”，她做皇后后，照样勤俭、谦让，皇帝御膳她总亲自察看，自己穿的衣服破旧了还舍不得扔掉，并亲自织布分赐诸王妃公主，告诫其蚕桑艰难，应爱惜民力，在政治上她也以不同凡俗的见识、才干当好朱元璋的贤内助。朱元璋登上皇位后，对待功臣宿将常猜忌残暴，马皇后则顾念他们曾经同生共死、患难与共的情谊，常常有意地对朱元璋进行规谏，减少了更多的杀戮，也尽量地弥补了朱元璋政治上的弊端。如宋濂因长孙事牵连获罪被判死刑，马皇后就在帝前多方周旋，终保其不死。吴兴财主沈秀因要出钱犒劳军队引起了朱元璋的猜忌，也多亏马皇后婉言相劝才获免死罪。马皇后还非常关心天下子民的安危祸福，常常委婉地提出自己的见解来缓解民困。如建议皇帝平时贮积以备荒年等，显示了她卓越的政治才能和见识。她对自己则严格要求，朱元璋要寻访她的家人封官时，她加以劝止，自己生病后知不久于人世，既不准为她祈祷，也不让请医，害怕连累医生，甚至连药也不服。临终时还劝诫朱元璋求贤纳谏、善始慎终。

读完此传，不觉对马皇后肃然起敬，作为封建社会出身卑微的一个女子，却有如此的胸襟、胆识和道德修养，实属难得。俗谓家有贤妻夫祸少，那么国有贤后是不是也少祸患呢？多亏了马皇后的仁慈与远识才使很多开国功臣得以幸存，也使朱元璋残酷粗暴的政策有所收敛和弥补。她虽贵为皇后却从不以富贵、名利略萦心上，一心想的是明皇朝和臣民的安危，甚至为怕朱元璋迁怒医生，生病拒不服药，一辈子都在为别人着想，怪不得猜忌粗暴的朱元璋也一直对她敬重、信赖，比之为唐长孙皇后呢！

靖难之役

原文：

建文元年夏六月，燕山百户倪谅告变，逮官校于谅、周铎等伏诛。下诏让王，并遣中官逮王府僚，王遂称疾笃。都指挥使谢贵、布政使张昺以兵守王宫。王密与僧道衍谋，令指挥张玉、朱能潜纳勇士八百人入府守卫。

秋七月癸酉，匿壮士端礼门，绐贵、昺入，杀之，遂夺九门。上书天子指泰、子澄为奸臣，并援《祖训》"朝无正臣，内有奸恶，则亲王训兵待命，天子密诏诸王统领镇兵讨平之"。书既发，遂举兵。自署官属，称其师曰"靖难"。拔居庸关，破怀来，执宋忠，取密云，克遵化，降永平。二旬众至数万。

明成祖

八月，天子以耿炳文为大将军，帅师致讨。己酉，师至真定，前锋抵雄县。壬子，王夜渡白沟河，围雄，拔其城，屠之。甲寅，都指挥潘忠、杨松自鄚州来援，伏兵擒之，遂据鄚州，还驻白沟。大将军部校张保来降，言大将军军三十万，先至者十三万，半营滹沱河南，半营河北。王惧与北军战，南军且乘之也，乃纵保归，俾扬言王帅兵且至，诱其军尽北渡河。壬戌，王至真定，与张玉、谭渊等夹击炳文军，大破之，获其副将李坚、宁忠及都督顾成等，斩首三万级。进围真定，二日不下，乃引去。天子闻炳文败，遣曹国公李景隆代领其军。九月戊辰，江阴侯吴高以辽东兵围永平。戊寅，景隆合兵五十万，进营河间。王语诸将曰："景隆色厉而中馁，闻我在必不敢遽来，不若往援永平以致其师。吴高怯不任战，我至必走，然后还击景隆。坚城在前，大军在后，必成擒矣。"丙戌，燕师援永平。壬辰，吴高闻王至，果走，追击败之。遂北趋大宁。

冬十月壬寅，以计入其城。居七日，挟宁王权，拔大宁之众及朵颜三卫卒俱南。乙卯，至会州。始立五军，张玉将中军，郑亨、何寿副之，朱能将左军，朱荣、李浚副之，李彬将右军，徐理、孟善副之；徐忠将前军，陈文、吴达副之；房宽将后军，和允中、毛整副之。丁巳，入松亭关。景隆闻王征大宁，果引军围北平，筑垒九门，世子坚守不战。十一月庚午，王次孤山。逻骑还报曰白河流澌不可渡。王祷于神，至则冰合，乃济师。景隆遣都督陈晖侦敌，道左，出王军后。王分军还击之，晖众争渡河，冰忽解，溺死无算。辛未，与景隆战于郑村坝。王以精骑先破其七营，诸将继至，景隆大败，奔还。乙亥，复上书自诉。十二月，景隆调兵德州，期以明年春大举。王乃谋侵大同，曰："攻大同，彼必赴救，大同苦寒，南军脆弱，且不战疲矣。"庚申，降广昌。

……

冬十月丁巳，都指挥花英援昭，败之峨眉山下，斩首万级，昭弃寨走。己卯，还北平。十一月乙巳，王自为文祭南北阵亡将士。当是时，王称兵三年矣。亲战阵，冒矢石，以身先士卒，常乘胜逐北，然亦屡濒于危。所克城邑，兵去旋复为朝廷守，仅据有北平、保定、永平三府而已。无何，中官被黜者来奔，具言京师空虚可取状。王乃慨然曰："频年用兵，何时已乎？要当临江一决，不复返顾矣。"十二月丙寅，复出师。

四年春正月乙未，由馆陶渡河。癸丑，徇徐州。三月壬辰，平安以四万骑蹑王军，王设伏淝河，大败之。丙午，遣谭清断徐州饷道，还至大店，为铁铉军所围。王引兵驰援，清突围出，合击败之。

夏四月丙寅，王营小河，为桥以济，平安趋争桥，陈文战死。平安军桥南，王军桥北，相持数日。平安转战，遇王于北坂，王几为安槊所及。番骑王骐跃入阵，掖王逸去。王曰："南军饥，更一二日饷至，猝未易破。"乃令千余人守桥，夜半渡河而南，绕出安军后。比旦，安始觉，适徐辉祖来会。甲戌，大战齐眉山下。时燕连失大将，淮士盛暑蒸湿，诸将请休军小河东，就麦观衅。王曰："今敌持久饥疲，遮其饷道，可以坐困，奈何北渡懈将士心。"乃下令欲渡河者左，诸将争趋左。王怒曰："任公等所之。"乃无敢复言。丁丑，何福等营灵璧，燕遮其饷道，平安分兵六万人护之。己卯，王帅精锐横击。断其军为二。何福空壁来援，王军少却，高煦伏兵起，福败走。辛巳，进薄其垒，破之，生擒平安、陈晖等三十七人，何福走免。五月己丑，下泗州，谒祖陵，赐父老牛酒。辛卯，盛庸扼淮南岸，朱能、丘福潜济袭走之，遂克盱眙。

癸巳，王集诸将议所向，或言宜取凤阳，或言先取淮安。王曰："凤阳楼橹完，淮安多积粟，攻之未易下。不若乘胜直趋扬州，指仪真，则淮、凤自震。我耀兵江上，京师孤危，必有内变。"诸将皆曰善。己亥，徇扬州，驻军江北。天子遣庆成郡主至军中，许割地以和，不听。六月癸丑，江防都督佥事陈瑄以舟师叛，附于王。甲寅，祭大江。乙卯，自瓜州渡，盛庸以海艘迎战，败绩。戊午，下镇江。庚申，次龙潭。辛酉，天子复遣大臣议割地，诸王继至，皆不听。乙丑，至金川门，谷王橞、李景隆等开门纳王，都城遂陷。是日，王分命诸将守城及皇城，还驻龙江，下令抚安军民。大索齐泰、黄子澄、方孝孺等五十余人，榜其姓名曰奸臣。丙寅，诸王群臣上表劝进。己巳，王谒孝陵。群臣备法驾，奉宝玺，迎呼万岁。王升辇，诣奉天殿即皇帝位。复周王橚、齐王榑爵。壬申，葬建文皇帝。丁丑，杀齐泰、黄子澄、方孝孺，并夷其族。坐奸党死者甚众。戊寅，迁兴宗孝康皇帝主于陵园，仍称懿文太子。

（选自《成祖本纪一》）

点评：

本篇节选了《成祖本纪一》。《成祖本纪》是《明史》中分量较重的一篇帝纪，可分为夺取帝位前和登极称帝后两个阶段。第一阶段主要叙述了燕王扫北、靖难之役、朱棣登极、诛杀建文余党等事件，此时的朱棣武功卓绝，雄才大略、野心勃勃，终于通过武力登上九五之尊，然而为巩固统治、排除异己，大开杀戒，残酷刻薄超出人们的想象。初，朱元璋吸取元君弱臣强终于覆亡的教训，分封子孙为藩王，拱卫皇朝，朱棣被封燕王，就藩北京，在扫荡元朝残余势力与肃清漠北时发挥了重要作用，自己的羽翼也渐渐丰满。建文继位，采取黄子澄、齐泰的建议削藩，朱棣乘建文孱弱，以靖难为名发难，靠多年累积的作战经验，步步为营，逼退官军，虽多次遇险，终于克敌制胜攻入南京城，登上皇位，诛杀齐泰、黄子澄外，对不俯首称臣的所谓建文余党施加各种酷刑，大肆株连杀戮，尤其诛方孝孺十族更令人发指。

第二阶段主要叙朱棣登上帝位后的文治武功，他虽为明第三代皇帝，但以武力夺取天下又多年戍守边境，颇有开国君主的气质，居安思危、俭朴勤政又颇肖乃父，他每天“四鼓以兴，衣冠静坐”，“思四方之事、缓急之宜”。上午早朝，下午晚朝，闲暇则阅览经史，未敢片刻偷闲，并且关心民瘼，事必亲闻，有灾荒则早报夕振，并爱惜下民，屡蠲租赋，自嗜俭朴，不喜纷华。对边疆问题，则刚柔并济，既多次率军亲征，肃清敌寇，又采取厚往薄来、朝贡贸易、设羁縻卫所等办法安抚少数民族，威德远播，四方宾服，入明朝贡者达三十多国，幅员广阔，近乎汉唐，武功卓绝，文治昌盛，是一个比较优秀的皇帝。但他在夺位之际的倒行逆施、残酷暴虐也为他的人生涂上一个污点。

中国历史上很多统治者治国有方、体恤下情，但对待皇位竞争者甚至功臣都过分猜忌、残酷无情，必欲除之而后快，这或许是“无毒不丈夫”的一个诠释吧!

方孝孺被夷十族

原文：

及惠帝即位，召为翰林侍讲。明年迁侍讲学士，国家大政事辄咨之。帝好读书，每有疑，即召使讲解。临朝奏事，臣僚面议可否，或命孝孺就扆前批答。时修《太祖实录》及《类要》诸书，孝孺皆为总裁。更定官制，孝孺改文学博士。燕兵起，廷议讨之，诏檄皆出其手。

建文三年，燕兵掠大名。王闻齐、黄已窜，上书请罢盛庸、吴杰、平安兵。孝孺建议曰：“燕兵久顿大名，天暑雨，当不战自疲。急令辽东诸将入山海关攻永平；真定诸将渡卢沟捣北平，彼必归救。我以大兵蹑其后，可成擒也。今其奏事适至，宜且与报书，往返逾月，使其将士心懈。我谋定势合，进而蹴之，不难矣。”帝以为然。命孝孺草诏，遣大理寺少卿薛嵓驰报燕，尽赦燕罪，使罢兵归籓。又为宣谕数千言授嵓，持至燕军中，密散诸将士。比至，嵓匿宣谕不敢出，燕王亦不奉诏。五月，吴杰、平安、盛庸发兵扰燕饷道。燕王复遣指挥武胜上书，伸前请。帝将许之。孝孺曰：“兵罢，不可复聚，愿毋为所惑。”帝乃诛胜以绝燕。未几，燕兵掠沛县，烧粮艘。时河北师老无功，而德州又馈饷道绝，孝孺深以为忧。以燕世子仁厚，其弟高煦狡谲，有宠于燕王，尝欲夺嫡，谋以计间之，使内乱。乃建议白帝：遣锦衣卫千户张安赍玺书往北平，赐世子。世子得书不启封，并安送燕军前。间不得行。

明年五月，燕兵至江北，帝下诏征四方兵。孝孺曰："事急矣。遣人许以割地，稽延数日，东南募兵渐集。北军不长舟楫，决战江上，胜负未可知也。"帝遣庆成郡主往燕军，陈其说。燕王不听。帝命诸将集舟师江上。而陈瑄以战舰降燕，燕兵遂渡江。时六月乙卯也。帝忧惧，或劝帝他幸，图兴复。孝孺力请守京城以待援兵，即事不济，当死社稷。乙丑，金川门启，燕兵入，帝自焚。是日，孝孺被执下狱。

先是，成祖发北平，姚广孝以孝孺为托，曰："城下之日，彼必不降，幸勿杀之。杀孝孺，天下读书种子绝矣。"成祖颔之。至是欲使草诏。召至，悲恸声彻殿陛。成祖降榻，劳曰："先生毋自苦，予欲法周公辅成王耳。"孝孺曰："成王安在？"成祖曰："彼自焚死。"孝孺曰："何不立成王之子？"成祖曰："国赖长君。"孝孺曰："何不立成王之弟？"成祖曰："此朕家事。"顾左右授笔札，曰："诏天下，非先生草不可。"孝孺投笔于地，且哭且骂曰："死即死耳，诏不可草。"成祖怒，命磔诸市。孝孺慨然就死，作绝命词曰："天降乱离兮孰知其由，奸臣得计兮谋国用犹。忠臣发愤兮血泪交流，以此殉君兮抑又何求？呜呼哀哉兮庶不我尤！"时年四十有六。其门人德庆侯廖永忠之孙镛与其弟铭，检遗骸瘗聚宝门外山上。

孝孺有兄孝闻，力学笃行，先孝孺死。弟孝友与孝孺同就戮，亦赋诗一章而死。妻郑及二子中宪、中愈先自经死，二女投秦淮河死。

孝孺工文章，醇深雄迈。每一篇出，海内争相传诵。永乐中，藏孝孺文者罪至死。门人王稌潜录为《侯城集》，故后得行于世。

仁宗即位，谕礼部："建文诸臣，已蒙显戮。家属籍在官者，悉宥为民，还其田土。其外亲戍边者，留一人戍所，余放还。"万历十三年三月，释坐孝孺谪戍者后裔，浙江、江西、福建、四川、广东凡千三百余人。而孝孺绝无后，惟克勤弟克家有子曰孝复。洪武二十五年尝上书阙下，请减信国公汤和所加宁海赋，谪戍庆远卫，以军籍获免。孝复子琬，后亦得释为民。世宗时，松江人俞斌自称孝孺后，一时士大夫信之，为纂《归宗录》。既而方氏察其伪，言于官，乃已。神宗初，有诏褒录建文忠臣，建表忠祠于南京，首徐辉祖，次孝孺云。

孝孺之死，宗族亲友前后坐诛者数百人。其门下士有以身殉者，卢原质、郑公智、林嘉猷，皆宁海人。

（选自《方孝孺列传》）

点评：

本篇选自《方孝孺列传》。方孝孺的闻名是因为他宁肯被诛十族也不肯投降的凛然气节，几百年后，犹有一种浩然正气长存于天地之间。

方孝孺是明初著名的政治家，父亲是当地的名儒，方孝孺从小就受到正统的儒学教育，长大后随父宦游时又受父以民为念、恪尽职守的言传身教，立志习圣人之道。其父被诛后，他师事当时的著名学者宋濂，学问在宋濂弟子中是最为出色的，但他不满足于著书立说，踌躇满志，想用所学来经世安邦。他的政治理想是：夷狄居外，以奉中国；君尽教养之职，民守奉上之义；君使臣以礼，臣事君以忠；不患父不慈，子贤亲自乐；父以义为良，妇以顺为令。治理国家应当尚德、缓刑，以修身、教化为主要方法。方孝孺曾经应召入京，颇守礼节，朱元璋对皇太子说："此壮士，当老其才。"建文帝继位后，召方孝孺为翰林侍讲，军国大事都征求他的意见。方孝孺为皇帝所倚重，有了用武之地，想把他自己的治世理想付诸实践，他辅助建文帝省刑、减赋，实行文治，力图改变洪武以来严峻苛急的统治政策。但改革刚一开始，就发生了靖难之役，方孝孺曾屡次为建文帝出击燕王之策，但燕王实力太盛，终无济于事。朱棣攻打南京之前，谋士姚广孝请求勿杀方孝孺，认为“杀方孝孺，则天下读书种子绝矣。”朱棣攻下南京之后，令方孝孺起草登基诏书，方孝孺坚决不从，朱棣劝说他：“先生何必自苦，予欲法周公辅成王耳。”方孝孺问：“成王安在?”朱棣说：“彼自焚死。”孝孺又问：“何不立成王之子?”朱棣说：“国赖长君。”孝孺又说：“何不立成王之弟?”朱棣被问得不耐烦，托言是其家事，又逼孝孺草诏，方以死相拒。朱棣遂威胁要诛其九族，方孝孺说诛十族也不草诏。朱棣真的残忍地诛他的九族，并把他的门生也抓来算做一族，并且每抓一个人，都先让方孝孺过目，方孝孺肝肠寸断，最终也没有屈服，被朱棣下令磔于市，并且把他称为建文奸党，明仁宗时才为他恢复名誉，称他是忠臣。

本篇纯用白描形式，不加赞语，但朱棣的残忍暴戾，方孝孺的刚贞不屈，却全都跃然纸上，令人或叹或恨，用笔极为简洁，使方孝孺坚贞的事迹流传千古的目的却达到了。方孝孺是一个地地道道的真儒生，他用鲜血和生命贯彻了孟子“舍身取义”的儒家思想，自身虽殒，却坚持贯彻了自己信奉的道义、原则，比起那些苟活于世却遭千古唾骂、自己也惶惶不可终日的贰臣来说，也算是一种幸福了。虽然靖难之役只是朱氏皇族内部争权夺位的斗争，方孝孺用十族的生命来反对篡位，在今天看来有些迂腐，但在当时儒生心中，君臣嫡庶的区别看得很重，这是儒生坚持的一套等级秩序，不容破坏，方孝孺实际上殉的是自己心中神圣的道义理想，这远比生命重要。

郑和下西洋

原文：

郑和，云南人，世所谓三保太监者也。初事燕王于藩邸，从起兵有功。累擢太监。成祖疑惠帝亡海外，欲踪迹之，且欲耀兵异域，示中国富强。永乐三年六月，命和及其侪王景弘等通使西洋。将士卒二万七千八百余人，多赍金币。造大舶，修四十四丈、广十八丈者六十二。自苏州刘家河泛海至福建，复自福建五虎门扬帆，首达占城，以次遍历诸番国，宣天子诏，因给赐其君长，不服则以武慑之。五年九月，和等还，诸国使者随和朝见。和献所俘旧港酋长。帝大悦，爵赏有差。旧港者，故三佛齐国也，其酋陈祖义，剽掠商旅。和使使招谕，祖义诈降，而潜谋邀劫。和大败其众，擒祖义，献俘，戮于都市。

六年九月，再往锡兰山。国王亚烈苦奈儿诱和至国中，索金币，发兵劫和舟。和觇贼大众既出，国内虚，率所统二千余人，出不意攻破其城，生擒亚烈苦奈儿及其妻子官属。劫和舟者闻之，还自救，官军复大破之。九年六月献俘于朝。帝赦不诛，释归国。是时，交阯已破灭，郡县其地，诸邦益震詟，来者日多。

十年十一月，复命和等往使，至苏门答剌。其前伪王子苏干剌者，方谋弑主自立，怒和赐不及己，率兵邀击官军。和力战，追擒之喃渤利，并俘其妻子，以十三年七月还朝。帝大喜，赉诸将士有差。

十四年冬，满剌加、古里等十九国咸遣使朝贡，辞还。复命和等偕往，赐其君长。十七年七月还。十九年春复往，明年八月还。二十二年正月，旧港酋长施济孙请袭宣慰使职，和赍敕印往赐之。比还，而成祖已晏驾。洪熙元年二月，仁宗命和以下番诸军守备南京。南京设守备，自和始也。宣德五年六月，帝以践阼岁久，而诸番国远者犹未朝贡，于是和、景弘复奉命历忽鲁谟斯等十七国而还。

和经事三朝，先后七奉使，所历占城、爪哇、真腊、旧港、暹罗、古里、满剌加、渤泥、苏门答剌、阿鲁、柯枝、大葛兰、小葛兰、西洋琐里、琐里、加异勒、阿拨把丹、南巫里、甘把里、锡兰山、喃渤利、彭亨、急兰丹、忽鲁谟斯、比剌、溜山、孙剌、木骨都束、麻林、剌撒、祖法儿、沙里湾泥、竹步、榜葛剌、天方、黎伐、那孤儿，凡三十余国。所取无名宝物，不可胜计，而中国耗废亦不赀。自宣德以还，远方时有至者，要不如永乐时，而和亦老且死。自和后，凡将命海表者，莫不盛称和以夸外番，故俗传三保太监下西洋，为明初盛事云。

当成祖时，锐意通四夷，奉使多用中贵。西洋则和、景弘，西域则李达，迤北则海童，而西番则率使侯显。

侯显者，司礼少监。帝闻乌思藏僧尚师哈立麻有道术，善幻化，欲致一见，因通迤西诸番。乃命显赍书币往迓，选壮士健马护行。元年四月奉使，陆行数万里，至四年十二月始与其僧偕来，诏驸马都尉沐昕迎之。帝延见奉天殿，宠赉优渥，仪仗鞍马什器多以金银为之，道路烜赫。五年二月建普度大斋于灵谷寺，为高帝、高后荐福。或言卿云、天花、甘露、甘雨、青鸟、青狮、白象、白鹤及舍利祥光，连日毕见，又闻梵呗天乐自空而下。帝益大喜，廷臣表贺，学士胡广等咸献《圣孝瑞应歌》诗。乃封哈立麻万行具足十方最胜圆觉妙智慧善普应祐国演教如来大宝法王西天大善自在佛，领天下释教，给印诰制如诸王，其徒三人亦封灌顶大国师，再宴奉天殿。显以奉使劳，擢太监。

十一年春复奉命，赐西番尼八剌、地涌塔二国。尼八剌王沙的新葛遣使随显入朝，表贡方物。诏封国王，赐诰印。十三年七月，帝欲通榜葛剌诸国，复命显率舟师以行，其国即东印度之地，去中国绝远。其王赛佛丁遣使贡麒麟及诸方物。帝大悦，锡予有加。榜葛剌之西，有国曰沼纳朴儿者，地居五印度中，古佛国也，侵榜葛剌。赛佛丁告于朝。十八年九月命显往宣谕，赐金币，遂罢兵。宣德二年二月复使显赐诸番，遍历乌斯藏、必力工瓦、灵藏、思达藏诸国而还。途遇寇劫，督将士力战，多所斩获。还朝，录功升赏者四百六十余人。

（选自《宦官列传》）

点评：

本篇选自《明史·宦官列传》，三宝太监郑和之所以为国人所熟知，主要是因为他在世界航海史上的贡献。他曾经七次下西洋，所率船队规模之大、历时之久及造船工艺之先进都是史无前例的。而且他的航海在时间上比迪亚士发现好望角、哥伦布发现美洲新大陆、达·伽马发现从欧洲直接通往亚洲的新航线，都要早七八百年，比麦哲伦到达菲律宾，要早一百多年。不仅是明代盛事，中华民族的骄傲，也是世界航海史上的创举。

郑和本姓马，小名三宝，故人称三宝太监，他是回族人。祖父、父亲都曾前往麦加朝拜，被称为“哈只”，为同乡所敬重。郑和 12 岁时投靠燕王朱棣，做了宦官。因为聪明才干，受到朱棣的赏识。靖难之役中，郑和跟随燕王作战，屡立战功，后升为内官监太监，赐姓郑。郑和经成祖、仁宗、宣宗三朝，七次奉命远航，历时近三十年，到达过南海及印

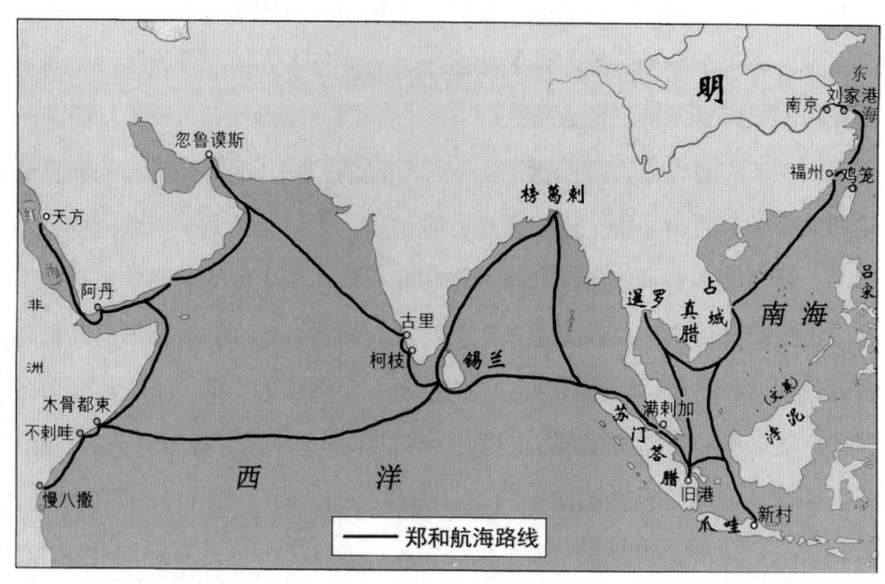

郑和航海路线图

度洋沿岸三十余回，行程十万余里。在太平洋到印度洋的广阔海域里，开辟了几十条海上航线。足迹东到我国的台湾省，西到赤道以南的非洲东海岸，南到爪哇，北到波斯湾、红海和麦加。航程之远及船队规模之大，为历史罕见。明成祖之所以派其远航，原因有二：一是在攻克南京之后，建文帝下落不明，又传闻说他逃往海外，成祖心中不安，派郑和前往查访；其二，也是主要的，是想借此炫耀明朝的富强和武力，召各国来朝，从而树立明皇朝和永乐皇帝的崇高威望。永乐三年（1405 年），朱棣派出大规模的船队，任郑和为正使，第一次浩浩荡荡南下，其船队包括 62 艘大船，载将士二万七千八百余人和大量的金、帛、货物。郑和所乘宝船船身最大的长四十四丈四尺，宽十八丈。船从苏州刘家河出海，先到福建，再从五虎门开拔，历占城、爪哇、苏门答腊、南巫里，至印度古里返航。南洋各国使者跟随船队来朝者甚多，成祖非常高兴，后又多次派他出海。郑和出使西洋的经历也不是一帆风顺的，经历过许多艰难险阻，甚至抵抗伏击，他都凭借着自己的勇武和机智，一一化解。如第一次航海途中，途经旧港，酋长陈祖义为非作歹，凭其豪横，称霸海上，劫持过往商旅，被郑和缚回南京，杀于都市，除掉了海上的一大障碍。

郑和七次下西洋，不仅使明朝威震海外，而且促进了明同各国的海外贸易，互市通商者络绎不绝，而且郑和远航也保留了大量的航海资料，丰富了人们的地理知识，开阔了人们的视野。但是郑和下西洋耗资巨大，朝贡贸易多入不敷出，带出去的是丝绸、珠宝、瓷器，换回来的多为珍珠、玛瑙、珊瑚等奢侈品，只供朝廷享用，不是民间所需要的。因此随着明国力的衰微，这种远航也停止了，并没有像欧洲的远航那样发挥着促进本国经济及资本主义产生的作用。

于谦留得清白在人间

原文：

十三年以兵部左侍郎召。明年秋，也先大入寇，王振挟帝亲征。谦与尚书邝埜极谏，不听。埜从治兵，留谦理部事。及驾陷土木，京师大震，众莫知所为。郕王监国，命群臣议战守。侍讲徐珵言星象有变，当南迁。谦厉声曰："言南迁者，可斩也。京师天下根本，一动则大事去矣，独不见宋南渡事乎！"王是其言，守议乃定。时京师劲甲精骑皆陷没，所余疲卒不及十万，人心震恐，上下无固志。谦请王檄取两京、河南备操军，山东及南京沿海备倭军，江北及北京诸府运粮军，亟赴京师。以次经画部署，人心稍安。即迁本部尚书。

郕王方摄朝，廷臣请族诛王振。而振党马顺者，辄叱言官。于是给事中王竑廷击顺，众随之。朝班大乱，卫卒声汹汹。王惧欲起，谦排众直前掖王止，且启王宣谕曰："顺等罪当死，勿论。"众乃定。谦袍袖为之尽裂。退出左掖门，吏部尚书王直执谦手叹曰："国家正赖公耳。今日虽百

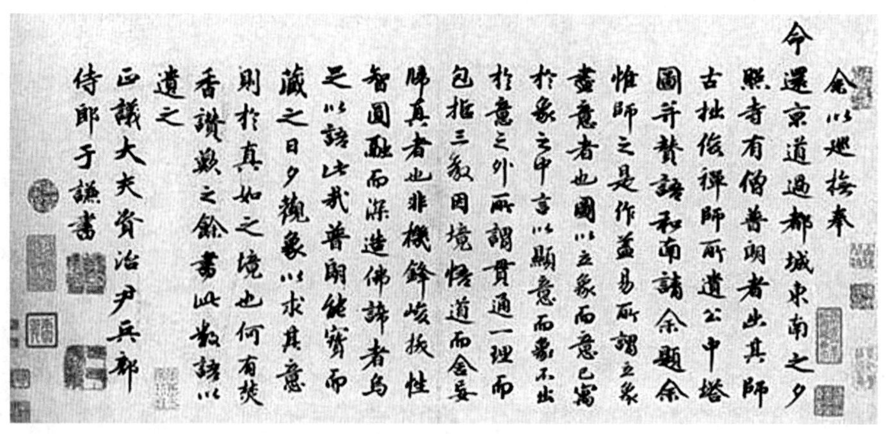
余以巡撫奉
命還京道過鄴城東南之夕
照寺有僧普朗者出其師
古拙俊禪師所遺公中塔
圖并贊詩和南請余題余
惟師之是作蓋易所謂立象
盡意者也圖以立象而意已寓
於象之中言以顯意而意不出
於意之外所謂貫通一理而
包括三教因境悟道而舍妄
歸真者也非機鋒峻拔性
智圓融而深造佛諦者烏
足以語此哉普朗能寶而
藏之日夕觀象以求其意
則於真如之境也何有焚
香讚歎之餘書此數語以
遺之
正議大夫資治尹兵部
侍郎于謙書

于谦手书《题公中塔图赞》

王直何能为！”当是时，上下皆倚重谦，谦亦毅然以社稷安危为己任。

初，大臣忧国无主，太子方幼，寇且至，请皇太后立郕王。王惊谢至再。谦扬言曰：“臣等诚忧国家，非为私计。”王乃受命。九月，景帝立，谦入对，慷慨泣奏曰：“寇得志，要留大驾，势必轻中国，长驱而南。请饬诸边守臣协力防遏。京营兵械且尽，宜亟分道募民兵，令工部缮器甲。遣都督孙镗、卫颖、张軏、张仪、雷通分兵守九门要地，列营郭外。都御史杨善、给事中王竑参之。徙附郭居民入城。通州积粮，令官军自诣关支，以赢米为之直，毋弃以资敌。文臣如轩輗者，宜用为巡抚。武臣如石亨、杨洪、柳溥者，宜用为将帅。至军旅之事，臣身当之，不效则治臣罪。”帝深纳之。

十月敕谦提督各营军马。而也先挟上皇破紫荆关直入，窥京师。石亨议敛兵坚壁老之。谦不可，曰：“奈何示弱，使敌益轻我。”亟分遣诸将，率师二十二万，列阵九门外：都督陶瑾安定门，广宁伯刘安东直门，武进伯朱瑛朝阳门，都督刘聚西直门，镇远侯顾兴祖阜成门，都指挥李端正阳门，都督刘得新崇文门，都指挥汤节宣武门，而谦自与石亨率副总兵范广、武兴陈德胜门外，当也先。以部事付侍郎吴宁，悉闭诸城门，身自督战。下令，临阵将不顾军先退者，斩其将。军不顾将先退者，后队斩前队。于是将士知必死，皆用命。副总兵高礼、毛福寿却敌彰义门北，擒其长一人。帝喜，令谦选精兵屯教场以便调用，复命太监兴安、李永昌同谦理军务。

初，也先深入，视京城可旦夕下。及见官军严阵待，意稍沮。叛阉喜宁嗾使邀大臣迎驾，索金帛以万万计，复邀谦及王直、胡濙等出议。帝不许，也先气益沮。庚申，寇窥德胜门。谦令亨设伏空舍，遣数骑诱敌。敌以万骑来薄，副总兵范广发火器，伏起齐击之。也先弟孛罗、平章卯那孩中炮死。寇转至西直门，都督孙堂御之，亨亦分兵至，寇引退。副总兵武兴击寇彰义门，与都督王敬挫其前锋。寇且却，而内官数百骑欲争功，跃马竞前。阵乱，兴被流矢死，寇逐至土城。居民升屋，号呼投砖石击寇，哗声动天。王竑及福寿援至，寇乃却。相持五日，也先邀请既不应，战又不利，知终弗可得志，又闻勤王师且至，恐断其归路，遂拥上皇由良乡西去。谦调诸将追击，至关而还。论功，加谦少保，总督军务。谦曰："四郊多垒，卿大夫之耻也，敢邀功赏哉!"固辞，不允。乃益兵守真、保、涿、易诸府州，请以大臣镇山西，防寇南侵。

……

景泰八年正月壬午，亨与吉祥、有贞等既迎上皇复位，宣谕朝臣毕，即执谦与大学士王文下狱。诬谦等与黄竑构邪议，更立东宫；又与太监王诚、舒良、张永、王勤等谋迎立襄王子。亨等主其议，嗾言官上之。都御史萧惟祯定谳。坐以谋逆，处极刑。文不胜诬，辩之疾，谦笑曰："亨等意耳，辩何益?"奏上，英宗尚犹豫曰："于谦实有功。"有贞进曰："不杀于谦，此举为无名。"帝意遂决。丙戌，改元天顺，丁亥，弃谦市，籍其家，家戍边。遂溪教谕吾豫言谦罪当族，谦所荐举诸文武大臣并应诛。部议持之而止。千户白琦又请榜其罪，镂板示天下，一时希旨取宠者，率以谦为口实。

谦自值也先之变，誓不与贼俱生。尝留宿直庐，不还私第。素病痰，疾作，景帝遣兴安、舒良更番往视。闻其服用过薄，诏令上方制赐，至醯菜毕备。又亲幸万岁山，伐竹取沥以赐。或言宠谦太过，兴安等曰："彼日夜分国忧，不问家产，即彼去，令朝廷何处更得此人?"及籍没，家无余资，独正室鐍钥甚固。启视，则上赐蟒衣、剑器也。死之日，阴霾四合，天下冤之。指挥朵儿者，本出曹吉祥部下，以酒酹谦死所，恸哭。吉祥怒，抶之。明日复酹奠如故。都督同知陈逵感谦忠义，收遗骸殡之。逾年，归葬杭州。逵，六合人。故举将才，出李时勉门下者也。皇太后初不知谦死，比闻，嗟悼累日。英宗亦悔之。

（选自《于谦列传》）

点评：

本篇选自《于谦列传》。于谦曾写过一首《咏石灰》的诗言志：“千锤万凿出深山，烈火焚烧若等闲。粉身碎骨浑不怕，要留清白在人间。”这首诗也成了他毕生的写照。本传主要通过于谦巡抚地方时清正廉洁、挺身保卫京城挽明朝于危难之中及改革军制巩固边防和英宗复辟忠义被斩等事塑造了一个光明磊落、忠君爱民的千古社稷之臣形象。

于谦任地方巡抚时非常关心民事，想方设法兴利除弊，为人民解除痛苦，为地方干了很多好事，深得百姓爱戴，以至民间呼为“于龙图”比之包拯，而贪官污吏、盗贼响马则深惧之，避之唯恐不及，当时朝臣贿赂成风，然而每次于谦进京皆不带任何礼品，从不送礼，有人劝他哪怕带些线香、蘑菇、手帕送礼也行，于谦则举袖笑道：“只带两袖清风”。为此特写诗自勉曰：“手帕蘑菇与线香，本资民用反为殃。清风两袖朝天去，免得闾阎话短长。”死后被抄家，发现其家无余财唯正室锁闭，打开一看，只有景帝赐的蟒衣、剑器。土木堡之变后，明廷一片恐慌、混乱，面对瓦剌的进军，官员们吓破了胆，为保自家性命，主张放弃京城，鼓吹逃跑。于谦在危难之中以国家利益为重，挺身而出，斥责主张逃跑的人，也促使监国朱祁钰下定了坚守北京城的决心，全城军民在他的带动下也同仇敌忾，决定共赴国难。

明廷把抗击瓦剌、保卫北京、捍卫明朝的任务交给于谦，于谦也慨然以天下为己任，以高度的爱国热情及总揽全局的魄力采取了一系列措施，充实北京防御力量，安定人心，在广大军民支持下，指挥若定，取得了北京保卫战的胜利，击退了瓦剌的进攻，捍卫了京城，使明朝转危为安。在论功行赏时，他又诚心推辞，丝毫不计个人名利地位，把胜利归功于将士，自己又去考虑如何巩固边防了。他冲破阻力整饬武备，选派将领镇守边防重地，又从原先京军三大营中选拔骁勇骠悍之士集中训练组成团营，使号令划一，兵将相习，大大提高了军队战斗力及边疆防御能力。也先屡吃败仗，遂放回英宗，他本人因骄横也被部下刺杀，瓦剌从此无力南侵，于谦功不可没。于谦为人清正廉洁且刚正不阿，引起曹吉祥、徐有贞、石亨等小人嫉恨，他们遂串通起来发动“夺门之变”，英宗复辟，于谦因谗被杀。噩耗传出，天下为之叫冤，人们用不同方式祭奠、追念英烈，纵是曹吉祥部下亦抱于尸痛哭，被毒打后仍去哭祭，可见人们对他多么敬仰追念。于谦在明宪宗时得到昭雪，尸骨同岳飞一样安葬于西湖畔。

“赖有岳于双少保，人间始觉重西湖”。于谦长已矣，但他的高风亮节却永留世间并鼓舞着一代代华夏儿女。

严嵩戕害忠良

原文：

严嵩，字惟中，分宜人。……

嵩归日骄。诸宗藩请恤乞封，挟取贿赂。子世蕃又数关说诸曹。南北给事、御史交章论贪污大臣，皆首嵩。嵩每被论，亟归诚于帝，事辄已。帝或以事谘嵩，所条对平无奇，帝必故称赏，欲以讽止言者。嵩科第先夏言，而位下之。始倚言，事之谨，尝置酒邀言，躬诣其第，言辞不见。嵩布席，展所具启，跽读。言谓嵩实下己，不疑也。帝以奉道尝御香叶冠，因刻沈水香冠五，赐言等。言不奉诏，帝怒甚。嵩因召对冠之，笼以轻纱。帝见，益内亲嵩。嵩遂倾言，斥之。言去，醮祀青词，非嵩无当帝意者。

二十一年八月拜武英殿大学士，入直文渊阁，仍掌礼部事。时嵩年六十余矣。精爽溢发，不异少壮。朝夕直西苑板房，未尝一归洗沐，帝益谓嵩勤。……

严嵩

久之，帝微觉嵩横。时赞老病罢，璧死，乃复用夏言，帝为加嵩少师以慰之。言至，复盛气陵嵩，颇斥逐其党，嵩不能救。子世蕃方官尚宝少卿，横行公卿间。言欲发其罪，嵩父子大惧，长跪榻下泣谢，乃已。知陆炳与言恶，遂与比而倾言。世蕃迁太常少卿，嵩犹畏言，疏遣归省墓。嵩寻加特进，再加华盖殿大学士。窥言失帝眷，用河套事构言及曾铣，俱弃市。已而南京吏部尚书张治、国子祭酒李本以疏远擢入阁，益不敢预可否。嵩既倾杀言，益伪恭谨。言尝加上柱国，帝亦欲加嵩，嵩乃辞曰："尊无二上，上非人臣所宜称。国初虽设此官，左相国达，功臣第一，亦止为左柱国。乞陛下免臣此官，著为令典，以昭臣节。"帝大喜，允其辞，而以世蕃为太常卿。

嵩无他才略，惟一意媚上，窃权罔利。帝英察自信，果刑戮，颇护己短，嵩以故得因事激帝怒，戕害人以成其私。张经、李天宠、王忬之死，嵩皆有力焉。前后劾嵩、世蕃者，谢瑜、叶经、童汉臣、赵锦、王宗茂、何维柏、王晔、陈垲、厉汝进、沈炼、徐学诗、杨继盛、周铁、吴时来、张翀、董传策皆被谴。经、炼用他过置之死，继盛附张经疏尾杀之。他所不悦，假迁除考察以斥者甚众，皆未尝有迹也。

……

帝尝以嵩直庐隘，撤小殿材为营室，植花木其中，朝夕赐御膳、法酒。嵩年八十，听以肩舆入禁苑。帝自十八年葬章圣太后后，即不视朝，自二十年宫婢之变，即移居西苑万寿宫，不入大内，大臣希得谒见，惟嵩独承顾问，御札一日或数下，虽同列不获闻，以故嵩得逞志。然帝虽甚亲礼嵩，亦不尽信其言，间一取独断，或故示异同，欲以杀离其势。嵩父子独得帝窾要，欲有所救解，嵩必顺帝意痛诋之，而婉曲解释以中帝所不忍。即欲排陷者，必先称其善而以微言中之，或触帝所耻与讳。以是移帝喜怒，往往不失。士大夫辐辏附嵩，时称文选郎中万寀、职方郎中方祥等为嵩文武管家。尚书吴鹏、欧阳必进、高燿、许论辈，皆惴惴事嵩。

嵩握权久，遍引私人居要地。帝亦浸厌之，而渐亲徐阶。……嵩虽警敏，能先意揣帝指，然帝所下手诏，语多不可晓，惟世蕃一览了然，答语无不中。及嵩妻欧阳氏死，世蕃当护丧归，嵩请留侍京邸。帝许之，然自是不得入直所代嵩票拟，而日纵淫乐于家。嵩受诏多不能答，遣使持问世蕃。值其方耽女乐，不以时答。中使相继促嵩，嵩不得已自为之，往往失旨。所进青词，又多假手他人不能工，经此积失帝欢。会万寿宫火……

未几，帝入方士蓝道行言，有意去嵩。御史邹应龙避雨内侍家，知其事，抗疏极论嵩父子不法，曰："臣言不实，乞斩臣首以谢嵩、世蕃。"帝降旨慰嵩，而以嵩溺爱世蕃，负眷倚，令致仕，驰驿归，有司岁给米百石，下世蕃于理。嵩为世蕃请罪，且求解，帝不听。

（选自《奸臣列传》）

点评：

严嵩的形象因为很多艺术作品的描绘，奸臣状已深入人心，"三言、二拍"中著名的《沈小霞相会出师表》即反映了严氏父子对忠贞之士沈炼一家的迫害及百姓对严嵩的痛恨和对沈家的赞扬、同情。文学、艺术作品虽将严氏父子脸谱化，但其描述的事迹大体不差，严嵩确实是明中期为祸甚剧的一大奸相。

严嵩是江西分宜人，出身寒士，少年时颇聪慧，既通音律，又善联句，孝宗朝中进士，选入翰林院，当时的阁臣都很认可他的才华，后因病请归，隐居读书长达十年。他当时与人酬唱的一些诗词如“地僻柴门堪系马，家贫焦叶可供书。莺花对酒三春暮，风雅闻音百代余”等，就反映了他此时的隐居生活：清贫、宁静，有田园诗的意兴。此时的严嵩还没有变坏，并且“颇著清誉”。正德中，严嵩还朝复官，颇有清官作风，对武宗朝政多所批评。嘉靖帝即位后，因大礼议跟朝臣有着激烈争斗，严嵩既未附和皇帝也没有像正直的旧官僚那样据理力争，与批评武宗朝政时的清正刚直相比，严嵩的心理开始发生变化，追求荣华富贵、功名利禄，为官做人渐不能坚持正道。嘉靖七年（1528年），严嵩任礼部右侍郎，步入上层官僚之列，也有更多机会接近皇帝，他先后改任户部、吏部侍郎及礼部尚书。因世宗对仪礼颇为重视，所以礼部官员的地位在当时很重要，往往是入阁的阶梯，严嵩遂频频受到皇帝的接见，有时一日召见两三次甚至夜深才出宫。嘉靖十七年（1538年），有人上书请求为世宗生父献皇帝上庙号称宗以入太庙，献皇帝本为藩王从未做过皇帝，本无资格入太庙，朝中大臣包括严嵩等都想加以阻止，世宗大怒，严词质问群臣，严嵩见势不妙立即掉转风向尽改前说，并且帮助规划礼仪，甚为周详殷勤，博得世宗好感，得到入值西苑的特权，成为皇帝亲信，严嵩也从此走上了阿谀奉承、一意媚上、争权夺利、陷害忠良的不归路，他开始向首辅的目标迈进，一个巨大的拦路石就是当时得宠的阁臣夏言，严嵩表面对夏非常恭敬，微言卑辞，夏言认为严嵩真的对自己服从、谦让，就不再防范他。严嵩却抓住机会在世宗面前阴损夏言，终将其逐出内阁，自己取而代之。世宗性情乖僻多变且刚愎自用，善护己短，严嵩固宠的诀窍是勤勉加上温顺，他入值西苑时朝夕奉侍，衣不解带几十日，以60岁的年纪勤奋不输少壮，世宗对此深为赞赏。严嵩知帝多疑，总是装出特别恭敬的样子，有政绩就归功于帝，自己似木讷不能言，并且假意引同僚共同入阁掌事，使帝知其无意专权，他还特别善于揣摩皇帝心思以成其奸，他要为党羽开脱罪责，总是先顺着帝意将其痛骂一番，然后曲折地帮其解释，让皇帝自己意识到那人是忠臣不该杀。如果严嵩要陷害别人，则欲抑先扬先对其极力称赞，然后再巧妙地中伤或捏造一些言行，让皇帝觉得那人对己不忠，故意触动皇帝忌讳，引帝大怒，怒惩那人，用这种方法，严嵩同一些奸邪小人结党营私，沆瀣一气，揽夺了朝政大权，同时大肆陷害忠良，除掉绊脚石，使自己的爪牙盘踞各地，贪污受贿，吞没军饷，导致国库空虚，财政萎缩，军备废弛。他自己则富可敌国，并且纵容、宠溺恶子严世蕃胡作非为，朝政皆委于其子，严世蕃则花天酒地极尽奢侈之能事。严嵩权势超过他以前的任何一个阁臣，当时的士大夫经常以父呼之，次相徐阶也只能仰其鼻息。后皇帝也渐觉严嵩之用权专横，徐阶和邹应龙趁机借道士之口指严为奸臣，迷信道教的世宗遂勒令严嵩致仕，严世蕃后因谋反被斩，严嵩亦老病而死，晚景凄凉。

选文截取了严嵩一意媚上及戕害忠良、排除异己的故事。严嵩的可怕不在于他的纳贿与专权，而在于他的阴毒，在于他的貌似忠顺木讷实则包藏祸心，多少仁人志士因此家破人亡。但多行不义必自毙，最后其子被诛，严嵩本人则寄食墓庐而死，不可谓不悲矣！

刚正不阿海青天

原文：

时世宗享国日久，不亲朝，深居西苑，专意斋醮。督抚大吏争上符瑞，礼官辄表贺。廷臣自杨最、杨爵得罪后，无敢言时政者。四十五年二月，瑞独上疏曰：

臣闻君者天下臣民万物之主也，其任至重。欲称其任，亦惟以责寄臣工，使尽言而已。臣请披沥肝胆，为陛下陈之。

昔汉文帝贤主也，贾谊犹痛哭流涕而言。非苛责也，以文帝性仁而近柔，虽有及民之美，将不免于怠废，此谊所大虑也。陛下天资英断，过汉文远甚。然文帝能充其仁恕之性，节用爱人，使天下贯朽粟陈，几致刑措。陛下则锐精未久，妄念牵之而去，反刚明之质而误用之。至谓遐举可得，一意修真，竭民脂膏，滥兴土木，二十余年不视朝，法纪弛矣。数年推广事例，名器滥矣。二王不相见，人以为薄于父子。以猜疑诽谤戮辱臣下，人以为薄于君臣。乐西苑而不返，人以为薄于夫妇。吏贪官横，民不聊生，水旱无时，盗贼滋炽。陛下试思今日天下，为何如乎？

迩者严嵩罢相，世蕃极刑，一时差快人意。然嵩罢之后，犹嵩未相之前而已，世非甚清明也，不及汉文帝远甚。盖天下之人不直陛下久矣。古者人君有过，赖臣工匡弼。今乃修斋建醮，相率进香，仙桃天药，同辞表贺。建宫筑室，则将作竭力经营；购香市宝，则度支差求四出。陛下误举之，而诸臣误顺之，无一人肯为陛下正言者，谀之甚也。然愧心馁气，退有后言，欺君之罪何如！

夫天下者，陛下之家，人未有不顾其家者，内外臣工皆所以奠陛下之家而磐石之者也。一意修真，是陛下之心惑。过于苛断，是陛下之情偏。而谓陛下不顾其家，人情乎？诸臣徇私废公，得一官多以欺败，多以不事事败，实有不足当陛下意者。其不然者，君心臣心偶不相值也，而遂谓陛下厌薄臣工，是以拒谏。执一二之不当，疑千百之皆然，陷陛下于过举，而恬不知怪，诸臣之罪大矣。《记》曰“上人疑则百姓惑，下难知则君长劳”，此之谓也。

且陛下之误多矣，其大端在于斋醮。斋醮所以求长生也。自古圣贤垂训，修身立命曰“顺受其正”矣，未闻有所谓长生之说。尧、舜、禹、汤、文、武，圣之盛也，未能久世，下之亦未见方外士自汉、唐、宋至今存者。陛下受术于陶仲文，以师称之。仲文则既死矣，彼不长生，而陛下何独求之？至于仙桃天药，怪妄尤甚。昔宋真宗得天书于乾祐山，孙奭曰：“天何言哉？岂有书也！”桃必采而后得，药必制而后成。今无故获此二物，是有足而行耶？曰天赐者，有手执而付之耶？此左右奸人，造为妄诞以欺陛下，而陛下误信之，以为实然，过矣。

陛下又将谓悬刑赏以督责臣下，则分理有人，天下无不可治，而修真为无害已乎？太甲曰：“有言逆于汝心，必求诸道；有言逊于汝志，必求诸非道。”用人而必欲其唯言莫违，此陛下之计左也。既观严嵩，有一不顺陛下者乎？昔为同心，今为戮首矣。梁材守道守官，陛下以为逆者也，历任有声，官户部者至今首称之。然诸臣宁为嵩之顺，不为材之逆，得非有以窥陛下之微，而潜为趋避乎？即陛下亦何利于是。

陛下诚知斋醮无益，一旦翻然悔悟，日御正朝，与宰相、侍从、言官讲求天下利害，洗数十年之积误，置身于尧、舜、禹、汤、文、武之间，使诸臣亦得自洗数十年阿君之耻，置其身于皋、夔、伊、傅之列，天下何忧不治，万事何忧不理。此在陛下一振作间而已。释此不为，而切切于轻举度世，敝精劳神，以求之于系风捕影、茫然不可知之域，臣见劳苦终身，而终于无所成也。今大臣持禄而好谀，小臣畏罪而结舌，臣不胜愤恨。是以冒死，愿尽区区，惟陛下垂听焉。

帝得疏，大怒，抵之地，顾左右曰：“趣执之，无使得遁！”宦官黄锦在侧曰："此人素有痴名。闻其上疏时，自知触忤当死，市一棺，诀妻子，待罪于朝，僮仆亦奔散无留者，是不遁也。"帝默然。少顷复取读之，日再三，为感动太息，留中者数月。尝曰："此人可方比干，第朕非纣耳。"会帝有疾，烦懑不乐，召阁臣徐阶议内禅，因曰："海瑞言俱是。朕今病久，安能视事。"又曰："朕不自谨惜，致此疾困。使朕能出御便殿，岂受此人诟詈耶?"遂逮瑞下诏狱，究主使者。寻移刑部，论死。狱上，仍留中。户部司务何以尚者，揣帝无杀瑞意，疏请释之。帝怒，命锦衣卫杖之百，锢诏狱，昼夜搒讯。越二月，帝崩，穆宗立，两人并获释。

（选自《海瑞列传》）

点评：

本篇选自《海瑞列传》。海瑞是明中后期著名的清官，他历嘉靖、隆庆、万历三朝，当时明已政治污浊，风气败坏，海瑞却能严于律己，恪守

海瑞墓

朝廷法令与道德规范，不畏权势，敢于为民请命，革弊兴利，又洁身自好，生活清贫，不爱钱财，终于以自己的言行赢得了人民的爱戴，被称为“海青天”。

本传通过几件典型事例塑造了刚正不阿、疾恶如仇、爱民如子、两袖清风的“海青天”形象。海瑞任南平教谕时，学官莅校视察，教官皆跪拜，独海瑞认为学校为养士重地，师长应受尊敬，坚持不跪，不谀上官，仅长揖而已；他任淳安知县时，丈田均赋，清查积弊，裁革冗费，整顿吏治，使民困渐苏，自己却清苦自持，衣服破旧单薄，为母做寿仅买肉二斤。并不畏强权，严惩作恶的总督之子，对扰民的都御史也敢直言抗拒。去县之日，人人放声痛哭，“如丧父母”；任户部主事时，对崇信道教、劳民伤财、刚愎自用的嘉靖皇帝敢于犯颜直谏并备好棺材、诀别妻子、冒死上《治安疏》，震惊朝野，为万人钦仰；任江南巡抚时，挫抑豪强，救扶穷弱，整修水利，触动豪门。因此贬官也毫无惧色，离开江南之日，江南小民“号泣载道，家绘像祀之。”

海瑞一生都为国家长治久安和百姓的富足安康辛劳，但自己却清贫一世，家无余财，他的清苦在当时的官僚中是很罕见的。

海瑞虽逝，但其清名却历千载而不衰，他的清正廉洁、爱民如子、不畏强权的高大形象也永留世人心中。他不仅是封建官僚中的佼佼者，也可为社会主义公仆的典范。

张居正匡救时弊

原文：

帝虚己委居正，居正亦慨然以天下为己任，中外想望丰采。居正劝帝遵守祖宗旧制，不必纷更，至讲学、亲贤、爱民、节用皆急务。帝称善。大计廷臣，斥诸不职及附丽拱者。复具诏召群臣廷饬之，百僚皆惕息。帝当尊崇两宫。故事，皇后与天子生母并称皇太后，而徽号有别。保欲媚帝生母李贵妃，风居正以并尊。居正不敢违，议尊皇后曰仁圣皇太后，皇贵妃曰慈圣皇太后，两宫遂无别。慈圣徙乾清宫，抚视帝，内任保，而大柄悉以委居正。

张居正

居正为政，以尊主权、课吏职、信赏罚、一号令为主。虽万里外，朝下而夕奉行。黔国公沐朝弼数犯法，当逮，朝议难之。居正擢用其子，驰使缚之，不敢动。既至，请贷其死，锢之南京。漕河通，居正以岁赋逾春，发水横溢，非决则涸，乃采漕臣议，督艘卒以孟冬月兑运，及岁初毕发，少罹水患。行之久，太仓粟充盈，可支十年。互市饶马，乃减太仆种马，而令民以价纳，太仆金亦积四百余万。又为考成法以责吏治。初，部院覆奏行抚按勘者，尝稽不报。居正令以大小缓急为限，误者抵罪。自是，一切不敢饰非，政体为肃。南京小奄醉辱给事中，言者请究治。居正谪其尤激者赵参鲁于外以悦保，而徐说保裁抑其党，毋与六部事。其奉使者，时令缇骑阴诇之。其党以是怨居正，而心不附保。

居正以御史在外，往往凌抚臣，痛欲折之。一事小不合，诟责随下，又敕其长加考察。给事中余懋学请行宽大之政，居正以为风己，削其职。御史傅应祯继言之，尤切。下诏狱，杖戍。给事中徐贞明等群拥入狱，视具橐饘，亦逮谪外。御史刘台按辽东，误奏捷。居正方引故事绳督之，台抗章论居正专恣不法，居正怒甚。帝为下台诏狱，命杖百，远戍。居正阳具疏救之，仅夺其职。已，卒戍台。由是诸给事御史益畏居正，而心不平。

当是时，太后以帝冲年，尊礼居正甚至，同列吕调阳莫敢异同。及吏部左侍郎张四维入，恂恂若属吏，不敢以僚自处。

居正喜建竖，能以智数驭下，人多乐为之尽。俺答款塞，久不为害。独小王子部众十余万，东北直辽左，以不获通互市，数入寇。居正用李成梁镇辽，戚继光镇蓟门。成梁力战却敌，功多至封伯，而继光守备甚设。居正皆右之，边境晏然。两广督抚殷正茂、凌云翼等亦数破贼有功。浙江兵民再作乱，用张佳胤往抚即定，故世称居正知人。然持法严。核驿递，省冗官，清庠序，多所澄汰。公卿群吏不得乘传，与商旅无别。郎署以缺少，需次者辄不得补。大邑士子额隘，艰于进取。亦多怨之者。

时承平久，群盗猬起，至入城市劫府库，有司恒讳之，居正严其禁。匿弗举者，虽循吏必黜。得盗即斩决，有司莫敢饰情。盗边海钱米盈数，例皆斩，然往往长系或瘐死。居正独亟斩之，而追捕其家属。盗贼为衰止。而奉行不便者，相率为怨言，居正不恤也。

慈圣太后将还慈宁宫，谕居正谓："我不能视皇帝朝夕，恐不若前者之向学、勤政，有累先帝付托。先生有师保之责，与诸臣异。其为我朝夕纳诲，以辅台德，用终先帝凭几之谊。"因赐坐蟒、白金、彩币。未几，丁父忧。帝遣司礼中官慰问，视粥药，止哭，络绎道路，三宫赙赠甚厚。

户部侍郎李幼孜欲媚居正，倡夺情议，居正惑之。冯保亦固留居正。诸翰林王锡爵、张位、赵志皋、吴中行、赵用贤、习孔教、沈懋学辈皆以为不可，弗听。吏部尚书张瀚以持慰留旨，被逐去。御史曾士楚、给事中陈三谟等遂交章请留。中行、用贤及员外郎艾穆、主事沈思孝、进士邹元标相继争之。皆坐廷杖，谪斥有差。时彗星从东南方起，长亘天。人情汹汹，指目居正，至悬谤书通衢。帝诏谕群臣，再及者诛无赦，谤乃已。于是使居正子编修嗣修与司礼太监魏朝驰传往代司丧。礼部主事曹诰治祭，工部主事徐应聘治丧。居正请无造朝，以青衣、素服、角带入阁治政，侍经筵讲读，又请辞岁俸。帝许之。及帝举大婚礼，居正吉服从事。给事中李涞言其非礼，居正怒，出为佥事。时帝顾居正益重，常赐居正札，称“元辅张少师先生”，待以师礼。

（选自《张居正列传》）

点评：

本篇选自《张居正列传》。张居正是明中后期较有才干的政治家、改革家，他为挽救明王朝危亡而从事的改革对扫除积弊、澄清吏治、抑制豪强、安定人民生活起到了重要作用，他推行的“一条鞭法”更是中国赋税史上的重大变革。

张居正早年即与高拱、戚继光等整顿北边武备，并在此基础上同以俺答为首的蒙古右翼诸部建立了封贡互市关系，使北方边塞数十年无事。明神宗即位后，他与太监冯保合谋，逐走高拱，自任首辅，掌握朝廷大权，进行改革。他用考成法整顿官僚机构，任用支持改革的人士，课吏职、信赏罚、一号令，提高行政效率，又加强内阁职权，抑制宦官势力，巩固中央集权，并积极推行“一条鞭法”，清丈田亩，查革冒免，增加政府财政收入，还治理黄河、淮河，减轻水患，使漕运畅通，对周边民族则“外示羁縻，内修战备”，整饬边防，改善民族关系。神宗初年政治清明，财政收入增加，人民安定，边疆肃静，统治渐有起色，全赖张居正之力，可谓治国之栋梁，救世之重臣，但他操国柄既久，功高震主，又骄矜偏恣，后期任人唯亲，受贿敛财，引起诸同僚不满，终于祸发身后，连累子孙，不可不为重臣戒！

戚继光抗倭

原文：

戚继光，字元敬，世登州卫指挥佥事。父景通，历官都指挥，署大宁都司，入为神机坐营，有操行。继光幼倜傥负奇气。家贫，好读书，通经史大义。嘉靖中嗣职，用荐擢署都指挥佥事，备倭山东。改佥浙江都司，充参将，分部宁、绍、台三郡。

三十六年，倭犯乐清、瑞安、临海，继光援不及，以道阻不罪。寻会俞大猷兵，围汪直余党于岑港。久不克，坐免官，戴罪办贼。已而倭遁，他倭复焚掠台州。给事中罗嘉宾等劾继光无功，且通番。方按问，旋以平汪直功复官，改守台、金、严三郡。

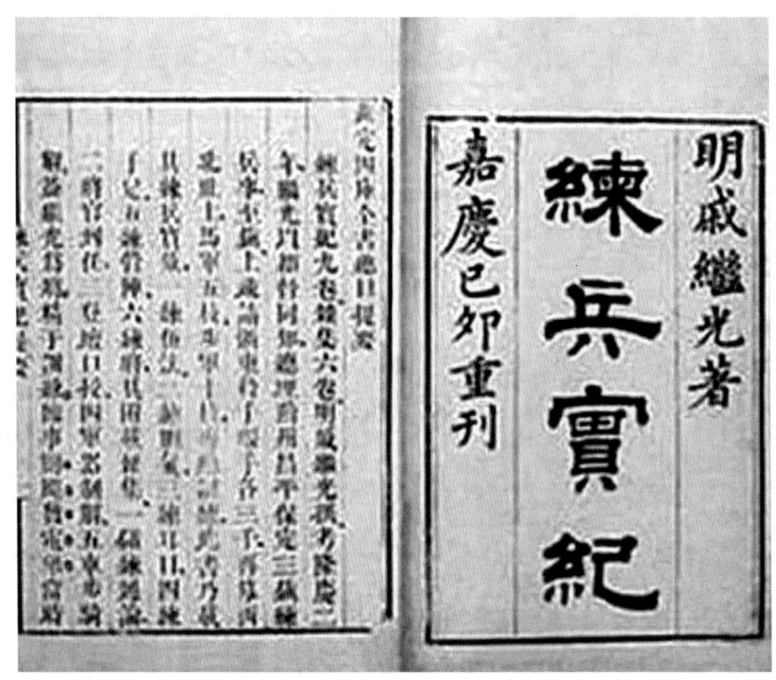

戚继光所著《练兵实纪》书影

继光至浙时，见卫所军不习战，而金华、义乌俗称慓悍，请召募三千人，教以击刺法，长短兵迭用，由是继光一军特精。又以南方多薮泽，不利驰逐，乃因地形制阵法，审步伐便利，一切战舰、火器、兵械精求而更置之。“戚家军”名闻天下。

四十年，倭大掠桃渚、圻头。继光急趋宁海，扼桃渚，败之龙山，追至雁门岭。贼遁去，乘虚袭台州。继光手歼其魁，蹙余贼瓜陵江尽死。而圻头倭复趋台州，继光邀击之仙居，道无脱者。先后九战皆捷，俘馘一千有奇，焚溺死者无算。总兵官卢镗、参将牛天锡又破贼宁波、温州。浙东平，继光进秩三等。闽、广贼流入江西。总督胡宗宪檄继光援。击破之上坊巢，贼奔建宁。继光还浙江。

明年，倭大举犯福建。自温州来者，合福宁、连江诸倭攻陷寿宁、政和、宁德。自广东南澳来者，合福清、长乐诸倭攻陷玄钟所，延及龙严、松溪、大田、古田、莆田。是时宁德已屡陷。距城十里有横屿，四面皆水路险隘，贼结大营其中。官军不敢击，相守逾年。其新至者营牛田，而酋长营兴化，东南互为声援。闽中连告急，宗宪复檄继光剿之。先击横屿贼。人持草一束，填壕进。大破其巢，斩首二千六百。乘胜至福清，捣败牛田贼，覆其巢，余贼走兴化。急追之，夜四鼓抵贼栅。连克六十营，斩首千数百级。平明入城，兴化人始知，牛酒劳不绝。继光乃旋师。抵福清，遇倭自东营澳登陆，击斩二百人。而刘显亦屡破贼。闽宿寇几尽。于是继光至福州饮至，勒石平远台。

及继光还浙后，新倭至者日益众，围兴化城匝月。会显遣卒八人赍书城中，衣刺“天兵”二字。贼杀而衣其衣，绐守将得人，夜斩关延贼。副使翁时器、参将毕高走免，通判奚世亮摄府事，遇害，焚掠一空。留两月，破平海卫，据之。初，兴化告急，时帝已命俞大猷为福建总兵官，继光副之。及城陷，刘显军少，壁城下不敢击。大猷亦不欲攻，需大军合以困之。四十二年四月，继光将浙兵至。于是巡抚谭纶令将中军，显左，大猷右，合攻贼于平海。继光先登，左右军继之，斩级二千二百，还被掠者三千人。纶上功，继光首，显、大猷次之。帝为告谢郊庙，大行叙赉。继光先以横屿功，进署都督佥事，及是进都督同知，世荫千户，遂代大猷为总兵官。

明年二月，倭余党复纠新倭万余，围仙游三日。继光击败之城下，又追败之王仓坪，斩首数百级，余多坠崖谷死，存者数千奔据漳浦蔡丕岭。继光分五哨，身持短兵缘崖上，俘斩数百人，余贼遂掠渔舟出海去。久之，倭自浙犯福宁，继光督参将李超等击败之。乘胜追永宁贼，斩馘三百有奇。寻与大猷击走吴平于南澳，遂击平余孽之未下者。

继光为将号令严，赏罚信，士无敢不用命。与大猷均为名将。操行不如，而果毅过之。大猷老将务持重，继光则飚发电举，屡摧大寇，名更出大猷上。

（选自《戚继光列传》）

点评：

本篇选自《戚继光列传》。戚继光是著名的抗倭英雄，其善于治军也有口皆碑，戚家军几可媲美岳家军。

本传主要通过其浙江抗倭取得台州大捷及率师援闽荡平闽寇和北戍蓟辽使蓟门数十年安然无事等几件事塑造了一个身经百战、功绩卓著、有勇有谋、善于治军的良将形象。

戚继光出身于世袭武官之家，17 岁就荫父职任登州卫指挥，从此开始了长达 45 年的戎马生涯。他在少年时就题写了“封侯非我意，但愿海波平”的诗句，反映出他要为国家边疆安宁及人民安居乐业奋斗一生的远大抱负。嘉靖中叶以后，东南沿海倭患愈演愈烈，浙江、福建两省尤甚。

由于官兵征剿不力，倭寇神出鬼没，如入无人之境，人民的生命财产遭到严重损失，引起了百姓恐慌及朝廷的担忧。戚继光与俞大猷在此情况下受命抗倭，戚继光初到浙江时，发现卫所军队缺乏军事训练，士兵多是市井无赖之徒，军纪不严，怯懦不前或临阵脱逃，还有的滥杀无辜冒领战功，遂决定组织新的军队。因义乌地区乡团民兵矫捷勇猛，遂从义乌招募矿夫参军。他综合体态丰伟、武艺精熟、聪明伶俐、力大如牛四方面对应募者严格挑选，士兵选定后，戚继光遂制定了一套严格的训练计划，首先用保家卫国的思想教育士兵，让他们认识到自己是为解除百姓祸患而战。其次是加强军纪，赏明严罚，用岳家军“冻死不拆屋，饿死不掳掠”的精神要求士兵。再次，非常重视武艺的练习，提高士兵作战技能。此外，戚继光针对倭寇作战方式，还结合东南沿海地形创立了“鸳鸯阵”，对倭寇有极大杀伤力。这样新军经过两个月严格有效的训练，皆能以一当十，成为抗倭的主要力量。这就是威震中外、令敌闻风丧胆的戚家军。有了切实可用的军队，戚继光的军事才能和指挥谋略便有了用武之地，再加上他身先士卒、勇猛善战，很快就取得了抗倭斗争的一系列胜利。他先是在台州九战九捷，荡平浙江倭寇。然后又两度挥师福建，先是捣毁横屿窟，奇袭牛田倭垒，歼敌上万。后与俞大猷携手激战平海卫，擒斩倭寇数千，然后又粉碎了两万倭寇对仙游的包围，连连获胜，给福建倭寇以致命打击；然后又乘胜铲除广东倭患，经过十几年的努力奋战，终于取得了平息东南倭患的彻底胜利。平倭后，戚继光北戍蓟辽，他多次击退蒙古兵进攻，整饬边防，修筑长城，加强边兵的军事训练，守蓟地十几年，使边境寂然无事，他不管在抗倭战场还是在北方边境都取得了卓越功绩，“南北并著声”，但张居正死后，很多人陷害贬低他，故戚虽功大而赏薄，晚景凄凉。

戚继光靠着“但愿海波平”伟大抱负及切实有效的治军才能、身先士卒的勇气和出色的军事才干荡平东南倭患，捍卫了人民的生命财产安全和沿海地区的经济富庶、边境安定，永远为人们所追念、赞叹。他是反抗外来侵略的真正的民族英雄，也是中华民族的脊梁。

魏忠贤专权

原文：

初，神宗在位久，怠于政事，章奏多不省。廷臣渐立门户，以危言激论相尚，国本之争，指斥营禁。宰辅大臣为言者所弹击，辄引疾避去。吏部郎顾宪成讲学东林书院，海内士大夫多附之，“东林”之名自是始。既而“梃击”、“红丸”、“移宫”三案起，盈廷如聚讼。与东林忤者，众目之为邪党。天启初，废斥殆尽，识者已忧其过激变生。及忠贤势成，其党果谋倚之以倾东林。而徐大化、霍维华、孙杰首附忠贤，刘一燝及尚书周嘉谟并为杰劾去。然是时叶向高、韩爌方辅政，邹元标、赵南星、王纪、高攀龙等皆居大僚，左光斗、魏大中、黄尊素等在言路，皆力持清议，忠贤未克逞。

……

四年，给事中傅櫆结忠贤甥傅应星为兄弟，诬奏中书汪文言，并及左光斗、魏大中。下文言镇抚狱，将大行罗织。掌镇抚刘侨受叶向高教，止坐文言。忠贤大怒，削侨籍，而以私人许显纯代。是时御史李应升以内操谏，给事中霍守曲以忠贤乞祠额谏，御史刘廷佐以忠贤滥荫谏，给事中沈惟炳以立枷谏，忠贤皆矫旨诘责。于是副都御史杨涟愤甚，劾忠贤二十四大罪。疏上，忠贤惧，求解于韩爌不应，遂趋帝前泣诉，且辞东厂，而客氏从旁为剖析，体乾等翼之。帝懵然不辨也。遂温谕留忠贤，而于次日下涟疏，严旨切责。涟既绌，魏大中及给事中陈良训、许誉卿，抚宁侯朱国弼，南京兵部尚书陈道亨，侍郎岳元声等七十余人，交章论忠贤不法。向高及礼部尚书翁正春请遣忠贤归私第以塞谤，不许。

当是时，忠贤愤甚，欲尽杀异己者。顾秉谦因阴籍其所忌姓名授忠贤，使以次斥逐。王体乾复昌言用廷杖，威胁廷臣。未几，工部郎中万燝上疏刺忠贤，立杖死。又以御史林汝翥事辱向高，向高遂致仕去，汝翥亦予杖。廷臣俱大詟。一时罢斥者，吏部尚书赵南星、左都御史高攀龙、吏部侍郎陈于廷及杨涟、左光斗、魏大中等先后数十人，已又逐韩爌及兵部侍郎李邦华。正人去国，纷纷若振槁。乃矫中旨召用例转科道。以朱童蒙、郭允厚为太仆少卿，吕鹏云、孙杰为大理丞，复霍维华、郭兴治为给事中，徐景濂、贾继春、杨维垣为御史，而起徐兆魁、王绍徽、乔应甲、徐绍吉、阮大铖、陈尔翌、张养素、李应荐、李嵩、杨春懋等，为之爪牙。未几，复用拟戍崔呈秀为御史。呈秀乃造《天鉴》、《同志》诸录，王绍徽亦造《点将录》，皆以邹元标、顾宪成、叶向高、刘一燝等为魁，尽罗入不附忠贤者，号曰东林党人，献于忠贤。忠贤喜，于是群小益求媚忠贤，攘臂攻东林矣。

初，朝臣争三案及辛亥、癸亥两京察与熊廷弼狱事，忠贤本无预。其党欲藉忠贤力倾诸正人，遂相率归忠贤，称义儿，且云："东林将害翁。"以故，忠贤欲甘心焉。御史张讷、倪文焕，给事中李鲁生，工部主事曹钦程等，竞搏击善类为报复。而御史梁梦环复兴汪文言狱，下镇抚司拷死。许显纯具爰书，词连赵南星、杨涟等二十余人，削籍遣戍有差。逮涟及左光斗、魏大中、周朝瑞、袁化中、顾大章等六人，至牵入熊廷弼案中，掠治死于狱。又杀廷弼，而杖其姻御史吴裕中至死。又削逐尚书李宗延、张问达，侍郎公鼐等五十余人，朝署一空。而特召元诗教、刘述祖等为御史，私人悉不次超擢。于是忠贤之党遍要津矣。

（选自《宦官列传》）

点评：

本篇选自《宦官列传》。赵翼在《廿二史札记》中说："东汉及唐、明三代，宦官之祸最烈。”其中尤以明末魏忠贤专权的残酷、暴虐和腐败最为登峰造极，简直达到令人瞠目结舌、“叹为观止”的地步。本传主要描述了魏忠贤勾结客氏拼命钻营、独揽朝政、残酷迫害东林党人和异己者、提督东厂、广立刑狱及大搞监视活动使民间道路以目，在天下广立生祠使人皆呼为九千岁等事件，勾勒了一个权势张天、罪大恶极、极度专制、残酷暴虐、睚眦必报、心狠手辣的掌权宦官形象。同时也使我们对当时的恐怖统治、特务政治及黑暗的社会氛围有所了解并深为惊叹。

魏忠贤本名李进忠，是个市井无赖，因无出路遂自己净身入宫当太监，熹宗即位后，魏忠贤勾结皇帝乳母客氏，有宠于熹宗，并大肆迫害异己或挡道的宫女、宦官、嫔妃，在宫中达到为所欲为的地步。又有一些奸邪外臣慕魏忠贤权势，死心塌地投靠，形成阉党，控制朝政，横行不法，标榜清流的东林党正直人士对此极为不满，屡次上疏弹劾，引起魏忠贤及其党羽的嫉恨。魏欲“尽杀异己者”，他利用了熹宗爱干木工活的特点，总是在他手握斧锯干得最欢时奏事，熹宗非常不耐烦，不等他说完即让魏忠贤“好为之”，朝政议决大权遂被魏忠贤把持，掌权后魏忠贤即开始了对东林党及其他异己者惨绝人寰的大迫害。他的手下编造了《点将录》、《天鉴录》、《同志录》等黑名单，把不肯阿附魏忠贤以及威胁到自己的官员全部打入黑名单，概称东林党，然后肆意罗织罪名、屡兴大狱进行残酷的近于疯狂的迫害。他们对东林党实施的酷刑简直令人发指，如当时被称为“六君子”的杨涟、左光斗、魏大中、袁化中、周朝瑞、顾大章等人都受过全刑，各打四十棍，敲五十，夹杠五十。杨涟受刑最多，五日一审，阉党令将其头面乱打，齿颊尽脱；钢针作刷，遍体扫烂如丝；用铜锤击胸，肋骨尽断；最后用铁钉贯顶，立即致死。死后七日，方许领尸，只存血衣数片，残骨几根。又周宗建骂魏忠贤不识一丁，魏即命以铁钉钉之，又让他穿棉衣，以沸水浇之，顷刻间皮肤卷烂，赤肉满身。其残酷让人不寒而栗。铲除政敌后，魏忠贤更是肆无忌惮，其党羽遍天下，并形成一股操纵朝廷大权及地方政权的强大的邪恶势力，阉党拜魏为干爹，并出现“五虎”、“十狗”、“十孩儿”、“四十孙”等名目的鹰犬爪牙。他们一方面血腥镇压反对者，一方面对魏极尽阿谀奉承之能事，在天下遍为魏忠贤建生祠，生祠修建得极尽奢华之能事，非常劳民伤财，阉党不仅自己对生祠魏塑像顶礼膜拜，而且逼迫天下士民尊奉，不拜者处以死刑，无耻至极。魏忠贤还操纵东厂大搞特务政治，从官僚、士子到普通百姓无不处于厂卫监视之下，稍有对魏忠贤及阉党不敬之语即惨遭迫害，以至人们只能道路以目，毫无人身自由，生命财产也无一点安全感。魏忠贤的权势达到一手遮天、僭越皇权的地步，举国都得呼为九千岁，其亲属家人亦随之鸡犬升天，甚至襁褓中的侄子也被封官加爵，但其恶贯满盈终会有报。崇祯帝即位后一举清除了阉党，魏忠贤也结束了自己罪恶滔天的一生。

每次读及魏忠贤传，总有一种阴风森森的感觉，挥之不去，社会的残暴黑暗竟达到如此地步，人们竟全无一点自由和安全，迫害异己的手段如此残酷、卑劣，而依附魏忠贤的人又如此无耻和丧心病狂，魏忠贤凭什么能颠倒黑白、扰乱乾坤呢？为什么人们对其畏如豺狼而噤若寒蝉呢？说白了魏的专权只是明代高度专制的政治制度滋生的毒瘤，专制制度不除，则宦官、外戚专权也永不会根除。像魏忠贤之类的人也总能兴风作浪，为祸世间。

千古名言

富贵一时，名节千古。

——语出《赵光抃列传》，意思是钱财地位只不过是一时的荣华，声誉和节操才是传之千古的殊荣。

追求什么？鄙视什么？这反映一个人的理想和抱负，虽然追求声誉节操也有可能是一种私心。但为社会做出贡献，毕竟是其主流。

附小人者必小人，附君子者未必君子，蝇之附骥，即千里犹蝇耳。

——语出《梅之焕列传》。意思是依附小人的人一定是小人，依附君子的人不一定是君子，叮在千里马上的蝇虻，即使日驰千里，也不过是一只蝇虻。

物以类聚，人以群分，这是客观规律，不过卑劣者有时也以假象迷惑人。只是卑劣者无论用什么手法，都无法改变其卑劣的本性。

居高位者易骄，处佚乐者易侈。

——语出《陶安列传》。意思是掌握权势、地位高的人容易骄横，处在安逸享乐中的人容易奢侈。

环境容易改变人，居上位和享受安逸的人一定要时时告诫、警醒自己不要养成一些不好的习惯。

求治之道，莫先于正风俗。

——语出《钱唐列传》。意思是求得一方安康平定的首要任务就是教化人心，使该地风俗淳正。

今天，提高国民的道德素质和文化素质也是国家富强的重要保证。

言路者，国家之命脉也。

——语出《李文祥列传》。意思是舆论通畅是国家长治久安的命脉。

防民之口甚于防川，只有广开言路，从善如流才能保证国家的安定。

人非有才之难，而善用其才之难。

——语出《王骥列传》。意思是求得有才的人并不难，难的是怎麽么才能更好地运用、发挥他们的才能。

千里马易求而伯乐难求，能发现、识别人才并很好地运用人才的领导是多么可贵啊！

天生才甚难，不忍以微瑕弃也。

——语出《徐溥列传》。意思是上天孕育一个人才很难，不忍心因为他的一点小过错就放弃不用了。

人谁无过，过能改之，善莫大焉，不能因一点小过错就放弃不用，造成人才的巨大浪费。

责任编辑：汪　逸
封面设计：木　辛

图书在版编目（CIP）数据

二十四史名篇选评 / 汪高鑫 主编．—北京：人民出版社，2018.11
ISBN 978－7－01－019957－3

Ⅰ. ①二…　Ⅱ. ①汪…　Ⅲ. ①中国历史－古代史－纪传体－通俗读物
Ⅳ. ① K204.1–49

中国版本图书馆 CIP 数据核字（2018）第 242273 号

二十四史名篇选评
ERSHISISHI MINGPIAN XUANPING

汪高鑫　主编

人民出版社 出版发行
（100706　北京市东城区隆福寺街 99 号）

涿州市星河印刷有限公司印刷　新华书店经销

2018 年 11 月第 1 版　2018 年 11 月北京第 1 次印刷
开本：710 毫米 ×1000 毫米 1/16　印张：54.5
字数：722 千字

ISBN 978－7－01－019957－3　定价：180.00 元（上、下）

邮购地址 100706　北京市东城区隆福寺街 99 号
人民东方图书销售中心　电话（010）65250042　65289539